ÉTUDES DOCUMENTAIRES SUR LA RÉVOLUTION FRANÇAISE

LA PRÉPARATION

DE LA

GUERRE DE VENDÉE

1789-1793

PAR

CH.-L. CHASSIN

TOME II

PARIS
IMPRIMERIE PAUL DUPONT
4, RUE DU BOULOI, 4

1892

LA PRÉPARATION

DE LA

GUERRE DE VENDÉE

1789-1793

TOME DEUXIÈME

CHAPITRE XVI

INTERVENTION DE L'ASSEMBLÉE NATIONALE ET DU GOUVERNEMENT DANS LES TROUBLES DE LA VENDÉE

Les cinq cents Nantais envoyés à Machecoul avaient quitté cette ville le 2 juillet 1791, au moment où était annoncée l'arrestation des nobles conjurés.

Le commandant des troupes de ligne et de l'expédition, Dumouriez, rendait ainsi compte de sa mission terminée[1] :

MM. les administrateurs du district de Machecoul ont jugé avec raison qu'il est inutile de garder le détachement, qui ne peut qu'occasionner des frais inutiles, qu'il faut épargner à la nation. En conséquence, après avoir rempli l'objet de la réquisition de MM. les administrateurs concernant l'arrestation de quelques curés réfractaires, qu'ils ont chargé le détachement de faire venir à Nantes en sûreté, je vous ramène demain votre détachement frais et gaillard, malgré le mauvais temps qu'il a essuyé. Je n'ai que les plus grands éloges à faire de son zèle, de son patriotisme et de son obéissance à la loi et aux ordres de ses chefs.

Ce début me fait présumer que, dans le cas où il faudrait aller défendre la patrie, même sur les frontières, on peut avoir la plus grande confiance dans la garde nationale nantaise, et, de mon côté, je prends l'engagement, si je suis son guide, de répondre à celle qu'ils me témoignent, ainsi qu'à la vôtre.

MISSION DE DUMOURIEZ AUX SABLES-D'OLONNE

La semaine suivante, Dumouriez reçoit des administrateurs de la Loire-Inférieure la réquisition « de se transporter aux Sables-d'Olonne,

1. Cette lettre est dans le dossier des affaires vendéennes de 1791 aux Archives nationales, Dxxix 15.

à l'effet de rétablir l'ordre, qui aurait été troublé par l'insubordination que l'on dit avoir régné dans le 84e régiment, suivant l'avis donné par M. Dupeloux, lieutenant-colonel dudit régiment. » Il y arrive le 11 juillet, et fait sa première visite au directoire du district, auquel il annonce « que son intention est de passer quelques jours dans la ville, à l'effet de prendre des renseignements sur les troubles que l'on prétend avoir existé[1] ».

Les commissaires du département de la Vendée avaient, comme on l'a vu[2], dénoncé à l'Assemblée nationale et au ministre de la guerre l'indiscipline des troupes qui avaient coopéré à l'expédition contre les nobles. Mais la municipalité des Sables avait déjà apaisé l'émotion qu'avait produite, au retour de la Proutière, l'emprisonnement, sur les récriminations du lieutenant de Chalancey, de plusieurs soldats de l'expédition, accusés de pillage dans les châteaux. Elle avait écrit une lettre au commandant pour appuyer la demande en grâce présentée par leurs camarades, et successivement adressé deux proclamations aux soldats eux-mêmes[3].

Du 2 juillet 1791. — A M. le commandant du 84e régiment.

Monsieur,

Deux soldats de votre régiment sont venus demander la grâce de leurs camarades. Vous les avez, disent-ils, envoyés vers nous pour obtenir cette grâce. Nous ne sachons pas avoir demandé la punition de personne. Vous avez envoyé à la municipalité afin qu'elle permît que l'on mît dans les prisons de la ville quelques soldats que vous aviez jugé (devoir) punir ainsi, et nous connaissons trop combien il est essentiel de maintenir la discipline militaire pour nous refuser à une telle demande; mais, puisqu'il est question de grâce, vous nous ferez un sensible plaisir de l'accorder.

Du même jour. — Aux soldats du 84e régiment.

Messieurs,

La municipalité n'a aucun doute sur le patriotisme du régiment de Rohan, dont elle fait le plus grand cas; mais elle a cru hier devoir faire faire des patrouilles pour empêcher le désordre que pouvait causer l'ivresse à la suite de soupers fraternels entre les gardes nationales et vous, qui devaient être la suite de l'expédition faite contre les ennemis du bien public. Pour ne pas fatiguer les gardes nationales et troupes de ligne, qui devaient être excédées, elle a employé des marins, comme elle avait déjà fait mardi.

L'homme qu'on soupçonne d'avoir tenu des propos insultants contre le

1. 2e registre des délibérations du district des Sables, séance du lundi 11 juillet 1791, aux Arch. de la Vendée.

2. Voir notre tome I, p. 423.

3. Correspondance municipale des Sables, registre A, aux dates.

régiment de Rohan sera puni s'il est coupable. Nous vous prions de conserver, dans la circonstance critique où nous sommes, le plus grand ordre et la plus exacte discipline, et de ne jamais douter des sentiments de fraternité, d'amitié et d'estime des officiers municipaux des Sables.

Du 3 juillet. — Aux soldats du 84e régiment.

C'est avec le plus grand chagrin que nous apprenons le peu d'union qui règne dans le 84e régiment. Nous vous avons recommandé hier le plus grand ordre et la plus exacte discipline; nous vous les recommandons encore aujourd'hui. Nous triompherons de nos ennemis, la France est invincible si l'on s'entend. L'État, au contraire, est perdu, si les pouvoirs sont méconnus et si l'anarchie les remplace; il ne reste à nos ennemis que cette ressource; ne leur donnons pas cet avantage sur nous. Au nom de la patrie, qui vous est si chère, au nom du patriotisme dont vous faites profession et dont l'excès vous égare peut-être en ce moment, nos amis, nos frères, soyez sages! Ce sont des hommes dévoués à la Constitution qui vous en prient; ils ne doivent pas vous être suspects; ils sont, ainsi que vous, prêts à verser leur sang pour la patrie et la liberté.

Les Officiers municipaux de la ville des Sables.

Dumouriez approuva la conduite des patriotes municipaux. Il n'eut pas de peine à éliminer le principal élément de trouble, la présence de M. de Chalancey, odieux aux soldats du régiment de Rohan-Soubise, depuis leur première révolte du 18 août 1789. Ce jeune officier, mis en demeure de prêter le serment prescrit par le décret du 21 juin 1791, s'y refusa et s'en alla tout droit à l'armée de Condé[1].

La très prompte reprise du Roi fugitif ne coupa pas court aux refus du nouveau serment. Cependant, le vieux gentilhomme qui commandait la 12e division militaire[2] déploya un très grand zèle à le prêter et à le faire prêter par ses officiers, avant même d'avoir reçu les

1. Voir dans notre tome I, p. 424, les états de service de M. de Chalancey.

2. Verteuil de Malleret (Marc-Antoine, baron de), né à Saint-Loubès (Gironde), le 17 septembre 1720, lieutenant en second au régiment de Champagne le 24 août 1743, lieutenant en premier, le 13 septembre suivant; capitaine à la réforme, 1746; capitaine replacé, 1760; brigadier, le 2 juillet 1762; lieutenant-colonel du régiment de Piémont, le 10 février 1764; au mois de janvier 1770, maréchal de camp avec pension et chargé de l'inspection des troupes; inspecteur des troupes en Guienne, 1778; gouverneur de l'île d'Oleron, 9 mars 1781; de 1779 à 1783, inspecteur général des gardes-côtes; le 1er janvier 1784, lieutenant-général; le 12 février 1790, appelé au commandement de la 12e division militaire; réformé par le Comité de salut public, le 15 mai 1793; retraité en l'an VI. (D'après ses *États de service*, aux Archives administratives de la guerre.)

Un biographe anonyme de Marc-Antoine de Verteuil (*Revue du Bas-Poitou*, 1888, 2e livraison) raconte ses exploits pendant les campagnes de Flandre et d'Allemagne, où il se distingua dans 11 sièges et 14 attaques de poste. Mais ce biographe commet une erreur énorme en le faisant retraité en 1791, après « 12 campagnes, 8 grandes batailles, 44 combats. » On le verra, au contraire, dans la suite de notre ouvrage, maintenu à la tête de la 12e division militaire au commencement de la guerre de Vendée, malgré sa noblesse, sur les instances réitérées des autorités républicaines de la Rochelle, et remplissant son

instructions du ministre de la guerre; il adopta la formule décrétée le 11 juin.

Au Ministre de la guerre.

La Rochelle, 26 juin 1791.

Monsieur,

Nous avons l'honneur de vous adresser, conformément à la loi, la déclaration faite hier, à la tête des troupes et en notre présence, par M. de Verteuil, lieutenant-général commandant en cette ville. Ce général vous adresse par le même courrier celle que les officiers de tous grades et de toutes les armes en garnison ou en résidence ont également faite.

Nous devons ce témoignage au patriotisme de tous les officiers citoyens qu'ils ont rempli avec zèle les intentions de la loi. L'exemple de M. de Verteuil, dont le civisme est connu, aurait suffi seul pour les y engager, mais ils ont prouvé qu'ils n'en avaient pas besoin.

Les Administrateurs composant le directoire du district et les Officiers municipaux de la Rochelle,

MASSIAS, vice-président (du district); JOSEPH CHAIZE, DESPEROUX, BOUSSET, administrateurs; JEAN FERRY; ROULT, procureur-syndic; GABOURIN; GOGUET, maire; GARREAU, DÉLY, ROBERT.

Serment du général commandant la 12e division militaire.

Je promets sur mon honneur d'être fidèle à la Nation, à la Loi et au Roi; de ne prendre part directement ni indirectement, mais, au contraire, de m'opposer de toutes mes forces à toutes conspirations, trames et complots qui parviendraient à ma connaissance et qui pourraient être dirigés soit contre la Nation et le Roi, soit contre la Constitution décrétée par l'Assemblée nationale et acceptée par le Roi; d'employer tous les moyens qui me sont confiés par les décrets de l'Assemblée nationale, acceptés et sanctionnés par le Roi, pour les faire observer à ceux qui me sont subordonnés par ces mêmes décrets; consentant, si je manque à cet engagement, à être regardé comme un homme infâme, indigne de porter les armes et d'être compté au nombre des citoyens français.

VERTEUIL, lieutenant-général.

C'est seulement le 29 juin que le ministre de la guerre, Duportail, expédia aux commandants des divisions militaires et à tous les offi-

devoir jusqu'au bout, tandis que son fils, Jean-Philippe de Verteuil, émigrait et se faisait tuer, à la tête du régiment qu'il commandait à l'armée des princes en 1792 et en 1793.

Dumouriez dit dans ses *Mémoires*, t. II, p. 107, que « le vieux Verteuil avait été jadis un des meilleurs officiers de l'armée française, mais que toutes ses facultés étaient affaiblies », et que, de juin 1791 à février 1792, ce fut sur lui, Dumouriez, seul, second maréchal de camp, l'autre, d'Harambre, « n'ayant jamais joint », que reposa toute la responsabilité du gouvernement militaire dans les départements de la Vendée, la Loire-Inférieure, la Charente-Inférieure, les Deux-Sèvres et le Maine-et-Loire, que comprenait la 12e division.

ciers généraux en activité la circulaire officielle « relative au serment à faire prêter aux officiers, conformément aux décrets du 11 et du 21[1] ». Elle se terminait ainsi :

.... Faute, de la part d'un officier, de quelque grade qu'il soit, de se conformer aux dispositions précédentes, il sera censé réformé par le fait même de son refus, et il sera remplacé en suivant l'ordre d'ancienneté dans le même corps, conformément au décret du 24 de ce mois.

Chaque colonel ou commandant de régiment, après avoir reçu le serment signé de ses officiers, et après avoir fait, conformément à la loi, les remplacements qui pourraient être nécessités par la réforme de ceux desdits officiers qui ne se seraient pas conformés aux présentes dispositions, assemblera le régiment et lui donnera connaissance de l'engagement contracté par les officiers présents; après quoi les sous-officiers et soldats lèveront la main en signe d'acquiescement et d'adhésion, et s'associeront au même engagement.

Verteuil signa de nouveau la formule légale, la fit signer à ses officiers, et passa une revue pour y associer toutes ses troupes[2].

Le maréchal de camp Dumouriez fit de l'assermentation de la garnison des Sables l'acte le plus important de la célébration solennelle de l'anniversaire de la prise de la Bastille et de la Fédération des Français libres.

DUMOURIEZ AU CLUB DES SABLES

La veille, 13 juillet, il se rendit, avec ses officiers, à la séance du club permanent, depuis peu fondé et présidé par le maire Gaudin aîné. Il y prononça un discours, dont l'impression fut votée à l'unanimité, quoique certains de ceux qui l'écoutaient pussent se sentir visés par la condamnation des excès commis durant la dernière crise :

Frères et amis, les sociétés d'Amis de la Constitution sont le ralliement de la chose publique, le soutien de notre liberté et de nos lois. Heureux dans toutes les villes où je trouve des frères, je cours au milieu d'eux échauffer et éclairer mon patriotisme. Je m'empresse d'y rassembler les officiers et soldats qui sont à mes ordres pour qu'une douce fraternité s'établisse entre eux et les citoyens, pour qu'ils ne soient plus étrangers et isolés dans leurs garnisons comme autrefois.

Le feu de la liberté doit épurer nos cœurs et en bannir les volcans de

1. Circulaire autographiée, au bas de laquelle a signé le ministre, Archives hist. de la guerre, correspond. générale, juin 1791.

2. Les originaux des deux serments de Verteuil sont dans son dossier aux Arch. adm. de la guerre.

la licence qui déshonoreraient notre Révolution. Nos armes ne doivent être dirigées que par la loi; elles doivent être l'effroi des rebelles. Mais pensons que les rebelles, s'il s'en présente encore, sont des Français égarés par le fanatisme et les préjugés. Soyons sévères, comme la loi qui nous fait agir; mais ne soyons ni cruels ni injustes; ne nous souillons point du sang d'individus qui n'ont point les armes à la main; ne nous déshonorons point par cet affreux pillage; ne livrons point aux flammes des maisons qui doivent peut-être un jour être le berceau de citoyens éclairés. Nous sommes Français, c'est-à-dire humains, généreux. La liberté doit ajouter de nouvelles vertus à celles que l'Europe nous reconnaissait déjà avant notre glorieuse Révolution....

Frères et amis, demain est un jour bien solennel, une cérémonie bien glorieuse. Je me félicite d'être au milieu de vous pour être témoin de vos serments, comme vous le serez des miens et de ceux de la troupe que j'ai l'honneur de commander. Mes vœux les plus ardents sont que la liberté, le patriotisme, l'ordre et le bonheur règnent parmi vous, et que mes soins et mon zèle puissent y contribuer.

Le président (J.-M. Gaudin) répondit :

Frères et amis, c'est avec ravissement que je vois dans le sein de cette assemblée un officier général qui fait profession de chérir et de défendre la liberté. Quelle obligation ne lui a pas la France pour le grand exemple qu'il donne en manifestant les sentiments du plus pur civisme, lorsque tant d'ennemis la menacent et que tant de ses enfants l'abandonnent!.... Que, dans tout l'empire, un accord si touchant et si digne de la nation française se fasse comme ici, sincèrement, et nous n'avons plus de malheurs à redouter.

Les préjugés cèdent enfin aux lumières de la philosophie et de la raison. Partout on commence enfin à sentir que l'intérêt de tous est l'union et la concorde, et que, la Révolution étant avantageuse au plus grand nombre, il faut avoir le courage de lui faire quelques sacrifices particuliers. Et, en effet, si les prérogatives de la naissance sont abolies, la carrière la plus étendue s'offre à tous les citoyens. Les grandes places et les richesses ne seront plus le partage des seuls courtisans; le soldat pourra s'élever, celui qui n'était qu'un simple gentilhomme ne sera plus arrêté au grade de capitaine, et le ci-devant bourgeois ne sera plus obligé, pour sortir d'un état d'humiliation, de racheter au prix de l'or sa tache originelle. Tous les Français seront nobles et grands quand ils auront fait de nobles et grandes choses pour la patrie, et la seule voie pour parvenir aux honneurs sera celle des talents et des vertus.

Avec un tel motif d'émulation, que les tyrans envoient leurs satellites afin de nous faire plier la tête sous le joug d'une cour corrompue et perfide, ils trouveront, sous les ordres des officiers français, une barrière impénétrable de guerriers qui leur diront :

« Vils esclaves du despotisme et des préjugés, tremblez devant les enfants de la liberté! Apprenez que, de quelque rang que le hasard nous ait fait naître, nous avons préféré la dignité d'hommes libres à toutes les dignités, à tous les titres, et que, pour nous ôter ce bien inestimable, il faudrait ôter la vie à tous les Français! Apprenez qu'un peuple tel que nous est invincible; qu'il pourrait, au contraire, conquérir l'Europe étonnée, si la sagesse n'avait pas limité ses armes à sa seule défense, et s'il n'aspirait pas à une plus digne conquête, celle de vous éclairer et de vous rendre à la dignité d'hommes que vous avez perdue! »

Ils goûteront, n'en doutez pas, messieurs, un tel langage et une commotion immense se fera sentir chez tous les peuples. Ils ne voudront plus, ainsi que nous, dépendre du caprice d'un maître et de quelques esclaves privilégiés; ils voudront, dis-je, à notre exemple, être libres. Ils nous devront leur bonheur, et plus nous aurons fait de sacrifices à la liberté, plus nous serons grands aux yeux de l'univers.

ASSERMENTATION DES TROUPES PRÉSENTES AUX SABLES LE 14 JUILLET 1791.

Du serment militaire, prêté sur l'autel de la patrie, place de la Liberté, ci-devant Carcado, en présence du peuple, entre une messe et un *Te Deum*, au bruit des salves d'artillerie, procès-verbal fut dressé par le directoire du district. Le serment du maréchal de camp et ceux des officiers de chaque corps furent écrits et signés, pour être adressés au ministre de la guerre [1].

Extrait du procès-verbal du district des Sables-d'Olonne [2].

... Le 14 juillet, jour fixé par les décrets de l'Assemblée nationale pour renouveler le serment que doivent prêter chaque année les gardes nationales, troupes de ligne et gendarmerie nationale..... le directoire s'est rendu à l'hôtel de ville, où se sont trouvés réunis les officiers municipaux, M. *du Mouriez*, maréchal de camp de la 12e division des troupes de ligne, le sieur *Levasseur*, aide de camp de la même division, et les officiers de différents corps tant de troupes de ligne que de gardes nationales, avec lesquels le directoire s'est ensuite rendu sur la place où on avait élevé un autel à la Patrie.

Là étaient sous les armes et en bataille, formant un bataillon carré autour dudit autel, les troupes de ligne, la gendarmerie, les gardes nationales, ainsi que le corps des marins. Il a été donné ordre à un détachement pris dans les différents corps de se transporter à l'église, à l'effet d'accompagner le clergé jusqu'à l'autel de la Patrie. Le clergé arrivé, M. *Gérard*, curé de cette ville, avant de commencer la messe, a prononcé un discours analogue à la cir-

1. L'original du serment de *Ch.-F. Dumouriez, maréchal de camp de la douzième division militaire*, est dans le dossier du célèbre général aux Archives administratives du ministère de la guerre. Il en existait un autre original dans la collection B. Fillon, produit autographié, p. 129 du tome II de l'*Inventaire Ét. Charavay*. Dumouriez réitéra son serment le 15 au soir, en recevant celui des troupes de ligne et de la garnison de Luçon.

2. 2e reg. du district, aux Archives de la Vendée.

constance, rempli de patriotisme. Ensuite la messe a commencé et, pendant icelle, la musique a exécuté différents airs.

La messe finie, M. le procureur-syndic s'est avancé vers l'autel et a aussi prononcé un discours rempli de patriotisme et a démontré de la manière la plus satisfaisante que le salut de la chose publique dépendait de l'union, de la concorde et de l'obéissance aux lois.

A la suite de ce discours, M. *du Mouriez* s'est aussi avancé vers l'autel et a invité les officiers des différents corps de s'approcher; ce qu'ils ont à l'instant fait; et alors il a prononcé à haute voix le serment décrété par l'Assemblée nationale en ces termes :

« Je jure d'employer les armes remises en mes mains à la défense de « la patrie et à maintenir contre tous les ennemis du dedans et du dehors la « Constitution décrétée par l'Assemblée nationale, de mourir plutôt que de « souffrir l'invasion des territoires français par les troupes étrangères, et de « n'obéir qu'aux ordres qui seront donnés en conséquence des décrets de « l'Assemblée nationale. »

Tous les officiers présents ont prêté le même serment, savoir :

M. *Levasseur*, aide de camp du général, employé dans la 12e division militaire;

M. *Montela,* capitaine commandant le 1er bataillon du 84e regiment;

M. *Joseph Parent,* adjudant-major;

M. *Antoine Laverand,* lieutenant de grenadiers;

M. *Cezer de Chatton*, lieutenant;

M. *Louis Flory*, sous-lieutenant de grenadiers;

M. *Louet*, aussi sous-lieutenant au même régiment;

M. *Charles de Rosière d'Enveine*, officier au 16e régiment de cavalerie;

M. *Bonnardel,* lieutenant de la garde nationale des Sables;

M. *Giquel*, sous-lieutenant de la même garde;

M. *Dechézeau*, lieutenant-colonel commandant les détachements réunis des gardes nationales de l'île de Ré;

M. *Boucher* aîné, capitaine commandant de la 3e compagnie des gardes nationales de Saint-Martin (île de Ré), en détachement aux Sables;

M. *Villeneuve* fils, capitaine en second du détachement des gardes nationales de la Flotte (île de Ré), en détachement aux Sables;

M. *Groleau* aîné, lieutenant des gardes nationales de la Flotte (île de Ré), en détachement aux Sables;

M. *Guénin*, second lieutenant de la 4e compagnie de la garde nationale de Saint-Martin (île de Ré), en garnison aux Sables;

M. *Lavialle,* premier sous-lieutenant de la 4e compagnie de la garde nationale de Saint-Martin (île de Ré), en détachement aux Sables-d'Olonne;

M. *Lavertu* fils, lieutenant en second du détachement des gardes nationales de la Flotte (île de Ré), en détachemeni aux Sables-d'Olonne;

Lequel serment a été répété par toutes les troupes, en disant : *Je le jure!* et chacun de messieurs les officiers ci-dessus dénommés a remis la formule par écrit de son serment en les termes ci-dessus et de lui signé.

Cela fait, le *Te Deum* a été chanté au bruit du canon et des acclamations de tous les spectateurs. Ensuite le clergé a été reconduit dans le même ordre, et toutes les troupes ont défilé devant le général.

Cette fête civique a été suivie d'un dîner champêtre auquel le directoire a pris part.

Ce dîner, de 314 couverts, dans la prairie du couvent des Capucins, fut suivi d'une farandole des convives, se rendant sur la place de la Liberté, autour de l'autel de la patrie brillamment illuminé. Les danses durèrent toute la nuit, et le général populaire y déploya la plus vive ardeur, « séduit par l'expansion subite, passionnée, irrésistible des Sablaises[1]. »

Il y eut aussi au chef-lieu du département un « bal de la Fédération », où tous, soldats, citoyens et citoyennes, manifestèrent « la plus vive satisfaction, la plus grande joie[2] ». A Fontenay, comme aux Sables, les autorités civiles, la garde nationale et la population fraternisèrent avec la gendarmerie et la cavalerie de Royal-Lorraine (16e régiment). Le commandant du détachement, de Sarcus, et ses officiers prêtèrent, sans résistance, le serment à la Nation, à la Loi et au Roi.

REMPLACEMENT DU 84e PAR LE 60e

Cependant, si le succès politique de Dumouriez avait été très brillant, sa mission militaire n'avait pas réussi. L'indiscipline était irrémédiable dans le régiment de Rohan. L'envoi d'un détachement de cent hommes en garnison à Châtillon provoqua de la part du département des Deux-Sèvres une plainte au ministre, qui détermina le déplacement réclamé par le département de la Vendée aussitôt après l'expédition de la Proutière[3].

Les Administrateurs de la Vendée recevaient, dans les premiers jours d'août, la lettre suivante[4] :

Nantes, 5 avril 1791.

Messieurs,

Le département des Deux-Sèvres a porté une plainte contre un détachement de 100 hommes du 84e régiment d'infanterie en garnison à Châtillon. Cette plainte est grave, et, d'après les ordres du ministre de la guerre et de M. de Vertcuil, lieutenant-général de la 12e division, je suis obligé de faire rentrer ce détachement dans son bataillon, et de le remplacer par deux compagnies du second bataillon du même régiment, 84e ci-devant de Rohan.

J'ai l'honneur de vous en prévenir, parce que ces deux compagnies, qui

1. Docteur Marcel Petiteau, *l. c.*, p. 115.
2. D'après le procès-verbal signé par le maire de Fontenay-le-Comte Moreau, les officiers municipaux Fillon l'aîné, Esnard, Vinet aîné et Jousserant, le procureur de la commune A. Pichard et le secrétaire-greffier Fleury.
3. Voir plus haut, p. 423.
4. Papiers de Mercier du Rocher, reg. I, pièce 14, autographe.

partent le 9 de Machecoul, traversent votre département, passant par Palluau, Saint-Fulgent et les Herbiers, pour se rendre le 12 à Châtillon, de même que, le 12, le détachement de 100 hommes partant pour Châtillon passe par les Herbiers, Saint-Fulgent et la Roche-sur-Yon, pour se rendre aux Sables-d'Olonne.

J'ai l'honneur de vous envoyer ci-jointe la route des deux troupes, pour que vous ayez la bonté de donner des ordres afin que l'étape, le logement et les chevaux leur soient fournis dans leur route.

Je compte dans le courant du mois avoir l'honneur de vous voir à Fontenay, et vous offrir mes services pour tout ce qui pourra être utile à la tranquillité du pays.

J'ai l'honneur d'être respectueusement, Messieurs, votre très humble et très obéissant serviteur,

Du Mouriez,
Maréchal de camp de la 12e division de l'armée.

A peine le détachement de Châtillon avait-il regagné les Sables que tout le bataillon du 84e en était retiré par le lieutenant-général Verteuil, qui le remplaçait par un bataillon du 60e, ci-devant Royal-Marine.

La garnison nouvelle fut très mal accueillie. Le 28 août, la municipalité des Sables en demandait l'éloignement au plus tôt, « les officiers étant prêts à arborer la cocarde blanche à la première occasion »[1]. La Société des Amis de la Constitution expédiait une adresse à l'Assemblée nationale[2], terminée par cette motion générale :

Art. 1er. — Que le corps des officiers de l'armée soit licencié.

Art. 2. — Que, dans les remplacements à faire, il ne soit admis que des officiers reconnus pour être amis de la Constitution.

Art. 3. — Que les officiers des milices provinciales et gardes-côtes ci-devant roturiers, que la morgue des courtisans a forcés de quitter le service, que les sous-officiers et soldats que leur mérite rend dignes de commander, remplacent ceux que leur incivisme exclura.

Art. 4. — Que les officiers de la nouvelle formation soient tous tenus de prêter le serment individuel, en présence du peuple et des officiers municipaux, de faire respecter la Constitution, et de signer le procès-verbal que les officiers municipaux en dresseront.

Art. 5. — Enfin que les peines à infliger à ceux qui enfreindront leur serment soient déterminées.

Signé : Gaudin, président; Mercereau; Rouillé, secrétaire.

Jusqu'alors, les officiers de la garnison avaient été logés chez les habitants sans difficulté aucune. L'animosité contre « les aristocrates »

1. Registres des délibérations de la commune et de la correspondance municipale, à cette date.

2. Imp. aux Sables, chez Ferré, 8 p. in-8°.

du 60e se traduisit, le 9 septembre, par la notification à ces messieurs « d'avoir à chercher des logements, les habitants n'étant plus obligés de les loger[1]. Dumouriez intervint, et, sur sa recommandation, la ville s'empressa de répondre du loyer des officiers.

Du 12 *septembre* 1791. — *A M. Dumouriez*[2].

Monsieur, nous venons de rendre publique la loi relative au logement des troupes détachées, par laquelle il est dit, article 5 du titre V, que les officiers ne pourront prétendre à des billets de logement pour plus de trois nuits, et, ce terme expiré, ils se logeront de gré à gré chez les habitants au moyen de la somme qui leur sera payée suivant leur grade, ainsi qu'il sera décrété par l'Assemblée nationale.

La promulgation de cette loi a donné lieu à des observations de la part de MM. les officiers du 60e régiment en garnison en cette ville; nous nous empressons de les soumettre à votre décision; ces messieurs prétendent que, le traitement concernant leur logement n'ayant point encore été statué, la municipalité doit répondre aux citoyens du prix des traités qu'ils auront respectivement faits avec eux, jusqu'à ce qu'il en soit décidé ultérieurement par l'Assemblée nationale.

Ces raisons nous ont paru palpables. Aussi la municipalité n'a-t-elle point fait difficulté de seconder le vœu de MM. les officiers du 60e régiment et de répondre provisoirement aux citoyens des sommes dont ils seront convenus pour leur logement.

Nous vous prions, Monsieur, de vouloir bien donner à MM. les officiers du 60e régiment que nous avons ici, ainsi qu'à nous, une solution prompte et décisive sur le parti à prendre dans le cas présent.

Les Officiers municipaux des Sables.

Le maréchal de camp, alors à Fontenay, remerciait en ces termes[3], le 19 septembre 1791 :

Messieurs les officiers municipaux des Sables,

J'envoie au commissaire des guerres de Niort la lettre que vous m'avez fait l'honneur de m'écrire relativement au logement des officiers du 60e régiment; la facilité que vous leur avez donnée, en répondant provisoirement aux citoyens des sommes convenues pour leur logement, est très louable, sur-

1. Délibération municipale à cette date.

2. Correspondance municipale des Sables, reg. A.

3. Lettre extraite du premier des sept cahiers de la correspondance militaire de Dumouriez pendant qu'il était maréchal de camp de la 12e division militaire. Ces sept cahiers contiennent les minutes de 225 lettres, dont 5 ou 6 au plus se retrouvent soit dans la correspondance générale du ministère de la guerre, soit dans les papiers de Mercier du Rocher, soit dans les collections Fillon et Dugast-Matifeux. Ils ne sont point rangés parmi les papiers de Dumouriez, F7 4598, cartons 2 à 7; ils se trouvent sans nom, car ils ne sont pas signés, et sans désignation d'aucun genre, au milieu des dossiers divers dont est rempli le carton F7 4423 des Archives nationales.

tout si ces sommes n'excèdent pas le prix accordé par les ordonnances aux différents grades; si, par hasard, ces sommes surpassaient ledit prix, je ne doute pas que MM. les officiers ne se fissent un point d'honneur de payer l'excédent; au reste, le commissaire des guerres va indiquer des moyens de vous tirer d'embarras sur cet objet.

Le même jour, il écrivait au commissaire des guerres, de la Serre[1]:

Pour le logement des officiers, la municipalité des Sables s'est exécutée bien noblement pour éviter les tracasseries; mais il faut la tirer au plus tôt de l'embarras de cette caution provisoire qui n'est pas d'obligation pour elle.

Il ne se produisit, par le fait d'un officier ci-devant noble, qu'un petit incident de manque de respect à la municipalité, contre lequel celle-ci protesta :

Du 20 décembre 1791. — *A M. le commandant du* 60e *régiment*[2].

Nous vous adressons copie des articles 40 et 41 du titre III de la loi du 10 juillet 1791. Nous vous prions de vous y conformer et, en conséquence, de donner les ordres nécessaires pour qu'à compter de ce jour, les honneurs affectés aux maréchaux de camp employés soient rendus par les différents corps de garde et sentinelles aux objets du culte, aux corps administratifs, judiciaires et municipaux, et ceux affectés aux capitaines des troupes de ligne à un officier municipal qui s'est revêtu de son écharpe.

Les Officiers municipaux de la ville des Sables.

Une plainte fut adressée au maréchal de camp, le 5 janvier 1792[3]:

.... Nous osons attendre de vous la justice qu'on doit espérer d'une pareille cause; votre patriotisme connu nous est un sûr garant que vous ferez respecter par tout ce qui est sous vos ordres la Constitution et tous les pouvoirs qui en émanent.

1. Lafas de la Serre (Jean-Baptiste), né à Bordeaux le 7 octobre 1738, soldat au régiment de Brissac, 1er septembre 1753; sergent, 1er mars 1759; porte-drapeau, 18 septembre 1768; lieutenant, 3 mai 1774; démissionnaire, 1er juillet 1775; fait commissaire des guerres, 20 février 1778; auditeur, 1er octobre 1791, après avoir été décoré de Saint-Louis le 28 avril même année; nommé commissaire-administrateur provisoire de la 12e division militaire par dépêche du ministre, 25 novembre 1792; remplacé au moment de la crise de mars 1793, il fait régler sa pension à 4,565 livres 12 sols le 12 avril 1793. On le verra, dans la seconde partie de cet ouvrage, conserver néanmoins son service plusieurs semaines après, en raison de l'isolement de l'armée du général Boulard, à laquelle il était alors attaché. Cependant, dans une lettre à Monsieur, frère de S. M. Louis XVIII, écrite de Villeneuve-le-Roi, le 15 janvier 1814, il saluait « le miracle de la divinité » qui venait de produire le rappel de Louis XVIII sur le trône de ses ancêtres » et se vantait d'avoir quitté le service « immédiatement après le martyre du roi Louis XVI. » (D'après le dossier des Arch. adm. de la guerre.)

2. Corresp. mun. des Sables, reg. A.

3. Arch. nat., F7 4423, cahiers de correspondance et d'ordres de Dumouriez.

La semaine suivante, le commandant du 2e bataillon du 60e régiment recevait cette lettre :

De Niort, 11 janvier 1792. — *A M. Rambaud.*

M. de Larnage, de service ce jour-là, au mouvement que faisait le soldat, est sorti de la maison d'arrêt où il était, et ayant encore aperçu le corps municipal à une certaine distance, il s'est approché de la sentinelle, lui a parlé un moment à l'oreille et s'est retiré dans la maison d'arrêt; le corps municipal ayant alors passé devant la sentinelle, celle-ci, loin de rendre les honneurs, a déposé son arme à terre.

Vous interrogerez, Monsieur, le soldat qui était en faction, devant ses sous-officiers, pour savoir si c'est par l'ordre de M. de Larnage qu'il a manqué à sa consigne, et, en ce cas, vous punirez sévèrement M. de Larnage, et m'en rendrez compte sur-le-champ. Le soldat mérite toujours une punition, mais ce ne doit être qu'une simple réprimande s'il a reçu des ordres de M. de Larnage, parce qu'il a pu croire que cet officier, étant de service, a eu le droit de changer la consigne.

Servez-vous de cette petite aventure pour ramener vos jeunes gens à l'ordre, et vous concilier la bienveillance et l'amitié des corps administratifs, dont nous avons toujours besoin et pour la tranquillité publique et pour notre avantage particulier. Voyez MM. les officiers municipaux, et terminez avec eux à l'amiable cette querelle ridicule, où tout le tort est du côté de ceux qui manquent à l'exécution des décrets.

Du Mouriez.

Le bataillon du 60e prit une part brillante à la célébration de l'acceptation de la Constitution, puis se montra aussi énergique que calme durant les grandes fêtes religieuses, comme celle de la nuit de Noël, où ses patrouilles empêchèrent des troubles redoutés[1]. Ainsi gagna-t-il toute la confiance des patriotes des Sables et de Dumouriez. Celui-ci empêcha, tant qu'il le put, le rappel des détachements de Royal-Marine à la Rochelle. Il écrivait au commandant Rambaud[2] :

Je prends un intérêt particulier à votre bataillon, je ne peux que vous répéter, ainsi qu'à MM. les officiers et sous-officiers, que, dans mon inspection, j'ai eu lieu d'être très satisfait de vos soins et de votre zèle.

Royal-Marine, créé en 1669, était l'un des seuls régiments d'alors où « la discipline, l'instruction et les finances » eussent été rétablies et fussent conservées grâce à « un excellent officier supérieur »[3], de-

1. Par délibération du corps municipal des Sables, du 21 décembre 1791, les troupes avaient été requises de veiller durant la messe de minuit, et une circulaire avait été adressée aux commandants de la garde nationale, de la gendarmerie et du 60e.

2. Cahiers de correspondance et d'ordres de Dumouriez, Arch. nat., F7 4423.

3. Comme il est dit dans une note du comte de Murinais, datée de 1787 et inscrite au registre de contrôle de ce régiment; Archives administratives de la guerre.

puis 1762 au service, major depuis 1782, passé colonel le 23 novembre 1791, Morille de Boulard. Le 60e devait, en mars 1793, devenir le noyau de cette « Armée des Sables », qui, sous le commandement du général Boulard jusqu'à la fin du mois d'août, mérita d'être surnommée « la pucelle », la seule que les insurgés royalistes ne purent battre ni surprendre[1].

LE DÉCRET DU 16 JUILLET 1791

Toutes les communications relatives aux troubles vendéens des mois d'avril, de mai et de juin avaient été renvoyées par l'Assemblée nationale au Comité des recherches. La demande de deux Commissaires, présentée le 5 juillet par le directoire du département, obtint une prompte réponse. Le 16, un rapport fut déposé par Cochon-Lapparent[2].

Cet ancien conseiller au présidial de Fontenay-le-Comte, connaissant bien son pays, signale clairement la gravité des troubles. Il ne dissimule pas l'influence néfaste exercée par le clergé réfractaire :

> Au temps de Pâques, dit-il, exhortations, sermons, abus des sacrements, tous les moyens furent mis en usage pour égarer le peuple en alarmant sa piété. Ces insinuations incendiaires exaltèrent les esprits des malheureux habitants de la campagne au point de jurer la perte de tous les citoyens connus sous le nom de *bourgeois*.

Il fait ressortir « la furie » des insurgés de Saint-Christophe-du-Ligneron » qui, après avoir retiré de l'église, cassé et brûlé « les bancs des ci-devant roturiers », allèrent « attaquer jusque dans leurs maisons les membres de la garde nationale, des corps administratifs, ainsi que les citoyens qui avaient marqué le plus d'attachement à la Constitution », et enfin se ruèrent sur les gendarmes eux-mêmes, « obligés de se renfermer dans une maison particulière pour empêcher l'effusion du sang et mettre en sûreté leur vie. » Il insiste sur l'obstination très caractéristique de la lutte qu'eurent à subir les forces envoyées le 2 mai par le district de Challans :

> Un grand nombre de factieux, accourus tant de Saint-Christophe que de paroisses voisines, et dont la fureur n'avait pas été apaisée par deux heures de la pluie la plus abondante, se mirent en devoir de résister, cachés derrière

1. Le livre d'ordres et de correspondance du général Boulard, conservé aux Archives de la guerre, est un document des plus précieux ; nous l'analysons et en donnons de nombreux extraits dans la seconde partie de cet ouvrage, au tome I de *La Vendée patriote*.
2. Une feuille in-8°, imp. par ordre de l'Assemblée, à l'Imp. nationale.

des haies, des buissons; ils firent sur les troupes une décharge qui blessa deux dragons et plusieurs chevaux; les troupes fondirent sur les factieux, qui furent bientôt mis en fuite et dissipés, après avoir laissé quatre morts et plusieurs blessés, dont quelques-uns sont morts depuis.

Il affirme que le mouvement se serait développé dans les districts de la Roche-sur-Yon et des Sables, sans les secours assez considérables arrivés de Nantes; il s'abstient de parler de l'intervention tardive de l'administration centrale de la Vendée.

Sur l'affaire de la Proutière, Cochon-Lapparent ne suit pas le compte rendu du procureur général syndic Pichard du Page. Il constate que « 80 ci-devant nobles, ayant avec eux 200 paysans des environs et quelques ecclésiastiques non assermentés, étaient arrivés avec armes et munitions dans ce château. » Il lit à la tribune le billet anonyme trouvé à la Marzelle et cite la lettre saisie sur le domestique du baron de Lézardière, « connu depuis longtemps par son incivisme ». Il ne relève pas les accusations portées contre les soldats du 84e et la garde nationale. Il raconte simplement :

Le détachement arriva, le 28 juin, au château de la Proutière; il y entra à 3 heures du soir, et, un instant après, le château fut incendié, sans que le commandant de la troupe pût y apporter aucun obstacle.

Cochon-Lapparent conclut ainsi :

Les commissaires que le département de la Vendée avait envoyés sur les lieux vous exposent, après le détail des faits, l'état de trouble et d'anarchie où se trouve le département de la Vendée; ils se plaignent des manquements d'égards et des insultes qu'ils ont éprouvés; ils vous supplient d'envoyer incessamment deux Commissaires qui, investis de l'autorité et de la considération que leur donnerait votre confiance, puissent rappeler les citoyens au respect pour les lois et à la déférence qu'ils doivent avoir pour eux.

L'Assemblée nationale vota l'impression de ce rapport et adopta le décret suivant[1] :

Article premier. — Les procédures commencées par les tribunaux des districts de la Roche-sur-Yon, les Sables et Challans, pour raison des troubles qui ont eu lieu dans l'étendue de ces districts, durant les mois d'avril, mai et juin derniers, y seront continuées jusqu'à jugement définitif, sauf l'appel, ainsi que de droit; et cependant *copie des procédures sera envoyée à l'Assemblée nationale*[2], sans que cet envoi puisse retarder les jugements;

1. Dont la minute se trouve aux Archives nationales, à la fin du dossier qui remplit le carton Dxxix 13.

2. C'est grâce à ces copies, en partie conservées aux Archives nationales, et auxquelles nous avons ajouté les « actes de dépôt » trouvés au greffe du tribunal des Sables, qu'a pu être établie sur documents authentiques, dans les chapitres précédents, l'histoire détaillée des troubles préliminaires de la guerre de Vendée, qui faillit commencer dès 1791.

ART. 2. — Il sera envoyé incessamment dans le département de la Vendée deux Commissaires civils, qui prendront tous les éclaircissements qu'ils pourront se procurer sur les causes des troubles, et se concerteront avec les corps administratifs sur les moyens de rétablir l'ordre et d'assurer la tranquillité publique. Lesdits Commissaires seront autorisés à requérir, toutes les fois qu'ils le jugeront convenable, les secours des gardes nationales et des troupes de ligne, tant dans le département de la Vendée que dans les départements voisins.

LES COMMISSAIRES CIVILS GENSONNÉ ET GALLOIS

Le principe constitutionnel de la séparation des pouvoirs s'opposait à la nomination de commissaires par l'Assemblée nationale elle-même. Ce fut donc, au nom du pouvoir exécutif, le garde des sceaux, ministre de la justice, Duport-Dutertre, — d'ailleurs, sur les indications des députés vendéens, « en ami »[1], — qui choisit, le 23 juillet, pour l'exécution de l'article 2 du décret du 16 : Gensonné, ancien avocat au Parlement de Bordeaux, puis procureur de la commune de cette ville, récemment nommé membre du tribunal de cassation; Gauvain-Gallois, commissaire de l'instruction publique du département de Paris, homme de lettres et jurisconsulte, traducteur de la *Science de la législation*, de Filangieri[2].

Les deux Commissaires civils partirent de Paris le 25 juillet. Ils arrivèrent à Fontenay-le-Comte le 29, à 4 heures de l'après-midi. Ils descendirent à l'hôtel de la Coupe-d'Or, où la municipalité vint leur souhaiter la bienvenue. Ils reçurent ensuite la visite de tous les corps administratifs.

Le directoire du département dont la pétition avait déterminé leur envoi, était très fier de leur présence et croyait les avoir à sa disposition entière, d'après la correspondance du ton le plus amical qu'il venait d'échanger avec le ministre de l'intérieur.

1. Comme l'écrivait Goupilleau (de Fontenay) à son cousin Goupilleau (de Montaigu), le 29 juillet 1791; correspondance de la collection Dugast-Matifeux.

2. Jean-Antoine Gauvain-Gallois, né à Paris en 1755, y mourut en 1829, 6 juillet; il traversa la Révolution sans jouer d'autre rôle politique que cette mission en Vendée.

Le célèbre membre de l'Assemblée législative et de la Convention nationale, Gensonné (Armand), était né à Bordeaux le 10 août 1758; il mourut sur l'échafaud le 31 octobre 1793. Le procès des Girondins (Arch. nat., W 292) ne contient rien de relatif à sa mission de 1791 en Vendée. La dernière des rares pièces qui le concernent est cette lettre qu'il écrivit à sa femme avant de marcher au supplice (3e partie, n° 23) :

« J'ignore, ma bonne et tendre amie, si l'on trouvera dans mes papiers la déclaration d'une somme de 387 livres que je dois à Garran-Coulon. Si la Nation n'acquitte pas cette dette, je compte sur toi. Adieu, ma bonne amie, aime-moi dans nos enfants, et conserve le souvenir d'un homme dont tu as fait le bonheur et qui s'occupera de toi jusqu'à son dernier moment. Je te charge de donner à ma mère les soins que tu peux lui offrir. Adieu.

GENSONNÉ.

« Le 10 du 2e mois de la seconde année de la République une et indivisible, à onze heures. »

Le ministre, Valdec de Lessart, lui avait écrit, de Paris, 17 juillet :

J'ai l'honneur, Messieurs, de vous envoyer une lettre de la supérieure des ursulines de Luçon. Vous verrez les motifs qu'elle emploie pour prétendre que sa communauté ne doit pas être tenue de prêter serment à raison de son pensionnat et de ses écoles de charité. Je doute qu'à la rigueur ces religieuses soient dans le cas d'être exceptées de la loi du serment, puisqu'elles enseignent publiquement et que leur institut les consacre particulièrement à l'éducation ; mais vous sentez les mesures et les ménagements que les circonstances peuvent exiger. Je ne crois pas pouvoir mieux faire que de m'en rapporter à votre sagesse.

Le 24 juillet, par lettre signée du vice-président Guillet et du secrétaire général Cougnaud, il avait répondu[1] :

... Nous sentons, comme vous, Monsieur, la convenance de suspendre quelquefois une décision sévère quoique conforme aux dispositions de la loi, mais les ménagements que la sagesse et la prudence indiquent aux corps administratifs sont si souvent le prétexte des calomnies que l'on se permet avec tant de facilité de diriger contre leurs principes, qu'il nous est impossible de répondre de la décision que nous rendrons sur cette affaire, lorsqu'elle nous sera présentée avec quelques instances de la part de la municipalité. Il est cruel sans doute d'être obligé de céder aux circonstances, lorsque l'on est persuadé des inconvénients majeurs qui peuvent résulter d'une exécution trop ponctuelle et prématurée des dispositions de la loi. Mais il est plus accablant encore, pour des administrateurs pénétrés de la nécessité d'être enfermés dans les limites qui leur sont imposées, d'être forcés de tolérer une extension injuste et arbitraire des dispositions de ces mêmes lois, de la part de ceux qui leur sont subordonnés dans l'ordre de la Constitution ; c'est cependant ce qui nous est arrivé plus d'une fois, et c'est en rougissant que nous nous voyons contraints d'en faire l'aveu.

Le 20 juillet, accusant réception des procès-verbaux relatifs aux troubles du district de Challans, le ministre avait écrit[2] :

... Il est fâcheux qu'il n'ait pas été possible de prévenir (ces troubles). On ne peut trop, dans ce moment de crise, engager les districts et les municipalités à veiller sur ce qui se passe dans leur ressort et à ne rien négliger pour éclairer les habitants des campagnes, qui deviendraient victimes des erreurs dans lesquelles on cherche à les entraîner.

J'ai rendu compte au Roi des détails de cette malheureuse affaire. Sa Majesté a approuvé les mesures que vous avez prises pour arrêter les progrès du désordre. Elle attendra avec impatience vos avis ultérieurs. Elle ne peut disposer comme Elle le désirerait des troupes de ligne qui se trouvent employées de tous les côtés, soit pour couvrir les frontières, soit pour les besoins

1. Copiée sur la minute, Arch. nat., F^{19} 481^{1}.
2. *Ibidem*

multipliés des départements; cependant Elle a chargé le ministre de la guerre de voir incessamment ce que les circonstances permettront de faire sur votre demande, que j'ai appuyée de tous les motifs énoncés dans votre dépêche.

Le 22 juillet, répondant à l'envoi du rapport des Commissaires du département sur les troubles du district des Sables et l'affaire de la Proutière, avec l'arrêté réclamant des commissaires civils, le même ministre avait écrit[1] :

Je vois que vous êtes pénétrés des vrais principes de la Constitution, et je ne puis qu'applaudir à l'esprit de sagesse et d'équité qui vous anime. L'Assemblée nationale vous ayant accordé des commissaires, je ne doute pas que, secondés par les efforts de votre zèle, ils ne parviennent bientôt à rétablir l'ordre et la tranquillité[1].

P. S. — Je n'entre pas dans les détails qui seront mieux traités avec les Commissaires que par voie de correspondance[2].

D'autre part, arrivaient à l'Administration quelques lettres de ci-devant nobles, qu'elle pouvait produire aux Commissaires pour leur démontrer que toute l'ancienne aristocratie n'était pas engagée dans la contre-révolution, comme le prétendaient les bourgeois patriotes des Sables, de Challans, de Montaigu et de la Châtaigneraie :

A M. Pichard, procureur-syndic du département de la Vendée, en son hôtel, à Fontenay-le-Comte[3].

Saint-Christophe, près Challans, Bas-Poitou, ce 30 juillet 1791.

Persuadé, Monsieur, que vous aurez la bonté de ne pas désapprouver que j'aie l'honneur de m'adresser directement à vous pour vous prier d'avoir la bonté de faire part à MM. du département de la Vendée de mes réclamations. Vous êtes sans doute instruit, Monsieur, qu'on a fait désarmer nombre de citoyens dans le district de Challans, parmi lesquels je suis compris. Je m'abstiens dans ce moment de toutes réflexions contre l'acte d'autorité auquel on s'est porté sans ordre supérieur, et je me borne à me soumettre, comme tout bon citoyen le doit faire, à la justice de MM. les administrateurs qui, dans leur sagesse et dans leur intégrité, jugeront mieux que moi celle qu'a droit d'attendre tout particulier, et combien de tels procédés pour des âmes sensibles et bien pensantes sont douloureux et mortifiants. Après m'être porté à tout ce qu'on a exigé de moi en ce qui a pu servir la chose publique, malgré des blessures reçues en défendant la patrie et qui m'ont estropié pour le reste de mes jours, je n'ai écouté que mon zèle pour elle. La place

1. Copiée sur la minute, Arch. nat., F^7 3274.
2. Le post-scriptum a été ajouté sur la lettre reçue par le directoire du département et donné dans le Compte de 1791 au Conseil général.
3. Papiers de Mercier du Rocher, reg. I, pièce 13, autographe.

de procureur de la commune et (celle) de commandant de la garde nationale, que j'ai occupées successivement l'attestent suffisamment, ainsi que la confiance dont m'honorent mes concitoyens, confiance que je mériterai toujours par mon amour pour la patrie, dans le sein de laquelle je veux vivre et mourir. Voilà, Monsieur, ma profession de foi, d'après laquelle je me crois plus que jamais autorisé à réclamer mes armes. Elles font partie de ma propriété, et non seulement nécessaires à ma sûreté pour défendre ma maison et la vie de ma famille contre les voleurs et les assassins, (mais aussi) pour jouir du droit que la loi accorde à tout propriétaire de faire tirer le gibier qui se trouve sur son domaine. D'après cet exposé, j'ose espérer que MM. du département auront la bonté de donner des ordres pour qu'on me rende la justice qu'ils jugeront m'être due, et que j'ai l'honneur de réclamer avec les plus vives instances.

Veuillez, Monsieur, être persuadé de toute ma reconnaissance et de tous les sentiments respectueux avec lesquels j'ai l'honneur d'être votre très humble et très obéissant serviteur,

L.-A. GUINEBAULD, *ci-devant de la Grossetière.*

Gensonné et Gauvain-Gallois reçurent avec politesse les communications et les confidences de Pichard du Page et de ses amis, mais ils se gardèrent d'épouser leurs rancunes contre les patriotes. Ni aux uns ni aux autres ils ne firent part des instructions qui leur avaient été données[1]. Voulant tout voir et vérifier par eux-mêmes, le 3 août, ils se rendirent à Luçon; dès le 5, ils allèrent aux Sables. Ils y restèrent plusieurs jours, puis passèrent à Challans. Ils se trouvaient à la Roche-sur-Yon le 14, et le 17 ils rentraient à Fontenay, où ils s'établirent jusqu'au 3 septembre.

Ils eurent plusieurs fois à intervenir pour prévenir de nouveaux troubles. Le plus souvent ils étaient accompagnés du général Dumouriez qui, disent-ils dans leur rapport[2], vint, dès leur arrivée, « s'associer à leurs travaux et, par son patriotisme et ses lumières, concourut de la manière la plus efficace au maintien de la paix publique. »

AFFAIRES RELIGIEUSES

Au moment où les Commissaires civils arrivaient à Fontenay, la question religieuse était très vivement imposée à leur attention par deux actes que venait de recevoir l'Administration départementale.

1. Dit Mercier du Rocher dans ses *Mémoires inédits*.
2. Lu le 9 octobre à l'Assemblée legislative et imprimé par son ordre, Imprimerie nationale, 23 pages in-8°; il a été reproduit dans le *Moniteur*.

Messieurs du directoire du département de la Vendée.

Fontenay, ce 22 juillet 1791[1].

Quoique les principes des religieuses de Notre-Dame de cette ville ne puissent être méconnus, elles sont bien aises de les réaliser et vous prévenir qu'elles ont été menacées de faire fermer les portes de leur église. Vous êtes leurs protecteurs : c'est donc dans votre sein qu'elles vont déposer leurs craintes et leurs alarmes.

Les religieuses de la communauté de Notre-Dame ont l'honneur de vous exposer que nulle puissance au monde ne peut les dégager des vœux qu'elles ont faits à l'Éternel, sans blesser le respect qu'elles lui doivent, et le parjure deviendrait pour elles le plus grand des malheurs.

L'obéissance formelle à une loi qu'exige de nous l'Assemblée nationale nous plongerait dans l'abîme et contrarierait nos vœux, nos serments et nos devoirs les plus sacrés. Les religieuses de Notre-Dame n'ignorent point que l'obéissance est due aux puissances de la terre ; elles ne s'y refuseront jamais, pourvu qu'on ne jette point l'effroi dans leur âme.

Si on exige de nous que nous connaissions un évêque dit constitutionnel, que nous mettions notre confiance dans un prêtre assermenté pour diriger nos pensées et nos actions, nous n'y adhérerons jamais. Ces hommes auxquels on voudrait nous assujettir ne sont point, selon nous, les propriétaires d'une mission légitime, mais bien étrangers aux vrais intérêts de nos âmes.

Les apôtres tenaient leur mission de notre divin Législateur, il n'appela pas le peuple pour leur conférer des pouvoirs, l'élection de Mathias l'a été par les apôtres, ils n'appelèrent pas le peuple.

Dans l'ancienne loi, Dieu dit à Moïse d'assembler les enfants d'Israël pour leur déclarer qu'il avait fait choix d'Aaron et de ses enfants pour exercer le sacerdoce ; il les consacra, il leur donna des pouvoirs ; Dieu ne dit point à Moïse d'y appeler le peuple pour choisir ses prêtres, Moïse seul était revêtu de ce caractère.

Le chef de l'Église a le droit seul de conférer l'épiscopat, de pourvoir canoniquement et suivant les règles prescrites celui qui a été pourvu, et il n'appartient à aucun autre de mettre la main à l'encensoir. Si le Chef de l'Église, les Cardinaux, les Évêques de France et la grande majorité des Curés, qui forment l'Église enseignante, avaient reconnu la Constitution civile du Clergé, nous suivrions aveuglément ce que nos chefs prescriraient. Mais ils ont réclamé en protestant contre une innovation qui ne tend qu'à détruire en nous la foi et le dogme.

Retirées du chaos et du bruit de la multitude, nous n'avons d'autre occupation jour et nuit que d'adresser nos vœux et nos prières à l'Éternel, de chanter des hymnes et des cantiques à la louange de Celui qui est l'auteur de la vie. Ignorées du monde, nous demandons à être oubliées, ensevelies dans la retraite.

Pourquoi nous tourmenter ? Pourquoi vouloir changer nos principes et vouloir nous faire embrasser un nouveau culte ?

1. Papiers de Mercier du Rocher, reg. I, pièce 12, autographe.

C'est donc pour nous y contraindre qu'on nous enlève nos prêtres, qu'on veut faire fermer les portes de nos églises, afin de nous interdire toute communication.

Exposerons-nous ces hommes fidèles à leur foi à être poursuivis comme perturbateurs du repos public? Non certes ; nous préférerions gémir dans le silence en bénissant la main qui nous frappe aussi rigoureusement.

Cependant, quelle est cette loi, dont on nous parle si souvent, de la Déclaration des droits de l'homme, laquelle a pour objet de donner la liberté à tous les hommes d'agir, de penser, d'écrire leur opinion? Quels sont les effets qui en résultent? Un défaut de liberté, et, s'il est vrai que cette loi existe, que les agents du pouvoir suprême en soient à notre égard les protecteurs, qu'ils nous fassent jouir du bienfait de la loi.

Nous réclamons cette liberté précieuse et la loi du 13 mai, qui permet à tout prêtre qui se présentera dans une église paroissiale, succursale ou oratoire, d'y dire la messe, sans qu'on puisse lui objecter le défaut de serment, cette même loi ne lui défend point de dire la messe dans les autres églises ; conséquemment, personne ne peut lui en interdire l'entrée. La circonstance seule où l'autorité a droit de faire fermer la porte des églises est si l'on s'élevait contre la Constitution et particulièrement contre la Constitution civile du Clergé.

En conséquence, Messieurs, nous sollicitons auprès de vous l'exécution des lois pour notre repos et notre tranquillité, et vous demandons sûreté et protection.

Signé : Marie-Françoise D'AUX,
Supérieure des religieuses de Notre-Dame[1].

Le directoire du district de Challans, avec la lettre si importante du ci-devant évêque de Luçon[2], transmettait, suivant un

1. Une seule religieuse était sortie de cette maison de Notre-Dame, suivant un procès-verbal, que nous avons trouvé dans ceux des papiers de Benjamin Fillon qu'a conservés M. Charier-Fillon. Voici le résumé de ce procès-verbal :

Le 1er juin 1790, le procureur de la commune, Giraud de Saint-Vincent, « remontre aux maire et officiers municipaux composant le bureau de la municipalité de Fontenay-le-Comte qu'il aurait été informé par la voix publique, et notamment par le sieur Barnabé-Étienne Giraud de la Chauvinière, maître en l'art et science de la chirurgie, que la dame Pineau, religieuse professe au couvent des dames de Saint-François en cette ville, sa tante, désirait profiter du bénéfice du décret de l'Assemblée nationale du 13 février. »

Sur ce réquisitoire, le 2, le maire, Pichard du Page, et le procureur de la commune, avec le greffier Fleury, se transportent au couvent, et, en présence de la supérieure, reçoivent la déclaration de la dame Pineau « qu'elle entend user de la faculté qui lui est accordée de sortir de la communauté et de vivre dans le monde. »

La dame supérieure ne fait d'observation que relativement « aux dettes que la dame Pineau peut avoir contractées pendant son séjour dans la communauté et dont la communauté n'entend pas demeurer chargée. » Elle dit « qu'elle se fait un devoir d'obéir aux décrets de l'Assemblée nationale, et qu'elle n'a aucun moyen d'empêcher la dame Pineau de sortir de sa communauté, puisque tel est son plaisir, et qu'elle en a la faculté, aux termes du décret. »

La dame Pineau sort aussitôt du couvent, après s'être soussignée au procès-verbal, qui constate « qu'elle a fait sortir avec elle tous les meubles, linges et effets à elle appartenant. »

2. Donnée plus haut, t. I, p. 183.

arrêté pris en séance du 25 juillet où assistaient le président Mourain, les administrateurs Merland, Bouvier et Jousson [1], la demande de mesures promptes et énergiques contre les prêtres réfractaires. Ils écrivaient :

... Il est impossible de se dissimuler que les menées sourdes employées par le sieur Mercy ne soient la principale cause et peut-être même l'unique des malheurs qui sont venus fondre sur les campagnes de ce district... L'Assemblée nationale, dans sa sagesse, avisera au moyen de rétablir la paix, dont nos citoyens, trop faciles à tromper, sont privés depuis si longtemps... Le seul moyen de parvenir à ce but si désirable est d'éloigner de leur paroisse les fonctionnaires remplacés, afin qu'ils ne restent pas à portée de continuer leurs instructions perfides, et même d'autoriser les corps administratifs à les forcer de se retirer dans les villes voisines, et, éloignés des paroisses, de les réunir ensemble, et de surveiller leur correspondance ; les autoriser également à déplacer ceux des réfractaires non remplacés, lorsqu'ils seront notoirement dangereux ; cette dernière mesure semble être exigée par les circonstances, puisque les habitants des campagnes préfèrent aller entendre la messe à deux et trois lieues de chez eux plutôt que de rester à celle de leurs prêtres assermentés...

Le 30 juillet, « les Commissaires civils envoyés par le Roi dans le département de la Vendée » tenaient, avec les administrateurs départementaux, les administrateurs du district de Fontenay et les officiers municipaux de cette ville, une séance extraordinaire. Il y était délibéré, à propos d'une pétition du conseil général de la commune du chef-lieu, « sur le mode d'exécution le plus propre à concilier les dispositions des lois relatives au culte, sans compromettre la tranquillité publique ni enfreindre les principes de tolérance religieuse solennellement proclamés par l'Assemblée nationale. »

Il était pris « en directoire du département », une décision qui n'était immédiatement applicable que dans la ville de Fontenay, mais qui devait être « imprimée, publiée et affichée, sauf à étendre les dispositions qu'elle renfermait aux autres villes du département, sur la pétition des municipalités [2] ».

Arrêté du 30 juillet 1791.

Le directoire du département de la Vendée,

Considérant que l'article Ier de la loi du 13 mai dernier, qui déclare que

1. Copie de l'arrêté se trouve aux Archives nationales, Dxxix 15, l. 125.

2. Cet arrêté a été reproduit en première page du *Moniteur* de 1791, n° 221. Il se trouve aux Arch. nat., F^{19} 481^{1}, avec celui du 9 novembre 1791, qui le complète et que nous donnons plus loin, ch. XIX.

le défaut de prestation du serment prescrit par la loi du 26 décembre 1790 ne pourra être opposé à aucun prêtre se présentant dans les oratoires nationaux seulement pour y dire la messe, suppose l'exécution des articles 4 et 5 de la même loi du 26 décembre, qui ordonne que les fonctionnaires publics qui se refuseront à la prestation du serment civique seront remplacés; que par conséquent l'exercice public et la faculté accordée aux prêtres non-conformistes de dire la messe seulement dans les églises d'oratoires nationaux sont limités à celles qui sont desservies par les prêtres constitutionnels, et ne peuvent être étendus à celles eont les desservants n'ont pas pu être remplacés ;

Considérant encore que l'article 2 de la loi du 13 mai dernier contient des dispositions qui facilitent à tous les citoyens l'exercice de leur culte quel qu'il soit, pourvu qu'ils se soumettent aux lois de police qui leur sont prescrites;

Ouï le procureur général syndic, et de l'avis de messieurs les Commissaires et du directoire du district de Fontenay, arrête :

Article premier. — A dater de demain, 31 de ce mois, les ecclésiastiques qui n'ont pas prêté le serment prescrit par la loi du 26 décembre 1790 seront autorisés, conformément à l'article 1er de la loi du 13 mai dernier, à se présenter dans les églises paroissiales ou dans l'oratoire du collège de Fontenay, pour y dire la messe seulement, lesquelles églises seront les seules qui continueront à être ouvertes à l'exercice du culte religieux.

Art. 2. — En conséquence les portes extérieures des autres églises de cette ville, tant celles des hôpitaux que celles des religieuses et de l'Union chrétienne, seront fermées à compter de ce jour et affectées au service particulier des maisons, sans que les étrangers puissent y être admis.

Art. 3. — L'oratoire des prêtres de la congrégation de la Mission[1] sera également réservé à leur usage particulier, sans aussi qu'ils puissent y admettre d'étrangers.

Art. 4. — La municipalité notifiera dans le jour aux religieuses des différentes communautés, aux sœurs des hôpitaux, aux dames de l'Union chrétienne et aux prêtres de la Mission établis dans cette ville, les dispositions du présent arrêté, en leur enjoignant de s'y conformer exactement, et prendra aussi le nom de l'aumônier de chacune de ces maisons et l'heure à à laquelle il est à l'usage d'y dire la messe.

1. Ces prêtres de la Mission ne doivent pas être confondus avec les missionnaires de Saint-Laurent-sur-Sèvre, lesquels s'étaient même établis en concurrence avec eux, comme les Filles de la Sagesse avaient été instituées, sous l'influence de la compagnie de Jésus, en concurrence avec les sœurs de Saint-Vincent-de-Paul. Les Lazaristes, dont la fondation remonte à 1625, dans l'ancienne léproserie de Saint-Lazare, à Paris, très suspects de jansénisme, ne s'étaient pas, comme leurs rivaux, déclarés en hostilité contre les lois de la Constituante et n'avaient pas cherché à se soustraire à leur application.

Parmi les papiers de Benjamin Fillon, conservés par M. Charier-Fillon, à Fontenay, nous avons trouvé la « Déclaration des revenus et charges des prêtres de la congrégation de la Mission, remise et affirmée à l'hôtel de ville de Fontenay-le-Comte, le 18 février 1790. » Leur maison, située au bout du faubourg du Puy-Saint-Martin, avait un revenu annuel de 1,107 livres 7 sols, et ses charges s'élevaient à 1,872 livres 9 deniers. Mais elle avait deux prieurés : au Breuil-Bertin, dont le revenu était de 688 livres et les charges de 100 livres; et à Villiers en-Plaine, dont le revenu était de 6,200 livres et la charge de 1,834 livres. L'établissement devait contenir 4 prêtres, 2 frères et 2 domestiques.

ART. 5. — Le directoire déclare qu'il est libre à chaque citoyen, dans sa maison particulière, et aux malades et indigents retirés dans les hôpitaux, d'appeler auprès d'eux, comme personnes privées et sans aucune marque extérieure des fonctions publiques ecclésiastiques, les hommes dont ils réclameront la présence et les secours, sans que, sous ce prétexte, il puisse se former, dans une maison particulière, une société pour l'exercice d'un culte, si ce n'est dans le cas et de la manière établie par l'article 3 de la loi du 13 mai dernier.

On a vu précédemment[1] que la loi des 7-13 mai 1791, dans laquelle l'Assemblée nationale avait essayé de concilier le principe de la tolérance religieuse avec l'application de la Constitution civile, avait été accueillie par le clergé réfractaire comme un nouvel attentat aux droits de l'Église catholique, exclusive de toute autre; contre « ce piège » avait été dirigée la circulaire du 30 mai[2] interdisant toute relation avec les *intrus* et organisant le mouvement véritablement insurrectionnel des messes secrètes enrégimentant des foules aux carrefours miraculeux des vieilles forêts druidiques.

Le ministre de l'intérieur, accusant réception de l'arrêté du 30 juillet, félicitait en ces termes les administrateurs de la Vendée[3] :

Les dispositions de l'arrêté que vous avez pris, Messieurs, de concert avec les commissaires civils et les corps administratifs, paraît aussi sage que conforme à la loi. Je ne doute pas que cette réunion de zèles et de lumières ne produise bientôt les effets les plus avantageux. Vous me trouverez disposé à y contribuer en tout ce qui pourra dépendre de moi, et j'en apprendrai le résultat avec la plus grande satisfaction.

Il ne fallut pas longtemps aux Commissaires civils pour apercevoir que les inassermentés ne reviendraient plus dans les « oratoires nationaux »; que les chapelles fermées des pères de la Mission et des dames de l'Union chrétienne étaient et resteraient des foyers d'agitation; que la division, semée au sein des familles, allait s'aggravant de plus en plus, et que le mal était déjà devenu sans remède.

Ils constatent, dans leur rapport, que les ennemis du nouveau régime « entretiennent avec soin l'aversion du peuple » contre les prêtres constitutionnels:

L'indigent n'obtient de secours, l'artisan ne peut espérer l'emploi de ses talents et de son industrie qu'autant qu'il s'engage à ne pas aller à la

1. Dans notre t. I, p. 344.
2. Voir ci-dessus, tome I, p. 346.
3. D'après la minute annexée à l'arrêté, Arch. nat., F[19] 481[1]

messe des prêtres assermentés... Les églises desservies par des prêtres assermentés sont désertes ; on court en foule dans celles où, *par défaut de sujets*, les remplacements n'ont pu encore s'effectuer... Rien n'est plus commun que de voir, dans les paroisses de cinq à six cents personnes, dix ou douze seulement aller à la messe de l'assermenté. La proportion est la même dans tous les lieux du département.

A l'exemple de Saint-Mars-la-Réorthe[1], plusieurs paroisses ont présenté, disent-ils encore, « des pétitions tendant à être autorisées à louer des édifices particuliers pour l'usage de leur culte religieux. » Sachant qui les provoquait, « ils n'ont pas cru devoir statuer sur une séparation religieuse qu'ils croyaient, vu la situation du département, renfermer tous les caractères d'une scission civile entre les citoyens. »

L'amalgame de la question religieuse avec la question politique est, dès cette époque, si complètement réalisé que, dans le langage usuel des populations, font observer les Commissaires, ceux qui vont à la messe constitutionnelle s'appellent *patriotes*, les autres s'intitulent *aristocrates*, et, affirment-ils, « ces prétendus aristocrates forment les deux tiers de la population ! »

La situation étant telle, on comprend que les patriotes vendéens accusaient l'administration départementale d'avoir laissé grandir le péril à ce point. Ils s'exaspéraient de ne pas voir la Vendée suivre l'exemple de la Loire-Inférieure, qui déjà faisait saisir dans les communes les prêtres réfractaires, que la force publique ramenait au chef-lieu[2]; l'exemple du Maine-et-Loire, qui, par ses arrêtés des 24 mai et 24 juin[3], avait mis les réfractaires sous la surveillance des municipalités et ordonné de saisir ceux qui, reconnus factieux, n'obéiraient pas à l'injonction de se rendre au chef-lieu, « pour y demeurer sous la surveillance des corps administratifs jusqu'à ce que le calme fût rétabli. »

Les Commissaires civils eurent aux Sables-d'Olonne, le 6 août, pour premier soin de se faire remettre les pièces concernant l'affaire de la Proutière. La municipalité se tint très réservée à leur égard, parce qu'ils avaient été envoyés sur le rapport fait contre elle par les commissaires départementaux. Deux jours après leur arrivée, le 8, elle alla leur présenter ses « Notes », délibérées et arrêtées en conseil de la commune. La cinquième[4] avait pour but de les empêcher d'être dupes des renseignements faux ou exagérés qui pourraient

1. Voir notre tome I, p. 348.
2. Comme fit Dumouriez au retour de Challans ; voir plus haut, p. 1, sa lettre du 1er juillet.
3. Voir p. 176 et 226 du t. I de *Vendée angevine*, par M. Célestin Port.
4. Nous avons donné cette note tome I, p. 430.

leur être offerts sur l'incendie des châteaux. Les autres étaient ainsi formulées[1] :

1° L'hôpital des Sables n'a que 20 lits et les ressources les plus modiques, 100 livres de rente; réclamer qu'on le rende commun au district;

2° Remboursement des avances considérables faites par la ville des Sables pour les expéditions qui ont eu lieu dans le district de Challans et l'établissement de troupes de ligne dans la ville;

3° MM. les Commissaires sont priés de mettre sous les yeux de M. du Portail que, depuis quatre mois, la ville des Sables a vu changer cinq fois sa garnison, qu'elle a d'abord eu un détachement du régiment du Perche, ensuite une compagnie de cavaliers du 16e régiment, puis un bataillon du Poitou, ensuite de Rohan, enfin de Royal-Marine; que ces changements, qui coûtent beaucoup à la ville, vexent ses habitants, occupent entièrement ses officiers municipaux et les empêchent de vaquer à l'administration;

4° MM. les Commissaires sont priés de vouloir bien examiner les quais et l'entretien de notre port, qu'on ne peut différer de réparer; mais la ville n'est pas assez riche pour l'entreprendre; il faudrait que le gouvernement en fît les frais, et cela paraît d'autant plus juste que le port ne sert pas seulement aux vaisseaux du pays, mais à tous les bâtiments français....

La présence du maréchal de camp Dumouriez, qui vint rejoindre les Commissaires, n'aida pas peu à les mettre en bon accord avec les patriotes sablais. Gensonné et Gallois, dans ce district et aussi dans celui de Challans, invitèrent les délégués des municipalités du district à leur présenter l'exposé « des causes qui avaient pu occasionner les troubles ».

La municipalité de Saint-Gilles-sur-Vie chargea, le 12 août, son maire, Henri Collinet, de fournir les preuves de cette réponse, délibérée en séance extraordinaire[2] :

Sur les causes des troubles.

La municipalité de Saint-Gilles-sur-Vie pense que *les prêtres non assermentés ont causé les troubles et insurrections* qui ont eu lieu dans plusieurs paroisses du district. Entre autres motifs elle peut alléguer :

1° *La tranquillité des campagnes et les sentiments civiques qu'elles manifestaient avant la dernière communion pascale;*

2° *La répugnance presque invincible qu'elles montrent aujourd'hui à ne pas assister aux offices des prêtres remplaçants, les habitants préférant aller au loin pour entendre les offices divins, et souvent même s'en abstenir.*

1. Délibération du 8 août 1791, reg. de la mairie des Sables.
2. Extrait des papiers de Saint-Gilles-sur-Vie.

La municipalité croit que *l'aristocratie des gens jadis privilégiés y a beaucoup influé.*

Pour obvier à ces maux, la municipalité propose *d'éloigner à une certaine distance les prêtres non-conformistes;* de placer dans les différentes paroisses des desservants jusqu'à parfait remplacement, et que les électeurs soient incessamment convoqués dans chaque district ; que des citoyens dont les sentiments civiques et les moyens de persuasion seront connus soient envoyés dans les campagnes pour les pacifier et les ramener aux bons principes.

Au cours de la séance du 13 août, Gauthier de Biauzat demandait, au nom du Puy-de-Dôme, que l'Assemblée nationale chargeât son Comité de rapports et son Comité ecclésiastique de faire au plus tôt un rapport sur les prêtres non-conformistes.

Goupilleau (de Fontenay) appuyait vivement la motion, au nom de la Vendée :

Il est instant que l'Assemblée s'occupe de cet objet. La guerre civile est allumée dans le département de la Loire-Inférieure, parce que les lois existantes n'ont pas assez sévèrement réprimé les prêtres malveillants ; trente personnes ont été tuées. Nous avons été obligés nous-mêmes de demander l'envoi de Commissaires ; il est impossible que la France existe comme cela.

Les nouvelles émeutes auxquelles le député de la Vendée faisait allusion s'étaient produites principalement dans les communes de Bouguenais et de Couëron (Loire-Inférieure), encore à l'occasion d'installations de curés constitutionnels. Les troupes en avaient ramené des prisonniers qui, pour la seconde fois, furent libérés sans jugement, après une admonestation paternelle de l'évêque de Nantes, Minée [1].

Quant aux agitations de la Vendée proprement dite, quant aux menées des nobles et des prêtres, susceptibles de provoquer une guerre civile et religieuse à la première occasion favorable, on les trouve expliquées avec une clarté merveilleuse et un esprit politique supérieur dans le document suivant, écrit au moment même, sur les lieux et de la main du général Dumouriez [2]:

Journal de ma tournée d'août.

Parti de Nantes le 11, couché à Machecoul. J'y ai vu deux compagnies du 2ᵉ bataillon du 84ᵉ régiment. M. Dumas, bon officier. Rien d'extraordinaire. Faute commise par la municipalité de Legé.

1. A. Guépin, *Histoire de Nantes*, p. 427.

2. Trois pages manuscrites de la plus fine écriture, dans l'un des six cartons des papiers de Dumouriez, conservés aux Archives nationales tels qu'ils furent recueillis en 1793 par le Comité de sûreté générale de la Convention, — F⁷ 4598⁵.

Le 12, à Challans. J'y ai vu Jacob jeune, de Noirmoutier, dont on m'a dit du mal. 2 compagnies du 2e bataillon du 84e régiment. Guillomont, médiocre officier, Saint-Périeux, mauvais. Le district fort bon. Toujours les prêtres réfractaires et les nobles très dangereux. Le nombre des gens attachés à la Constitution est très faible partout; heureusement qu'il n'y a point d'armes. Si le 2e bataillon du 84e régiment était parti d'après les ordres, *le pays serait déjà en insurrection.*

Le 13, à Saint-Gilles et Croix-de-Vie, après avoir examiné les batteries de Sion et de Boisvinet, dont la première de 2 pièces de 36, la deuxième de 2 de 18, toutes deux mal placées. La redoute marquée sur la carte à Boisvinet n'existe plus, le corps de garde et la poudrière non plus. Il n'y a pas à s'en éloigner beaucoup pour changer l'emplacement des batteries.

Saint-Gilles et Croix-de-Vie forment une population de 1,000 habitants, dont 200 hommes d'armes, animés d'un bon esprit. Le port est intéressant; il s'y embarque 3,000 tonneaux de grains. Il y faut au moins 30 fusils, parce que la paroisse de Saint-Hilaire, qui n'en est qu'à trois quarts de lieue, est de 2,000 âmes, et l'esprit en est très mauvais; il faut même éviter de l'armer. On pourrait rendre le petit port de Saint-Gilles excellent pour 150,000 livres; consulter à cet égard le maire et M. Gratton, commandant de la garde nationale. Il y faudra 15 ou 20 hommes lors de l'embarquement des grains; je les tirerai des Sables.

Couché le même jour aux Sables, où j'ai trouvé MM. les Commissaires envoyés par l'Assemblée. La garde nationale des Sables est diminuée, l'esprit y est devenu plus mauvais par la présence de Mlles de Lézardière et des prisonniers nombreux qui y sont. Le curé est dangereux quoique constitutionnel, parce que c'est un homme sans retenue. Le district et la municipalité sont toujours assez mal ensemble. Les 7 compagnies du 2e bataillon du 60e régiment qui y sont arrivées sont assez tranquilles, les officiers en sont contents. M. Rambaud, capitaine, qui les commande, a l'air d'un homme doux; je l'ai mené au club avec un autre capitaine malgré sa répugnance. Il s'y trouvait 37 cavaliers du 16e régiment, dont un M. Louis, officier de mérite. Ils ont débuté par dîner chez un mauvais sujet, Baudry de la Richardière, qui a servi dans ce régiment; cet aristocrate leur a fait tort, d'autant qu'on les avait prévenus de ne pas accepter son dîner. Les nobles et les prêtres sont très actifs dans ces deux districts des Sables et de Challans.

Séjourné aux Sables le 14; le bataillon me paraît fort mal tenu, son armement est de 1778, il y a beaucoup de recrues et ils manœuvrent mal.

Le 15, passé à la Mothe-Achard, où il y a un curé constitutionnel; il y avait tout au plus 30 hommes à la grand'messe. Arrivé à la Roche-sur-Yon, district faible, timide, peu instruit; plus de 100 nobles sont là qui les menacent et leur font peur; 6 hommes de garde nationale; les maires des campagnes fort bornés et intimidés. Une seule brigade de maréchaussée dans tout le district, composée d'un brigadier haï dans la ville, et de trois ivrognes qui ne savent ni lire ni écrire; le maire, bon citoyen et assez instruit. Paroisses du Poiré, Boulogue, les Clouzeaux, détestables; paroisses de Bournezeau, les Essarts, très bonnes, ayant une garde nationale nombreuse, mais pas un fusil. La compagnie du 60e régiment ne forme que 29 hommes effectifs mal habillés et médiocres; le capitaine Florence est parti, donnant sa démission.

En tout ce district est dangereux par la supériorité prodigieuse du parti des contre-révolutionnaires. Il faut surtout faire perfectionner les routes et avoir les communications, parce que la Roche-sur-Yon, étant un point de centre du département, s'éclairera et prendra de la force par le commerce et le passage des étrangers. Il faut aussi éloigner les prêtres réfractaires des paroisses où ils étaient curés et vicaires; la noblesse, seule, ne pourrait rien, mais, appuyée des prêtres, elle est très dangereuse.

Ce district fournit un membre à l'Assemblée nationale nommé Birotheau[1].

Nous avons eu aussi dans ce district des plaintes d'incivisme contre le Département de Fontenay. L'opinion de MM. les Commissaires est que ma résidence est nécessaire à Fontenay pendant les élections, et qu'il faut que nous organisions sérieusement la force publique, seul moyen de sauver ce pays-ci d'une commotion qu'il éprouvera certainement par suite du fanatisme religieux, en cas que l'acceptation de la Constitution ne se fasse pas très pacifiquement à Paris, et même dans tous les cas. L'important est de hâter l'inscription et l'armement des 3,000 auxiliaires décrétés pour la défense de cette frontière maritime et de les établir dans des postes fixes avec une instruction militaire pour leur premier rassemblement dans les points les plus dangereux; il n'y a même point d'autres ressources. Il faut y joindre l'éloignement des prêtres réfractaires et le désarmement complet des privilégiés. Une autre mesure commune à toute la France, mais plus nécessaire encore dans ce département entièrement privé de lumières, c'est l'établissement des municipalités de cantons pour abolir celles des villages.

Le 16, à Chantonnay, où nous avons appris qu'il y a des troubles dans le district de la Châtaigneraie.

Le 17, à Fontenay. Vu le régiment de cavalerie; bonne espèce d'hommes et de chevaux; assez bon esprit, nulle instruction. Décidé la rentrée des 32 cavaliers détachés aux Sables pour le 1er septembre.

Les 18, 19, 20, pétition de plus de 200 personnes de tout état, de Fontenay, pour demander une église non-conformiste et présentée plusieurs fois aux Commissaires, qui la rejettent sagement. Interrogatoire de l'abbé Beauregard, grand vicaire de Luçon, qui avoue sa circulaire aux curés réfractaires, dans laquelle on peut voir tout le plan des prêtres contre les décrets.

La pétition occupe tous les esprits; elle est *soutenue sous main par le directoire du département;* elle divise le district, mais la municipalité est unanime pour la rejeter; on ne veut ni la soumettre aux Commissaires ni suspendre jusqu'à une décision de l'Assemblée, à qui on l'enverrait. Les Commissaires prennent le parti d'annoncer qu'ils partiront sur-le-champ si elle est accordée.

1. Birotheau des Burondières.

Les 21, 22, 23, séance du club fort sage, dans laquelle je propose les obsèques de l'abbé Jallet, député.

Je vais avec eux dîner chez M. Gallot, président du district, à la campagne; il ne peut avoir aucune voix dans la délibération comme protestant. Les Commissaires vont jusqu'à la Châtaigneraie, dont les députés nous joignent chez Gallot; je leur donne des chevaux pour aller passer la revue de la garde nationale, à la prière de ces députés.

Je reviens le 23 au soir à Fontenay, et j'apprends le départ du 16e régiment de cavalerie, le 31, pour aller à Givet. Ainsi, voilà Niort et Fontenay sans troupes, au moment des élections et à la veille d'une révolte pour le soutien de la pétition; car je m'attends que la fermentation va augmenter; elle s'étend déjà à la Châtaigneraie et gagnera tous les districts.

Le 22, le département a envoyé au ministre son travail sur la gendarmerie nationale.

Le 28, nous allons à Niort, où le département paraît assez bon, surtout le procureur général; il y a beaucoup de zèle et de patriotisme dans la garde nationale et dans le peuple. *Tout le foyer du fanatisme est à Châtillon et dans les paroisses avoisinantes du district de Montaigu.*

Le 1er septembre, voyage à Saint-Laurent, aux Épesses, à Saint-Mars-la Réorthe. Plus de bruit qu'il n'y a de danger. Cependant les missionnaires de Saint-Laurent sont dangereux. Les villages sont en insurrection pour avoir des églises non-conformistes, et, pour peu qu'on n'y remédie pas, cela dégénérera en guerre civile religieuse. Les dénominations *aristocrates* et *patriotes* suivent le mode de la messe constitutionnelle ou non. Les patriotes sont les moins nombreux, mais les plus taquins. Il est dangereux de les soutenir trop fortement; mais, si on accorde trop aux autres, tout est à craindre pour la Constitution elle-même, parce que cette première concession conduit à toutes les autres; dès que le rassemblement religieux sera légal, les délibérations, suggérées par la Noblesse et le Clergé, se porteront d'abord sur l'impôt, et, faisant nombre, les paroisses feront résistance d'autant mieux qu'elles auront la loi pour elles, puisque les municipalités de village sont presque toutes dans cette partie réfractaires.

Les sœurs de la Sagesse, tout utiles qu'elles soient pour les hôpitaux, sont dangereuses, et il serait bon de détruire leur chef-lieu de Saint-Laurent; elles sont très utiles dans les hôpitaux, où il faut leur donner tout appui, mais elles n'ont pas besoin de maison chef d'ordre, et l'Assemblée nationale doit s'en occuper.

Les missionnaires, qui sont les *mâles* de ces établissements, ne sont bons à rien, sont très dangereux; il faut les séculariser et les disperser. Leurs petites croix, leurs miracles, ne devaient pas même être conservés sous l'ancien régime; leur fanatisme ne porte qu'à rétrécir et incendier les esprits de faux scrupules.

On prétend qu'on ne peut pas soutenir les Dames de la Sagesse sans les missionnaires; en ce cas, *il faut détruire également les deux établissements, dont l'origine est trop mystique et l'institut trop politique.* Non seulement ces espèces de cénobites mâles et femelles prêchent, se répandent partout, soignent les malades, etc., mais ils amassent dans leur chef-lieu d'ordre, ils y bâtissent, ils y possèdent des terres, le tout d'aumônes et de dons ou legs pieux, ce qui ne doit pas se soutenir avec notre Constitution. Leurs biens, quoique nouvellement acquis, sont susceptibles d'être regardés comme les autres biens nationaux, étant les fruits des mêmes moyens de mettre l'opinion religieuse à contribution.

Il serait sans contredit conséquent au système de liberté, qui fait la base de notre Constitution, d'accorder une église aux non-conformistes dans chaque lieu où ils le demanderaient. Mais, en ce cas, il faudrait, par le même principe, leur accorder aussi le droit de se faire baptiser, marier, enterrer par leurs prêtres et dans les églises qu'on leur aurait accordées, parce que, ces actes ne pouvant pas être regardés comme purement civils, ils sont religieux et font partie du culte. Mais si, d'après l'exemple donné très imprudemment à Paris, on accordait des paroisses aux non-conformistes ou des églises qui leur en tinssent lieu, bientôt les prêtres assermentés resteraient sans fonctions. Le parti de Rome ne s'en tiendrait pas à cette première victoire ; les excommunications, les menaces, les persécutions même naîtraient de cette tolérance, et la Constitution, entamée dans ses règlements civils sur le Clergé, le serait bientôt dans la disposition des biens nationaux, dans les droits féodaux, dans l'autorité royale. Les deux Ordres se joindraient au Roi pour enlever tout à fait à la Nation sa souveraineté, et les législatures constituées ne seraient pas assez fortes pour soutenir la Constitution. On en viendrait à une Convention nationale qui serait demandée également par tous les partis et qui achèverait la destruction de ce grand ouvrage.

CHAPITRE XVII

LES MENÉES CONTRE-RÉVOLUTIONNAIRES ET L'ACCEPTATION DE LA CONSTITUTION PAR LE ROI

Dans le courant du mois d'août 1791, les patriotes de l'Ouest étaient très inquiétés par les mouvements des ci-devant nobles : embarquements des uns sur la côte, voyages des autres vers la capitale, réunions politiques sous prétexte de chasse. Le bruit courait qu'un nouveau complot s'ourdissait en vue de recommencer « l'enlèvement du Roi » ; que Louis XVI n'accepterait pas la Constitution, et que le jour où il y opposerait son *veto* serait le signal d'une insurrection générale des partisans de l'Ancien Régime, combinée avec une attaque des puissances étrangères.

Les inquiétudes des patriotes étaient fondées. On avait lu l'insolente lettre par laquelle Bouillé avait pris la responsabilité de la fuite royale : « Je connais les chemins qui mènent à Paris; j'y guiderai les armées étrangères, et de cette orgueilleuse capitale il ne restera pas une pierre. » On avait reçu le décret du 15 juillet, par lequel étaient mis en accusation ce « général de l'armée française sur la Meuse, la Sarre et la Moselle, pour avoir conçu le projet de renverser la Constitution, à cet effet attiré le Roi dans une ville de son commandement, sollicité les puissances voisines à faire une invasion sur le territoire français. » Il était permis de tout craindre, quand, à l'instant même où les constitutionnels de l'Assemblée nationale travaillaient à réconcilier le Roi avec son peuple, les frères de Louis XVI, au milieu des rassemblements armés d'émigrés, à Worms et à Coblentz, obtenaient, le 10 juillet, du roi de Bohême et de Hongrie, l'initiative des démarches en vue de former la première coalition contre la France; quand, le 27 août, ce souverain et le roi de Prusse, suivant « les désirs et les représentations de Monsieur et du comte d'Artois », signaient la Convention de Pilnitz, par laquelle ils considéraient « la situation du Roi de France comme un objet d'un intérêt commun à tous les souverains de l'Europe », et « donnaient à leurs troupes les ordres convenables pour qu'elles fussent à portée de se mettre en activité[1]. »

Les agitations de la noblesse poitevine aux mois d'août et de septembre 1791 sont suffisamment révélées par les documents suivants, recueillis parmi les pièces dites secrètes des Comités réunis des rapports et des recherches de l'Assemblée constituante[2].

La Garde nationale de Poitiers au Président de la Commission des recherches de l'Assemblée nationale.

Poitiers, 17 août 1791.

Monsieur,

De sinistres complots s'ourdissent dans les ténèbres, la tranquillité publique est menacée, le sort de la Constitution est peut-être en danger. L'époque où la Charte de nos droits doit être présentée à Louis XVI semble être l'époque fixée pour sa destruction, et l'air triomphant de nos ennemis annonce qu'ils n'ont pas perdu tout espoir de rentrer dans leurs droits chimériques.

La garde nationale de Poitiers, fidèle à ses serments, croit devoir vous dénoncer tout ce qui lui est suspect.

Le ci-devant marquis de la Roche du Maine arrive de Paris; des courriers sont bientôt dépêchés auprès des gardes des corps licenciés, des officiers réfractaires et de tous les ci-devant gentilshommes en état de porter les armes; ils se rassemblent à la hâte chez l'un d'eux, et le jour suivant éclaire leur départ.

Pourquoi cette fuite précipitée? Est-ce l'amour de la patrie qui la sollicite? Tout soupçon contraire paraît fondé.

Nous sommes, avec respect, Monsieur, les citoyens composant la garde nationale de Poitiers.

Signé : TUFFET, adjudant en second; HÉLION, secrétaire.

Le Club des Jacobins de Poitiers à La Fayette.

Poitiers, 17 août 1791, l'an III° de la Liberté.

Frère et ami,

Ralliés jusqu'à ce jour autour de la Constitution, nous avons rendu inutiles les efforts redoublés de ses plus cruels ennemis; mais cette résistance opiniâtre ne fait qu'irriter leur atroce vengeance.

Nous touchons au moment où l'Assemblée nationale va terminer ses

1. Voir, sur les agissements de l'émigration à ce moment, *Coblentz* par Ernest Daudet (in-8°, Paris, 1890), ch. IV et V.
2. Archives nationales Dxxix b, liasses 351, 353 et 354.

grands travaux et nous remettre le Livre sacré qui contient les droits du genre humain. Cette époque, qui sera célébrée par tous les Français, fait frémir nos ennemis de rage. Ils prennent dans l'obscurité tous les moyens de s'opposer à notre bonheur.

Nous sommes sûrs qu'il se forme un grand rassemblement à Paris. C'est le point de ralliement de cette funeste coalition.

Depuis huit jours nous voyons partir tous les ci-devant nobles; tous les ci-devant gardes du corps rejoignent; une multitude de gens sans aveu prennent la même route. Tout nous présage, en un mot, un complot funeste pour l'empire français.

Courage, généreux La Fafayette! Vous fûtes le défenseur de la liberté des Américains; sauvez encore une fois la France! Tâchez de prévenir l'orage; nous attendons notre salut de votre active surveillance; vous allez, nous l'espérons, mettre le dernier sceau à la reconnaissance de vos frères et amis.

Les membres composant le comité de surveillance,

Signé : FRADIN, président; D. MALTESTE fils; DASSIER, secrétaire.

Le Directoire du département de la Vienne à MM. du Comité des rapports de l'Assemblée nationale.

Poitiers, 18 août 1791.

Le Directoire du département de la Vienne a été instruit par la municipalité de la ville de Poitiers que, depuis cinq à six jours, tous ceux des anciens gardes du corps qui étaient dans cette ville et un nombre considérable de ci-devant nobles en état de porter les armes avaient successivement sollicité et obtenu des passeports pour se rendre à Paris, et de là dans différentes villes des ci-devant provinces de Bourgogne et de Champagne.

Une désertion combinée de cette espèce, si elle a eu lieu dans différentes autres villes, pourrait faire soupçonner quelques rassemblements suspects dans quelques points du royaume, et le Directoire a cru qu'il était de son devoir de vous en instruire, ainsi que le Ministre de l'intérieur, afin que, de concert, vous puissiez engager l'Assemblée nationale à prendre dans sa sagesse les précautions convenables pour prévenir l'effet de toute espèce de complot qui pourrait menacer la liberté publique.

J'ai l'honneur d'être, avec respect, Monsieur, votre très humble et très obéissant serviteur,

Le procureur général syndic du département de la Vienne,

BRAULO.

Le Comité des recherches de la Municipalité de Paris à La Fayette.

Du 19 août 1791, 8 heures du soir.

Monsieur le commandant général,

Le Comité se croit obligé, non de vous apprendre, mais de vous rappeler l'imminence d'une contre-révolution, dont nous sommes menacés par les prêtres non-conformistes, réunis à plusieurs officiers et à un très grand nombre de chevaliers de Saint-Louis. Ces personnages, qui arrivent de toutes parts à Paris, ne parlent que d'incendies et de massacres, qui doivent s'opérer lundi 22, ou du 24 au 25 de ce mois. Ces gens ont, dit-on, gagné nombre de gardes nationales, et ils doivent en apparence les multiplier à l'aide d'uniformes qu'ils donnent à plusieurs personnes de leur parti. On craint jusqu'aux troupes de ligne, que l'Assemblée nationale a permis au ministre de faire passer non loin de Paris....

GOHIER, président; CÉSERAC, BIDAULT.

Extraits de lettres particulières.

D'un préposé à la municipalité de Thouars en Poitou.
(11 *septembre* 1791.)

.... Presque toute la Noblesse du royaume se transporte actuellement à Paris, où elle sera au nombre d'au moins 45,000; elle emporte, non des assignats, mais de l'or en abondance, avec la ferme résolution, non de soutenir la Constitution, mais de la détruire de fond en comble.... Ils espèrent que l'étranger, au moins les princes, feront explosion de leur côté.... Il m'a semblé que les curés du Bas-Poitou et de la Bretagne font leur possible pour exciter la guerre civile...

De Delabette, ancien capitaine de la compagnie de volontaires,
A Hénault, garde national de la section de l'Arsenal, à Paris[1].

Des Ormes, en Poitou, 21 septembre 1791.

Défiez-vous, mes amis, mes compatriotes! Il y a pour sûr un coup de monté, un projet formé, dont l'exécution est très prochaine. Je ne sais pas ce que l'on vous prépare, mais nos aristocrates sont radieux de joie. Ils partent tous, mais tous; il n'en reste aucun dans ce pays-ci; il y en a plus de vingt de ce canton, qui n'ont pas même trois cents livres de rentes, qui prennent le même chemin. La route en est couverte jour et nuit; les postes ont de la peine à faire le service. On ne sait ce que tout cela veut dire. Les uns disent qu'ils vont à Paris jouer leur va-tout; les autres disent qu'ils vont faire la chasse; enfin nous sommes tous ici dans la plus grande inquiétude; nous craignons que vous ne soyez surpris. Prenez vos précautions! Que ma lettre vous serve d'avertissement; prenez garde, il y va d'un grand coup! Je vous dis qu'à plus de trente lieues à la ronde il ne reste pas un ci-devant noble. S'il en est de même pour tous les pays, vous devez en avoir plus de 15,000 à Paris. Au moment où j'écris, il y a douze voitures à la porte qui attendent le retour des chevaux, et, depuis dix jours, c'est toujours de même....

Cet entraînement des nobles poitevins hors de leurs châteaux, eux jusqu'alors les plus sédentaires de toute la France, n'était pas

1. Lettre transmise par cette section au Comité des recherches de l'Assemblée nationale.

approuvé du clergé réfractaire, qui craignait de se voir abandonné par les gens d'épée au moment du soulèvement rural préparé. Les paysans des régions les plus fanatisées ne comprenaient rien à cette disparition des seigneurs, auxquels ils ne cessaient de dire : « Ce n'est plus le temps des badines, messieurs de la Noblesse, c'est de bons sabres qu'il faut! » tout haut menaçant « de donner le logement pour l'éternité aux bleus qui viendraient les visiter! » Un petit gentilhomme, Bougrenet de la Tocnaie[1], rentré en sa terre de Moricq précisément à cette époque, et qui la quitta bientôt, comme les autres, écrivait plus tard : « A présent que j'y réfléchis froidement, je ne puis concevoir comment l'esprit d'émigration put s'emparer de toutes les têtes avec des dispositions (populaires) aussi favorables! ».

LES COMMISSAIRES CIVILS A CHATILLON

Au commencement du mois d'août, des mouvements inquiétants se produisaient parmi les populations rurales du district de Châtillon-sur-Sèvre. Les administrateurs furent « sur le point d'être assassinés par des paysans attroupés qui ne voulaient pas qu'on vendît le domaine de leur cher curé[2]. »

Le département des Deux-Sèvres avertissait l'Assemblée nationale et réclamait des mesures efficaces surtout contre les prêtres inassermentés. Par décret du 8 août, les Commissaires civils en Vendée furent invités à se transporter dans le département voisin. Ils trouvèrent Châtillon, au point de vue des divisions religieuses, exactement dans le même état que les districts vendéens. Mais les paysans semblèrent mieux écouter leurs discours libéraux et patriotiques. En s'en allant, ils croyaient avoir obtenu, des plus agités, des promesses formelles de respect de la loi; ils concluaient, avec le curé constitutionnel de la Chapelle-Saint-Laurent, l'abbé Talleryé[3] :

.... Le seul moyen de remédier à ces maux est de ménager l'opinion du peuple, dont il faut guérir les préjugés avec le remède de la lenteur et de la prudence. Car il faut prévenir toute guerre à l'occasion de la religion, dont les plaies saignent encore.... Il est à craindre que les mesures rigoureuses, nécessaires dans les circonstances contre les perturbateurs du repos public, ne paraissent plutôt une persécution qu'un châtiment infligé par la loi. Quelle prudence ne faut-il pas employer! La douceur, l'instruction, sont les armes de la vérité.

1. Dans l'ouvrage que nous avons cité page 507 de notre t. I, il signale, pages 150-153, une lettre de l'évêque M. de Mercy contre la Noblesse.
2. *Mémoires inédits* de Mercier du Rocher, 1er cahier.
3. Lettre du 12 septembre, citée à la fin du rapport officiel de Gallois et Gensonné.

Repassant à Niort, les commissaires civils trouvèrent l'administration départementale dans de tout autres idées. Il leur fallut employer leur éloquence, user de leur autorité, pour suspendre l'exécution des mesures qu'elle venait de décider contre les prêtres réfractaires.

Arrêté du Directoire du département des Deux-Sèvres.

Séance du 5 septembre,
les huit membres et le procureur général syndic présents[1].

Sur une dénonciation par écrit, faite par plusieurs citoyens électeurs et fonctionnaires publics du district de Châtillon, des troubles qui existent dans différentes paroisses de ce district; des événements qui y ont eu lieu; du danger que courent les curés et vicaires constitutionnels, dont la vie est sans cesse menacée par une multitude égarée; de la difficulté qu'ils éprouvent dans l'exercice de leurs fonctions; de la fermentation qui règne dans tous les esprits fanatisés par les prêtres non assermentés, qui se servent indignement du prétexte de la religion pour soulever de bons mais faibles citoyens, et les porter à une insurrection qu'il est urgent de prévenir;

Le Directoire du département des Deux-Sèvres, effrayé de la coalition qui existe entre les habitants de plusieurs paroisses du district de Châtillon, frémissant à la vue des dangers prêts à éclater, alarmé sur le sort de cette classe utile et laborieuse de citoyens qu'on excite à la sédition, de cette classe d'ailleurs d'autant plus facile à séduire qu'elle est moins éclairée,

Considérant 1° que les voies de douceur et de modération, dont il s'est servi jusqu'à présent pour ramener la paix dans le sein de ces campagnes, ont été infructueuses;

2° Que ces malheureux citoyens sont aveuglés par le fanatisme à un tel point qu'ils ne portent plus leurs enfants à l'église paroissiale pour y recevoir le baptême, que l'état et la naissance de ces enfants ne sont point constatés d'une manière légale et authentique; que ce défaut de formalités devient de la plus grande conséquence pour les contestations qu'il pourra occasionner par la suite; qu'il est de son devoir de veiller à ce que l'état civil des citoyens soit assuré dans les formes prescrites par la loi;

3° Qu'il ne peut se dissimuler, d'après les renseignements qu'il a reçus, que ces erreurs dangereuses et les troubles qui existent ne se propagent que par les discours et les écrits séditieux que les prêtres non-conformistes tiennent et répandent avec profusion dans ces campagnes;

4° Que, tant que les curés non assermentés et remplacés et tant que les vicaires non assermentés resteront dans les paroisses où ils exerçaient les fonctions de curés et vicaires, la paix ne s'y rétablira jamais, à cause de l'influence qu'ils ont sur l'esprit faible de leurs ci-devant paroissiens;

5° Affligé de l'idée déchirante que l'impunité enhardit le crime, et considérant que le salut public est la loi suprême, qu'il est du devoir des corps administratifs de prévenir le mal et de l'arrêter;

1. Imp., extrait des papiers de Mercier du Rocher, reg. II, pièce 175 annexe.

Considérant enfin que, quel que soit le moyen qu'on emploie pour parvenir tant au rétablissement de l'ordre et de la paix qu'à préserver une foule de citoyens des malheurs effrayants dont ils sont menacés, il ne peut jamais être improuvé par ceux dont les intentions sont droites et pures, et qu'il n'y a, au contraire, que les ennemis du bien public et les malintentionnés qui puissent s'en plaindre,

A arrêté, ouï le procureur général syndic :

1° Que tous les curés non assermentés et remplacés, et les vicaires non assermentés, dans le district de Châtillon, seront tenus de sortir du district dans trois jours, à compter de celui de la publication du présent arrêté, ou, s'ils le préfèrent, de se rendre dans le même délai au chef-lieu de ce département, leur assurant qu'ils y trouveront toute protection et sécurité pour leurs personnes, et qu'à défaut par eux de s'y conformer, il sera employé la force publique pour les y contraindre ;

2° Que tous les citoyens seront tenus de faire constater l'état civil de leurs enfants dans les formes prescrites par la loi ;

3° Qu'il sera fait une Adresse à tous les citoyens du district de Châtillon pour les ramener avec douceur à l'amour de l'ordre et de la paix ;

4° Que, s'il sont sourds à cette voix fraternelle, et qu'il se fasse sentir la moindre insurrection dans leurs campagnes, ainsi que dans tous autres endroits du département, les perturbateurs seront punis suivant toute la rigueur des lois ;

5° Que, s'il arrive dans le département des troubles qui nécessitent la force publique, cette dépense sera supportée par les paroisses qui y auront donné lieu ;

6° Ordonne au procureur-syndic du district de Châtillon de tenir la main à l'exécution du présent arrêté, lequel sera rendu public par la voie de l'impression et envoyé à toutes les municipalités du département pour être affiché, lu et publié à l'issue des messes paroissiales, sous la responsabilité des officiers municipaux qui, dans le cas où ils trouveraient de l'opposition à ladite publication, seront tenus d'en dresser procès-verbal et de l'envoyer au directoire du district pour, sur son avis, être, par le Directoire du département, pris tel parti qu'il appartiendra ;

Arrête, au surplus, que copies du présent arrêté seront envoyées au Ministre et à l'Assemblée nationale.

Signé : BARRÉ, vice-président ; PIET-CHAMBELLE, secrétaire général.

Sur les menées aristocratiques qui, depuis assez longtemps pourtant, visaient à faire de Châtillon-sur-Sèvre le centre contre-révolutionnaire du Poitou, de l'Anjou, du Berri et de la Marche, il n'y a pas un mot dans le rapport officiel de Gallois et de Gensonné.

Cependant ces menées, troublées par l'arrestation des Robert de Lézardière aux Sables, avaient déjà été reprises très activement par le marquis de Loynes de la Coudraye. Une nombreuse assemblée s'était tenue vers la fin du mois d'août en son château de la Rivière, près Saint-Martin-sous-Mouzeuil[1], ainsi rapportée dans une lettre signée Péraudeau et remise le 8 septembre à la municipalité de Luçon[2] :

« ... Il y avait des gens de partout; mais les huttiers[3] et ceux d'au delà du Lay y marquaient beaucoup plus que les autres. Des messieurs de Luçon, des environs de Mareuil, de Bournezeau et de la Jaudonnière y étaient aussi. Ils ont tenu conseil dans le château, tandis qu'on était assemblé dans le pré du bois, où il y avait des tables et de quoi manger et boire. On peut évaluer à sept ou huit cents ce qu'il y avait de monde. On ne sait ce qui a été arrêté dans le conseil, si ce n'est que ces messieurs ne se sont pas mis d'accord. Il y en a qui parlent de se porter à Luçon; les autres sont d'avis d'aller à Châtillon. Tous se méfient des gardes nationales de Fontenay ou autres districts... On est parti à l'annonce des gardes nationaux. »

L'accord ne tarda pas à se faire en faveur de Châtillon, qui devait être le premier point d'attaque des bandes de Baudry-d'Asson, dans l'insurrection du 22 août 1792, et devenir, au mois de mai 1793, le siège du Conseil supérieur des armées catholiques et royales[4].

LES TROUBLES DE CHATEAU-D'OLONNE ET LA RÉQUISITION DE DUMOURIEZ

Les Commissaires civils achevaient leur mission dans les Deux-Sèvres, quand ils furent subitement rappelés par le Département de la Vendée. Celui-ci avait reçu du district des Sables, le 23 août, la nouvelle qu'il venait d'éclater, dans la commune de Château-d'Olonne, une tentative d'insurrection, suscitée par les anciens curé et vicaire de la ville, les abbés Boitel et Gourdin. L'administrateur Dardel et le procureur-syndic Degounor, envoyés avec quelques cavaliers, avaient eu de la peine à apaiser les émeutiers; il y avait à user « de mesures à la fois énergiques et conciliatrices[5]. »

Aussitôt arrivés et informés, Gensonné et Gallois faisaient prendre, le 25, par le Directoire départemental, l'arrêté suivant[6] :

Lecture faite :

1° D'un procès-verbal, rapporté les 21 et 22 de ce mois par la munici-

1. Canton de l'Hermenault (Vendée).

2. De la collection Dugast-Matifeux; donnée dans l'ouvrage *Origine et débuts de l'insurrection vendéenne.*

3. Habitants de la lisière des marais.

4. Rien ne prouve mieux que les longues discussions sur le choix du centre insurrectionnel de Châtillon la conspiration ou plutôt la série de conspirations qui prépara le grand soulèvement de la Vendée en 1793.

5. Délibération du district des Sables, aux Arch. de la Vendée.

6. Recueil impr. des arrêtés réunis dans le volume apporté par Pichard au tribunal révolutionnaire, Arch. nat. W 354.

palité de Château-d'Olonne, duquel il résulte que des particuliers de la paroisse se sont attroupés à la chambre municipale; que plusieurs d'entre eux se sont portés à des violences envers les officiers légitimes, notamment contre le sieur Girard; qu'ils ont enlevé les registres des délibérations, et qu'ils ont particulièrement fait porter leurs menaces sur la fermeture de l'église de la ci-devant abbaye de Saint-Jean-d'Orbestier, ce qui empêchait le sieur Le Bedesque, prêtre non-conformiste et ci-devant curé, d'y célébrer la messe;

2° D'une lettre écrite le 22 de ce mois au Directoire du district des Sables par le sieur Biret, curé actuel de Château-d'Olonne, à l'effet de rendre compte des difficultés qu'il éprouve dans l'exercice de ses fonctions.....

« Considérant que les mesures les plus promptes et les plus imposantes doivent être prises pour empêcher que *les effets d'une insurrection, provoquée par le fanatisme, n'embrasent l'ensemble du département et ne deviennent bientôt un mal général, auquel il ne serait possible de remédier qu'avec des moyens violents qui ne s'envisagent pas sans frémir.....*

« Arrêtent:

« 1° Que les particuliers qui se sont rendus coupables d'attroupement et de violence envers les officiers municipaux de Château-d'Olonne seront, sans délai, s'ils ne l'ont déjà été, dénoncés à l'accusateur public près le tribunal du district des Sables, pour être poursuivis et punis suivant la loi;

« 2° Que les Commissaires feront à l'instant une réquisition à M. Dumouriez, maréchal de camp de la 12e division militaire, pour remplacer l'escadron du 16e régiment de cavalerie par d'autres troupes de ligne en nombre suffisant;

« 3° Qu'il sera écrit aux Ministres de la guerre et de l'intérieur pour leur demander de prendre les mesures les plus propres à accélérer l'organisation de la gendarmerie nationale.

« Fait en Directoire, à Fontenay-le-Comte.

« GUILLET, *vice-président;* J.-M. COUGNAUD, *secrétaire général.* »

Cet arrêté était adressé au ministre de l'intérieur, de Lessart, qui en accusait réception, annonçait sa transmission au ministre de la guerre du Portail, et promettait de presser l'organisation de la gendarmerie [1].

Réquisition au général Dumouriez [2].

Nous, Commissaires civils, envoyés dans le département de la Vendée en vertu de la loi, conformément à la délibération prise cejourd'hui en directoire du département, réunis avec nous, requérons M. Dumouriez, maré-

1. Voir plus loin page 49.
2. Archives historiques de la guerre; correspondance générale, août 1791.

chal de camp de la 12e division, de prêter le secours d'un détachement de troupes de ligne pour prévenir des attroupements séditieux, dont divers districts de ce département sont menacés, réprimer ceux qui ont eu lieu le 23 de ce mois dans la paroisse de Château-d'Olonne, district des Sables, et pour remplacer le 16e régiment de cavalerie qui était en garnison à Fontenay-le-Comte et à Niort, afin d'éviter toute interruption de service dans les circonstances critiques où se trouve ce département.

Pour la garantie de mondit sieur Dumouriez, nous apposons nos signatures.

Fontenay-le-Comte, le 25 août 1791.

Les Commissaires civils envoyés dans le département de la Vendée :

GENSONNÉ, GAUVAIN-GALLOIS ;
P.-J-H. TESSIER, secrétaire.

En transmettant cette pièce, le 26 août, de Niort, Dumouriez écrivait :

Au Ministre de la Guerre[1].

... J'ai l'honneur de vous envoyer un réquisitoire de Messieurs les Commissaires civils, en conséquence duquel j'avais compté faire venir de Saint-Jean-d'Angély le corps des Chasseurs bretons, pour tenir garnison à Niort et à Fontenay, en attendant un remplacement quelconque des troupes que vous ôtez à la 12e division.

Je n'ai appris que ce matin que le corps des Chasseurs bretons est en marche pour la frontière. Heureusement que j'ai appris en même temps qu'un escadron de Royal-Roussillon-Cavalerie arrive à Niort, pour se rendre de là Fougères, sans que je connaisse sa destination ultérieure.

En conséquence de la réquisition très instante de Messieurs les Commissaires, des troubles qui existent dans le département de la Vendée, des vives sollicitations des administrateurs du département à Messieurs les Commissaires et à moi, pour ne pas laisser Fontenay dégarni de troupes dans le moment des assemblées électorales, j'y fais passer l'escadron de Royal-Roussillon, et j'ai prévenu sur-le-champ M. de Verteuil, mais je crois devoir vous en rendre compte directement, vu l'urgence des circonstances dans lesquelles nous nous trouvons.

Le département de la Basse-Charente a 6 bataillons, pendant qu'il ne se trouve que 2 ou 3 escadrons pour la sûreté des trois départements des Deux-Sèvres, de la Vendée et de la Loire-Inférieure, dont les deux premiers sont fort agités par le fanatisme.

J'espère que vous approuverez mes dispositions et que vous me renforcerez quand ce sera possible. J'apprends ici qu'il faut veiller sur Poitiers ; trouvez bon que je vous en instruise, quoique cela ne regarde point la division à laquelle je suis attaché.

1. Archives historiques de la guerre ; correspondance générale, août 1791.

Il est infiniment pressant d'achever l'organisation de la gendarmerie nationale. Vous avez reçu le travail de M. de la Salle. Ce travail est parfaitement bien fait, et je crois qu'il serait très utile de vous en rapporter à l'expérience de cet ancien officier, et de nous envoyer au plus tôt les instructions et expéditions nécessaires pour compléter ce corps dont nous avons le plus grand besoin.

Le régiment de cavalerie, que Dumouriez arrêtait ainsi au passage sans avoir préalablement réclamé l'autorisation de son supérieur ni celle du Ministre, venait d'être enlevé au département de Maine-et-Loire. Celui-ci avait lui-même à lutter, en son pays des Mauges, avec ses seules gardes nationales, contre des explosions de fanatisme aussi graves, sinon plus, que celles qui se produisaient en Vendée [1]. Son Directoire écrivait d'Angers, le 28 août :

Au Ministre de la Guerre [2].

Nous avons l'honneur de vous prévenir que des rassemblements nocturnes nous ont obligés de faire marcher avec la plus grande célérité les gardes nationales de cette ville (d'Angers), celles de Cholet, Chemillé et Chalonnes, afin de les dissiper et d'arrêter dans leur principe les funestes effets qu'ils auraient nécessairement produits. Les mêmes raisons nous ont déterminés à envoyer à Cholet 25 maîtres du second escadron du 11e régiment en quartier à Saumur, 26 à Segré et 8 à Châteauneuf. Nous avons engagé M. de Chabrillan à donner des ordres au commandant de ce régiment pour faire conduire le reste de son escadron à Angers, parce qu'il est absolument indispensable de l'avoir sous la main pour en tirer les détachements qui sont nécessaires pour maintenir la tranquillité dans divers points du département où les malintentionnés excitent des troubles...

Ainsi les administrateurs angevins, n'ayant pas auprès d'eux un général patriote, comme leurs confrères des Deux-Sèvres et de Vendée, étaient obligés de pourvoir eux-mêmes à la sûreté publique, compromise par des mouvements militaires que la situation extérieure ne commandait pas encore assez impérieusement pour expliquer le retrait des troupes de ligne des parties du territoire menacées de guerre civile.

LA VÉRITÉ SUR LA SITUATION DE LA RÉGION VENDÉENNE AUX MOIS D'AOUT ET DE SEPTEMBRE 1791

Les commissaires civils Gensonné et Gauvain-Gallois ont, beaucoup mieux que dans leur rapport, lu à l'Assemblée législative le

1. V. le ch. VIII du tome I de la *Vendée angevine*, par M. Célestin Port, p. 236-237.
2. Arch. histor. de la guerre; correspondance générale, août 1791.

9 octobre, exposé, dès le 27 août, toute la gravité de la situation religieuse et politique en Vendée. Ils écrivaient, de Fontenay-le-Comte, en envoyant l'arrêté et la réquisition du 25 :

Au Ministre de l'Intérieur [1].

La situation générale du département est *très alarmante*.

Les prêtres non-conformistes ont séduit la très grande majorité de ses habitants, déjà disposés depuis longtemps par leur ignorance et leur confiance aveugle dans leurs prêtres, à recevoir les impressions les plus superstitieuses. Heureusement le défaut d'énergie, qui constitue le fond de leur caractère particulier, a jusqu'à présent prévenu les effets de cette ignorance et de cette séduction ; mais *il pourrait arriver*, et c'est l'opinion des différents corps administratifs que nous avons consultés, *que ces hommes, une fois sortis des bornes naturelles de leur caractère, se portassent avec plus d'ardeur à des mesures dangereuses, qu'il serait alors plus difficile d'arrêter*.

La plupart des municipalités sont incomplètes, et quelques-unes sont désorganisées par les manœuvres combinées des ennemis du bien public, qui ont su employer tour à tour, avec succès, l'espérance et la crainte. *Il est presque impossible, dans beaucoup d'endroits, de remplacer les officiers municipaux qui ont abdiqué leurs fonctions*... Une persécution ouverte s'exerce en plusieurs endroits contre les prêtres constitutionnels, contre les officiers municipaux qui tiennent à leur poste, et le petit nombre des citoyens qui se sont dévoués au service de la garde nationale et qui n'écoutent plus la voix de leur ancien pasteur.

Il est très à craindre qu'on ne perçoive pas l'impôt; on éprouve des difficultés presque insurmontables pour en faire l'assiette. Dans la plupart des paroisses, soit mauvaise volonté, soit frayeur, on ne trouve point d'indicateurs, et les municipalités qui sont encore composées d'un nombre suffisant d'officiers municipaux n'osent pas se livrer à ce genre de travail, ou en sont absolument incapables. Il devient indispensable *d'envoyer presque partout des commissaires*, et il sera impossible d'en trouver, *s'il n'y a pas de force publique qui les protège*.

Telle est la situation de ce département, et cependant la gendarmerie nationale n'est point encore organisée et il n'y a qu'un très petit nombre de paroisses sur lesquelles on pourrait compter sans le secours de la garde nationale.

Le rassemblement des électeurs, fixé au 30 de ce mois, et qui va dégarnir les administrations de district des membres les plus connus par leur

1. Lettre qui fait partie de la collection de M. Dugast-Matifeux et qu'il produit dans son livre, non publié, *Origines et débuts de l'insurrection vendéenne*, avec la suivante, de Gensonné à Gallot, p. 318-327. Ces deux pièces étaient uniques et capitales tant qu'on n'avait pas la Correspondance militaire de Dumouriez. Ce que nous donnons de celle-ci nous oblige, pour éviter les redites inutiles, à supprimer quelques passages des fameuses lettres et à ne pas reproduire le rapport officiel, très connu, des commissaires civils.

civisme et les plus propres à maintenir l'ordre et la tranquillité publiques, augmente nos inquiétudes.

Nous demandons avec les plus vives instances la prompte organisation de la gendarmerie nationale. Indépendamment de la situation particulière de la Vendée, les renseignements que nous avons pris sur les dispositions des esprits dans les départements voisins nous donnent les plus vives inquiétudes sur les obstacles qu'on peut apporter à *la liberté de la circulation des grains*, et nous pensons que, si la force publique ne peut pas prévenir des excès de ce genre, il en résultera *des troubles dont les suites sont incalculables*...

Le Ministre de l'Intérieur, Valdec de Lessart, répondait, le 3 septembre[1] :

A MM. les Commissaires civils au département de la Vendée.

J'ai reçu, Messieurs, la lettre que vous m'avez fait l'honneur de m'écrire le 27 août avec l'arrêté que le directoire du département a pris le 25 en votre présence. Les détails en sont affligeants. Je m'empresse d'en faire part au ministre de la guerre, que l'organisation de la gendarmerie nationale et la disposition des forces militaires concernent principalement. Je ne peux, pour ce qui me regarde dans les circonstances difficiles où vous vous trouvez, que vous engager à employer tous les moyens que votre zèle et votre sagesse vous suggéreront, pour exciter le zèle des gardes nationales et des bons citoyens, et surtout pour éclairer le peuple sur les erreurs dans lesquelles les ennemis du bien public cherchent à l'entraîner. J'attendrai avec impatience vos informations ultérieures.

Écrivant le même jour au docteur Gallot, député vendéen à la Constituante[2], pour le presser d'agir auprès des ministres, afin d'obtenir « le plus prompt secours pour l'organisation de la force publique, dont le département est absolument dépourvu », Gensonné seul accentuait encore davantage la gravité de la situation.

A M. Gallot.

Les troupes de ligne qui existaient dans le département à l'époque de notre arrivée étaient notre seule ressource. Elles consistaient dans un ba-

1. Lettre copiée sur la minute ministérielle, Arch. nat., F9 150. La lettre des commissaires n'y est pas jointe.

2. Dans l'*Inventaire des autographes et documents historiques réunis par M. Benjamin Fillon et décrits par Étienne Charavay* (Paris, 1878, in-4°), t. Ier, p. 131, n° 518, on lit : « Magnifique lettre, la plus belle, à coup sûr, qu'on possède de Gensonné... Plus sincère que dans son rapport officiel, il va au fond des choses et dit sa pensée entière sur le pays qu'il vient de parcourir, où l'insurrection est presque partout latente, où les populations, fanatisées par les prêtres, sont toutes préparées à la guerre civile. Document historique d'une importance considérable. »

taillon du 84e régiment d'infanterie en garnison aux Sables et quelques compagnies établies à Challans et à la Roche-sur-Yon. Nous avions encore un escadron de cavalerie en garnison à Fontenay, dont 37 hommes renforçaient la garnison des Sables. Un second escadron, en garnison à Niort, nous prêtait encore un nouveau renfort dans le cas où les circonstances l'auraient rendu nécessaire. Peu de jours après notre arrivée, le 84e régiment reçut l'ordre de partir pour l'île d'Oleron, et on envoya en remplacement un seul bataillon du 60e régiment. Heureusement M. Dumouriez, dont je ne saurais trop vous vanter le zèle et le civisme, prit sur lui de retenir le second bataillon du 84e, dont une compagnie est restée à Challans, et dont l'excédent garnit les postes de Machecoul, de Châtillon et du Croisic.

A la vérité, on n'est pas sans inquiétude aux Sables sur *les dispositions du 60e régiment, dont les officiers sont décidément mauvais*, et dont les soldats ne fraternisent point avec les gardes nationales et les citoyens.

Tel était l'état de choses lorsqu'on a reçu l'ordre de faire partir le 16e régiment de cavalerie, sans que nous ayons aucune nouvelle de son remplacement. Ainsi, au moment le plus critique, *nous n'avions point de cavalerie et aucune troupe à Fontenay ni à Niort.*

A l'occasion de ce qui s'est passé à Château-d'Olonne, M. Dumouriez, sur notre réquisition, avait appelé 400 Chasseurs bretons en garnison à Saint-Jean-d'Angély; nous apprîmes le soir même qu'ils étaient partis pour la frontière. Nous nous rendîmes alors à Niort pour nous assurer du secours de gardes nationales sur lequel, en cas de besoin, nous pourrions compter. Heureusement ce département des Deux-Sèvres va très bien, le district de Châtillon excepté, et nous aurons, en cas de besoin, à Niort environ 200 gardes nationaux qui pourront marcher au premier éveil. Enfin le commissaire des guerres prévint, à Niort, M. Dumouriez qu'un escadron de dragons devait passer le 30 pour se rendre à Surgères, d'où il doit aller à Saint-Jean-d'Angély. Il a pris sur lui de changer sa destination pour le moment et de l'envoyer à Fontenay.

Indépendamment de *l'agitation que les prêtres ont excitée* dans le département de la Vendée, et que *les ci-devant privilégiés provoquent sourdement par tous leurs efforts,* je ne dois pas vous laisser ignorer que des rapports qui nous viennent de tous les côtés nous annoncent de *vifs obstacles à la circulation des blés,* soit en Vendée, soit dans les Deux-Sèvres.

Un détachement du 84e de ligne, qui s'est porté à Saint-Gilles, il y a huit jours, prévint les suites d'une première insurrection, dont on avait reçu le projet et dont on nous instruisit à Challans. Vous voyez, d'après ce détail, combien il est nécessaire *qu'on ne nous dégarnisse pas, qu'on renforce plutôt, s'il est possible, les troupes de ligne* que nous avons sous la main.

Nous attendons avec la plus vive impatience *le décret de l'Assemblée sur les prêtres réfractaires,* et, quelque attaché que je sois aux principes de tolérance qui ont dicté l'arrêté du département de Paris et le décret qui l'approuve, je vous avoue que *je ne conçois pas comment on pourra rétablir l'ordre dans votre département, si on n'en expulse pas les prêtres non assermentés.* Mais alors même, quel nouvel embarras! Plus de la moitié des remplacements n'ont pu se faire, et le fanatisme de vos malheureux concitoyens est tellement exalté que *je crains tout, lorsqu'ils se verront privés de leurs prêtres.* D'un autre côté, si on les renvoie au pouvoir judiciaire, ce sera la chose du monde la plus rare que de *réunir contre eux les preuves que la loi désire.* Et, si on laisse les choses en l'état où elles sont, la sédition fait tous les jours de nouveaux progrès, et, *au moment où la crainte de la force publique cessera de leur imposer, vous devez vous attendre aux plus grands excès.*

Nous avons eu toutes les peines du monde à empêcher que les corps administratifs ne permissent à Fontenay *l'établissement d'une maison particulière pour les non-conformistes,* comme on a fait aux Théatins, et, malgré nos instances, s'ils le permettaient, *le même établissement aurait lieu avant quinzaine dans toutes les paroisses du département.* Partout les paysans le demandent, et nous avons déjà reçu, par écrit et verbalement, plusieurs pétitions à cet égard. Jugez de ce qui pourrait en résulter dans ce pays, où, comme ailleurs, ce n'est pas de garantir les non-conformistes de l'exaltation des patriotes que les corps administratifs doivent s'occuper, mais où *il faut partout protéger ces derniers contre les persécutions des autres.*

Des rapports qui viennent de nous arriver de toutes parts et qui nous ont été confirmés à Niort, nous annoncent que *Poitiers est devenu un foyer sur lequel il est important d'avoir les yeux ouverts.*

Jugez quelles doivent être nos inquiétudes! On a répandu hier à Niort que *le Roi avait refusé d'accepter la Charte constitutionnelle,* et qu'il n'avait pas même voulu y jeter les yeux. Un officier du 16e régiment de cavalerie a dit à un soldat de ce régiment qu'il voulait sans doute tâter, que le *Roi devait se rendre au camp sur la frontière.* Il me tarde d'être plus vieux de quelques jours...

GENSONNÉ.

P. S. — Je vous observe qu'il n'y a pas de troupes de ligne à Nantes. Le 25e d'infanterie qui y était est parti pour la frontière, et la Loire-Inférieure n'a plus de troupes. Les gardes nationales nantaises sont, entre nous, exaltées et il serait difficile de les contenir.

A cette même date du 27 août 1791, un citoyen de Fontenay-le-Comte écrit au *Moniteur* [1] :

... Ailleurs les prêtres non assermentés redoutent la persécution; ici, ce sont les prêtres constitutionnels qui sont persécutés. Les anciens pasteurs que la Constitution a déplacés emploient la ruse et tous les artifices de la superstition pour chasser l'évêque et les ministres que le patriotisme a fait élire. Ailleurs, la force publique protège, au nom de la loi, les ecclésiastiques qui n'ont pas cru pouvoir prêter le serment; ici, la force publique a besoin de déployer toutes ses ressources pour défendre contre les fureurs de la haine ceux mêmes que l'élection populaire a placés au nom de la loi.

1. *Observations d'un citoyen de Fontenay-le-Comte sur son département*, dans le *Moniteur* du 4 septembre 1791.

Quelle a donc été la raison du Ministre de la Guerre pour *ôter à ce département deux régiments de cavalerie et deux bataillons d'infanterie?* C'est où l'esprit de la Constitution est le plus faible qu'il faut opposer une plus forte résistance à ses ennemis. Nous autres patriotes de la Vendée, nous y sommes les plus faibles... en nombre seulement, et nous comptons encore sur un officier patriote qui commande ici; un officier général dans le sens de la Révolution vaut plusieurs bataillons; je crains bien que l'on en ait la preuve.

De Fontenay-le-Comte, le 2 septembre, Dumouriez fait savoir :

Au Ministre de la Guerre.

J'ai eu l'honneur de vous mander de Niort que j'avais changé la destination du 11e régiment, ayant eu soin de prévenir M. de Verteuil, qui à ce moment était gravement malade.

A l'ouverture de l'assemblée électorale du département, hier, 1er septembre, il nous est arrivé des nouvelles alarmantes du district de Châtillon, département des Deux-Sèvres, et du district de la Châtaigneraie, département de la Vendée. *Les prêtres réfractaires y sont les plus forts, ils y prêchent publiquement l'insurrection, ils y forment des attroupements dangereux. Plusieurs curés constitutionnels ont été maltraités, battus et chassés de leurs paroisses. La petite ville de Bressuire a été menacée d'une insurrection de* 15,000 *paysans, dit-on.* Il y est passé le 26 août, un détachement de 25 hommes du 84e régiment, tiré de deux compagnies en garnison à Châtillon.

Sur la réquisition ci-jointe de MM. les commissaires civils et du département de la Vendée[1], j'ai détaché un lieutenant et 30 hommes du 11e régiment à Saint-Laurent, district de la Châtaigneraie, près Châtillon. J'y vais moi-même demain avec MM. les commissaires civils et une petite escorte, pour tâcher de rétablir la tranquillité. Mais vous jugez, Monsieur, combien nos moyens sont insuffisants.

Ils eussent été absolument nuls, si je n'avais pas pris sur moi d'arrêter cet escadron du 11e régiment. Je ne peux pas compter sur les gardes nationales de ces petites villes, qui sont faibles, mal armées et divisées d'opinion. Il serait absolument nécessaire d'avoir un escadron à Niort et d'avoir au moins un bataillon à placer dans la Vendée. *C'est le département peut-être de toute la France où il y a le plus de faiblesse dans les administrations, le plus de fanatisme dans le peuple, et le plus de danger de la part des prêtres et des privilégiés qui les poussent sous main.*

Le département de la Loire-Inférieure a été obligé de diviser l'escadron du 16e régiment de dragons à Blain et à Guérande, où il y a aussi beaucoup de fanatisme. La ville de Nantes, n'ayant point du tout d'infanterie, ne peut se servir que de ses gardes nationales, mais c'est un moyen dangereux et

1. Archives historiques de la Guerre; correspond. militaire générale, septembre 1791. La réquisition n'est pas avec la lettre. Nous la donnons plus loin page 50.

trop cher. Il serait à souhaiter que vous pussiez lui rendre un bataillon. Ainsi, si vous pouviez disposer d'un régiment d'infanterie, on pourrait en mettre un bataillon à Nantes et l'autre à Châtillon ou lieux circonvoisins.

De Fontenay encore, le 8 septembre, Dumouriez écrit [1] :

Au Ministre de la Guerre.

Monsieur,

Je viens de parcourir, avec MM. les Commissaires civils, *les districts de Châtillon et de Montaigu, qui sont dans une fermentation très prochaine de l'insurrection.* J'y ai laissé un lieutenant et 32 maîtres du 11e régiment de cavalerie, dans les deux villages des Épesses et de Saint-Mars-la-Réorthe. C'est un pays montagneux, très sauvage, où il faudrait de l'infanterie. Les prêtres réfractaires y sont les plus forts et persécutent les prêtres constitutionnels. Tous les villages sont partagés en *patriotes* et en *aristocrates*. On donne ce dernier nom à ceux qui ne veulent point suivre les prêtres constitutionnels. Ils sont au moins vingt contre un. *Il serait très imprudent et très peu humain de vouloir les contraindre par la force, mais il serait pareillement imprudent de leur accorder des églises, comme ils le demandent ; car bientôt ils chasseraient les curés constitutionnels, comme ils ont fait déjà dans plusieurs paroisses, et ce serait un germe de guerre civile. C'est l'affaire de l'Assemblée nationale de prendre un parti sur le compte qu'en rendront les Commissaires civils. Ce qui regarde le Pouvoir exécutif, et par conséquent ce qui est notre devoir, c'est de nous mettre en état de pouvoir répondre aux réquisitions qui nous sont faites par les corps administratifs.* A cet égard, je vous réitère la demande d'un régiment d'infanterie, que je vous ai faite dans ma lettre du 2. C'est surtout après avoir visité le pays que j'insiste sur cette demande; il est impraticable pour la cavalerie. Je regarde comme absolument essentiel de placer un bataillon dans les deux districts [2]......

J'insiste sur la nécessité d'avoir un régiment d'infanterie. Il devient indispensable surtout à l'approche de l'hiver.

MM. les Commissaires civils m'ont dit vous avoir écrit pour vous demander d'augmenter la force militaire [3]. *Je vous déclare que rien n'est plus instant; que le fanatisme fait des progrès effrayants et que, sans vouloir persécuter, les administrations ne peuvent garantir l'exécution des lois ni éviter d'être elles-mêmes persécutées, qu'en ayant des forces suffisantes, qui manquent absolument dans les trois départements de la Loire-Inférieure, des Deux-Sèvres et de la Vendée.* J'espère que vous me ferez l'honneur de me répondre à ma lettre du 2 et à celle-ci.

1. Archives histor. de la Guerre; corresp. générale, septembre 1791.

2. Nous omettons de minutieux détails sur des placements et déplacements de troupes, qui n'ont aucun intérêt historique.

3. La lettre de Gensonné et de Gallois au ministre de la guerre ne se retrouve pas c'est, sans doute, celle qui fut adressée au ministre de l'intérieur et transmise par celui-ci à son collègue de la Guerre.

En marge de la lettre du 8 septembre, on lit de l'écriture du ministre du Portail :

Répondre à M. Dumouriez qu'on désirerait bien pouvoir augmenter ses forces, mais que les circonstances ne le permettent pas, et qu'il est bien intéressant de se contenter de ce qu'il a.

Cette fin de non-recevoir est d'autant plus remarquable que le ministre de la guerre avait dû être vivement pressé d'agir par son collègue de l'intérieur, le docteur Gallot lui ayant communiqué la lettre de Gensonné et les députés de la Vendée, par une démarche collective, l'ayant obligé de s'associer aux demandes pressantes de secours militaires[1].

Le Ministre de l'Intérieur au Ministre de la Guerre.

Je m'empresse, Monsieur de vous faire part d'une lettre des Commissaires civils au département de la Vendée et de l'arrêté qu'ils y ont joint. Vous verrez les détails alarmants qu'ils présentent et avec quelles instances ils demandent la prompte organisation de la gendarmerie nationale et le secours d'un détachement de troupes de ligne pour suppléer au 16ᵉ régiment de cavalerie, dont cette contrée vient d'être privée. Je ne puis que m'en rapporter aux mesures que les circonstances vous permettront de prendre ; je vous prie de vouloir bien m'en informer pour que je puisse répondre à MM. les commissaires.

P. S. — Je joins, Monsieur, une lettre de MM. les députés du département de la Vendée, qui, comme vous le verrez, se réunissent aux commissaires civils pour demander des secours militaires et la prompte organisation de la gendarmerie nationale.

Le Ministre de l'Intérieur à MM. les députés de la Vendée à l'Assemblée nationale.

A. M. Gallot, hôtel d'Anjou, rue Dauphine.

Il paraît, en effet, Messieurs, que le département de la Vendée se trouve dans un état fâcheux et qu'il est urgent d'aller à son secours. Comme l'organisation de la gendarmerie nationale et les dispositions relatives aux troupes de ligne concernent le département de la guerre, je me suis empressé de faire part à M. du Portail de la délibération du Directoire du 25 août, ainsi que de la lettre de MM. les Commissaires civils ; j'y ai même joint celle que vous m'avez fait l'honneur de m'écrire, et j'ai prié ce ministre de me faire connaître, le plus tôt possible, les mesures que les circonstances lui permettraient de prendre.

1. Les deux lettres suivantes sont copiées sur les minutes, Arch. nat. F⁹150.

L'augmentation rapide de la garnison des Sables avait empêché les troubles de Château-d'Olonne de se développer. Quelques jours plus tard la force armée eut à comprimer un commencement d'émeute, suscitée à l'occasion de la fête du Roi, la Saint-Louis, dans la commune de Saint-Hilaire-de-Talmont. Le 5 et le 7 septembre, elle assura la tranquillité aux pèlerinages et assemblées foraines de la Chapelle-Hermier et d'Olonne[1].

Réquisition et arrêté des Commissaires civils et du département.

Le 1er de ce mois avait été adressée à Dumouriez la réquisition suivante[2] :

Nous, Commissaires civils envoyés dans le département de la Vendée et administrateurs du territoire du département,

Réquérons, en vertu de la loi, M. Dumouriez, maréchal de camp de la 12e division, de prêter le secours de troupe de ligne et de gendarmerie nécessaire pour prévenir et dissiper les attroupements qui paraissent menacer les paroisses des Épesses, Saint-Laurent-sur-Sèvre, et autres circonvoisines.

Pour la garantie dudit sieur commandant, nous apposons nos signatures, à Fontenay-le-Comte, ce 1er septembre 1791.

Gensonné, Gauvain-Gallois ;

Guillet, vice-président ; Morisson, Paillou, L.-A. Luminais, Menanteau ; Pichard, procureur général syndic ; J.-M. Cougnaud, secrétaire général.

Les Commissaires civils se rendirent en personne à Saint-Mars-la-Réorthe, et, avec le commissaire du département, qui les accompagnait, réglèrent la gratification due au détachement mis en garnison dans cette commune, depuis longtemps agitée par les menées du curé Morennes et de la dame Mesnard de Toucheprès[3] :

Nous, commissaires civils envoyés dans le département de la Vendée, et commissaire du département, autorisons M. Girard à fournir à M. le commandant du détachement de troupes de ligne en garnison à la paroisse de Saint-Mars la somme de 150 livres pour la gratification accordée aux cavaliers de ce détachement, sur le pied de 6 sols par jour pour chacun, laquelle somme sera remboursée en espèces comme elle a été fournie.

A Saint-Mars, le 5 septembre 1791.

Gauvain-Gallois, commissaire ; Gensonné, commissaire ;
Daniel Majou, commissaire du département[4].

1. D'après les réquisitions faites au commandant de la place des Sables par la municipalité et par le district ; dans les registres de leurs délibérations, aux Arch. de la Vendée.
2. Archives historiques de la Guerre ; correspondance générale, septembre 1791.
3 Voir ci-dessus, t. Ier, p. 348-353.
4. Papiers de Mercier du Rocher, reg. 1er, pièce 25.

Les précautions militaires, comme le prouvent les bons de gratification et les reçus des soldats [1], se prolongèrent à Saint-Mars et aux Épesses durant le mois entier.

Dans les premiers jours de septembre, les administrateurs du département faisaient délivrer, par la municipalité de Fontenay-le-Comte, 320 cartouches au détachement du 11e régiment (Royal-Roussillon) expédié à la Châtaigneraie, où un soulèvement était redouté. 30 cavaliers étaient dirigés vers Saint-Laurent-sur-Sèvre, afin de surveiller les agissements des missionnaires du Saint-Esprit. Le général Dumouriez s'y rendait en personne et rejoignait, à Châtillon, les commissaires civils qui, le 7, annonçaient que les troubles étaient apaisés [2].

Cependant l'inquiétude persistait à Fontenay, comme l'indique dans une lettre écrite à son frère, le 25 septembre, P. Delacroix, employé des postes [3] :

> On est toujours ici sur le qui-vive. Depuis la révolte des nobles du district des Sables, au moment de la fuite de la famille royale, les patriotes s'inquiètent de la tournure des affaires. Les commissaires envoyés par l'Assemblée ont essayé de prêcher ici, comme ailleurs, la paix; mais tout le monde se dit qu'il n'y a rien à attendre de gens dont la Révolution ruine les privilèges. Les prêtres agissent en dessous avec les aristocrates. Ils persuadent au peuple que la religion est persécutée et ses ministres réduits en servitude. Ils se sentent *soutenus par les administrations, qui n'ont de patriote que le nom*. Les hommes attachés au nouvel ordre de choses se mécontentent de plus en plus de cette conduite équivoque, manifestent tout haut leurs soupçons et leurs craintes. Tout ça, mon cher ami, ne promet rien de bon. *Je voudrais être parti de ce pays, où il n'y a que des ennemis en face les uns des autres, qui se regardent comme s'ils étaient disposés à en venir aux mains entre eux......*

L'Assemblée nationale, informée de nouveau de la situation si inquiétante de la Vendée, était adjurée de faire une loi pour réprimer les excès des prêtres insermentés, qui fanatisaient les populations. — Il n'y a pas besoin de loi, s'écriait un député, « il en existe une qui prononce des peines contre les perturbateurs, et son exécution est du ressort du pouvoir exécutif ». — Sur cette observation, les pièces produites étaient envoyées aux ministres, et la loi spéciale proposée « ajournée à la revision du Code pénal » [4].

1. *Id.*, pièces 17, 19, 20, 21.
2. A. Bitton, Journal d'un Fontenaisien, aux dates des 1, 2, 3 et 7 septembre.
3. Extraite des Arch. des Deux-Sèvres, par M. Dugast-Matifeux, et citée pages 337-338. de son livre : *Origine et débuts de l'insurrection vendéenne.*
4. Procès-verbal imprimé de la séance du 15 septembre 1791, p. 6.

Le Code pénal, définitivement adopté le 26 septembre, ne contient rien de particulier aux prêtres réfractaires. Leurs excitations au mépris des lois et à la guerre civile, de plus en plus caractérisées, échappent de mieux en mieux à toute répression. Ce n'est pas en Vendée que les tribunaux oseraient appliquer à leurs agissements l'article 2 du titre Ier de la seconde partie, qui porte la peine de mort contre les auteurs de « conspirations et complots tendant à troubler l'État par une guerre civile, en armant les citoyens les uns contre les autres, et contre l'exercice de l'autorité légitime ».

La seule mesure applicable légalement et appliquée aux prêtres agitateurs, c'était l'interdiction de prêcher. Mais ils confessaient.

Ils glissaient à l'oreille des femmes, raconte Mercier du Rocher[1] : « Si un intrus, un huguenot, vient me remplacer, chassez-le à coups de pierres du lieu saint ! » Aux hommes ils disaient, en 1791, sauf à dire le contraire en 1792 : « N'acceptez jamais de place dans les municipalités, ce sont des inventions du diable, et vous seriez à lui pour jamais ! » Chez eux ou dans les châteaux devenus dévots, ils assemblent leurs fidèles pour leur lire les feuilles ultra-royalistes, qui arrivent en grand nombre et gratis. Les missionnaires du Saint-Esprit et les bonnes sœurs de la Sagesse de Saint-Laurent-sur-Sèvre, vont et viennent d'un bout à l'autre du pays, colportant des fausses nouvelles.

ACCEPTATION ET PROMULGATION DE LA CONSTITUTION

La « Constitution française » a été adoptée dans son ensemble le 3 septembre et aussitôt portée à Louis XVI par une députation de soixante membres de l'Assemblée nationale. Le Roi, dont les pouvoirs avaient été suspendus depuis sa fuite, a été restauré dans la plénitude de son autorité. Il en fait le premier usage en examinant l'Acte constitutionnel qui lui a été présenté.

Les prêtres réfractaires, dans ce moment décisif, répètent partout aux paysans :

Le Roi est prisonnier de l'Assemblée; il ne donne jamais de sanction sans avoir le pistolet sur la gorge ; voyez comme on traite l'oint du Seigneur ! Mais le Dieu des armées va faire marcher les fidèles émigrés contre les scélérats; la religion et la majesté royale seront vengées !

Jusqu'au dernier moment, « le vulgaire des aristocrates », comme dit Mercier, se figurait et soutenait hautement que le Roi n'accepterait pas la Constitution. La plupart des patriotes redoutaient, avec le com-

1. Dans ses *Mémoires inédits*, 1er cahier.

missaire civil Gensonné, que son *veto* ne donnât le signal d'un soulèvement général des campagnes [1].

Le 17 septembre, la Société des Amis de la Constitution se présentait au conseil général de la commune des Sables-d'Olonne; son président, le citoyen Ribert, chevalier de Saint-Louis, officier du 60e régiment d'infanterie, en garnison dans cette ville, déposait en son nom deux propositions :

1° De préparer une fête pour le cas où le Roi sanctionnerait la Constitution ;
2° De prendre des précautions pour le cas où le défaut de l'acceptation du Roi entraînerait les ennemis du bien public à troubler l'ordre.

Le Conseil général arrête :

Ne doutant pas que l'acceptation par le Roi de l'acte constitutionnel ne rétablisse ou ne contribue beaucoup à rétablir la paix dans cet empire, les bons citoyens ne peuvent trop s'empresser à célébrer un si beau jour; le projet présenté est adopté, et pour aider aux frais de ladite fête, il sera tiré du coffre de la ville une somme de deux cents livres [2].

Dans la séance du 18, parvient la nouvelle que Louis XVI a accepté la Constitution française et, au sein de l'Assemblée nationale, a pris le solennel engagement « de la maintenir au dedans, de la défendre contre les attaques du dehors et de la faire exécuter par tous les moyens qu'elle met en son pouvoir ».

La municipalité fait saluer l'événement par trois coups de canon et ordonne pour le soir « une illumination générale, à peine de dix livres d'amende pour tout habitant qui n'éclairera pas sa maison ».

Dans la même soirée, s'allumaient des feux de joie dans les quelques communes patriotes des districts des Sables et de Challans [3].

Le 20, fut célébré, au milieu de l'allégresse générale [4], la fête, dont le programme avait été arrêté le 17 par la municipalité et les Amis de la Constitution des Sables.

Les officiers municipaux, les administrateurs du district, le bureau de conciliation et les membres du club des Amis de la Constitution se réunirent, dans l'église des Capucins, avec la garde nationale, le deuxième bataillon du 60e de ligne et la gendarmerie.

1. *Ibidem.*
2. Extraits du registre des délibérations de la mairie des Sables.
3. Notamment à Saint-Gilles-sur-Vie, où, le 8 octobre, dans une fête solennelle, fut donnée lecture du texte authentique de la Constitution.
4. Constate André Collinet dans ses *Notes inédites.*

Le cortège se rendit sur la place de la Liberté, ci-devant Carcado. La Constitution, déposée dans une arche, était portée par un garde national, un soldat, un électeur et un capitaine de marine; les glands tenus par Dardel, président du directoire du district, et par un officier municipal remplaçant le maire démissionnaire et absent. Aux quatre angles, des bannières avec inscriptions étaient portées par de jeunes garçons vêtus de blanc. Quinze jeunes filles en blanc, avec des ceintures tricolores, les mains chargées de guirlandes de fleurs, précédaient la Constitution.

Trois coups de canon annoncèrent le départ du cortège et trois l'arrivée.

Le curé Gérard monta à l'autel de la patrie, prononça un discours, présenta au peuple les tables de la loi, puis célébra la messe.

Ensuite, Regain, premier juge-suppléant du tribunal du district, lut d'une voix vibrante la Déclaration des droits de l'homme et du citoyen, le décret annonçant l'achèvement de la Constitution, la lettre écrite par le Roi à l'Assemblée nationale le 13 septembre, et la dépêche du Ministre de l'Intérieur annonçant que le Roi s'était transporté, le 14, au sein de l'Assemblée nationale, avait accepté la Constitution et l'avait sanctionnée.

De toutes parts éclataient les cris de: Vive le Roi! vive la Nation! vive la Loi! Les soldats agitaient leurs chapeaux au bout de leurs baïonnettes. Six coups de canon terminaient la cérémonie.

Le cortège reprit sa marche et alla déposer la Constitution à la maison commune.

A cinq heures, les troupes furent mises de nouveau sous les armes. Un vaste bûcher, sur lequel étaient figurées les chaînes de l'esclavage, les attributs de la féodalité, fut dressé sur la plage. Les autorités y mirent le feu, tandis que le curé Gérard entonnait le *Te Deum*. Le feu de joie se consuma au milieu des cris de la foule.

Le soir, la ville et le faubourg de la Chaume étaient illuminés[1].

Le 6 octobre, l'acte authentique de la Constitution ayant été transmis par le département aux districts et aux municipalités, la proclamation en fut faite sur les places et carrefours, au bruit du canon; un *Te Deum* fut chanté à l'église par le curé constitutionnel[2].

Dans toutes les petites villes vendéennes, la promulgation de la Constitution jurée par le Roi fut célébrée plutôt trois fois qu'une avec le plus ardent enthousiasme.

Le général Dumouriez était présent aux fêtes de Fontenay-le-Comte.

1. Analyse du procès-verbal municipal, complété par les Notes manuscrites d'André Collinet.

2. Registre municipal des Sables, à la date.

« Il s'y montra très populaire, dansa des farandoles avec les femmes du peuple et traita parfaitement tout le monde, » dit Mercier du Rocher. Mercier rencontrait le brillant petit homme pour la première fois; il ne se laissa pas éblouir et se défia de son ambition. Il le vit tout de suite tel que l'a dépeint Mme Rolland : « esprit délié, œil faux. » D'ailleurs, se souvenant de la fuite royale du 20 juin, il ne prenait aucune part à l'enthousiasme universel.

Partout les patriotes, écrit-il dans ses *Mémoires*, s'abandonnèrent à une ivresse dont les têtes françaises sont seules capables. Les gens sages ne voyaient pas de même; ils ne pouvaient croire à la sincérité du Monarque; ils savaient, d'ailleurs, qu'il ne s'est jamais fait de révolution sans que le pouvoir exécutif ait changé de mains.

CHAPITRE XVIII

L'AMNISTIE DE LA CONSTITUANTE. — LES ÉLECTIONS LÉGISLATIVES DE 1791 LE PÉTITIONNEMENT DES NON-CONFORMISTES

Le lendemain même du jour où la Constitution avait été sanctionnée et jurée par le Roi, l'Assemblée nationale déclarait « que l'objet de la Révolution française » était rempli et « qu'ainsi la Révolution devait prendre fin ».

Autant, ajoutait-elle, il serait désormais coupable de résister aux autorités constituées et aux lois, autant il est digne de la Nation française d'oublier les moyens d'opposition dirigés contre la volonté nationale, lorsqu'elle n'était pas reconnue, mais seulement proclamée ; enfin le temps est venu d'éteindre toutes les dissensions dans un sentiment commun de patriotisme, de fraternité et d'affection pour le Monarque qui donne l'exemple de cet oubli généreux.

La loi promulguée le 15 septembre 1791 proclame l'amnistie la plus générale sur les faits politiques et militaires de toute nature, à compter depuis le mois de juillet 1789; et, si elle ne peut en extirper le souvenir, elle ordonne d'en anéantir les preuves judiciaires.

D'après l'article 1er, « toutes les procédures instruites et tous les jugements intervenus sont irrévocablement abolis. » L'article 4 ne contient qu'une réserve quant aux délits militaires, c'est que les détenus mis en liberté immédiate ou les condamnés par contumace « ne conserveraient aucun droit sur les places par eux abandonnées. » Enfin, l'article 5 abolit le passeport, dont l'usage avait été momentanément établi, révoque le décret du 1er août relatif aux émigrants, et, conformément à la Déclaration des droits, supprime les obstacles

« au droit de tout citoyen français de voyager librement dans le royaume et d'en sortir à sa volonté. »

Ce dernier article n'eut pas pour effet de ramener à la patrie les émigrés repentis; au contraire, il augmenta les recrues de l'armée de Condé; il facilita entre les ennemis de la Révolution, au dedans et au dehors, la reprise et le développement des conspirations dont, par l'anéantissement des preuves recueillies, les fils furent perdus pour les défenseurs de la Constitution.

FIN DES POURSUITES A CHALLANS

Conformément à l'article 1er du décret du 16 juillet, le tribunal de Challans avait repris, le 22, le procès des auteurs des troubles des mois d'avril et de mai, interrompu par l'envoi des pièces de l'information au Comité des recherches de l'Assemblée nationale et par la translation dans les prisons de Nantes des accusés arrêtés aussitôt après les événements.

Décrets de prise de corps et de comparution décernés par le tribunal de Challans, à l'occasion des troubles et insurrections des mois d'avril et de mai 1791 [1].

Vu, par nous, Louis-Pierre Duchemin, Claude-Louis-Joseph Boisard et Eugène-Marie Voyneau, tous juges du tribunal du district de Challans, les procès-verbaux de dénonciations et déclarations des municipalités et gardes nationales d'Apremont, Saint-Christophe-du-Ligneron, Saint-Gilles-sur-Vie, des 25 avril, 1er, 3, 4 et 5 du mois de mai, envoyés au directoire de ce district et par lui remis à l'accusateur public; le procès-verbal des cavaliers de la gendarmerie nationale, etc., etc ; tout vu et considéré,

Attendu que les sieurs *Guerry* l'aîné, *Rorthais* l'aîné, *Jacques Michou, Louis Le Marais, André Dupont, Mathieu Rousseau, Jean Bernard, René Cantin; les nommés Cailleteau, Chevalier, Simonneau, Maurice, Gaillard, Rocquand* père, *Pelletier, René Guillonneau, Clochard, Jacques Guillonneau* fils, *Louis Genaudeau et Prosper Cantin* sont accusés d'être les auteurs, instigateurs, complices et adhérents des troubles, insurrections, séditions, émotions populaires et voies de fait qui ont eu lieu les 25 avril, 1er, 2 mai, et jours suivants dans les paroisses d'Apremont, de Saint-Christophe-du-Ligneron et autres de ce district, ainsi que les nommés *Regain, Bigeard, Touzeau, Guibert, Rose Besseau,* femme *Amairaud*, et le sieur *Riout*, ci-devant curé d'Apremont; et que les nommés *Jacques Redon, Pierre Fradet, Louis Guillot* et *Pierre Pineau* ne sont que légèrement chargés par les informations,

1. Dont copie fut adressée à l'Assemblée nationale par le juge Duchemin; Archives nationales Dxxix 15, liasse 125.

Le tribunal,

Ouï le rapport fait par Voyneau, l'un des juges,

Décrète de prise de corps lesdits *Gabriel-Marie-François Guerry* l'aîné; *Josse de Rorthais*, officier de canonniers; *Marie-Anne Bouteiller*, femme de *Louis Sire; Jacques Michou*, journalier; *André Dupont*, marchand; *Louis Le Marais*, jardinier; *Mathieu Rousseau* et *Jean Bernard*, laboureurs, et ordonne qu'après qu'ils auront été *réintégrés dans la maison d'arrêt de cette ville, d'où ils ont été emmenés sans la participation du tribunal*, ils seront écroués et recommandés dans les prisons de ladite ville, pour être ouïs et interrogés sur les faits résultant des charges, informations et autres sur lesquels il plaira à l'accusateur public qu'ils soient entendus; et que *René Cantin,* laboureur, demeurant aux Raillières, paroisse d'Apremont; *Cailleteau*, domestique à la Fouroirerie, paroisse de Saint-Christophe; *Jacques Pelletier*, garçon charpentier du nommé Bougi, demeurant à la Vergne, dite paroisse de Saint-Christophe; *René Guillonneau* et *Jacques Guillonneau* fils, demeurant à la Roussière, paroisse d'Apremont; *Clochard*, charpentier, demeurant paroisse de Saint-Jean-des-Monts; *Louis Genaudeau*, boucher, demeurant au bourg de Saint-Christophe; *François Cantin*, laboureur, demeurant à la Parantière, paroisse d'Apremont; *Chevalier*, garçon charpentier du nommé Bougi, demeurant à la Vergne, paroisse dudit Saint-Christophe; *Simonnet*, domestique du nommé Guérineau, demeurant à la Noue, paroisse d'Apremont; *Maurice*, journalier, demeurant paroisse de Coëx; *Gaillard*, jardinier, demeurant au Gué-Auroux, paroisse de Challans, et *François Riout*, ci-devant curé d'Apremont, seront *pris au corps et amenés en les prisons de cette ville*, pour être aussi vus et interrogés sur les faits résultant des charges, informations et autres, et sur lesquels il plaira à l'accusateur public requérir qu'ils soient entendus; sinon, et après perquisition faite de leurs personnes, ils seront assignés à *comparaître à la quinzaine* et par un seul cri public *à la huitaine en suivant*, leurs biens saisis et annotés et à iceux établis commissaires jusqu'à ce qu'ils aient obéi;

Ordonne pareillement que les nommés *Regain*, vicaire de Saint-Christophe-du-Ligneron; *Bigeaud*, jardinier à l'Audardière, paroisse de Coëx; le nommé *Touzeau*, laboureur à la Mongie, paroisse d'Apremont; le nommé *Guibert*, son domestique, et *Rose Besseau*, femme *Amairaud*, demeurant paroisse de Saint-Christophe-du-Ligneron, seront *ajournés à comparaître en personne à la huitaine*, pour être ouïs et interrogés sur les faits résultant des charges et informations ou autres, sur lesquels l'accusateur public pourra requérir qu'ils soient entendus;

Ordonne aussi que lesdits *Jacques Redois, Pierre Fradet*, *Louis Guillot* et *Pierre Pineau*, après avoir été pareillement réintégrés dans les maisons d'arrêt de cette ville, en seront *élargis*, à la charge par eux de se représenter à toutes réquisitions en faisant à cet effet leur soumission au greffe du tribunal et en élisant domicile en ladite ville:

Ce qui sera exécuté, etc. Mandons, etc.

Donné et fait, etc., en présence des sieurs Michel Guillon, marchand, et Guillaume Daniau, sellier, les deux adjoints aux instructions criminelles, demeurant en cette dite ville, qui nous ont déclaré n'être parents ni alliés des parties, de ce enquis, et se sont avec nous et notre greffier, soussignés, à Challans, le 22 juillet 1791.

Pour extrait conforme à l'original,

MALESCOT, greffier.

Guerry de la Vergne, Josse de Rorthais et les autres détenus avaient subi des interrogatoires du 29 juillet au 4 août. Le 8, avait été rendue cette ordonnance :

... Tout vu et considéré, attendu que l'affaire mérite une instruction à l'extraordinaire;

Le tribunal civil (du district de Challans),

Ouï le rapport fait par Voyneau, l'un des juges,

Ordonne que les témoins ouïs aux informations, ensemble ceux qui pourraient être entendus de nouveau, seront récolés en leurs dépositions et, si besoin est, confrontés aux accusés; aussi, si besoin est, récolés en leurs interrogatoires et confrontés les uns aux autres...

MALESCOT, greffier.

Des mandats d'amener avaient été lancés le 9 et le 11 août contre deux des accusés jusqu'alors introuvables : le laboureur Jean Cantin fils, d'Apremont, qui avait fait sonner le tocsin à Coëx et Saint-Révérend le 3 mai; le vicaire de Saint-Christophe-du-Ligneron, Regain, dont le sermon avait provoqué l'insurrection.

L'affaire était prête à être jugée lorsque survint la loi d'amnistie. Dès qu'en fut opérée la transmission officielle, les prévenus furent élargis. Guerry de la Vergne et Josse de Rorthais allèrent-ils, comme Charette, prendre l'air de l'émigration à Coblentz, Worms, Ath, Londres ou Jersey ? on ne sait; mais ils ne cessèrent pas d'entretenir leurs relations dans la basse Vendée. Dès la première heure de la grande insurrection du mois de mars 1793, on les retrouvera à la tête des mêmes paroisses de Saint-Révérend, Coëx, Apremont, Saint-Christophe-du-Ligneron, dont ils s'étaient institués les chefs dès le mois de mai 1791.

Il est à croire que toutes les pièces relatives aux affaires politiques, dont l'instruction fut commencée par les juges du tribunal du district des Sables, furent, en exécution de la loi du 15 septembre 1791, enlevées du greffe.

On en retrouve la trace sur une feuille de papier égarée dans la liasse des jugements par jurés[1], et qui porte pour titre : « *Inventaire par bref*, état des registres, procédures, résidus et autres pièces relatives aux actions criminelles et correctionnelles poursuivies devant le ci-devant tribunal du district des Sables, dressé en

1. Que nous avons tirée du grenier du tribunal civil des Sables-d'Olonne.

conformité de la loi du 19 vendémaire an IV par Pierre-Jacques Biroché, ci-devant greffier en chef dudit tribunal. »

Le 18 octobre, le président de l'Assemblée nationale (Ducastel) réclamait au Ministre de la Justice (Duport-Dutertre) le compte rendu des mesures qu'il avait dû prendre pour l'exécution de la loi d'amnistie du 15 septembre. Le Ministre se faisait, en conséquence, expédier les « États des procédures commencées ou instruites dans les tribunaux de district pour faits relatifs à la Révolution. » Ceux des districts des Sables, de Challans, de Montaigu, de la Roche-sur-Yon, manquent dans le dossier ministériel[1], d'où nous tirons ceux des districts de la Châtaigneraie[2] et de Fontenay[3].

État des procédures instruites au tribunal du district de la Châtaigneraie et qui ont été abolies par l'amnistie du 15 septembre.

1° Affaire poursuivie à la requête de l'accusateur public contre *Jean Macé*, laboureur, demeurant dans la paroisse de Saint-Pierre-du-Chemin, qui avait été détenu dans la maison d'arrêt du tribunal pour trouble causé à l'issue de la grand'messe de Saint-Pierre-du-Chemin, le 31 juillet dernier, à l'occasion des nouveaux curés;

2° Affaire poursuivie à la même requête contre *Pierre-André Paillat*, garde national de cette ville, qui avait été aussi détenu dans la même maison d'arrêt du tribunal, pour voies de fait et violences commises envers la garde nationale en exercice, dans la nuit du 15 au 16 du mois (précédent), tant par ledit Paillat que par les nommés Juillet et Dublin, ses adhérents et coaccusés;

3° Autre affaire... contre les sieurs *Tureaud* et *Desnoyers*, curé et vicaire de Saint-Maurice-des-Noues, pour cause de trouble public;

4° Autre affaire... contre le sieur *Fort*, vicaire du Breuil-Barret, pour même cause;

5° Autre affaire... contre le sieur *Deniel*, ci-devant gardien des Robinières, pour même cause;

6° Autre affaire... contre le sieur *Morennes*, ci-devant curé de Saint-Mars-la-Réorthe, pour même cause;

7° Autre affaire... contre des *quidams*, contre lesquels il a été commencé une procédure criminelle relative à une lettre anonyme concernant le curé constitutionnel de Breuil-Barret;

8° A l'égard de *Delouche*[4] et autres, appelants du jugement rendu au tribunal du district de Châtillon, séant à Bressuire, le 10 août dernier, attendu qu'ils prétendent n'être pas dans le cas de l'amnistie et qu'ils peuvent exiger la continuation de la procédure tenue contre eux jusqu'à jugement

1. Arch. nat. BB 31.
2. Envoyé le 5 décembre 1791 par le président du tribunal, Maud.
3. Envoyé imprimé vers la même époque.
4. Le maire de Bressuire, promoteur de l'insurrection des 22-24 août 1792, dont nous parlons ch. XXX.

définitif de l'appel inclusivement, il a été sursis à prononcer l'abolition de la procédure jusqu'à ce que le Ministre de la Justice ait répondu au mémoire qui lui a été adressé par le commissaire du Roi... Sur la réponse du Ministre au commissaire du Roi (Brunetière), par jugement du tribunal du district du 15 novembre 1791, la procédure contre Delouche et autres a été abolie.

Extrait des minutes du greffe du tribunal de Fontenay-le-Comte, concernant l'amnistie[1].

Sur réquisitoire prononcé par l'accusateur public et tendant à faire jouir de l'amnistie :

Les només *Perdreau*, le jeune; *Couvreur, Jourdain, Recors, Baneau*, ces derniers accusés d'émotion populaire en cette ville ;

Daniel Cardinal, père (et dix autres, dont deux femmes)... accusés d'insurrection dans la ville de Niort;

Louis Perrot (et onze autres, dont trois femmes)... accusés d'insurrection à Jard ;

La Follorest, femme *Guberneau*, accusée d'insurrection au village de Moricq, paroisse d'Angles ;

Joseph Herbert, prêtre, ci-devant curé de Maillé, accusé de prêcher des sermons incendiaires et calomnier la nouvelle Constitution du royaume et la représentation nationale ;

André-Georges Brumauld, ci-devant chanoine théologal du ci-devant chapitre de Luçon, et *Isidore Mercy*, ci-devant évêque de Luçon, accusés d'envoi de lettres anonymes et modèles de procès-verbaux, et de tenir des correspondances clandestines pour répandre une doctrine dangereuse et mettre en circulation des écrits contraires aux décrets de l'Assemblée nationale...

Tout bien considéré, ouï le commissaire du Roi (Jousseaume) dans ses conclusions,

Le tribunal,

Saisissant avec empressement le moment où il peut exercer un ministère de grâce, et craignant que plusieurs des dénommés ci-dessus, qui étaient contumaces, n'osent de quelque temps retourner dans leurs domiciles, par la crainte d'être arrêtés en vertu de jugements rendus contre eux ; désirant faire jouir le plus tôt possible les individus dénommés des faveurs de l'amnistie,

Ordonne qu'en exécution de la loi du 15 septembre dernier, toutes les procédures commencées, décrets, jugements rendus contre eux en ce tribunal, demeurent sans effet et comme non-avenus ; les invite à venir de suite dans le sein de leurs familles jouir des droits à eux accordés par les lois, et du bonheur que l'heureuse révolution qui vient de s'opérer promet à tous les Français ; les exhorte à donner l'exemple de la soumission aux lois, à vivre dans l'union et la paix avec leurs concitoyens, en se rappelant avec le plus profond respect et la plus grande reconnaissance les bontés paternelles du meilleurs des rois, qui veut que leurs erreurs passées demeurent ensevelies dans un éternel oubli ;

1. In-4° de 4 pages, imprimé chez Ambroise Cochon.

Ordonne, en outre, qu'à la diligence du commissaire du Roi, ces présentes soient imprimées au nombre de cent exemplaires pour être envoyées et affichées partout où besoin sera...

Fait et arrêté en la chambre du conseil du palais, à Fontenay-le-Comte, à la séance du soir, par nous : CHARLES-LOUIS DANDETEAU, président ; JOSEPH BEURREY, JEAN-AUGUSTIN BELLIARD et LOUIS-JULIEN GODET, juges et suppléant, le 6 novembre 1791.

Signé à l'expédition : BERTIN, greffier.

Tribunal du district des Sables. — Procédures criminelles supprimées par la loi d'amnistie du 15 septembre 1791 [1].

1° Dossier contenant les actes de procédure faits dans le procès criminel instruit à la requête de l'accusateur public contre le sieur *Sylvestre-François Du Chaffault de la Guignardière*, et *Massonet*, curé d'Avrillé, prévenus de crime de lèse-nation, leurs complices, participes, fauteurs et adhérents, 70 pièces cotées de la lettre G [2] ;

2° Dossier contenant les délibérations et arrêtés tant de l'administration du département de la Vendée que de celle du district des Sables, relatifs au procès *Lézardière*, *de Loynes* et autres, 64 pièces, cotées H ;

3° Dossier contenant les interrogatoires et autres actes de procédure faits dans le même procès criminel instruit contre *Robert-Lézardière* père et fils et autres, 12 pièces, cotées I ;

4° Dossier contenant les interrogatoires préliminaires et autre actes provisoires dans le même procès, cotées J ;

5° Dossier quatrième et dernier contenant les actes d'instruction du même procès, 10 pièces, cotées K [3] ;

6° Dossier contenant les actes d'instruction du procès criminel poursuivi contre *Hemery*, ancien fermier de la ci-devant abbaye de Talmond, accusé de voies de fait et injures graves envers le sieur *Germon*, curé de Talmond, 10 pièces, cotées L ;

7° Dossier contenant les actes de procédure criminelle contre plusieurs habitants de la commune de *Château-d'Olonne*, accusés d'attroupement et de violences contre les officiers municipaux, 20 pièces, cotées M [4] ;

8° Dossier contenant les actes de la procédure criminelle contre le sieur *Joly*, chirurgien, et *Hélineau*, son domestique, accusés de voie de fait et injure grave contre le sieur *Boisliveau*, arpenteur, et de manœuvres tendantes à empêcher la promulgation et l'exécution des décrets de l'Assemblée nationale, 9 pièces, cotées N [5] ;

9° Dossier contenant les actes de procédure criminelle contre *Girard*, ci-devant vicaire de la paroisse d'Olonne, prévenu d'avoir, à l'aide d'une

1. Liste tirée du grenier du tribunal civil des Sables.
2. Voir notre tome Ier, p. 226.
3. *Ibid.*, ch. XIII à XV.
4. Voir plus haut, dans ce volume, p. 39 et 40.
5. C'est la première affaire du célèbre insurgé de mars 1793.

prétendue bulle du Pape, perçu le *boisselage*, au mépris des lois rendues sur cet objet, 6 pièces, cotées O;

10° Dossier contenant les actes de la procédure criminelle instruite contre les dames *Jude*, femme *Beniau*; *Navarron*, femme *Papineau*; les enfants du sieur *Ménage* et autres, accusés d'être les auteurs et colporteurs d'une chanson diffamatoire contre le sieur *Gérard*, curé des Sables, 10 pièces, cotées P;

11° Enfin, un dossier contenant les actes de la procédure criminelle instruite à la requête de l'accusateur public contre *certains quidams*, accusés d'avoir jeté un chat dans l'un des bénitiers de l'église des Sables, cotés Q.

LES ÉLECTIONS LÉGISLATIVES

En vertu de la loi du 29 mai 1791, les assemblées primaires avaient été convoquées pour le 19 juin, à l'effet de désigner les électeurs qui devaient nommer les membres de la première législature. La réunion des électeurs, fixée au 29 juin, fut contremandée le 24, en raison de la crise causée par la fuite du Roi. Une loi du 8 août les appela à former, le 30, la nouvelle représentation nationale. Les Constituants s'étaient déclarés inéligibles, avec un désintéressement absolu, avec une foi aveugle dans la fécondité de la France en hommes capables de développer les institutions de la liberté.

De Vouvant, le 9 juin 1791, le patriote André-Charles-François Mercier avait écrit et fait répandre dans les foires et marchés une brochure populaire dont voici des extraits[1] :

Adresse aux citoyens des assemblées primaires du département de la Vendée.

Citoyens, l'Assemblée nationale marche à grands pas vers le terme de sa carrière. Le plus beau monument politique qui soit jamais sorti de la main des hommes s'élève au milieu de nous. Une Constitution, contre laquelle se briseront éternellement les traits du fanatisme religieux, du despotisme ministériel et de l'aristocratie nobiliaire; une Constitution, dont la base est l'égalité des citoyens et la souveraineté du peuple; une Constitution, dans laquelle le Roi, commandant au nom de la Loi et ne pouvant plus être trompé, sera le gardien fidèle et sacré des droits de tous, va répandre sur nos campagnes les bienfaits de la liberté..... Une Assemblée législative va remplacer la Convention nationale qui siège encore, et c'est du nouveau choix que vous allez faire de vos électeurs dans les assemblées primaires que dépendent immédiatement votre tranquillité et votre bonheur.

Avant de voter dans ces assemblées primaires où le citoyen exerce le premier, le plus précieux de ses droits, celui de manifester individuellement

1. Imprimée à Fontenay, chez Testard et Goichot, 8 p. in-8, 1791.

sa volonté, jetez un coup d'œil sur l'état d'avilissement et d'oppression où vous étiez plongés. Ici c'étaient des prêtres qui enlevaient le fruit de vos travaux, qui dépouillaient vos moissons... Là c'étaient des ci-devant nobles qui, ne se croyant pas formés du même limon que vous, tyrannisaient leurs vassaux et vous faisaient sentir tout le poids de leur seigneurie. Plusieurs d'entre eux, avec des meutes et des chevaux, dévastaient les campagnes, tandis que le désarmement, l'amende, la prison, les galères, étaient les peines portées contre le malheureux cultivateur qui fusillait un animal que son champ avait nourri. « Ton champ, lui disaient ces hommes superbes, doit nourrir ces animaux pour nos plaisirs et non pour les tiens; nobles comme nous, ils ne sont pas faits pour tomber sous ta main roturière ».

Trop éloignés de la cour pour ressentir directement les coups du despotisme ministériel, vous étiez les victimes de celui des intendants, de leurs commis et de leurs valets.... Qui de vous ne sait pas comment on pouvait les adoucir? Fallait-il tracer une grande route? Combien de fois ont-ils démembré le champ du pauvre pour épargner les vastes possessions du riche? Que de syndics de paroisses emprisonnés pour avoir osé résister un moment à leurs volontés capricieuses!..... Je ne vous dirai rien de la rapacité de ces gens de justice et de finance, des expéditions tortionnaires de ces armées fiscales d'employés qui n'étaient occupés qu'à vous tendre des pièges et à profiter de vos fautes. Les abus de l'Ancien Régime sont innombrables, et j'en ai dit assez pour vous rappeler vos malheurs.

Ils sont passés pour jamais ces jours de calamités; en vain les ennemis de la chose publique voudraient les faire renaître; en vain ils voudraient vous les faire regretter à vous-mêmes, comme si l'égalité des droits, l'égalité des charges, l'égalité des impôts en raison des facultés de chacun, comme si la protection des lois pour tous les citoyens, sans distinction de fortune ou de religion, pouvaient être funestes à d'autres qu'à ceux dont elles humilient l'orgueil, dont elles renversent la domination, dont elles détruisent les injustices; en vain quelques prêtres réfractaires de ce département, coalisés avec une poignée de ci-devant nobles, ont évoqué les puissances de l'enfer contre les lois nouvelles de cet empire; malheureusement ils ont fait couler le sang de nos frères qu'ils avaient égarés; mais leurs noirs complots ont été découverts; ils sont arrêtés, et le glaive de la justice est maintenant suspendu sur leurs têtes.

Remercions le ciel de nous avoir donné, dans sa miséricorde, des citoyens, des prêtres qui, par leurs écrits et leurs conseils salutaires, ont éteint les torches du fanatisme jusque dans les mains de leurs confrères!.... Mille grâces soient rendues à ces hommes vénérables qui ont prouvé que l'obéissance aux lois, l'amour de la paix, de la tolérance, de la confraternité, étaient le plus bel apanage des ministres d'une religion sainte!.... Il est arrivé le digne chef de ces pasteurs.... Il parcourra nos hameaux, non avec le faste qu'étalaient les ci-devant princes de l'Église, mais dans la simplicité qui sied si bien aux successeurs des apôtres.... Il est de votre choix, ce prélat constitutionnel, puisqu'il a été élu par ceux que vous avez choisis, dans vos assemblées primaires, pour nommer vos magistrats dans l'ordre civil et dans l'ordre religieux. C'est donc une fonction bien importante que celle d'électeur!... Elle ne doit être confiée qu'à des hommes d'une probité intacte, d'une franchise reconnue et d'un patriotisme inaltérable; elle exige des vertus plutôt que des talents et des lumières.... Voulez-vous être heureux? Voulez-vous être tranquilles? Ne donnez vos suffrages qu'à des hommes animés des mêmes sentiments que vous, qu'à des hommes amis de la Constitution, qu'à des hommes enfin qui choisiront vos représentants, vos administrateurs tels que vous les choisiriez vous-mêmes. Faites surveiller ceux qui se chargeront d'écrire pour vous les noms des hommes que vous désirez d'élire; tremblez que le nom d'un mauvais citoyen ne soit jeté dans l'urne qui renferme les chances de votre destinée.....

Il est inutile, je pense, de rappeler à des Français que ces assemblées doivent être paisibles, que la concorde est toujours la compagne de la liberté; que la moindre rixe, la moindre querelle souillerait les augustes fonctions qu'ils vont remplir, et que des citoyens ne sauraient être heureux et libres que sous l'empire des lois.

L'ASSEMBLÉE DES ÉLECTEURS A FONTENAY[1]

Les électeurs du département de la Vendée ouvrent leur assemblée le 30 août 1791, à neuf heures du matin, dans l'église des ci-devant Cordeliers de Fontenay-le-Comte. Pierre-Isaac Pineau est appelé à la présidence provisoire comme doyen d'âge. Jacques-Charles Guichet est désigné secrétaire par acclamation. Sont indiqués pour scrutateurs les plus âgés des présents : Charles-Joseph-Étienne Girard, Pierre-Louis Pillaud et Jean Chaigneau.

Pour la vérification des pouvoirs, il est choisi par les électeurs de chaque district six commissaires :

Fontenay, MM. Beurrey, Dupuy, Godet, Michel et Giraud;

La Châtaigneraie, MM. Mallet, Girard, Soullard, Giraud, Horidet et Majou;

Challans, MM. Rafin, Musset, Collinet, Merland, L'Evêque et Maublanc,

Les Sables-d'Olonne, MM. Regain, Sourrouille, Gillaizeau, Bertrand, Robert et Ocher;

La Roche-sur-Yon, MM. Esgonière, Massé, Boulanger, Clémenceau, Payneau et Cailleau.

Ces commissaires, se subdivisant ensuite un par district, forment six bureaux de vérification.

La séance, levée à midi et demi, est reprise à deux heures. Le plus âgé des présents, Charles Mallet, préside, en remplacement de Pineau, dont les pouvoirs sont à vérifier, parce qu'il a omis d'apporter le procès-verbal de l'assemblée primaire qui l'a délégué.

1. Nous analysons le procès-verbal inédit, Archives nationales, C 138.

Il est procédé, par appel nominal, au scrutin pour le choix d'un président définitif. 259 bulletins sont déposés; 35 sont blancs ou nuls. A la majorité de 122 suffrages est élu Charles-Philippe-Aimé Goupilleau, procureur-syndic du district de Montaigu.

Le 31 août, à 7 heures du matin, le scrutin est ouvert pour la nomination du secrétaire. Contre Mazaurie, Guichet réunit 169 suffrages sur 281 bulletins, dont 3 blancs.

Le président élu monte au bureau et prononce un discours, applaudi; puis il prête le serment de maintenir de tout son pouvoir la Constitution du royaume, d'être fidèle à la Nation, à la Loi et au Roi, de choisir en son âme et conscience les plus dignes de la confiance publique, et de remplir avec zèle et courage les fonctions civiles et politiques qui lui seront confiées.

Le même serment est prêté par le secrétaire élu.

L'appel nominal est fait par le secrétaire, et chaque électeur vient à son tour devant le bureau lever la main et dire : Je le jure!

Le 1er septembre, à l'ouverture de la séance du matin :

Le secrétaire écrit en gros caractères et pose devant le vase destiné à recevoir les bulletins des électeurs la formule du serment en ces termes :

« Vous jurez et promettez de ne nommer que celui que vous aurez choisi, en votre âme et conscience, comme le plus digne de la confiance publique, sans y être déterminé par dons, promesses, sollicitations ou menaces. »

Préalablement sont élus, au scrutin de liste, trois scrutateurs : Regain aîné, avec 119 suffrages; Giraud, 43; Boulanger, 40, sur 279 bulletins; après délibération, la pluralité relative est reconnue suffisante.

Dans la séance rouverte à deux heures de relevée :

On procède au scrutin individuel pour la nomination du premier député à la Législature. Le secrétaire fait l'appel nominal. Chaque électeur appelé vient à son tour écrire sur le bureau son bulletin, et le dépose en répondant à la formule du serment posé devant icelui, levant la main et prononçant : *Je le jure!* L'appel fini, on reprend l'appel de ceux des électeurs qui se sont trouvés absents.

Les scrutateurs constatent qu'il se trouve 299 billets. 40 sont annulés comme « contenant des noms sans désignation suffisante pour faire connaître le sujet en faveur duquel ils étaient[1] ». Ces billets non comptés, il en reste 259, dont la majorité absolue est 130. Ayant ob-

1. Dans son *Journal*, 27 août-12 septembre 1791, de la collection Dugast-Matifeux et qui tient lieu du procès-verbal dans l'ouvrage *Origine et débuts de l'insurrection vendéenne*, p. 330-334, Ph.-Ch.-A. Goupilleau dit que 25 de ces bulletins furent annulés à cause d'une confusion entre son frère et lui.

tenu 156 suffrages, le président, *Goupilleau* (de Montaigu) est déclaré « élu député à la Législature ».

Les deux séances du 2 septembre sont remplies par deux tours de scrutin, qui ne donnent à aucun nom la majorité absolue des 278 votes émis. Il y a ballottage entre Musset, curé de Falleron, et Charles-François-Gabriel *Morisson*, administrateur du département. Celui-ci est élu avec 196 suffrages.

Le 3, il faut encore trois tours de scrutin pour arriver à l'élection de François *Maignen*, administrateur du district de la Châtaigneraie, avec 274 suffrages, et à celle du curé Joseph-Mathurin *Musset*, avec 152 suffrages.

Le 4, au second tour, contre Étienne Giraud, est élu Joseph-Marie-Jacques-François *Gaudin*, maire des Sables-d'Olonne, qui a réuni 142 voix sur 227 votants.

Dans l'après-midi, au troisième tour de scrutin, est élu Alexis *Thiériot*, administrateur du département, avec 143 voix.

Le 5, au troisième tour, est élu Étienne *Giraud*, juge au tribunal de Fontenay, 116 voix sur 330.

Dans l'après-midi, encore au troisième tour, est élu Aimé-André *Perreau*, administrateur du département et juge de paix du canton de Loge-Fougereuse, avec 133 voix sur 227.

Le 6, après un premier tour de scrutin qui n'a donné la majorité absolue à personne, les voix se partagent entre Pierre Jousson, administrateur du district de Challans; Pierre-Louis Champion, ingénieur des ponts et chaussées, et Jacques Gaudin, premier grand vicaire de l'évêché de la Vendée. Ces deux derniers avaient le même nombre de suffrages; conformément à la loi, le moins âgé, Champion, est écarté, et, au scrutin de ballottage, est élu par 150 voix sur 231 votants, le dernier des députés à l'Assemblée législative, l'abbé *Gaudin*.

Les élus étaient tous des patriotes. Les assemblées politiques de citoyens étaient, dit Mercier du Rocher[1], dans les bons principes lorsque les aristocrates ne voulaient pas s'y montrer, les uns par cagotisme, les autres par mépris pour le nouvel ordre de choses.

Les élus étaient même des patriotes relativement accentués, sans être encore républicains. La plupart d'entre eux n'étaient arrivés, après plusieurs scrutins, que malgré une très vive opposition dirigée par l'actif, l'ambitieux et depuis longtemps suspect Pichard du Page, procureur général syndic du département[2].

1. Dans ses *Mémoires inédits*, 1er Cahier.
2. Nous avons précédemment donné des détails biographiques sur Goupilleau,

Dans la séance de l'après-midi du 6 septembre, Pichard qui était désespéré de n'avoir eu que les voix des Fontenaisiens, après avoir rêvé la députation et même le ministère de l'intérieur[1], fit soulever un incident par « les aristocrates vaincus sur toute la ligne », dit Goupilleau (de Montaigu)[2]. Ils contestèrent la validité des élections de Thiériot, de Morisson et de l'abbé Gaudin, sous prétexte que ces trois députés ne payaient pas, selon eux, une quote-part d'impôts équivalente à la valeur d'un marc d'argent. L'incident est ainsi rapporté au procès-verbal :

Un membre a demandé la parole. L'ayant obtenue, il a observé que les électeurs ne pouvaient nommer députés à l'Assemblée nationale que des sujets qui réunissent les conditions exigées par la loi, et a demandé qu'il soit établi un bureau de vérification pour s'assurer si ceux qui ont été élus réunissent bien ces conditions.

D'autres membres ont répliqué que cela était impraticable, attendu que c'était au procureur général syndic à représenter au corps électoral la liste des citoyens éligibles qu'il avait dû se procurer d'avance ; que, ne la représentant pas, il n'appartenait qu'au corps électoral de faire cette vérification.

La question ayant été discutée, M. le Président l'a mise aux voix, en observant qu'elle l'avait déjà été à son égard ; que, lors de son élection à la Législature, il avait offert de donner les preuves de son éligibilité, et que l'assemblée avait refusé de s'en occuper.

L'épreuve faite par assis et levé, il a été décidé à la très grande majorité de passer à l'ordre du jour.

Dans la même forme que les députés, furent nommés députés suppléants, le 6 et le 7 septembre :

Morisson, Thiériot, Perreau, Gaudin l'aîné et l'abbé Gaudin (Ch. I, II et IV de notre tome I, p. 31, 60, 61, 112, 113, 121.)

Maignen, né à Voulgézac, district d'Angoulême (Charente), en mai 1754 (d'après la *Liste des conventionnels* de M. Jules Guiffrey), passa de la Convention aux Conseils des anciens. Il mourut le 3 juin 1796 (d'après M. A. Bitton, *Journal d'un Fontenaisien*).

Musset, curé de Falleron, né en 1754 (d'après sa déclaration d'âge, *Liste des conventionnels*), était d'origine bretonne (d'après le *Journal d'un Fontenaisien*). Réélu à la Convention, il fit partie du Conseil des Anciens jusqu'en mai 1797 ; il fut appelé en 1802 au Corps législatif, où il était encore en 1806 (d'après la *Biographie moderne*). Il avait été, le 20 mai 1797, nommé administrateur de la Loterie ; il fut plus tard envoyé à Turin pour organiser les quatre départements du Piémont et devint préfet de la Creuse en 1800. Conventionnel, il a rempli diverses missions où, « quoique partisan zélé de la Montagne, il sut inspirer la terreur sans se montrer cruel. » C'est lui qui fit allouer une indemnité de 1,200 livres au serrurier Gamanin, accusant le Roi et la reine de l'avoir empoisonné pour dissimuler le secret de l'armoire de fer des Tuileries. En l'an II, il avait renoncé à la prêtrise et s'était marié. Exilé comme régicide, à la Restauration, il se réfugia en Belgique et y mourut en 1828.

Étienne Giraud, né à la Châtaigneraie en 1752 (d'après le *Dict. des parlementaires*), joua un rôle effacé et ne fut pas réélu. On ignore la date de sa mort.

1. Dit Mercier du Rocher, *l. c.*

2. Dans son Journal, cité plus haut.

Pierre Jousson, administrateur du directoire du district de Challans, par 121 suffrages sur 192, au troisième tour de scrutin[1];

André-Charles-François Mercier, homme de loi, par 144 suffrages sur 210, au troisième tour;

Martin-Louis-Joseph Boulanger, juge de paix du canton de Mareuil, par 155 suffrages sur 188.

L'assemblée des électeurs avait reçu, le 31 août, deux brochures, la première d'un professeur de physique de Montpellier, Courdin, *Adresse aux Français;* la seconde, *Lettre de M. de Cazeaux à M...*; elle avait refusé de les laisser lire. Le 3, avait été apportée une *Adresse aux électeurs*, dont, au contraire, sur la proposition du président, lecture fut donnée par le secrétaire; « l'assemblée en fut tellement satisfaite qu'elle en demanda la réimpression et la distribution d'un exemplaire à chaque électeur; ce qui fut arrêté[2]. »

L'assemblée envoya le 1er septembre une députation présenter ses hommages aux commissaires civils Gensonné et Gallois, qui se trouvaient à Fontenay. Elle reçut le même jour la visite des officiers municipaux du chef-lieu, et il y eut échange de discours patriotiques entre le maire et le président.

Le 5 après-midi, se présenta une députation des Amis de la Constitution, dont le président, Giraudeau, prononça une harangue dont on vota l'impression, avec la réponse du président de l'assemblée, et la distribution à chacun des assistants.

On ne fit pas, comme aux élections précédentes, d'adresse au Roi; mais il en fut voté une pour l'Assemblée nationale, rédigée par l'abbé Gaudin.

Il avait été, le 1er, « unanimement arrêté qu'il serait chanté une messe le lendemain, à onze heures et demie, et que les corps civils et militaires seraient invités à y assister » avec les électeurs. Mais le 2, pour ne pas interrompre les scrutins commencés, on remit la messe à la fin des opérations électorales.

Celles-ci ne s'étant achevées que le 10, dans la journée, au lieu d'entendre une messe, les électeurs firent chanter, à 5 heures du soir, un *Te Deum* d'actions de grâces.

ÉLECTIONS DÉPARTEMENTALES

L'assemblée des électeurs n'avait pas seulement des députés à élire, mais aussi des juges à nommer et le premier renouvellement de la moitié du Conseil général du département à opérer.

1. Jousson, en 1793, s'engagea dans les Chasseurs de la Vendée, et fut tué par les rebelles, à Aizenay, le 2 octobre (d'après M. A. Bitton).

2. Il s'agit probablement de la brochure de Mercier du Rocher.

Le 7 septembre, en exécution des articles 7 et 17 de la loi du 29 mai, elle procéda à l'élection du président, de l'accusateur public et du greffier du tribunal criminel par scrutin individuel et à la majorité absolue des suffrages.

François-Marin Raison, juge suppléant au tribunal de Fontenay, fut élu, au troisième tour de scrutin, président du tribunal criminel par 128 voix sur 194 votants.

Pierre-Claude Dupuy, accusateur public provisoire, fut définitivement nommé par 176 voix sur 193 votants.

Les humbles fonctions qu'acceptait le constituant sortant, Jean-François Goupilleau, lui furent vivement disputées par le secrétaire du district de Fontenay, Charles Mazaurie, que soutenait la faction Pichard. *Goupilleau*, ballotté, ne devint greffier qu'avec 105 suffrages sur 191.

Le 8, conformément à l'article 6 du titre I de la loi du 29 mai, furent désignés hauts jurés pour représenter la Vendée à la Haute-Cour nationale, les deux constituants *Bouron*, 65 voix et *Biaille-Germon*, 107 voix.

L'assemblée électorale, dès qu'elle avait été constituée, le 31 août, avait reçu du procureur général syndic du département la délibération départementale du 29, constatant :

Que MM. Morisson, Menanteau, Thiériot et Guillet étaient sortis du Directoire par la voie du sort; que MM. Giraud, Savin et Bréchard avaient donné leur démission d'administrateurs du Conseil; que MM. Duchemin, Clémenceau, Richard, Boulanger, Regain, Badereau, Caillaud, Renaud, Verdon, Sourrouille et Aimé Perreau, étaient sortis du Conseil par la voie du sort.

Dans les deux dernières séances du 9 et du 10 septembre, il fut procédé, au scrutin de liste, à la nomination de 18 administrateurs pour remplacer les 18 sortants. Les élus furent :

Rodrigue, évêque de la Vendée; Severin *Pervinquière*, de l'Assemblée constituante; *Girard de Villars*, président de la Société ambulante des Amis de la Constitution; Jacques-Antoine-Émery *Gratton*, commandant de la garde nationale de Saint-Gilles; Jean-Baptiste *Gauly*, juge de paix du canton de Mouchamp; Martin-Louis *Boulanger*, juge de paix du canton de Mareuil; Pierre-Simon-Célestin *Regain*, juge du tribunal du district des Sables; Charles-Alexandre-Benjamin *Bouquet* l'aîné, fils d'un médecin de Luçon; *Gallot*, médecin, de l'Assemblée constituante; Philbert-Étienne *Denogent*, juge de paix du canton de Moutiers-les-Maufaits; Charles *Vinet*, notaire de Fontenay-le-Comte; Charles-Isidore-Élie *Moulins*, de la Vineuse, officier de marine (dit le comte de Rochefort); Jean *Fillon* l'aîné, notaire de Fontenay :André-Charles-François *Mercier du Rocher*, avocat; Joseph-Pierre-

Marie *Fayau* jeune, de Rocheservière; Jean-Baptiste-Aimé *Caillaud*, avocat au Tablier; René *Esnard*, homme de loi et conseiller municipal de Fontenay; Pierre-Paul *Clémenceau*, médecin à Mouchamp[1].

Le nombre de voix obtenues n'avait pas dépassé 100 pour les premiers de la liste; le dernier n'en avait eu que 42. Comme la non-acceptation de quelques-uns des administrateurs nommés était à craindre, l'assemblée, à l'unanimité, décida que les refusants pourraient être remplacés par les six ayant obtenu après eux le plus de voix. C'étaient :

Fidèle Mercier, 38 voix; Charles Mattet, 36; Étienne Bernard, 34; Louis-Pierre-Vital Biaille, 28; et le curé Benjamin Gauly, 27.

Ces chiffres et la précaution finale de l'assemblée électorale prouvent combien le recrutement de l'administration centrale était difficile. Il en était à peu près de même pour les districts. Pour les municipalités, c'était bien pis. Dans le plus grand nombre, la coalition menaçante des ci-devant seigneurs avec les prêtres réfractaires rendit introuvables et les éligibles et les électeurs durant cette année 1791 et jusqu'au 10 août 1792. Lors du renouvellement général des administrations, après la chute de la royauté, les royalistes mirent un zèle extraordinaire à remplir les municipalités rurales de leurs créatures.

On a vu qu'à la formation du corps électoral[2], au mois de juin 1790, le nombre total des électeurs désignés par les assemblées primaires des six districts s'élevait à 471. Il n'en vint que 319 à l'assemblée d'août-septembre 1791 donne le chiffre de 299 votants. Il y avait donc 152 électeurs qui s'étaient absolument refusés à remplir leur devoir civique. Les élections législatives achevées, à peine 200 étaient restés pour prendre part aux élections judiciaires et administratives.

PENDANT L'ASSEMBLÉE ÉLECTORALE

Les Commissaires civils Gensonné et Gauvain-Gallois et le général Dumouriez étaient à Fontenay au moment où les électeurs de la Vendée s'y trouvaient réunis. Mercier du Rocher a consacré une curieuse page de ses Mémoires aux conversations qu'il eut avec eux :

Après les séances de l'assemblée électorale, dont j'étais membre, ayant été élu malgré moi par le canton de Foussay, je me rendais tous les soirs con-

1. A la liste du procès-verbal nous avons ajouté les désignations que nous ont fournies principalement les Mémoires inédits de Mercier du Rocher.
2. Dans notre t. Ier, p. 110.

verser avec Gensonné. Nos entretiens roulaient principalement sur les moyens d'empêcher le fanatisme d'allumer la guerre civile dans notre patrie.

Je voulais, moi, chasser les prêtres réfractaires, dépouiller ceux qui se nommaient constitutionnels du droit d'exercer aucune fonction civile, et permettre à tous les ministres d'un culte quelconque d'exercer leur religion, pourvu qu'ils le fissent publiquement et en prêtant le serment de citoyen. Je voulais, en outre, que l'État ne salariât aucun prêtre.

Gensonné discutait plus froidement; il présentait la question sous toutes ses faces, il l'examinait sous tous ses rapports; il pesait les avantages, il considérait les dangers, il calculait toutes les chances; au demeurant, il me paraissait d'une timidité extrême, à moi qui suis convaincu qu'en révolution il faut frapper avec la hache de Phocion. Il faut mûrement réfléchir avant de se déterminer, mais ensuite les mesures d'exécution doivent être terribles et promptes; elles doivent partir avec la rapidité de la foudre. Le calme revient bientôt, et le peuple s'aperçoit à peine de la coercition qu'il a éprouvée, il jouit sans inquiétude des bienfaits que lui procure le nouvel ordre de choses. Gensonné convenait que je raisonnais juste, et il adoptait une grande partie de mes opinions.

Je lui demandai ce qu'il pensait de l'esprit public des citoyens des campagnes; il me répondit qu'il était très mauvais; il ajouta que l'administration du département était dans de mauvais principes et que Pichard surtout était bien dangereux. Gallois trouvait le procureur général plus à son gré, il en faisait l'éloge, et je crois que ses sentiments politiques étaient à peu près les mêmes que ceux de cet homme. Il se serait volontiers lié intimement avec lui. Quant à Gensonné, il ne voulait jamais accepter ses dîners et ses fêtes; il ne le vit qu'à l'administration.

Dumouriez se rendit un soir chez Gensonné. Durant nos entretiens, il me fit très bon accueil; il me communiqua ses observations sur le pays de la Vendée, envoya l'un de ses aides de camp chercher chez lui les notes qu'il avait rédigées à ce sujet et me les lut[1]. Il était d'avis de chasser les missionnaires et les sœurs de Saint-Laurent; quant à Brain, curé de cette commune, qui avait trouvé le secret de s'insinuer dans son esprit, il n'était pas d'avis de l'inquiéter, non plus que les autres prêtres.

Gensonné nous donna lecture d'un arrêté du département des Deux-Sèvres du 5 septembre 1791, portant que tous les prêtres réfractaires qui se trouvaient dans le district de Châtillon seraient tenus d'en sortir sous trois jours[2]; cet arrêté était imprimé, mais les administrateurs n'avaient pas cru devoir le publier sans le soumettre à la sanction des commissaires civils. Il me parut alors que les pouvoirs de ces commissaires n'étaient pas fort étendus, car ils n'osèrent prendre sur eux d'approuver cette mesure, et Gensonné proposa de dépêcher un courrier à Paris pour consulter le garde des sceaux.

Si vous le voulez, dit Dumouriez, *je ferai partir Baptiste*. C'était ce fameux valet de chambre qui, selon Dumouriez, gagna depuis la bataille de Jemmapes et que le Président de la Convention nationale arma, pour ce

1. Voir ci-dessus, p. 27-31.
2. Voir ci-dessus, p. 37-38.

prétendu haut fait, d'une épée d'or en lui donnant le baiser national. Ce trait peut tenir place parmi les roueries de ce général..

Quoi qu'il en soit, Baptiste ne partit point. Dumouriez nous emmena souper chez lui, maison de Denfer, située dans la prairie ; Baptiste, le vainqueur futur de Jemmappes, nous versa à boire ; le repas fut frugal, la conversation animée. Le général très madré, très roué, nous raconta ses aventures de l'Ancien Régime, nous parla de sa captivité à la Bastille, et nous promit de tenir tous les malveillants dans le devoir. Il ajouta que, tandis qu'on applaudissait à sa conduite aux Jacobins de Paris, on le traitait d'aristocrate au club de Nantes, parce qu'il avait fait mettre en liberté des gentilshommes qu'on avait enfermés dans le château de cette ville, et que ces sortes de violences ne lui plaisaient point, quoiqu'il fût ennemi juré des contre-révolutionnaires. Il nous parla de la Révolution, du Roi, de l'Assemblée nationale avec la légèreté d'un militaire français ; il nous dit qu'elle n'était plus qu'une vieille putain, qu'il fallait se hâter d'éconduire. Cette expression était juste sous bien des rapports. Il nous parla de ses amis, il nous parla de son beau-frère (le marquis d'Auvant de Perry), qui avait épousé sa sœur. Il avait aussi un autre beau-frère comte : c'était Rivarol, dont la sœur vivait avec lui[1]. Elle était bien dans sa maison, mais comme elle était jeune et jolie, comme il avait cinquante-quatre ans et que nous étions tous les convives plus jeunes que lui, il jugea qu'il ne devait pas nous faire souper avec sa maîtresse. Il avait cueilli des lauriers aux champs de Mars, il craignait que quelqu'un de nous ne lui enlevât ses myrtes. Le souper fini, nous nous retirâmes chez nous.

Gensonné, élu député dans la Gironde, quitta la Vendée le 17 septembre, laissant à son collègue Gauvain-Gallois le soin de compléter les informations qu'ils avaient prises ensemble et de les rédiger.

LE RAPPORT DES COMMISSAIRES CIVILS EN VENDÉE

Le rapport des Commissaires civils fut lu par Gallois à la barre de l'Assemblée législative, au cours de la séance du 9 octobre.

L'amnistie ayant aboli les procédures pour faits politiques, les Commissaires se crurent obligés de ne rien dire des conspirations des nobles, mêlées aux agitations prétendues religieuses des prêtres réfractaires. Sur celles-ci même, ils supposèrent le danger passé, ils adoucirent beaucoup l'expression des sentiments qu'ils avaient éprouvés durant leur mission.

Nous avons pris, concluaient-ils, toutes les mesures qui étaient en notre

1. Mme de Beauvert. Le lieutenant général de Verteuil écrivait, de la Rochelle, le 24 décembre 1791, à Dumouriez : « Votre lettre du 19, mon cher général, m'annonce que j'aurai le plaisir de vous voir avec Mme de Beauvert incessamment. Cette nouvelle m'a fait autant de plaisir que celle de l'insurrection dont vous êtes menacé m'a fait de peine... » — Voir le *Roman de Dumouriez*, par M. H Welsinger (Paris, 1890; in-18).

pouvoir, soit pour maintenir la tranquillité générale, soit pour réprimer les atteintes contre l'ordre public. Organes de la loi, nous avons fait entendre partout son langage... Nous avons distribué une partie de la force publique, qui était à notre réquisition, dans les lieux où l'on nous annonçait des périls plus graves ou plus imminents. Nous nous sommes transportés dans ces lieux aux premières annonces de troubles. Nous avons constaté l'état des choses avec plus de calme et de réflexion, et, après avoir, soit par des paroles de paix et de consolation, soit par la ferme et juste expression de la loi, calmé ce désordre momentané des volontés particulières, nous avons cru que la seule présence de la force publique pourrait suffire en ce moment pour prévenir tout attentat contre la liberté individuelle et la tranquillité publique. C'est à vous, Messieurs, à vous seulement qu'il appartient de prendre des mesures véritablement efficaces sur un objet qui, par les rapports où on l'a mis avec la Constitution de l'État, exerce en ce moment sur cette Constitution une influence beaucoup plus grande que ne pourraient le faire croire les premières et les plus justes notions de la raison, séparées de l'expérience des faits [1].

Après avoir cité les conseils « de prudence et de lenteur », donnés par le curé constitutionnel Tallerye, ils finissaient brusquement en disant :

« La plus douce récompense de nos travaux serait de vous avoir facilité les moyens d'établir sur des bases solides la tranquillité de ces départements (la Vendée et les Deux-Sèvres), et d'avoir répondu par l'activité de notre zèle à la confiance dont nous avons été honorés. »

Le président (Pastoret) répondit :

« L'Assemblée nationale a entendu avec intérêt l'histoire de vos travaux. Elle n'oubliera rien pour guérir les maux dont vous venez de l'instruire. Rétablir l'esprit public est le premier de ses vœux, comme le premier de ses devoirs. »

L'Assemblée décréta [2] :

« Le rapport des commissaires et la réponse de M. le président seront imprimés et distribués; des éloges et des remerciements sont décernés tant à MM. Gensonné et Gallois, commissaires, qu'à M. du Mouriez, pour le zèle avec lequel il les a secondés, et à M. Tallerye [3], curé constitutionnel, pour

1. Le rapport de Gallois et de Gensonné a été reproduit au *Moniteur*, les 10 et 12 novembre 1791, n°s 314 et 316. Imprimé par ordre de l'Assemblée, il forme une brochure, 23 p. in-8°, de l'Imprimerie nationale.

2. D'après la minute du procès-verbal du 9 octobre, Arch. nat., C 139, l. 93.

3. Le nom est en blanc. — Voir ci-dessus, p. 36. — Jean-François Tallerye, pour avoir lu en sa chaire de la Chapelle-Saint-Laurent, les proclamations insurrectionnelles du faux évêque d'Agra, fut condamné à mort par le tribunal criminel des Deux-Sèvres et exécuté le 5 décembre 1793. (D'après *La Justice révolutionnaire à Niort*, par M. A. Proust.)

l'esprit de douceur et de paix, caractère de la vraie religion, qu'il a manifesté dans ces circonstances. Quant au fond des objets présentés dans le rapport, la discussion est ajournée jusque après l'impression. »

Quelque modéré qu'il fût, le rapport des Commissaires révélait au moins l'organisation cléricale de la Contre-Révolution; il faisait apparaître, aux yeux étonnés des sceptiques et des tolérants du siècle de Voltaire, une chose pour eux incroyable : un foyer de guerre religieuse, allumé au cœur de la France libre!

AGITATION DES NON-CONFORMISTES

Si les défauts et les dangers de la Constitution civile devenaient visibles, pouvait-on y renoncer tout de suite et proclamer purement et simplement la liberté des cultes? Quelques-uns y songèrent. On connaît l'article publié dans le *Moniteur* [1] par André Chénier « sur les discussions des prêtres » :

Il est clair qu'on ne peut considérer les prêtres dissidents et leurs sectateurs que comme des gens d'une religion qui leur est propre... Nous ne serons délivrés de l'influence de pareils hommes que quand l'Assemblée nationale aura maintenu *à chacun la liberté entière de suivre et d'inventer telle religion qu'il lui plaira; quand chacun payera le culte qu'il voudra suivre et n'en payera point d'autre*, et quand les tribunaux poursuivront avec rigueur les persécuteurs et les séditieux de tous les partis... En un mot, *les prêtres ne troublent point les États quand on ne s'occupe pas d'eux, et ils les troublent toujours quand on s'en occupe, de quelque manière qu'on s'en occupe...*

On dit que beaucoup de citoyens ayant obstinément recours à des prêtres non assermentés pour tous les actes civils auxquels le ministère ecclésiastique est nécessaire, il en résulte des incertitudes embarrassantes pour la société et pour les familles. Cet inconvénient, qui est très grave, ne sert qu'à prouver *combien il est urgent* de faire une loi par laquelle *aucun acte civil n'ait rien de commun avec le ministère ecclésiastique...*

Il fallut une année encore pour faire décider par l'Assemblée législative la remise des registres de l'état civil aux municipalités; il fallut traverser toute la Terreur avant d'obtenir de la Convention le premier et unique essai de la liberté et de l'égalité des cultes. On sait qu'il y fut coupé court [2] par Bonaparte, et que le Concordat, à l'aide duquel il restaura pour le service de l'Empire la vieille religion

1. Du 22 octobre 1791.
2. Voir, sur les effets de la liberté religieuse durant la période du Directoire, les *Études* de M. A. Gazier d'après les papiers de Grégoire (in-18, Paris, 1887).

monarchique, subsiste toujours, prouvant notre impuissance nationale à changer de religion, à les admettre toutes hors de l'État, ou à nous en passer.

Le premier acte antirévolutionnaire du haut clergé du Bas-Poitou avait été la négation de la liberté des cultes, la revendication pour la religion catholique, apostolique et romaine, de rester la seule et exclusive religion de l'État[1]. Ensuite, l'autorité spirituelle de l'Église, définie d'après la tradition ultramontaine, avait été invoquée contre les prétendues usurpations de l'Assemblée constituante. Enfin, l'organisation de la lutte contre « les intrus », l'armement du fanatisme contre la Constitution civile, avaient été faits en négation absolue de la « loi sur la liberté des cultes », votée le 7 et promulguée le 13 mai 1791, avec la sanction du Roi[2].

C'est seulement après l'avortement des séditions du district de Challans, après l'arrestation des gentilshommes conspirateurs du district des Sables, après la réinstallation du Roi fugitif aux Tuileries, que les intransigeants de l'orthodoxie cessèrent tout à coup de nier et de mépriser la liberté. La pétition de Saint-Mars-la-Réorthe à l'administration départementale de la Vendée, en vue d'avoir un « Temple de catholiques non-conformistes » est du 25 juin 1791, et la loi sur laquelle elle s'appuie est précisément celle des 7-13 mai.

Comme on l'a vu, les Commissaires civils Gensonné et Gallois avaient été sollicités par un grand nombre de pétitions du même genre à autoriser, dans les villes et dans beaucoup de bourgs, l'élévation publique d'autels « non-conformistes » en face des autels nationaux. Après leur départ, le pétitionnement prit des proportions qui paraissaient on ne peut plus inquiétantes au général Dumouriez[3].

L'amnistie du 15 septembre avait aboli les poursuites entamées contre les prêtres promoteurs de troubles et notamment celles contre l'évêque et les chanoines de Luçon, auteurs des fameuses « instructions » du 30 mai. Les plus habiles et les plus exaltés des factieux libérés déployèrent une activité fébrile dans ce triple but : désarmer les autorités départementales; tromper l'Assemblée nationale par des démarches d'une légalité incontestable, mais cachant des menées contre-révolutionnaires; surtout entretenir, envenimer les scrupules de la dévotion de Louis XVI, qui refusait à sa cour le service des prêtres assermentés, quoiqu'il eût sanctionné la Constitution civile du Clergé.

En même temps que la Constitution nationale promulguée, avait

1. Voir plus haut ch. VI, p. 163 de notre tome I.
2. Voir plus haut ch. XII, p. 344 de notre I.
3. Voir plus haut ch. XVI, p. 29-31.

été affichée une Proclamation du Roi, datée du 28 septembre 1791 et qui commençait ainsi :

Louis, par la grâce de Dieu et par la loi constitutionnelle de l'État, Roi des Français. A tous les citoyens, salut.

J'ai accepté la Constitution. J'emploierai tous mes efforts à la maintenir et à la faire exécuter.

Le terme de la Révolution est arrivé; il est temps que le rétablissement de l'ordre vienne donner à la Constitution l'appui qui lui est maintenant le plus nécessaire; il est temps de fixer l'opinion de l'Europe sur les destinées de la France, de montrer que les Français sont dignes d'être libres.

Mais ma vigilance et mes soins doivent encore être secondés par le concours de tous les amis de la Patrie et de la Liberté; c'est par la soumission aux lois, c'est en abjurant l'esprit de parti et toutes les passions qui l'accompagnent, c'est par une heureuse réunion de sentiments, de vœux et d'efforts, que la Constitution s'affermira et que la Nation pourra jouir de tous les avantages qu'elle lui garantit.

Que toute idée d'intolérance soit donc écartée à jamais; que le désir irréfléchi de l'indépendance ne soit plus confondu avec l'amour de la liberté; que ces qualifications injurieuses avec lesquelles on cherche à agiter le peuple soient irrévocablement bannies; *que les opinions religieuses ne soient plus une source de persécutions et de haines; que chacun, en observant les lois, puisse pratiquer le culte auquel il est attaché, et que, de part et d'autre, on n'outrage plus ceux qui, en suivant des opinions différentes, croient obéir à leur conscience...*

C'est en rappelant cette phrase de la Proclamation du Roi que les organisateurs de la guerre acharnée des « réfractaires » contre les « intrus », donnèrent au pétitionnement des « non-conformistes », pour obtenir des temples publics en face des églises officielles, l'extension la plus large, et cela sans arrêter un seul instant les explosions du fanatisme des paysans contre les curés constitutionnels, contre les administrations civiles, contre toutes les institutions du nouveau régime.

Au chef-lieu du département de la Vendée, 190 personnes avaient fait, auprès de la municipalité de Fontenay, des démarches afin d'obtenir la permission de célébrer la messe — inconstitutionnelle — dans une maison particulière, chez l'ancien procureur du Roi en la maréchaussée, Savary des Forges[1]. L'administration départementale s'y était opposée.

Le 6 octobre, de la ville épiscopale de Luçon fut adressée la lettre suivante, non plus aux autorités locales, mais

1. B. Fillon, *Recherches sur Fontenay*, t. I, p. 560, en note.

Au Ministre de l'Intérieur [1].

Monsieur,

La municipalité de Luçon a fait fermer successivement depuis trois mois toutes les églises de cette ville, à l'exception de la cathédrale. Un grand nombre de catholiques, dont la conscience ne leur permet pas de participer au culte établi dans les églises nationales, ont été privés par là de l'exercice de leur religion.

Désireux de profiter de la liberté religieuse accordée par la Constitution, reconnue et proclamée dans la Déclaration des droits de l'homme et du citoyen, ils choisirent l'église qu'occupaient ci-devant les capucins de cette ville pour y exercer, sous la protection de la loi, le culte dont ils ont toujours fait profession. Ils adressèrent en conséquence au directoire du département de la Vendée une pétition, par laquelle ils demandaient d'être autorisés à s'assembler dans cette église pour l'exercice de leur religion, et que la municipalité fût invitée à les faire jouir de la sûreté et de la liberté dues à tout citoyen, quelque culte qu'il professe; offrant au surplus de se conformer exactement aux dispositions du décret du 7 mai dernier, et promettant sur leur conscience et sur leur honneur qu'il n'y serait jamais prononcé aucun discours contenant des provocations directes contre la Constitution du royaume, et en particulier contre la Constitution civile du clergé.

Cette pétition est restée jusqu'ici sans réponse.

On sait pourtant qu'elle a été renvoyée au district par le directoire du département, et du district à la municipalité de Luçon; mais on ignore quel a été l'avis de ces deux corps administratifs, et même s'ils en ont donné un.

On doit cette justice au directoire du département qu'il veut sincèrement l'exécution de la loi, et que chaque citoyen jouisse des droits que la Constitution lui accorde; mais, on est forcé de l'avouer, et il est nécessaire que le Ministre de l'Intérieur le sache, la mesure de pouvoir dont jouit le département n'est pas celle de l'autorité qui lui est confiée.

Ici, comme ailleurs, des citoyens réunis en club sous le nom d'Amis de la Constitution décident seuls et règlent tout, et ils dictent leurs lois avec d'autant plus de confiance qu'ils sentent que les corps administratifs ne peuvent leur opposer aucun moyen de résistance.

Tant que le pouvoir exécutif a été sans activité, les citoyens attachés à la religion de leurs pères n'ont pu que gémir et souffrir en silence. Aujourd'hui qu'il est entré dans l'exercice de ses fonctions, ils peuvent, ils doivent espérer qu'il mettra des bornes à l'oppression qu'ils éprouvent, et qu'il les fera jouir enfin de cette liberté tant vantée, tant promise, et que nul pouvoir jusqu'ici n'a pu leur garantir.

Cette liberté d'avoir des lieux spécialement consacrés à leur culte, les juifs, les luthériens, les calvinistes, toutes les sectes l'ont obtenue; à Paris même, les protestants sont en possession d'une église enlevée aux catho-

1. Arch. nat., F^{19} 481^{1}.

liques romains; ceux-ci, dévoués depuis deux ans à tous les genres d'opprobres et de persécutions, seraient-ils les seuls à qui on refuserait un asile que la loi leur accorde? Pour prix de leur soumission et de leurs sacrifices, violerait-on à leur égard tous les décrets et tous les droits?

Nous nous adressons à vous, Monsieur, avec la confiance que doit inspirer la justice de notre demande; c'est au nom de la majorité des habitants de la ville de Luçon, dont plus de cent ont signé la pétition adressée au département, que nous vous prions de vouloir bien prendre en considération les motifs religieux qui l'ont dictée, d'ordonner au directoire du département de la Vendée de faire droit sur cette pétition, et d'accorder aux citoyens catholiques de Luçon la liberté de s'assembler dans l'église désignée par eux, pour y exercer, sous la sauve-garde de la loi, le culte qu'ils professent.

Nous regarderons comme un bienfait signalé l'acte de justice que nous vous demandons pour nous et pour nos concitoyens, et vous acquerrez, en nous l'accordant, des droits éternels à notre reconnaissance.

Nous sommes avec respect, Monsieur, vos très humbles et très obéissants serviteurs,

CHAUVEAU, CLÉMENT, RAMBAUD, CHAUVEAU le jeune, *juge de paix.*

Cette pétition avait sans doute été dictée par le vicaire général de Mgr de Mercy, Jean Brumauld de Beauregard, qui était resté à Luçon, chargé de « l'administration du diocèse[1] », c'est-à-dire du gouvernement du Clergé réfractaire contre le Clergé constitutionnel. Elle fut le point de départ des démarches presque officielles de son frère André, qui signait « l'abbé de Beauregard » des lettres et mémoires au Ministre de l'Intérieur au nom des « non-conformistes » de la Vendée et pays environnants[2].

ESSAI DE LA LIBERTÉ DES CULTES DANS LA CHARENTE-INFÉRIEURE

Des administrations de l'Ouest celle de la Charente-Inférieure fut la seule qui, suivant l'exemple du département de Paris, non seulement proclama la liberté des cultes, mais encore essaya de la mettre en pratique complète.

Le 27 octobre 1791, était pris, à Saintes, par le Directoire départemental, un arrêté portant[3] :

Que tous citoyens, toutes sociétés, agrégations et communautés religieuses ou séculières, pourront ouvrir leurs églises, chapelles, temples et autres lieux qu'ils entendront destiner à l'exercice d'un culte religieux quelconque, sans être soumis à aucune surveillance qu'à celle des officiers de

1. Vie de Mgr de Beauregard, évêque d'Orléans, en tête de ses Mémoires, t. I, p. 45.
2. Voir plus loin ch. XXVI.
3. A l'article *France* du *Moniteur* de 1791, 25 novembre.

police, auxquels il est enjoint de veiller à ce qu'il ne se fasse dans ces lieux aucune exhortation, prédication ou enseignement contre la Constitution du royaume, et qu'il ne s'y passe rien de contraire à l'ordre public.

Faisons défense à qui que ce soit d'apporter aucun trouble ni empêchement à l'exercice d'aucun culte, d'insulter en aucune manière les personnes qui le professeront, à peine d'être poursuivi et puni suivant la rigueur des lois ; chargeons spécialement les procureurs des communes de tenir la main à l'exécution du présent arrêté, et de dénoncer et poursuivre toutes personnes qui, par voies de fait, injures ou menaces, tenteraient de porter atteinte à la liberté religieuse la plus entière.

Les descendants des calvinistes écrasés par Richelieu et dragonnés par Louvois motivaient ainsi cet arrêté :

Considérant que la liberté des opinions religieuses, ce droit l'un des plus notoires et des plus inviolables du pacte social, a été formellement confirmée par le titre premier de la Constitution, qui laisse la liberté à tout homme d'exercer le culte auquel il est attaché;

Considérant que le Roi des Français, en acceptant la Constitution de l'État de la manière la plus franche et la plus loyale, a témoigné n'avoir rien plus à cœur que de voir écarter à jamais toute idée d'intolérance, et que chacun, en observant les lois, puisse à son gré pratiquer le culte qui lui convient.

Le Directoire, renouvelé à la fin de l'année 1791, persista d'autant mieux dans la décision prise par la précédente administration, qu'elle avait reçu l'approbation formelle du Conseil général du département. Dénoncé au ministre de l'intérieur comme se refusant à sévir contre les prêtres non-conformistes, qui excitaient dans toute la région de l'Ouest des agitations dangereuses, il adressa cette défense à l'Assemblée nationale[1] :

De Saintes, 1er mai 1792.

... Avant la formation du Directoire actuel, les églises étaient ouvertes. Au moment où la Constitution, qui assurait nos droits et notre liberté, fut proclamée dans l'empire français, au moment où la tolérance universelle fut déclarée en faveur de tous les cultes, le Directoire avait cru devoir prendre une mesure qui s'accordait avec les principes de la Constitution et qui était désirée par un grand nombre de citoyens.

L'ouverture des églises s'est faite sans trouble, elle a été maintenue sans agitation. Le Conseil général de ce département, assemblé à l'époque fixée par la loi, confirma par un arrêté celui du Directoire, dont l'expérience avait démontré les heureux effets. Alors le Directoire actuel s'est formé. Il

1. Arch. nat. DXL 8, 1. Charente-Inférieure.

n'était plus en son pouvoir d'anéantir cet arrêté pris par le Conseil général, des délibérations duquel il n'est que l'exécuteur.

Ce principe, consacré par la loi, éclairé par l'expérience, qui offrait le spectacle consolant de voir les citoyens de tous les cultes exercer librement et tranquillement celui qu'ils avaient choisi, ne nous a pas permis d'accéder aux désirs de plusieurs citoyens qui demandaient la clôture des églises, tandis qu'un plus grand nombre votaient pour qu'elles restassent ouvertes.

Cette résistance, commandée par la loi, nous a valu des dénonciations de la part de citoyens qui ont vu avec peine que nous n'adoptions pas le système d'intolérance qu'ils nous proposaient, et qui ont pris pour des agitations le mécontentement que devait naturellement produire dans leurs esprits notre fermeté à exécuter la loi.

Quoi qu'en disent les malveillants, c'est à cette même fermeté que nous devons la tranquillité qui règne dans cette ville et dans les autres parties du département. Quand des mesures dictées par la loi produisent des résultats aussi satisfaisants, peut-on se permettre de les dénoncer?

Nous devons le dire, législateurs, deux genres de patriotisme très distincts éclatent et se manifestent : l'un qui veut l'exécution de la loi, l'autre qui veut y substituer sa volonté. Celui-ci n'est pas le vrai patriotisme, ou plutôt il est l'aristocratie la plus dangereuse, puisqu'il tend à l'anarchie et à la dissolution de l'empire. L'autre en veut la conservation, il veut la Constitution telle qu'elle est; c'est celui que notre devoir et notre serment nous indiquent; nous n'en suivrons jamais d'autre; la Constitution ou la mort, voilà notre vœu perpétuel, et ce sera notre dernier soupir.

Signé : *Les administrateurs composant le directoire du département de la Charente-Inférieure,*

DUCHESNE, *vice-président;* BAUDRY, LEVALLOIS, FRANÇOIS CHAIGNEAU, C. RENOULLEAU, ESCHASSÉRIAUX, C. RABOTEAU, DUPUY, GARNIER.

LES NON-CONFORMISTES DE LA ROCHELLE ET LE PÉTITIONNEMENT VENDÉEN

Sous le régime de la liberté des cultes, la majeure partie des communes, de la Charente-Inférieure, d'ailleurs très patriotes et pas fanatiques, demeurèrent à l'abri des agitations religieuses. Il s'en produisit de très violentes à la Rochelle, et ce n'est pas entre protestants et catholiques, mais entre catholiques constitutionnels et catholiques non-conformistes, ces derniers faisant de leur église particulière un centre de propagande antirévolutionnaire, dont l'action s'étendait sur la Vendée, les Deux-Sèvres et la Loire-Inférieure.

Le dernier des évêques nommés par le Roi [1] avait été le premier instigateur de la résistance à la Constitution civile du clergé, non seulement dans l'Aunis, mais dans le Poitou, où, seul présent, il agissait pour ses collègues de Poitiers et de Luçon, qui, depuis qu'ils

1. Installé le 3 janvier 1790 au siège de la Rochelle.

habitaient Versailles ou Paris, membres des États généraux, puis de l'Assemblée nationale, ne reparaissaient plus dans leurs diocèses. Comme ceux-ci, Jean-Charles de Coucy protesta, quand, le 20 mars 1790, Jean-Étienne Robinet fut élu et institué évêque constitutionnel du département de la Charente-Inférieure. Néanmoins il n'abandonna pas tout de suite son siège. Il continua à exercer son autorité spirituelle sur les curés des paroisses poitevines qui, dans l'ancienne organisation, dépendaient de lui; il garda le gouvernement des deux fameuses maisons religieuses de Saint-Laurent-sur-Sèvre, les missionnaires du Saint-Esprit et les Filles de la Sagesse, qui entretenaient avec une ardeur fébrile le fanatisme des populations rurales de toute la région vendéenne. Il ne quitta la Rochelle, pour émigrer, qu'après avoir présidé à la formation d'une association qui, sous le nom de l'huissier Trimouille, acheta aux enchères publiques le couvent des augustins, et ensuite présenta à la municipalité de la ville une déclaration en vue de faire de l'oratoire des ci-devant moines le *temple des non-conformistes.*

En vertu de l'arrêté départemental du 27 octobre, ce temple put s'ouvrir avant la fin de l'année 1791. Il avait pour desservants les deux curés non assermentés des paroisses de Saint-Barthélemy et de Notre-Dame, les abbés Moulin et Jaucour. L'aristocratie catholique de la Rochelle les y avait fait suivre par tous les fidèles qui dépendaient d'elle. Ils y exerçaient leurs fonctions absolument de la même manière que dans leurs anciennes églises, célébrant les offices aux heures habituelles confessant, prêchant, malgré les interdictions légales, et profitant de ce que la tenue des registres de l'état civil n'était pas encore attribuée aux maires, pour baptiser, marier, inhumer comme autrefois. Les curés constitutionnels protestaient en vain. Les jeunes gens de la noblesse ne manquaient aucune occasion d'insulter publiquement ces « intrus ». Lors de l'installation de l'un d'eux par les autorités et par la garde nationale, on les vit traverser la foule, hausser les épaules et s'écrier : « Que de monde pour voir un scélérat et un apostat! »

Au commencement de l'année 1792, les patriotes de la Rochelle firent des démarches auprès de la municipalité afin qu'elle surveillât « les factieux sous prétexte de religion. » Le 7 février, il fallut placer la gendarmerie devant la porte de l'oratoire, pour prévenir une émeute. La foule se porta vers la maison du commandant de cette troupe, qui eût été saccagée sans l'intervention de la garde nationale [1]. Les Amis de la Constitution signalèrent à diverses reprises les

1. V. l'*Hist. de la Rochelle*, par Dupont (in-8° 1830), p. 567-568; l'*Hist. des Rochelais* par L. Delayant (in-8° 1870, chap. II, p. 216, 224).

troubles de la Rochelle au gouvernement et à l'Assemblée nationale. C'était à leurs dénonciations que répondaient, le 1er mai, les administrateurs du département de la Charente-inférieure [1].

Cependant, sous l'action des non-conformistes rochelais, les anticonstitutionnels de la Vendée redoublaient d'efforts afin de faire suivre par le Directoire de Fontenay l'exemple de celui de Saintes.

Le 3 novembre 1791, avait été adressée, des Sables-d'Olonne, à Sylvain Bailly, maire de Paris, une pétition ainsi rédigée [2] :

J'ai l'honneur de vous écrire celle-ci au nom de tous les habitants de notre ville des Sables, ayant vu et lu, dans les nouvelles publiques, votre charité à faire ouvrir les églises de votre ville de Paris. Serait-il vrai, Monsieur, que nous serions seuls abandonnés, n'ayant ici que trois petites églises et que l'entrée nous en soit refusée? Soyez donc le protecteur de notre religion et faites voir à tout le peuple qui implore votre secours qu'il ne vous a pas prié inutilement ; nous bénirons à jamais le Seigneur et nous prierons sans cesse pour la conservation de vos jours ainsi que pour votre respectable famille. Donnez donc au plus tôt des ordres pour nous en faire l'ouverture, nous espérons cette grâce de vous; nos messieurs, officiers municipaux ou du district, seront fidèles à exécuter vos ordres.

Aux Sables-d'Olonne, diocèse de la Vendée, Bas-Poitou, nous sommes tous bons citoyens et citoyennes prêts à verser notre sang pour la Religion, le Roi et la Loi; M. de Rochambeau et vous qui avez signé sur les décrets, faites-en autant pour nous.

La lettre était anonyme et sans orthographe; Bailly s'empressa de la faire passer au ministre de l'intérieur (Valdec de Lessart), qui écrivit dessus cette note :

Attendre ce qui sera décidé pour les prêtres non-conformistes [3].

Le Directoire du département de la Vendée fut empêché par les conseils persistants de Dumouriez d'adopter l'arrêté de la Charente-Inférieure; mais il se décida à élargir son propre arrêté du 30 juillet [3].

A la séance du 9 novembre, présidée par Guillet, vice-président, et à laquelle assistaient les administrateurs Millouain, Menanteau, Paillou et Luminais, le procureur général syndic Pichard avait prononcé un réquisitoire dans lequel, après avoir rappelé l'arrêté précédent, il disait :

A cette époque, Messieurs, la Charte constitutionnelle n'avait pas encore subi la revision de nos législateurs, le Roi ne l'avait pas encore acceptée, et les principes immuables de la liberté religieuse, proclamée par

1. Voir ci-dessus, p. 80.
2. Arch. nat. F^{19} 481^1.
3. V. ci-dessus chap. XVI.

la Constitution, étaient encore méconnus par quelques citoyens dont il était prudent de ménager l'erreur en cherchant à la détruire. Vous aviez donc, Messieurs, pour donner cette interprétation, plus voisine peut-être de la sévérité que de l'indulgence, des motifs puissants qui n'existent plus; vous ne saviez pas non plus que le remplacement prévu par votre arrêté deviendrait impossible par le défaut de prêtres assermentés, et vous auriez sans doute gémi d'imposer des courses fatigantes et inquiétantes pour la tranquillité publique, à une grande partie des citoyens de cette ville qui se refusent aux instructions des prêtres assermentés, par une erreur malheureusement trop prolongée, mais qui est une suite de la liberté religieuse dont ils doivent jouir.

Je requiers, Messieurs, qu'en attendant le mode d'exécution des lois qui consacrent la liberté du culte pour tous les citoyens, vous déclariez que les églises des hôpitaux de cette ville, désignées par la loi comme oratoires nationaux, seront désormais ouvertes à tous les prêtres indistinctement, qui voudront y aller dire la messe seulement, et les portes également ouvertes à tous les citoyens qui se présenteront pour l'entendre.

Le Directoire prit un arrêté exactement conforme à ces conclusions; dans le jour, il le transmit au district de Fontenay pour le faire exécuter par la municipalité, chargée de « le notifier sans délai aux hôpitaux et de prendre les précautions nécessaires pour que la tranquillité n'éprouvât aucune atteinte dans son exécution. »

Copie en fut, le 11, expédiée avec cette lettre[1] :

Au Ministre de l'Intérieur, M. de Lessart.

Monsieur,

Nous avons l'honneur de vous adresser une expédition d'un arrêté que nous vous prions de mettre sous les yeux du Roi. Les motifs qui sont énoncés dans le réquisitoire de M. le procureur général syndic et dans l'arrêté lui-même, ne sont pas les seuls qui nous aient déterminés, et, d'après les principes de liberté religieuse que nous avons constamment et hautement professés, lors même que les circonstances nous ont forcés d'adopter des mesures contraires, nous aurions sans doute donné plus d'extension à notre arrêté, si les discussions actuelles de l'Assemblée nationale ne nous avaient inspiré l'obligation de suspendre une décision définitive. Nous avons cependant pensé, Monsieur, qu'il fallait ne pas différer plus longtemps à accorder à une foule de citoyens mécontents tous les adoucissements qui étaient à notre disposition et, indépendamment de la loi de liberté qui nous le prescrivait, le nombre des pétitions adressées au Directoire pour obtenir la permission de consacrer au culte divin des édifices appartenant à des sociétés particulières nous plaçait entre la crainte d'autoriser une espèce de scission politique, en adoptant trop légèrement ces pétitions, et celle de commettre

1. Arch. nat. $F^{19}481^{1}$.

une injustice en les rejetant sans ménagement. Nous nous sommes donc décidés à un parti provisoire qui puisse, en apaisant les murmures, préparer les esprits à l'exécution des lois qui doivent bientôt émaner du Corps législatif.

Les administrateurs composant le Directoire du département de la Vendée,

GUILLET, *vice-président*, J.-M. COUGNAUD, *secrétaire général*.

Le 10 novembre 1791, à Châtillon-sur-Sèvre, où devait être établi, en 1793, le Conseil supérieur de l'insurrection catholique et royale, et qui, depuis que les patriotes de la Vendée maritime avaient rendu impossible le rassemblement général des nobles à Luçon, était devenu le centre de la contre-révolution[1], fut pris, pour la première fois presque officiellement et publiquement, un « arrêté » contenant la revendication des droits des prêtres insermentés sous menace non dissimulée de guerre civile. Cet « arrêté » ne fut pas adressé à l'Assemblée nationale, mais à Louis XVI personnellement, et celui-ci le déposa dans la fameuse armoire de fer des Tuileries[2].

Au Roi.

Sire,

Les citoyens soussignés, désirant conserver la paix dont ils ont joui jusqu'à présent et se garantir de l'orage qui gronde autour d'eux, ont cherché à en découvrir la véritable source. Ils ont unanimement reconnu que la cause des malheurs qui désolent ce royaume était les violences d'un petit nombre de malintentionnés, qui ne rougissent pas de se dire les amis de la patrie, lors même qu'ils violent impunément les lois et les droits les plus sacrés de l'humanité. Ils ont comparé la conduite de ces fanatiques avec les décrets constitutionnels de cet empire, et ils ont été vivement frappés des contradictions évidentes qu'ils y ont trouvées.

Le but de l'Assemblée nationale, en nous donnant une Constitution, était sans doute d'accomplir le vœu du peuple; mais ce but est-il rempli, quand on donne à un département un évêque dont l'opinion religieuse est en contradiction avec celle de la très grande majorité de ses habitants? Le vœu du peuple est-il accompli, quand on donne à une paroisse, les armes à la main, un pasteur ignorant et sans mœurs, pour lequel elle n'a que de l'horreur, et ses partisans mêmes le plus souverain mépris? De pareils personnages seraient-ils les envoyés de Jésus-Christ, et la religion qu'ils nous annoncent serait-elle celle d'un Dieu trois fois saint, le père et l'ami des hommes? Ah! ce n'est

1. Voir plus haut p. 39.
2. Archives nationales, C 183, papiers des Tuileries, ch. Ier, n° 85.

Cet arrêté de Châtillon et la délibération de Bazoges, que nous citons ensuite, élaborés sans doute par les missionnaires de Saint-Laurent, doivent être rapprochés de la fameuse protestation des insermentés de Maine-et-Loire, du 9 février 1792, écrite par le trop célèbre curé de Saint-Laud d'Angers, Bernier. (V. plus loin ch. XXVI.)

pas ainsi qu'agissaient les apôtres; on ne les a jamais vus se présenter à une cité les armes à la main, et vouloir la forcer de croire à leur mission et d'embrasser leur doctrine. Telle est cependant la conduite des prêtres assermentés dans les paroisses où ils se sont introduits; ils ont presque tous signalé leur entrée par quelques violences. Après cela, doit-on être surpris si le peuple a pour eux et pour leur opinion le plus grand éloignement? Il est des paroisses où ils ne sont pas suivis d'un seul individu, et dans certaines ils n'ont pas pour eux plus de la centième partie des habitants, et, bien loin de faire de nouveaux progrès, ils sont de jour en jour plus abandonnés. Les prêtres constitutionnels reprochent cet abandon général aux prêtres non-conformistes, et leur en font un crime. Mais quelle est la loi qui leur a prescrit le silence? Ne permet-elle pas, au contraire, à tout citoyen de manifester son opinion? L'Évangile, qui est la première loi des chrétiens, ne leur ordonnait-il pas de parler? Leur devoir le plus sacré n'était-il pas de nous instruire et de nous éclairer? Notre salut, du moins d'après leur opinion, était dans le plus grand danger; pouvaient-ils, sans manquer à tous les principes de la religion et d'honnête homme, nous laisser ignorer les pièges qu'on nous tendait? Les pasteurs que l'on nous présentait étaient à leurs yeux des intrus et des mercenaires; pouvaient-ils nous engager à les suivre? Certes, ils n'y auraient pas réussi. La contradiction eût été trop frappante, et nous les aurions mis eux-mêmes au rang des fourbes et des imposteurs. Ils nous ont engagés à rester fidèles à la religion de nos pères, mais ils nous ont toujours prêché avec elle la soumission aux lois, la paix et la tranquillité.

Suivant l'article 10 de la Déclaration des droits de l'homme, nul ne doit être inquiété pour ses opinions religieuses. Il n'est donc point d'opinion en ce genre qu'un citoyen français ne puisse embrasser. Il peut être chrétien, juif ou mahométan, catholique ou protestant. Quelque parti qu'il prenne, il ne cessera pas d'être citoyen aux yeux de la loi ni d'avoir droit à sa protection. Or, n'est-ce pas violer ce droit naturel envers un grand nombre de citoyens que de les forcer à recourir, pour les sacrements de la plus grande nécessité, à des prêtres qui sont à leurs yeux sans pouvoirs à cet égard, et avec lesquels ils ne croient pas même pouvoir communiquer sans crime? Peut-on, sans la plus barbare cruauté, les séparer de ceux qui, d'après leur opinion religieuse, sont les seuls envoyés de Jésus-Christ, les seuls revêtus de son autorité pour bénir leurs mariages et délier leurs consciences? Telle est cependant la conduite des prêtres constitutionnels. Ils exercent à cet égard la plus affreuse tyrannie. Les citoyens dont ils n'ont pas mérité la confiance n'ont plus la liberté d'appeler auprès d'eux aucun autre prêtre, lorsqu'au lit de la mort ils ont le plus grand besoin de son ministère. On leur refuse cette consolation avec la plus inflexible et la plus rigoureuse fermeté. Les larmes et le désespoir d'un malheureux prêt à rendre le dernier soupir ne peuvent fléchir ces cœurs inhumains. Si la religion et l'humanité conduisaient auprès d'un malade un prêtre non assermenté, il s'exposerait à être insulté, outragé, dénoncé aux tribunaux et poursuivi comme perturbateur du repos public. Les mariages sont devenus presque impossibles. Pour entendre la messe, on voit un grand nombre de personnes faire deux et trois lieues et même davantage. Ce transport, toujours impossible aux vieillards et aux infirmes, dangereux pour les femmes enceintes, devient de plus en plus difficile à l'approche de l'hiver. Les murmures et les plaintes augmentent avec ces difficultés, et *ne manqueraient pas de produire une explosion funeste,* si le peuple n'espérait les voir finir au plus tôt. Il serait impossible de vaincre en ce moment la répugnance qu'il oppose aux prêtres assermentés. Plus on lui fait pour cela de violences, plus il s'affermit dans ses résolutions, et, *quoique infiniment doux et paisible, il ne serait pas moins dangereux que cruel de le porter au désespoir.*

D'après l'article 17 de la susdite Déclaration des droits de l'homme, la propriété est un droit inviolable et sacré dont nul ne peut être privé. Notre opinion, nos temples et nos prêtres, sont certainement les plus chères de nos propriétés, on ne peut donc nous les enlever sans la plus grande injustice.

Quelle est la nécessité légalement constatée qui exige évidemment une pareille violence? Serait-ce parce que nos prêtres refusent le serment? Mais la loi ne les y contraint pas, mais la loi les laisse absolument libres à cet égard; mais leur opinion, protégée par la loi, ne leur permet pas de le faire; ils ne sont donc pas réfractaires à la loi, et c'est donc injustement qu'on s'opiniâtre à leur donner cette qualification odieuse.

Il n'est point de calomnies que les malveillants n'aient inventées contre les prêtres non assermentés, pour les avilir à nos yeux et leur enlever notre confiance. Ils nous disent qu'ils sont les ennemis de la Constitution et de la patrie. Quoi! l'Évangile, qu'ils nous ont toujours uniquement annoncé, serait-il contraire à la Constitution? La patrie pourrait-elle avoir pour ennemis des hommes qui nous donnent l'exemple de la plus grande soumission à ses lois, et qui font tous leurs efforts pour entretenir parmi nous tous la concorde et l'union? Telle est cependant la conduite de nos prêtres. Nous pourrions citer des milliers de témoins de cette vérité, et nous défions leurs ennemis de citer un seul fait du contraire.

Jusqu'à présent, nos campagnes ont joui de la plus grande paix, et, si nous y avons vu quelques insurrections, elles n'étaient point dirigées contre la loi, mais contre l'oppression et la violence des prêtres constitutionnels ou de leurs adhérents. Depuis qu'ils sont répandus parmi nous, ils n'y ont semé que zizanie, discorde et dissensions. Ils nous menacent sans cesse des plus terribles malheurs, et provoquent ainsi *la colère du peuple et sa vengeance.* Comment pourrait-on, après cela, rejeter sur nos malheureux prêtres la cause de tous ces maux? Ah! s'ils en sont coupables, c'est peut-être pour nous avoir trop engagés à souffrir... Ils ont toujours eu la réputation d'hommes de paix; ont-ils cessé de l'être en sacrifiant à leurs consciences leurs plus chers intérêts? Non contents de les avoir dépouillés, leurs ennemis les outragent et les persécutent, ils souffrent avec la plus grande douceur leurs calomnies et leurs injures. Serait-ce en nous donnant des exemples aussi héroïques qu'ils nous porteraient à l'insubordination et à la révolte? Qu'on les juge sans préjugés et sans partialité, l'on verra clairement que la patrie n'a jamais eu de citoyens plus soumis à ses lois et plus zélés pour son bonheur.

D'après ces considérations, nous croyons fermement qu'il est de la plus urgente nécessité de fixer, conformément à l'article 7 du titre VI de la Constitution française, un mode général par lequel les naissances et mariages seraient constatés; c'est le plus sûr moyen de favoriser les opinions religieuses, de réunir les esprits et de faire cesser la discorde. Nous conjurons notre auguste Souverain, au nom de la liberté et autant qu'il est en nous, de nous rendre nos temples et nos prêtres. Ils sont tous à nos yeux des ministres de paix, et nous sommes intimement persuadés qu'il suffit, pour la conserver, de les posséder au milieu de nous. Que l'on tienne les engagements contractés envers les prêtres constitutionnels; que l'on paye exactement leurs salaires; c'est là tout leur désir, et nous sommes bien éloignés de nous en plaindre. Mais est-il juste que, pour un si petit nombre d'individus qui les suit, ils jouissent exclusivement de nos temples, et soient au milieu de nous des sujets de division et de trouble? Ces individus n'ont aucune répugnance et ne doivent avoir aucun éloignement pour nos prêtres, jadis leurs pasteurs; ils se réuniront facilement à nous, et nous vivrons ensemble, comme auparavant, en bons frères et en bons amis. La diversité des opinions religieuses ne divisera plus les esprits, et on verra régner parmi nous la paix la plus parfaite. Nous bénirons ceux qui nous l'auront procurée, nous adresserons pour eux nos prières à l'Être suprême. La patrie trouvera toujours en nous des citoyens tranquilles et soumis, disposés à faire pour son bonheur les plus grands sacrifices.

Arrêté en l'assemblée générale des citoyens de la ville de Châtillon-sur-Sèvre, département des Deux-Sèvres, en la maison où se tient la municipalité, et en présence du maire et de la majeure partie des officiers municipaux et du conseil de la commune, le 10 *novembre* 1791.

Signé : PERRINET, maire[1]; COUDRAYE, premier municipal; et 38 autres, dont un noble, *Baudry de la Misottière.*

Cet arrêté menaçant de Châtillon, auquel paraît avoir été trouvé un prétexte dans les arrêtés déjà pris par l'administration départementale de Maine-et-Loire, servit de modèle à des manifestations du même genre dans la Vendée, quoique aucune mesure n'y eût encore été décidée pour réprimer les agissements du clergé réfractaire coalisé avec la noblesse conspiratrice.

Ainsi, dans le district de la Châtaigneraie, où le pétitionnement non-conformiste avait commencé six mois auparavant, la commune de Bazoges-en-Pareds prenait une délibération, dont nous devons omettre les parties exactement copiées sur celle précédemment donnée en entier. Cette délibération[2] commence ainsi :

A M. le Ministre de l'Intérieur, dans l'empire.

Des citoyens opprimés, quoique du sentiment du plus grand nombre du pays et évidemment de tout le royaume, désirant conserver la paix dont ils ont joui jusqu'à présent au milieu de la crainte et de l'espérance, et se garantir

1. Ancien curé de la Trinité, prieur de l'abbaye de Châtillon, dont l'abbé commendataire était un Ségur, vicaire général de Bordeaux.
2. Archives nat. F[19]481[1].

de l'orage qui gronde autour d'eux, osent rompre le silence que leur ont imposé jusqu'à présent, non seulement à eux seuls, mais même à tous ceux qui sont de leur sentiment dans toutes les parties de l'empire, des factieux ennemis de l'ordre et de la patrie, et prendre la liberté de s'adresser à vous, Monsieur, pour faire parvenir, tant aux représentants de la nation dans l'Assemblée législative qu'aux pieds du trône de S. M. le Roi des Français, leurs très humbles représentations et pétitions...

L'exposé des plaintes des fidèles, qui se refusent à recevoir les sacrements des prêtres constitutionnels, et des inconvénients auxquels les expose l'obligation d'aller les chercher hors de l'église et de leurs demeures, est un peu plus détaillé et accentué que dans l'arrêté de Châtillon, en raison de l'avancement de la mauvaise saison :

.... Ce transport, presque toujours impossible aux vieillards et aux infirmes, nuisible aux gens de la campagne, qui ne peuvent sans risque et sans négliger leurs soins, laisser leurs maisons pour longtemps, qui, dans leur absence, sont exposées aux vols et mille autres accidents pour leurs enfants, leurs bestiaux, leurs terres, leurs meubles et effets, devient plus difficile dans la saison actuelle de l'hiver. Les murmures et les plaintes augmentent avec les difficultés. Les gardes nationaux menacent de coups de fusil et de baïonnette ceux qui entendent la messe des non-assermentés dans les paroisses les moins éloignées.....

Quant à la menace de révolte, elle est répétée avec quelques expressions nouvelles qui l'aggravent :

Tous ces motifs ne manqueraient pas de produire une explosion funeste si le peuple n'espérait les voir bientôt finir. Il serait impossible de vaincre des efforts enfantés par la fureur du désespoir. N'est-ce pas insulter aux droits les plus sacrés de l'homme que d'opposer sans cesse la violence à la répugnance que le peuple, suivant l'opinion de sa conscience, a naturellement pour les prêtres constitutionnels, surtout pour ceux qui ont déplacé? Quelque doux et paisible qu'il soit, pourrait-il *négliger le droit sacré de l'insurrection?*...

La délibération se termine ainsi :

D'après l'exposé ci-dessus contenant des vérités éparses dans tout le royaume, nous osons vous prier, Monsieur, d'observer à nos augustes représentants à l'Assemblée nationale et à la Majesté du bon Roi des Français, notre père, qu'il est de la plus grande nécessité de permettre *la liberté de tous les cultes sans distinction, si toutefois ils ne doivent pas préférer le seul et vrai culte catholique, apostolique et romain*, que nous tenons de nos pères depuis tant de siècles, surtout vu la charité et le désintéressement du Saint-Père, porté dans la bulle du 10 mars 1791 ; *de fixer*, suivant l'article 7 du titre II de la Constitution française, *un mode général pour constater les naissances, mariages et sépultures*, et d'accorder *des temples et des ministres salariés au culte reconnu par la majorité de chaque communauté*. C'est le plus sûr moyen de favoriser, suivant le vœu de l'article 10 de la Déclaration des droits de l'homme, les opinions religieuses, réunir les esprits et faire cesser le désordre; *d'effacer de nos esprits et de nos cœurs ces misérables distinctions de prêtres constitutionnels et non-constitutionnels*, puisque la Constitution française favorisera tous les cultes, conformément à ladite Déclaration des droits de l'homme. Pour lors on verra régner parmi nous la paix la plus parfaite, nous bénirons les mains bienfaisantes qui nous l'auront procurée, nous continuerons d'adresser au ciel nos vœux et nos prières les plus ardentes pour la conservation des augustes représentants de la Nation et du bon Roi des Français, notre père, et la patrie trouvera toujours en nous des citoyens zélés, des sujets fidèles et soumis, et toujours disposés à faire pour la Nation et pour son Roi les plus grands sacrifices.

Fait et arrêté dans l'assemblée de la commune de Bazoges-en-Pareds, canton de Mouilleron, district de la Châtaigneraie, le dimanche 18 décembre 1791, en présence des officiers municipaux dudit lieu, à l'issue de la grand'messe paroissiale.

Suivent 35 signatures, dont les dernières sont celles de :

JOUFFRION l'aîné, procureur de la commune;
JOUFFRION le jeune, maire.

CHAPITRE XIX

LES AGITATIONS VENDÉENNES DEVANT L'ASSEMBLÉE LÉGISLATIVE

Mercier du Rocher fait une appréciation sévère[1] du compte rendu de la mission des Commissaires civils, rédigé par Gallois :

> Jamais rapport ne fut plus trompeur; tout y est déguisé. Ce n'était point de cette manière que Gensonné m'avait parlé des fonctionnaires publics et des habitants des campagnes. L'Assemblée décréta qu'elle était satisfaite de la conduite des Commissaires civils; elle ne sut rien de la situation réelle du département.

Nous avons déjà éclairé les parties obscurcies du compte rendu officiel à l'aide des lettres particulières des Commissaires, surtout au moyen de celles de Dumouriez et de son précieux « Journal de la tournée d'août ». Ses cahiers de correspondance et d'ordres, du mois de septembre 1791 à la fin du mois de février 1792[2], permettent de se rendre compte de l'intensité croissante de la préparation insurrectionnelle, contre laquelle il luttait pied à pied, et dont il s'efforçait de dissoudre les éléments par des procédés diplomatiques.

CORRESPONDANCE DES GÉNÉRAUX DUMOURIEZ ET VERTEUIL SUR LES TROUBLES DE LA RÉGION VENDÉENNE

Le lieutenant-général Verteuil[3] écrit de la Rochelle, le 23 août, au maréchal-de-camp de la 12e division militaire » :

> Je reçois, mon cher général, vos nouvelles du 20 de ce mois avec d'au-

1. Dans ses Mémoires inédits, 1er cahier.
2. Voir ci-dessus ch. XVI, p. 11, note 3.
3. Arch. nat., F⁷4598⁶.

tant plus de plaisir que, sans savoir où vous êtes actuellement, je suis assuré que ma lettre vous parviendra, car vous êtes partout. L'intérêt que je prends à toutes vos opérations est assurément bien légitime, car de tout ce que vous m'en dites je vois que rien de tout ce qui peut tendre au bien de la chose publique ne vous échappe. Je vous prie d'assurer M. Gensonné qu'il sera, comme le cher général Dumouriez, accueilli de son voisin de campagne avec l'intérêt le plus vif et le plus sincère. Ma soupe vous attend l'un et l'autre, ainsi que M. Levasseur, etc.....

Le 19 septembre, de Fontenay, Dumouriez annonce à Verteuil[1] :

M. Gensonné est parti précipitamment pour Paris et je le regrette beaucoup dans ce pays-ci. Il a été très sensible à votre souvenir amical.

Les administrateurs du département de la Loire-Inférieure ont requis un détachement de 50 hommes du 2e bataillon du 84e, résidant à Clisson, où les troubles religieux recommencent à cause du voisinage des districts de Montaigu et de Châtillon, où le fanatisme fait de grands progrès. Il faut espérer que la noble acceptation du Roi et la sagesse de l'Assemblée vont nous donner de nouveaux moyens de faire cesser ces désordres.

Verteuil, le 27, rapporte ce qui se passe à la Rochelle[2] :

... On a chanté hier un *Te Deum* à propos de la sanction du Roi; il y a eu feu de joie, illumination, bal à la Bourse, et ce soir redoute nationale; tout s'est passé jusqu'ici avec décence et gaieté. Mon tendre souvenir à M. Gensonné; je vous en dis tout autant, mon cher général, et je vous embrasse de tout mon cœur.

Dumouriez à Verteuil, le 29[3] :

... Je crains toujours une insurrection du côté de Saint-Laurent et de Châtillon, et j'attends avec la plus vive impatience que l'Assemblée ait prononcé sur le sort des prêtres... Si on continue à y mettre de la rigueur, on portera les paysans au désespoir; d'un autre côté, si on leur accorde trop, la Constitution court des risques...

Les mouvements militaires qu'opère Dumouriez sont faits le plus souvent sans consultation préalable du ministre de la guerre, qui, de son côté, expédie des ordres, sans les faire passer au commandant de la division militaire ou à son maréchal de camp. Ce dont celui-ci se plaint à son supérieur immédiat le 3 octobre :

M. de Vital[4] me mande qu'on a reçu les ordres pour l'armement des côtes, et qu'il vient de faire partir M. de Cheffontaines, capitaine au corps

1. 1er des 7 cahiers de Dumouriez, du 19 septembre au 8 novembre 1791, Arch. nat., F⁷4423.
2. Arch. nat., F⁷4598⁶.
3. 1er des 7 cahiers de Dumouriez, F⁷4423.
4. Commandant de la place de Nantes.

du génie, pour l'exécuter dans sa direction. J'ignore si cet ordre est passé par vous, dans tous les cas il eût été utile que j'en fusse instruit. Jamais les officiers généraux n'ont été si peu au courant des dispositions de défensive. Si l'ordre n'a pas passé par vous, je demanderai au ministre l'explication de ce silence, pour qu'à l'avenir les bureaux soient plus circonspects. Comment veut-on donner aux officiers généraux une responsabilité et l'influence nécessaire sur la partie militaire dont ils sont chargés, *si on fait tout sans les consulter?* J'ai trouvé pareillement extraordinaire que le ministre vous ait envoyé en son privé nom des ordres sur la correspondance des régiments, *sans parler des décrets ni du Roi.*

Le 6 octobre, le commandant de la 12e division militaire fait savoir :

Au Ministre de la Guerre [1].

Les troubles de la Vendée, des Deux-Sèvres et de la Seine-Inférieure n'étant pas encore apaisés, nous avons cru, M. Dumouriez et moi, devoir placer les bataillons de gardes nationales volontaires de l'un de ces départements dans l'autre. D'après cet arrangemont, le bataillon de Mayenne-et Loire, qui, comme vous m'annoncez par la lettre que vous m'avez fait l'honneur de m'écrire le 28 septembre, devait être arrivé à Nantes le 4 de ce mois, sera placé, 2 compagnies à Blain, 2 à Savenay et 5 à Guérande.

M. Dumouriez doit inspecter le 9, à Niort, le bataillon des Deux-Sèvres, qui sera placé, si les circonstances l'exigent, moitié à Fontenay-le-Comte et moitié à Saint-Jean-d'Angely; de quoi nous aurons l'honneur de vous rendre compte, et successivement des autres.

Je suis, avec respect, Monseigneur, votre très humble et très obéissant serviteur,

VERTEUIL, *lieutenant-général.*

Le 8 octobre, Dumouriez informe Verteuil de l'arrivée à Nantes du premier bataillon de volontaires nationaux formé dans la région où il commande, celui de Maine-et-Loire, dont le chef élu est Nicolas Beaurepaire [2].

De concert avec l'administration de la Loire-Inférieure, pressée

1. Archives histor. de la guerre; correspondance générale d'octobre 1791.

2. L'illustre suicidé de Verdun. M. Chuquet, p. 248 de la *Première invasion prussienne,* réfute l'hypothèse de l'assassinat. Nicolas Beaurepaire, né à Coulommiers (Seine-et-Marne), le 7 janvier 1740, s'était engagé, en 1757, dans le régiment royal de carabiniers, d'où il était sorti, en mai 1791, avec le grade de lieutenant, pensionné. Ses états de service, aux archives administratives de la Guerre, contiennent l'original du décret du 12 septembre 1792, ordonnant la translation de son corps au Panthéon et l'inscription à mettre sur sa tombe : *Il aima mieux se donner la mort que de capituler avec les tyrans.* On trouve aux Archives nationales, D XLIII[1], la déclaration que fit à la Commission extraordinaire de l'Assemblée législative, le 4 septembre 1792, le grenadier Pilloy sur la reddition de Verdun, le 2 septembre, par les administrateurs du district, tandis que Beaurepaire se brûlait la cervelle, désespéré de l'indiscipline des troupes durant l'armistice, dégoûté de l'empressement d'une partie des habitants à aller présenter leurs hommages aux princes français, dans le camp des Prussiens.

d'habiller et équiper son propre bataillon, « les volontaires ne se regardant eux-mêmes comme soldats et n'étant susceptibles de discipline et d'utilité publique qu'en uniforme, » il commence à substituer ces soldats-citoyens à la troupe de ligne, de plus en plus désorganisée. Il fait savoir, le 21 octobre, au département de la Vendée, qu'une compagnie du bataillon des Deux-Sèvres arrive à Fontenay, se rendra le jour suivant à la Châtaigneraie, et le jour d'après « sera distribuée en deux détachements égaux aux Épesses et à Saint-Mars-la-Réorthe, pour y remplacer le détachement de cavalerie qui rejoint son escadron à Fontenay. »

Instruction pour le capitaine de la compagnie du bataillon des Deux-Sèvres détachée aux Épesses et à Saint-Mars-la-Réorthe [1].

Le capitaine commandera également dans les deux villages, et son lieutenant doit se regarder comme faisant partie du même cantonnement, n'y ayant qu'une demi-lieue de l'un à l'autre. Il choisira entre les deux villages un endroit où il puisse rassembler la compagnie entière quand il fera sec, pour la faire manœuvrer et exercer. Les officiers garderont les cartouches en dépôt, de peur qu'elles ne soient dissipées ou mouillées, et qu'on n'en manque au besoin. Ils tiendront la troupe dans la plus grande discipline et toujours alerte pour qu'elle se fasse respecter, et n'accorderont aucune permission de s'absenter sans m'en avoir prévenu et être autorisés par un ordre de moi.

Le capitaine, n'étant qu'à 2 lieues de Châtillon, communiquera avec M. de Blancour, capitaine au 84e régiment d'infanterie, qui est en garnison avec deux compagnies en cette ville, de qui il recevrait des secours au besoin, et auquel il en porterait réciproquement, ayant cependant grand soin de ne marcher que sur une réquisition en bonne forme du directoire du district de la Châtaigneraie, auquel s'adresserait celui de Châtillon, en cas qu'il faille une réunion de troupes dans l'un ou l'autre district. Le capitaine est averti qu'*il y a des troubles religieux dans les villages de la Réorthe, de Saint-Marsault et de Saint-Pierre-du-Chemin*, qui sont du district de Châtillon, mais très près de la Châtaigneraie. S'il est requis par le district de la Châtaigneraie, il y placera garnison. Il est expressément recommandé aux officiers et aux soldats de cette compagnie de ne point se mêler en rien dans les querelles du pays pour les prêtres et pour la messe. Ils doivent se regarder comme des troupes de ligne, ils ne sont placés dans ce cantonnement que pour assurer la tranquillité du pays, et ils augmenteraient le désordre s'ils prenaient parti pour ou contre les prêtres constitutionnels et les prêtres réfractaires. Il faut attendre sur ces objets les dernières décisions et les décrets de l'Assemblée législative, et, quand ils seront arrivés, les troupes sont faites pour les faire exécuter sur les réquisitions en bonne forme des autorités légitimes, sans aller plus loin.

1. 2e des 7 cahiers de Dumouriez, du 9 octobre au 1er novembre 1791, Arch. nat., F7 4423.

Quelques jours plus tard, le 31 octobre, Dumouriez presse le lieutenant-général Verteuil de faire remettre aux administrateurs du département de la Vendée, avertis, 4,000 cartouches à balles, et pour leur bataillon en formation et pour la cavalerie de la garnison du chef-lieu, qui peut être envoyée à chaque instant en détachement. Il ne croit pas « que l'on ait à demander d'ordre au ministre pour cette disposition de munitions qui est nécessaire dans les circonstances actuelles ». Se trouvant, « ses aides de camp et lui, malades à Fontenay », il va, annonce-t-il, « faire son établissement pour l'hiver dans un charmant logement, le château de Niort », qui lui a été offert par le département des Deux-Sèvres et par la municipalité. Mais, quoique hors de la Vendée, c'est elle qui fait le principal objet de ses préoccupations. Il répond, le 2 novembre, au district de Challans, qui lui a dénoncé de nouveaux actes d'indiscipline d'un détachement du 84e, que le commandant, qui est à Machecoul, s'entendra avec l'autorité civile pour les réprimer, et « qu'il voudrait bien lui envoyer deux compagnies d'un autre régiment, mais qu'il n'en a pas à leur portée. »

De Niort, le 6 novembre, il écrit[1] :

A MM. les Administrateurs du district de Montaigu.

Je ne tromperai jamais votre confiance et je veillerai avec le plus grand zèle à la tranquillité de votre district. Il est vrai que j'ai reçu une lettre contradictoire avec vos vœux : elle ne peut rien changer à un arrangement général convenu avec les administrateurs supérieurs et pour l'utilité du département. J'attends que l'habillement du bataillon des Deux-Sèvres soit complété, et alors je vous enverrai deux compagnies ; deux à Mortagne, où vous vous chargerez aussi de disposer leur cantonnement, à moins que vous n'y ayez un bâtiment national où vous puissiez les caserner, et deux à la Châtaigneraie ; les trois autres à Châtillon et à Bressuire. Par cette disposition, tout votre pays se trouvera gardé, et vous serez à l'abri des malveillants. Ce sera le plus tôt que je pourrai, et, comme je me suis établi ici pour y passer l'hiver, je veillerai à hâter les fournitures de ce bataillon pour que vous l'ayez le plus tôt possible dans vos cantons.

Le 10, il expédie cette dépêche[2] :

A Monsieur de Verteuil, lieutenant-général commandant la 12e division.

Je viens, mon cher général, de recevoir l'invitation de me rendre à Nantes pour y inspecter le bataillon des volontaires de la Loire-Inférieure

1. 3e des 7 cahiers de Dumouriez, du 6 novembre au 2 décembre, Arch. nat., F'4423.
1. 3e des 7 cahiers de Dumouriez, Arch. nat., F⁷4423.

qui enfin se lève, et que je passerai en revue le 16 de ce mois. Je vous envoie ci-joint mon itinéraire pour que vous sachiez où me prendre pendant mon long et terrible pèlerinage. Je fais cette route en voiture d'ici à Nantes et à cheval dans toute cette affreuse Basse-Bretagne, pour revenir par les Sables, et je voudrais bien être déjà de retour. Si vous avez à m'écrire, calculez sur ma marche. Je laisse tout ce pays-ci à peu près tranquille ; mais on m'annonce encore des *troubles dans le district de Challans*, et c'est sur cela que je vais arranger le cantonnement de ce nouveau bataillon, que je destine, comme vous savez, à maintenir la tranquillité de notre mauvais département de la Vendée.

Il y a *des troubles aussi à Blain et à Guérande*, et on me conseille de ne pas voyager dans ce pays sans escorte ; en tout cas j'ai des dragons à Ancenis, s'il y en a besoin, mais je compte plus sur la confiance du peuple que sur la force. Je vous manderai de Fontenay l'arrangement que j'aurai fait avec les administrateurs du département de la Vendée pour le cantonnement du bataillon de la Loire-Inférieure. Je leur ferai faire la moue en mettant trois compagnies en garnison à Fontenay même, mais je ne peux guère m'en dispenser, car le *département lui-même est très suspect*, et les habitants s'en méfient et désirent une force armée...

Le même jour, il écrit[1] :

A MM. les Administrateurs du département de la Vendée.

...Voici une phrase d'une lettre que je reçois du directoire du district de Challans :

« Nous vous prions de nous continuer votre bienveillance pour le maintien de la tranquillité de ce district qui, de plus en plus, semble s'agiter à l'occasion des prêtres non assermentés, qui deviennent l'objet des désirs d'un grand nombre de nos malheureux citoyens poussés par le fanatisme ; les émigrations qui ont eu lieu ont beaucoup contribué à les entretenir dans leurs projets d'un soulèvement qui paraît se préparer, et que l'administration ne préviendra que par une surveillance continuelle et active. »

Je ne vois pas le mal aussi grand ni le danger aussi pressant qu'il le paraît à ces administrateurs ; mais je crois qu'il est essentiel de leur ôter le prétexte de leurs inquiétudes, et c'est ce que je suis à portée de faire, le mois prochain, par l'établissement du bataillon des volontaires de la Loire-Inférieure, d'après la disposition de M. de Verteuil.

Voici les emplacements destinés par lui et moi, que je soumets à vos lumières pour y faire les changements que la connaissance plus parfaite des lieux vous indiquera mieux qu'à nous, et que nous pourrons faire d'après vos avis :

Deux compagnies à Palluau et deux à Aizenay, avec le 2e lieutenant-

1. 3e des 7 cahiers de Dumouriez, Arch. nat., F7 4423. Le commencement de la lettre, relatif à l'organisation des volontaires de la Vendée est donné plus loin p. 156.

colonel à Palluau, chargé de veiller sur les cantons d'Apremont, Saint-Christophe et Rocheservière ;

Une compagnie aux Essarts et une à Saint-Fulgent, ou les deux placée aux Herbiers ;

Une compagnie à Talmont pour veiller sur Avrillé, le Poiroux, etc. ;

Deux à Luçon avec le lieutenant-colonel commandant.

Faites-moi l'honneur de me répondre sur ces dispositions, et ayez la bonté de m'adresser votre lettre à Nantes avant le 20 ; j'y serai jusqu'au 23, et je donnerai les ordres en conséquence de vos avis et des dispositions que vous aurez faites pour le cantonnement de ce bataillon, destiné particulièrement à assurer la tranquillité de votre département. Vous me trouverez toujours prêt à me concerter avec vous pour remplir ce but, qui est le principal pour tous les bons citoyens.

De Nantes, le 15, il écrit aux mêmes administrateurs de la Vendée[1]:

J'ai trouvé le district de Montaigu plus agité que je ne le croyais. A Saint-Fulgent, depuis cinq ou six jours, il se tramait un complot pour réunir les paysans de plusieurs paroisses, et chasser le curé constitutionnel ; la gendarmerie des environs a été requise et s'y est réunie au nombre de six (brigades) commandées par le maréchal des logis des Herbiers. Saint-Georges, près de Montaigu, est dans la même agitation.

Vous m'avez parlé avec intérêt et estime de la municipalité de Montaigu ; vous paraissiez craindre qu'elle ne fût changée et que cela ne troublât la tranquillité du pays. Je vous fais juge vous-mêmes des sentiments et de la conduite de cette municipalité. Votre maire de Montaigu a été à l'école de Denis le Tyran ; il a donné samedi, ainsi que tous ses confrères, sa démission pour éviter d'être obligé d'installer le curé constitutionnel. Cette cérémonie a été faite par le district, avec des circonstances qui prouvent le fanatisme et la malice de ceux qui conduisent le peuple à Montaigu. Dès que l'installation a été faite, la municipalité tout entière s'est fait renommer et a repris ses fonctions. J'imagine que l'Assemblée nationale, qui sera nécessairement instruite de ces faits, épluchera la légalité de la seconde nomination de cette municipalité, après avoir donné une démission marquée au coin du mépris des lois et de la crainte d'être chargée de les faire observer. De quel côté, Messieurs, trouvez-vous que soit l'intolérance à Montaigu ? Certainement vous pensez, comme moi, que des administrateurs doivent donner l'exemple de la soumission à la loi ; qu'il y a bassesse et trahison à vouloir remplir des places pour donner un exemple réfractaire ; que la démission des officiers municipaux de Montaigu est une infraction à la loi et une dérision de notre Constitution, puisqu'elle n'est valable que pour le moment où ils devaient remplir des fonctions indispensables. J'attends à Nantes votre réponse à la lettre que j'ai eu l'honneur de vous écrire le 10 novembre 1791.

Sur le grave incident de Montaigu, signalé dans la lettre précé-

1. 3e des 7 cahiers de Dumouriez, Arch. nat. F⁷4423.

dente, le directoire du département de la Vendée essaye une réponse à laquelle le maréchal de camp se hâte de répliquer le 22 avant de quitter Nantes :

Messieurs, si nous jugions la municipalité de Montaigu par la tranquillité dont jouissait cette ville avant l'époque de l'installation d'un curé constitutionnel, nous aurions l'air de juger le repos par la mort. Les lois étaient mortes dans ce canton, et, bien loin d'approuver que leur renaissance soit une occasion de fermentation, nous aurions l'air de désirer qu'elles restent toujours mortes, et de ne pas croire que leur exécution puisse être accompagnée de la paix. J'avais eu l'honneur de vous prévenir de la disposition du bataillon des Deux-Sèvres, par laquelle cette ville et celle de Mortagne étaient destinées à loger chacune deux compagnies ; j'étais bien sûr d'avance que cette disposition vous satisferait, connaissant le désir que vous avez de faire jouir toutes les parties de votre département d'une tranquillité puisée dans l'exécution des lois...

DISCUSSIONS A L'ASSEMBLÉE NATIONALE SUR LES ÉMIGRÉS, LES PRÊTRES RÉFRACTAIRES ET LES AFFAIRES DE LA VENDÉE

Le 24 octobre, l'Assemblée nationale avait entendu lire, avait applaudi et honoré de la mention au procès-verbal une lettre de « citoyens de la Vendée [1], » contenant ce qui suit :

... L'achèvement de la Constitution n'a pas été, dans le département de la Vendée, une époque de paix et de réunion... Les émigrations s'y multiplient avec une rapidité alarmante. Nous souffririons sans peine la fuite de ces hommes coupables, si elle ne causait la ruine de ceux qui restent fidèles à la patrie. Pour fuir, ces déserteurs ont vendu leurs blés. Outre la privation desastreuse du numéraire qu'ils ont emporté et qu'ils se sont procuré à une perte considérable, ils augmentent encore l'inquétude des habitants des campagnes par les murmures sur la disparition des blés et le surenchérissement de leur prix... [2]

Il s'est répandu dans les campagnes des gens sans aveu, dont la foule inquiète les citoyens. Les désordres qui y ont été commis, on les leur attribue. Mais, profitant de la liberté de la loi, ils trompent ou rendent inutiles les recherches des municipalités, et fatiguent les gardes nationales par le service des précautions auquel le danger les assujettit.

Amis de la Constitution et de la liberté, nous respectons l'exercice d'un droit qui naît de la Déclaration des droits de l'homme ; mais ne serait-il pas possible d'allier ce qu'on doit à la liberté avec ce qu'exige la sûreté publique?

1. *Moniteur* de 1791, n° 300.

2. On a vu par le tome Ier, p. 101-102, que les blés étaient plutôt cachés que vendus ; et l'on sait que les assignats avaient été favorisés, même par les ennemis de la Révolution, afin d'obtenir l'entassement entre leurs mains de l'or et de l'argent des paysans. (Voir ci-dessus p. 159, et ci-après, ch. XXII.)

Nous ne vous parlons point de la conduite des prêtres réfractaires ; vous êtes instruits de leurs manœuvres, des dangers qu'ils nous ont fait courir dans la Révolution. Peut-être avez-vous déjà prononcé sur leur sort. La clémence de la Nation ne les a pas rappelés à leurs devoirs, et les prêtres d'un Dieu de paix sont encore les apôtres de la guerre et de la révolte...

Le département du Haut-Rhin avait pris, le 6 novembre, un arrêté contre les prêtres agitateurs, dont l'exposé des motifs, lu à la tribune[1], avait produit une très vive impression :

Considérant que l'amnistie, au lieu de faire rentrer en eux-mêmes les prêtres non assermentés, n'a fait qu'irriter la haine de plusieurs d'entre eux ; que ceux du département du Haut-Rhin manifestent plus que jamais leur aversion contre la Constitution, ce qui n'est que la suite des protestations publiques qu'ils ont déjà faites ;

Considérant que l'effet de ces manœuvres est de leur donner partout des partisans nombreux, de soulever les enfants contre leurs pères, de fortifier le parti des mécontents, de décourager la garde nationale, de retarder le payement des impositions, de produire des insurrections journalières contre les prêtres salariés ;

Considérant que les émigrés, avec lesquels ces prêtres disent hautement qu'il sont en correspondance suivie, profitent de ces troubles pour inspirer de coupables espérances aux mécontents ;

Considérant que l'effet de ces machinations est l'anarchie la plus effrayante, que rien n'est plus dangereux dans un département frontière où le peuple, divisé par la différence du langage, est plus facilement égaré et toujours éclairé plus difficilement ;

Considérant que les recherches faites présentement ont constaté les délits mais non les auteurs, ce qui résulte du préjugé dont on aveugle les habitants des campagnes que ce serait un crime devant Dieu que de déposer contre un prêtre non assermenté...

L'Assemblée législative avait décrété, le 9 novembre, « qu'il serait adressé par le Pouvoir exécutif sommation de se dissoudre » aux rassemblements que les émigrés avaient formés aux frontières. Le 16, elle commença la discussion du « projet de décret relatif aux troubles excités sous prétexte de religion, présenté par la troisième section du Comité de législation. »

Ce projet, conclusion du rapport lu par François de Neufchâteau[2] et dont les dispositions furent modifiées au cours des débats, était ainsi motivé[3] :

L'Assemblée nationale, après avoir entendu le rapport des Commissaires

1. Le 12 novembre. *Moniteur* de 1791, n° 317.
2. Le futur sénateur et comte de l'Empire, membre de l'Académie française.
3. D'après le texte primitif imprimé, qui est annexé au procès-verbal manuscrit de la séance du 16 novembre 1791, Arch. nat., C 140.

civils envoyés dans le département de la Vendée, les pétitions d'un grand nombre de citoyens et le rapport du Comité de législation civile et criminelle, sur les troubles excités dans plusieurs départements du royaume par les ennemis du bien public sous prétexte de religion....,

Considérant... que la voix de tous les citoyens éclairés proclame dans l'empire cette grande vérité que la religion n'est pour les ennemis de la Constitution qu'un prétexte dont ils abusent et un instrument dont ils osent se servir pour troubler la terre au nom du ciel ;

Que leurs délits mystérieux échappent aisément aux mesures ordinaires, qui n'ont point de prise sur les cérémonies clandestines, dans lesquelles leurs trames sont enveloppées et par lesquelles ils exercent sur la conscience un empire invisible;

Qu'il est temps enfin de percer ces ténèbres, afin qu'on puisse discerner le citoyen paisible et de bonne foi du prêtre turbulent et machinateur, qui regrette les anciens abus et ne peut pardonner à la Révolution de les avoir détruits ;

Que l'obligation même d'assurer la liberté des opinions religieuses, garantie par l'Acte constitutionnel, exige impérieusement que le Corps législatif prenne de grandes mesures politiques pour réprimer les factieux qui couvrent leurs complots d'un voile sacré;

Qu'il faut à cet égard fixer précisément le sens et l'étendue des lois antérieures et, si elles sont insuffisantes, en préparer de nouvelles;

Qu'enfin, c'est surtout au progrès de la saine raison et à l'opinion publique bien dirigée qu'il est réservé d'achever le triomphe de la loi, d'ouvrir les yeux des habitants des campagnes sur la perfidie intéressée de ceux qui veulent leur faire croire que les législateurs constituants ont touché à la religion de leurs pères, et de prévenir, pour l'honneur des Français, dans ce siècle de lumières, le renouvellement des scènes horribles dont la superstition n'a malheureusement que trop souillé leur histoire dans les siècles où l'ignorance des peuples était un des ressorts du gouvernement.....

Sur le texte manuscrit du décret[1], il a été ajouté :

Considérant... que le serment purement civique est la caution que tout citoyen doit donner de sa fidélité à la loi et de son attachement à la société, et que la différence des opinions religieuses ne peut être un empêchement de prêter ce serment, puisque la Constitution assure « à tout citoyen la liberté entière de ses opinions religieuses, pourvu que leur manifestation *ne trouble pas l'ordre et ne porte pas à des actes nuisibles à la sûreté publique;* »

Que le ministre d'un culte, en refusant de reconnaître l'Acte constitutionnel, qui l'autorise à professer ses opinions religieuses, sans lui imposer d'autre obligation que le respect *de l'ordre établi par la loi pour la sûreté publique*, annoncerait par ce refus-là même que son intention n'est pas de le respecter ; qu'en ne voulant pas reconnaître la loi, il abdiquerait volontairement les avantages que cette loi seule peut lui garantir.....

1. *Ibid.*

La discussion de ce grave projet avançait à travers toutes sortes de difficultés ; on arrivait à l'article 10, le 21 novembre, lorsque trois députés montèrent successivement à la tribune pour parler des nouveaux troubles de la Vendée « sous prétexte de religion. »

Gensonné dénonça avec indignation le fait des officiers municipaux de la ville de Montaigu, qui avaient démissionné la veille de l'installation du curé constitutionnel, afin de ne s'y pas compromettre et qui, le lendemain, s'étaient empressés de convoquer les électeurs, pour se faire réélire. « Ce serait bien vainement, s'écria-t-il, que vous prendriez des mesures contre les prêtres perturbateurs, si les agents des administrations ont la bassesse d'être de connivence avec eux ! » L'abbé (Musset)[1] lut une lettre du procureur-syndic du district de Challans, rapportant qu'à Bois-de-Cené, à l'occasion du renouvellement de la municipalité, les paysans avaient formé un attroupement séditieux ; que la troupe, qui s'était présentée pour le dissiper, avait été insultée, attaquée, désarmée ; enfin que plusieurs des factieux avaient escaladé les murs du presbytère « pour y assassiner le curé, dont l'absence seule avait prévenu le crime. » Goupilleau (de Montaigu) confirma les faits et dit :

M. Dumouriez, que nous avons le bonheur d'avoir pour général dans le département, dont rien ne surpasse le zèle, l'activité et le patriotisme, marque que *sa patience est à bout, qu'il n'a plus d'espérance de maintenir la paix et qu'il est à la veille de faire le coup de fusil.* Il est donc pressant de prendre un parti sévère, ou c'en est fait de la Constitution et de la liberté dans le département de la Vendée.

Dumouriez écrivait de Niort, 5 décembre, au lieutenant-général de Verteuil[2]:

Je ne vous ai pas encore rendu compte, mon cher général, de l'*affaire de Bois-de-Cené*, près de Challans ; voici celui que me rend M. de Castellux, lieutenant du 84e régiment qui commandait en ce moment les deux compagnies à Challans. J'ai vérifié les faits en passant dans ce district. Les fusils ont été rendus au régiment, qui n'a perdu qu'une bandoulière et une baïonnette. Onze paysans sont en prison à Challans, et le procès s'instruit devant le tribunal du district. Ce n'est pas précisément une affaire de prêtres, mais la querelle a commencé par la persécution du curé constitutionnel, et toutes ces petites insurrections ont toujours le même principe. Attendons que le décret sur les troubles religieux soit sanctionné et promulgué, ou que le Roi, s'il refuse sa sanction, y supplée par d'autres moyens. Tant qu'il n'y aura pas une loi précise, il y aura du trouble.

1. Qui n'est nommé ni dans le *Moniteur*, ni dans le procès-verbal imprimé, ni dans la minute du procès-verbal.

2. 4e des 7 cahiers de Dumouriez, du 5 au 19 décembre 1791, Arch. nat., F7 4423.

Je vous envoie, mon cher général, la lettre et le mémoire des officiers municipaux de Montaigu à M. du Portail. Le motif qu'ils présentent du passage des troupes est assez spécieux, mais il n'aura pas lieu cet hiver. D'ailleurs, lorsque le département et le district ont demandé qu'il y eût deux compagnies à Montaigu, lorsque la municipalité de Montaigu est dénoncée à l'Assemblée nationale comme étant réfractaire aux lois, lorsque la tranquillité dont ils se font gloire est fondée sur l'inexécution des lois et sur la résistance perpétuelle aux ordres et aux avis du district, lorsque *la garde nationale, dont ils vantent l'assiduité, est composée de* 7 *hommes, dont* 3 *membres du district*, enfin lorsque la vraie tranquillité du pays, celle fondée sur la liberté de chaque culte, est violée, nous ne pouvons faire autre chose que suivre les réquisitions des administrations supérieures....

Le 3, le commandant de la 12e division militaire, avait transmis à son maréchal de camp la plainte de la municipalité de Montaigu, qui venait de lui être expédiée du ministère [1] :

Le Ministre ne m'a encore rien prescrit à ce sujet, et je n'ai pas cru devoir l'en entretenir sans vous avoir laissé le maître de ce que vous croirez équitable, relativement à la réclamation (des municipaux de Montaigu) de n'avoir point chez eux de gardes nationales soldées. Je suis persuadé que vous ferez à ce sujet pour le mieux et que vous voudrez bien m'en instruire.

Le 5, Dumouriez [2] écrit aux administrateurs du district de Montaigu :

Messieurs, je vous annonce que la municipalité de Montaigu a envoyé, le 21 novembre, au Ministre de la Guerre un mémoire pour demander qu'il n'y ait pas de garnison dans cette ville.

Le motif le plus spécieux dont elle se sert est que, Montaigu étant un lieu de passage des troupes, les habitants seraient foulés par un impôt sept à huit fois supérieur aux contributions personnelles, puisque le prix commun du remplacement, lorsqu'on ne veut pas loger soi-même, est de 15 à 20 francs par journée, et que le citoyen qui paye à peine trois journées de travail est exposé par le seul passage de troupes à loger 15 à 20 hommes dans une seule année.

Voyez ce que vous aurez à répondre à cette objection. En attendant, comme il n'y aura point de passage de troupes pendant l'hiver, comme je suis muni des réquisitions les plus pressantes du département et du district, je ne me crois pas en droit de rien changer aux dispositions qui vous donnent deux compagnies, et elles partiront dès que j'en pourrai donner l'ordre, c'est-à-dire dès qu'elles seront entièrement équipées.

1. Arch. nat., F7 4598[6].
2. 4e des 7 cahiers de Dumouriez, Arch. nat., F7 4423.

Une lettre du directoire du district de Montaigu arrivant au maréchal de camp après l'expédition de la précédente, il y répond tout de suite[1] :

Messieurs,

Soyez persuadés que je ne perds point de vue vos dangers et le bien de votre pays; vous verrez par la première lettre que je vous ai écrite aujourd'hui que je suis bien éloigné de m'en rapporter aux demandes faites par votre municipalité. Je pars demain ou après pour Fontenay, et je vais raisonner sur vos affaires avec MM. les Administrateurs du département, dont vous devez être très contents pour leur zèle éclairé. Vous aurez bientôt un détachement de volontaires du bataillon des Deux-Sèvres, en attendant les deux compagnies dont je vous prie de faire préparer les logements.

Dans la discussion à laquelle avait donné lieu, à l'Assemblée nationale, l'incident municipal de Montaigu, l'ancien procureur-syndic de ce district avait beaucoup insisté sur la démission du maire et des conseillers, qui, durant les quinze mois qu'il avait eu la fonction de requérir l'exécution des lois, lui avaient « donné le plus de peine de tous ceux de son arrondissement. »

Le maire, expliqua Goupilleau, est en même temps principal du collège; en cette dernière qualité, il était astreint au serment de la Constitution civile ; on n'a jamais pu le lui faire prêter. Quant au procureur de la commune, il cumulait avec cette place celle de secrétaire du district, et c'est tout récemment qu'on lui ôta ce dernier emploi, dont il était indigne, car jamais homme plus inconstitutionnel ne pouvait remplir une place constitutionnelle... En démissionnant pour ne pas recevoir le curé légal, ces hommes ont outragé la loi; à présent qu'ils se sont fait réélire, ils pourront d'autant mieux prêcher la révolte contre la loi, outrager le vertueux curé constitutionnel, le harceler, le forcer à céder la place au curé inconstitutionnel qu'ils protègent.

Le député vendéen avait conclu à la prompte et énergique destitution de cette municipalité factieuse, répétant que, si l'on tardait encore à prendre des mesures sévères contre les agitateurs de son pays, « c'en serait fait de la Constitution et de la liberté dans le département de la Vendée ».

Girardin fit observer que la motion violait la Constitution; qu'on ne pouvait la voter sans usurper sur les droits du Pouvoir exécutif. Mais il signala en même temps combien « il était extraordinaire que les agents du Pouvoir exécutif ne rendissent jamais compte des troubles excités par les prêtres ».

1. 4e des 7 cahiers de Dumouriez, Arch. nat., $F^7$4423.

La fin du débat est ainsi rapportée dans la minute du procès-verbal de la séance du 21 novembre [1] :

Un membre propose l'amendement que le Ministre de l'intérieur soit tenu de rendre compte à l'Assemblée de l'affaire de Montaigu. On propose encore l'ajournement sur la motion faite que le maire et le procureur de la commune soient mandés à la barre.

La question préalable sur cet ajournement est demandée et rejetée. L'ajournement est décrété.

Sur la proposition que le Ministre soit tenu de venir demain rendre compte de cette affaire, on passe à l'ordre du jour, et cependant il est décrété que le Directoire du district de Montaigu enverra dans le plus bref délai : 1° le procès-verbal de la démission des officiers municipaux ; 2° le procès-verbal de l'installation du curé constitutionnel ; 3° le procès-verbal de l'installation des nouveaux officiers municipaux.

Bref, l'affaire ne paraît pas avoir eu d'autres suites que ce rapport du Comité des pétitions [2] :

Les officiers municipaux de Montaigu, instruits de la dénonciation portée contre eux à l'Assemblée nationale, ont envoyé (en date du 2 décembre), des mémoires justificatifs, dans lesquels ils protestent de la pureté de leurs intentions et offrent de donner leur démission comme une preuve authentique qu'ils n'ont brigué ni désiré la nomination, objet principal sur lequel portent les reproches qui leur ont été faits.

Trois mémoires, en double, sont annexés à ce rapport. Nous donnons le premier *in extenso* et des extraits des deux autres.

Mémoire justificatif pour le maire de Montaigu à l'Assemblée nationale.

Messieurs,

J'ai été traduit à l'Assemblée nationale sous les plus vils rapports par une accusation sourde ; déjà les papiers publics annoncent à toute la France que j'ai employé des moyens aussi injustes que méprisables pour me maintenir dans une place qui n'est due qu'à une confiance libre et volontaire. Ma position me force de faire connaître publiquement les moyens de ma justification.

Au mois de janvier 1790, je fus nommé officier municipal, je crus devoir me prêter aux vœux de mes concitoyens, malgré mon goût décidé pour une vie obscure et cachée, où j'avais vécu paisiblement jusqu'alors. Je souffre ici de ne pouvoir me dérober aux regards du public sous des rapports avantageux ; mais la nécessité de me justifier me fait passer les bornes de la modestie.

1. Archives nationales, C 139.
2. Archives nationales, DXL 4, l. Vendée.

Au mois de décembre 1790, la place de maire devint vacante par démission. Mes concitoyens crurent que je pouvais la remplir. Le 1er janvier 1791, leurs suffrages m'y élevèrent; je fis ce que je pus pour m'en défendre; je prévoyais, je connaissais une partie des peines et des embarras qui en sont inséparables; enfin je ne consentis à m'en charger que pour essayer si la faiblesse de mes talents me permettrait de porter un fardeau si pesant et si fort au-dessus de mes forces.

En feuilletant les registres de Montaigu, l'on verra que, pendant plusieurs années, il a été presque impossible de trouver quelqu'un qui voulût occuper la place de maire de cette ville. Cependant, avant la Révolution, il n'était chargé que du logement des troupes, encore recevait-il de l'intendance quelques gratifications pour cet objet. Qu'on juge des autres embarras qui y sont survenus maintenant dans une ville située sur la grande route, où il y a un tribunal, un district, un hôpital et des prisons!

Ne pouvant suffire aux affaires multipliées attachées à ma place, je crus devoir faire connaître à mes concitoyens combien mes forces étaient au-dessus de ma bonne volonté. Le 15 octobre dernier, je descendis au rang de simple citoyen pour vivre dans le silence d'une vie obscure, cent fois préférable aux agitations continuelles auxquelles ma place m'expose. Enfin, le 13 novembre dernier, j'ai été réélu maire de cette ville; le procès-verbal d'élection me venge au delà de ce que je pourrais dire pour ma défense. J'eus beau objecter ma démission, un vœu général et manifestement connu m'arracha, dans un moment de faiblesse peut-être, la condescendance de me rendre aux sollicitations de l'assemblée. Je consentis encore une fois à supporter le fardeau dont je me sentais si fort déchargé depuis un mois. Ma démission semblait m'en exclure sans doute, cependant il n'est pas sans exemple d'avoir vu occuper une place publique après une démission, et la capitale m'en fournirait un modèle, si j'en avais besoin.

Je n'ai jamais eu d'ambition, je le dis dans toute la sincérité de mon âme; je défie qu'on cite un seul acte de ma part qui ait tendu à me faire élever à quelque place que ce soit; je citerais, au contraire, s'il le fallait, bien des répugnances et des résistances que j'ai plus d'une fois manifestées pour m'en éloigner.

Mais, puisqu'on s'acharne à dénaturer mon intention et à noircir aussi ouvertement ma conduite, j'ai l'honneur d'informer l'Assemblée nationale que, dès ce moment, je suis prêt à descendre dans la foule des citoyens obscurs dont on m'avait tiré contre mon vœu, et d'abandonner à des mains plus habiles, mais jamais plus pures, le timon des affaires publiques dont on m'a chargé; je supplie même l'Assemblée d'agréer dès maintenant ma démission de la place de maire de Montaigu.

SAUVAGET.

Mémoire justificatif du procureur de la commune de Montaigu.

Le 15 janvier 1790, j'ai été nommé officier municipal; à l'assemblée du 14 novembre suivant, je restai en cette qualité par l'effet du sort, et, à celle du 21 du même mois, sur la démission du procureur de la commune, je fus nommé à cette place; j'étais absent et, le lendemain 22, j'acceptai, du consentement de MM. les administrateurs au Directoire de ce district dont j'étais alors secrétaire.

Depuis ces différentes époques jusqu'au 15 octobre dernier, j'ai tâché de prouver à mes concitoyens que j'étais digne de leur choix en contribuant à leur tranquillité.

Ce même jour, 15 octobre, l'assemblée du Conseil général de l'administration de ce district eut lieu; celui qui la présidait me dit que le Conseil pensait qu'il y avait incompatibilité dans les places de secrétaire et de procureur de la commune; je lui répondis qu'elle n'était prononcée par aucun décret, mais que le Conseil pouvait compter que j'allais me démettre de cette dernière, et je lui promis d'en cesser dès lors toutes fonctions, *puisqu'il l'exigeait;* je préparai même ma démission pour l'enregistrer.

Le lendemain 16, le curé constitutionnel fut installé et je ne pus y assister comme procureur de la commune d'après ce qui s'était passé la veille, mais j'y étais comme simple particulier.

Le lundi 17, les administrateurs de ce Conseil réunis, le président me dit qu'ils exigeaient que j'optasse entre ma qualité d'avoué au tribunal et celle de secrétaire, et, sur mon refus, on fit, contre l'avis de plusieurs d'entre eux qui étaient pour moi, un scrutin pour savoir si je pouvais réunir les deux charges; mais son résultat fut pour l'incompatibilité. Alors je me retirai et un jeune homme d'environ vingt-trois ans, m'a-t-on dit, m'a succédé. Le procès-verbal de l'assemblée du Conseil général de cette administration doit contenir ces faits; et, comme je n'avais promis ma démission de procureur de la commune que sous le rapport d'incompatibilité avec celle de secrétaire de district, je ne crus pas alors devoir résilier ma démission et je me regardai comme affranchi de ma promesse.

Tels sont, dans la plus exacte vérité, les faits qui m'intéressent, et il en résulte que le motif de ma dénonciation à l'Assemblée nationale n'existe pas, puisqu'elle porte sur une démission que je n'ai pas *réellement* donnée.

A l'assemblée des citoyens actifs de cette ville, pour le renouvellement de la municipalité, tenue le 13 novembre dernier, mes concitoyens m'ont réélu procureur de la commune à la pluralité de 42 voix sur 53 votants.....

Montaigu, le 2 décembre 1791.

FAVEROU.

Mémoire justificatif des officiers municipaux de Montaigu.

..... Montaigu partagea un des premiers l'enthousiasme de la liberté qui saisit tous les Français en 1789. La formation de sa garde nationale antérieurement à toutes celles des environs en est la preuve. Le patriotisme de ses citoyens s'est encore manifesté par leur régularité à payer les impôts de 1789 et 1790, acquittés en entier depuis plus de six mois; par leur contribution patriotique qui, sur une population de 1,500 âmes, s'élève à près de 30,000 livres; par leur empressement à acquérir des biens nationaux, qui sont vendus presque tous et à un très haut prix. De plus, jusqu'à ce jour, il n'y a pas eu à Montaigu une seule émeute ou attroupement; l'usage du drapeau rouge y est encore inconnu; le tribunal et l'accusateur public n'ont jamais reçu de plaintes, ni commencé de poursuites pour pareil sujet, et l'on n'a jamais eu besoin d'y requérir la force publique ni le secours d'un seul gendarme national pour le rétablissement de la tranquillité. Aussi, Messieurs les Commissaires envoyés dans le département de la Vendée, et qui en ont parcouru la plus grande partie, ne sont point venus à Montaigu, parce que tout y était tranquille.

Voici des faits positifs, sur lesquels nous invoquons le témoignage de M. Thiériot, membre de l'Assemblée nationale et citoyen de Montaigu, qui a connaissance du plus grand nombre. Vous verrez par là que les citoyens de Montaigu ne sont point aussi dépourvus de patriotisme qu'on cherche à le faire croire, et que la grande majorité, vivant paisible et payant les impôts, ne mérite pas l'animadversion de la loi, et est bien éloignée de favoriser les coupables projets des ennemis de la Constitution.....

Nous voudrions en vain nous dissimuler qu'il existe ici un dessein arrêté de nous amener à donner notre démission. Les accusations dont nous sommes l'objet se renouvelleraient sans doute, et, occupés sans cesse de notre défense personnelle, nous ne pourrions remplir convenablement nos fonctions publiques. C'est pourquoi, si l'Assemblée nationale conserve quelque doute sur la pureté de nos intentions, nous la supplierons de permettre que nous donnions notre démission comme un sacrifice à la permanence de la tranquillité publique, comme un gage de notre amour pour la paix, et comme une preuve authentique que nous n'avons ni brigué ni désiré notre nomination; heureux si on ne trouve pas dans notre démission des motifs de reproches comme on en a trouvé dans notre acceptation. Quoi qu'il en soit, nous n'en resterons pas moins fidèles à la Constitution et à nos serments.

SAUVAGET, maire; C.-M. RICHARD[1], CHAIGNON, BARBANSON; FAVEROU, procureur de la commune.

Le procureur général syndic du département, Pichard de Page, favorisait avec d'autant plus d'ardeur la municipalité de Montaigu, qu'elle était depuis longtemps en lutte avec le directoire de ce district et qu'il avait pour ennemi personnel l'ancien procureur-syndic, le député Goupilleau. Grâce aux renseignements qu'il fournit au pouvoir exécutif, la démission offerte par le maire, le procureur de la commune et leurs collègues, moins deux, ne fut pas acceptée. Ceux-ci redoublèrent d'efforts afin d'obtenir le retrait de la garnison maintenue dans leur ville pour contenir les agitations du voisinage, surtout pour surveiller le centre de propagande des prêtres réfractaires et des autres conspirateurs, la maison des missionnaires de Saint-Laurent-sur-Sèvre.

1. Le père du cardinal Richard, archevêque actuel de Paris.

Dans les premiers jours de février, le 6, Dumouriez recevait, de la municipalité de Montaigu, une lettre et un mémoire, qu'il renvoyait aux administrateurs du département avec ces observations[1] :

... Le mémoire est très bien fait ; vous jugerez mieux que moi si les motifs qui sont très spécieux sont aussi justes. Je vous observerai cependant que cette municipalité, toujours en contradiction avec le district, dénoncée à l'Assemblée nationale pour son incivisme, continue à en donner la preuve en envoyant des mémoires à l'insu du district, sans le consulter, et au contraire pour contredire ses demandes. Cette observation ne peut pas être favorable à cette municipalité, et doit vous rendre très attentifs dans l'examen de ses pétitions.

Le 8 février, de Niort, il écrit encore au département de la Vendée[2] :

Messieurs,

J'ai l'honneur de vous envoyer la décision des deux ministres de la guerre et de l'intérieur sur les pétitions réitérées de la municipalité de Montaigu. Je vous ai envoyé ces pièces dans ma dernière lettre; en les relisant, je les trouve pleines de fausses assertions, mais ce qui m'a choqué le plus, c'est de voir qu'elles aient été faites à l'insu et contre le vœu du district, ce qui n'a pas échappé aux deux ministres. J'ai reçu les plaintes les plus vives de M. Férou, commandant la compagnie du bataillon des Deux-Sèvres, en garnison dans cette ville; il me mande qu'on lui refuse les ustensiles nécessaires à sa troupe, notamment des crémaillères; il me mande aussi que, pour la dégoûter de cette garnison, on refuse de vendre des légumes à ses soldats; je vous prie de donner des ordres sur tous ces objets, pour empêcher l'humeur de se mettre de part et d'autre, et de produire les mêmes scènes qu'aux Épesses. *Nous pouvons en général regarder la haine des habitants contre les gardes nationales soldées comme le vrai thermomètre de leur incivisme.* Ainsi, il faut nous méfier des plaintes qu'on portera contre les citoyens soldats, parce qu'elles seront toujours dictées par l'esprit de parti, et par conséquent exagérées.

Le même jour il écrit à « M. Férou, commandant une compagnie de volontaires à Montaigu » :

Messieurs du district vous remettront ma lettre, mon cher Férou; je leur fais passer, ainsi qu'au département, vos justes réclamations sur les ustensiles qui vous manquent et sur la mauvaise volonté des habitants qui privent de légumes vos camarades pour les dégoûter de cette garnison; Messieurs du district doivent s'occuper de lever tous ces obstacles à votre bien-être.

Quant à la municipalité, comme sa conduite est au rebours des belles

1. Dernier des 7 cahiers de Dumouriez, du 1er au 22 février 1792, Arch. nat., F⁷4423.
2. *Ibid.*

protestations dont elle accable les ministres dans ses nombreuses pétitions, je vous prie de la prévenir qu'elle prend le plus mauvais moyen pour se délivrer de garnison ; que ce n'est qu'en vivant fraternellement avec les citoyens soldats qu'on lui a envoyés qu'elle pourra prouver le civisme des habitants, et par conséquent l'inutilité d'une garnison ; que si, au contraire, elle ne pourvoit pas aux besoins d'une compagnie, on en enverra deux ; si les deux se plaignent légitimement, on en enverra quatre, et ainsi de suite, jusqu'à ce que le patriotisme de la ville soit bien reconnu et prouvé autrement que par des paroles vagues, contredites par les effets. Vous pouvez leur lire ma lettre, et ajouter qu'avant tout il faut qu'ils soient d'accord avec les administrateurs de leur district, sans lesquels ils n'auraient pas dû faire des démarches pour écarter de leur ville une garnison qui y est nécessaire. S'ils écoutaient les vrais intérêts de leurs concitoyens, au lieu de leurs passions, ils sentiraient qu'une troupe placée dans une petite ville comme Montaigu y jette de l'argent par la consommation, qu'ainsi c'est un avantage.

J'ai été fort content du compte que vous m'avez rendu; assurez vos braves camarades que je veillerai à leur bien-être, et que j'attends d'eux beaucoup de sagesse et de discipline.

Du Mouriez.

CHAPITRE XX

LA SESSION DU CONSEIL GÉNÉRAL DU DÉPARTEMENT EN 1791

D'après la loi des 22 décembre 1789-8 janvier 1790, le Conseil général du département, composé de 36 membres, devait se réunir une fois par an, en session d'un mois, et y recevoir le compte de la gestion des huit administrateurs composant le directoire. Une autre loi, du 8 octobre 1790, avait fixé au mois de novembre l'époque de cette session;

En conséquence, le 15 novembre 1791 [1] :

Louis *Loyau*, Jacques-René *Paillou*, Jean-Joseph-Daniel *Majou*, Pierre-Étienne *Sorin*, Louis-Étienne *Deladouespe*, Laurent-Alexandre *Luminais*, François-Martin *Michel*, Joseph-François *Millouain*, Joseph *Beurrey*, Claude *Chessé*, administrateurs anciens restés en fonctions par l'effet du tirage au sort qui a eu lieu d'après la loi du 15 juin dernier;

François-Ambroise *Rodrigue*, Mathieu-Joseph-Séverin *Pervinquière*, Charles-Jacques-Etienne *Girard*, Martin-Joseph *Boullanger*, Philbert-Aimé *Denogent*, Charles *Vinet*, Charles-Alexandre-Benjamin *Bouquet*, Charles-Isidore-Élie *Moulins*, Jean *Fillon*, René *Esnard*, Joseph-Pierre-Marie *Fayau*, et Jean-Baptiste *Gauly*, administrateurs nouvellement élus en remplacement de ceux sortis par la même voie du sort,

Sont réunis en la salle ordinaire des séances, en présence de M. François-Jean *Pichard*, procureur général syndic, et assisté de M. Jean-Mathias *Cougnaud* [2], secrétaire général, pour former le conseil d'administration

1. Nous analysons le procès-verbal. Il est en double copie aux Archives nationales, F¹ᶜIII, Vendée 4. Pour les incidents les plus importants, très obscurcis, nous nous servons des Mémoires inédits de Mercier du Rocher.

2. J.-M. Cougnaud, fils d'un procureur de la principauté de Talmont, était né à Saint-Gilles-sur-Vie, le 25 février 1766. Au moment de la Révolution, il était notaire à Angles et devint procureur de cette commune le 12 juin 1790. Peu après, il était notaire à Fontenay, et Pichard du Page, à la formation de l'administration départementale, l'en fit nommer secrétaire général. Il fut destitué par les représentants à la fin de 1793. Mais il était resté secrétaire de la Société populaire, et il coopéra à empêcher l'exécution des ordres d'incendie du général Turreau. Il était commissaire pacificateur le 13 brumaire

du département de la Vendée, et s'occuper, pendant la session, des divers objets d'utilité générale confiés à leurs soins.

L'évêque Rodigue préside provisoirement, comme doyen d'âge, avec trois assesseurs, les plus âgés après lui. Pervinquière est élu président, mais il refuse; à sa place est nommé, par 14 voix sur 22 votants, *Ch.-J.-L. Girard.*

Plusieurs des membres manquaient à la première séance, quelques-uns volontairement, comme Mercier du Rocher, qui ne voulut point, quoique ennemi politique des prêtres réfractaires, assister avec ses collègues, en corps, à « la messe constitutionnelle », parce que, dit-il, « dans ses idées, une messe ne doit pas faire partie d'une fonction. »

Le 15 au soir, les membres présents se partagent en trois bureaux : Contributions, 8 ; Bien public, 8 ; Domaines nationaux, 6.

Les deux séances du 16 sont employés à compléter le directoire : *Bonnamy*, *Pervinquière*, *Vinet*, *Bouquet* et *Denogent* en sont élus membres ; *Fayau*, *Mercier*, *Esnard* et *Gratton*, suppléants. *Pervinquière* est nommé substitut du procureur général syndic.

Dans l'après-midi de ce jour, les officiers du 11e régiment de cavalerie, qui quitte la garnison de Fontenay et part pour Saint-Jean-d'Angely, viennent faire leurs adieux à l'assemblée départementale. Celle-ci reçoit, le 19, une députation du corps municipal du chef-lieu.

Après est faite par le procureur général syndic Pichard du Page la lecture du Compte du directoire au Conseil.

DISCUSSION DE LA PARTIE POLITIQUE DU COMPTE DU DIRECTOIRE

La partie politique, consacrée à la situation générale, aux troubles du district de Challans, aux affaires de la Proutière et de Saint-Laurent-sur-Sèvre, souleva des débats qui se prolongèrent jusqu'au 23 novembre. Le directoire avait, en commençant, exposé :

Vous n'ignorez pas, Messieurs, combien la position de notre départe-

an III ; il fut nommé conservateur des hypothèques le 1er vendémiaire an IV et conseiller de préfecture en l'an VIII. Mais il abandonna ces dernières fonctions quand le chef-lieu du département fut transféré à la Roche-sur-Yon. Il fut maire de Fontenay de 1819 à 1821, et ensuite rentra complètement dans la vie privée. Il vécut très vieux, jusqu'au 18 juin 1854. — Benjamin Fillon, dans sa notice nécrologique de l'*Indicateur de Fontenay*, 1er juillet 1854, dit que ses opinions furent toujours très modérées ; il était libéral constitutionnel. « Ce fut », ajoute son biographe, « un homme de bien », qui a laissé le souvenir de plusieurs bonnes actions. C'est grâce à lui notamment que l'ancien curé Cavoleau, secrétaire général de la préfecture de la Vendée sous Napoléon, indignement persécuté sous la Restauration, dut de ne pas mourir de faim ; il le recueillit et l'assista en ami jusqu'à sa mort. — Mercier du Rocher, ennemi politique de Cougnaud, comme de son protecteur Pichard, ne dit rien contre sa probité privée, quoiqu'il ne ménage personne dans ses notes intimes, pas même ses coreligionnaires.

ment est différente de ce qu'elle était à la session dernière. A cette heureuse époque, tous les citoyens réunis autour de la loi et sous son égide nous présentaient le tableau consolant d'une famille bien unie, dont tous les efforts tendaient au bien général; partout l'administration était respectée et le sentiment de vénération dont elle était l'objet refluait sur les administrateurs; il ranimait leur courage, vivifiait leurs efforts. La tranquillité publique n'avait reçu aucune atteinte. Les municipalités, presque partout organisées, n'offraient pas toutes, à la vérité, une suite de travaux satisfaisants, mais au moins une louable émulation paraissait les animer, et la pureté des intentions de tous les corps municipaux était quelquefois contrariée par l'insuffisance de moyens de quelques-uns; les administrateurs chargés de les éclairer ne trouvaient ni préventions à combattre ni préjugés à détruire. Les impositions se payaient avec exactitude et la gradation des pouvoirs établis par la Constitution était partout connue et respectée.

Cet ordre de choses n'a pas subsisté longtemps. Bientôt les préjugés de toute espèce se sont déployés avec fureur. L'exécution de la loi du 26 décembre a surtout excité des murmures et quelquefois soulevé des oppositions et des mécontentements individuels, ayant peut-être saisi avec avantage cette dernière occasion de se mêler à des intérêts que l'on appelait ceux du ciel; la division a paru gagner toutes les classes de citoyens, et les administrateurs qui, pour rappeler le calme et rétablir l'exécution des lois, avaient besoin de rassembler toutes leurs forces et de mettre en action tous les ressorts que la confiance publique avait mis à leur disposition, sont eux-mêmes devenus l'objet de la défiance, vraie ou supposée, de ceux qui s'étaient donné la mission de diriger l'opinion publique.

Attachés avec persévérance aux principes de la Constitution, tantôt méprisant les injures et quelquefois ayant la faiblesse d'y répondre, ils ont eu à défendre le dépôt sacré de la loi et contre ceux qui s'en proclamaient les plus zélés défenseurs et contre ceux qui en méditaient sourdement la ruine. Bientôt ils ont reconnu l'insuffisance de leurs efforts et ont invoqué auprès de l'Assemblée nationale des Commissaires civils; d'après leurs instances, deux citoyens, aussi recommandables par leurs qualités personnelles que par le caractère dont ils étaient revêtus, ont parcouru ce département et visité les différentes administrations, y ont porté partout le calme de la sagesse, les conseils de la saine raison et l'exemple d'un patriotisme éclairé; mais ils ont plutôt sondé les plaies qu'ils n'en ont pu indiquer le remède, et ont cru devoir recourir au Corps législatif lui-même pour le déterminer. Osons espérer, Messieurs, que bientôt la prudente fermeté de nos nouveaux représentants, éclairés par le rapport de MM. Gallois et Gensonné, saura dissiper tous les nuages qui ont obscurci les premiers jours d'une administration naissante, et que tous les citoyens, libres de préjugés et de préventions, jaloux d'imiter un Monarque juste et bienfaisant, se dévoueront enfin, comme lui, avec franchise et loyauté au maintien d'une Constitution qui doit faire le bonheur de tous.

Les patriotes Fayau, Gratton, Denogent, Moulins, Bouquet, Fillon, Mercier, s'élevèrent successivement et contre les expressions et contre les idées de ce préambule, qui, malgré les manœuvres de son auteur, le procureur général syndic Pichard de Page, ne put être agréé par la majorité du Conseil.

Le procès-verbal constate, à la date du 22 novembre :

Plusieurs membres ont trouvé, dans ce préambule, des expressions qui frappaient trop directement sur les personnes ou sociétés particulières; ils en ont demandé l'improbation.

M. le procureur général syndic a requis l'Assemblée, si elle se déterminait en faveur de cette proposition, de déduire les causes de son improbation. De vifs débats ont suivi; un membre a proposé un projet d'arrêté qui a été mis aux voix et adopté en ces termes :

« L'Assemblée, après avoir entendu la lecture du préambule du compte rendu par le Directoire, déclare qu'elle n'entend pas l'approuver, parce qu'il lui a paru contenir des allégations vagues et générales, dont le Directoire n'a remis aucunes pièces justificatives, des réflexions et des personnalités étrangères au compte. »

Un rapporteur avait été nommé pour examiner les objections faites au compte rendu des affaires de Challans, de Saint-Laurent-sur-Sèvre et de la Proutière. Il conclut, ce même jour 22 novembre, à l'adoption de ce qui concernait le district de Challans et aussi Saint-Laurent, cela « n'ayant paru susceptible d'aucune observation. »

En effet, le récit de l'expédition faite de Cholet par quelques gardes nationaux d'Angers chez les Missionnaires du Saint-Esprit et les Sœurs de la Sagesse de Saint-Laurent, où, « sans présenter aucun ordre qui les autorisât, ils avaient brisé des armoires, enlevé des paquets, et arrêté deux ecclésiastiques qu'ils avaient emmenés avec eux[1] »; de la plainte reçue de Saint-Laurent-sur-Sèvre par les administrateurs de la Vendée, et de la réclamation aussitôt adressée par les mêmes administrateurs à leurs confrères de Maine-et-Loire; ce récit se terminait ainsi :

Le directoire, pour qui la Déclaration des droits de l'homme n'a jamais été l'objet de plus sérieuses méditations, comme elle est la sauvegarde des citoyens et le palladium de leur liberté, fidèle à ses principes, arrêta que les deux missionnaires seraient mis en liberté, que le district de Montaigu surveillerait leur conduite avec la plus scrupuleuse attention, et que deux expéditions de son arrêté seraient envoyées sans délai, l'une au Roi, l'autre au Comité des recherches de l'Assemblée nationale.

Nous n'ajouterons aucune réflexion; nous y suppléerons en copiant l'article 7 de la Déclaration des Droits :

« Nul homme ne peut être accusé, arrêté ou détenu que dans les cas déterminés par la loi et selon les formes qu'elle a prescrites; ceux qui solli-

1. Voir notre tome Ier, p. 199-202.

citent, expédient, exécutent ou font exécuter des ordres arbitraires doivent être punis[1]. »

Au compte rendu de l'expédition contre les Robert Lézardière et leurs complices, rien n'était atténué des accusations portées dans le rapport primitif des deux commissaires du département, Pichard du Page et Luminais[2]. Le procureur général syndic n'avait pu s'abstenir non seulement de se défendre lui-même, mais, en outre, d'attaquer les « patriotes » qui le traitaient d' « aristocrate. » Il avait écrit, au nom du directoire :

Vous aurez peine à trouver, Messieurs, dans cette affaire les preuves de la négligence et de la lenteur si amerement reprochées à l'Administration; il est inutile de vous rendre compte des inculpations de tout genre, des injures grossières qui lui ont été prodiguées à cette occasion, tantôt en qualifiant de dictatoriat l'envoi de ses commissaires, tantôt en reprochant à ceux-ci d'avoir empêché la fouille (des châteaux), si inconsidérément sollicitée le lendemain de deux incendies; c'est encore après s'être convaincu de l'inutilité de cette mesure plus qu'indiscrète qu'on avait poussé des cris inhumains contre ceux qui avaient eu la sagesse de s'y opposer. C'est à cette époque que l'Administration put juger de la force des préventions que ses ennemis avaient su élever contre elle et de l'insuffisance de ses moyens de défense; c'est alors surtout que quelques municipalités, un grand nombre de citoyens s'érigèrent en censeurs publics, se constituèrent en magistrature inquisitoriale, méprisèrent les lois de la police, les principes les plus sacrés de la Constitution, et indiquèrent ainsi au Directoire sa dernière ressource, un recours à l'Assemblée nationale, pour en obtenir des Commissaires qui pussent juger leur conduite, apprécier leurs principes et rétablir la hiérarchie des pouvoirs.

Pichard du Page combattit lui-même les conclusions du rapporteur du Conseil et la demande d'improbation formelle déposée par plusieurs des membres nouveaux.

Le secrétaire général Cougnaud, son intime ami, écrivait au procès-verbal de la séance du 22 novembre :

M. le procureur général a été entendu et a offert la preuve des faits avancés. La discussion s'est terminée par l'arrêté suivant :

« L'assemblée a reçu et arrêté le rapport relatif aux événements qui ont eu lieu à la Proutière, district des Sables, sans néanmoins *statuer* sur les faits individuels dont le Directoire n'a pas rapporté *de pièces* justificatives. »

Au cours de la séance du 23, des protestations s'élevèrent, et il fallut écrire au procès-verbal :

« Après une nouvelle discussion, l'assemblée a reçu et arrêté le rap-

1. Les pièces concernant l'affaire de Saint-Laurent ont été réunies aux Archives nationales, F⁷3274.

2. Voir notre tome Ier, p. 419-422.

port relatif aux événements qui ont eu lieu à la Proutière, district des Sables, sans néanmoins *approuver les faits, dont le Directoire n'a pas apporté les pièces justificatives.* »

Sur le désaveu réitéré du Conseil, le directoire, ou du moins le plus grand nombre de ses membres voulaient donner leur démission. Pichard s'y opposa énergiquement, alléguant que la loi exigeait qu'avant n'importe quelle motion ou quel acte étranger à l'objet principal de la réunion de l'assemblée départementale, le Compte fût reçu dans toutes ses parties.

Il espérait, ainsi, écrit Mercier du Rocher[1], prolonger la discus sion jusqu'à la fin de la session, ne pas laisser le temps aux patriotes ardents de s'introduire dans le directoire, et ensuite rester maître comme par le passé.

LA RÉPARTITION DES IMPOSITIONS ET LES MUNICIPALITÉS

Dans la partie administrative du Compte du directoire, clos le 14 novembre 1791 et signé : *Guillet, Millouain, Menanteau, Paillou, L.-A. Luminais* et *Pichard*, procureur général syndic, il est expliqué que la répartition de l'imposition foncière entre les districts a été terminée le 22 septembre précédent; qu'elle a été faite selon la méthode adoptée par l'Assemblée nationale dans la distribution entre les 83 départements, proportionnellement à la somme d'impôt qu'ils supportaient sous l'Ancien Régime; que les districts ont été informés d'avance et à temps pour présenter leurs observations, et que cinq d'entre eux ont « joui d'un léger soulagement, auquel n'a pas participé celui de Fontenay. »

Quant à la répartition de la contribution mobilière, le directoire s'est heurté à des difficultés presque insolubles, les bases manquant toutes à la fois :

Aucun point du territoire (de la Vendée) n'offre, en effet, de richesses mobilières; le commerce, réduit partout à l'exportation des denrées superflues, n'offre aucun capitaliste à atteindre... En nous étayant encore de l'exemple de nos législateurs, nous n'en avons pas moins senti quelle carrière effrayante allait s'ouvrir pour les administrateurs des districts chargés de faire la répartition entre les communautés ; nous n'avons donc pas été surpris qu'ils aient presque tous réclamé en même temps, et nous reconnaissons, avec eux, que la somme de cette imposition, telle que nous avons dû la répartir, est excessive pour ce département entièrement privé de grandes villes; qu'elle est hors de proportion avec les facultés mobilières des citoyens, à peu près tous agricoles, et que la répartition illusoire qu'on sera forcé d'en faire excitera les plus grands murmures, sans procurer au Trésor national les secours qu'elle

1. En ses Mémoires inédits 1er cahier.

semble lui promettre. Nous vous engageons, Messieurs, à présenter, sans délai, une pétition à l'Assemblée nationale, dans laquelle vous exposerez avec force les raisons victorieuses qui doivent déterminer une diminution considérable dans la somme d'imposition mobilière attribuée au département.

Le 1er décembre fut expédiée une *Adresse du département de la Vendée à l'Assemblée nationale*, pour réclamer une diminution du contingent de la contribution mobilière, « l'Administration étant convaincue que le prompt recouvrement des contributions est le plus puissant moyen d'affermir la Constitution et d'assurer l'exécution des nouvelles lois de l'Empire. »

Au nombre des obstacles qu'éprouve le recouvrement des impositions, continue le Directoire du département, est la désorganisation des municipalités, desquelles dépendent non seulement l'assiette de l'imposition, dont ces corps administratifs sont les agents directs, mais encore la perception même, dont ils doivent être les protecteurs vigilants.

Les opérations préliminaires de l'imposition foncière ont d'abord étonné leur inexpérience, et de premiers essais mal dirigés dans quelques paroisses, où les hommes instruits se trouvent rarement, auraient achevé de rebuter grand nombre de municipalités, si la sage prévoyance de l'Assemblée constituante n'eût chargé une classe d'hommes habitués à des travaux de ce genre de seconder leurs efforts; tel est l'objet de la loi du 9 octobre 1791, qui établit les inspecteurs des rôles.

Il est donc infiniment désirable que ces nouveaux officiers publics soient nommés sans délai et se livrent avec activité à la partie de leurs fonctions qui a pour objet d'aider les municipalités dans la formation de leurs rôles.

Le conseil général adoptait, le 25 novembre, et adressait, en même temps qu'aux districts, à l'Assemblée nationale et au Roi, l'arrêté suivant, auquel il joignait, le 6 décembre, une proclamation à faire lire au prône des églises paroissiales et afficher dans toutes les communes, pour expliquer aux contribuables *la raison d'être des contributions établies* et ce qu'ils gagnaient au nouveau régime.

Arrêté du Conseil du département de la Vendée [1].

L'assemblée, instruite qu'un grand nombre de municipalités n'ont pu être formées au renouvellement dernier,

Et considérant que le salut de l'Empire tient essentiellement à la répartition et au payement des contributions publiques, que cette répartition ne peut s'opérer sans la formation des corps municipaux ;

Considérant que l'éloigement des citoyens des campagnes pour les fonc-

1. Cet arrêté se retrouve aux Archives nationales, F[1c]III-Vendée, avec la lettre d'envoi au ministre de l'intérieur, 26 novembre 1791.

tions municipales a pu n'être produit que par les difficultés qu'ils apercevaient dans l'exécution de ce travail important; mais que le secours des visiteurs des rôles créés par la loi du 9 octobre dernier détruit ce motif et ne laisse que celui de la crainte des ennemis de la patrie; qu'à cet égard, la loi et la force publique sont également la garantie des fonctionnaires publics;

Ouï le procureur général syndic,

Déclare à tous les citoyens des campagnes que leur refus d'accepter les fonctions municipales compromet la sûreté et la tranquillité publiques;

Arrête qu'aussitôt la réception du présent arrêté, les directoires de districts seront tenus, sous peine de responsabilité, de nommer des commissaires, lesquels se transporteront aussitôt dans les communes actuellement dépourvues d'officiers municipaux, à l'effet de convoquer les citoyens actifs pour l'organisation des municipalités, dans les formes prescrites par les décrets.

L'assemblée recommande expressément aux officiers municipaux et aux notables, même à ceux sortis, ou qui auraient donné leur démission, de continuer leurs fonctions jusqu'à leur remplacement, les autorisant spécialement à cet effet.

Adresse des administrateurs du département de la Vendée, réunis en conseil, à leurs concitoyens.

Concitoyens,

Lorsque vous nous avez honorés de votre confiance, vous nous avez imposé des devoirs, nous en avons senti toute l'étendue; mais nous ne nous sommes pas dissimulé notre insuffisance à les remplir de manière que la satisfaction générale pût se concilier avec les besoins que nécessite la nouvelle organisation de toutes les parties de l'administration du royaume.

Les contributions publiques, levées suivant les formes de l'Ancien Régime, présentaient le double inconvénient d'une surcharge encore aggravée par les difficultés et l'arbitraire de la perception. L'Assemblée constituante a voulu remédier à tous les abus; mais quelle tâche n'a-t-elle pas eu à remplir et quelles difficultés n'a-t-elle pas eu à surmonter, pour mettre de pair avec la dépense les revenus de l'État, devenus insuffisants pour satisfaire à l'ambition et au caprice de ceux qui pouvaient en disposer à leur gré, et dont la plus grande partie était absorbée par les intérêts d'une dette énorme, contractée sous l'Ancien Régime, et qu'il a été nécessaire de réduire par des amortissements pour prévenir la ruine entière de l'État! Il a fallu remplacer l'impôt odieux des gabelles, ceux sur le tabac, les vins, et les droits d'entrée dans les villes, et de province à province; leur perception, difficile et onéreuse, exigeait qu'une partie des citoyens fût toujours armée contre l'autre, et absorbait la meilleure partie du produit.

L'établissement des patentes et la contribution mobilière ont surtout paru propres à remplir le but que s'est proposé l'Assemblée de nos représentants en les supprimant. La première de ces contributions a demandé à l'industrie un secours proportionné au profit que doit en retirer celui qui, par son talent ou par son commerce, se procure une aisance qui remplace souvent avec avantage les revenus fonciers. L'établissement d'une contribution mobilière a dû concourir subsidiairement, avec le droit de patentes, à porter la fortune publique au niveau qui doit être établi entre la recette et la dépense, en faisant contribuer le capitaliste avec le propriétaire foncier, qui ne pouvait échapper à l'impôt, tandis que le premier, riche de son argent ou de son industrie, avait toujours des moyens de s'y soustraire.

L'Assemblée nationale, en portant le principal de la contribution foncière au sixième ou à peu près au cinquième avec les sols additionnels destinés aux frais de l'administration et de l'ordre judiciaire, avait pensé que les revenus fonciers pouvaient supporter cette proportion, et en cela elle a été d'accord avec les vœux de tous les citoyens de l'empire, auxquels elle a laissé le moyen de réclamer une réduction ou décharge qui portât les revenus à cette proportion modérée. Une somme de soixante millions en principal a été nécessaire pour compléter la masse de la contribution publique; elle a été imposée par la contribution mobilière et répartie par l'Assemblée nationale entre les 83 départements. Celui de la Vendée a été imposé pour cet objet à une somme de 565,000 livres, et les différentes administrations n'ont pu s'empêcher d'en faire la répartition entre les districts et les municipalités, sans s'exposer à la peine de forfaiture établie par la loi. Mais, citoyens, nous ne sommes plus sous la verge du despotisme et de l'arbitraire; la Constitution laisse à tous les citoyens la voie de réclamation. Les connaissances réunies par l'administration du département n'ont pu laisser aux administrateurs d'incertitude et de doute sur l'impossibilité où se trouve le département de porter en entier la surcharge que lui présente la contribution mobilière. Privé de villes peuplées ou commerçantes, sa situation n'offre que des propriétaires ou des cultivateurs déjà imposés à la contribution foncière, et le peu d'objets susceptibles de la contribution mobilière ne présente que la plus faible ressource pour compléter la somme que les besoins publics lui demandent.

Nous avons été, chers concitoyens, dès les premiers moments de notre réunion, frappés de cette disproportion, et nous nous sommes empressés de soumettre, par une pétition, à la sagesse de l'Assemblée législative les réflexions qui nous ont paru propres à l'établir d'une manière évidente aux yeux de nos représentants; et nous devons attendre avec confiance une nouvelle combinaison de cet impôt qui puisse remédier aux difficultés que nous ne pouvons nous dissimuler dans l'assiette de la contribution mobilière.

La loi fixe d'une manière positive la proportion la plus haute à laquelle elle doit s'élever sur tous les objets qui y sont assujettis; tout citoyen, aux termes de la loi, peut réclamer une réduction au sixième pour le principal de la contribution foncière, en se conformant aux règles établies pour une juste estimation qui sera fixée sur la valeur et l'étendue des propriétés. La même voie est ouverte pour la contribution mobilière à ceux qui se trouveraient imposés sur les différents objets qui y sont assujettis, à une somme plus forte que celle qui doit être assignée proportionnellement avec leurs facultés.

Pénétrez-vous, citoyens, de la nécessité et de l'importance d'asseoir la contribution et d'en suivre le prompt recouvrement; vous êtes vous-mêmes chargés de la répartition, que nous étions obligés autrefois de recevoir de l'arbitraire, et qui était le plus souvent décidée par des considérations personnelles.

L'impôt nouvellement établi ne manque que d'une juste répartition; tous les citoyens sont intéressés à l'y faire parvenir. Il ne surpasse pas dans sa totalité la somme ancienne des contributions, en y comprenant les impôts indirects supprimés, qui sortaient d'une manière ou d'une autre de la bourse des mêmes contribuables, nouvellement imposés; le plus indigent est le seul qui n'y soit plus exposé, puisque celui qui n'aura d'autres facultés que son travail journalier n'y contribuera absolument pour rien, et que tous ont profité plus ou moins de l'abolition des anciens impôts, et un grand nombre de la suppression de la dîme et de celle des droits personnels attachés à la féodalité.

Souvenez-vous, cultivateurs, que, dans la masse des contributions imposées pour 1791, vous ne devez payer pendant le cours de votre bail que la même somme à laquelle vous étiez imposés en l'année 1790, à raison de votre exploitation; que le surplus doit être supporté par le propriétaire, en exceptant toutefois l'imposition mobilière qui représente le taux personnel commun à tout le monde, et qui ne peut être jamais que fort léger pour le moins aisé, qui en est amplement dédommagé par la suppression de la corvée et des bans personnels, de la gabelle, du tabac, des droits d'entrées, des droits sur les traites, les marques des fers et des cuirs, le boisselage, le casuel, les frais d'administration de la justice aujourd'hui gratuite, et la retenue du cinquième sur les droits de terrage et les rentes qu'il peut devoir sur sa propriété.

Que l'exacte observation de la loi soit toujours votre guide; elle est la sauvegarde des propriétés et de la sûreté publique qu'elle protège également, comme elle est la terreur du méchant, qu'un funeste égarement porterait à l'oublier. Si elle présente des inconvénients dans son exécution, nous avons des représentants que l'honneur, le devoir et leur propre impulsion intéressent à les faire disparaître; ils sont nos concitoyens, nos frères, et tout le mal qui résulterait de leurs délibérations leur deviendrait commun avec nous, puisqu'à l'instant de la naissance de la loi, ils y sont également soumis, et qu'à une époque très rapprochée, ils doivent successivement en partager avec nous les bienfaits ou les inconvénients. Repoussez les intentions malveillantes qu'on voudrait vous suggérer; plaignez ceux que des intérêts mal entendus ont fait abandonner leur patrie, dans un moment où elle avait le plus besoin de leurs secours et de leurs lumières; que la différence des opinions cesse d'être un prétexte pour établir le désordre qui ne peut qu'éloigner notre bonheur; que chacun, libre et maître de sa pensée, se réunisse à la loi, qui, une fois prononcée, est la volonté générale; que l'esprit de parti, que l'intérêt particulier disparaissent, et nous verrons luire les jours heureux que nous promet et nous assure l'heureuse Constitution du royaume; elle ne peut s'affermir que par le calme et la tranquillité qui doivent enfin succéder aux orages du sein desquels nous l'avons vue naître.

Pour nous, citoyens, que votre confiance a rendus dépositaires de vos intérêts, nous ne cesserons de les avoir en vue. Aucun objet d'économie ne nous a été indifférent lorsqu'il a pu s'accorder avec le service indispensable de l'administration; nous avons pris avec empressement tous les moyens de soulager l'humanité souffrante; lorsqu'il a été possible de disposer de quelque ressource qui pût y être appliquée, nous ne les avons jamais perdus de vue, et si, comme on doit l'espérer, des temps plus heureux le permettent, ceux qui nous succéderont n'oublieront jamais ce devoir sacré de tous les administrateurs, et nous jouirons avec eux de tout le bien que nous aurions voulu faire et que nous n'avons pu envisager que par l'espérance.

LES DISSENSIONS RELIGIEUSES

Tout à la fin de son Compte au Conseil, le Directoire avait reconnu « l'influence des préjugés religieux sur les malheurs publics », et ainsi conclu :

Il ne faut pas se le dissimuler plus longtemps, Messieurs, c'est le plus souvent pour ne pas installer le pasteur élu par le peuple, qui doit venir prendre la place de l'ancien curé non assermenté ; c'est pour n'être pas obligé de prononcer entre ses concitoyens, souvent également exaltés dans les moyens qu'ils emploient pour manifester ou pour faire prévaloir leur opinion ; c'est pour n'avoir rien à démêler dans ces querelles si improprement dites religieuses, quand elles ne devraient être, comme elles ne sont en effet, dans l'esprit de la Constitution, que des mesures de police ; que des citoyens, paisibles et faibles, s'éloignent des fonctions municipales et déposent l'honorable fardeau de la confiance publique.

Et en vain dirait-on, en vain serait-on même unanimement convaincu que les manœuvres des prêtres ont seules produit ces dispositions des esprits : qu'importe la cause, quand l'effet existe, quand c'est l'effet qu'il faut combattre, et quand surtout les moyens de le faire sont également indiqués par la nature, par la loi et par la religion !

C'est donc sous le double point de vue d'une saine politique et d'une douce fraternité, que tous les citoyens amis de la Constitution doivent enfin dépouiller les principes d'intolérance religieuse qui contrastent si évidemment avec ceux de la liberté politique qu'ils ont su recouvrer.

C'est à l'étendard de la loi civile qu'ils doivent tous se rallier, en abjurant de bonne foi le vain projet d'arracher du cœur de quelques-uns de leurs frères des préjugés qui jetteront des racines d'autant plus profondes qu'on fera de plus grands efforts pour les détruire ; c'est aux seules lumières de l'instruction, qui se propagent lentement mais sûrement, à dissiper les ténèbres de l'esprit.

Pour nous, Messieurs, chargés de pratiquer attentivement les principes immuables d'une Constitution qui protège également tous les citoyens, nous avons tâché de conserver pur et sans tache le dépôt sacré qui nous avait été confié. Nous avons invoqué la loi, et contre ceux qui l'outrageaient par une coupable résistance à ses dispositions de justice, et contre ceux qui la calomniaient en donnant une extension criminelle à ses dispositions de rigueur. Nous avons cherché à n'assigner d'autres bornes à la liberté civile, politique et religieuse de chaque citoyen, que celles prononcées par la loi.

Nous avons rejeté loin de nous toutes ces interprétations de circonstance, que la loi réprouve, mais qu'un aveugle enthousiasme exalte avec transports, parce qu'il en méconnaît les funestes conséquences. Nous avons eu quelquefois à gémir de l'insuffisance de nos moyens, mais jamais à rougir de la pureté de nos vues. Bientôt, Messieurs, fortifiés par vos conseils, et plus encore par votre exemple, nous serons dignes, par nos succès, comme nous le sommes déjà par nos intentions, de participer à l'estime qui couronnera vos importants travaux.

Les allusions de cette péroraison aux « transports d'un aveugle enthousiasme », s'adressaient aux patriotes de la Loire-Inférieure, de Maine-et-Loire et des Deux-Sèvres, ainsi qu'à ceux de la Vendée, partisans de mesures énergiques pour éteindre avant l'incendie les brandons de guerre civile allumés sous prétexte de religion. Elles furent très mal accueillies par les conseillers nouvellement élus. Cependant ceux-ci s'abstinrent de soulever un débat sur les affaires religieuses, au début de la session du moins. Mais, le 28 novembre, la majorité du conseil manifesta que la tolérance optimiste du directoire du département, — Mercier et Fayau disaient « sa complicité aristocratique, » — à l'égard des prêtres factieux, ne serait plus supportée. Ordre lui fut adressé « d'écrire au directoire du district de la Roche-sur-Yon pour vérifier et, au besoin, dénoncer à l'accusateur public les discours les plus incendiaires, publiquement tenus par un sieur Robin, vicaire non assermenté de la commune du Poiré-sous-la-Roche[1]. »

En ce moment même, l'Assemblée législative achevait la discussion si laborieuse du fameux décret du 29 novembre 1791, par lequel il devait être enjoint aux ecclésiastiques qui avaient refusé ou rétracté le serment prescrit par la Constitution civile du clergé de prêter le serment purement civique imposé à tous les fonctionnaires, même à tous les citoyens exerçant le droit électoral dans les assemblées primaires, par la Constitution de l'État français ; maintenant, d'ailleurs, la pleine et entière liberté des cultes, implicitement consacrée par la Déclaration des droits de l'homme et du citoyen, pourvu que cette liberté s'exerçât « dans les édifices non occupés par le culte salarié, et sous la surveillance des autorités constituées, en se conformant aux lois de police et d'ordre public [2]. »

Dès que la nouvelle du refus de la sanction royale à ce décret ainsi qu'à celui du 9 du même mois relatif aux émigrés parvint au Conseil général de la Vendée, les patriotes proposèrent, Mercier du Rocher rédigea[3], et, dans son avant-dernière séance, le 14 décembre, l'assemblée départementale adopta cette protestation :

1. La poursuite n'aboutit pas. Dans l'« Inventaire en bref », dressé en l'an IV par le greffier Biroché, des affaires instruites par le Tribunal du district des Sables-d'Olonne, nous relevons : « FF — Interrogatoire de Robin, prêtre, reçu par Bréchard, juge, ensemble la conclusion du ministère public et l'ordonnance de relaxation. »

2. Voir plus loin ch. XXVI.

3. Comme il le dit dans ses Mémoires inédits, 1er cahier.

Adresse au Roi.

Sire,

Nos alarmes sont bien vives : la patrie est en danger, des traîtres conspirent contre elle ; les uns sont en armes sur nos frontières, les autres secouent les brandons du fanatisme et de la guerre civile au sein de nos campagnes ; tous nous menacent de leurs fureurs... et ils se disent les amis du Roi !

Vous êtes le Roi de la Constitution, vous l'avez acceptée librement; souffrirez-vous, Sire, que ces hommes pervers abusent de votre nom pour attaquer le trône même ? En vain ils se flatteraient de le renverser, ce trône constitutionnel; le destin du trône est lié au destin de la Constitution; tous les deux sont immuables comme le sol de cet empire... Et que pourraient tous les despotes de l'univers contre un peuple qui a juré de vivre libre ou mourir?

Hâtez-vous, ô le meilleur des rois, hâtez-vous de faire rentrer dans l'ordre ces ennemis de la chose publique! Hâtez-vous de manifester aux puissances, qui protègent peut-être leurs attroupements criminels, la volonté de la Nation dont vous êtes le chef et l'organe! Hâtez-vous de faire sentir à ces rebelles que l'ennemi de la loi est l'ennemi du monarque! Hâtez-vous surtout de sanctionner le décret qui peut seul arrêter les menées des prêtres factieux !

Sans doute ils ne sont pas à craindre dans la capitale, et cependant ils incendient les départements ! Que peut avoir d'inconstitutionnel un décret qui exige que, pour toucher leurs traitements, ils prêtent le serment d'être fidèles à la Nation, à la Loi, au Roi, et de maintenir la Constitution du royaume? N'est-ce donc pas assez de vivre au milieu de ses ennemis? faut-il encore les salarier? Salarier nos ennemis!... Ah! Sire, une telle pensée répugne à votre cœur.

Le danger est pressant, Sire, et, nous vous le disons avec une douloureuse franchise, la faiblesse des rois fait l'audace des méchants, mais la justice des peuples est toujours inexorable.

Quant à nous, Sire, que la confiance de nos concitoyens a appelés à l'administration du département de la Vendée, nous sommes déterminés à faire exécuter la loi ou à périr pour elle.

Les Membres du Département de la Vendée réunis en Conseil,

Ch.-J.-Ét. Girard, président;

Jn-Mas Cougnaud, secrétaire [1].

Quelques jours plus tard était jointe à cette adresse du département celle-ci [2] du district de Challans :

Au Roi.

Sire,

Nous avons vu les prêtres réfractaires allumer sous nos yeux le flambeau de la guerre civile, nous avons vu la vie des bons citoyens en danger et le

1. Ainsi signée sur l'original, Arch. nat., F[19]481[1].
2. Arch. nat., F[19]481[1].

sang de nos frères cimenter les projets de la destruction totale des défenseurs de la Constitution. Des mesures vigoureuses avaient arrêté pour un moment les progrès de la révolte et les effets du fanatisme; mais ces ennemis infatigables, dont les projets avaient mûri dans les ténèbres, agitaient de nouveau les torches de la sédition et préparaient de nouvelles scènes de désolation et de meurtre. Le sage décret de l'Assemblée nationale, du 29 novembre, répandit la joie parmi les bons citoyens, en même temps qu'il accabla ces ennemis de l'ordre et de la paix, et déjà, dans la persuasion que vous ne refuseriez pas votre sanction au plus bel acte de l'Assemblée nationale, nous bénissions et les Législateurs et le Roi citoyen qui préparaient notre bonheur.

C'est sans doute, Sire, la pétition illégale des administrateurs du département de Paris, qui a ralenti les effets de votre sagesse et de votre amour du bien public ; vous avez sans doute craint que ce décret sur les prêtres ne fût pas l'expression du vœu général. Nous avons été à même, plus que ces administrateurs de la capitale, d'apprécier la sagesse du décret du 29 novembre ; ils n'ont pas été, comme nous, témoins des désordres occasionnés par les prêtres rebelles à la loi ; ces fanatiques ne feraient pas de progrès dans les grandes villes, le peuple plus éclairé que dans nos campagnes est en garde contre eux. Aussi avons-nous vu nos contrées en proie aux fureurs du fanatisme, tandis que les villes voisines jouissaient d'une paix parfaite. Les maux qu'ont faits les prêtres dans ce pays sont très grands, le sang de nos frères a coulé, il demande vengeance.

Nous vous prions donc, Sire, au nom de l'humanité, de la Constitution et de la paix, de ne pas refuser plus longtemps votre sanction au décret du 29 novembre. Dès longtemps le cri général vous demande la sanction du décret sur les émigrés ; le bonheur des Français est attaché à ce double acte de justice : pourriez-vous suspendre plus longtemps l'exécution de ces lois ? C'est ainsi que vous vous montrerez digne de commander un peuple libre, c'est par là que vous acquerrez l'amour et l'estime des vrais amis de la liberté et de la paix.

Nous sommes avec respect, Sire, les citoyens administrateurs composant le Directoire du district de Challans au département de la Vendée.

MOURAIN, vice-président; MERLAND, substitut du procureur-syndic ; P. JOUSSON, administrateur; GANACHAUD, secrétaire.

Challans, 22 décembre 1791.

CLOTURE DE LA SESSION.

Le Conseil général du département présida la cérémonie patriotique de la remise du drapeau au premier bataillon des volontaires de la Vendée [1]; il termina ses délibérations par un arrêté en 8 articles « pour encourager l'élève du cheval de race ».

Le président Ch.-J.-Ét. Girard (Villars) résuma la session dans un discours dont voici la conclusion :

1. V. le chapitre suivant.

Après avoir fixé les travaux des routes et des ouvrages d'art que vous avez cru nécessaires, vous avez assigné des prix d'encouragement pour toutes les branches fructueuses de l'agriculture, vous avez jeté vos regards sur l'humanité souffrante et vous avez déterminé pour les différentes parties les sommes qui devaient leur être appliquées. Nous sommes tous convaincus, Messieurs, de l'urgence des recouvrements; quels devoirs plus pressants aurons-nous à remplir, à notre retour parmi nos concitoyens, que d'accélérer par nos soins et nos exhortations tous les travaux que nécessite cette partie importante de l'administration? Vous avez vu opérer sous vos yeux la formation de cette garde citoyenne qui s'est dévouée volontairement au service de la patrie; vous avez vu avec attendrissement ces braves patriotes recevoir de la main de leurs mères et de leurs épouses l'étendard de la liberté, qu'ils ont juré de défendre jusqu'au dernier soupir; puissions-nous voir s'accomplir les vœux des amis de la patrie et renaître les jours de paix dont nous sommes privés depuis si longtemps par le fanatisme, l'hypocrisie et les préjugés en tous genres!

LA DÉMISSION DU PROCUREUR GÉNÉRAL SYNDIC.

Au cours de la session du Conseil, principalement en raison du vote de l'Adresse au Roi, deux membres du Directoire, l'un ancien, Millouain, et l'autre nouveau, Denogent, donnèrent leur démission. Ils furent aussitôt remplacés par les suppléants Fayau et Mercier, auxquels se joignit Esnard, substitué à Bouquet, élu lieutenant-colonel en second du bataillon de la Vendée. Le procureur général syndic n'avait plus de majorité à sa dévotion; on lui fit sentir qu'il devait quitter la place, en laissant sur son bureau une lettre provenant du district de Challans, dans laquelle il lut : « Nous avons enfin chassé ces coquins du directoire (Millouain et Perreau); est-il donc impossible de chasser ce scélérat de Pichard[1]? »

Pichard du Page se décida à se retirer, sous prétexte de maladie. A la date du 3 décembre 1891, ses fonctions furent remplies par Séverin Pervinquière; Mercier du Rocher fut nommé substitut du procureur général syndic[2].

Si le renouvellement de la municipalité de Fontenay n'avait pas eu lieu avant sa démission, Pichard du Page aurait pu se faire redonner les fonctions de maire. Savary-Calais les avait perdues; l'ancien constituant Biaille-Germon les avait obtenues. Celles de procureur de la commune avaient été déférées à un ancien auditeur de la Chambre des Comptes de Bretagne, Pichard, cousin de l'ex-

1. Mémoires de Mercier du Rocher, 1er cahier.

2. La date est fixée d'après cette signature du *Compte départemental de* 1792, imprimé : « Pervinquière, commissaire procureur général syndic *du* 3 *décembre* 1791 *au* 28 *septembre* 1792. »

procureur du département. Celui-ci ne tarda pas lui-même à rentrer dans le Conseil général de la commune à titre de notable. Il n'y contribua pas peu à maintenir durant toute l'année 1792 l'administration du chef-lieu en hostilité politique avec l'administration départementale.

ARRESTATION ET ACQUITTEMENT DE PICHARD DU PAGE

Un arrêté du Directoire du département, du 25 février 1793, ayant ordonné l'internement des suspects au chef-lieu, Pichard du Page fut inscrit sur la liste. Le 6 mars suivant, le maire et les officiers municipaux se présentèrent au département et lui lurent le procès-verbal de leur séance de la veille, contenant un discours de Pichard et concluant au retrait de l'arrêté. Le public nombreux que la municipalité avait amené avec elle interrompit cette lecture par les applaudissements les plus bruyants. Mercier du Rocher présidait ce jour-là. Il coupa court à la manifestation projetée en s'élevant contre cette municipalité qui « au moment où la guerre civile s'allumait dans les campagnes, était venue censurer la conduite patriotique de l'administration. » Néanmoins il ne put empêcher le Directoire, incomplet, de suspendre l'exécution de l'arrêté [1].

Pichard du Page fut compris, avec son cousin le procureur de la commune, dans la suspension du maire et de la plupart des membres de la municipalité de Fontenay, prononcée par arrêté départemental du 29 août 1793 [2].

Au commencement de l'année 1794, il fut traduit devant la Commission militaire, substituée au tribunal criminel, pour hâter le jugement des causes politiques, par le représentant Lequinio. Auprès du collègue de celui-ci fut faite une démarche en sa faveur, le 7 janvier 1794 :

Les citoyens de la commune de Fontenay-le-Peuple au citoyen représentant Laignelot [3].

Tu es le père des vrais républicains, l'ami des braves sans-culottes. Nous nous adressons donc à toi avec confiance, dans l'intention d'éclairer ta justice. On t'a prévenu contre Pichard du Page, on l'a traduit à la Commission militaire. Nous ignorons quels sont les délits qui lui sont imputés, et nous n'entreprendrons pas de le justifier sur des faits que nous ne connaissons pas. Mais nous devons dire hautement qu'il a été notre premier maire et qu'à cette époque il a employé avec succès toutes les ressources de

1. Mémoires de Mercier du Rocher, 2e cahier.
2. On trouvera dans un autre volume, à sa date, la défense de la municipalité de Fontenay.
3. Arch. nat. W 354.

son activité pour prévenir la disette dont nous fûmes à la veille d'être les tristes victimes.

Nous devons dire que plusieurs d'entre nous ont été en détachement à Challans, l'ayant avec nous en qualité de Commissaire du département, chargé d'apaiser les troubles qui s'y étaient manifestés; que toujours il nous a paru le plus ferme défenseur de la Révolution, que son affabilité ramenait tous les esprits, que sa générosité volait au devant de tous nos besoins; nous devons enfin répéter hautement, parce que c'est la vérité, qu'il a été constamment l'ami des sans-culottes, le père des indigents, qu'il a reconnu les lois saintes de l'égalité avant qu'elles fussent proclamées, et qu'il était, qu'il doit être encore digne d'être l'enfant de la liberté.

Jacques Constantin *et 197 autres signatures.*

A cette manifestation populaire s'ajoute la production d'un certificat du commandant de la garde nationale [1] :

Le soussigné certifie avec vérité que le citoyen Quentin Pichard, fils unique de Jean Pichard, sert dans la compagnie des jeunes citoyens de 15 à 17 ans, sous le grade de sergent-major dans ladite compagnie, et qu'il y fait son service avec exactitude; je certifie également, d'après l'éloge qu'on m'en a fait, qu'il a montré, dans la malheureuse affaire du 25 mai, un courage au-dessus de ses forces et de son âge, et que son chapeau a été percé par une balle.

H.-B.-V. Denfer.

Pichard du Page fut acquitté par la Commission militaire, mais retenu en prison. Le 10 germinal (30 mars 1794), fut rendu contre lui ce décret :

La Convention nationale, sur l'annonce à elle faite par un de ses membres, que la Commission militaire établie à Fontenay-le-Peuple par les représentants, et devant laquelle a été traduit Pichard, ex-procureur général syndic du département de la Vendée, a déclaré n'avoir aucune preuve d'accusation contre cet individu, et, sur la proposition d'un membre, décrète que Pichard, ancien procureur général du département de la Vendée, sera traduit au tribunal révolutionnaire de Paris, et que le Comité de sûreté générale prendra tous les renseignements possibles sur la conduite des fonctionnaires publics de ce département et sur celle des membres de la Commission militaire de Fontenay, et en fera son rapport.

Pichard fut dirigé sur Paris, en voiture, accompagné de deux gendarmes, avec l'autorisation ainsi motivée, du Commissaire national près le tribunal de Fontenay, Belliard, en date du 13 germinal (2 avril) :

Le Commissaire national près le Tribunal de district de Fontenay-le-

1. Certificat réexpédié à Paris, à la date du 14 germinal an II, Arch. nat. W 354.

Peuple, vu l'état de maladie de Pichard, ex-procureur général du département de la Vendée, qui ne lui permet pas de faire à cheval le voyage de Paris, et d'être ainsi conduit de brigade en brigade, requiert le commandant de la gendarmerie nationale de cette commune de fournir audit Pichard et à ses frais deux gendarmes nationaux, pour le conduire en voiture et à ses frais directement à Paris, dans le lieu de la détention des prisonniers destinés à être jugés par le tribunal révolutionnaire, soit en poste, soit en journées ordinaires, suivant que son état le lui permettra, et de rapporter une reconnaissance de la remise de sa personne dans ledit lieu de détention, également à ses frais, ainsi que ledit Pichard y a consenti pour la facilité de son transport[1].

Le prisonnier fut déposé à l'hospice en arrivant à Paris. Il subit, le 25 germinal (14 avril), l'interrogatoire du juge Charles Bravet, assisté du commis-greffier Ch.-A. Legris[2] :

A répondu se nommer François-Jean Pichard-Dupage, âgé de 44 ans, homme de loi, procureur général syndic du département de la Vendée en 1791, démissionnaire au mois de novembre de ladite année, ensuite notable de la commune de Fontenay-le-Peuple, né audit Fontenay-le-Peuple, y demeurant.

D. — Quel motif vous a fait demander la démission de la place de procureur général syndic?

R. — Que c'était sa mauvaise santé.

D. — Avez-vous conspiré contre la République en entretenant des correspondances avec les rebelles?

R. — Que non.

D. — S'il n'a pas été traduit devant la Commission militaire établie à Fontenay.

R. — Que oui.

D. — Quel est le motif qui vous y a fait traduire?

R. — Qu'il l'ignore, et qu'il n'a jamais eu connaissance de l'acte d'accusation porté contre lui, et qu'il n'a pas été jugé par cette Commission.

D. — N'avez-vous pas cherché à livrer la ville de Fontenay aux rebelles?

R. — Jamais.

D. — Avez-vous un défenseur?

R. — Qu'il fait choix du citoyen *Laffeutrie*.

Et a signé avec nous :

F.-J. Pichard du Page, Bravet, C. Legris, commis greffier.

DEVANT LE TRIBUNAL RÉVOLUTIONNAIRE

Les dépositions reçues à Fontenay s'étaient perdues dans la transmission des pièces de la Commission militaire au tribunal révo-

1. Suivent la réquisition du commandant de place de Fontenay, Leclère, et l'ordre du commandant de gendarmerie aux deux gendarmes Dixmier et Roulleau. — Archives nationales W 354.

2. Arch. nat. W 354.

lutionnaire. L'accusateur public près le tribunal criminel de la Vendée, Massé, indiqua dans une lettre, du 28 germinal (17 avril), à Fouquier-Tinville, « qu'elles avaient été faites par Guichet, administrateur du département et par Cigaudeau, secrétaire du comité de surveillance. » Il cite lui-même les faits qui peuvent être reprochés à Pichard, son hostilité à la Société ambulante des Amis de la Constitution, son absence d'énergie dans la répression des troubles des districts de Challans, des Sables, etc.; ses relations constantes avec les prêtres réfractaires et les nobles [1].

Neuf témoins furent cités, dont cinq membres de la Convention, députés de la Vendée. Les dépositions de ces derniers furent reçues le 28 germinal (17 avril) [2].

Philippe-Charles-Aimé Goupilleau (de Montaigu) déclare qu'étant procureur-syndic de son district natal, il a, dans le procureur général syndic, « toujours reconnu l'incivisme le plus prononcé, même l'esprit contre-révolutionnaire, par son empressement à favoriser toujours les ennemis de la Révolution et à entraver les mesures nécessaires que le salut public inspirait aux administrateurs des districts. » L'incendie des archives de Montaigu l'empêche de produire ses registres de délibérations et de correspondances. Il dépose cependant quelques pièces, notamment l'arrêté départemental relatif à la mise en liberté des missionnaires saisis par les Angevins à Saint-Laurent-sur-Sèvre. Il reproche à l'accusé sa conduite dans cette affaire et dans celles de Challans et des Sables, les retards mis à la vente des biens nationaux; des négligences dans l'envoi des décrets, la solde des troupes et le payement des cantonniers; des complaisances à l'égard des prêtres réfractaires, mieux traités que les curés coustitutionnels, etc., etc.

Joseph-Pierre-Marie Fayau rappelle que « dans les premiers moments de la Révolution, Pichard affecta un patriotisme qui dut tromper ses concitoyens, et qu'il parvint par ses intrigues et un beau langage à se faire considérer comme un homme important à la chose publique, au point qu'il fut porté en triomphe dans la ville chef-lieu du département ». Il l'incrimine comme collaborateur intime de Gensonné et de Gallois, « ces commissaires infidèles; » comme protecteur des réfractaires et des nobles, soutenant les aristocrates et les riches dans la liquidation des droits féodaux. Il explique aussi pourquoi, les patriotes se trouvant en majorité dans le directoire, il sortit

1. Nous avons cité, tome I, p. 318, la partie principale de cette lettre de Massé.
2. Précédemment, tome I, ch. VI, p. 209-210, ch. XI, p. 323-324, ch. XII, p. 356, nous avons donné des extraits de ces dépositions se rapportant à la conduite de Pichard dans les événements les plus graves de 1791.

de l'administration départementale et quelle conduite il tint ensuite :

Ma présence devenant contraire à ses projets, et quelques-uns des nouveaux administrateurs partageant mon opinion, Pichard, sentant que tous ses crimes allaient être dévoilés, et qu'il ne lui serait plus possible de servir efficacement le parti auquel il s'était vendu, crut se soustraire à la vengeance nationale en abdiquant les fonctions de procureur général du département de la Vendée; il donna donc sa démission de cette place.

Depuis ce temps, Pichard semblait ne devoir plus être à craindre pour la liberté; feignant une tranquillité sincère, il continuait de conspirer secrètement; on ne le voyait jamais le jour, et ses nuits étaient employées à des conciliabules où se trouvaient les ci-devants du canton, S. Pervinquière, Biaille dit Germon, l'un et l'autre membres de l'Assemblée constituante[1].

Charles-François-Gabriel MORISSON, dit avoir eu, étant membre du département, la connaissance des faits suivants :

Le citoyen Pichard faisait sa société ordinaire et journalière d'une partie des nobles qui habitaient la commune de Fontenay-le-Peuple, qui était le chef-lieu du département; sans doute dans l'intention de se rendre agréable à sa société, il traitait avec la plus grande faveur tous les nobles qui avaient quelques affaires à l'administration du département. Il traitait également avec la plus grande faveur tous les prêtres non assermentés, tandis qu'il traitait avec la plus grande sévérité tous ceux qui s'étaient conformés à la loi. La preuve de cette vérité est consignée dans les registres du département. Plusieurs prêtres réfractaires avaient tenu publiquement des discours contre-révolutionnaires et publié des mandements ou lettres pastorales anticiviques, sans qu'il fût fait aucune espèce de démarche pour les faire punir et pour empêcher l'effet de leurs manœuvres.

Pichard a accablé de duretés, de mauvais traitements tous les membres des autorités inférieures qui étaient patriotes. Il blâma les mesures prises (à Challans et aux Sables). Toutes les administrations inférieures ayant commencé à manifester leur indignation sur la conduite de Pichard, ayant eu avec lui en différentes circonstances des altercations très vives, se voyant enfin à la veille de perdre cette autorité dont il abusait pour servir son parti et décourager les patriotes, il sollicita de l'Assemblée constituante l'envoi des Commissaires, dans l'espérance qu'il aurait l'habileté de les circonvenir, et qu'il pourrait, par leur moyen, obtenir la domination qu'il commençait à perdre et dont il voulait encore se servir pour détruire la liberté.

François MAIGNEN constate que « Pichard a été le protecteur de tous les prêtres réfractaires du pays, qui prêchaient soit en secret soit ouvertement la guerre civile ». Il assure que, dans les affaires du district de Challans, l'ex-procureur général syndic « avait blâmé la

1. Nous donnons plus loin un extrait de la déposition de Fayau relatif à Pervinquière et Biaille-Germon, ch. XXXL.

gendarmerie et la force armée d'avoir fait feu sur les fanatiques, et dit qu'ils devaient, au lieu de tirer sur les citoyens, leur tendre la main et leur montrer un mouchoir en signe de réconciliation ». Il produit une lettre de Mercier du Rocher, commissaire du département à Tours[1], dans laquelle est revélé ce fait que, lors de la prise de Fontenay par les rebelles, au mois de mai 1793, c'était Pichard qui « désignait à la dame Grimouard-Saint-Laurent tous ceux pour lesquels elle devait intercéder » auprès des chefs de l'Armée Catholique-Royale.

Musset, en sa qualité de curé constitutionnel, insiste sur la conduite de Pichard à l'égard des fanatiques, « qu'il saisit toutes les occasions d'encourager, » à l'égard « des aristocrates, de tous les ennemis de la Révolution dans la Vendée », auxquels il fit « concevoir l'espoir de tout oser impunément ».

Quatre des neuf députés vendéens à la Convention, Gaudin (des Sables), Goupilleau (de Fontenay), Garos et Girard (Villars), se sont abstenus de déposer dans l'affaire de Pichard[2].

Aucun membre de l'administration départementale n'est intervenu au procès pour l'accuser ni pour le défendre. L'abstention de Mercier du Rocher est d'autant plus remarquable que, dans la première partie de ses Mémoires [3], écrite à l'époque même où l'ancien procureur général syndic était deux fois jugé, à Fontenay et à Paris, les accusations contre lui subsistent, sans que rien en ait été rétracté ou même atténué dans la suite de ces Mémoires, préparée en l'an VI, ni dans le Journal continué jusqu'en 1816.

Extrait des mémoires de Mercier du Rocher.

Il y avait dans cette ville (de Fontenay) un particulier nommé F.-J. Pichard du Page[4], qui employa tous les moyens dont il était doué pour capter les suffrages du peuple. Cet homme, dont le père était encore secrétaire du Roi, n'avait pas osé se présenter à l'Assemblée de la noblesse de la province; il était haut et fier; il craignait d'être humilié; il vivait depuis longtemps avec les nobles, était de toutes leurs parties de plaisir, et poussait au suprême degré l'art de flatter et d'intriguer.

1. Lettre que nous donnons à sa date, 9 juin 1793, dans la *Vendée patriote*.

2. Il ne reste aucune trace des dépositions des quatre autres citoyens qui, — avec les cinq conventionnels vendéens, — furent appelés comme témoins, tenus, par citation du 8 floréal, à se trouver le lendemain, à 9 heures du matin, à l'audience du tribunal révolutionnaire. Leurs noms seuls sont inscrits en marge du jugement. Ils s'appelaient : Louis Colat, Rotin, Lallemand et Lecointre, sergent.

3. La seule connue par les copies qui en furent faites ; voir note tome Ier, *Avertissement* et *Appendice n° 1*.

4. « Sa mère, » écrit Mercier en note à la marge du manuscrit original, « sa mère l'avait eu dans un âge où les femmes cessent d'ordinaire d'être fécondes. Son parrain lui voulait donner les prénoms de *Jean-François*. Leur abréviation J. F., risquant de devenir injurieuse, parut de mauvais présage au père, qui le fit appeler *François-Jean*. »

Il était alors maire de la commune, place à laquelle il ne s'était fait élever que pour servir le parti contre-révolutionnaire. Le peuple l'avait porté en triomphe le jour de son élection, et, le soir même de cette journée, il se moqua des honneurs qu'on lui avait rendus au sein d'une société de femmes, dont il était l'Adonis.

L'Assemblée électorale réunie, il se fit nommer président. Elle avait dans son sein quelques nobles qui s'entendaient avec lui. Ces personnages jetèrent le trouble à l'occasion du placement du chef-lieu du département. La très grande majorité voulait qu'il fût à la Roche-sur-Yon. La querelle s'engagea sur ce point avec ceux qui étaient des environs de Fontenay ; elle fut attisée par les Loynes La Coudraye, La Marzelle, et autres gens de cette trempe. Des injures on allait en venir aux mains. L'astucieux président, qui avait passé sa vie au milieu des tripots, des roués et des femmes, ramena l'ordre dans l'assemblée et d'une voix pateline concilia les combattants. Enfin, il capta avec tant d'art les bonnes grâces des électeurs, qu'ils le nommèrent procureur général syndic du département[1].....

S'il eût aimé la chose publique et voulu servir la patrie, avec l'art de plaire qu'il possédait, l'esprit public des habitants de la Vendée eût été excellent ; mais il n'était pas citoyen, et il n'avait accepté la place de procureur général syndic que pour servir la contre-révolution.....

Il avait des amis sur toute la surface du département ; il entretenait des liaisons avec les malveillants qui étaient à Paris et dans les grandes villes de France. On n'osait pas alors intercepter les lettres des gens qu'on suspectait... Pichard était l'agent des conspirateurs de la Vendée.

Voici maintenant, telle qu'elle a été écrite de la main de Pichard, la défense qu'il présenta. Nous n'en avons pas retranché un mot et nous y avons même reproduit quelques passages déjà utilisés au cours des événements.

Défense du procureur général syndic du département de la Vendée devant le Tribunal révolutionnaire[2].

Citoyens,

Grâces soient rendues à l'estimable représentant du peuple qui, en vous attribuant le soin de me juger, vous a délégué le droit de me condamner ou de m'absoudre : c'était là ce que je demandais il y a longtemps aux administrateurs du département ; c'était encore l'unique objet de mes vœux secrets depuis six mois qu'en m'enlevant ma liberté on enchaîne la manifestation de mes pensées.

Il faut enfin que l'on sache si je suis un traître qui, depuis cinq ans, en

1. Mercier ajoute que Pichard prit pour secrétaire général Cougnaud, « sorti du peuple et tiré par lui d'une étude de procureur, et qu'il en fit son âme damnée. » — (Voir ci-dessus p. 110-111, note.)

2. Copiée sur la minute (non signée), Archives nationales W 354, pièce 22.

impose impudemment au grand nombre de bons citoyens dont j'ai trompé l'estime et la confiance; si je suis, en effet, un ennemi de la République, un contre-révolutionnaire, un vil scélérat, comme le répètent à l'envi, depuis quelque temps, des hommes dont l'acharnement pourrait passer pour de la conviction, ou si, digne encore de la considération publique, je suis seulement un nouvel exemple de la jalousie qu'inspire trop souvent la confiance publique, trop solennellement prononcée pour ceux qui en sont l'objet. C'est à vous, citoyens, à résoudre ce problème; votre jugement sera le scrutin épuratoire qui doit fixer sur mon compte l'opinion de mes amis, et même de ceux de mes détracteurs qui sont de bonne foi. Je ne crains pas le plus sévère examen de ma conduite publique et privée; scrutez scrupuleusement tous les replis de ma conscience, tous les détails de ma conduite administrative. Si j'ai été un mauvais citoyen, détournez sur ma tête toute la rigueur des lois; mais, si je n'ai jamais cessé d'être l'ami de la Révolution, si j'ai rempli avec zèle et exactitude tous les devoirs qui m'ont été imposés par la confiance publique ou par la loi, rendez-moi à la liberté que je chéris plus que la vie; à mes enfants, qui, déjà bons républicains, seront soutenus dans leurs principes par mes préceptes et mon exemple; à mes concitoyens, qui s'applaudiront de n'avoir pas prostitué aveuglément leur confiance et leur amitié en m'en prodiguant les témoignages; à la patrie enfin, qui ne déshérite que ses enfants dénaturés et qui protège tous les autres.

Je vais répondre successivement, et en m'appuyant à la fois des preuves qui sont encore à ma disposition et du témoignage de citoyens les plus irréprochables, aux imputations qui me sont faites; j'espère vous démontrer la fausseté ou la futilité de toutes ces inculpations. Mais je vous prie d'observer que, s'il suffit de quelques paroles ou de quelques lignes pour accuser, quand on se dispense de rapporter des preuves de ses allégations, il est indispensablement nécessaire d'entrer dans de plus longs détails quand, aussi jaloux du soin de sa réputation que de celui de sa justification, on veut porter, dans l'esprit de ses juges, la conviction de son innocence.

Je commence par la dénonciation de Rigaudeau. Ce citoyen dit que, m'ayant envoyé des pièces à la charge du citoyen Guerry et me les ayant redemandées, j'ai eu la perfidie de les faire passer à Guerry. Maintenant, voici le fait dans toute sa simplicité :

Rigaudeau et Guerry qui, autant que ma mémoire peut me le retracer, étaient membres l'un et l'autre de la municipalité de Tiffauges, et que je n'ai jamais connus autrement que par cette affaire, m'envoyèrent à la fois de longs mémoires énonciatifs des torts qu'ils se reprochaient réciproquement ; j'appris que ces dénonciations mutuelles avaient pour principe une inimitié connue. Je débutais alors dans l'administration, et mon inexpérience était telle que, trompé par les expressions de confiance qu'employait chacun d'eux, j'eus la sottise de croire que je pourrais les réconcilier et les réunir autour du berceau du nouveau gouvernement. J'échouai dans ce projet; l'un d'eux dénonça l'autre à l'accusateur public près le tribunal de Poitiers ; Rigaudeau me demanda ses papiers. Je priai le citoyen Cougnaud, secrétaire général, de les lui envoyer; celui-ci chargea de ce soin le commis qui faisait habituellement les enveloppes et mettait les adresses aux paquets, et ce jeune homme, qui trouva dans les mêmes cartons les noms Guerry et Rigaudeau, écrivit le premier sur son adresse au lieu du second. J'appris cette fâcheuse méprise par une lettre très vive de Rigaudeau; j'y répondis par une lettre d'excuses; Cougnaud y joignit l'assurance que je n'avais aucun tort d'intention dans cette affaire. J'écrivis du ton le plus pressant à Guerry pour qu'il me restituât les papiers qui n'étaient entre ses mains que par erreur; mais celui-ci eut la mauvaise foi de ne pas me répondre, et Rigaudeau a persisté à me croire coupable d'un acte de mauvaise foi insigne, au lieu de réfléchir que cette méprise était d'autant plus croyable qu'au milieu des travaux multipliés qui m'occupaient, il m'était sûrement bien impossible de passer mon temps à faire des enveloppes et paquets. J'invoque sur ce fait le témoignage du citoyen Cougnaud.

L'on me reproche de la négligence à répondre aux lettres adressées à l'administration et de l'affectation à retarder la vente des domaines nationaux. Quant à l'exactitude de ma correspondance, je m'en rapporte au témoignage des chefs de bureaux qui sont encore employés au département; ils étaient les témoins habituels du soin que j'avais de répondre avec ponctualité et même par ordre de date; je demande instamment qu'ils soient entendus.

Quant au second reproche, je conviens d'abord qu'en dépit des compagnies d'acheteurs qui, voulant tout accaparer à bon marché, désiraient faire vendre par grandes masses, et de quelques administrateurs de district qui protégeaient vivement ce système, j'ai toujours insisté pour que les adjudications se fissent par fermes ou corps d'exploitation séparés, et, en cela, j'ai suivi l'intention de tous les législateurs, dont le but a constamment été de donner des facilités pour acquérir aux citoyens les moins fortunés. J'ai d'ailleurs été sans doute moins négligent à acheter qu'à faire vendre; car, avant la fin d'octobre 1791, je m'en étais fait adjuger pour 80,000 livres et j'avais payé près de 60,000 livres comptant. Cette prétendue négligence n'a d'ailleurs pas eu de suite bien sensible, car, à cette époque du mois d'octobre 1791, il y avait eu dans ce département pour plus de 20 millions d'adjudications. Le tableau inséré dans le Compte du directoire, que j'ai à la main [1], en offre la preuve. Je voudrais bien qu'on citât le département dans lequel les ventes étaient alors plus avancées.

Mais j'ai, dit-on, protégé les prêtres non assermentés et ai entravé la bonne volonté de ceux qui auraient été disposés à prêter le serment prescrit par les lois.

D'abord, c'est une dérision que de vouloir me dépeindre comme un dévot ou un fanatique, moi, dont les principes connus étaient, longtemps avant la Révolution, ceux que la Révolution a permis enfin de manifester; moi qui n'eus jamais de liaison avec aucun prêtre, de quelque couleur qu'il fût, si ce n'est avec Baron, vicaire de l'évêque qui, après avoir prêté le serment d'après mes conseils, a depuis reçu la mort de la main des brigands.

1. Un volume broché, contenant les arrêtés du département de la Vendée en 1790, l'assemblée du Conseil du département de 1791 et quelques arrêtés à la suite. Ce volume fait partie du dossier de l'affaire Pichard, Archives nationales W 354.

J'ai, à la vérité, toujours pensé que s'il fallait protéger les prêtres qui se soumettaient aux lois, il ne fallait cependant pas les investir d'une trop grande confiance, parce qu'ils étaient toujours des prêtres. J'observe, au surplus, en jetant les yeux sur un tableau joint au Compte du directoire du département de 1791, que, dans les deux districts de Fontenay et de la Châtaigneraye qui touchent le chef-lieu du département, 122 prêtres se conformèrent à la loi, tandis que dans celui de Montaigu, où le procureur-syndic Goupilleau donnait une grande importance à cette misérable querelle religieuse, 10 seulement prêtèrent le serment exigé par les décrets. Je sentis cependant combien il était intéressant pour la tranquillité publique qu'un homme sage et éclairé fût placé sur le siège archiépiscopal de Luçon. Le premier choix des électeurs se fixa sur un prêtre de l'Oratoire, le citoyen Servant, qui avait une excellente réputation. Je fus le premier à lui apprendre sa nomination, à laquelle il déféra d'abord, et, comme je savais qu'il n'était pas riche, et qu'au moment de son sacre, de même que pour son installation, il aurait à faire des dépenses assez considérables, craignant qu'il ne fût détourné par le défaut de moyens pour y pourvoir, je lui fis en particulier des offres d'argent et j'écrivis à Paris à cet effet à deux de mes amis, alors membres de l'Assemblée constituante, les citoyens Germon et Cochon-Lapparent, pour qu'ils prissent, sur les fonds que j'avais dans cette ville, la somme que demanderait Servant et qu'ils la missent à sa disposition [1]. Le hasard m'a fait conserver les réponses de ces deux citoyens, dont le second était alors du Comité des recherches, est encore membre de la Convention et était naguère secrétaire de l'Assemblée nationale; je dépose ces deux pièces sur le bureau, vous y verrez que ma bonne volonté fut sans effet parce que Servant refusa la place qu'il avait d'abord acceptée... Mais vous jugerez par là la solidité de l'imputation.

Je passe aux reproches que l'on me fait relativement aux affaires de Challans, de la Proutière et de Saint-Laurent.

C'est pour la troisième fois que j'ai à discuter les circonstances de ces trois affaires, avec cette différence que jusqu'ici c'était l'administration tout entière qu'on attaquait, et qu'ici c'est à moi seul que l'on s'adresse; il y a bien aussi cette autre différence, dont je m'applaudis, c'est que mes contradicteurs, qui étaient aussi mes juges, avaient contre le directoire du département dont je faisais partie un esprit de prévention qu'ils ne déguisaient pas, au lieu que je ne peux voir aujourd'hui dans mes juges que de braves républicains, étrangers par leurs habitudes et par leur état à tout esprit d'intrigue et de prévention.

Je pourrais répondre en deux mots à ces détracteurs de l'administration à laquelle je fus attaché, que je ne suis nullement comptable des fautes qu'elle

1. Annotation de Pichard : « J'ai les lettres dont il est question. »— Celle de Lapparent est jointe au dossier. Elle est datée du 5 avril 1791 et l'on y lit :

« C'eût été avec bien du plaisir, mon cher Pichard, que j'aurais remis à M. Servant « les fonds dont il aurait pu avoir besoin, s'il eût accepté l'évêché de Luçon ; mais tu « sais sûrement qu'il a refusé, car il m'a dit t'avoir envoyé sa démission ; j'en suis « fâché et je crains que cela ne fasse un mauvais effet dans notre département ; cela « occasionnera toujours un rassemblement onéreux pour les électeurs. »

peut avoir commises; et, en effet, pourquoi faut-il que j'en sois seul responsable, moi qui, seul de tous les membres qui la composaient, n'y avais pas voix délibérative; moi, dont l'opposition à un arrêté ne pouvait empêcher qu'on ne le prononçât, ni même m'autoriser à n'en pas suivre l'exécution ? Mais je ne prétends pas me sauver par des moyens obliques; j'ai promis et je dois la vérité à mes juges; c'est la vérité que je vais leur offrir. Et d'abord pour qu'on ne puisse suspecter celle du récit de ces trois affaires, dans lesquelles je conviens avoir pris une part très active, quant aux deux premières, et avoir partagé l'opinion du directoire quant à la troisième, je puiserai littéralement ce récit dans le Compte même du directoire imprimé par ordre du Conseil du département, et reçu par lui après la plus longue et la plus minutieuse discussion. J'avais sous la main, à cette époque, toutes les pièces justificatives de la vérité des faits; si elles n'existent plus, si les brigands les ont détruites, cette circonstance a bien pu être un motif pour essayer de m'inculper de nouveau; mais heureusement le Compte imprimé n'a pu être abandonné à la rage aveugle des révoltés, et le citoyen Lamothe n'aura pas oublié qu'il était dépositaire du carton qui les contenait.

Je suis obligé, citoyens, de vous donner lecture du court préambule qui précède le compte de ces trois affaires, parce que le Conseil de département, malgré ses préventions contre le directoire et contre moi, ne pouvant s'empêcher d'approuver la conduite des administrateurs et la mienne, voulut du moins nous donner la petite mortification de blâmer l'expression de notre juste sensibilité relativement aux calomnies qu'on répandait contre nous; c'est donc aux quatre dernières lignes de ce préambule qu'est surtout relative la non-approbation de *faits individuels*, exprimée dans son arrêté, ce qui est absolument étranger à notre conduite administrative..... (*Suit la lecture, dans le Compte imprimé, des trois affaires et des trois arrêtés*[1].)

Vous venez d'entendre, citoyens, la lecture des arrêtés approbatifs du Conseil de département; eh bien, quelques mois auparavant, le directoire, excédé des clameurs de quelques citoyens, avait demandé à l'Assemblée constituante des Commissaires qui fussent chargés d'examiner sa conduite. Il espérait faire cesser par leur présence les cris de la calomnie, et il ne se dissimulait pas que ces murmures de malveillants, en altérant la confiance des administrés, pouvaient insensiblement diviser les amis et les ennemis des administrateurs, et établir ainsi contre un citoyen du même département un esprit de désunion infiniment préjudiciable à la chose publique. L'Assemblée envoya, en effet, dans ce département deux Commissaires; elle les fit nommer par le Pouvoir exécutif, et le choix tomba sur Gensonné et Gallois. Ceux-ci parcoururent tout le département, furent partout entourés et caressés par les détracteurs de l'administration, recueillirent tous les renseignements possibles, reçurent deux mémoires volumineux de plaintes et d'inculpations dirigées contre le directoire. Gensonné eut la mauvaise foi de ne nous en donner communication que deux ou trois jours avant son départ; cependant il fut forcé de convenir, après avoir lu une réponse faite à la hâte à toutes ces imputations, et après avoir, sur mon instance, vérifié

1. Voir plus haut, ch. XX, p. 111-115.

lui-même, sur mon registre, d'après les pièces justificatives et dans ma correspondance, combien peu elles étaient fondées [1], il fut, dis-je, forcé de convenir que je n'avais pas pu me conduire avec plus de sagesse dans les deux commissions dont j'avais été chargé, et que la conduite du directoire était exempte de tout reproche. Peu de temps après, il rendit avec Gallois, son collègue, à l'Assemblée (Législative) un compte public de la commission dont il avait été chargé, compte qui renfermait de même la justification des administrateurs [2].

Vous chercherez sans doute avec étonnement, citoyens, sous quel prétexte on peut encore me dénoncer, à l'occasion de ces trois affaires; quant à moi, j'avoue de bonne foi que j'ai toujours pensé ne mériter à cette occasion que des éloges, et j'admire, sans pouvoir la définir, la prévention qui voit un délit dans la conduite d'un administrateur qui, chargé deux fois d'aller rétablir l'ordre dans les districts insurgés, a le bonheur d'en revenir sans qu'il en coûte une goutte de sang à la République. Au surplus, j'ai fait un de ces voyages avec 150 hommes de la garde nationale de Fontenay, commandés, si je ne me trompe, par le brave Girard, capitaine de grenadiers, qui vient de combattre les brigands dans l'armée de Baudry [3]; je demande sur ma conduite son témoignage et celui de tous les soldats-citoyens; j'invoque de même, sur la vérité des faits que j'ai mentionnés plus haut, celui du procureur général et des chefs de bureau qui sont encore à l'administration.

Le simple exposé des faits que je viens de mettre sous vos yeux suffit, sans doute, à ma justification, cependant, comme la décision du directoire relativement à l'affaire de Saint-Laurent-sur-Sèvre, a paru à plusieurs citoyens de bonne foi prononcée assez légèrement, et pour ne rien laisser à désirer sur cet objet auquel s'est plus particulièrement attachée la malveillance, qu'il me soit permis de placer ici quelques observations étroitement liées à ma défense. Je vous rappellerai ensuite les principes qui déterminèrent l'administration, et je me flatte de démontrer aux plus incrédules de mes détracteurs que nous ne pouvions en agir autrement sans forfaire à nos devoirs.

A l'époque où j'ai administré, il n'existait aucune loi particulièrement répressive contre les prêtres, ils étaient comme les autres citoyens sous l'égide des lois [4]; or, nous étions régis par des lois, imparfaites à la vérité, mais qui n'en étaient pas moins celles que les représentants du peuple français avaient proclamées en son nom, celles que les administrateurs étaient chargés de faire exécuter, celles qu'ils ne pouvaient ni restreindre ni étendre; la Charte constitutionnelle était enfin pour nous l'Évangile du jour. Écoutez comment elle s'exprime section II du chapitre IV de la Constitution française, article 2 :

1. En marge du manuscrit de Pichard on lit : « Avoir les déclarations de Cougnaud et de Lamothe, surtout celle de Lamothe, qui était dépositaire des cartons renfermant toutes les pièces justificatives de ces affaires. »

2. Voir plus haut, p. 113-114.

3. Annotation de Pichard : « Savoir si un certificat de Girard serait utile. »

4. Annotation de Pichard : « Avoir les dates précises des premières lois répressives, contre les castes privilégiées, et celles de leur sanction et promulgation. »

« Les administrateurs n'ont aucun caractère de représentation, ils sont « des agents élus à temps par le peuple, pour exercer, sous l'autorité du « Roi, les fonctions administratives. »

Et art. 3. « Ils ne peuvent ni s'immiscer dans l'exercice du pouvoir « législatif, ni suspendre l'exécution des lois, ni rien entreprendre sur l'ordre « judiciaire, ni sur les dispositions ou opérations militaires. »

Voilà, citoyens, les principes qui devaient diriger l'administration ; ce sont encore ceux d'après lesquels les administrateurs doivent se conduire, même dans ce moment-ci, tandis même que nous vivons sous un gouvernement provisoire. Écoutez, en effet, l'art. 2, section III, Exécution des lois, du décret du 14 frimaire sur le mode de gouvernement provisoire et révolutionnaire :

« Il est expressément défendu à toute autorité et à tout fonctionnaire « public de faire des proclamations ou de prendre des arrêtés extensifs, limi-« tatifs, ou contraires au sens littéral de la loi, sous prétexte de l'interpré-« ter ou d'y suppléer, » etc.

Faisons maintenant, et les lois à la main, l'application de ces principes à la conduite des hommes armés qui allèrent, sans ordre, violer au milieu de la nuit le domicile des prêtres de Saint-Laurent, y commettre des violences, y briser des armoires, et voyons si l'administration avait le droit d'autoriser un acte aussi arbitraire.

Je lis d'abord, dans la Constitution d'alors, titre IV, De la force publique :

« Les citoyens ne pourront jamais se former ni agir comme gardes « nationales qu'en vertu d'une réquisition ou d'une autorisation légale. »

Article 9 du même titre : « Aucun agent de la force publique ne peut « entrer dans la maison d'un citoyen si ce n'est pour l'exécution des mande-« ments de police et de justice, ou dans les cas formellement prévus par la « loi. »

Mais j'ai encore ici pour moi le témoignage des lois actuelles, et voilà comment s'exprime le décret du 14 frimaire dernier, section III, Compétence des autorités constituées :

Art. 19 : « Il est expressément défendu à toute force armée, quelle que « soit son institution ou sa dénomination, et à tous chefs qui la comman-« dent, de faire des actes qui appartiennent exclusivement aux autorités « civiles constituées, même des visites domiciliaires, sans un ordre écrit et « émané de ces autorités, lequel ordre sera exécuté dans les formes pres-« crites par les décrets. »

Si telle est encore aujourd'hui la disposition des lois pour un gouvernement révolutionnaire, comment peut-on sans rougir me reprocher encore d'avoir contribué à les faire exécuter dans un temps moins orageux, et je ne peux me refuser la satisfaction de vous citer ici quelques mots d'un représentant justement cher à la nation, qui semblent énoncés exprès pour fermer la bouche à mes contradicteurs :

« Le gouvernement constitutionnel, dit Robespierre, dans son rapport « sur les principes et la nécessité du gouvernement révolutionnaire, s'occupe

« principalement de la liberté civile, et le gouvernement révolutionnaire de « la liberté publique.

« Sous le régime constitutionnel, il suffit presque de protéger les indi-« vidus contre l'abus de la puissance publique. Sous le régime révolution-« naire, la puissance publique elle-même est obligée de se défendre contre « toutes les factions qui l'attaquent. »

Ne semble-t-il pas que cette distinction soit faite exprès, par un homme irréprochable, pour compléter ma justification?

Je crois avoir démontré que, dans cette affaire, comme dans les autres, ma conduite a été conforme aux dispositions et même à l'esprit des lois ; il me reste à rechercher quelle influence peut avoir eue cet événement sur les malheurs actuels du département.

Cette affaire, peu intéressante en elle-même et qui n'a acquis de la consistance que par les clameurs de mes ennemis, a eu lieu au mois de juin 1791. Je suis resté attaché à l'administration jusqu'à la fin de la même année. Il y avait bien quelques municipalités mal organisées, encore en très petit nombre; mais pas un mouvement, pas un soupçon de révolte, et, plus d'un an encore après ma démission, le territoire de la Vendée était paisible; on n'avait encore à combattre que l'apathie habituelle de ses habitants, à surveiller que leurs préjugés religieux. Si depuis, et plus de dix-huit mois après mon administration, des prêtres se sont emparés de ces esprits faibles et les ont entraînés dans une sédition affreuse, qui venait de prendre naissance dans deux départements voisins, comment peut-on, avec quelque ombre de vraisemblance, en accuser un administrateur rentré depuis longtemps dans la classe privée, et dont la vie sédentaire et éloignée de toute intrigue devait suffire pour écarter tous les soupçons? J'ose croire que de telles imputations ne méritaient pas un aussi long développement de moyens justificatifs.

Je vais répondre aux reproches de toute espèce vaguement entassés dans la lettre du citoyen Goupilleau (de Montaigu) ; j'aurai besoin de me rappeler sans cesse que son caractère public me commande le respect, mais je dois respecter aussi ma qualité de Français et d'homme libre. Ce sera donc avec la franchise d'un vrai républicain, soumis aux lois seules, et non à tel ou tel individu, que je rétablirai la vérité des faits que s'est permis de tronquer ou d'imaginer mon dénonciateur.

Il s'est sans doute cru autorisé à donner ses préventions pour des preuves, puisqu'il n'en rapporte aucune ; je pourrais par conséquent lui répondre par un simple déni; mais je n'ai pas pour unique objet le désir d'échapper au glaive de la justice, j'ai encore une bonne réputation à défendre et à conserver; je veux porter dans tous les esprits la conviction de mon innocence, et j'offre d'avance la preuve de tous les faits que j'avancerai.

Le citoyen Goupilleau distribue à profusion des injures à plusieurs citoyens avec lesquels je n'eus jamais aucune liaison. Que m'importent à moi ces divagations haineuses, que Badereau soit un scélérat, que Saurin et Richard soient aussi des scélérats, que Fontaine en soit un autre, que tous les citoyens de Fontenay qui ont été surpris dans leurs foyers par les brigands le 25 mai soient du nombre encore des scélérats que le citoyen Goupilleau veut envoyer avec moi à l'échafaud! Quel rapport y a-t-il entre toutes ces imputations et ma conduite publique et privée? De telles pensées mises au grand jour ne décèlent que le délire de la haine ou de la peur; mais, à coup sûr, elles ne me créent pas un délit. S'il n'eût fallu d'ailleurs qu'essayer de chercher son salut dans la fuite pour mériter la bienveillance du citoyen Goupilleau, et moi aussi j'en suis digne, car, après être resté à la maison commune, c'est-à-dire au poste où mes devoirs m'appelaient alors, jusqu'au moment où j'appris que les troupes se retiraient avec précipitation et ne pouvaient protéger notre retraite, je courus chez moi, pris ma fille sous le bras, et entrepris de me sauver avec elle; je fus arrêté au détour de ma rue par les cris de plusieurs femmes qui m'avertirent que les brigands étaient maîtres de tous les passages, et qu'infailliblement j'allais chercher la mort; plusieurs des citoyennes mes voisines déposeraient de ce fait qui n'est, au vrai, que la preuve du trouble de mon esprit; car, si j'y avais un peu plus mûrement réfléchi, j'aurais vu qu'il m'était bien impossible d'échapper, à pied et accompagné d'une femme, à une multitude innombrable de forcenés déjà répandus dans toutes les rues de la ville et dans les campagnes environnantes.

Au reste, de tous les hommes que cite nominativement le citoyen Goupilleau, Badereau est le seul avec lequel j'aie entretenu quelque correspondance; il était président du département lorsque j'en étais procureur général syndic, et, résidant fort rarement à Fontenay, il écrivait quelquefois à l'administration, tantôt pour s'informer de la nature et de l'importance des affaires qui occupaient le directoire, tantôt pour s'excuser de son absence ou pour nous annoncer son retour; ses lettres étaient alternativement adressées au secrétaire général ou à moi; je les recevais toujours, ainsi que le très petit nombre de lettres qui m'étaient personnelles, avec les paquets de l'administration et dans la salle du directoire; toujours je donnais lecture à mes collègues de celles de Badereau, et j'interpelle encore sur la vérité de ces faits les citoyens Cougnaud et Lamothe, qui presque toujours étaient présents l'un ou l'autre à l'ouverture des paquets. Depuis que j'ai quitté l'administration, Badereau m'a écrit trois ou quatre fois pour me prier de suivre des affaires qu'il avait au département; ses lettres étaient datées de Paris, si ce n'est la dernière, qui l'était de Calais. Il m'annonçait dans presque toutes avoir écrit à Cougnaud pour les mêmes objets. Ma réponse à cette dernière lettre fut interprétée et portée au département. Dès que j'en fus informé, j'allai la réclamer; je montrai au citoyen Gallet, administrateur, qui en était dépositaire, la lettre à laquelle je répondais, et ce citoyen, après avoir consulté le directoire, ne put se dispenser de me rendre la mienne. Tout cela, au reste, est antérieur à l'excécrable guerre de la Vendée, et je n'ai pas ouï parler de Badereau depuis.

Je n'ai jamais entretenu de correspondance ni eu de liaison particulière avec le citoyen Fontaine, non plus qu'avec Saurin et Richard; je sais seulement que le premier a été mis en liberté par la Commission militaire qui l'a jugé; d'où je conclus, quoi qu'on en dise, qu'il était innocent et que les autres ont rendu de grands services aux malheureux patriotes que les brigands retenaient prisonniers à Montaigu, et je le sais, parce que le prêtre constitutionnel Baron, qui était du nombre, et qui a depuis été massacré par eux, avait trouvé moyen de le faire dire à son frère, mon parent et mon ami.

Il est vrai qu'au moment de l'affaire de Saint-Laurent le citoyen Goupilleau, alors procureur-syndic du district de Montaigu, fit insérer sur les registres de cette administration un réquisitoire on ne peut pas plus injurieux pour les membres du directoire du département; il est vrai aussi que ceux-ci en ordonnèrent la radiation par un arrêté, nommèrent pour la faire opérer en leur présence Saurin et Richard, alors administrateurs, et domiciliés à Montaigu, et donnèrent, d'après la loi, connaissance de cet arrêté au Pouvoir exécutif. Mais il est vrai aussi que le citoyen Goupilleau qui, d'après la loi, devait réclamer auprès de l'Assemblée constituante ou du Pouvoir exécutif, ne prit ni l'un ni l'autre de ces moyens; il est vrai encore que, devenu depuis ce temps-là député à l'Assemblée législative, il n'a formé aucune réclamation, et qu'enfin ce n'est que lorsque cet arrêté ne subsiste plus, que lorsque les brigands ont brûlé le registre sur lequel il était inscrit, que lorsqu'il est par conséquent impossible de juger s'il était conçu de manière à motiver l'arrêté du département, qu'il vient réveiller cette affaire, qui au reste demeura assoupie par l'indulgence du département; car le citoyen Goupilleau refusa la porte du directoire aux Commissaires; ceux-ci se retirèrent, rendirent compte du résultat de leur mission, et l'administration supérieure, craignant d'aigrir davantage des fonctionnaires publics avec lesquels l'amour du bien public lui commandait d'entretenir l'union et le concert à tout prix, garda le silence.

Voici le texte de la loi qui autorisait le directoire du département non seulement à prendre les mesures que motivait un écrit diffamant qu'il ne pouvait ignorer, puisqu'il lui avait été adressé, mais encore à suspendre de ses fonctions celui qui en était l'auteur.

Constitution française, chap. IV, section III, art. 6 : « Les administra-
« teurs de département ont de même le droit d'annuler les actes des sous-
« administrateurs de district, contraires aux lois ou aux arrêtés des adminis-
« trations de département, ou aux ordres que ces dernières leur auront don-
« nés ou transmis.

« Ils peuvent également, dans le cas d'une désobéissance persévérante
« des sous-administrateurs, ou si ces derniers compromettent par leurs actes
« la sûreté ou la tranquillité publiques, les suspendre de leurs fonctions, à la
« charge d'en instruire le Roi, qui pourra lever ou confirmer la suspension. »

J'ai, dit-on, fomenté les troubles qui depuis ont éclaté dans la Vendée, en protégeant les aristocrates et les prêtres réfractaires.

Je n'ai jamais, ni avant ni depuis la Révolution, été lié avec aucun prêtre, si ce n'est avec le malheureux Baron, dont le patriotisme a causé la mort; et, dans les deux commissions dont j'ai été chargé pendant mon administration, je n'ai pas vu un seul noble, ou plutôt je n'ai communiqué qu'avec les administrateurs de district; je m'en rapporte à cet égard aux administrateurs eux-mêmes et au citoyen Majou-Desgroix, mon cocommissaire, dont le civisme est bien connu[1] !

Mais enfin on articule des faits graves et qui constitueraient, en effet, un délit.

1. Annotation de Pichard : « Demander à Majou un certificat que je n'ai logé chez aucun noble, que nous ne nous sommes jamais quittés. »

J'ai, dit le citoyen Aimé Goupilleau, été aux Sables pour y sauver les nobles, coupables d'un attroupement, et Lézardière, l'un d'eux, dont la maison avait été le lieu du rassemblement, a dû sa sortie de prison à mon crédit auprès du ministre. Au lieu de tout cela, voilà la vérité, et j'en offre la preuve :

Mon premier acte d'autorité, à mon arrivée aux Sables, fut de dénoncer à l'accusateur public et Lézardière et ses adhérents[1] ; le second fut d'envoyer la force armée les chercher à Montaigu, où j'appris ensuite qu'ils venaient d'être arrêtés, pour les amener dans les prisons des Sables ; et quant à leur relaxation, ils ne la durent qu'au décret du 15 septembre 1791, portant amnistie pour les délits contre-révolutionnaires, amnistie qui fut alors demandée par le tyran qui à cette époque feignit d'accepter la Constitution. Je n'ai d'ailleurs jamais vu cet ex-noble ni aucun de ses enfants ; jamais je ne lui ai écrit, jamais je n'ai reçu une ligne de lui.

J'ai, dit-on, fomenté les troubles qui depuis ont éclaté dans la Vendée ; mais où sont donc les preuves de cette affreuse inculpation ? où sont les témoins qui déposent que j'ai voulu les entraîner dans la rébellion ? où sont mes correspondances criminelles ? où sont même les circonstances qui peuvent faire naître des préventions contre moi ?

Quoi ! j'ai quitté l'administration en 1791 ; à cette époque, le département jouissait de la plus grande tranquillité ; il en a joui jusqu'en 1793. J'ai par ma démission renoncé aux facilités que me donnait ma place de procureur général syndic pour suivre mes criminels desseins. Je n'ai, depuis ma démission, fait aucun voyage dans le pays qui depuis est devenu le théâtre de la sédition ; je suis constamment resté dans ma maison et sous les yeux de mes concitoyens. Et cependant c'est moi qui ai fomenté la rébellion ! Et observez que le district de Fontenay, dont je ne suis pas sorti, et où ma présence devait rendre mon influence bien plus dangereuse, est constamment resté soumis aux lois ; observez encore que le citoyen Goupilleau (de Fontenay), qui exerçait dans la même commune que moi des fonctions publiques et auquel la Commission militaire de Fontenay s'était adressée pour avoir des renseignements sur ma conduite, a répondu, dans une lettre à son cousin, qu'il n'avait rien à me reprocher. Et à quelle époque vient-on articuler contre moi un reproche aussi grave, aussi invraisemblable ? C'est lorsque les brigands ont détruit tous mes cahiers de correspondance, toutes les pièces justificatives de la pureté de ma conduite ; c'est après avoir gardé un silence coupable sur ma scélératesse pendant plus de deux ans, après avoir eu à la main et sous les yeux les minutes de ma correspondance, qui sans doute dévoilaient mes complots criminels, qu'on ose dire que ces pièces déposaient contre moi ! Par quel prestige mon dénonciateur et nos administrateurs actuels, qui ne peuvent pas être soupçonnés avec moi d'un excès d'indulgence, n'ont-ils donc fait aucun usage de toutes ces pièces[2] ? Pourquoi ne les citent-ils

1. Annotation de Pichard : « Avoir une expédition des registres de geôle des Sables qui constatent ma dénonciation contre Lézardière et les motifs de son élargissement. »

2. Annotation de Pichard : « Faire attester à Cougnaud et Lamothe que je n'ai jamais eu un bureau fermant à clef, que j'ai laissé au département tous mes papiers, tous mes cahiers de correspondance, et qu'eux-mêmes étaient dépositaires de toutes ces pièces. »

que quand elles n'existent plus? Eh bien! j'invoque, moi, la déclaration de témoins qui existent encore; qu'on fasse entendre le secrétaire général du département, les chefs de bureau, tous les commis qui concouraient avec moi dans mon administration et qui sont encore au département : leur témoignage ne peut être suspect, je n'ai conservé de liaison avec aucun d'eux, ils sont dénués de tout intérêt personnel, et leur patriotisme est irréprochable. Ils diront que, pendant le cours de mon administration, je n'ai jamais eu ni bureau séparé ni même un seul tiroir fermant à clef, que par conséquent je n'ai jamais pu dérober un seul papier à la surveillance de mes collègues, ou même à la curiosité des commis; ils diront que chaque chef de bureau, auprès duquel j'allais habituellement faire le travail relatif à la partie d'affaires dont il était spécialement chargé, demeurait dépositaire des cartons qui renfermaient les pièces de chaque affaire; que mes minutes étaient constamment auprès d'eux, que je donnais l'exemple de la plus grande assiduité, et que, quand j'ai été forcé par ma mauvaise santé de donner ma démission, je n'ai pas enlevé une feuille de papier. Je demande à tout homme impartial et non prévenu si c'est là la conduite d'un conspirateur, d'un scélérat, qui, après avoir tramé un grand complot, se dérobe en secret à la publicité qu'il doit acquérir dix-huit mois après par le résultat de ses intrigues?

On invoque contre moi le témoignage des administrateurs et des administrés, c'est-à-dire sans doute celui de quelques hommes qui se sont déclarés mes ennemis sans me connaître, ou parce qu'ils ont cru avoir intérêt de détourner sur une administration antérieure les reproches, sans doute mal fondés, qu'ils redoutent. Eh bien! je produis, moi, l'honorable réclamation des membres du conseil général de la commune[1] de Fontenay, au premier coup qui m'a frappé, de ces collègues avec lesquels je continuais jour et nuit à faire exécuter les lois, de ces citoyens dont plusieurs ont été depuis placés par les représentants du peuple dans les administrations supérieures. J'ose compter de même sur le témoignage des membres actuels du district, du comité de surveillance de Fontenay-le-Peuple et de tous les braves sans-culottes de cette commune, que je n'ai pas eu la facilité d'invoquer à raison de la précipitation avec laquelle j'ai cru devoir exécuter les ordres de la Convention, aussitôt qu'ils m'ont été transmis, malgré l'état déplorable de ma santé.

J'ai, ajoute-t-on, été cajolé par les chefs des brigands, lors de leur séjour à Fontenay; j'ai tenu avec la femme Saint-Laurent un bureau de grâces. Voilà en peu de mots l'exposé de ma conduite à cette époque, tel que je l'ai présenté à mon interrogatoire devant la Commission militaire de Fontenay-le-Peuple, en présence de tous mes concitoyens, témoins de la vérité de ma réponse :

Entraîné par l'exemple de quelques habitants qui avaient réussi dans des demandes semblables, j'ai effectivement accompagné mon beau-frère, qui alla leur demander la restitution d'une charrette chargée de grains et attelée de huit bœufs, que ses domestiques avaient eu la maladresse de mettre en route pour Fontenay le jour où les brigands y entrèrent, et qui avait été en-

1. Annotation de Pichard: « Montrer l'expédition de la délibération de la commune. »

levée par eux sur la route. On nous renvoya d'un chef à l'autre avec affectation et nous finîmes par essuyer un refus absolu.

J'ai de même, en cédant aux répugnances, aux sollicitations du citoyen Farney, officier de gendarmerie qui logeait chez moi depuis longtemps, et qui avait été fait prisonnier à ma porte dans cette affreuse journée, accompagné ce brave militaire, auquel on avait fait croire qu'on lui restituerait son cheval parce qu'il avait été pris presque dans mon écurie; j'essuyai avec lui, comme avec mon beau-frère, de nouveaux refus.

J'ai encore, d'après les instances de mon fils, pénétré dans les cours du département qui servaient de prison aux patriotes; j'y ai réclamé l'élargissement du jeune Jousseron, qui avait combattu à côté de lui, et pour lequel il s'intéressait vivement; j'y ai sollicité celui de deux meuniers, dont les femmes jetaient des cris effrayants, et encore celui du citoyen Jolly, huissier du département[1], contre lequel j'avais ouï dire que les brigands étaient fort courroucés. Je prenais pour cause ou pour prétexte de ma demande qu'aucun de ces citoyens n'avait pris les armes. J'essuyai pendant plus de trois heures de nouveaux refus, et n'arrachai par mes importunités une réponse favorable que quand Jolly, qui était là présent, eut réussi à me donner, pour appuyer ma demande, un billet de recommandation du prêtre Camus, l'un de ceux qui étaient détenus au département, et dont Joly avait été le concierge temporaire. Ces quatre hommes sont reconnus pour excellents citoyens, et le malheureux Joly, dont j'invoque le témoignage, fut de nouveau incarcéré le soir même. Est-ce là obtenir des grâces? J'affirme au surplus que voilà la seule circonstance où j'aie vu ces chefs, et que je n'ai assisté à aucune des assemblées des citoyens qu'ils firent former, quelques risques qu'il y eût pour moi dans cette conduite, s'ils s'étaient aperçus de mon absence.

Il est essentiel d'observer qu'excepté ce dernier reproche, dont on voit le peu de fondement, toutes les inculpations dirigées contre moi sont de l'époque de l'année 1791. C'est alors, disent mes dénonciateurs que je préparais de tout mon pouvoir et à l'aide de mes fonctions de procureur général syndic la ruine du nouvel ordre de choses; c'est cependant alors que je me démettais de mes fonctions, qui devaient servir mes projets contre-révolutionnaires, et, ce qu'il y a de bien frappant, c'est qu'alors le retour de l'Ancien Régime ne pouvait que me ruiner, puisque à cette époque je plaçais la majeure partie de ma fortune en acquisitions de domaines nationaux. J'en achetais pour près de 80,000 francs et je payais comptant plus du tiers de cette somme. Je sais bien que des hommes pervers sont devenus contre-révolutionnaires, après avoir fait des placements de fonds de même manière, mais il ne s'en est sûrement jamais trouvé qui aient combiné leurs projets contre-révolutionnaires en même temps, à la même époque ou ils asseyaient leur fortune sur le maintien du nouveau gouvernement.

Il est démontré qu'on n'articule contre moi aucun fait, aucune action, aucun acte répréhensible; mais on a, pour expliquer le secret de mes pensées, employé toutes les ressources des fausses interprétations, des conjectures et même des mensonges. Il eût, sans doute, été plus naturel, et surtout

1. Annotation de Pichard : « Avoir les certificats de Jousseron et Jolly et voir la réponse de Farney. »

plus juste, de juger mes opinions d'après mes actions ; c'est sans doute ma vie publique depuis 1789 qui doit déterminer l'opinion des jurés sur mon compte, c'est ce tableau que je vais leur offrir en peu de mots.

Dès l'origine de la Révolution, cédant avec reconnaissance au vœu de mes concitoyens, je m'arrachai aux douceurs d'une vie paisible, pour me livrer sans réserve à l'exercice des fonctions de maire, auxquelles étaient réunies alors celles de juge de paix. J'eus le bonheur, dans ce premier essai de mon zèle, de prévenir la disette de blé dont mon pays était menacé, de suppléer la négligence du gouvernement en faisant venir de Bordeaux les blés nécessaires à l'approvisionnement des marchés, d'obtenir des propriétaires aisés une diminution de prix sur les grains destinés à la classe indigente, de faire régner constamment autour de moi l'amour, la paix, l'obéissance aux lois, sans avoir employé de moyen de rigueur contre un seul habitant, et de recueillir, pour prix de mes efforts, les bénédictions inestimables des pauvres, l'estime et la confiance de tous mes concitoyens.

La première réunion des électeurs du département, du nombre desquels j'étais, eut lieu à la fin de 1790 ; je fus choisi pour présider cette assemblée, à laquelle cinq cents personnes avaient apporté des vues, des prétentions et des idées très discordantes. J'ose dire que les cabales, les intrigues et les efforts secrets de la malveillance auraient réussi à la dissoudre avant la formation des corps administratifs, qui était son principal objet, sans la réunion de mes efforts à ceux des citoyens bien intentionnés. Tous les habitants de Fontenay-le-Peuple ont été témoins et peuvent rendre compte de ma conduite à cette époque. C'est alors qu'on me nomma procureur général syndic. Tous les électeurs de la commune de Fontenay savent que je n'acceptai cette place, pour laquelle je sentais mon insuffisance, que pour en éloigner le fanatique et astucieux abbé de Rozan, qui fut presque mon unique concurrent, et qui, d'après mon refus, eût probablement été nommé. J'ai constamment, durant le cours de mon administration, cherché à suppléer à la faiblesse de mes moyens par une assiduité sans relâche, par un zèle à toute épreuve ; enfin, succombant sous le poids du travail, voyant ma santé altérée, je suis rentré dans la classe des administrés. Est-il une loi que je n'aie pas remplie, une assemblée de citoyens à laquelle j'aie négligé d'assister? J'ai, depuis, accepté une place de membre du conseil général de la commune de Fontenay-le-Peuple, parce que j'espérais concilier avec le mauvais état de ma santé les nouveaux devoirs peu étendus dont je me chargeais. Peu de temps après ma nomination, on décréta la permanence de toutes les administrations : est-il quelqu'un de mes collègues qui puisse dire que je n'aie pas rempli avec exactitude les nouvelles fonctions qui m'étaient données à remplir?

Je n'ajouterai point que j'ai fait avec empressement tous les sacrifices pécuniaires qui m'ont été indiqués par les circonstances ; que, depuis plus d'un an, j'ai eu presque continuellement deux ou trois de nos braves défenseurs à ma table ; que le citoyen Farney, lieutenant de gendarmerie, y est venu plus de six semaines ; que Romasse et de Brest, l'un lieutenant-colonel et l'autre lieutenant de gendarmerie de Limoges, y sont restés près de trois mois ; que trois officiers d'artillerie, sortis de la légion Westermann, leur ont succédé et n'ont pas eu d'autre auberge, même pendant le temps de mon absence, et cela aussi pendant plusieurs mois ; que j'ai fait soigner chez moi, comme mes propres enfants, deux autres officiers de garde nationale malades, Gazeau et le sous-lieutenant de sa compagnie ; que les soldats citoyens qui ont logé chez moi y ont trouvé habituellement toutes les ressources qui peuvent alléger les fatigues et les privations de leur noble dévouement. Mais je répéterai, avec l'assurance que donne la conviction d'un acte de civisme bien prononcé, que mon fils unique, à peine sorti de sa seizième année, et n'étant entraîné par aucune réquisition, a deux fois été combattre volontairement les brigands ; qu'à la cruelle journée du 25 mai, il a pensé trouver la mort sur le champ de l'honneur ; et je demanderai à tous les pères de famille qui m'entendent si l'on compromet ainsi, sans aucun motif, l'existence de l'objet chéri de sa plus tendre affection pour la défense d'un gouvernement contre lequel on conspire, ou contre lequel on se contenterait même de former des vœux secrets.

J'ose enfin, pénétré de mon innocence, invoquer la justice de ceux de mes frères qui ont à prononcer sur mon sort.

Je n'hésite pas à croire qu'ils rendront enfin à des enfants désolés un père tendre, à mes concitoyens un frère et un ami, et à la République un bon citoyen qui lui a été longtemps utile et qui ne désespère pas de le devenir encore.

Cette très remarquable défense, l'impartialité historique nous commandait de la donner entière. Très probablement, elle ne fut pas prononcée à l'audience publique ; c'est à peine si l'accusé put en produire le résumé qu'il avait écrit en deux pages.

Du jour même de sa condamnation est datée une note détaillée du contenu de son portefeuille, 5,400 livres en assignats de diverses valeurs, avec la mention « qu'à cette date il a donné à sa fille 1,491 livres 10 sous ».

LA CONDAMNATION DE PICHARD

L'acte d'accusation, présenté au Tribunal révolutionnaire le 9 floréal an II (28 avril 1794) par Fouquier-Tinville, comprend trente-trois accusés, parmi lesquels l'amiral Charles-Henry d'Estaing, le lieutenant général de La Tour-du-Pin-Gouvernet, les ducs de Villeroy et de Béthune-Charost, le dernier lieutenant général de police, Thiroux de Crosne, et le dernier lieutenant civil au Châtelet de Paris, Angran d'Alleray, plus deux femmes, Marie-Nicole Pernet et Terray.

Au n° 15, on lit :

Pichard, ex procureur général syndic du département de la Vendée, doit être regardé comme un des principaux auteurs de l'affreuse guerre qui a ravagé ce département et ceux environnants, et qui a coûté tant de sang à la France. Sa conduite, comme fonctionnaire public, n'offre que des traits de contre-révolution. Protecteur des prêtres réfractaires, qu'il paye en numéraire, dont il favorise tous les excès, toutes les manœuvres, toutes les conjurations; oppresseur des prêtres assermentés, à qui il refusait leur payement ou à qui il ne le faisait qu'en gros assignats; despote et tyran envers toutes les autorités constituées inférieures qui donnaient des preuves d'une surveillance active et énergique, anéantissant toutes les mesures que ces autorités prenaient pour rompre les trames du fanatisme et de la noblesse; incarcérant les prêtres assermentés, faisant mettre en liberté les prêtres réfractaires détenus; refusant des secours aux communes assaillies par les brigands, traitant de sédition l'essor généreux des gardes nationales qui voulaient voler au secours de Fontenay; écrasant de son autorité le citoyen dont la vertu et le patriotisme faisaient toute la richesse; courtisan et valet des nobles, des aristocrates riches et contre-révolutionnaires : c'est lui qui doit être regardé comme la principale cause de la guerre de la Vendée, dont il a facilité les progrès de toutes les manières possibles.

Les trente-trois accusés furent, par le jury, reconnus « complices d'une conspiration contre la liberté et la souveraineté du peuple ».

Le jugement, rendu par Dumas, Deliège et Maire, les condamna à la peine de mort, avec confiscation de leurs biens, « conformément à l'article 4 du titre Ier de la deuxième partie du Code pénal, et encore conformément à l'article 2 de la deuxième section dudit Code » (Intelligences avec l'ennemi et complot).

CHAPITRE XXI

LES VOLONTAIRES DE LA VENDÉE

Le *Compte* du directoire au Conseil général du département pour l'année 1791 contient sur l'*organisation de la force publique* trois petits chapitres. Le premier explique pourquoi la gendarmerie n'est pas encore organisée. Le second montre avec quelle lenteur l'autorité militaire fournit des armes aux gardes nationales patriotes. Le troisième prouve l'indifférence, l'hostilité de la majeure partie des habitants de la Vendée aux premiers appels pour la défense de la patrie[1].

Maréchaussée.

Le Directoire du département, pénétré de la nécessité de monter à la fois tous les ressorts de la force publique, avait nommé, dès le 18 mai dernier, tous les officiers de la gendarmerie nationale. Cette première opération ayant éprouvé des difficultés de la part du Ministre, qui éleva des doutes sur l'éligibilité de quelques-uns des sujets nommés par le Directoire, celui-ci fit de nouveaux choix, le 1er août, et procéda en même temps à la nomination des maréchaux des logis; mais son premier travail fut jugé conforme aux dispositions des décrets, les officiers ont successivement reçu leurs commissions et prêté le serment prescrit. Le 20 août, le Directoire s'occupa de la nomination des brigadiers et gendarmes et expédia, le 22, ce dernier travail au Ministre; il n'a reçu encore aucune réponse sur l'objet de ces deux arrêtés[2].... Le Directoire a toujours agi, dans les différentes opéra-

1. Pages 17-18, 29-30 du Compte imprimé.

2. Le Ministre de l'intérieur n'avait pas écrit à ce sujet aux administrateurs du département de la Vendée, mais il avait transmis, le 11 septembre, aux Commissaires civils Gensonné et Gallois, cette réponse que lui avait faite, le 8, le Ministre de la guerre du Portail (Arch. nat., F⁹ 150) :

« ... Le colonel, le lieutenant-colonel, les deux capitaines et quatre des six lieute-

tions relatives au service de la gendarmerie nationale, de concert avec les chefs de ce corps, et il ne peut que se féliciter des lumières qu'il en a reçues et du zèle qu'ils lui ont témoigné pour le bien du service....

Distribution des armes.

Les gardes nationales attendaient avec impatience la livraison des fusils qui leur étaient destinés par la loi du 4 février, et l'impatience, quelque louable qu'en soit le motif, n'est pas toujours juste. En effet, le Directoire qui la partageait, n'en était pas moins enveloppé dans les reproches que quelques gardes nationales se croyaient en droit d'adresser aux auteurs des longs délais qu'ils éprouvaient.

Il nous suffira de rappeler ici que ces fusils, dont le transport fut suspendu presque à chaque pas, constamment réclamés par nous, nous parvinrent enfin, longtemps après leur départ, le 24 juillet et le 8 août; qu'un arrêté du 12 du même mois en détermina la distribution, qui fut fixée d'après la population et la position plus ou moins frontière de chaque district, et que peu de jours après ils furent tirés du magasin et livrés aux voituriers chargés de les transporter au lieu de leur destination[1].

Auxiliaires. — Gardes nationales volontaires.

Votre Directoire, Messieurs, a suivi avec la même ardeur la levée des soldats auxiliaires ordonnée par les décrets des 4 février, 20 avril et 12 juin[2], et la formation du bataillon des gardes nationales volontaires, qui étaient l'objet du décret du 21 juin. Il fit imprimer, le 9 juillet, et distribuer aux municipalités une instruction sur le mode d'exécution de ces différentes lois, indiqua des Commissaires chargés, d'après l'article 4 de la loi, de recevoir des municipalités la liste des citoyens qui se seraient inscrits pour cette honorable mission. Cette instruction a été suivie de plusieurs autres lettres, et M. Dumouriez, maréchal de camp attaché à cette division, dont le patriotisme est connu, a joint ses efforts à ceux du Directoire pour vaincre l'indolence naturelle aux citoyens de nos campagnes, qu'entretient l'habitude d'une vie sédentaire et presque exclusivement consacrée aux pénibles travaux de la culture.

C'est à regret, Messieurs, que nous sommes forcés de convenir que la formation du bataillon des gardes nationales volontaires de ce département n'est pas encore prête à s'opérer. Nous sommes cependant fondés à espérer

nants (de la gendarmerie nationale) sont pourvus; la commission du cinquième lieutenant est au sceau et sera incessamment adressée au directoire du département. A l'égard du sixième lieutenant, aussitôt que ses services dans le département de la Vendée auront été vérifiés, j'expédierai également sa commission, s'il est susceptible d'être agréé.

« Quant à l'organisation des brigades, l'Assemblée nationale s'étant réservé d'en fixer le nombre par département, j'attends qu'elle ait statué sur cet objet pour m'en occuper. »

1. Le compte des fusils distribués est donné plus loin, p. 356.

2. Le département de la Vendée avait 600 hommes à fournir sur les 100,000 auxiliaires appelés à compléter les régiments de ligne.

que la dernière mesure employée par les districts sur notre invitation, l'envoi dans les campagnes des Commissaires chargés d'expliquer aux gardes nationales de chaque communauté l'intention et l'importance de ce rassemblement, sera couronnée d'un prompt succès. Déjà les soumissions se multiplient sur les registres des Commissaires, et, pour que rien ne s'oppose à la plus prompte organisation, nous avons pris des précautions provisoires pour l'habillement de ce corps de citoyens. Nous avons de même réservé, sur le nombre des armes distribuées à ce département, celui qui leur est nécessaire. Ainsi leur activité pourra suivre de près leur formation, et compenser les retards qui pourraient accuser notre patriotisme aux yeux de nos concitoyens des autres départements.

Instruction circulaire du Directoire du département de la Vendée aux districts et municipalités [1].

Messieurs,

Le décret du 21 juin renferme des dispositions dont l'exécution est d'autant plus facile qu'elle n'est subordonnée qu'au zèle patriotique des citoyens du département pour la défense de la patrie, dans le cas où elle serait menacée par les ennemis de notre Constitution et de notre liberté.

Le département rappelle à toutes les municipalités de son arrondissement qu'elles doivent former, sans aucun délai, une liste des citoyens ou fils de citoyens, en état de porter les armes, qui voudront se soumettre à les prendre pour la défense de l'État et le maintien de la Constitution; cette liste sera ensuite et immédiatement après, envoyée aux sieurs Benjamin Robert et Baudry, l'un colonel et l'autre lieutenant-colonel de la garde nationale de Fontenay-le-Comte, qui ont été nommés par le Directoire du département, Commissaires pour la recevoir de la part de chaque municipalité, conformément à l'article 4 du décret, afin qu'il soit de suite procédé à la formation de ce corps de volontaires-citoyens, d'après les dispositions des articles 5, 6, 7, 8 et 9, ainsi qu'il sera expliqué par le règlement annoncé par l'article 2.

Les réponses des municipalités pourront être adressées aux Commissaires ci-dessus indiqués, sous le couvert du département et sous bande.

Les lois des 4 février, 20 avril et 12 juin, contiennent des dispositions relatives à la levée d'un corps de 100,000 auxiliaires. Quoiqu'elles indiquent, ainsi que le décret du 21 juin, les moyens de pourvoir à la sûreté tant intérieure qu'extérieure du royaume, il est cependant bien essentiel de ne pas confondre les objets qui leur sont particuliers. C'est donc uniquement pour faciliter l'exécution de la levée des auxiliaires, que le Directoire du département, en se conformant à la lettre du Ministre de la Guerre, du 20 de ce mois, et à l'esprit des décrets ci-dessus relatés, a arrêté que, son territoire

1. Imprimé chez Ambroise Cochon, à Fontenay, 4 pages in-4°, parmi les pièces du ministère de l'intérieur, Archives nationales, F⁹ 150.

étant compris dans la répartition générale pour le nombre de 600 hommes, les six districts qui se le partagent fourniront, savoir :

Le district de Fontenay..................	150	hommes.
Le district de la Châtaigneraie............	100	—
Le district de Montaigu..................	100	—
Le district de Challans..................	100	—
Le district des Sables...................	70	—
Le district de la Roche..................	80	—
Total.................	600	hommes.

Les administrateurs de district informeront donc sans délai les municipalités des chefs-lieux de cantons qu'elles aient à tenir un registre, sur lequel elles inscriront les soumissions des hommes qui voudront se faire inscrire, et elles feront parvenir ces soumissions au Directoire de leur district, conformément à l'article 6 de la loi du 4 février, avec l'attention de ne recevoir que des citoyens domiciliés, ayant au moins dix-huit ans et pas plus de quarante, et réunissant d'ailleurs toutes les qualités requises par les ordonnances militaires.

Le Directoire de district remettra ensuite, d'après l'article 4 de la loi du 12 juin, ces différentes soumissions à l'officier de gendarmerie nationale, qui sera bientôt établie dans le chef-lieu de son arrondissement, et, lorsque le nombre de ces soumissions s'élèvera à plus de moitié du nombre déterminé pour chaque district, le préposé pour le Roi se rendra au chef-lieu du district pour faire la revue de réception, en se conformant aux dispositions prescrites par les articles 7 et 8 de la loi du 12 juin.

C'est après tous ces préliminaires nécessaires pour constater l'aptitude des sujets qui contracteront l'engagement de service pendant trois ans, que la paye de 3 francs par jour sera accordée à ceux qui réuniront les qualités requises, sans qu'ils soient assujettis à d'autres obligations que celles de joindre, quand ils en seront requis par les corps administratifs, les régiments qui leur seront désignés, et, dans ce cas, ils auront droit aux mêmes traitements, et serviront sous les mêmes lois et ordonnances que les autres soldats. Jusqu'à cette revision, les auxiliaires admis ne seront tenus de se présenter que tous les six mois, pour les revues qu'ils passeront dans le chef-lieu du district au jour fixé et en présence des préposés indiqués par l'article 11 de la loi du 12 juin; ils jouiront dans le lieu de leur domicile, d'après l'article 5 de la loi du 4 février, de tous les droits de citoyen actif, quand même ils ne payeraient pas la contribution exigée, si d'ailleurs ils remplissent les autres conditions requises, et il leur sera assuré une retraite après un certain nombre d'années de service.

Il est donc évident que la levée des auxiliaires est un bienfait de plus de l'Assemblée nationale pour les habitants des campagnes dans lesquelles se doivent consommer leurs soldes, et que, si la défense de l'État exige momentanément le déplacement des soldats auxiliaires, il n'est aucun citoyen qui ne s'empresse de s'acquitter de ce devoir sacré; le droit de le remplir par préférence est sans doute un motif de plus pour déterminer un homme libre à s'empresser d'acquérir ce privilège imposant et respectable.

Nous vous engageons donc, Messieurs, à faire procéder à toutes les opérations préliminaires qui doivent être remplies, tant de votre part que de celle des municipalités des chefs-lieux, afin que les officiers et sous-officiers de la gendarmerie nationale puissent commencer leurs fonctions relativement à cet objet immédiatement après la fixation de leur répartition, et qu'aucun obstacle ne puisse ralentir l'organisation de cette nouvelle branche de la force publique.

Fait à Fontenay-le-Comte, le 9 juillet 1791.

Signé : Armand BADEREAU, président; Jn.-Mas. COUGNAUD, secrétaire général.

Le 19 août, par lettre signée du vice-président Guillet, le directoire faisait passer la précédente circulaire au Ministre de l'Intérieur et lui expliquait[1] :

... Notre but était de faciliter l'exécution de la loi et d'animer le zèle de nos concitoyens, n'ignorant pas que le défaut de grandes villes, dans ce département entièrement agricole, étant un obstacle à la soumission à laquelle étaient appelés ses habitants, dont le patriotisme se trouve en opposition avec l'habitude d'une vie sédentaire et des occupations champêtres, qui demandent de leur part une assiduité constante. Notre instruction est parvenue aux districts depuis six semaines, et ces corps administratifs ne nous ont pas encore rendu compte de l'effet qu'elle a produit et de l'état des registres que les municipalités des chefs-lieux de canton ont dû tenir. Nous écrivons de nouveau pour qu'on nous fasse connaître les progrès de cette opération, et nous mettrons sous vos yeux les états qui nous seront envoyés aussitôt qu'ils nous parviendront[2].

Le directoire départemental réitéra, le 12 septembre, sa circulaire aux districts, et ce même jour le district de Fontenay en adressa une des plus pressantes aux municipalités :

Circulaire du Directoire du district aux administrations communales relativement à la levée des soldats auxiliaires et des Volontaires nationaux[3].

Messieurs,

La nécessité de pourvoir au maintien de la Constitution et à la sûreté du royaume a porté l'Assemblée nationale à décréter la levée d'un certain nombre de soldats auxiliaires et de volontaires nationaux. C'est l'objet des lois des 4 février, 20 avril, 12 et 21 juin dernier.

1. Arch. nat., F⁹ 150.
2. Ces états ne se trouvent pas dans les papiers ministériels.
3. Imprimé de 3 p. in-4°, à la mairie de Fontenay-le-Comte, Archives de la ville reconstituées par B. Fillon et A. Bitton.

Nous avons eu l'honneur de vous adresser dans le temps ces différentes lois, avec une instruction du Directoire du département qui y est relative.

Nous ne doutons point, Messieurs, que, pénétrés de l'importance des mesures prises par l'Assemblée nationale, vous ne les ayez secondées de tout votre pouvoir, et qu'ainsi, parmi vos concitoyens, il ne s'en trouve plusieurs disposés à voler au secours de la patrie, soit comme volontaires nationaux, soit comme soldats auxiliaires. Déjà plusieurs municipalités nous ont fait parvenir des soumissions pour ce dernier genre de service, et sans doute le zèle ne sera pas moindre pour celui des volontaires. Mais, comme il importe, et à l'honneur de notre district et à la sûreté de l'empire, que les mesures prises par l'Assemblée nationale obtiennent la plus prompte comme la plus entière exécution, nous vous engageons instamment à exciter de nouveau sur cela le zèle de vos concitoyens, en leur observant que la crainte de s'éloigner trop de leurs foyers ne doit pas arrêter ceux qui seraient disposés à entrer dans les volontaires nationaux. Vous voudrez bien, Messieurs, leur rappeler à ce sujet que la loi du 29 juillet dernier détermine la portion de frontières dont la défense est confiée à chaque division de volontaires nationaux, et que la division formée des départements de la Charente-Inférieure, des Deux-Sèvres, de la Vendée, de la Loire-Inférieure et de Maine-et-Loire n'est chargé que de la défense des côtes depuis l'embouchure de la Gironde jusqu'à celle de la Loire, ce qui n'embrasse pas une étendue considérable, et réduit en quelque sorte le service des Volontaires nationaux de ces départements à la défense de leurs propres côtes, de leurs propres foyers.

Ce ne seront là, sans doute, que des observations surabondantes, car il n'est pas à croire que le motif d'une crainte qu'elles aient pour objet un service extérieur puisse arrêter un instant le courage et le patriotisme d'aucun citoyen français. Déjà, en effet, dans la plupart des départements du royaume, le nombre des auxiliaires et des volontaires nationaux se trouve complet; faisons en sorte qu'on n'accuse pas les habitants de notre district d'une négligence dont nous partagerions toute l'humiliation. C'est à vous, Messieurs, que nous confions ce soin intéressant; veuillez vous en occuper avec le zèle et l'empressement qu'il mérite; nous ne doutons point qu'en éclairant vos concitoyens sur l'intérêt de leur gloire et de leur propre sûreté, vous n'en déterminiez bientôt plusieurs à demander place parmi les concitoyens généreux qui se dévouent à la défense de la patrie.

Aussitôt qu'il vous sera fait quelques soumissions, vous voudrez bien, Messieurs, conformément à l'instruction du Directoire du département, nous adresser celles relatives aux auxiliaires, et à MM. Robert et Baudry, celles concernant les volontaires nationaux, afin que le Directoire de département, à qui ces soumissions doivent ensuite être transmises, puisse rendre au Ministre de la Guerre le compte qu'il lui demande des progrès que ces mesures ont obtenus dans les différentes parties du département.

Les administrateurs composant le Directoire du district de Fontenay,

Mallet, pour le vice-président; Mazaurie, secrétaire.

La très pacifique Assemblée constituante, en voyant fuir le Roi vers l'armée de Bouillé, et celui-ci ouvrir la frontière à l'étranger, avait, par le décret du 21 juin 1791, « mis en activité la garde nationale de tout le royaume. » Elle avait prescrit aux départements du Nord et de la frontière d'Allemagne de mobiliser le plus grand nombre possible de citoyens, et, à chacun des autres, de fournir au plus vite deux ou trois mille hommes. Tous les citoyens prêts à marcher avaient été invités à se faire inscrire dans leurs municipalités, puis à se former eux-mêmes en bataillons de 10 compagnies de 50 hommes [1].

Ce premier appel des Volontaires avait été accueilli dans la France entière avec un indicible enthousiasme. Mais, le Roi ramené et la guerre n'éclatant pas, le plus magnifique des élans populaires avait dû être réduit [2] à la formation de 169 bataillons mobiles de gardes nationaux volontaires engagés pour une seule année, du 1er décembre 1791 au 1er décembre 1792.

L'ACTION DE DUMOURIEZ

Dumouriez se trouvant être le seul maréchal de camp employé dans la 12e division militaire, commandée par le vieux et inactif lieutenant-général de Verteuil, c'est à lui seul qu'incomba la mission d'organiser les Volontaires dans les quatre départements des Deux-Sèvres, de Maine-et-Loire, de la Loire-Inférieure et de la Vendée. Il s'en acquitta avec autant d'habileté que d'ardeur et réussit là où tout autre que lui eût échoué. Il obtint assez vite les premiers bataillons de Maine-et-Loire et des Deux-Sèvres, un peu plus lentement celui de la Loire-Inférieure.

Le 19 septembre, de Fontenay-le-Comte, il écrivait au Commissaire des guerres à Niort, de la Serre [3] :

> Il ne se présente pas un seul homme pour l'inscription au bataillon de la garde nationale de la Vendée; je suis convenu avec MM. les Administrateurs du département d'essayer mon crédit auprès des districts et des gardes nationales.

Quelques jours plus tard, était publiée cette proclamation véhémente :

1. Décrets des 9 et 29 juillet, et 12 août 1791. L'effectif demandé était de 99,000 hommes. Il n'y eut d'organisés que 60,000 volontaires.

2. Voir notre livre *l'Armée et la Révolution* (in-18, Paris, 1867), 2e partie, ch. XIV, p. 102-109.

3. 1er des 7 cahiers de Dumouriez, Arch. nat. F7. 4423.

Aux officiers municipaux, gardes nationales et citoyens du département de la Vendée[1].

Messieurs et camarades d'armes,

La récompense la plus flatteuse pour mon zèle et mon patriotisme serait d'avoir gagné votre confiance; l'usage que je ferai de cette confiance, si vous m'en donnez des preuves, sera de vous guider vers l'honneur et de repousser à votre tête les ennemis quelconques de notre sublime Constitution. Tous les bataillons des gardes nationaux volontaires sont formés dans tous les départements... Et vous, placés en première ligne, vous qui avez le premier intérêt dans ce noble armement, vous restez sourds à l'émulation de la Patrie et aux exhortations réitérées des administrateurs de votre département! Le drapeau est levé; vous ne l'entourez pas! Ne craignez-vous pas la honte?... Pourrez-vous soutenir les regards de vos frères des quatre-vingt-deux autres départements?...

Levez-vous à la voix d'un vieux guerrier, non pas tumultueusement, mais en troupe réglée et sur laquelle on puisse compter pour l'instruction et pour la discipline.

Administrateurs, magistrats, joignez l'exemple aux exhortations; présentez à l'inscription vos enfants et vos parents; et vous, jeunes citoyens, que je me plais à regarder comme des frères, ferez-vous moins pour votre patrie, pour votre liberté, que ces privilégiés qui abandonnent, à l'approche de l'hiver, leurs foyers et leurs intérêts les plus chers, pour aller se rassembler sous les bannières des préjugés et du despotisme?

Courez et faites-vous inscrire chez vos officiers municipaux... Puissiez-vous vous dire : « Nous nous sommes préparés les derniers, et nous ne « sommes pas les derniers assemblés! »

Le maréchal de camp de la 12e division, Du Mouriez.

Les trop peu nombreuses et trop petites villes de la Vendée avaient mis le plus grand zèle, depuis la crise de « l'enlèvement du Roi », à compléter l'organisation de leurs gardes nationales. Par l'intermédiaire des commissaires civils Gensonné et Gallois, avec le concours de Dumouriez, grâce aussi à la fraternelle générosité des autorités de la Loire-Inférieure, elles s'étaient procuré une partie des armes et munitions dont la mauvaise volonté des Ministres retardait l'envoi. Fontenay, Luçon, les Sables, Challans et Saint-Gilles, commençaient à posséder une force armée un peu sérieuse, Mais cette force suffisait à peine, avec quelques troupes de ligne, pour se maintenir en état de défense permanente vis-à-vis de l'hostilité des campagnes, fanatisées contre « les bourgeois ». Il y avait, de

1. Imp. à Fontenay, 3 p. in-8°, reproduite dans l'*Annuaire de la Société d'emulation de la Vendée*, chronique de M. Petiteau, *l. c.* Nous n'en donnons qu'un extrait.

plus, à garder les côtes de l'Océan et des départs d'émigrants et des descentes d'émigrés. Enfin, dès cette époque, on s'attendait à la guerre maritime avec l'ennemi héréditaire, l'Anglais. Ajoutez encore l'amour du pays, l'attachement à la localité, presque aussi fort chez le citadin que chez le paysan, et vous considérerez comme une chose prodigieuse qu'il ait pu être formé en Vendée un bataillon de Volontaires destiné à être employé aux lointaines frontières de l'Est et du Nord.

Le 22 octobre, écrivant au département de la Loire-Inférieure, Dumouriez annonçait que « sa lettre avait fait effet en Vendée, et que, sous peu de jours, l'inscription serait complète et le bataillon formé[1]. »

C'est Saint-Gilles-sur-Vie qui paraît avoir formé le premier noyau du bataillon des Volontaires vendéens, puisque, comme on va le voir, cette petite localité eut l'honneur d'en fournir le premier commandant, Antoine-Émery Gratton. C'était elle qui la première avait donné aux soldats et citoyens de la garde nationale le nom de « Volontaires nationaux[2]. »

La municipalité des Sables, sur l'initiative du directoire du district, prit, le 31 octobre, des mesures « en vue d'obtenir des engagements volontaires pour aller à la défense des frontières. » Le lendemain, elle tint, dans l'église des Capucins, une assemblée à laquelle avaient été convoqués tous les habitants valides depuis l'âge de dix-huit ans.

On y procéda à « la confection d'un tableau d'inscriptions », et on y indiqua le lieu de la formation du premier bataillon des Volontaires de la Vendée, Fontenay-le-Comte. Il ne semble pas que les enrôlements aient été nombreux, car c'est seulement au procès-verbal à la séance de la commune du 1er décembre que l'on trouve le vote d'une indemnité de frais de route pour trois volontaires se rendant au chef-lieu du département[3]. On ne doit pas oublier que les Sables sont un port de mer et que presque toute la jeunesse, par l'inscription maritime qui subsistait, était réservée pour le service de la patrie sur les vaisseaux de l'État.

De Niort, le 10 novembre, Dumouriez confirme au lieutenant-général de Verteuil l'espérance « que la Vendée lèvera son bataillon, grâce au coup de fouet » de sa circulaire. Il écrit[4] :

1. 2e des 7 cahiers de Dumouriez, Arch. nat., F7 4423.
2. Voir tome Ier, appendice n° IV.
3. D'après leur déclaration au conseil général de la commune des Sables, registres municipaux.
4. 3e des 7 cahiers de Dumouriez, Arch. nat., F7 4423.

A Messieurs les Administrateurs du département de la Vendée.

Je pars samedi 12 pour arriver le 19 à Nantes, où je vais inspecter le bataillon de la Loire-Inférieure qui s'y rassemble. Il ne restera plus à lever que celui de votre département. Je voudrais bien que cet exemple achevât d'exciter l'émulation, et je ne doute pas que vous ne vous en occupiez très sérieusement. Je vous prie de vous faire rendre compte dans le plus grand détail de l'envoi des Commissaires dans les districts et de désigner entre vous quelqu'un pour, conjointement avec M. Robert Bauduzière, dresser la liste par districts pour savoir définitivement si vous pouvez compléter votre nombre de 574 pour former votre bataillon. Je serai à Nantes jusqu'au 23, et je pourrai y recevoir jusqu'à cette époque des nouvelles du progrès de cette besogne. Je repasse par Challans, les Sables et Luçon, et je serai de retour à Fontenay le 30. Si à cette époque votre nombre était complet, vous pourriez fixer pour le 27 ou 28 le rassemblement. Les Volontaires auront le temps de se former en compagnies, de tirer leurs grenadiers et de choisir leurs officiers. Alors le bataillon serait organisé, et il n'y aurait plus qu'à les armer et les habiller. Vous avez votre armement tout prêt; quant à l'habillement, dès que vous connaîtrez par votre liste le nombre exact, vous pourrez, à ce que je crois, le faire commander sur trois tailles, comme on fait pour les troupes de ligne, et vous pourrez hardiment commander 400 habits, car vous aurez certainement plus de 400 hommes qui vous arriveront sans uniformes et sans moyens pour se les procurer eux-mêmes. Quant à tous les objets d'équipement, comme guêtres, sacs, etc., vous devez en ordonner la fourniture au complet, parce qu'ils exigent une uniformité qui n'existerait pas, si on les laissait à l'arbitraire.

J'ai l'honneur de vous envoyer la lettre de M. le maire de la Roche-sur-Yon, à laquelle est joint l'engagement de deux Volontaires que je vous prie de faire remettre à M. Robert[1]...

Le 22 novembre, de Nantes, le général remercie l'administration départementale de la Vendée d'avoir « pris le parti de désigner l'époque du rassemblement de son bataillon. » Le 1er décembre, de retour au château de Niort, il avertit Verteuil de l'envoi prochain des « recrues des quatre bataillons de Volontaires nationaux », formés en Maine-et-Loire, Deux-Sèvres, Loire-Inférieure et Vendée. Il lui fait passer un exemplaire de la circulaire « sans laquelle, dit-il, nous n'aurions pas de bataillon ». Il y peut joindre la proclamation nouvelle par laquelle il remercie les Vendéens de ce que « sa voix ait été entendue, au moins par le tiers état des villes[2] ».

1. Commandant de la garnison de Fontenay, chargé de recevoir les volontaires à mesure qu'ils se présentaient.

2. *Adresse aux volontaires nationaux de la Vendée*, 4 p. in-8, imp. à Fontenay et citée p. 314 de l'ouvrage de M. Dugast-Matifeux.

La formation du premier bataillon de la Vendée s'opéra, en assemblée des volontaires, tenue, dans l'église des ci-devant cordeliers de Fontenay-le-Comte, sous la direction de deux administrateurs, commissaires du Directoire du département, Majou des Groix[1] et Esnard, en présence du maréchal de camp Dumouriez et du commissaire des guerres La Serre.

Le nombre des Volontaires inscrits et reconnus présents le 5 décembre, s'élevait à 493. Ils se subdivisèrent en huit compagnies, hormis 64 d'entre eux, les plus hauts de taille, réservés pour la compagnie des grenadiers.

ÉLECTION DES OFFICIERS DU PREMIER BATAILLON DE LA VENDÉE

Jacques-Antoine-Émery GRATTON fut élu lieutenant-colonel en premier à la majorité absolue de 318 voix.

Charles-Alexis-Benjamin BOUQUET fut nommé, par 314 voix, lieutenant-colonel en second.

Paul PLUVIER fut choisi pour quartier-maître, avec 358 suffrages.

Le 8 et le 9 décembre, chaque compagnie procéda, au scrutin individuel, à la nomination de ses capitaine, lieutenant, sous-lieutenant, sergents-majors, sergents et caporaux.

Grenadiers. — Capitaine TOUCHARD; lieutenant QUENEAU; sous-lieutenant DENFER DU FIEF.

1re *Compagnie.* — Capitaine BELLIARD (Augustin-Daniel); lieutenant FILLON (Benjamin); sous-lieutenant VINET (Alexis).

2e *Compagnie.* — Capitaine POMMERAY; lieutenant ROUILLÉ; sous-lieutenant FRICONNEAU.

3e *Compagnie.* — Capitaine AGERON; lieutenant HULIN-LAMOTTE; sous-lieutenant LA COUSSAIS.

4e *Compagnie.* — Capitaine DORION; lieutenant CORMIER; sous-lieutenant JAUNET.

5e *Compagnie.* — Capitaine CLAVEAU; lieutenant DURAND; sous-lieutenant CHARIER.

6e *Compagnie.* — Capitaine DENFER DU CLOUSY; lieutenant FAIBVRE; sous-lieutenant MILLOUAIN.

7e *Compagnie.* — Capitaine BOUTIN; lieutenant MERCIER (Isidore); sous-lieutenant BOUQUET le jeune.

8e *Compagnie.* — Capitaine VERNIER; lieutenant JOFFRION l'aîné; sous-lieutenant BREVET le jeune.

1. Majou des Groix, qu'il ne faut pas confondre avec Majou des Touches de Chavanne (V. notre t. I, p. 33), mourut, rapporte Mercier du Rocher, dans son Journal manuscrit, 4e cahier, juge de paix à Chantonnay, le 18 mars 1812, à l'âge de soixante ans environ. Une de ses filles épousa Bouquet, nommé second commandant du bataillon de la Vendée aux élections qu'il présida. Voir plus loin, p. 176, le scandale de leur divorce.

La constitution du bataillon était achevée le 10 décembre; le contrôle, à l'effectif de 493 hommes, en fut remis par les Commissaires du département à Dumouriez et La Serre, qui reçurent le nouveau corps et le passèrent en revue[1].

Le cadre des officiers ne se trouve pas exactement le même quand le bataillon prend rang à l'armée du Nord.

Le « Registre de 240 pages pour servir à l'enregistrement des officiers, sous-officiers et Volontaires qui composent le premier bataillon des gardes nationales volontaires du département de la Vendée, de leurs signalements et des dates tant de leurs entrées que des événements par lesquels ils ont cessé d'exister au corps et des jugements qui ont été rendus contre eux »[2], commence par cette liste des commandants et officiers élus, en fonctions à la fin de l'année 1792 :

Lieutenant-colonel, Jacques-Antoine-Émery GRATTON, qui quitta le bataillon, le 20 août 1792, pour entrer dans la gendarmerie;

Lieutenant-colonel en second, Charles-Alexis-Benjamin BOUQUET, qui remplaça Gratton le 20 août 1792, et quitta le bataillon le 18 mars 1793, pour occuper le même grade dans le 19e régiment de dragons ;

Quartier-maître, Paul PLUVIER, mort le 18 juin 1792 ;

Capitaine de grenadiers, TOUCHARD[3], natif de Mortagne (Vendée), âgé de 32 ans, qui déserta le 25 décembre 1792 ;

Lieutenant de grenadiers, Augustin QUENEAU, de Fontenay-le-Peuple, qui devint capitaine le 1er juin 1793 ;

Sous-lieutenant de grenadiers, Joseph DENFER, de Fontenay-le-Peuple, qui déserta le 25 décembre 1792 ;

Capitaine, Hilaire-François CLAVEAU ;

Lieutenant, Charles DURAND, de Fontenay, capitaine le 11 juin 1793 ;

Sous-lieutenant, Jean MILLOUAIN, de Fontenay, lieutenant le 11 juin 1793, capitaine le 2 thermidor an III;

Capitaine, BOUTIN, de Fontenay, 24 ans, tué le 22 ventôse an II;

Lieutenant, Isidore MERCIER, de Fontenay, 28 ans, fait prisonnier à Valenciennes, puis employé dans la Vendée;

Sous-lieutenant, BOUQUET, de Luçon, passé dans le 15e régiment de cavalerie ;

Capitaine, Pierre-Marie DENFER, de Fontenay, parti par congé absolu le 15 mars 1793 ;

Lieutenant, Benjamin FÈVRE, de Luçon, a été en convalescence le 28 décembre 1792 ;

Sous-lieutenant, René VOGIEN, tué le 6 novembre 1792 ;

1. D'après le procès-verbal des Commissaires du département, qu'a suivi M. Bitton, dans son *Journal d'un Fontenaisien*, aux dates des 5 et 10 décembre 1791, dans la *Revue du Bas-Poitou*, 4e livraison de 1890.

2. Aux Archives administratives du ministère de la guerre.

3. Son prénom est Mathurin sur le registre; dans des lettres citées plus loin, p. 177, c'est Gervais.

Capitaine, L. Joffrion, qui déserta le 7 décembre 1792 ;
Lieutenant, Gabriel Brevet, qui devint capitaine le 8 décembre 1792;
Sous-lieutenant, Joseph Friot, ci-devant sergent-major.

A la suite on lit :

Du 25 février 1792, adjudant-major Mourain, qui donna sa démission le 29 avril, parce qu'on avait élevé des difficultés sur la validité de son élection ;

Du 20 juin 1793, adjudant-major Christophe Piéret, adjudant sous-officier depuis le 15 mars 1792.

Un des Volontaires est marqué au registre matricule comme *chassé* du bataillon le 25 juillet 1792 : Pierre Gourin, du district de la Roche-sur-Yon; un autre, comme *renvoyé* le 9 mars 1792 : Jean Hulin, du district de Montaigu. Un troisième, Gaspard Calliet, du Poiré, est indiqué comme *resté au pays* le 1er mai 1792.

A la fin de l'année 1792, après la campagne de l'Argonne, et au commencement de l'année 1793, au moment de la retraite de Belgique et de la trahison de Dumouriez, des Volontaires, en assez grand nombre, sont notés *désertés*. Mais il est à remarquer que le fait du retour au pays, la première invasion repoussée, ne se produisit pas seulement dans le bataillon de la Vendée, mais dans beaucoup d'autres. Il fut très difficile à l'Assemblée législative de retenir sous les drapeaux, et à la Convention nationale d'y ramener la majorité des Volontaires de 1791, qui ne s'étaient engagés que pour un an et croyaient la patrie sauvée[1]. Il faut observer, d'autre part, que des Volontaires vendéens, pourvus de *congés* réguliers, durant l'hiver de 1792-1793, furent empêchés de rejoindre par la grande insurrection du mois de mars; on en pourrait citer deux ou trois à peine comme ayant passé dans les armées catholiques et royales; la plupart furent retenus par les autorités républicaines, comme on le verra, et même requis par les représentants en mission, pour servir contre les révoltés.

La mention *mort* suit de nombreux noms, particulièrement aux dates du 6 novembre 1792, — bataille de Jemmapes, où le bataillon de la Vendée eut une conduite très brillante, — et du 1er mars 1793, combat de Tongres, où il fut mitraillé par l'ennemi.

Le registre matricule est clos au numéro 1268 et à la date du 14 frimaire an III (4 décembre 1794). Il est signé à la dernière page par Durand, capitaine ; *Delange*, sergent ; *Fiselier*, caporal ; *Simon*, sous-lieutenant ; *Latouche* et *Vernier*, fusiliers ; *Grioudet*, sergent-major.

1. Voir Ch.-L. Chassin, l'*Armée et la Révolution*, p. 108-109.

Le Conseil général du département étant en session au moment de la formation du bataillon de la Vendée, l'officier général Dumouriez et les deux lieutenants-colonels élus, Gratton et Bouquet, se présentèrent à sa séance du 9 décembre, et l'avertirent que les dames patriotes du chef-lieu avaient brodé un drapeau qu'elles désiraient faire offrir aux Volontaires par l'Administration. Une séance extraordinaire fut décidée pour le lendemain soir; des invitations furent adressées au district, à la commune et au tribunal, ainsi qu'à la garde et à la gendarmerie nationales.

LE DRAPEAU OFFERT PAR LES DAMES DE FONTENAY.

Séance du samedi soir 10 décembre 1791[1].

Séance où présidait M. *Girard*, président, et assistaient MM. *Loyau*, *Paillou*, *Majou*, *Deladouespe*, *Vigneron*, *Bourdin*, *Luminais*, *Beurrey*, *Rodrigue*, *Pervinquière*, *Boulanger*, *Denogent*, *Vinet*, *Moulins*, *Fillon*, *Esnard*, *Mercier*, *Fayau* et *Gauly*; présent, M. le procureur général syndic.

L'assemblée s'est réunie sur les trois heures et s'est disposée à recevoir les différents corps invités, lesquels s'étant présentés successivement ont été introduits par plusieurs membres de l'assemblée, qui ont ensuite été députés vers les dames patriotes de la ville pour les prévenir de cette réunion et accompagner leur marche.

Une seconde députation a été chargée de recevoir et a au même instant introduit dans la salle des séances un grand nombre de dames, dont le cortège était précédé de jeunes personnes des deux sexes; les unes, vêtues en uniforme, se partageaient en avant-garde sur deux lignes, au milieu desquelles marchaient de jeunes filles portant l'étendard de la Liberté[2].

Une des dames, au nom de ses compagnes, a offert à M. le Président le drapeau que leurs mains ont préparé pour le bataillon des gardes nationales volontaires du département. M. le Président, en recevant ce gage précieux, a témoigné, par un discours dont l'insertion au procès-verbal a été arrêtée, les

1. Extrait du compte imp. au Conseil de département, exemplaire joint au dossier de Pichard, Arch. nat., W 254.

2. Un témoin oculaire, dont le récit, publié dans le *Courrier de la Vendée* du 7 septembre 1870, a été reproduit dans les *Échos du Bocage*, 7e année, n° 1 (article sur « le patriotisme des Fontenaisiennes en 1793 »), ajoute à ce procès-verbal :

« Il avait été convenu que le drapeau serait porté au Directoire du département par les plus jolies femmes de la ville. Le rôle de Pâris avait été décerné à Dumouriez, mais il refusa cet honneur trop délicat. Une matrone sur le retour se détacha du groupe et alla adresser la parole, au nom de toutes, au président Girard de Villars. Dumouriez la conduisit par la main à celui-ci, qui l'embrassa sur les deux joues; mais lui-même la reconduisit à sa place et ne lui baisa que le bout des doigts. En ce moment entrait une charmante ouvrière, chargée d'offrir un bouquet au général; Dumouriez détacha une fleur qu'il avait à sa boutonnière, la lui offrit et posa un baiser sur son front. Puis il la fit asseoir dans son propre fauteuil, aux applaudissements de l'auditoire. »

sentiments de reconnaissance et d'admiration dont l'assemblée est pénétrée pour le civisme des dames qu'elle réunit dans son sein :

« Mesdames, le département reçoit avec reconnaissance le gage précieux de vos sentiments pour la Patrie ; l'étendard de la Liberté, que tiendront de vos mains les braves défenseurs de la Constitution, leur rappellera, dans les dangers, qu'ils combattent pour leurs mères, leurs épouses et leurs enfants. Que ne devons-nous point attendre de leur courage appuyé sur d'aussi puissants motifs ? Nous verrons la bannière du département de la Vendée couverte de lauriers, et vous jouirez avec émotion de la récompense qui est due à votre patriotisme. »

L'assemblée se disposant à partir, le cortège des dames a voulu se transporter, avec celui des corps réunis, au lieu où le bataillon doit recevoir son drapeau. En conséquence, la marche s'est ouverte au milieu de deux haies de la garde nationale de la ville, les dames placées en avant ayant toujours à leur tête les jeunes personnes chargées du drapeau, et les administrateurs et les juges placés à la suite, suivant le rang que la Constitution leur assigne respectivement. Arrivés dans cet ordre à l'église des ci-devant cordeliers, où l'officier général de la division, le Commissaire des guerres, les officiers, sous-officiers et citoyens-soldats du bataillon, occupaient les différents postes déterminés pour chacun d'eux, une des dames[1] a prononcé le discours suivant :

« Messieurs, vous nous verriez gémir de votre départ, si nous ne songions pas que vous allez entrer dans la carrière de la gloire et de l'honneur. C'est la Patrie qui vous l'ouvre ; c'est un héros qui va vous y guider. Quels motifs d'espérance et de consolation pour nous ! Nous n'aurons rien à désirer si vous daignez emporter avec vous un gage sacré de notre estime et de notre reconnaissance. Que ce drapeau, en nous rappelant à votre souvenir, enflamme votre courage et votre patriotisme ! Nos mains l'ont embelli ; c'est à vous à l'honorer ! Allez combattre et vaincre, la victoire vous appelle, et à votre retour les myrtes et les lauriers vous attendent ! »

M. le Président, en présentant le drapeau au bataillon en la personne de M. Gratton, lieutenant-colonel commandant, a également prononcé un discours :

« Généreux et braves Volontaires nationaux, en recevant le drapeau de la Liberté, tout nous dit que vous vous ferez toujours gloire de n'avoir jamais d'autre ambition que l'honneur de marcher d'un pas ferme et sûr pour la défense de notre commune patrie, et y ramener l'ordre et la tranquillité que les malveillants tendent à entraver en tous sens.

« Vous tous, qui avez été et serez toujours les colonnes inébranlables de notre sainte Constitution, ne doutez jamais que le Conseil d'administration du département de la Vendée veuille croiser cet élan, ce zèle brûlant de patriotisme dont tous vos cœurs sont enflammés. Cependant, permettez-nous, comme organes de la Loi, de vous inviter à ne jamais la perdre de vue, et à la regarder toujours comme la boussole, le flambeau qui doit sans cesse

1. La citoyenne Saurin, femme de Varailhon, inspecteur des patentes du département.

éclairer et diriger vos démarches ! Notre but à tous, qu'est-il autre chose que de travailler de concert à maintenir en harmonie la chose publique, d'où résulte uniquement le bonheur et la prospérité de l'empire français ?

« Citoyens volontaires nationaux, avec quel sentiment respectueux d'admiration ne devons-nous pas envisager l'hommage qu'ont fait à leur patrie les dames de cette ville, qui sont les mères, les sœurs, les épouses de la plupart de vous, en offrant à votre courage, à votre civisme, l'étendard de la Liberté ! L'enthousiasme avec lequel vous le recevez est un sûr garant que vous vous plairez toujours à le voir flotter au milieu de vous. »

M. le procureur général syndic a dit[1] :

« Citoyens, lorsqu'un dévouement généreux vous appelle à la défense de la patrie, je ne ternirai point votre gloire par de vains éloges que repousserait votre délicatesse. On nourrit des esclaves avec des adulations, il faut aux soldats de la Liberté une nourriture plus substantielle et plus saine : ils sont faits pour entendre le langage austère de la vérité. Citoyens, vous avez recouvré la liberté par votre courage, mais il faut plus que du courage pour la fixer invariablement parmi vous. Vous appartenez à la patrie à plus d'un titre, et, quand elle arme vos bras pour la défendre contre ses ennemis, elle les arme aussi pour protéger tous ses enfants ; elle vous place sous la dépendance la plus étroite de la loi, elle vous prescrit une exacte obéissance aux chefs qu'elle vous a permis de choisir ; elle vous donne une Constitution sage et paternelle à conserver dans son intégrité ; un Roi juste et bienfaisant à respecter et à chérir.

« Mais vous l'avez déjà manifesté, braves soldats, ce respect profond pour la loi, sur lequel repose essentiellement la liberté, la sûreté, la tranquillité et le bonheur de tous ; c'est dans le temple même de la Constitution, si j'ose m'exprimer ainsi, c'est parmi ses ministres que vous avez cherché vos premiers guides. Vous avez voulu que ceux qui étaient éminemment appelés à protéger l'ordre public fussent encore ceux qui dirigeassent vos premiers pas dans la carrière glorieuse que vous allez parcourir ; et c'est ainsi que vous ratifiez l'engagement sacré de marcher constamment sous le double étendard de l'honneur et de la loi ; de même qu'en suivant aux champs de la victoire le drapeau que vous recevez des mains de la beauté, vous devez vous rappeler sans cesse les droits d'un sexe intéressant par ses vertus comme par ses charmes qui, pour un guerrier généreux, doit toujours et partout être excepté du nombre de ses ennemis.

« Citoyens, vous devez votre existence à la loi, votre organisation à ses ministres, votre formation à un général dont l'intrépidité était digne de s'allier au patriotisme, vos premiers encouragements à l'innocence et à l'ingénuité : vous n'oublierez jamais une si noble origine, vous conserverez pur et sans tache le signe militaire qui vous est confié, et vos administrateurs, qui le vouent aujourd'hui à l'espérance, le consacreront bientôt à la plus juste reconnaissance. »

Ensuite l'officier général (Dumouriez) a parlé en ces termes aux dames citoyennes :

1. Ce discours, d'après Mercier du Rocher, aurait été prononcé par Pichard. Mais on a vu, p. 124, que Pervinquière occupa sa place le 3 décembre.

« Mesdames, vous honorez le bataillon de la Vendée en lui présentant le drapeau qui doit le guider dans la carrière de la gloire ; il vous rapportera le gage précieux de votre patriotisme pur et sans tache ; je suis sa caution. »

Le lieutenant-colonel (Gratton) a dit aux citoyennes de Fontenay :

« Mesdames, les principes de la Constitution sont gravés dans tous les cœurs ; le drapeau que vous nous présentez en est la preuve, les volontaires du bataillon du département de la Vendée le reçoivent avec transport ; des citoyennes ont pris soin d'en assortir les couleurs ; des hommes dévoués au salut de la patrie vont se rallier à ce signe de régénération et de liberté : je vous jure qu'ils ne l'abandonneront qu'à la mort. »

Il a ajouté, s'adressant au département :

« Messieurs, servir la chose publique, consolider l'édifice de la Constitution, obéir à la loi, voilà notre tâche commune. Les citoyens que vous venez d'armer pour la défense de la patrie auront sans cesse ces objets devant les yeux, et ce sera dans tous les temps la règle invariable de leur conduite. »

La cérémonie ainsi terminée, le cortège est retourné dans le même ordre jusqu'au-devant du lieu des séances du département, où les dames se sont retirées, accompagnées de la même députation du département. Les corps invités ont assisté l'administration jusqu'à l'enceinte du lieu de ses séances, où ils ont pris congé de l'assemblée, après en avoir reçu des remerciements.

L'assemblée a ordonné que les détails de cette cérémonie imposante seraient consignés dans son procès-verbal, afin d'être à jamais le témoignage certain de l'union, du zèle et du civisme manifestés par les dames patriotes de Fontenay et les autres citoyens du département de la Vendée.

La séance est levée.

Signé : Ch.-J.-E. GIRARD, *président*, et Jn-Mas COUGNAUD, *secrétaire général*.

Le lendemain dimanche 11 décembre, le département et tous les corps constitués, la garde nationale et la gendarmerie assistaient à la grand'messe, dans l'église de Notre-Dame, « avec les dames patriotes ». L'évêque Rodrigue bénissait le drapeau des volontaires et chantait un *Te Deum*, en présence d'un grand nombre de citoyens.

Le soir, il y avait des danses publiques et une illumination générale. Sur des transparents placés devant la maison où était descendu Dumouriez, on lisait ces inscriptions[1] :

La Nation, la Loi, le Roi. — Au bataillon de la Vendée la Nation reconnaissante.

Couronnez de lauriers ce drapeau, — gage précieux de vos mères, de vos sœurs et de vos amantes.

Les hommes libres esclaves de la Loi. — Tremblez, satellites des tyrans, devant les soldats de la Liberté.

1. Données dans le *Journal d'un Fontenaisien*, de M. A. Bitton, *l. c.*

Correspondance de Dumouriez.

Rentré à Niort aussitôt après la revue du bataillon de la Vendée, Dumouriez écrit, le 12 décembre, à Verteuil[1] :

Je suis arrivé, mon cher général, hier au soir à Fontenay où, à l'aide de M. de la Serre, commissaire des guerres le plus actif, le plus patient et le plus éclairé que je connaisse, j'ai réussi en quatre jours à former un bataillon assez beau avec un bon choix d'officiers. Je vous enverrai ces jours-ci l'état de cette revue et de celle des Deux-Sèvres ; en attendant, voici celui du bataillon de la Loire-Inférieure. Ce malheureux bataillon, assemblé depuis près de quarante jours, n'a pas une arme, ce qui est également honteux et dangereux.

Mandez-moi si vous avez trouvé dans les arsenaux de l'île de Ré les cinq cents fusils que vous leur destiniez, et qui leur sont annoncés, et si l'expédition en est faite...

Nous voilà sans Ministre[2], et cela se prolonge trop, vu les circonstances urgentes où nous nous trouvons. On me mande que le choix est balancé entre deux concurrents, M. Louis de Narbonne et moi. Si je suis nommé, ce sera bien sans l'avoir désiré et sans y avoir travaillé. Mais j'espère que l'absent aura tort, et je féliciterai de bon cœur celui qui m'enlèvera cette place épineuse.

Le 13, le général expédie au commandant du bataillon de la Vendée, Gratton, et quelques jours après, en copie, au lieutenant-colonel en second, Bouquet, cette

Instruction pour le lieutenant-colonel commandant du bataillon des volontaires de la Vendée[3].

Le commandant donnera, pendant le premier mois, des permissions aux officiers et soldats de son bataillon, tant pour leur faciliter la terminaison des affaires de famille qu'ils ont abandonnées pour venir se ranger sous le drapeau, que pour compléter les compagnies. Mais telles sont les conditions de ces congés : il restera toujours au corps un des deux lieutenants-colonels ; par compagnie, deux des officiers, deux des sergents, en y comprenant le sergent-major, trois des caporaux et trente fusiliers ou quarante grenadiers.

Il n'engagera pas un soldat au-dessous de cinq pieds deux pouces, jeune, bien tourné, et citoyen du département, connu par ses bonnes mœurs.

Il établira tout de suite une école de tambours *derrière le quartier de*

1. 3e des 7 cahiers de Dumouriez, Arch. nat., F7 4423.

2. Le maréchal de camp Louis Lebègue du Portail avait cessé d'être ministre de la guerre le 5 décembre. Jusqu'à l'installation de Louis de Narbonne, 8 janvier 1792, l'intérim fut fait par le Ministre de l'Intérieur, Valdec de Lessart, passé aux Affaires étrangères, où Dumouriez arriva le 17 mars 1792.

3. 4e des 7 cahiers de Dumouriez, Arch. nat., F7 4423.

la cavalerie, ou *derrière les Cordeliers*, et il chargera un officier de veiller à cette école et de rendre compte des progrès des tambours. *La place de tambour-maître sera la récompense de celui qui, au mois de janvier, aura montré assez de talents pour instruire les autres et être à la tête de l'école.*

Il établira dans chaque compagnie une école pour les premiers éléments de l'exercice, et une école de théorie pour les officiers et sous-officiers, pour apprendre à commander.

Il réunira deux fois la semaine les officiers et sous-officiers pour faire l'exercice, et chaque officier et sous-officier le commandera à tour de rôle.

Il réunira tous les dimanches le bataillon entier, ou au moins une fois la semaine, en choisissant un jour qu'il ne pleuve pas, et il le fera marcher en bataille dans la prairie, rompre par divisions, compagnies, pelotons, par les manœuvres indiquées dans l'exercice des gardes nationales sur deux rangs, qu'ont reçu les départements ; pour le maniement des armes, dès que les compagnies commenceront à être débourrées, il en tirera six hommes par compagnie qui formeront le peloton de modèle ou la première classe. *La place d'adjudant du bataillon sera la récompense de celui des sous-officiers qui, au mois de février, sera reconnu le meilleur instructeur du bataillon.*

Il établira un service de police pour chaque quartier, et un officier de chacune des compagnies casernées sera de police pendant toute la semaine, c'est-à-dire un officier pour chaque quartier. Cet officier fera la visite des chambrées, des ordinaires, du corps de garde, veillera au bon ordre, et rendra compte chaque matinée au commandant de ce qui se sera passé la veille au quartier ; ce service, qui roulera entre les lieutenants et sous-lieutenants, ne dispensera pas les autres officiers des compagnies de veiller sur la police et discipline de leurs compagnies respectives, dont ils rendront compte à leur capitaine, qui en outre verra tout par lui-même.

Le commandant avertira MM. les officiers que, pour répondre au choix qu'ont fait leurs camarades en les honorant du commandement, ils doivent donner l'exemple sur tous les points de la discipline militaire et de l'instruction. Si un officier s'adonne à l'ivrognerie, il sera puni par le commandant, surtout si c'est dans le temps de son service, si la faute est récidivée ou très grave, publique et de mauvais exemple, le commandant assemblera MM. les officiers, et le coupable sera destitué et renvoyé.

Jusqu'à ce qu'il y ait un décret sur le mode d'avancement, on montera de grade en grade par ancienneté de fusilier à sous-officier, de sous-officier à officier, ce mode d'avancement étant le plus juste et le moins sujet à cabales entre citoyens égaux.

Je ne vois pas, quant à présent, de service à établir pour le bataillon autre que la garde des différents quartiers ; cependant le commandant s'entendra avec MM. les officiers municipaux, et, s'ils jugent à propos d'établir un service en ville pour le bataillon, il y consentira et m'en rendra compte.

Il établira dans chaque compagnie, par un livret particulier, un tour de garde, un tour de détachement et un tour de corvée pour tous les grades. Les absents reprendront leur tour simplement, sans être obligés de le recommencer, puisque leur solde reste au bataillon.

Il sera établi un officier pour la visite d'hôpital pendant une semaine, et, chaque jour, un sergent de planton, qui assistera régulièrement aux heures de distribution; l'un et l'autre auront la police des malades du bataillon, les empêcheront de sortir, à moins que le médecin ou la supérieure ne le permettent, empêcheront qu'on ne leur apporte à manger du dehors, etc. Les officiers des compagnies iront cependant, en outre, visiter leurs malades, chaque compagnie étant une famille dont la fraternité fait la force.

Je recommande au commandant d'exhorter tous ses frères du bataillon à montrer beaucoup d'honneur dans leur conduite, d'attachement mutuel entre les officiers et les soldats, de patriotisme, et surtout d'obéissance aux lois militaires, qui font toute la force des citoyens armés et les rendront invincibles.

Le 17, Dumouriez écrit au commandant en second Bouquet :

... Annoncez à la compagnie de grenadiers que, dans une troupe de citoyens volontaires, il n'y a point de prérogatives ; tous également dans le bataillon sont frères et égaux. Les logements, le service, les corvées, tout doit être partagé par tous les individus du bataillon avec égalité, selon leurs grades. Les grenadiers ne doivent être distingués que par l'exemple qu'ils doivent donner de la subordination, de la discipline et de l'adresse au maniement des armes. Dites-leur que non seulement ils perdraient mon estime, s'ils avaient des prétentions différentes, mais qu'outre les punitions auxquelles les décrets et les lois militaires les soumettent en cas de mutinerie, je ferais un grand exemple des chefs de cabale, que je renverrais honteusement comme incapables de servir la patrie.

Défendez expressément à tous sous-officiers, grenadiers, fusiliers et tambours de porter la bayonnette en ville, cette arme ne devant jamais être séparée du fusil, et donnant à celui qui la porte l'air d'un assassin plutôt que d'un soldat; punissez sévèrement quiconque contreviendra à cette défense. Annoncez à tout le bataillon que la résistance contre la garde est un des plus grands crimes que puisse commettre un soldat-citoyen; s'il arrive un pareil cas, chassez tous les coupables du bataillon sans miséricorde, après leur avoir fait subir la prison.

Comme j'apprends que le sieur Gotingen, sergent de la 6e compagnie, s'est mis dans ce cas, je vous ordonne de le renvoyer du bataillon, et à l'avenir n'y recevez plus d'étranger, même à ma recommandation. Le département fournira assez de soldats pour que nous ne soyons pas dans le cas de garder des hommes de mauvais exemple.

Le même jour, à une lettre de Bouquet, qui vient de lui écrire, il répond :

Je vous réponds à la hâte, mon cher Bouquet, par M. Grolleau. Ne recevez aucun étranger dans le bataillon, surtout des soldats des colonies. Si le sergent de la 6e compagnie qui sort de ce corps se conduit mal, renvoyez-le. Annoncez aux sergents la place d'adjudant comme la récompense du meilleur instructeur. Elle ne sera donnée qu'au 1er février, pour que le choix soit fait avec discernement.

Réformez hardiment le fils de Goupilleau, médecin, qui a les jambes contrefaites, et tout homme qui sera ou faible, ou infirme, ou contrefait. Les grandes culottes et les sabots ont fait passer des hommes que j'aurais réformés, si j'avais pu les examiner plus scrupuleusement. Mandez à votre camarade Gratton que, quoique je lui aie dit de revenir sous huit jours, je remets à sa discrétion de prendre quelques jours de plus pour terminer ses affaires.

Travaillez fortement à l'instruction et à la discipline.

Le 23, toujours de Niort, il adresse les deux lettres suivantes[1] :

A Messieurs du département de la Vendée.

Messieurs,

Nous sommes sur le point d'une guerre très sérieuse, il nous faut des soldats forts et robustes, et nous devons nous attacher à la taille par quantité de raisons que vous sentez comme moi. Que ferons-nous des petits habits que nous aurons taillés sur de petits hommes, s'ils quittent le service par faiblesse ou s'ils grandissent? Je ne crains pas du tout que le découragement se mette dans la jeunesse de votre département; ils sont Français, et ils vont avoir à défendre la patrie et la liberté. Il ne manque à votre bataillon qu'une soixantaine d'hommes pour le porter au complet, et nous avons l'hiver devant nous pour choisir ; j'ai même ordonné à M. Bouquet d'éplucher bien soigneusement tous les sujets du bataillon, et de renvoyer tout ce qui est mauvais tant au moral qu'au physique; il prendra ce soin surtout avant de faire la dépense de l'habillement. J'aime mieux que le bataillon reste trois ou quatre mois incomplet que d'être un atelier de charité, composé d'hommes malingres, mal tournés ou trop petits. Rapportez-vous-en à l'expérience de M. Bouquet, qui est un excellent officier, et qui a toutes les qualités nécessaires pour mériter votre confiance.

A M. Bouquet, lieutenant-colonel en second du bataillon des Volontaires de la Vendée.

Je viens, mon cher Bouquet, de répondre à MM. les Administrateurs du département de la Vendée, qui me priaient de me relâcher des ordres que je vous ai donnés sur la taille des hommes à recevoir. Je leur mande que je tiens à ces ordres, et que je les prie de s'en rapporter à votre expérience pour le choix des recrues, et pour la réforme de ceux qui, d'après un examen scrupuleux, vous paraîtront hors d'état de servir.

Nous sommes sur le point d'une guerre très sérieuse, et je vous prie de dire à MM. les officiers que le bataillon ne doit être ni un atelier de charité ni une école d'enfants ; que nous avons besoin de soldats grands et robustes, qu'eux-mêmes doivent montrer beaucoup d'émulation sur le choix

1. 5e des 7 cahiers de Dumouriez, Arch. nat. F7 4423.

des hommes qu'ils présenteront, parce qu'il y aurait de la folie à se donner des compagnons d'armes incapables de les seconder. Bien loin de faciliter l'admission d'hommes trop petits ou trop jeunes, il faut que, dans leurs compagnies, ils vous indiquent ceux qui ont passé trop légèrement à cette revue d'inspection, et je vous autorise à les renvoyer avant qu'on fasse pour eux la dépense de l'habillement.

Je vous prie de dire encore à MM. les officiers que, pour la perfection de la discipline militaire et pour assurer la subordination, ils ne doivent ni faire ordinaire, ni boire, ni jouer avec les sous-officiers et soldats ; ce n'est ni par fierté ni par mépris de l'égalité que je leur prescris cette règle, mais parce qu'elle est indispensable. Vous voudrez donc bien leur dire que je vous charge de me rendre compte de ceux de ces messieurs qui prendraient cette habitude, et si, malgré les avis de leurs chefs, ils y persistaient, vous assembleriez MM. les officiers et vous leur feriez dresser une plainte d'après laquelle je prendrais un parti.

Annoncez à MM. les officiers qu'ils doivent être toujours en uniforme et avec une tenue décente ; il faut qu'ils pratiquent ce qu'ils ont ordre d'exiger. Il m'est revenu d'assez mauvaises notes sur la conduite, l'application et les talents de M. Ageron. Faites-le venir en particulier, lisez-lui cet article de ma lettre. Je serais fâché qu'il servît d'exemple, mais, s'il ne se rendait pas digne du choix que ses camarades d'armes ont fait de lui pour capitaine, je le destituerais d'après un Conseil de discipline que je ferais tenir sur son compte.

Répétez aux grenadiers ce que je vous ai mandé pour eux, et, s'ils se refusent à l'obéissance, punissez le chef de suite, et, s'il y a récidive, il faudra faire un exemple en cassant les plus coupables.

Trois jours plus tard, le 26 décembre, le même lieutenant-colonel Bouquet reçoit du général la lettre suivante[1] :

Je vous envoie, mon cher Bouquet, la lettre du nommé Sellier ; vous ne pouvez mieux faire que de renvoyer bien vite un pareil gaillard, qui ne pourrait que mettre votre bataillon en combustion.

Je vous envoie aussi la lettre du nommé Sauvage, gendarme national ; je vous préviens que c'est une mauvaise acquisition, il est ivrogne et mutin. Je ne conçois pas comment Gratton lui a fait espérer une place d'adjudant ; je l'avais refusé sur les comptes que ses supérieurs m'avaient rendus contre lui. Il ne sera pas longtemps dans ce bataillon sans se mettre dans le cas d'être puni.

Je vous recommande MM. Batard et Gaudin, de la Roche-sur-Yon, qui sont entrés dans la compagnie de grenadiers. Il faut dédommager ce district, *qui se plaint de n'avoir pas été averti à temps par le département d'alors*. Ainsi, sur leur conduite et capacité, vous me les proposerez pour officiers, s'il y a occasion.

Le 16 janvier 1792, Dumouriez envoie au département « une lettre de deux jeunes écoliers de Luçon » et dit :

1. 5e des 7 cahiers de Dumouriez, Arch. nat. F7 4423.

« M. Bouquet, à son retour, pourra vous dire s'ils sont en état de porter les armes et s'il convient d'agréer leur service...

M. de la Serre m'écrit que votre bataillon est tout nu et que cela le décourage. Pensons à la difficulté que nous avons eue à le lever, et ne donnons pas de prétexte pour le désordre. Je ne doute pas que vous ne fassiez des efforts extraordinaires pour l'habiller, et que vous ne fassiez chercher dans toutes les villes du département tout le drap bleu, blanc et rouge qu'on pourra trouver pour mettre cette fourniture en train et habiller au moins ceux qui en ont le plus grand besoin. Je sais que vous n'avez pas trouvé de ressources en ce genre à Nantes; vous avez certainement fait faire les mêmes recherches à la Rochelle, et les manufactures ne peuvent pas fournir à toutes ces demandes; aussi je juge de vos embarras, et je partage bien sincèrement vos anxiétés.

Sur l'habillement du bataillon, on lit dans le Compte du directoire au Conseil général du département en 1792 [1]:

... Le bataillon du département était organisé lorsque le Conseil termina sa session (de 1791); mais il était dépourvu de tout ce qui était nécessaire à son équipement et à son habillement; la plupart des hommes qui le composent manquaient même des vêtements les plus indispensables... Les toiles et les étoffes étaient devenues très rares; ces marchandises avaient éprouvé un surhaussement de prix considérable. La ville que nous habitons (Fontenay), n'eût pu nous procurer tous les effets dont nous avions besoin. Le Directoire envoya des Commissaires à Niort et à Nantes, écrivit dans plusieurs villes de commerce; enfin, après bien des démarches, il est parvenu à rassembler tout ce qui lui manquait pour compléter l'habillement et l'équipement de ces jeunes citoyens. Il a passé tous les traités avec les ouvriers et les fournisseurs, leur a délivré des mandats de payement, et la totalité de cette dépense s'élève à une somme de 80,000 livres, qui ont été versées par le Trésor public... La Nation ne doit certainement pas regretter l'emploi d'une telle somme, puisqu'elle a servi à mettre sur pied un des beaux bataillons de l'armée française, qui a demandé à marcher contre l'ennemi qu'il combat avec tant de courage sous les ordres du général qui a présidé à son organisation [2].

Avant l'organisation du bataillon de la Vendée, Dumouriez, dans une lettre du 1er décembre à Verteuil, avait annoncé son intention de remplacer à Fontenay les troupes de ligne, dont on avait besoin

1. *Compte de gestion et d'administration du directoire du département de la Vendée, présenté au Conseil général en* 1792, Fontenay, imp. Testard et Goichot, petit in-4° de 327 pages, aux Archives du département de la Vendée (p. 208-209).

2. Dans ce même *Compte*, p. 323, se trouve un arrêté du 27 février 1792, par lequel une souscription est ouverte pour envoyer des bas et des souliers au bataillon de la Vendée, alors en Belgique. Les membres du Conseil général ouvrirent cette souscription en versant 1,200 livres.

ailleurs, par ce bataillon, laissé au chef-lieu, « au moins un mois pour compléter son habillement et équipement et lui donner un peu d'ensemble et d'esprit militaire ». La continuation des craintes de troubles religieux et la nécessité de déplacer les troupes de ligne, de plus en plus indisciplinées par suite des démissions et émigrations d'officiers, obligèrent le général à mettre en garnison à Luçon les grenadiers des Volontaires, puis la première compagnie, dès qu'elle fut complètement équipée.

L'armement du bataillon achevé, les plus ardents des patriotes qui le composaient signèrent, le 12 janvier 1792, l'adresse que voici :

A l'Assemblée nationale
Les Volontaires du département de la Vendée [1].

Législateurs,

Nous sommes armés et pleins d'amour pour la Constitution, de haine pour les ennemis de la patrie. Nous jurons de nous ensevelir sous ses ruines plutôt que de trahir nos devoirs. Citoyens français, nous soutiendrons la gloire de ce nom; jusqu'à notre dernier soupir nous poursuivrons les tyrans, nous combattrons les traîtres et ne déposerons les armes qu'après le rétablissement de l'ordre et de la tranquillité publique. Il nous faut la paix, la Nation veut la paix; si elle ne peut l'obtenir que par la guerre, Législateurs, nous sommes prêts.

Nous sommes avec respect, Législateurs, vos très humbles et très obéissants serviteurs,

Étienne Mercier, 1er capitaine de la 2e compagnie; *Dorion*, capitaine à la 4e compagnie; *Latouche, Étavard, Jean Grimaud, Louis Fruchard*, volontaires; *Simon*, caporal de la 2e compagnie; *Giraudeau*, sergent-major de la 4e compagnie; *Charrier*, second sous-lieutenant de la 5e compagnie; *M. Denfer*, capitaine de la 6e compagnie; *Hullin*, grenadier; *Pichard*, premier sergent de la 7e compagnie; *Vernier*, capitaine de la 2e compagnie; *Queneau*, lieutenant des grenadiers; *Friconneau*, sous-lieutenant; *Rodier*, caporal de la 1re compagnie; *Mercier*, lieutenant de la 7e compagnie ; *R. Duchazeau*, premier sergent de la 2e compagnie; *Cornuaud*, volontaire; *Pluvier*, quartier-maître trésorier; *Touchard*, capitaine des grenadiers; *Courrier*, lieutenant de la 4e compagnie; *Martineau*, volontaire; *Auguste Fleury*, caporal de grenadiers; *Quétin*, grenadier; *Robin, Turpeau, Joly*, volontaires; *Brevet* cadet, sous-lieutenant de la 8e compagnie; *Marie-Paul Bouquet*, sous-lieutenant de la 7e compagnie; *Hulin*, lieutenant de la 3e compagnie; *Joffrion*, lieutenant de la 8e compagnie; *Armand Gourmaud, Marc Latouche*, volontaires, *Joseph Fleury*, ca-

1. Archives nationales, Dxl § I, l. 84; — lettre signée le 19 janvier 1792, lue à Assemblée législative le 19 février.

poral de grenadiers; *Gisolme*, *Jiselier*, volontaires; *Pierre Giraud*, *Raud*, *Martineau*, grenadiers; Jean *Avinet*, volontaire; *Deluse*, sergent des grenadiers; *Gavarraud*, caporal des grenadiers; *Millouain*, sous-lieutenant à la 6e compagnie; *Belliard*, capitaine de la 1re compagnie; *Pommeray*, capitaine de la 2e compagnie; *Julien Godet*, caporal de la 1re compagnie; *Gratton*, commandant en chef; *Faibvre*, lieutenant de la 6e compagnie; *Boutin*, capitaine de la 7e compagnie; *Ageron*, capitaine de la 3e compagnie; *François Parenteau*, *Rouillé*, lieutenants[1].

Le 29 avril 1792, le commandant Gratton, reçu à la barre de l'Assemblée nationale, demandait, « de la part de ses frères d'armes, à marcher sur les frontières ou à passer aux colonies. » L'Assemblée « admettait le pétitionnaire aux honneurs de la séance, décrétait la mention honorable du zèle des gardes nationales de la Vendée et le renvoi de leur pétition au Pouvoir exécutif[2]. »

La demande de « passer aux colonies » est expliquée par une « Adresse des citoyens de Saint-Martin de l'île de Ré, » qui eut beaucoup de retentissement sur les côtes vendéennes[3] :

... Législateurs, parlez! Nos marins patriotes brûlent du désir de voler sur les vaisseaux dont vous décréterez l'expédition. Vous connaissez le patriotisme des Rétois; il n'est pas équivoque. Ils ne seront pas travaillés par les prêtres réfractaires, car ils n'en ont conservé aucun dans leur île; ils ne le seront pas par les aristocrates, car l'aristocratie n'oserait y bégayer un seul mot. Parlez! et les Rétois, qui ont déjà un grand nombre de leurs frères partis pour la frontière, vont fendre les mers pour aller sauver leurs frères de Saint-Domingue, et ils ne relâcheront pas ceux-là, ils le jurent! Ils périront au milieu des dangers, ou ils sauveront la colonie; et, en sauvant une des sources les plus fécondes de la richesse de la France, ils mettront les gens égarés à l'abri de leur propre fureur, et tous vous devront leur salut et la paix!

1. On remarque, parmi ces signatures, des qualifications d'officiers qui ne s'appliquent pas au cadre formé en décembre 1791, ni à celui du registre de contrôle du bataillon en 1792. Sans doute Dumouriez institua quelques lieutenants et sous-lieutenants en double, et attribua ces grades à des fils recommandés de patriotes connus. C'est, croyons-nous, le cas pour les deux derniers pétitionnaires, Rouillé (des Sables) et Parenteau (de Luçon). Au milieu des papiers de Dumouriez (Arch. nat. $F^7 4568^3$), se trouve un certificat de civisme délivré à Auguste-Aimé Parenteau, âgé de 18 ans, fils de Henri-Noël Parenteau, maître chirurgien de Luçon et citoyen actif de cette ville; ensuite une note indiquant que Parenteau père, officier municipal de Luçon, a donné des preuves de patriotisme depuis le commencement de la Révolution et « jouit d'une fortune assez considérable pour être à même de tenir son fils dans le grade d'officier. » Cette note est datée du 11 août 1791.

2. Procès-verbal imp. de la Législative, p. 480.

3. Cette adresse « en faveur du régiment de Port-au-Prince, débarqué en la ville de Saint-Martin, » est très intéressante pour l'histoire de l'insurrection de Saint-Domingue. On la trouve aux Archives nationales, DXL-4, classée à tort dans la liasse *Vendée*.

Historique militaire du premier bataillon.

Le 4 mai, Gratton étant encore à Paris, le bataillon de la Vendée reçut l'ordre, en date du 1er, de quitter Fontenay et les divers points du département où il avait des détachements, pour se rendre à l'armée du Nord[1]. Il fut reçu au camp de Maulde, dans la 1re division de la petite armée du lieutenant général Beurnonville[2]. Il coopéra, sous Dumouriez, à la campagne de l'Argonne, à la défense des « Thermopyles de la France ». S'il ne fut pas à la canonnade de Valmy, il rentra des premiers dans Longwy, et se couvrit de gloire à la bataille de Jemmapes, les 5 et 6 novembre.

Des vicissitudes de plus en plus cruelles commencèrent pour lui durant les retraites de Hollande et de Belgique, au commencement désastreux de la campagne de 1793. Le 1er mars, sa compagnie de grenadiers, jointe au 2e bataillon de la réserve, était hachée dans les rues d'Aix-la-Chapelle[3]. Devant Tirlemont, le 16 avril, il fut des affaires des 18, 20 et 21 devant le Quesnoy; il combattit encore le 1er et le 8 mai[4]. Refoulé par des forces supérieures, il s'enferma dans Maubeuge. Il participa à toutes les sorties de la garnison pendant le blocus de cette place. De l'avant-garde aux ordres de Marceau, il essuya le feu de l'ennemi à la montagne de Sprimont, ainsi qu'à Darin et se porta ensuite sur Dusseldorf.

Le 16 frimaire an III, 6 décembre 1794, il fut amalgamé dans la 89e demi-brigade, avec un bataillon du 45e régiment, ci-devant la Couronne, et le 1er bataillon de la Meurthe, formé le 19 août 1791.

La 89e demi-brigade se rendit, aussitôt organisée, sous les murs

1. La date est indiquée par Mercier du Rocher dans ses Mémoires inédits.

2. Le futur Ministre de la Guerre au moment de la grande insurrection vendéenne de mars 1793. En août 1792, il s'intitulait « Ajax Beurnonville, fils aîné de Dumouriez », qui, au mois d'avril suivant, devait le livrer aux Autrichiens. Rentré en France, avec les quatre commissaires de la Convention qu'il accompagnait, après 33 mois de captivité, en novembre 1795, il reprit du service, se rallia à Bonaparte lors du 18 Brumaire, devint sénateur et comte de l'Empire, ambassadeur à Berlin et en Espagne, et n'en coopéra pas moins à la restauration de Louis XVIII, comme membre du gouvernement provisoire en 1814. Il accompagna le roi à Gand pendant les Cent-Jours, et fut enfin créé maréchal de France et marquis. Il était né le 10 mai 1752, à Champignolles; il mourut à Paris le 23 avril 1821. Ce fut, dit M. Chuquet (*Valmy*, p. 153), « le plus hâbleur des généraux de la Révolution. »

3. Nous suivons le registre des Archives de la guerre comprenant l'*Historique des troupes* d'après les notes envoyées par les corps en l'an IX.

4. Le général Kilmaine, commandant en chef provisoire des deux armées du Nord et des Ardennes, donnait avis au Comité de salut public, les 21-23 juillet 1793 : « que le citoyen Vinet, capitaine des grenadiers du bataillon de la Vendée, avait quitté son poste en présence de l'ennemi sans en rendre compte à ses chefs, et cela sous prétexte d'aller dénoncer à la Convention nationale le général Noyrod, commandant au Quesnoy. » (Arch. hist. de la guerre, correspondance reçue par le Comité de salut public, reg. C, f° 290.)

de Luxembourg et contribua par ses travaux à la reddition de cette place (7 juin 1795). Elle s'est ensuite portée sur Manheim, et plusieurs fois distinguée, tant avant que pendant le blocus de cette ville par l'armée ennemie. Elle partagea le sort de la garnison faite prisonnière de guerre.

Le 25 pluviôse an IV, 14 février 1795, les débris de la 89e, rendue à la liberté à la suite de la paix de Bâle avec la Prusse (5 avril 1795), furent amalgamés, avec la 198e[1], dans la 79e demi-brigade.

La 79e, de l'armée de la Moselle, passa à l'armée du Rhin, puis à celle d'Italie. Elle arriva à Gratz au moment de la signature des préliminaires de la paix (Leoben, 15 avril 1797), rétrogada et occupa Venise le 16 mai.

Le 25 prairial an V, 13 juin 1797, elle fut comprise dans l'expédition aux îles du Levant. Le 10 messidor, 29 juin, elle se trouvait sous les ordres du général Gentilly à Corfou. Les cinq premières compagnies de son second bataillon furent envoyées aux îles de Céphalonie. Elles formèrent un camp sous Prevyza, et un de ses détachements fut massacré par les troupes d'Ali-Pacha. Ce qui en restait fut dispersé dans les îles de Sainte-Maure, Parga, Prevyza et Ithaque. L'escadre franco-russe, ayant repris ces îles et bloqué Corfou, la 79e résista vaillamment à des forces de beaucoup supérieures, mais, ses dernières ressources épuisées, elle dut capituler le 12 ventôse an VII, 3 mars 1799.

Rentrée en France, elle se réorganisa à Lyon, arriva à Paris le 20 thermidor, 7 août, et fut envoyée le 11 nivôse, 8 janvier 1800, à l'armée de l'Ouest. Combien ramenait-elle au pays des volontaires partis en 1792 ? Pas le dixième sans doute.

LE PREMIER COMMANDANT, GRATTON

Le premier commandant du bataillon de la Vendée, Antoine-Jacques-Aimé-Émery Gratton, était né à Saint-Gilles-sur-Vie le 27 janvier 1750. Lieutenant de canonniers gardes-côtes de la division de Beauvoir le 1er mars 1779, il avait obtenu le grade de capitaine le 11 juin 1784[2]. On l'a vu représenter sa paroisse natale à l'assemblée générale des électeurs du Poitou en 1789, participer à la Fédération de Challans en 1790, organiser la garde nationale de

1. La 198e demi-brigade comprenait les restes du 10e bataillon de Paris dit des Amis de la Patrie (formé le 4 septembre 1792), des 6e et 8e bataillons du Pas-de-Calais (formés les 31 oct. et 4 nov. 1792), du 7e bataillon de la Charente-Inférieure (formé en août 1792), du 1er bataillon auxiliaire d'Eure-et-Loir (formé le 14 fructidor an VII, 31 août 1799).

2. D'après ses états de service aux Arch. adm. de la guerre.

Saint-Gilles, et y former un premier corps qu'il qualifia de « Volontaires nationaux[1]. »

Membre du conseil général du département, désigné, au renouvellement de l'administration en 1791, comme membre suppléant du directoire, aussitôt après son élection au commandement du premier bataillon de la Vendée il donna sa démission en ces termes[2] :

Messieurs,

Entré dans l'état-major du bataillon de la Vendée, je viens donner ma démission de la place de suppléant dont vous m'avez favorisé; ce qui me console d'être obligé de prendre ce dernier parti, c'est la conservation de ma place d'administrateur, qui me procure l'avantage de continuer à partager vos travaux, autant que me le permettront les occupations de mon nouvel état.

Je suis avec fraternité, Messieurs, votre collègue, GRATTON.

L'ardeur de son patriotisme lui avait valu d'être élu lieutenant-colonel; mais sans doute il n'avait pas les aptitudes indispensables au commandement. Dumouriez l'aida à sortir du bataillon et à entrer dans la gendarmerie nationale en Vendée, lieutenant à la résidence des Sables-d'Olonne, le 1er août 1792. Son installation ne fut pas, paraît-il, sans difficulté, car il écrivait :

Au général Dumouriez[3].

Saint-Gilles, le 21 septembre 1792, l'an IVe de la Liberté, le premier de l'Égalité.

Mon général,

Un citoyen entièrement dévoué à la liberté et à l'égalité ne peut entendre sans la plus vive émotion l'approbation bien prononcée que l'on donne à leur défenseur, et il lui serait impossible ne ne pas mêler sa voix à la voix publique. Qu'il me soit donc permis, mon général, de manifester ici tout le respect, toute l'estime dont je suis pénétré pour votre zèle à servir, à sauver la patrie. Que ne puis-je être témoin de vos succès ! Si je me voyais rappelé sous vos ordres, je m'estimerais heureux; c'est mon cœur qui vous parle, et c'est pourtant moi que mon successeur au commandement du bataillon de la Vendée a peint à mon département comme jouant le patriotisme ! D'après cette inculpation, faite par mon ancien collègue, le Directoire a cru pouvoir refuser de recevoir mon serment et d'enregistrer ma commission de lieutenant de gendarmerie, malgré votre attestation et celle de Beurnonville, qui rendent témoignage de ma conduite et de mes principes. J'ai fait passer ces attestations au Ministre de la Guerre, en l'informant des difficultés soulevées par le directoire de Fontenay et j'attends une décision à

1. V. notre tome I, p. 58, 125, et l'appendice n° 4, p. 495.
2. Reçue le 12 décembre et insérée au procès-verbal du Conseil de département.
3. Lettre extraite des papiers de Dumouriez, Arch. nat. F[7] 4598[6].

cet égard. Vous savez, mon général, quelles sont les raisons qui m'ont déterminé à entrer dans la gendarmerie nationale, vous avez même eu la bonté de me donner vos avis relativement à ce nouveau service qui, en me procurant l'avantage d'être utile à mon pays par continuation, m'assure un état stable. Verrais-je mes espérances trompées ? ce serait cruel pour moi ; je perdrais un long service non interrompu et sans reproche, et, après avoir fait des sacrifices onéreux, je manquerais de moyens pour subsister. Mon général, par une suite de l'intérêt que vous avez daigné prendre à moi, dès que j'ai eu l'honneur d'être connu de vous, vous ne me perdrez pas de vue.

Je suis avec le plus profond respect, mon général, le citoyen

GRATTON.

Définitivement pourvu de la lieutenance de gendarmerie des Sables, il s'y distingua, durant toute « la guerre contre les brigands », par l'ardeur de son dévouement à la République. Durant plusieurs semaines, il fut chargé de présider la Commission militaire qui, en vertu de la loi du 19 mars, envoyait à l'échafaud les rebelles pris les armes à la main. Il ne s'y montra pas implacable et fit prononcer de nombreux acquittements. Conservant sa gaieté native et son amour de la poésie légère, il devint le chansonnier enthousiaste des cérémonies civiques et des fêtes décadaires [1].

Il fut réformé le 1er vendémiaire an VI, 22 septembre 1797. Mais il rentra dans la gendarmerie en l'an X, comme sous-lieutenant quartier-maître au département du Cher. Il passa, le 13 février 1807, dans le département de l'Hérault, où il resta jusqu'au 23 novembre 1822. Il fut alors mis à la retraite; on lui compta six ans de campagnes militaires, dont deux à l'île d'Aix en 1780 et 1781, et quatre aux armées du Nord et de l'Ouest de 1792 à 1797 [2].

LE SECOND COMMANDANT, BOUQUET

Avant d'être élu, le 5 décembre 1791, lieutenant-colonel en second du 1er bataillon de la Vendée, Charles-Benjamin Bouquet, né le 20 octobre 1763, à Chantonnay, avait servi comme soldat et caporal dans le 79e régiment d'infanterie; il avait fait ensuite partie de la garde nationale, depuis l'origine, à Luçon [3], où son père était médecin des épidémies [4]. Après avoir succédé à Gratton comme lieutenant-colonel en premier du bataillon vendéen, il passa, le 8 mars 1793, chef d'escadrons au 19e régiment de dragons [5].

1. Nous aurons à reparler de Gratton, dans la suite de cet ouvrage, *La Vendée patriote*.
2. D'après ses états de service.
3. Registres matricules du 13e chasseurs à cheval, n° 2; Arch. adm. de la guerre.
4. D'après Mercier du Rocher, Journal manuscrit.
5. Registres matricules du 9e dragons, n° 1; Arch. adm. de la guerre.

Il épousa alors une demoiselle Gaudin, fille du receveur des douanes à Tours. Ayant découvert dans ses papiers des lettres d'un Commissaire des guerres, Dufay, il se prit de violente querelle avec elle. Elle partit pour Paris avec celui que son mari avait appelé son séducteur, raconte Mercier du Rocher[1] ; « il y poursuivit les amants, et donna plusieurs coups de poignard au Commissaire, qui, revenu à la vie, se maria avec la femme divorcée et plus tard s'installa avec elle au château de Richelieu, qu'il avait acheté dans la vente des biens nationaux. »

A la suite de ce scandale, Bouquet quitta le 19e dragons et passa chef de brigade au 13e chasseurs à cheval, le 30 floréal an II. La note suivante était mise à son nom par le général Harvillé, après une inspection de l'an VI[2] :

Est très susceptible de bien remplir ses fonctions, mais il a besoin de s'employer d'une manière plus active et d'acquérir des connaissances en comptabilité.

Le résumé de ses « campagnes, actions et blessures » est ainsi donné au registre matricule du régiment[3] :

A fait les campagnes de 1792 en Champagne et au Nord ; celle de 1793 à l'armée des côtes de l'Ouest ; celles des ans II, III et IV, à l'armée du Nord ; celles des ans V et VI aux armées de Sambre-et-Meuse et d'Allemagne ; celles des ans VII, VIII, IX, à l'armée d'Italie.

A eu un cheval tué sous lui, le 16 germinal an VII, à la bataille de Vérone ; deux chevaux tués sous lui, le 23 floréal an VII, à la bataille près de Valence en Piémont.

Très ferme républicain, Benjamin Bouquet désapprouva hautement le coup d'État du 18 Brumaire. Lorsque fut posée la question du consulat de Bonaparte à vie, il écrivit *non* au bas de la feuille de plébiscite adressée au régiment dont il était le colonel. Destitué à cause de cela, il revint à Luçon, où il se remaria avec Mlle Majou des Groix, qui ne lui donna pas de postérité. Il mourut « subitement, après avoir mangé la soupe, le 10 octobre 1815, âgé de 59 ans, dans la maison dit du Châtaigner, qu'il tenait en ferme de MM. Gauly ; il fut enterré à Sainte-Hermine[4]. »

1. Journal manuscrit à la date de nivôse an II.
2. Registres matricules du 13e chasseurs, n° 1 ; Arch. adm. guerre.
3. Id., N° 2.
4. Journal manuscrit de Mercier du Rocher à la date.

Les états de service de Touchard ne se retrouvent pas. Mais il existe[1] une demi-douzaine de lettres où il explique lui-même, au premier consul Bonaparte d'abord, et ensuite à Monsieur, lieutenant-général du royaume, qu'il a été un brave et fidèle soldat de la République, en qualité de capitaine des grenadiers vendéens, puis comme commandant des grenadiers de la Légion nantaise, après son retour de l'armée de Dumouriez et jusqu'à la pacification en lutte avec les insurgés royalistes.

Touchard, ex-commandant des grenadiers de la Légion nantaise, au général Bonaparte, premier consul de la République française.

Paris, 30 pluviôse an VIIIe de la République française.

Gervais TOUCHARD, ex-commandant des grenadiers de la Légion nantaise, dont la moralité, le civisme et la bravoure sont connus tant des membres composant la députation de la Loire-Inférieure que des diverses autorités constituées de Nantes et communes environnantes, où il a combattu les rebelles de ces contrées à la tête des grenadiers de cette légion; a perdu toute sa fortune, ses propriétés ayant été incendiées par les brigands, qui, connaissant son amour pour la République, lui ont pillé, brûlé et volé jusqu'à sa dernière chemise; enfin, à la suite d'une guerre aussi pénible que meurtrière, il est resté infirme pendant trois ans, marchant avec des béquilles.

Citoyen Consul, si le sort d'un brave et zélé républicain peut vous intéresser, actuellement qu'il a recouvré sa santé et ses forces, jaloux de partager encore une fois les glorieux travaux de ses frère d'armes, il demande à reprendre du service dans tel corps et dans telle arme où vous jugerez à propos de l'employer, mais de préférence dans l'un de ceux destinés à combattre les scélérats désorganisateurs de leur pays et ennemis du règne de la justice et de la prospérité. Veuillez donc agréer son service et le placer dans son grade de chef de bataillon ou d'adjoint à un état-major, ou enfin dans un commandement de place, où il puisse employer sa bravoure, son républicanisme, et mettre à profit les connaissances des localités des contrées qu'il possède parfaitement. Il n'est âgé que de 47 ans, plein de zèle, de courage, entièrement dévoué à la Liberté et à la Constitution de l'an VIII.

Salut et respect, TOUCHARD, *rue Saint-Denis*, n° 61.

En marge : — Je ne demande que justice, et quand on a d'aussi grands droits, on doit l'espérer. Je ne demande qu'un instant de votre attention pour vous convaincre.

Rien n'indique que Touchard soit alors rentré dans l'armée. Mais, quand un nouvel appel de volontaires fut fait au nom de la

1. Aux Archives adm. de la guerre.

patrie en danger, en 1814, il fut des premiers à s'enrôler dans le régiment de la Loire-Inférieure. La Restauration ayant dissous sa troupe, il se trouva à Paris dans une grande misère et n'hésita pas à demander de l'emploi au Ministre de la Guerre, au duc de Berry et au comte d'Artois. Il écrivait, le 28 mai 1814,

A Son Altesse Royale Monsieur, lieutenant-général du royaume.

Monseigneur,

Depuis vingt-cinq ans j'ai l'honneur d'être commandant de la garde nationale, que j'ai organisée à mes frais et fait instruire et armer. En 1791 la patrie fut declarée en danger; je volai à son secours, quittant mon épouse et ma fabrique, comme capitaine de grenadiers du bataillon de la Vendée. Je chassai les Prussiens des plaines de la Champagne, je combattis les Autrichiens sur la plate-forme de Jemmapes et les repoussai jusqu'aux extrêmes frontières de France sous les ordres de Dumouriez. Après cette campagne, la cruelle guerre de la Vendée éclata. Étant de retour dans mes foyers, je fus nommé par le district de Clisson commandant de la force armée contre les rebelles, que j'ai combattus pendant quelque temps; il me fallut céder à la force majeure. Je réunis ma garde nationale en armes et en activité. Je sauvai les habitants, les administrations, et même la caisse publique de la férocité des rebelles. Enfin, j'ai fait une trouée à travers l'armée ennemie, qui était de plus de 20,000 hommes, avec le secours du détachement de Nantes, n'étant cependant pas plus de 600 combattants. Nous arrivâmes à Nantes après un combat de douze heures, et, arrivé, je fus promu au grade de colonel des grenadiers par le général de la garde nationale, avec lequel j'ai combattu jusqu'à la pacification de la Vendée. J'ai de plus organisé, sous les ordres du général Laval, la légion de Nantes, que j'ai commandée à l'attaque générale de cette ville.

Voilà, Monseigneur, les services que j'ai rendus à ma patrie sous le régime de la Royauté et de la République, avec honneur. J'ai toutes les pièces au soutien de ces faits.

Voilà ce que j'ai fait sous Napoléon : depuis six mois la patrie a été déclarée en danger par son Auguste Impératrice; comme ancien officier, je suis parti un des premiers de Nantes pour venir à l'organisation du régiment de la Loire-Inférieure comme capitaine de grenadiers. J'ai combattu de suite contre les armées alliées avec avantage, à la garde de Châteauneuf et d'Orléans, où nous les avons empêchées d'entrer et sauvé cette ville ainsi que ses habitants du pillage. De là, destinés pour Compiègne, nous avons combattu jusqu'à la capitulation; nous avons encore sauvé les habitants et la ville du pillage, ainsi que le superbe château. Ayant été licencié, le 12 courant, par Monseigneur le maréchal Marmont, je me suis empressé de vous émettre mon adhésion et de venir vous demander du service auprès de votre Auguste Frère, dans sa garde ou dans quelque dépôt.

Ma reconnaissance égalera vos bienfaits.

De plus, Monseigneur, j'ai beaucoup de parents de ma dernière épouse qui ont été aux ordres de défunt le Roi de France, votre Auguste Frère, ainsi que de votre maison, mais j'ignore s'ils existent encore; ils attendent, ainsi que moi, l'heureux avenir de la Royauté pour le bonheur de la France, depuis si longtemps malheureuse et opprimée.

Par votre Auguste recommandation, Monseigneur, vous rendrez à la vie et au bonheur un militaire qui fera tous ses efforts pour la mériter et s'en faire gloire. Quoique à soixante ans, je suis un des plus robustes et des plus forts de mon régiment, et je désirerais pouvoir vous en convaincre, si Votre Altesse Royale daignait m'accorder la faveur de me présenter devant Elle.

J'ai l'honneur d'être, avec le plus grand respect, de Votre Altesse Royale le très humble et très obéissant serviteur,

TOUCHARD, capitaine, *cloître Sainte-Opportune, n° 4.*

Les Cent-Jours de la rentrée de Napoléon rendirent ces démarches inutiles. Touchard les réitéra, le 14 février 1816, auprès du Ministre de la Guerre et du roi Louis XVIII.

Le ministre (Clarke, duc de Feltre), lui fit répondre le 15 mars suivant :

Son Excellence me charge d'avoir l'honnenr de vous accuser réception et de vous prévenir que la nature de vos services ne vous rend pas susceptible d'obtenir une solde de retraite, et que votre âge avancé et l'Ordonnance du Roi qui suspend toute nouvelle promotion dans l'armée, ne me permettent pas de vous accorder de l'emploi comme officier dans la ligne.....

Le colonel d'état-major chef du 3e bureau, Cte DE MEULAN.

LE CAPITAINE DE LA PREMIÈRE COMPAGNIE, CLAVEAU

Claveau (Hilaire-François), né à Fontenay-le-Comte le 29 octobre 1765, passa capitaine de la 1re compagnie de la 79e demi-brigade. Son dossier des Archives administratives de la guerre ne contient qu'une lettre datée de Saint-Servan, 10 floréal an X, 30 avril 1802, dans laquelle il déclare que, vu son faible tempérament il ne peut continuer la carrière militaire. En transmettant cette offre de démission au Ministre, le chef de brigade écrivait :

Saint-Servan, 20 floréal.

Je prie le Ministre de la Guerre d'obtempérer à la demande de démission du citoyen Claveau, capitaine. Cet officier, peu digne de cet emploi par son peu de connaissances dans l'état militaire, a tenu, d'ailleurs, jusqu'à ce jour une conduite bien éloignée de mériter le grade auquel il se trouve élevé. Capitaine de première classe, il commande en ce moment le 1er bataillon de la demi-brigade. Il pourrait se trouver souvent dans ce cas ; alors son insouciance deviendrait nécessairement nuisible au bien du service. Toutes ces raisons sont auprès de moi de grands motifs pour solliciter et presser l'acceptation de sa démission.

Le chef de brigade, GODARD.

LE CAPITAINE DE LA SIXIÈME COMPAGNIE, DENFER

Denfer (Pierre-Marie-René-Thomas)[1], né le 21 décembre 1769, au Langon (Vendée), fils de René-Luc d'Enfer du Clousy, avait été élu capitaine de la 6e compagnie des volontaires nationaux de la Vendée par 53 suffrages, formant la majorité absolue, au scrutin ouvert le 8 décembre 1791 et clos le 10[2].

Se trouvant en congé dans son pays au mois de mars 1793, il fut, le 15 avril, nommé provisoirement adjoint à l'état-major de l'armée de la Vendée par le général Beaufranchet d'Ayat. Le chef d'état-major Nouvion lui donnait, le 6 mai, « l'ordre de faire les réquisitions nécessaires pour se procurer des gardes nationales dans le nombre qui lui paraîtrait convenable pour les postes de Champ-Saint-Père et du Port-de-la-Claye. »

Le 26 prairial an II, 14 juin 1794, il écrivait au représentant du peuple Pierre Auguis :

Je crains d'abuser de tes bontés, citoyen représentant, en t'adressant mes états de service et la lettre de Biot[3], qui te témoigne l'envie qu'il a de m'avoir pour son adjoint. Je te prie d'avoir la complaisance de parler pour moi à la 9e Commission de la guerre et de me faire avoir un brevet le plus tôt possible. Car, quoique je sois l'adjoint de Biot, si je n'ai pas une pièce authentique qui le prouve, je me verrais peut-être privé du plaisir d'être en activité, si on supprimait ceux qui ne seront pas commissionnés. Ce qui me fait encore plus désirer cela, c'est que, si quelques généraux me demandaient la manière dont je suis employé, je serais du moins à même de le leur montrer. Tu me marquais de demander à un général de l'armée de l'Ouest, sous lequel j'avais servi, un certificat; il ne s'est trouvé que le général Legros, qui a certifié seulement une commission de capitaine au bataillon de la Vendée; un ordre de Beaufranchet-Dayat, par lequel j'étais provisoirement employé à l'état-major, et un ordre de Nouvion portant que je commandais le poste de la Claye. J'espère que ce certificat sera suffisant pour prouver que j'ai été employé comme adjoint à l'état-major. Je te prie de vouloir bien avoir la bonté de me faire expédier mon brevet le plus tôt possible et de me croire, ainsi que les citoyens Lapparent et Goupilleau, ton dévoué concitoyen,

Pierre-Marie DENFER.

1. D'après son acte de baptême, dans son dossier des Arch. adm. de la guerre.
2. Procès-verbal de l'élection dressé par Esnard et Majou, commissaires du département de la Vendée.
3. La lettre de l'adjudant-général manque au dossier de Denfer.

Le « tableau de service » joint à la lettre porte :

Garnisons : Avesnes, Landrecy, Le Quesnoy, Bruxelles.

Camps : Maulde, Famars, Châlons, Sainte-Menehould.

Affaires où je me suis trouvé : Le 30 et 31 août (vieux style) à Maulde; à l'affaire du 20 septembre, dans la Champagne, et à différentes actions dans la Belgique ; — à l'affaire du 25 mai à Fontenay-le-Peuple et à différentes autres actions dans la Vendée.

Observations : J'ai toujours servi depuis le 15 avril 1793 (v. st.) comme adjoint à l'état-major de l'armée de l'Ouest. J'ai eu dans cette qualité le commandement du poste de la Claye, et n'ai cessé d'être en activité de service depuis la Révolution. Je demande que la Commission de la guerre m'expédie un brevet d'adjoint aux adjudants-généraux sans troupes, pour servir sous l'adjudant-général Biot.

Fontenay-le-Peuple, le 26 prairial an II de la République une et indivisible.

P^re^-M^ie^ Denfer.

Son certificat de civisme, délivré par le Conseil général de la commune de Fontenay-le-Peuple, le 15 messidor an II, est signé du maire *Brisson* et de tous les membres présents; approuvé par les administrateurs du district, *Moreau,* président, etc.; enfin vérifié par le comité de surveillance révolutionnaire le 16 messidor : *Guéry* aîné; *Constantin Boudard,* pour le président; *Joly, Bidal, Joubert, H. Gaspard, Barbotin, Delangle.*

AUTRES OFFICIERS[1]

Gabriel Brevet, sergent-major à la formation du 1er bataillon de la Vendée, 5-10 décembre 1791, devint sous-lieutenant le 1er juin 1792, capitaine le 13 décembre suivant, passa dans les états-majors le 15 floréal an II, y resta jusqu'au 1er thermidor an III; adjudant de place à Fontenay-le-Peuple le 15 frimaire an IV, il fut nommé capitaine de la 3e compagnie franche de la Vendée le sixième jour complémentaire de l'an VII; sa compagnie fut incorporée dans le second bataillon de la légion de la Loire, le 30 messidor an IX, mais il ne fut pas compris dans l'organisation. Par arrêté du premier Consul, en date du 19 nivôse an X, il fut admis au traitement de réforme attribué au grade de lieutenant[2].

1. Nous manquons de renseignements sur le lieutenant Friconneau, qui s'était mis en vue par sa déclaration du 25 juin 1791 contre de Loynes et la conspiration de la Noblesse. (Voir notre tome Ier, p. 378-379.)

Nous aurons l'occasion, dans la *Vendée patriote*, de reparler du capitaine Pommeray, organisateur et chef du bataillon provisoire formé aux Sables, lors de la « première réquisition de la liberté », au mois d'août 1793. Il mourut en 1795 des suites des blessures qu'il avait reçues dans la guerre civile.

2. D'après ses états de services (Arch. adm. de la guerre), auxquels est jointe la pièce que nous produisons.

Brevet a ainsi raconté lui-même sa vie militaire jusqu'au milieu du mois de janvier 1795 :

État à remplir par chaque officier.

Né roturier à Chantonnay, département de la Vendée, fils d'un chirurgien. Agé de 28 ans.

A servi depuis le commencement de la Révolution, d'abord comme garde national, sans interruption; — a servi dans le 1er bataillon de la Vendée, 8e compagnie, comme sergent-major, sous-lieutenant et capitaine.

Il fut fait capitaine à Bruxelles, au mois de décembre 1792. Sa promotion aux différents grades a été faite par sa compagnie à la pluralité absolue des suffrages, conformément à la loi de ce temps-là.

Il a été remplacé pour n'avoir pas pu se rendre à son corps, conformément à la loi, qui enjoignait à tous les officiers de l'armée de la Belgique de rejoindre au 1er avril.

Il n'a point encore été réintégré.

Au camp sous Thouars, le 26 nivôse, 3e année républicaine.

Brevet, *capitaine, aide de camp.*

Observations : Ayant reçu, conformément à la loi, un congé limité du Ministre de la Guerre pour passer un mois chez lui pour faire ses affaires, au moment où il se disposait à partir pour rejoindre son corps, conformément à la loi, arriva la malheureuse rébellion de la Vendée. Il fut requis par sa municipalité [1], comme connaissant le métier de la guerre, de marcher à la tête de la garde nationale contre les rebelles. Il écrivit au bataillon l'impossibilité où il était de pouvoir rejoindre; mais, l'armée faisant alors sa retraite de la Belgique, on ne reçut point sa lettre. Je fis au général Beaufranchet d'Ayat et au représentant Auguis, à Fontenay-le-Peuple, une pétition, avec les pièces à l'appui, pour les engager à écrire au Ministre de la Guerre de suspendre mon remplacement. Ce qu'ils firent; mais il était trop tard, j'avais été remplacé. Enfin je me présentai, le 20 juin 1793, chez les représentants du peuple Jard-Panvillier, Goupilleau (de Fontenay), de qui j'étais connu, et Lecointe-Puyraveau, auxquels, dans une pétition, avec les pièces à l'appui, je fis part de ma position. Ceux-ci, pénétrés de la justice, me donnèrent un arrêté qui me continuait mes appointements de capitaine comme si j'eusse été présent à mon corps, jusqu'à ce que le Ministre de la Guerre eût statué sur mon sort. Le présent arrêté et les pièces à l'appui furent envoyés au Ministre, qui est encore à décider. Cependant j'ai entré provisoirement dans le 1er bataillon d'élite formation d'Orléans, où j'ai fait le service dans mon grade, jusqu'au moment où je suis entré, en qualité d'aide de camp, avec le général de brigade Charlery. Depuis le commencement de la guerre intérieure et extérieure, j'ai toujours été en activité de service.

Au camp sous Thouars, le 26 nivôse 3e année de la République une et indivisible.

Brevet, *capitaine, aide de camp du général Charlery.*

1. Chantonnay, où il était en congé et où il se retira lorsqu'il fut réformé.

DURAND (Charles-Louis-Auguste), né à Fontenay en 1770, lieutenant à la formation du bataillon de la Vendée, devint, le 13 juin 1792, capitaine au même corps, qu'il suivit dans son embrigadement. Par décret impérial du 30 juin 1809, il fut nommé chef de bataillon du 11e régiment de ligne. Il avait été décoré de la Légion d'honneur le 14 brumaire an XII[1].

Atteint d'infirmités provenant des fatigues de son service, il demanda sa mise à la retraite. Elle lui fut accordée, sur un rapport au Ministre de la Guerre, du 31 décembre 1811, et l'ordre de « le remplacer promptement en Catalogne » fut en même temps expédié.

Le Conseil d'administration du 11e de ligne établissait, par certificat délivré à Grenoble le 6 mars 1812, qu'à la date de la veille, la récapitulation de ses services à compter pour la retraite, s'élevait au total de 55 ans et trois mois. L'administration de la guerre abaissa le chiffre à 33 ans, 5 mois et 26 jours.

Il avait fait les campagnes de 1792 et 1793, des ans II, III et IV aux armées du Nord, de Sambre-et-Meuse et du Rhin ; des ans V, VI et VII, en Italie et aux îles du Levant; des ans VIII, IX et X à l'armée de l'Ouest ; de l'an XII, au camp de Bayonne ; de l'an XIII, au camp sous Saintes ; de l'an XIV et de 1806, en Italie ; de 1807 et 1808, en Dalmatie; de 1809, en Allemagne; de 1810, en Illyrie ; de 1811 et 1812, en Espagne.

Sa pension de retraite fut liquidée par décret impérial du 6 avril 1812, à 1,418 francs.

Il rentra au service le 15 octobre 1812, comme chef de bataillon au 55e régiment de ligne.

Sur PICARD, ancien lieutenant au bataillon de la Vendée, on ne connaît que sa mort, rapportée dans le Journal manuscrit de Mercier du Rocher, à la date du 17 octobre 1815. Fils d'un procureur au siège de Fontenay et devenu directeur de la Loterie royale (ci-devant impériale), à Bourbon (ci-devant Napoléon), « il se brûla la cervelle dans la cour de la préfecture, à huit heures du matin, craignant que le préfet ne lui ôtât son emploi pour le faire donner à un jeune homme qui venait tenir ses états. »

LE GÉNÉRAL BELLIARD

Du premier bataillon de la Vendée sont sortis deux officiers

1. États de services certifiés par le conseil d'administration du 11e de ligne, Arch. adm. de la guerre.

généraux célèbres, Belliard et Bonnamy. Le premier fut un homme heureux ; le second fut un héros.

Augustin-Daniel Belliard naquit le 25 mai 1769, à Fontenay-le-Comte. Son père, fils d'un métayer à Chaix, était procureur au siège de cette ville[1].

En 1789, à l'occasion d'une grave émeute contre les « accapareurs »[2], il concourut à la formation d'une compagnie de jeunes citoyens, qui fut, au mois d'avril 1791, incorporée dans la garde nationale. Il y obtint le grade de lieutenant et passa capitaine à la formation du bataillon de volontaires, le 8 décembre.

Dumouriez s'était très intimement lié, durant son séjour en Vendée, avec son beau-frère, Séverin Pervinquière, procureur général syndic du département. L'amitié du général lui valut d'être employé dans l'état-major de l'armée du Nord dès son arrivée au camp de Maulde. Il fut nommé chef de bataillon, le 8 mars 1793.

Après la trahison de son chef et protecteur, il eut à se justifier devant le Comité de sûreté générale de la Convention. On l'envoya avec son grade à l'armée des côtes de la Rochelle, et ce fut lui qui, le 13 juillet, reçut la mission d'amener le général Westermann à la barre. Le Ministre de la Guerre le suspendit de ses fonctions, et, comme le Comité de salut public l'interrogeait sur cet acte, Bouchotte déclara :

> Belliard a été à l'état-major de l'armée du Nord du temps de Dumouriez ; je me suis rappelé qu'au moment de partir pour la Vendée, il m'avait montré quelque répugnance à venir dans ce pays, où il avait des parents[3].

D'après ses états de service conservés aux Archives administratives du ministère de la guerre :

> Le 28 thermidor an II (15 août 1794), Belliard fut autorisé à aller servir aux frontières comme simple volontaire. Il ne fut remis en activité, avec le titre d'adjudant général chef de brigade que le 29 fructidor an V (10 septembre 1797).
>
> Le général en chef de l'armée d'Orient, Bonaparte, le nomma général de division le 5 floréal an VII, et ce grade lui fut définitivement remis le 29 fructidor (6 septembre 1799).
>
> Gouverneur du Caire, quand cette ville fut attaquée par les Turcs et les Anglais, il fut blessé au ventre et, après une belle défense, obtint une capitulation honorable.
>
> Belliard était le 27 frimaire an XIII (18 octobre 1804), commandant dans la 24e division militaire. Il se distingua dans l'état-major de Murat, à

1. Journal manuscrit de Mercier du Rocher, 4e cahier : « 6-7 juin 1811, dans la nuit, mort d'Augustin Belliard, père du général. »

2. Voir tome Ier, p. 77.

3. La réponse est au dossier de Belliard, Arch. adm. de la guerre.

Wertingen (8 octobre 1805), à Amstetten (4 novembre), à Austerlitz (2 décembre).

Au mois de novembre 1808, il devint chef d'état-major général de l'armée d'Espagne; en 1809, il commandait la Nouvelle-Castille et le gouvernement de Madrid[1].

En novembre 1810, chef d'état-major général de l'armée du Centre, il se trouva disponible le 1er octobre 1811. Le 25 décembre suivant, il fut chargé de commander la 9e division du corps d'observation de l'Elbe, devenue la 3e division du 2e corps. En juillet 1812, chef d'état-major du corps de réserve de la cavalerie, colonel général des cuirassiers le 5 décembre, il passa, le 19 juillet 1813, aide-major-général de la Grande-Armée.

Commandant Metz le 1er juillet 1814, il fit sa soumission à Louis XVIII, en demandant que la cocarde tricolore fût conservée. Sa Majesté refusant « les couleurs nationales », il en exprima ses regrets au Ministre de la Guerre et lui annonça « que, par mesure de prudence, il n'avait pas cru devoir encore arborer le drapeau blanc, et qu'il s'était abstenu de remplacer les autorités nommées pour la ville par Bonaparte, attendu qu'elles avaient la confiance publique[2]. »

On lui donna un successeur, mais il ne fut pas mis en disponibilité; le 14 juillet, il était chargé de la première inspection générale des cuirassiers. Bientôt même, le 16 mars 1815, le duc de Berry le fit venir auprès de lui comme chef d'état-major général de l'armée royale.

Quelques jours après se produisait le débarquement du prisonnier de l'île d'Elbe à Fréjus et sa marche triomphale sur Paris. Belliard escorta le roi et les princes jusqu'à Beauvais, où Louis XVIII lui donna congé.

Il revint vers Napoléon qui le salua ironiquement : « Vous voilà donc, chef d'état-major général de l'armée blanche[3] ! » Cependant l'empereur le mit, le 9 juin, à la tête des 3e et 4e divisions militaires réunies.

La seconde Restauration le fit arrêter le 22 novembre 1815 et le retint en prison jusqu'au 3 juin 1816. Compris, le 30 décembre 1818, comme disponible dans le cadre d'organisation des états-majors, il fut réintégré, le 5 mars 1819, dans le siège qui lui avait été attribué, le 4 juillet 1814, à la Chambre des pairs.

Après la Révolution de 1830, au mois de mars 1831, le général

1. Dans cette situation, rapporte Mercier du Rocher, Journal manuscrit, 4e cahier, janvier et juin 1811, Belliard s'enrichit, dotant sa nièce Émilie Pervinquière de 50,000 fr., achetant pour lui-même de très belles terres et envoyant de précieux objets au collectionneur Poey d'Avant.

2. D'après la correspondance conservée dans le dossier de Belliard aux Arch. adm. de la guerre.

3. D'après une note du Journal manuscrit de Mercier du Rocher, 5e cahier.

Belliard fut nommé ambassadeur à Bruxelles. C'est lui qui signa le traité par lequel fut consacrée l'indépendance de la Belgique. Il mourut le 30 janvier 1832, d'une attaque d'apoplexie. La ville de Bruxelles lui fit de splendides funérailles et lui érigea une statue[1].

LE GÉNÉRAL BONNAMY

Le second général sorti des rangs des Volontaires nationaux de la Vendée n'a pas eu la fortune aussi favorable que son compatriote. Mais son nom reste attaché à l'un des plus brillants exploits de notre valeur nationale : l'enlèvement, par le 30e régiment de ligne, à la bataille de la Moskowa, de la redoute d'où quarante canons russes mitraillaient l'armée française, et qui ne put être reprise que quand Bonnamy eut perdu son dernier homme et que lui-même fut tombé, percé de vingt coups de baïonnettes.

Charles-Auguste-Jean-Baptiste-Louis-Joseph Bonnamy était né à Maillezais en 1764. Il eût succédé à son père, mort à plus de quatre-vingt-cinq ans, si la charge de maître des eaux et forêts, dont il était pourvu à Fontenay, n'avait été supprimée en 1790[2]. Il fut des premiers inscrits pour la formation du bataillon de la Vendée, où il n'obtint que le grade de caporal. Mais, s'étant tout de suite fait remarquer à l'armée du Nord par son extraordinaire bravoure, dès le 17 juin il passa sous-lieutenant dans le 17e régiment de cavalerie, ci-devant Royal-Lorraine.

Il fit la campagne de l'Argonne et celle de Belgique sous Dumouriez.

Après la trahison de ce général, il fut attaché à l'état-major de son successeur, Dampierre. Il quitta celui-ci pour aller servir dans son pays natal contre les royalistes. Kléber l'employa, et Marceau, en 1794, l'emmena à l'armée de Sambre-et-Meuse, où il fut nommé adjudant-général. Investi du commandement de l'aile gauche, il la dirigea avec succès et devint chef d'état-major. En 1795, il se distingua de nouveau à l'attaque de Mayence ; il se trouvait à côté de Marceau, quand le jeune héros fut blessé mortellement à Altenkirchen, le 20 septembre 1796. Sous l'accusation d'avoir favorisé les approvisionnements de la garnison autrichienne d'Ehrenbreitstein, en état de blocus[3], il fut destitué le 26 novembre de cette même année. S'étant disculpé, il fut remis en activité à l'armée de Rhin-et-

1. Belliard a laissé des *Mémoires* mis en ordre par un de ses aides de camp, Vinet, et publiés à Paris, 1842, en 3 petits volumes in-8° ; ils ne sont intéressants que pour les négociations de Belgique. Belliard a une notice assez développée dans les *Biographies vendéennes* de C. Merland.

2. D'après la notice de Léon Audé, *Annuaire de la Société d'émulation de la Vendée*, 1857, p. 269-274. Voir aussi celle de Beauchet-Filleau dans le *Dict. des Familles de l'ancien Poitou*.

3. D'après la notice de Michaud junior dans la *Biographie universelle*.

Moselle, d'où il passa à l'armée d'Italie. Le jour de l'occupation de Rome, 15 décembre 1798, Championnet le nomma général de brigade sur le champ de bataille. Il fut confirmé dans ce grade le 8 janvier 1799[1].

A la suite de la conquête de Naples et de la fondation de la République parthénopéenne, il se trouva mêlé au violent conflit qui éclata entre le gouvernement militaire et la Commission civile expédiée de Paris sous la direction de Faypoult de Maïsoncelle, ancien ministre des finances et futur préfet de l'Empire. A l'expulsion de ses agents, le Directoire exécutif répondit en ordonnant au général en chef de l'armée de Naples et à son chef d'état-major de venir à Paris expliquer leur conduite au Ministre de la Guerre.

Championnet et Bonnamy étaient trop républicains pour désobéir. Dès leur entrée en France, ils furent arrêtés, puis emprisonnés à l'Abbaye, pour être traduits en Conseil de guerre, sous les inculpations de concussions et d'excès de pouvoir.

Le coup d'État du 30 prairial (17 juin 1799), où les deux Directeurs La Revellière et Merlin furent expulsés du pouvoir exécutif et remplacés par Roger-Ducos et le général Moulins, abolit le procès intenté aux conquérants du royaume de Naples.

Mis en liberté et rendu à l'activité, Bonnamy alla prendre, le 24 août, un commandement à l'armée du Rhin; il y combattit sous Gouvion-Saint-Cyr et Moreau. Celui-ci, au mois d'avril 1800, le chargea d'aller conduire des renforts à Bonaparte pour la campagne d'Italie. Bonnamy était à Marengo, mais l'ardeur de son républicanisme et la popularité que lui valait son courage éclatant déplurent au premier Consul; il fut réformé sans traitement le 11 juillet 1800.

Pour sa défense et celle de Championnet, il avait écrit, en 1799, un *Coup d'œil rapide sur les opérations de la campagne de Naples*; il publia, en 1803, un second mémoire sur la *Révolution de Naples*[2].

Retiré en Vendée, maire de la Flocellière et membre du Conseil d'arrondissement, il se trouva dans une des députations qui allèrent saluer l'empereur lors de son passage à Napoléon, ci-devant la Roche-sur-Yon, en 1809. Il y fut remarqué, et peu après, la carrière militaire lui était rouverte. Il fut remis en activité de son grade le 16 mars 1811 et employé dans la Grande-Armée le 8 avril suivant. Sa brigade faisait partie du corps du maréchal Davout, duc d'Auerstædt et prince d'Eckmühl, qu'elle suivit en Pologne et en Russie; elle fut presque entièrement détruite à Smolensk et à la Moskowa, le 17 août et le 7 septembre 1812. Bonnamy était considéré comme

1. D'après ses états de service aux Arch. adm. de la guerre.

2. Nous ne connaissons que le premier de ces ouvrages (petit in-8° de 116 p., Paris, Dentu, an VIII.)

mort, mais il avait été guéri de ses nombreuses blessures; après vingt-deux mois de captivité, il fut rendu à la France et reparut à Paris.

On lit dans un rapport du 3 octobre 1814, approuvé le 16 par le ministre de la guerre (Dupont de l'Étang)[1]:

M. le maréchal de camp Bonnamy, qui rentre des prisons de Russie et qui est en ce moment sans destination, rappelle au Ministre qu'il a bien voulu lui promettre de l'employer, lorsqu'il a eu l'honneur de lui être présenté par M. le maréchal prince de la Moskowa. Il prie Son Excellence, dans le cas où Elle ne pourrait lui donner de l'activité, de le faire nommer au grade de lieutenant-général, afin qu'il puisse jouir du traitement de non-activité de ce grade.

M. le lieutenant-général comte de Morand a déclaré, dans un certificat ci-joint, « qu'ayant rendu compte de la manière héroïque avec laquelle M. le général Bonnamy enleva, avec sa brigade, la grande redoute de droite, à la bataille de Borodino ou Mojaïsk [2], ce général fut nommé officier de la Légion d'honneur, le 11 octobre 1812 (le décret de nomination n'est point parvenu) ; que la promesse fut aussi faite par Bonaparte, que le général Bonnamy, qui était resté criblé de coups de baïonnette au pouvoir des Russes, après avoir fait une des actions qui ont le plus illustré les armées françaises, serait promu au grade de général de division à son retour de prison dans l'armée. »

Le prince de Wagram a certifié les faits contenus dans la déclaration du général de Morand.

M. le maréchal prince de la Moskowa a écrit deux fois de la manière la plus instante en faveur de M. le maréchal de camp Bonnamy, qu'il présente comme un officier de la plus grande distinction et dont les services pourraient être utiles dans la Vendée, à raison de la considération et de l'influence dont y jouit sa famille.

Le général Bonnamy a été, à différentes époques de sa carrière militaire, l'objet d'inculpations graves. Condamné dans le mois de frimaire an V, à deux années de fers par un conseil de guerre, comme prévenu d'avoir extorqué 574 louis par voie de réquisition, il fut acquitté par un autre Conseil de guerre, dans le mois de floréal de la même année, et fut remis en activité de service.

Un arrêté du Directoire exécutif du 13 thermidor an VII avait ordonné sa mise en jugement, comme étant prévenu d'exactions dans le royaume de Naples ; mais, le 13 thermidor de la même année, cet arrêté fut rapporté, et le général Bonnamy fut envoyé à l'armée des Alpes.

Ce général est âgé de 50 ans ; il a 22 ans de services, dont 11 dans l'état de réforme, et il compte 16 ans de services dans son grade actuel.

Il n'est porté pour aucun grade sur les contrôles de la Légion d'honneur,

1. Extr. du dossier de Bonnamy, Arch. adm. de la guerre. Au rapport sont jointes es pièces justificatives.

2. Bataille de la Moskowa.

et cependant il est certain, d'après l'attestation du général de Morand et du prince de Wagram, qu'il a été nommé officier de la Légion d'honneur le 10 octobre 1812.

On propose de demander qu'il soit conservé dans son grade à l'époque sus-indiquée.

Bonnamy ne devint lieutenant-général que le 11 janvier 1815. Il fut aussi décoré de Saint-Louis, mais il demeura en disponibilité jusqu'aux Cent-Jours. Ses compatriotes le députèrent à la grande fête dite du Champ-de-Mai, le 1er juin 1815, où Napoléon prêta serment à l'Acte additionnel et distribua des drapeaux à l'armée, à la garde nationale et aux présidents des collèges électoraux des départements. Le 4 juillet c'était Bonnamy qui commandait la colonne formée des troupes de toutes armes évacuant Paris et dirigée derrière la Loire. Il emmena avec lui et ainsi conserva à la France les grands dépôts d'armes et de munitions qui se trouvaient dans la capitale et aux environs. Le 11 septembre, il avait la mission de procéder à la dissolution et à la réorganisation des régiments d'infanterie de l'armée de la Loire, dans le département de la Vienne. Il fut mis en non-activité le 1er novembre.

De taille moyenne, solidement constitué, blond, le teint coloré, le nez retroussé, les yeux petits mais très vifs, spirituel, insouciant et généreux, il était d'un caractère charmant avec ses amis, mais, pour les autres, il avait des emportements redoutables. C'est ainsi que, durant son commandement à Poitiers, en 1815, discutant avec le maire, Guichard d'Orfeuille, il lui cria devant toutes les autorités : « Vous êtes fait, ma foi, pour faire un maire, comme un âne pour porter un bât ! »

Il mourut, dans sa famille qui le chérissait, à la Flocellière, le 7 août 1830, au moment où la Révolution de Juillet allait le rappeler à l'activité.

CHAPITRE XXII

CONTINUATION DES MOUVEMENTS SÉDITIEUX. — DIFFICULTÉS MILITAIRES ET ADMINISTRATIVES

Dumouriez venait de manquer le ministère de la guerre, en décembre 1791 ; il se préparait, dans les premiers mois de 1792, à enlever le ministère des affaires étrangères, ou, si la guerre éclatait, à saisir la direction de la défense nationale. En attendant, dans son commandement secondaire de la 12e division militaire, il continua à manifester le patriotisme le plus ardent, le civisme le plus vif et une adresse politique merveilleuse, pour empêcher le fanatisme des populations rurales, sans cesse surexcité, de produire une redoutable insurrection.

Dans les *Mémoires*[1], qu'il écrivit, dès la fin de 1793, pour expliquer son inexcusable défection, on lit sur son action en Vendée :

> Le général prit des notes sur tous les prêtres du département et sur tous les nobles qui l'habitaient ; ce qui le mit à même de ne dissiper que deux ou trois des rassemblements et de protéger les autres, en faisant donner des avis prudents aux curés de bonne foi, et ils étaient en grand nombre. Quand les administrateurs lui communiquaient de la crainte sur ces rassemblements, qu'il savait innocents, il montait à cheval avec ses aides de camp, s'y rendait sans escorte et revenait chargé des bénédictions de ces bonnes gens. Pendant tout le temps de sa résidence en Vendée, *il n'a pas été tiré un coup de fusil;* il n'eut à agir que contre deux prêtres séditieux, dont un était un curé sermenté, qu'il fit chasser par l'évêque constitutionnel de Luçon, qui était un homme de bien comme celui de Nantes; tous les deux secondaient ses vues pacifiques..... Un seul homme sage eût pu contenir ce pays, que le général quitta avec regret.

1. Éd. de 1822-1823, t. I, p. 127-128.

Le général Turreau, dans ses *Mémoires pour servir à l'histoire de la guerre de la Vendée* [1], insinue que « Dumouriez n'est peut-être pas aussi étranger qu'on le croit » à cette guerre. Il cite [2] Quetineau, qui laissa prendre Thouars par les insurgés, comme « l'ami, la créature de Dumouriez » [3]. Cependant, durant son commandement, de 1791-1792, Dumouriez ne paraît pas avoir noué de relations, plus tard utilisables, avec les préparateurs de l'insurrection de 1793. Au mois de juin de cette dernière année, il était si peu au courant des hommes de « l'Armée Catholique Royale », qu'il prenait le perruquier Gaston pour un noble, « Monsieur de Gaston », et qu'il proposait aux cabinets étrangers « d'ouvrir une négociation avec ce généralissime » des troupes royalistes [4] !

En 1791, Dumouriez ne conspirait pas avec les partisans de l'Ancien régime ; il s'était posé alors en défenseur de la Constitution, et plus tard, après le 10 août 1792, il se mit au service de la Révolution avec un enthousiasme d'autant plus sincère, momentanément, qu'il comptait utiliser les victoires, que son génie militaire remporta pour le salut de la patrie, à jouer un rôle trop lourd pour son âge, celui que le jeune Bonaparte devait prendre au 18 brumaire de l'an VIII.

LE COMPLOT DES CINQ PAROISSES

L'agitation commencée par la « Pétition des non-conformistes de Saint-Mars-la-Réorthe [5] », malgré les efforts du district de la Châtaigneraie, que contrariait l'administration centrale du dépar-

1. Éd. de 1824 (collection Berville et Barrière), p. 70, note.
2. Ibid. p. 73 note.
3. Pierre Quetineau était né en Anjou, au Puy-Notre-Dame, en 1757. Il avait servi huit ans dans le régiment de Champagne, du 4 juillet 1772 au 4 juillet 1781. Élu capitaine des grenadiers à la formation du 1er bataillon de volontaires des Deux-Sèvres, le 6 octobre 1791, il fut, par Dumouriez, attaché à l'état-major de l'armée du Nord, en 1792, et obtint le grade de lieutenant-colonel le 11 janvier 1793. En congé dans son pays au moment où éclata l'insurrection vendéenne, il forma, pour la combattre, sur la demande des habitants de Thouars, un corps d'armée d'environ 3,000 hommes qui, après avoir évacué Bressuire, le 2 mai, fut, le 4, attaqué dans Thouars par 20,000 Vendéens, et se rendit. Retrouvé en prison, lors de la prise de Saumur par les royalistes, Quetineau refusa encore de rester avec eux, et alla se reconstituer prisonnier à Tours. Il fut condamné à mort par le tribunal révolutionnaire de Paris, le 26 ventôse an II, 16 mars 1794. Nous produirons dans la seconde partie de notre ouvrage, dans la *Vendée patriote*, l'une des très rares pièces conservées sur lui aux Archives administratives de la guerre et les plus intéressants des documents qui forment le dossier de son procès, Archives nationales W 338. Rien n'y indique qu'il ait eu des relations avec Dumouriez au moment de la trahison du mois d'avril 1793.
4. Correspondance de Dumouriez en exil dans l'*Histoire de la Terreur*, par Mortimer-Ternaux, t. VI, p. 595.
5. Voir ci-dessus, tome Ier, ch. XII, p. 348-355.

tement, prit, à la fin de l'année 1791, des proportions périlleuses. Dumouriez écrivait, « du château de Niort », le 17 décembre,

A Messieurs du département de la Vendée[1].

Messieurs, je viens de recevoir un exprès du capitaine Champanoir, en quartier aux Épesses avec une compagnie du bataillon des Deux-Sèvres; il me mande qu'il y a apparence d'un complot entre cinq paroisses, Saint-Mars-la-Réorthe, les Épesses, Saint-Malo[2], Chambretaud et la Flocellière, pour l'attaquer dans les fêtes de Noël; que les rassemblements se font toutes les nuits à la Bellotière chez M. Coutouly-Dorset[3], et, à la Traverserie, chez Mme de Toucheprés[4]. J'ai fait partir ce matin M. de Martigny, lieutenant-colonel de ce bataillon[5], pour aller juger lui-même de la réalité de ce rapport, et y mettre ordre en cas de besoin; c'est un officier plein d'expérience et de valeur, qui y mettra autant de fermeté que de prudence en cas de besoin.

Il passe par Bressuire, où il laisse l'ordre à la compagnie du même bataillon, qui y est en garnison, de se tenir prête à marcher s'il en a besoin, sur l'ordre qu'il lui enverra; dans ce cas, il se ferait joindre par cette compagnie et par vingt-cinq hommes de la troupe de ligne de Châtillon. J'écris au commandant de les fournir sur sa réquisition. Je lui enverrais en outre d'ici la compagnie de grenadiers, et je prendrais encore d'autres mesures, si l'affaire devenait sérieuse; mais j'espère que ce sont des bruits vagues, et que la seule présence de M. de Martigny les dissipera. En cas d'événement je vous prierai de donner tous les ordres nécessaires dans le district de la Châtaigneraie pour la marche et le cantonnement des troupes, et j'aurai soin de vous indiquer leur nombre et leur emplacement; ce qui sera subordonné à la tranquillité du pays.

Le 19, le lieutenant-général commandant la 12e division était ainsi averti :

A Monsieur de Verteuil.

Le 12 de ce mois, un capitaine du bataillon des Deux-Sèvres en garnison aux Épesses et à Saint-Mars-la-Réorthe, m'a écrit par un exprès, que cependant

1. 4e des 7 cahiers de la correspondance de Dumouriez, du 5 au 19 décembre 1791, Archives nationales F7 4423.

2. Saint-Malo-du-Bois.

3. A tort écrit dans la minute de la lettre « Cotoli d'Orsé ». — Coutouly-Dorset est inscrit dans la liste des émigrés du département de la Vendée comme propriétaire dans deux communes du district de Fontenay et ayant eu son dernier domicile à Saint-Michel-de-Montmalgues, district de la Châtaigneraie. On retrouve, parmi les 61 personnes jugées par le tribunal révolutionnaire de Paris le 19 messidor an II, 7 juillet 1794, non loin des deux Robert de Lézardière : « Alphonse Coutouly, 35 ans, né à Luçon, homme de lettres avant et depuis la Révolution, demeurant à Paris, rue de la Loi, banqueroutier. » (Arch. nat. W 409 dossier 941.)

4. Voir note tome Ier, p. 350.

5. Pierre Bouchet-Martigny, ancien militaire, lieutenant-colonel en second à la formation du 1er bataillon des Deux-Sèvres, le 6 octobre 1791, le devint en premier le 7 novembre 1792, et donna sa démission le 7 janvier 1793. (Reg. de contrôle, Arch. adm. de la guerre.)

je n'ai reçu que le 16, qu'il était menacé d'un rassemblement de cinq paroisses voisines, qui ont projeté d'attaquer, vers les fêtes de Noël : il me nomme les auteurs et chefs de cette conjuration. J'ai fait partir avant-hier M. de Martigny, lieutenant-colonel de ce bataillon, ancien officier, chevalier de Saint-Louis et homme d'esprit, pour aller sur les lieux vérifier les faits. Il passe par Bressuire, où j'ai une autre compagnie, à qui il donnera l'ordre de le joindre en cas de nécessité absolue. Je l'ai muni d'un pareil ordre pour tirer 25 hommes du détachement du 84e régiment, qui est à Châtillon. Il serait en outre aidé par les brigades voisines de la gendarmerie nationale et par les gardes nationales de Pouzauges et des Herbiers, qui sont très bonnes. Ce premier rassemblement de troupes, auquel se joindrait la compagnie de grenadiers des Deux-Sèvres, mettrait M. de Martigny à la tête d'une force de plus de 250 hommes, qui doivent suffire pour tranquilliser ce pays. Mais, en cas que l'insurrection ne fût pas apaisée par cette première force, je tirerais de Clisson 50 hommes du 84e régiment ; de Machecoul une compagnie de grenadiers du même régiment ; de Nantes, 25 dragons du 16e régiment, qui y sont depuis 15 jours, 50 hommes de la cavalerie nantaise, 4 à 500 de la garde nationale de cette ville, et j'amasserais une force de 12 à 1,500 hommes, dont au moins 150 à cheval et 2 pièces de canon de 4. Ainsi je serais bien sûr de faire finir très vite ces troubles. J'espère que nous n'aurons pas besoin de ces dispositions militaires, et que la seule présence de M. de Martigny, qui a de la prudence et qui est fort aimé dans le pays, suffira pour apaiser ces projets de révolte, soufflés par nos vilains prêtres. Je vous rendrai compte de ce qui se passera, mais je ne puis pas quitter avant que tout cela soit fini. Faites tenir prêtes les 4,000 cartouches que je vous ai demandées, et même 4,000 de plus ; si j'en ai besoin, je vous enverrai une estafette.....

Le 22, était expédié cet ordre :

Ordre pour M. Racapet[1].

M. Racapet[2] partira samedi, 24 décembre, pour se rendre de Bressuire à Saint-Mars-la-Réorthe, passant par Châtillon. Il tâchera, s'il est possible, de faire cette marche en un jour avec sa compagnie, et, pour y réussir, il laissera à Bressuire tous ceux de ses soldats qui pourraient embarrasser sa marche. Il vaut mieux qu'il n'arrive qu'avec quarante ou cinquante hommes bien dispos que de retarder son arrivée par des traînards. Il est averti que sa mission est de se trouver à portée de donner du secours à ses camarades cantonnés aux Épesses, et qui peuvent craindre une révolte de plusieurs paroisses, dont le projet soupçonné est de les attaquer dans la nuit de Noël ou pendant les fêtes. M. Racapet, cantonné à Saint-Mars-la-Réorthe, ne se trouvera qu'à une demi-lieue de la compagnie de Champanois, et ces deux compagnies peuvent se soutenir mutuellement.

M. de Martigny, aux ordres duquel sont les deux compagnies, et qui

1. 5e des 7 Cahiers de correspondance de Dumouriez, du 22 au 29 décembre 1791, Archives nationales F7 4423.
2. Capitaine au bataillon des Deux-Sèvres.

restera aux Épesses tant qu'il y trouvera sa présence nécessaire, donnera des ordres ultérieurs à M. Racapet, et le renverra dans son quartier de Bressuire quand il jugera que la tranquillité est parfaitement rétablie dans ce canton et que la présence de la compagnie de Racapet n'y est plus nécessaire.

MM. les officiers municipaux de Bressuire ont été prévenus sur ce mouvement par la lettre que je leur ai écrite le 16 décembre et par celle de M. le procureur général du département, lettres qui leur ont été remises par M. de Martigny ; ainsi il ne peut y avoir aucune difficulté pour les chevaux et chariots nécessaires pour la marche de cette compagnie.

Si, malgré son zèle et celui des braves volontaires qu'il commande, M. Racapet ne pouvait pas arriver à Saint-Mars en un jour et qu'il fût obligé de coucher à Châtillon, il partirait de cette dernière ville le 25 décembre, de très bonne heure, mais, dans tous les cas, il enverra devant lui le sergent-major, ou même un officier pour le logement, de manière à en être précédé au moins de trois heures, et, s'il est obligé de coucher à Châtillon, ce sergent le précédera de manière à arriver le 24 au soir à Saint-Mars-la-Réorthe pour annoncer l'arrivée de la troupe, parce que cette nouvelle, répandue dès le soir, peut empêcher l'exécution des projets, s'ils existent.

En même temps qu'il déployait ainsi la force publique, Dumouriez négociait avec les principaux de ceux qui préparaient, sinon un soulèvement, au moins une manifestation pour les fêtes de Noël.

Le 22 décembre, toujours de Niort, il répondait :

Au ci-devant curé des Épesses.

J'accepte avec plaisir, Monsieur, l'engagement que vous prenez avec moi de prêcher la paix dans un pays où vous avez exercé si longtemps des fonctions respectables à tous égards. Je garde votre lettre, et je souhaite que tous les prêtres, quelles que soient leurs opinions, prennent les mêmes engagements. Vous jugez bien que toute opposition à la loi amènerait dans votre canton beaucoup de troupes qui calmeraient très vite les troubles en s'emparant des malintentionnés, qu'on livrerait aux poursuites des tribunaux. Votre petit *Journal de Louis XVI* est un mauvais livre, plein de partialité, de mensonges et d'injures ; je crois que vous ferez bien à l'avenir de vous passer de la lecture d'un aussi mauvais nouvelliste ; mais en cas que vous croyiez ne pas devoir faire ce sacrifice à votre propre tranquillité, je vous conseille au moins de ne le colporter ni prêter à personne, parce que ce serait vous compromettre très imprudemment pour une niaiserie. Je m'en rapporte à votre prudence.

Le 29, Dumouriez, qui a obtenu l'abandon des projets formés pour les fêtes de Noël, fournit à l'Administration départementale les renseignements les plus précis sur les effets de sa démonstration militaire et sur l'état des esprits :

A Messieurs du département de la Vendée [1].

Messieurs, M. de Martigny est depuis avant-hier de retour des Épesses, où j'avais fait joindre la compagnie en garnison à Bressuire pour y passer la nuit de Noël. L'apparition de cette troupe, la prudence et les bons propos du lieutenant-colonel Martigny ont répandu dans le canton une peur salutaire qui, au moins pour le moment, a arrêté la mauvaise volonté. Mais, d'après le compte que me rend cet officier supérieur, le calme qu'il y a établi ne durera pas longtemps, et *il faut s'attendre à une explosion, surtout si les émigrés qui, par leurs relations, tiennent le fil de ces mouvements, font une tentative, ou si la guerre se déclare.*

Mme de Toucheprés est retirée à Montaigu, mais elle recèle dans son château le vicaire de Challans, qu'on regarde comme le boute-feu de ce canton. Sa messe, toujours terminée par une quête, est le prétexte de nombreux rassemblements. L'ancien curé des Épesses a été fort effrayé de la présence des troupes, et m'a écrit une lettre pleine de protestations de tranquillité. M. Coutouly d'Orset a été encore plus effrayé d'une conversation avec M. de Martigny, et il est parti du canton après avoir fait un emprunt de 20,000 francs, qu'on dit être l'ultimatum de ses facultés actives et passives. J'imagine qu'il est allé grossir l'arrière-ban des secrétaires du Roi à Coblentz.

Le plus grand danger de ce canton vient du mauvais esprit des municipalités. Le maire des Épesses, et surtout celui de Saint-Mars, sont dangereux par leur attachement au fanatisme. La paroisse de Saint-Malo, trop voisine de Saint-Laurent [2], est un des points de rassemblement, et, si les volontaires n'étaient pas craints, ils seraient assommés.

Pour vous faire juger de la haine qu'on leur porte dans ce canton, je vous envoie la lettre du sieur Boutiller, juge de la Flocellière, à l'officier commandant le détachement de Saint-Mars. On n'aurait pas écrit une pareille lettre à la troupe de Mandrin, et il s'agit de six têtes de choux, que les volontaires ont offert de payer, et dont on refuse l'argent pour leur en faire un crime. Je m'en rapporte à vous, Messieurs, pour le soutien de l'honneur de ces braves et honnêtes soldats-citoyens, qui, quoique ressentant cet affront, se sont contentés de me renvoyer cette ridicule lettre.

D'après l'état dangereux de ce pays, je crois nécessaire d'y rassembler dans le mois prochain deux compagnies de plus, pour éviter que les malheureux cultivateurs, égarés par des boute-feu, se portent à des violences qui forceraient les administrateurs à employer les armes. Il vaut mieux les montrer que de s'en servir.

En conséquence, je vous propose que les deux compagnies du bataillon des Deux-Sèvres, qui devaient être en garnison à Châtillon, soient cantonnées, l'une à Saint-Mars, l'autre à la Flocellière. Ainsi, au lieu de six compagnies placées dans les deux districts de Montaigu et de la Châtaigneraie, vous en

1. 5e des 7 Cahiers de correspondance de Dumouriez, du 22 au 29 décembre 1792, Archives nationales F^7 4423.

2. Saint-Laurent-sur-Sèvre, le chef-lieu de la propagande des missionnaires du Saint-Esprit. Voir notre tome Ier, p. 43, 191, 199-202, 480-495.

auriez huit, et par ce moyen on pourrait répondre en tout temps de la tranquillité du pays.

J'attends votre réponse sur cette proposition, et je dispose d'avance les deux compagnies les plus tôt prêtes à marcher, si vous adoptez ce plan.

Ce même jour, 29 décembre 1791, Dumouriez écrit

A la municipalité de la Flocellière [1].

Messieurs, j'adresse à MM. les administrateurs du département la lettre que vous m'écriviez le 27, pour vous dispenser du logement d'une compagnie.

Ce sont eux qui décideront si vous devez en recevoir une ou non. Votre lettre exprime le plus grand patriotisme, et personne plus que moi ne désire rencontrer ce sentiment, qui nous assurera la paix et la tranquillité. Messieurs les administrateurs sont plus à portée que moi de connaître vos principes ; mais vous devez juger combien on peut avoir de soupçons sur leur réalité, lorsque, vous qui êtes à la tête du canton, vous ne prenez pas vous-mêmes tous les moyens que la loi vous donne pour empêcher des attroupements et des assemblées nocturnes, comme il s'en est tenu dans vos cantons; lorsque les volontaires cantonnés aux Épesses et à Saint-Mars, quoique vos compatriotes, sont regardés comme des ennemis ; lorsqu'on leur refuse pour leur argent des légumes et les autres secours dont la consommation serait même profitable à vos cultivateurs ; enfin, lorsque M. Boutiller, votre juge de paix, sortant du caractère qui convient à sa place, écrit une lettre injurieuse pour cette troupe de braves défenseurs de la patrie, lettre que j'ai envoyée à MM. les administrateurs du département pour leur faire connaître l'esprit incendiaire de ce juge de paix.

Quoique j'aie fait moi-même la proposition du cantonnement d'une compagnie à la Flocellière, comme je suis persuadé de la vérité de vos protestations, parce que votre plus grand malheur serait de m'avoir trompé, puisqu'il attirerait chez vous un plus grand nombre de troupes encore, je serai moi-même votre intercesseur auprès du département, persuadé que, dès ce moment, les volontaires nationaux seront traités comme des frères; qu'on leur fournira, pour leur argent, les comestibles dont ils ont besoin ; qu'il n'y aura plus d'attroupements, et que vous ferez éloigner de votre canton les prêtres étrangers, qui ne viennent s'y réfugier que pour égarer les cultivateurs par une superstition aveugle, dont ces prêtres tirent de l'argent et qui déshonore la religion.

Le général adresse aussitôt copie de la lettre précédente au département, avec celle qu'il a reçu des officiers municipaux de la Flocellière, et ajoute :

1. 6e des 7 Cahiers de correspondance de Dumouriez, du 29 décembre 1791 au 30 janvier 1792, Archives nationales F7 4423.

A Messieurs les Administrateurs du département[1].

...Je crois qu'à moins que vous n'ayez des notions plus alarmantes d'un autre côté sur les dispositions de ce canton, nous pouvons laisser les choses dans l'état où elles sont, et nous contenter de la frayeur salutaire qui nous attire d'aussi belles protestations de patriotisme, auxquelles nous ne nous attendions pas. Je crois qu'il sera utile que vous ajoutiez un point au sermon que je fais à cette municipalité, surtout sur l'article de la lettre insultante et déplacée du juge de paix Boutiller ; c'est le moyen de ramener l'union entre les habitants et les volontaires, et de faire oublier à ces derniers les injures et les désagréments qu'ils éprouvent avec une patience très louable.

L'affaire du complot pacifiquement étouffé des cinq paroisses est close par ces trois lettres de Dumouriez :

Au district de la Châtaigneraie.

Niort, le 11 janvier 1792.

Messieurs, le retard que vous avez éprouvé pour le détachement des volontaires nationaux qui vous sont destinés ne provient pas de moi, mais de la lenteur de l'habillement et de l'équipement des compagnies. Je propose, par le même courrier, à MM. les administrateurs du département de la Vendée de vous envoyer, le 16, la compagnie de grenadiers du bataillon des Deux-Sèvres qui est prête. Je peux la faire partir le 15 ; celle des fusiliers et l'état-major n'arriveront pas encore si tôt.

Le Directoire du département m'a envoyé un procès-verbal de la municipalité de Saint-Mars-la-Réorthe, contre M. Bonet, lieutenant, et ses volontaires. Il me mande en même temps que vous y avez envoyé un commissaire. Je m'en remets à votre prudence et à votre justice ; mais je vous observerai, pour mieux éclaircir les motifs d'animosité, que le sieur Juvelin avait déjà porté plainte pour des choux qu'on lui avait pris et dont on lui avait offert le payement, qu'il avait refusé, et qu'un juge de paix de la Flocellière, le sieur Boutillier, a écrit une lettre insultante au lieutenant, où il traite les volontaires de bandits, lettre que j'ai dénoncée et envoyée au département. Ainsi cette affaire-ci tient à la première et aux mauvaises intentions des officiers municipaux, juge de paix et autres de ce canton infecté de fanatisme.

A Madame de Toucheprés, à Montaigu.

Niort, le 16 janvier 1792.

Madame, lorsque j'ai été à Saint-Mars et aux Épesses, au mois de septembre dernier, j'ai entendu vanter votre charité et vos vertus ; mais alors même il y eut une plainte d'un père dont la fille, que vous receviez chez vous

1. Ibid.

avec bonté, fuit à l'âge de quinze ou seize ans de la maison paternelle pour éviter d'aller à la messe d'un prêtre constitutionnel ; cela ne me regardait pas, et j'ignore ce que devint cette affaire, qui vraisemblablement ne vous regardait pas non plus ; c'est à quoi j'imagine que vous devez attribuer la visite qui vous fut faite alors par les gardes nationales. Comme cette troupe civique n'est ni sous ma police ni à mes ordres, c'est aux tribunaux que vous auriez pu porter vos plaintes, ou au Directoire du département.

Quant au soupçon, qui s'éleva depuis, qu'il se faisait chez vous des rassemblements, cela n'est point personnel, puisque vous n'habitez point votre château, mais on a dit qu'il servait d'asile au vicaire de Challans, qui, sous prétexte du culte, ménageait des attroupements. J'ai mandé à MM. les Administrateurs du département le rapport qui m'avait été fait, pour qu'ils vérifient les faits et pourvoient à la tranquillité publique, sans gêner les opinions et les consciences. On vient de m'assurer que le vicaire de Challans demeure à Montaigu et par conséquent n'est point dans votre château de la Traverserie. Je m'empresse de faire passer un avis au département de la Vendée avec votre touchante lettre.

Je crois, Madame, qu'au moyen de cette précaution, vous devez être très tranquille sur les événements. Vous êtes sous la sauvegarde des lois, qui assurent la liberté et la propriété de tous les citoyens.

Les volontaires nationaux sont sous ma police à l'instar des troupes de ligne, et, si aucun officier ou soldat s'écartait pour aller dans votre château, il serait puni sévèrement. Cette troupe n'est établie dans vos cantons que pour assurer la tranquillité publique et arrêter les désordres, sans s'immiscer dans les opinions ; elle n'y restera qu'autant que les administrateurs du département le jugeront nécessaire ; je l'y ai placée à leur réquisition, et c'est à leur réquisition que je la retirerai ou que j'en augmenterai le nombre.

Dans aucun cas, les volontaires ne doivent être à charge dans les cantons où la prudence exige leur cantonnement ; au contraire, ils y versent leur solde par la consommation journalière, et c'est un avantage pour le pays.

J'ai l'honneur d'être, avec respect, etc.

Au département de la Vendée.

Niort, le 16 janvier 1792.

J'ai l'honneur de vous adresser une lettre de Mme de Touchéprés, qui mérite votre attention. On l'a accusée de prêter son château à des rassemblements ; elle assure qu'il n'en est rien. On a dit qu'elle y a donné asile à un prêtre qu'on peint comme dangereux, l'ancien vicaire de Challans; plusieurs personnes m'assurent qu'il s'est retiré à Montaigu, sa patrie, et qu'il n'en sort pas. — Comme, dans ma lettre du 29 décembre, je vous ai donné ces deux avis comme je les avais reçus, ne doutant pas que vous auriez la prudence de les vérifier, je crois de mon devoir de vous envoyer la lettre de cette dame, pour ne pas laisser sur son compte une fausse impression qui pourrait lui nuire par la suite.....

Dumouriez, comme on le voit, déployait de la galanterie à l'égard de la dévote exaltée qui avait fait de sa maison le centre de l'agitation religieuse et politique dans le district de la Châtaigneraie. Le général se figurait l'avoir réduite à l'impuissance en l'obligeant à quitter Saint-Mars-la-Réorthe, et la surveillance du très patriote directoire du district de Montaigu lui paraissait garantir qu'elle ne recommencerait pas les menées qu'elle niait, uniquement pour s'épargner des poursuites judiciaires.

Quant aux curés, dont Dumouriez essayait d'empêcher le déplacement, sa diplomatie jugeant opportun de les maintenir, en raison de leur caractère pacifique, malgré le refus du serment[1], ils étaient poussés par les exaltés à se dérober à sa protection.

L'un d'eux lui écrivait :

A M. Dumouriez, en son hôtel à Machecoul[2].

Sainte-Croix, le 26 novembre 1792.

Monsieur, j'apprends en ce moment que vous vous êtes donné la peine de vous transporter au district de ce lieu, avec MM. les officiers de votre régiment, pour obtenir la prolongation de ma résidence en la paroisse de Sainte-Croix. Je ne puis assez vous exprimer la reconnaissance que je vous dois pour un acte aussi obligeant. Je voudrais pouvoir vous la témoigner de vive voix; je vous prie de m'excuser dans la présente circonstance. Je pars pour éviter ce qui pourrait m'arriver de fâcheux en ce pays. Je ne doute pas que la conduite que je tiens en ce moment ne soit mise au catalogue des torts que l'on se plaira à me reprocher. La raison qui m'oblige impérieusement à tenir cette conduite, c'est : 1° que je ne sais avec quel appareil on viendra me sommer de sortir ; 2° c'est que cette sortie, faite après les sommations ordinaires et extraordinaires, pourrait occasionner certain bruit, dont en prudence il faut éviter l'occasion. Pour vous dire tout en un mot, voici ma devise : Il y a vingt-neuf ans de ce jour que j'ai pris possession de la cure de Sainte-Croix ; je l'ai trouvée dans la plus grande paix, j'y ai vécu en paix et je veux en sortir de même. Je prie Dieu que mes vœux soient exaucés par la continuation de la même paix, que je n'ai cessé d'entretenir; je pense qu'il est nécessaire de m'échapper pour la conserver. Excusez toutes ces digressions, en vous assurant du profond respect, avec lequel j'ai l'honneur d'être,

Votre très humble et très obéissant serviteur,

BLANCHARD, *curé de Sainte-Croix* (*de Machecoul*).

En transmettant cette lettre au général, le sieur Minguet, de Machecoul, y joignait la copie de celle qu'il avait reçue lui-même du curé disparu :

Mon cher et bien-aimé paroissien, je pars *incognito*, sans attendre les

1. Hoche, en 1795, adopta, pour pacifier, cette diplomatie de Dumouriez.
2. Autographe, dans les papiers de Dumouriez, Arch. nat. F7 4598[5].

sommations qu'on doit me faire. Je juge que ce parti est le plus prudent. Les rumeurs que pourrait occasionner cette signification troubleraient entièrement l'esprit de paix que j'ai toujours tâché d'entretenir dans cette paroisse. Je sors en ce moment pour qu'elle subsiste, et je prie Dieu qu'il la conserve... Je n'ai que des larmes à verser sur la séparation que je suis obligé de faire du pasteur avec les brebis et de vous en particulier.

Si, cédant aux plaintes des communes surveillées, le général en faisait partir des compagnies de garde nationale qui y avaient été prudemment placées, voici de quel ton on l'en remerciait, le 9 février 1792 :

La municipalité des Épesses à M. Dumouriez[1].

Monsieur, la municipalité des Épesses vous remercie des égards que vous avez eus à sa requête en faisant partir la garde nationale cantonnée dans la commune. Dans l'extrême pénurie où se trouve l'État, elle n'eût osé vous demander de la troupe de ligne, mais c'est un surcroît d'obligation qu'elle vous a. Elle vous prie de lui conserver le corps discipliné dont la présence imposera aux brigands qui pillent le voisinage et aux mauvaises têtes qui satisfont des cœurs pervers en se livrant à leurs étourderies vexatoires. Nous vous jurons, en reconnaissance, de travailler à féconder la terre qui repousse la famine et qui nourrit l'État. Nous ne prenons point part aux querelles politiques qui déchirent l'empire ; nos opinions religieuses ne sont point un schisme qui nous sépare de nos frères.

Notre patriotisme est le travail et l'amour de la paix, et quiconque nous la donne est un Dieu pour nous. *Nous payons des guerriers pour protéger nos travaux, et celui qui nous tirerait de nos charrues pour armer nos bras serait un scélérat à nos yeux. Nos corps endurcis ne sont cependant point efféminés ou lâches; nous avons la conscience de notre innocence et de notre force, et,* SI NOUS RENVERSIONS NOS FAUX, *comme on nous en accuse,* NOUS SAURIONS NOUS FAIRE RESPECTER. *La douceur du peuple est celle de l'agneau, sa force est celle du lion, et, s'il sortait de son caractère, sa férocité serait celle du tigre.*

Nous avons donné à la garde nationale tous les certificats qu'elle a demandés; nous eussions attesté qu'elle avait fait des miracles, tant nous désirions la forcer à la paix et à la tranquillité. Vous ajouterez à ces écrits la foi que méritent des actes nécessaires et, sans faire d'accusation, nous vous prions d'envoyer un citoyen à tête saine prendre connaissance des faits sur les lieux et satisfaire aux dégradations commises par des gens dont nous n'avions pas besoin et que nous n'avons jamais demandés. *Nous espérons ne les revoir plus jamais ; si l'on nous les renvoie, notre caractère sera changé.*

Jamais le fer qui rend nos guérets fertiles ne doit être converti en arme meurtrière; nous invoquons la paix et nos fronts sont ornés de son olive sainte. Nous voulons écarter la discorde de nos foyers pour y faire l'harmonie

1. Arch. nat. F⁷ 4598⁵.

avec la concorde, et nous pardonnons à ceux qui les avaient précédemment chassées. Nos accusateurs, brigands qui voudraient ruiner nos ateliers et désoler nos hameaux, privés de l'appui qu'ils avaient surpris et séduit, vont redoubler d'activité et renchérir sur leurs calomnies ; nous répondons à leurs délations par le mépris qu'ils méritent. Nous sommes généreux, et nous veillons à leur sûreté précisément parce qu'ils sont des scélérats ; nous sommes intéressés à leur vie, car *la mort même d'un coquin tué par un honnête homme à son corps défendant nous serait imputée comme un crime.* S'il le faut, nous graverons sur leurs fronts, comme l'Eternel l'avait gravé sur le front de Caïn : *C'est un coquin ! Ne le tuez pas !*

Lorsque le détachement du Roussillon fut placé aux Épesses, on lui accorda la haute paye, à cause de la rareté des subsistances ; cependant le pays avait encore des ressources alors ; mais aujourd'hui que tout est consommé ou pillé, il est impossible que le détachement nouvellement arrivé subvienne à ses besoins sans augmentation de solde, et il est essentiel que le gouvernement donne son attention à ce fait incontestable.

Nous avons l'honneur d'être vos co-citoyens et amis.

Signé : JANNIÈRE, *maire ;* F. BROSSAU, *membre ;* LE CHAPELAIN, *procureur de la commune ;* Jacques ROBIN, *membre ;* ROUSSEAU, *greffier de la municipalité.*

Dumouriez ne discontinua pas de faire traverser ce bourg dangereux des Épesses par des gardes nationales et d'y maintenir en garnison un des derniers détachements du 84ᵉ conservés en Vendée. Les soldats de cette troupe adressaient, le 2 mars 1792, cette requête

A Messieurs du Directoire du département de la Vendée[1].

Messieurs, nous nous réclamons à vous pour jouir des mêmes prérogatives dont jouissaient nos confrères, les cavaliers du Roussillon, au sujet de ce que votre bonté a bien voulu leur accorder, vu les représentations, qu'ils ont eu l'honneur de vous faire, qu'il n'était pas possible de vivre, vu la cherté des denrées qui sont hors de prix, causée par la longueur du chemin. Nous vous prions, Messieurs, d'avoir égard à nos représentations. Nous espérions toujours que l'on nous donnerait quelque haute paye pour fournir à nos besoins ; mais nous voyons que personne ne s'intéresse à nous ; ce qui nous a engagés à nous adresser à vous pour vous prier de nous donner la moitié de la paye dont jouissaient nos frères d'armes. Il est étonnant que le soldat soit oublié au point qu'on ne le regarde seulement pas. On nous avait promis de ne nous laisser manquer de rien, et nous voyons que l'aristocratie règne avec tant d'opiniâtreté qu'elle est la cause que nous sommes oubliés ainsi.

Messieurs, nous ne croyons pas mieux nous adresser qu'à vous pour obtenir ce que nous demandons. Vous obligerez vos frères d'armes qui vous prouvent leur patriotisme pour soutenir de toutes leurs forces la Nation, la

1. Papiers de Mercier du Rocher, reg. I, nᵒ 30. La pétition est sans orthographe.

Loi et le Roi, et répandre jusqu'à la dernière goutte de notre sang pour maintenir de tout notre pouvoir la loi de la nouvelle Constitution.

Nous vous assurons de notre respect.

Les soldats du détachement aux Épesses du 84e régiment[1].

Suit un « certificat de la calamité des denrées et de l'impossibilité aux braves soldats du détachement de vivre avec 5 sous 10 deniers par jour. » Ce certificat est signé du commandant des gardes nationales aux Épesses, *Chenuau;* du curé constitutionnel de la paroisse, *L.-J. Hubert*, et de dix gardes nationaux.

LA RÉTRACTATION DU SERMENT MILITAIRE ET L'INDISCIPLINE DES RÉGIMENTS

Les préparateurs de la guerre civile, combinée avec la guerre étrangère, devaient naturellement chercher à opérer la dissolution de l'armée, en même temps que le fanatisme des campagnes était mûri pour les éclats violents. Dans la seconde moitié de l'année 1791, la presse royaliste s'applique à mettre les rétractations du serment militaire sur le même plan que celles du serment prétendu religieux. *L'Ami du Roi*, de l'abbé Royou, leur réserve une place en vue à la fin de chacun de ses numéros[2]. D'autres feuilles, encore plus répandues gratuitement dans les départements de l'Ouest, comme le *Journal de Louis XVI et de son peuple*[3], donnent et redonnent des modèles de « désassermentation. » *Les Annales monarchiques*[4] consacrent plusieurs articles, sous le titre de « Question d'état sur la capacité du Roi », à démontrer que « l'état civil d'un des plus grands monarques de la terre » est « d'être captif », et que, par conséquent tout ce qui se publie sous son nom est nul et non avenu, n'oblige ni lui ni ceux auxquels il est censé donner des ordres souverains.

L'acceptation solennelle de la Constitution par le Roi, loin d'arrêter les abandons d'emplois militaires pour refus de serment, multiplie les émigrations d'officiers, non plus individuellement, mais en corps. En vain, le 13 octobre, le Ministre de la Marine, de Bertrand-Moleville, expédie-t-il, dans tous les ports et stations navales, une lettre du Roi s'elevant contre les émigrations qui dissolvent « un corps dont la gloire lui a toujours été si chère » et reprochant à ceux qui « se laissent égarer de perdre de vue ce qu'ils doivent à la patrie,

1. Les signatures sont au nombre de 12 pour les compagnies de Lostande et de Blancour.

2. Voir la collection que possède la Bibliothèque nationale, in-4°, Lc² 398.

3. Ibid. in-12, Lc² 482.

4. Dont le n° CCLXXV, 4 décembre 1791, se retrouve dans le 1er reg. des Papiers de Mercier du Rocher, pièce 26.

à son affection et ce qu'ils se doivent à eux-mêmes », au point « d'oublier qu'ils sont Français ». En vain, le 14 octobre, le Ministre de la Guerre, du Portail, transmet-il à tous les commandants des troupes de terre une autre lettre du Roi, déclarant « qu'en acceptant la Constitution, il a promis de la défendre au dedans et contre les ennemis du dehors; que la Loi et le Roi sont désormais confondus; que l'ennemi de la Loi devient celui du Roi; qu'il ne peut regarder comme lui étant sincèrement dévoués ceux qui abandonnent la patrie au moment où elle réclame fortement leurs services[1] ».

Le refus de serment, — ou sa rétractation, — entraînant la réforme immédiate du refusant, la question fut posée au Ministre de la Guerre de savoir si l'officier réformé de ce chef était « libre de quitter sur-le-champ ». La réponse fut « qu'il était libre de se retirer[2] ». Le cas de la démission simultanée de tous les officiers d'un corps pouvait causer les désordres les plus grands, surtout lorsque ce corps se trouvait, comme dans la Loire-Inférieure, dans Maine-et-Loire et en Vendée, chargé de maintenir l'ordre au milieu de populations préparées à l'insurrection.

C'est ce qui arriva pour les détachements des régiments de dragons, ci-devant Conti, de Chartres et d'Orléans, cantonnés à Nantes, à Ancenis, à Fontenay-le-Comte. Un employé des postes de cette dernière ville, P. Delacroix, dans une lettre à son frère[3], raconte :

> Les dragons du régiment d'Orléans en garnison ici, ont fait aussi leur révolution[4]. Ils avaient le soupçon que les officiers voulaient émigrer avec les drapeaux. Une réunion a eu lieu aussitôt, et les sous-officiers sont allés enlever les drapeaux et guidons des domiciles des suspects. Il y a eu une espèce de bataille dans la petite rue où logeait un capitaine; il avait tiré son sabre et voulait empêcher la prise d'un guidon. Des ouvriers l'ont désarmé. En suite de cette scène, plusieurs officiers ont donné leur démission. M. Dumouriez s'est interposé, dit-on, entre les démissionnaires et les soldats, mais il aura de la peine à arranger les affaires, tant les têtes sont montées.
>
> *P.-S.* — On dit ce matin, 26 septembre, que les autres soldats du régiment d'Orléans, en garnison à Ancenis, sont en révolte.

En effet, le détachement d'Ancenis se trouvait abandonné par M. Pierre-Levée et tous les autres officiers. C'était en vain que Dumouriez envoyait ses aides de camp, annonçait à droite et à gauche sa prochaine venue; l'émigration collective se multipliait[5]. Les esca-

1. Ces deux Lettres du Roi sont au *Moniteur de 1791*, nos 289 et 290.
2. D'après des *Notes relatives au serment*, mss. Arch. histor. de la guerre, Correspondance générale, septembre 1791.
3. Dont nous avons cité le commencement plus haut, p. 51.
4. Le 23 septembre, d'après le *Journal d'un Fontenaisien*, de M. A. Bitton.
5. Le 1er des 7 Cahiers de la correspondance de Dumouriez, du 19 septembre au 8 octobre, contient plusieurs lettres sur ce sujet.

drons dispersés devaient être ralliés à leurs régiments pour se réorganiser. Le régiment de Conti, le plus anciennement employé dans la 12e division militaire, avait, dès le commencement de septembre, été dirigé vers l'extrême frontière, et, marchant par de grandes chaleurs, était arrivé harassé à Pont-à-Mousson[1]. Au mois d'octobre, il n'y avait plus de cavalerie en Vendée ni dans la Loire-Inférieure.

L'infanterie de ligne allait bientôt manquer aussi. Le 84e était descendu au dernier degré de la désorganisation, quand le 51e, le meilleur de la région, depuis plusieurs années en garnison à la Rochelle et jusqu'alors très aimé des habitants, fut brouillé avec eux par les manifestations ultra-royalistes du comte de Ranchin de Montara[2]. Exerçant le commandement en l'absence du colonel et du lieutenant-colonel, ce major prétendit empêcher de remettre aux sous-officiers et soldats des cravates aux couleurs nationales, offertes par la Société des Amis de la Constitution. La municipalité et le district dénoncèrent le fait à l'Assemblée nationale et au Roi. Un rassemblement populaire alla crier sous les fenêtres du commandant civil : « Ce soir les cravates ou le major à la lanterne ! » Le 27 mai, le lieutenant-général Verteuil passa le régiment en revue, et les cravates tricolores furent distribuées, aux acclamations du peuple. Les sous-officiers et soldats envoyaient une délégation au club remercier les citoyens et les assurer de leur patriotisme[3].

Dans l'instant de désespoir que causa à la contre-révolution l'arrestation du Roi à Varennes, les officiers royalistes du régiment de la Sarre acceptèrent sans résistance le serment que leur proposa le général commandant la 12e division militaire, sur l'invitation des autorités civiles, et suivant la formule exigée par les décrets de l'Assemblée nationale ; ils le réitérèrent à la fête du 14 juillet, au milieu des applaudissements de la foule[4].

Cependant, le 23 septembre, paraissait dans l'*Ami du Roi* une déclaration datée de Paris, 25 août, et signée d'un lieutenant en second et d'un sous-lieutenant du régiment de la Sarre. Celui-ci s'appelait François-Prosper, chevalier de Frasans, né à Dijon le 25 juin 1770, cadet-gentilhomme à l'école royale militaire, sous-lieutenant en fonctions depuis le 6 mars 1788. L'autre se nommait Aimé-Philippe-

1. D'après une lettre du commandant Migot, Correspond. générale de septembre 1791, aux Arch. histor. de la guerre.

2. D'après le « Registre des services de MM. les officiers du 51e » (Archives administratives de la guerre), Augustin-Népomucène-Hippolyte, comte de Ranchin, était né à Saint-Hippolyte en Languedoc, le 3 février 1754. Il s'était engagé comme soldat au régiment d'Angoumois en 1766, y était devenu capitaine en 1778 et était passé major au régiment de la Sarre le 1er mai 1788 ; il avait été décoré de Saint-Louis le 12 novembre 1789.

3. V. une lettre de la Rochelle du 3 juin, dans le *Moniteur* de 1791, n° 166, et l'*Histoire des Rochelais*, par L. Delayant, t. II, p. 214.

4. Voir ci-dessus, ch. XVI, p. 3-4.

Hyacinthe-Louis de Frasans, né à Lyon le 10 avril 1766; il était sorti de l'École royale militaire en 1781, était entré au 51e en 1783 et y avait le grade de lieutenant en second depuis le 20 décembre 1789[1]. Ces deux jeunes gens, « issus de noblesse pauvre, instruits par la sollicitude de leur roi », auraient, écrivaient-ils, « cru se déshonorer sans retour en faisant le serment exigé par le décret du 22 juin[2] ». Le 2 octobre, le même *Ami du Roi* insérait une lettre adressée de la Rochelle à son rédacteur par Jacques-Henri-Félix, chevalier de Rignac, capitaine-commandant[3] :

Lorsque l'Europe entière a les yeux fixés sur les officiers français pour se convaincre s'ils sont véritablement dignes de l'estime dont elle les a toujours honorés, ils doivent s'empresser de prouver qu'ils le sont effectivement et faire connaître les principes qui ont dirigé toutes leurs actions depuis le commencement de la Révolution. C'est dans cette vue que les officiers du 51e régiment ci-devant de la Sarre, restés à leurs drapeaux dans ces temps douloureux et pénibles, ont cru devoir rendre publics les motifs qui les ont engagés à prêter le serment exigé par le décret du 22 juin et que vous trouverez dans la déclaration qu'ils ont l'honneur de vous envoyer et qu'ils espèrent que vous voudrez bien insérer dans votre journal qui, depuis son établissement, doit être regardé comme le dépôt de l'honneur français.

Déclaration des officiers du 51e régiment d'infanterie ci-devant la Sarre[4].

Le serment exigé par le décret du 22 du mois de juin dernier vient de produire entre les officiers du régiment de la Sarre une séparation bien douloureuse pour des amis unis depuis longtemps par les liens de l'estime la plus méritée. Mais si, dans les circonstances actuelles, ils n'ont pas cru devoir tous adopter la même règle de conduite, ils n'en sont pas moins restés fidèles aux mêmes principes, qui sont ceux de l'honneur et de la légalité; et c'est pour en donner une preuve non équivoque que les soussignés déclarent aujourd'hui :

Que, nés dans un État monarchique, ils n'abandonneront jamais cette forme de gouvernement, qu'ils reconnaissent toujours, dans la personne sacrée et inviolable de Louis XVI, le souverain légitime et qu'ils sont prêts à tout sacrifier pour le maintenir dans les droits de sa couronne et pour s'op-

1. D'après le registre du 51e.
2. A la 14e page de l'*Ami du Roi* du 23 septembre.
3. En l'absence du colonel Joulard d'Iversay, substitué au baron de Vergennes, démissionnaire le 25 juillet 1791.
De Rignac était né à Barcelonnette en Provence le 28 juillet 1749, était entré à la Sarre le 6 mai 1766 comme sous-lieutenant; il y était capitaine commandant depuis le 6 mars 1788, décoré de Saint-Louis le 11 avril 1791. (D'après le registre matricule du 51e aux Arch. adm. de la guerre.)
4. Plusieurs copies de cette déclaration se trouvent dispersées dans les Papiers de Dumouriez, Arch. nat. F7 4198[6] et [7].

poser aux entreprises des factieux qui oseraient tenter de briser son sceptre ou de le faire passer en d'autres mains ;

Qu'en se soumettant au serment exigé par le décret du 22 juin, serment qui est frappé de nullité par le défaut de sanction du Roi, ils ne se sont guidés que par l'espoir d'être encore de quelque utilité à la chose publique et de protéger la vie et les propriétés des citoyens persécutés et proscrits, et en rappelant à l'honneur, à la discipline et à la pratique de leurs devoirs des soldats égarés par des insinuations perfides et qu'on pourrait essayer de conduire aux derniers excès de désordre, s'ils se trouvaient entièrement abandonnés par des officiers pour lesquels ils conservent encore quelques sentiments de respect, d'estime et d'obéissance ;

Qu'ils cesseront leurs fonctions plutôt que de reconnaître pour officiers les particuliers qui se présenteront pour occuper les emplois de ceux de leurs camarades qui se sont absentés pour ne pas prêter le serment ou s'absenteront après l'avoir prêté, à moins que ces emplois ne soient vacants par l'abandon volontaire des titulaires, et que ceux qui en seront pourvus aient obtenu du Roi des lettres qui leur en accordent la possession.

Arrêtent que copie de la présente déclaration sera adressée à chacun des officiers absents du régiment ; après quoi, elle sera remise entre les mains du commandant du régiment pour, si besoin était, être déposée par lui chez un officier public, comme un témoignage de l'inviolable attachement des soussignés au Roi, à la patrie, à l'honneur, à leurs devoirs et à leurs camarades.

A la Rochelle, le 6 juillet 1791.

Signé : *Cuy*, *Merleval*, *Rignac*, *de Mébée*, *Charles Gregueil*, *Dupuy*, *de la Motte*, *Baillet*, le chevalier *Dauboutes*, *Jacques de la Ferté*, *Vigier*, *La Puirerie*, *Rouvion de Reversau*, *Alexandre Sarran*.

J'adhère à tout ce qui est contenu dans la présente déclaration. — *Gaubert*.

Nota : Dix-huit officiers de ce régiment sont détachés en Amérique depuis longtemps, et plusieurs étaient absents par congé ou pour cause de maladie lorsqu'a été pris l'arrêté ci-dessus.

La publication de ces rétractations souleva à la Rochelle un mécontentement populaire qui mit le vieux Verteuil dans le plus grand embarras. Il se hâta de consulter son maréchal de camp. Dumouriez lui donna le conseil de « prendre des précautions avec le district, la municipalité et la garde nationale pour éviter une explosion » ; d'un autre côté, de « s'assurer des sentiments des sous-officiers et soldats ; car, s'ils partageaient ceux des officiers, la liberté et la tranquillité de la ville courraient des risques ». Il ajoutait, le 3 octobre[1] :

Je m'attends, mon cher général, que la protestation des officiers de la Sarre aura d'autres suites dès qu'elle sera connue de l'Assemblée nationale, et je suis bien éloigné de regarder leur cas comme graciable. Il est absolu-

1. 2e des 7 Cahiers de la Correspondance militaire de Dumouriez maréchal de camp, Arch. nat., F 7 4423.

ment dans la même classe que la protestation des 290 membres de l'Assemblée nationale, qui par le décret du 23 septembre contre les protestations, sont privés de toute fonction publique, à moins que, d'après l'article 2, ils ne rétractent leur protestation à compter d'un mois à dater de ce décret...

Verteuil, « vieux trembleur qui n'était bon qu'à dire son chapelet », comme l'appelle Mercier du Rocher[1], ne déploya ni l'habileté ni l'énergie recommandées par son maréchal de camp. D'ailleurs il s'était persuadé que tout était fini et devait être oublié depuis l'amnistie du 15 septembre. Il avait écrit, le 27 de ce mois, à Dumouriez[2] :

Les sages informations, mon cher général, que vous avez ordonnées relativement à l'affaire du 16e régiment de dragons me paraissent être tout ce qu'on peut faire de mieux en pareille circonstance. Puissent-elles être couronnées du succès qu'elles méritent! J'ai pris copie des pièces que vous m'avez remises à ce sujet ; j'envoie celles que vous m'avez adressées au Ministre de la Guerre en lui rendant compte de vos prudentes opérations.

Les administrateurs de la commune m'avaient envoyé copie de la protestation des officiers du 51e régiment; les corps administratifs m'ont député à cet sujet des Commissaires, qui ont commencé à verbaliser ; il ne peut plus être question de rien depuis l'oubli accordé sur tout ce qui a trait à la Révolution...

Cependant quelques grenadiers avaient pris publiquement parti pour les officiers rétractants, que la population patriote poursuivait de ses huées. Il y eut des épées dégainées; la garde nationale intervint, fut insultée. Un peu plus il y aurait eu une bataille dans les rues de la Rochelle, qui furent illuminées plusieurs jours de suite et parcourues par des patrouilles[3]. Les autorités constituées de la ville et du district réitérèrent à grands cris la demande adressée au Ministre de la Guerre du renvoi du 51e hors du département de la Charente-Inférieure[4]. Verteuil fut contraint de réclamer du ministre du Portail l'autorisation de déplacer au plus tôt ce régiment devenu d'une impopularité irrémédiable. Ce qu'approuva Dumouriez, le 8 octobre, ajoutant[5] :

Je pardonne à ces officiers de ne pas vouloir prêter un serment ; mais je trouve indigne d'honnêtes gens de vouloir infirmer un serment par une protestation ; surtout de la part de gens armés pour le soutien de la chose contre laquelle ils protestent.

1. Dans ses Mémoires, 1er Cahier.
2. Arch. nat. F 7 4598 6.
3. Delayant, l. c. II, 222.
4. Il ne reste dans la correspondance générale des Arch. hist. de la guerre que la lettre municipale du 10 septembre qui rappelle celle du 10 août.
5. Dernière lettre du 1er des 7 Cahiers de la correspondance de Dumouriez, Arch. nat. F 7 4423.

J'envoie au commandant du 16e régiment de dragons la lettre du Ministre pour être lue à la tête de la troupe; elle vient à propos.

La lettre dont il est parlé dans ce billet est évidemment celle du 4 octobre signée par le Roi et contresignée par le ministre. Sa lecture n'arrêta pas la dissolution des cadres des dragons et ne servit guère à rétablir la discipline dans le 84e. Un détachement de celui-ci avait été retiré de Pornic, le 3 août, après des actes de mutinerie, qui « méritaient la Cour martiale » ; peu après, il était éloigné de la Loire-Intérieure, comme il l'avait été de la Vendée.

LE 51e EN VENDÉE

Dumouriez tenait essentiellement à conserver des troupes de ligne sous sa main. Aussi s'efforça-t-il de placer dans les villes les plus patriotes des bataillons du régiment expulsé de la Rochelle. Il espérait que, débarrassés de leurs officiers aristocrates, les soldats se montreraient dociles aux réquisitions des autorités constitutionnelles.

De Niort, le 20 janvier 1792, il écrivait à Gaudin jeune, frère de son ami le député Gaudin l'aîné, cette lettre officielle[1] :

A Monsieur le Maire des Sables.

Une aventure arrivée à la Rochelle, Monsieur, entre des citoyens et des grenadiers du régiment de la Sarre, numéro 51, a forcé M. de Verteuil, lieutenant-général de la 12e division, à faire partir le régiment et à le faire remplacer par le 60e. Ainsi vous allez avoir mardi le 2e bataillon de ce régiment. Je lui envoie l'ordre de faire relever les deux compagnies qui sont à la Roche-sur-Yon et à Luçon, ainsi que les 30 hommes qui sont à Saint-Gilles.

Empêchez que l'aventure de la Rochelle n'établisse des préventions entre les habitants et les individus de ce bataillon; mandez-moi particulièrement, comme à l'ami de votre frère, de semaine en semaine, quels sont la conduite, les propos et l'opinion des officiers, sous-officiers et soldats de ce bataillon. Servez-vous de tous les moyens que la loi vous donne et de l'affection dont sont très susceptibles vos habitants pour ramener aux bons principes ceux qui pourraient être égarés, et pour surveiller ceux qui en montreraient de trop erronés, s'il s'en trouvait.

Si vous jugez ma présence nécessaire, mandez-le-moi, et, dans tous les cas, tranquillisez votre ville ; je veillerai avec soin et je prendrai tous les moyens pour que les préventions fondées ou non s'éteignent et n'amènent aucun événement fâcheux. Je connais votre prudence et votre fermeté, et j'y compte comme vous pouvez compter sur moi sincèrement.

1. 6e des 7 Cahiers de la correspond. milit. de Dumouriez, Arch. nat. F7 4423.

Le même jour, cette dépêche était expédiée au détachement, déjà entré en Vendée suivant les ordres de Verteuil[1] :

A M. le Commandant du bataillon du 51e régiment, à son passage à Luçon.

J'ai l'honneur, Monsieur, de vous envoyer un ordre pour vous instruire des lieux où vous devez envoyer des compagnies et détachements pour relever ce que fournissait le 2e bataillon du 60e régiment, que vous remplacez dans ses quartiers.

Vous jugez que les circonstances qui ont accompagné la sortie de votre régiment de la Rochelle occasionneront dans les garnisons que vous allez occuper des préventions qui nécessiteront de votre part une prudence infinie pour qu'il n'en résulte pas de nouvelles rixes. Je suis persuadé que MM. les officiers se montreront fidèles à leur serment, obéissants à la loi et attachés à la Constitution. C'est de leur exemple que dépendra la conduite des sous-officiers et des soldats, et ils en sont particulièrement responsables.

Vous voudrez bien, Monsieur, entrer avec moi dans la correspondance la plus détaillée à cet égard, surtout dans le commencement. Tâchez de bien établir la confiance entre les corps administratifs, les citoyens et votre troupe; je vous y aiderai de tout mon pouvoir, et je serai fort aise de pouvoir rendre des comptes avantageux sur votre bataillon, dont je m'occuperai très particulièrement.

Mais les Sablais ne voulaient à aucun prix recevoir dans leurs murs les soldats qui avaient usé de leurs armes contre les Rochelais. Le district et la municipalité adressèrent, le 21 janvier, la lettre suivante :

A MM. les Administrateurs du département[2].

Messieurs,

Profondément affligés de la nouvelle que nous a transmise M. le maire de cette ville, nous venons déposer dans votre sein les motifs de nos craintes.

M. Dumouriez vient d'écrire au maire des Sables, par un courrier extraordinaire, que le 60e régiment en garnison dans cette ville en partirait mercredi 24 de ce mois, et que le régiment ci-devant de la Sarre viendrait prendre sa place. M. Dumouriez ne laisse pas ignorer à notre maire que le régiment qu'on nous annonce ne sort de la Rochelle que pour s'être porté à des excès contre les patriotes rochelais; ce général semble même présager que ce repaire d'aristocratie pourrait molester le très petit nombre de bons citoyens que recèle notre ville, et qui (nous osons l'assurer) n'excède guère les membres d'administration et de municipalité (*sic*). Nous pouvons attester que, dans

1. *Ibidem.*
2. Papiers de Mercier du Rocher, reg. I, pièce 28, autographe.

notre communauté, composée de plus de cinq mille âmes, on ne peut compter que sur deux cents amis de la Constitution, même en y comprenant les femmes. Joignez à tous ces motifs de crainte la position critique où nous nous trouvons par rapport à l'Ile-Dieu et à Talmond. Placés entre trois ou quatre paroisses qui n'attendent, de concert avec les malintentionnés, que le moment où nous serons sans forces pour tenter le projet impossible mais cruel, de détruire parmi nous ceux dont le devoir le plus cher est de faire exécuter la loi.

Nous vous l'avouerons, nous aimerions mieux être sans troupes que de recevoir ce régiment de la Sarre. Il est à croire que nos concitoyens regarderont à plus d'une fois pour consommer un forfait qu'on les presse d'exécuter; mais qu'avons-nous à attendre d'un régiment qui a eu l'audace de fouler aux pieds le signe national, et la barbarie d'égorger nos frères qui ont eu le courage de défendre leur honneur?

Nous avons convoqué la municipalité, et, de concert avec elle, après avoir délibéré sur le danger ou de rester sans troupes ou de recevoir une garnison plus que suspecte, il a été en commun arrêté que, « ne pouvant « s'opposer au rappel du 2e bataillon du 60e régiment de crainte de paralyser le service général du royaume, le Département et M. Dumouriez seraient « prévenus qu'on ne peut absolument recevoir un régiment dont le nom seul « alarme les bons citoyens et échauffe l'audace de nos ennemis. »

En conséquence, Messieurs, nous vous prions de vouloir bien confirmer notre arrêté et faire passer au général le résultat de votre détermination. Il est nécessaire de vous observer que, n'ayant point reçu directement du département la nouvelle du changement de garnison, nous ferons également partir pour l'Ile-Dieu le détachement de 75 hommes du 60e régiment, dont nous avons eu l'honneur de vous parler jeudi, et qui, malgré la necessité de se rendre à destination, n'a pu mettre à la voile, attendu les vents contraires. Toutes les provisions sont achetées, les deux barques de transport armées; elles partiront cette nuit, si les vents restent où ils sont [1].

Les Administrateurs composant le directoire et les officiers municipaux de la commune de la ville des Sables,

P. Gaudin jeune, maire; Gobert, Achard, Bermond, officiers municipaux; C.-P.-M. Rouillé, procureur de la commune.

Bouhier, vice-président du directoire de district; Rorert, Mercereau, administrateurs; Biret, commissaire procureur syndic; Delange le jeune, secrétaire.

Cette lettre fut aussitôt transmise par courrier extraordinaire à Niort, avec des observations du directoire du département, fort mécontent de n'avoir pas été admis à présenter ses objections aux ordres, en voie d'exécution, du général Verteuil. Dumouriez accourut à Fontenay, « malgré le très mauvais temps », raconte Mercier du Rocher [2].

1. Cette dernière partie de la lettre des autorités civiles des Sables au Département se rapporte à l'insurrection de l'ile d'Yeu, à laquelle est consacré le chapitre suivant.

2. Dans ses Mémoires inédits, 1er cahier.

Le Vasseur, son aide de camp, ci-devant chevalier d'honneur des tantes de Capet, était avec lui. J'eus un entretien avec ce général sur l'état des affaires publiques; il me jura qu'il était décidé à périr pour la Constitution, mais il me laissa entrevoir son attachement pour le gouvernement monarchique. Je passai une partie de la nuit avec lui à faire la division des cantonnements du régiment de la Sarre dans la Vendée, les Deux-Sèvres et la Loire-Inférieure; car nous venions d'apprendre que les habitants de l'île de Ré n'avaient pas voulu recevoir le bataillon que Verteuil leur envoyait.

Le 51e, qui avait quitté la Rochelle, allait arriver à Luçon. Dumouriez courut l'y recevoir. Il lui adressa une harangue patriotique, qui fut tout de suite imprimée et affichée[1]. Il y disait :

Le militaire est citoyen; son premier devoir envers la patrie est de défendre la liberté. Si donc il est placé entre les ordres d'un chef qui lui commande d'attenter à cette liberté et sa conscience de Français patriote, il ne saurait être rebelle à la loi en désobéissant à son chef. C'est pourquoi il ne faut que des généraux patriotes à la tête de l'armée.

Puis il donna aux chefs des ordres de marche qui n'étaient plus ceux qu'ils avaient reçus du lieutenant général Verteuil; car les soldats qui étaient destinés aux Sables devaient se diriger vers Nantes; d'autres, au lieu de s'arrêter à Fontenay, pousser jusqu'à Niort; le reste de la troupe, subdivisée par compagnie, recevoir des destinations nouvelles pour divers cantonnements dans trois des départements de la 12e division militaire.

Les officiers, très étonnés, demandaient[2] de qui émanaient ces ordres :

— De moi! répondit Dumouriez.

— Mais vous n'êtes pas le commandant de la division; celui-ci nous a assigné notre destination.

— N'importe, répliqua Dumouriez, vous obéirez.

Il fallut bien obéir.

— Je vous ordonne, ajouta-t-il, de laisser aller les soldats aux sociétés populaires.

Tout le corps murmura, mais l'ordre du maréchal de camp fut exécuté. Le détachement qui se rendait à Niort, passa par Fontenay; la garde nationale alla au-devant de lui; les deux troupes se réunirent fraternellement et traversèrent la ville en chantant *Ça ira*. Les aristocrates ne pouvaient contenir leur rage en voyant cette réunion.

1. Placard de la collection Fillon (Inventaire Étienne Charavay, t. II, p. 77, pièce n° 1120).

2. D'après Mercier du Rocher, Mémoires inédits, 1er cahier.

La « réunion » ne fut pas moins civique à Niort, où l'entrée du régiment de la Sarre avait été préparée par cette lettre, datée de Fontenay-le-Comte, 23 janvier 1792 :

A la Société des Amis de la Constitution [1].

Frères et amis,

Vous avez applaudi à la motion d'un de vos concitoyens qui a demandé que je fisse venir à Niort nos frères égarés du 51e régiment, pour que le bon exemple et la bienveillance des habitants de cette excellente ville puissent les ramener aux bons principes dont ils semblent s'être écartés. Je profite de cette proposition qui m'a été faite pour faire arriver à Niort, jeudi 26, l'état-major, la compagnie de grenadiers et une de fusiliers du 1er bataillon. J'espère que leur séjour dans votre ville fera cesser les terribles préventions qui les accompagnent partout. Vous fortifierez les bons, et nous surveillerons les méchants, s'il s'en trouve.

Quand ils auront passé quelque temps au milieu de vous, je suis persuadé qu'ils mériteront votre attachement par celui qu'ils prendront pour vous. Ce sont les sentiments de votre frère et ami,

Du Mouriez.

De Luçon, où il était allé trouver le bataillon du 51e, qui avait suspendu sa marche vers les Sables, Dumouriez écrivait le 24 au soir :

A M. de Verteuil [2].

La lettre que je vous écris, mon cher général, et les pièces que je joins ici serviront de suite au compte que vous avez à rendre à M. de Narbonne sur la désagréable aventure du régiment de la Sarre.

Le renvoi qu'ils viennent d'éprouver de la Rochelle et les circonstances qui accompagnent leur voyage leur serviront, j'espère, de leçon, et ils travailleront à dissiper les préventions trop bien fondées qu'inspire la conduite de leurs officiers.

La pièce n° 1 est la lettre que j'écrivais au commandant de ce régiment, accompagnée des différents ordres pour faire relever les postes du 60e régiment. La pièce n° 2 est une lettre que j'écrivais au maire des Sables pour tâcher de faire agréer dans cette ville ce régiment conséquemment à vos ordres; mais je prévoyais dès lors un refus absolu, parce que, le parti constitutionnel étant très faible dans le district des Sables, le fanatisme y étant à son comble, j'étais persuadé que le district et la municipalité n'ajouteraient pas à leur danger toujours imminent celui d'une garnison qui aurait pu augmenter l'audace du parti contraire.

Les pièces 3, 4 et 5 sont les réquisitions très pressantes que j'ai reçues du district, du maire des Sables et du département de la Vendée.

Je me suis rendu le 23 à Fontenay, et, après une mûre délibération avec

1. 6e des 7 cahiers de la correspondance de Dumouriez, Arch. nat. F7 4423.
2. 6e des 7 cahiers de la correspondance de Dumouriez, Arch. nat. F7 4423.

les administrateurs du département, considérant l'impossibilité de ramener la confiance, le danger d'établir cette troupe contre le gré des habitants, enfin tous les maux qui pourraient en résulter, ayant des notions assez fâcheuses sur les opinions et la conduite de MM. les officiers de la Sarre, vu, d'ailleurs, l'impossibilité d'obtenir d'aucun département la permission de rassembler dans une même ville le régiment tout entier, j'ai pris le parti de le diviser, comme vous verrez par les nos 6, 7 et 8.

Le 24, j'ai été à Luçon au-devant du régiment, tant pour le consoler de sa mauvaise aventure que pour lui donner les avis et les ordres nécessaires A mon arrivée, j'ai assemblé MM. les officiers; j'ai été fort étonné de ne trouver au corps que trois capitaines, cinq lieutenants et cinq sous-lieutenants, et surtout de n'y pas trouver M. de Ranchin. Je remarque que, depuis la Révolution, les officiers supérieurs surtout se permettent des absences et des démissions qu'on n'aurait pas tolérées lorsque nous servions dans les mêmes grades. Sur les questions que j'ai faites à cet égard, on m'a dit que M. de Ranchin avait donné sa démission et était parti pour Paris. J'en félicite le régiment, car M. de Ranchin n'a paru deux fois à son corps que pour lui procurer deux aventures désagréables : la première, à l'occasion des cravates, n'a été que ridicule; mais la deuxième est extrêmement fâcheuse, parce qu'elle laisse une longue impression qui, j'espère, se détruira, et ne dérangera pas les moyens de tranquillité que j'ai établis avec succès dans trois département très difficiles à mener.

Ces messieurs m'ont montré un certificat de vous, un de la municipalité de la Rochelle et un troisième de la petite municipalité de Marans, qui est une pièce inutile à leur affaire. Ils ne m'ont parlé que de la rixe de leurs grenadiers et m'ont paru persuadés que la ville de la Rochelle et de l'île Ré les regrettaient beaucoup. Comme j'étais convaincu du contraire, je leur ai dit qu'effectivement je regardais la rixe de leurs grenadiers comme une bagatelle; mais j'ai expliqué au commandant que les corps administratifs de la Rochelle s'étaient servis de ce prétexte pour se débarrasser d'un corps dont les officiers avaient montré de très mauvais principes et avaient égaré les soldats. J'ai remonté aux causes qui avaient fait agir les corps administratifs de la Rochelle. La première est la protestation plus qu'imprudente qu'ils ont fait insérer dans *L'Ami du Roi* contre leur serment de l'époque du 20 juin. A cet égard, je leur ai dit qu'aucun officier n'ayant été forcé de prêter ce serment, aucun de ceux qui l'avaient prêté n'était en droit de protester contre, parce que c'était convenir d'une inconséquence ou lorsqu'on l'avait prêté ou lorsqu'on le rétractait. La deuxième cause est l'installation d'un aumônier inconstitutionnel dans une ville où l'on s'était préservé jusqu'alors des disputes religieuses, et où l'affectation d'une *Messe militaire inconstitutionnelle* avait l'air de donner l'appui de mille baïonnettes au parti dont on pouvait craindre des troubles.

Le commandant a, je crois, senti la vérité du tableau que je lui ai présenté: il m'a protesté, ainsi que MM. les officiers, de son patriotisme, et m'a promis de prendre tous les moyens pour en convaincre les habitants de ses différentes garnisons. Je lui ai fait espérer de mon côté que, dès que l'opinion publique serait ramenée sur son régiment, je tâcherais de réunir chaque bataillon dans une seule ville pour éviter les inconvénients de la dispersion.

Effectivement, dès que je le pourrai prudemment, je rassemblerai le 1er bataillon à Niort. Mais je reviens à M. de Ranchin; je trouve très étonnant qu'il ait pris ce moment de crise pour abandonner son régiment, car c'est celui où un officier supérieur pourrait être le plus utile, s'il était dans de bons principes.

Ce régiment est un des mieux disciplinés de votre division ; ce sont 600 bons hommes, bien en état d'être utiles ; mais cette discipline même deviendrait un danger de plus si les officiers continuaient à manifester, comme ils l'ont fait jusqu'à présent, des sentiments et des opinions contraires à ceux du Roi et de la Nation. Dès que je serai de retour à Niort, je ferai une circulaire à MM. les officiers commandant dans les différents quartiers, pour leur servir de règle de conduite; nous ne pouvons plus permettre d'opinion contraire à la Constitution dans des gens armés pour la soutenir ; il faut choisir entre la patrie et Coblentz, et j'aimerais mieux voir à Coblentz des officiers malintentionnés que de les voir commander les soldats de la patrie.

Je vous porterai ma lettre moi-même, ayant à causer avec vous, tant sur ces objets que sur d'autres essentiels à notre tranquillité. Je serai d'ailleurs fort aise de voir vos corps administratifs pour savoir la vérité sur toute l'affaire du régiment de la Sarre. Vous voyez que j'en sais déjà beaucoup ; d'ailleurs, MM. les officiers n'ont rien désavoué. Je vous respecte et vous embrasse. Du Mouriez.

EMPLOI DES BATAILLONS DE VOLONTAIRES

Le nouveau ministre de la guerre, le comte Louis de Narbonne, qui avait remplacé Du Portail le 11 décembre 1791, décida que le régiment de la Sarre serait entièrement retiré des départements de l'Ouest et se rendrait à la frontière d'Espagne. L'ordre du Roi portait même que la troupe devrait se mettre en route pour Perpignan le 4 février. Cela embarrassa beaucoup le commandant de la 12e division militaire. « Il est, écrivait-il le 29 janvier, impossible d'opérer si vite ce mouvement ; il y a trois compagnies à Nantes, à Machecoul et Legé, trois autres à Challans et à la Roche. » Le 31, il insistait encore afin que « son cher camarade prît tout sur lui »[1]. Dumouriez ne se pressa nullement de rallier à Niort les compagnies dispersées du 51e, parce qu'on n'annonçait pas de Paris l'envoi d'un autre régiment de ligne pour le remplacer. Il laissa passer, non quelques jours, mais plusieurs semaines, se donnant le temps d'avoir assez de compagnies de Volontaires nationaux prêtes à occuper tous les points de la Vendée où des troubles étaient sans cesse à craindre.

1. D'après les lettres de Verteuil éparpillées dans les papiers de Dumouriez, Arch. nat. F7 4598 6.

Déjà, le 21 janvier, il avait expédié de Niort les instructions suivantes[1], on ne peut plus remarquables :

Instructions pour M. Quetineau, capitaine de grenadiers du bataillon des Deux-Sèvres.

M. Quetineau tiendra garnison à la Châtaigneraie pour y maintenir la tranquillité et faire respecter les lois. Il ne doit pas s'immiscer dans les disputes au sujet du culte, ni permettre que ses camarades grenadiers s'en mêlent, et il doit leur recommander la plus grande prudence. Il recevra les réquisitions du district pour les détachements extérieurs, et ceux de la municipalité pour le service intérieur de la ville. S'il voit scission entre les deux corps administratifs, il n'exécutera jamais les réquisitions de la municipalité sans l'attache du directoire du district, et, en cas que la scission fût trop forte et qu'il y eût contradiction manifeste, il s'en remettrait à la décision du département.

Il est prévenu que, depuis la désertion de ses chefs, la garde nationale de la Châtaigneraie est devenue nulle. Il tâchera, par le bon exemple de discipline militaire et de civisme de ses grenadiers, et par leurs bons propos, de remonter l'esprit public et de recréer cette garde nationale.

Il est prévenu que, dans la partie du district de Châtillon qui l'avoisine, les villages de Montigny et Courlay, canton de la Forêt-sur-Sèvre, et Clazay, canton de Bressuire, refusent de se soumettre aux décrets, refusent de faire la répartition de l'imposition et ont renvoyé les commissaires du district sans vouloir les entendre. Il est donc possible que les administrateurs de Châtillon soient dans le cas de requérir des détachements de grenadiers. M. Quetineau préviendra MM. les administrateurs du district de la Châtaigneraie que, par cette présente instruction, je l'autorise à marcher en cas de besoin ou à envoyer des détachements pour donner force à la loi dans ces cantons, sur la réquisition du district de Châtillon, mais seulement pour un temps limité très court et à la condition de revenir toujours à sa garnison de la Châtaigneraie; en ce cas même, les opérations et les marches des grenadiers seraient combinées avec les opérations et les marches de la compagnie de Racapet en garnison à Bressuire.

M. Quetineau préviendra MM. les administrateurs du district de la Châtaigneraie que, dès que le reste du bataillon sera habillé, il doit être joint dans cette ville par le commandant du bataillon, l'adjudant-major et une compagnie de fusiliers.

Je n'ai rien de plus à recommander sur la disciplime et la bonne conduite; je connais le patriotisme et l'honneur de mes braves grenadiers des Deux-Sèvres, la prudence et la fermeté du capitaine Quetineau.

Tandis qu'il pressait l'habillement et l'équipement du bataillon de la Loire-Inférieure, qu'il destinait à occuper les postes de la

1. 6e des sept cahiers de la corresp. de Dumouriez, Arch. nat. F7 4423.

Vendée maritime, il ordonnait de faire passer à Luçon la première compagnie prête du bataillon de la Vendée.

Le double mouvement du départ des régiments de ligne, 51e et 84e, sans précipitation, et du remplacement méthodique de leurs compagnies détachées par des compagnies de Volontaires, s'opéra en un mois entier. Quoique très occupé des négociations qui devaient bientôt le faire général de division, puis ministre, Dumouriez ne négligea pas un instant de veiller au maintien de la tranquillité dans la région vendéenne. D'ailleurs une explosion insurrectionnelle ou la répression trop vive d'émeutes locales eussent dérangé en ce moment ses plans politiques.

Il écrivait de Niort, le 21 janvier 1792 :

A Messieurs du Département de la Vendée [1].

M. Le Vasseur vous porte, Messieurs, ce paquet pour s'assurer avec vous du départ de vos ordres et des miens, relativement au mouvement très brusque que le Ministre fait faire au régiment de la Sarre qu'il envoie à Perpignan. Il va charger de ces ordres deux cavaliers du 11e régiment, dont l'un n'ira que jusqu'à Talmont et donnera en passant à Luçon le paquet dont il sera chargé pour l'officier commandant la compagnie du 51e régiment qui y est logé ; le second ira de Talmont directement à la Roche-sur-Yon, en allant couper la grande route des Sables à la Roche-sur-Yon par la Mothe-Achard ; il remettra le paquet de mes ordres au commandant de la compagnie logé à la Roche-sur-Yon, et vous pouvez le charger de vos ordres pour les administrateurs de ce district.

Arrivé à Talmont, le premier cavalier remettra un ordre de moi à l'officier commandant les 20 hommes de cavalerie dans ce bourg, pour qu'il fournisse un autre cavalier qui, passant par les Sables, se rendra de suite à Challans pour porter mes ordres au commandant des deux compagnies qui y sont logées. Vous pourrez pareillement faire passer par ce cavalier vos ordres aux deux districts des Sables et de Challans, pour les étapes voisines, en chevaux, suivant l'indication ci-jointe.

J'ai mis sur une feuille séparée la marche du 2e bataillon, qui arrive au plus tard le 5 à Montaigu, passant par Fontenay, pour rejoindre le 9 à Niort.

Je n'ai le temps de vous parler d'aucune autre affaire.

M. Le Vasseur vous aidera pour l'expédition de celle-ci. Je vous prie de lui donner les renseignements que vous pouvez avoir sur l'expédition de l'Ile-Dieu, qui m'inquiète dans cette mauvaise saison.

Du Mouriez.

Aux mêmes, le 25, il annonçait de la Rochelle qu'en raison des inquiétudes du district des Sables, il envoyait 20 cavaliers, avec un

1. La lettre, autographe, se trouve dans les papiers de Mercier du Rocher, 1er registre, n° 29.

officier, tenir « garnison à Talmont, pour dissiper les brigands qui infestaient le voisinage. » Aux autorités sablaises il faisait savoir qu'il venait de s'entendre avec le commandant de la 12e division pour qu'on leur expédiât « sous peu deux pièces de campagne avec leurs affûts et 100 charges pour chaque pièce. »

Le 6 février, rentré à Niort, il leur adressait cette dépêche :

J'ai l'honneur de vous envoyer une lettre de la municipalité de Luçon, qui mérite votre attention. Comme je vois que de longtemps nous n'aurons le bataillon de la Loire-Inférieure en état de remplir les destinations qu'on lui a données ; comme aussi il est essentiel de ne pas laisser les fanatiques de Luçon profiter du départ des troupes pour y exciter des désordres, ce qui leur serait fort aisé par la faiblesse du parti constitutionnel, je crois très essentiel d'y envoyer ou la compagnie de grenadiers, ou la première compagnie des Volontaires de la Vendée, et j'envoie un ordre dont vous remplirez la date, qu'il faut fixer le plus tôt possible pour éviter de très grands inconvénients. Cet ordre est pour la compagnie de grenadiers; s'il lui manque des havre-sacs de peau ou des parties de son équipement ou habillement, comme Luçon n'est pas éloigné de Fontenay, il vous sera fort aisé de les lui faire passer, et cela ne doit pas retarder le placement de cette troupe à Luçon, où je la crois très nécessaire.

Je n'ai point de nouvelles de Challans, mais je m'attends que vous recevrez de pareilles réclamations de ce district, qui est trop infecté de mauvais esprit pour qu'on puisse le laisser sans troupe. Dès que vous en aurez des nouvelles, mandez-le-moi, et nous y placerons la compagnie la première prête de votre bataillon, qui, je crois, est celle de Belliard. J'attends vos avis à cet égard. Outre la nécessité de placer de la troupe dans ces deux villes, il en résulte pour la ville de Fontenay le soulagement des deux compagnies logées chez le citoyen, qu'on fera rentrer aux casernes....

Le 13, il mandait aux mêmes :

Je suis fort aise que votre compagnie de grenadiers soit à Luçon ; je serai très tranquille lorsque j'aurai une compagnie de fusiliers à Challans. Mandez-moi l'époque où rien ne nous empêchera d'exécuter ce mouvement... Je reçois un avis inquiétant de Noirmoutier[1]... Je vous recommande la plainte de Férou et la plus grande vigilance sur la municipalité suspecte de Montaigu[2].

Le 23, il surexcitait l'activité du commandant du bataillon de la Vendée par ce billet :

Je sais, mon cher Gratton, que votre compagnie de grenadiers est depuis samedi à Luçon. Quand partira celle de Belliard pour Challans ? Je suis pressé par le directoire de ce district, dont j'envoie la lettre à Messieurs du département. Mandez-moi les différentes époques auxquelles vos compagnies seront

1. Voir plus loin, ch. XXIV.
2. Voir ci-dessus, . p. 101-107.

habillées, et pressez Messieurs les Administrateurs à cet égard ; car il est possible que, vers le 15 mars, on fasse partir le second bataillon du 84e régiment et que vous le remplaciez dans ses garnisons ; ainsi tâchez d'être prêt pour cette époque. DU MOURIEZ [1].

RENOUVELLEMENT DES ADMINISTRATIONS LOCALES ET ASSERMENTATION DES FONCTIONNAIRES

Le renouvellement annuel, par moitié, des officiers municipaux et notables composant l'administration des communes, suivant l'article 42 de la loi des 14-18 décembre 1789, s'opéra sans trop graves difficultés, au mois de novembre 1791, dans les villes et bourgs patriotes.

A Saint-Gilles, au milieu d'une émotion populaire excitée contre des chargements de grains, le maire H. Collinet avait été dénoncé à la municipalité elle-même, le 29 septembre, en même temps que le négociant Cavois, « comme des acheteurs de blés du Marais et du Bocage pour les transporter à Bordeaux. » Collinet, sortant de la mairie le 13 novembre, n'en fut pas moins réélu. Sur le refus successif de Rafin, de Gratton, de Georges Chaillou, du docteur Merland et de Jules Guilbaud, Jacques-Salomon Benéteau fut nommé procureur de la commune. La municipalité, entièrement reconstituée, prêta serment le 20 novembre [2].

Le maire des Sables-d'Olonne, Gaudin aîné, ayant été élu député à l'Assemblée législative, donna sa démission le 17 septembre ; le Conseil général de la commune lui vota de chaleureux remerciements pour sa gestion patriotique. Le 12 novembre, se réunirent les électeurs primaires afin de nommer un nouveau maire, un nouveau procureur de la commune, en remplacement de Mercereau, devenu administrateur du district, les officiers municipaux et notables désignés par le sort pour être renouvelés, un adjoint et deux membres de la municipalité démissionnaires. Le frère du député, Gaudin jeune, fut enfin réélu maire ; Debard, procureur de la commune. Mais celui-ci donna sa démission, plusieurs membres avec lui, le secrétaire même de la municipalité, le 14 décembre [3].

A Messieurs les Administrateurs du directoire du district des Sables [4].

(*Du* 23 *décembre* 1791.)

Conformément à votre arrêté du 8 de ce mois, nous avons prié nos prédécesseurs de reprendre leurs fonctions concurremment avec nous jusqu'à

1. Dernier des 7 cahiers de la Correspondance de Dumouriez, Arch. nat., F⁶ 4423.
2. Registres municipaux de Saint-Gilles, aux dates citées.
3. Délibérat. de la municipalité des Sables, aux dates citées.
4. Corresp. municip. des Sables, reg. B.

leur remplacement effectif. Trois s'étaient rendus à nos sollicitations, MM. Debard, Delange l'aîné, et Guénier. Mais, le premier ayant donné sa démission le lendemain de son acceptation, et M. Palvadeau, officier municipal de la dernière élection, ayant été élu secrétaire de la municipalité, il ne reste plus au corps municipal que MM. Bécherel, Boulineau, Bermond, Gobert, Delange l'aîné et Guénier. Encore ces deux derniers nous menacent-ils à chaque instant de nous abandonner, si les Commissaires que vous avez nommés ne s'occupent pas promptement de travailler à leur remplacement.

Nous vous prions donc, Messieurs, d'engager MM. Robert et Gérard de s'occuper incessamment de la commission dont vous les avez chargés, et de nous adresser des ordres pour que nous convoquions les citoyens actifs de cette commune, aux fins de s'occuper de l'élection de quatre officiers municipaux le dimanche 1er de l'an 1792.

Les Officiers municipaux de la ville des Sables.

Les nouvelles élections ne mirent pas encore fin aux difficultés, car il fallut les plus pressantes sollicitations du Conseil général de la commune pour faire reprendre à Gaudin sa démission, qu'il donna encore le 10 mars 1792.

La nouvelle municipalité, quoique incomplète, avait, avant la fin de l'année 1791, reçu les comptes de l'ancienne, réorganisé la garde nationale et clos le registre des déclarations de propriétés pour l'établissement de la contribution foncière. La discussion des évaluations faites par ses Commissaires occupa de longues séances, et, durant le premier trimestre de 1792, furent établis les rôles de la contribution mobilière.

L'organisation des municipalités rurales, malgré l'arrêté et l'adresse du département [1], continua à être incomplète. Plus d'une fois le directoire de district dut intervenir, chargeant l'un de ses membres, en qualité de Commissaire, de rappeler les électeurs à leur devoir et d'instituer des officiers municipaux provisoires.

Par Acte du corps législatif du 25 mars 1792 le serment civique fut imposé à tous les employés des administrations publiques, et le procès-verbal de leur assermentation dut être adressé au Ministre de l'intérieur. On retrouve, parmi les papiers ministériels [2], les procès-verbaux des serments reçus le 18 avril par le directoire du département de la Vendée; le 23, par les directoires des districts des Sables et de Challans.

Le serment des employés de l'administration centrale fut prêté en séance du directoire du département par le vice-président Vinet, assisté des administrateurs Mercier, Esnard et Moulins. L'un des chefs de bureau, Lamothe, prononça une allocution :

1. Voir plus haut, p. 116 et 117.
2. Archives nationales F1c III — Vendée 6.

Ce serment, dit-il, que chacun de nous a fait depuis longtemps, nous nous empressons de le renouveler entre vos mains. Oui, Messieurs, aimer, chérir et défendre notre sublime Constitution, dont les principes éternels sont gravés par la main de la nature elle-même, et qui ne peuvent être méconnus que par ceux que des préjugés ridicules aveuglent et endurcissent, telle est et telle sera toujours l'impulsion de nos cœurs.

Aux Sables, le vice-président Bouhier et les deux administrateurs Robert et Mercereau, à la requête du procureur-syndic Biret, reçurent, sans aucune solennité, le serment de fidélité à la Nation, à la Loi et au Roi, du secrétaire et du chef de bureau du district, des cinq commis et des deux surnuméraires qui, du reste, « avaient déjà prêté le serment civique avec zèle dans le service de la garde nationale, dont ils faisaient partie. »

Procès-verbal d'assermentation des commis du district de Challans.

Séance du directoire du district de Challans, en date du 23 avril 1792, l'an IV de la liberté, présidée par M. Mourain, où assistaient MM. Jousson, Bouvier et Merlet, M. le Procureur syndic présent.....

MM. les chef et commis de l'administration ont manifesté avec enthousiasme le désir et l'envie d'obéir à la loi en prêtant le serment civique, et M. Valleteau, chef de bureau, portant la parole, a dit :

« Messieurs, c'est avec un vrai plaisir que nous avons appris que la loi du 25 mars 1792 astreignait les commis des administrations à prêter le serment civique. Il serait à désirer que les sages dispositions de cette loi eussent été plus tôt connues, nous n'aurions pas eu le chagrin de voir qu'il existe dans des bureaux des gens indignes de remplir les places qu'ils occupent. Pour nous, Messieurs, il est gravé dans nos cœurs, ce serment que tout citoyen doit prêter avec joie, et c'est devant vous que nous jurons de vivre libres ou de mourir; d'être fidèles à la Nation, à la Loi et au Roi; de maintenir de tout notre pouvoir la Constitution du royaume décrétée par l'Assemblée nationale constituante aux années 1789, 1790 et 1791; de remplir avec exactitude et fidélité les obligations que nous avons contractées en acceptant les places dont vous nous avez honorés. S'il se trouvait quelques-uns d'entre nous assez criminels pour prêter ce serment avec répugnance, soyez persuadés, Messieurs, que ces mauvais citoyens vous seraient sur-le-champ dénoncés et qu'ils n'habiteraient pas longtemps un lieu où respire le patriotisme. »

Ils ont à l'instant tous levé la main, et ont prononcé individuellement le serment civique, conformément à l'article 3 de la section 4 du chapitre 2 de l'Acte constitutionnel.

L'Administration, par l'organe de son président, a rendu ensuite un hommage éclatant au civisme de ces jeunes citoyens, dont le zèle ne s'est point ralenti depuis le commencement de la Révolution qui fait le bonheur des Français, ajoutant qu'elle n'attendait pas moins des élèves de la Constitution, pour le maintien de laquelle tout bon citoyen doit être prêt à verser jusqu'à la dernière goutte de son sang.

Et ont signé : *Valleteau, Rablot, Mourain, Bouvier* aîné, *Bouvier* jeune, *Malescot* et *Maurice.*

On a vu précédemment[1] avec quel succès avait commencé l'aliénation des biens d'Église et avec quelle facilité avaient été reçus, même par les habitants des campagnes vendéennes, les premières émissions d'assignats. Il est à supposer que la noblesse, dépositaire des économies de ses métayers[2], aida beaucoup à l'acceptation du papier-monnaie, accumulant le plus possible d'or et d'argent entre ses mains, au moment où « la folie de l'émigration saisit toutes les têtes[3] ». Il va sans dire que les municipalités patriotes déployèrent le plus grand zèle pour « accréditer les assignats, sentant de quelle importance pouvait être pour le salut de la chose publique la confiance qu'on devait leur donner[4]. »

Le 9 août 1791, le Conseil général de la commune des Sables approuva le projet de trois de ses membres, Ocher, Marin l'aîné et Duget, en vue de faciliter le change des assignats de 300 livres par la création de « bons de confiance[5]. » Le 18 du même mois, le Conseil de la commune de Fontenay-le-Comte adopta à son tour la fondation d'une « caisse patriotique » émettant 21,000 billets de 2 livres, de 20 et de 10 sols; elle devait en lancer plus tard dans la circulation pour 35,000 livres, à 15, 12 et 5 sous; pour 48,000 livres de même valeur; pour 3,000 livres à 1, 2 et 4 sols, avec l'approbation immédiate des administrateurs du district et du département[6]. Aux Sables, la municipalité éprouva une vive opposition de la part du directoire de district et fut entravée par un jugement du tribunal, qu'elle dénonça comme contre-révolutionnaire.

Correspondance municipale des Sables.

Du 27 *avril* 1792. — *A MM. les juges du tribunal des Sables.*

Messieurs, sous le règne du despotisme, il n'était pas rare de voir des juges se couvrir d'oppobre et d'infamie par des jugements iniques et partiaux;

1. Tome Ier, ch. V, p. 158-159.
2. Ibidem, ch. II, p. 42.
3. En 1793, l'acceptation courante des assignats à l'effigie royale, saisis dans les caisses des districts et du département, procura à l'armée catholique royale le moyen de subvenir aux frais de la guerre jusqu'au passage de la Loire. (Voir le curieux ouvrage de M. Augustin Rouillé, *Assignats et papiers-monnaie, guerre de Vendée et chouannerie, 1793-1796,* la Roche-sur-Yon, veuve Ivonnet, 1891, in-4° de 80 pages avec planches.)
4. Lettre des officiers municipaux des Sables, du 6 mai 1791, Correspond. municipale, registre A.
5. Reg. des délibérat. municipales, à la date.
6. Benjamin Fillon, *Recherches sur Fontenay*, t. I, p. 360-361; t. II, p. 313-324. Les émissions sont du 24 août 1791, des 29 avril et 26 juin 1792 et du 27 septembre 1793.

mais, quand toutes lois sont connues et exécutées par tous les amis de l'ordre et de la paix, il ne peut être indifférent aux magistrats du peuple de voir les lois enfreintes par ceux mêmes qui devraient y prêter force et obéissance. Vous venez, Messieurs, de nous donner la mesure de vos forces par le jugement que vous venez de rendre ce matin contre le sieur Bethuis, boulanger en cette ville. Ou c'est ignorance, ou c'est envie de vous opposer à l'exécution des lois du royaume. Si c'est ignorance, vous n'êtes pas dignes de la confiance d'hommes libres; et, si c'est mauvaise foi ou envie de mal faire, vous devrez être dénoncés au Ministre de la justice et à l'accusateur public. C'est la marche que nous allons suivre pour vous rappeler à vos devoirs.

Lisez et méditez !

Du 7 mai 1792. — Au Comité de surveillance de l'Assemblée nationale[1].

Nous vous adressons les pièces relatives à une dénonciation que nous avons faite au Ministre de la justice d'un jugement rendu le 27 du mois dernier par le tribunal des Sables. Ce jugement intéresse de trop près le cours des assignats, pour que nous négligions rien pour vous en démontrer tous les effets dangereux. En effet, si les boulangers et autres personnes sujettes à la police peuvent être admis à payer en assignats plus cher qu'en numéraire les denrées qui leur sont nécessaires pour la consommation des villes, ne serat-il pas alors de votre justice de leur accorder deux taxes différentes pour la vente de ces denrées, dont celle en numéraire devra être au-dessus de celle en assignats? Ne serait-il pas alors de toute justice de faire cette différence pour le peuple, puisque les assignats, aux termes de ce jugement, n'auraient pas le cours du numéraire, et que le peuple, qui paye les denrées de première nécessité à mesure qu'il les consomme et presque toujours en numéraire, devrait alors payer moins cher que le riche propriétaire, qui les paye en assignats? Et d'ailleurs, comment les officiers municipaux pourraient-ils tenir la balance entre le cours du numéraire et celui des assignats dans les marchés publics, dans les foires et surtout dans les ménages, puisque, sous leurs propres yeux, les tribunaux se permettraient d'annuler leur arrêtés par des jugements iniques et attenteraient par ce moyen au pouvoir administratif? Ces inconvénients sont trop sensibles, ils intéressent de trop près la tranquillité publique pour que le Corps législatif ne cherche pas tous les moyens de les prévenir.

Nous ne pouvons nous empêcher de vous faire le tableau de la situation où nous allons nous trouver, si ce jugement n'est pas réformé et les juges punis pour l'avoir rendu, et compromis la sécurité publique en attaquant les corps administratifs dans leurs fonctions : vous en jugerez par ce qui nous est arrivé dernièrement.

V. N., boucher de notre ville, achète dans la campagne un bœuf et promet de le payer en numéraire ; le vendeur le lui amène à domicile et demande le prix convenu; le boucher lui présente des assignats; alors le campagnard

1. Registre A. La copie de cette pétition fut adressée, le 7 mai, au député Goupilleau (de Montaigne), prié de s'entendre avec Gaudin (des Sables), qui pouvait fournir « sur les juges tous les renseignements possibles. » On faisait observer que l'un de ceux-ci, « Regain, était à remplir ses fonctions auprès du tribunal criminel du département, et que, si Dugel et Dupleix avaient siégé comme suppléants, on avait tout lieu de croire qu'ils auraient été opposés au jugement. »

s'en retourne avec son bœuf, et tous nos concitoyens se seraient passés de viande sans l'acte d'autorité du directoire du district de cette ville, qui fit enlever le bœuf chez le paysan récalcitrant et le força de recevoir en assignats le prix de la vente, malgré que les conventions portassent qu'il serait payé en numéraire.

Or, si ce particulier s'était pourvu devant le tribunal des Sables, il est très sûr que le boucher aurait été condamné à des dommages-intérêts envers lui; que le boucher aurait eu sa garantie à exercer contre l'administration du district; qu'ainsi le pouvoir judiciaire eût attaqué le pouvoir administratif, et que le premier eût rendu le second responsable des faits de son administration. Il serait encore très sûr que tous les jours la municipalité de cette ville serait responsable de pareils actes de son administration, puisque tous les jours elle force les marchands et les revendeurs à recevoir au marché les assignats au prix du numéraire; enfin, il serait hors de doute que tous les jours le directoire et la municipalité pourraient être pris à partie pour leur administration et traduits pour des faits de leurs actes devant le tribunal, puisque, pour empêcher la famine d'assiéger la ville des Sables et se mettre en garde contre les spéculations sordides des agioteurs, ils ont été obligés de forcer, sans faire de confiscation, le cours des billets de confiance au pair des assignats et du numéraire.

Cette situation est alarmante, mais elle n'est que trop réelle et nous n'en calculons que trop malheureusement les suites pour l'avenir, si nous n'obtenions point la justice que nous sollicitons.

Nous apprenons à l'instant que le directoire de notre département vient de casser l'arrêté d'une municipalité qui avait deux taxes pour le pain, l'une en assignats et l'autre en numéraire. Nous conseillons aux boulangers de son ressort de se pourvoir au tribunal des Sables; assurément elle aura gain cause, et les boulangers auront à répéter des dommages-intérêts contre les administrateurs du département dont l'arrêté sera devenu non-avenu.

Nous ne pouvons nous empêcher de vous observer, en finissant, que, malgré que nous respections la liberté des opinions, il est cependant d'un très mauvais exemple pour le public de voir une partie de nos juges et le commissaire du Roi ne jamais assister aux offices du prêtre assermenté de notre ville, et surtout d'en voir un en outre s'absenter, les veilles de fêtes et dimanches, pour aller entendre la messe d'un prêtre non assermenté. Le peuple suit aveuglément l'exemple qui lui est donné par les hommes en place, il n'est pas encore assez instruit pour discerner lui-même ce qui lui est pernicieux d'avec ce qui lui est avantageux, et malheureusement notre ville n'en offre que trop de funestes exemples. Nous croyons donc que, si nos juges voulaient reconnaître les prêtres assermentés, nous ne tarderions pas à voir le peuple fréquenter nos églises et se rapprocher insensiblement de la religion de nos prêtres.

Les officiers municipaux de la ville des Sables.

Sans doute le Ministre de la justice coupa court à l'opposition du tribunal des Sables. Quant au district, en se décidant, sous la pression du département, à autoriser les émissions des billets de confiance de la ville, il exigea que la commune engageât sa responsabilité en cas de contrefaçon. Ce qu'elle fit, le 17 mars 1792, après son émission de 8,000 livres de billets, décidée le 20 février[1]. Le 19 mai, elle réclamait du Ministre des contributions publiques « l'ordre à la direction des postes de recevoir les billets de confiance en payement des ports de lettres[2] ». Après avoir obtenu non sans peine la confirmation par le district d'un arrêté du 10 juillet portant à la valeur de 80,000 livres le total des billets de confiance émis ou à émettre, elle écrivait[3] :

Aux administrateurs du district des Sables.

(*Du* 2 *août* 1792.)

En conséquence de votre arrêté du 11 de ce mois, confirmé par celui du département du 20 dudit mois, le Conseil général de la commune s'est déterminé à continuer l'émission des *Billets de confiance* que son amour pour le bien public lui a fait entreprendre. L'impossibilité de se procurer des cartes nous a forcés à recevoir du papier fort et, pour faciliter au peuple une connaissance plus précise de la valeur des bons qui seront mis en circulation, nous avons déterminé pour chaque espèce une couleur différente.

La rareté du numéraire se fait sentir plus que jamais; nous avons pensé qu'il était de notre devoir d'émettre des bons de plus petite valeur que précédemment, et en conséquence nous avons supprimé les bons de 20 sous, et nous en avons créé de 12 sous, qui se divisent en 6 et 4 sous, qui se couperont en 2 sous, de manière que, pour compléter la valeur totale de l'émission, que vous avez portée à 50,000 livres, il y aura :

1° 20,000 livres de ces billets de 20 sous divisibles en 10;
2° 25,000 billets à 12 sous, divisibles en 6;
3° 2,000 billets à 10 sous, divisibles en 5;
4° 2,500 billets à 4 sous, divisibles en 2 sous.

Au début, en 1791, l'Assemblée nationale avait encouragé les villes à faciliter par leurs petits bons ou billets, l'échange et la circulation des assignats; mais, dès que ceux-ci furent répandus en petites coupures, elle s'efforça de restreindre la multiplication des billets municipaux et particuliers, qui avait dépassé toutes les bornes, sous les formes les plus faciles à falsifier. La Convention les abolit par son décret du 6 novembre 1792 et en ordonna le remboursement avant la fin de l'année.

Sur l'impossibilité de l'exécution de ce décret les administrateurs de la Vendée adressèrent des

Observations à la Convention nationale[4].

(*Du* 8 *décembre* 1792.)

...L'approche du délai fixé par la loi du 6 novembre, relativement à la

1. Délibérations municip., à ces deux dates.
2. Correspondance municipale, reg. A, à la date.
3. Id., registre B, à la date.
4. Archives nationales, DXL 23.

rentrée des billets de confiance excite des inquiétudes dans la classe si estimable et si intéressante des pauvres habitants des campagnes. La disparition de la petite monnaie, le refus constant qu'ont fait ceux qui la possèdent de l'échanger contre des assignats de cinq livres, ont multiplié les billets de confiance dans une proportion effrayante. D'abord des sociétés particulières, et ensuite un très grand nombre de communes se sont empressées d'en émettre, et ce défaut de concert a amené cette émission bien au-dessus du besoin. La circulation de ces billets a été très rapide et tellement étendue que, dans l'enceinte de notre département, il en circule peut-être de cinq cents caisses différentes appartenant à vingt-cinq départements étrangers, dont quelques-uns à cent lieues de nous. Ces billets sont distribués comme l'était autrefois la monnaie. Chacun en a une petite somme proportionnée au menu détail de sa dépense, et c'est entre les mains du pauvre qu'ils se trouvent en plus grande abondance, parce que c'est le pauvre seul qui vend les petits objets de détail, à l'achat desquels cette monnaie était employée. Or, nous vous le demandons, comment est-il possible qu'un pauvre laboureur, un pauvre journalier, une petite marchande de village, qui ont reçu pour 40 ou 50 sous de billets en échange de leurs œufs, de leur lait, de leur beurre, etc., les envoient à cinquante lieues de là pour en recevoir l'échange en coupure d'assignats? Ils seront perdus pour eux; mais 40 ou 50 sous sont la subsistance d'une famille entière pendant huit jours !...

Nous nous sommes occupés des moyens de prévenir l'effet du mécontentement et peut-être des commotions auxquelles nous expose l'exécution de la loi du 8 novembre; mais il n'en est aucun en notre pouvoir si les Pères de la patrie ne viennent pas eux-mêmes à notre secours...

Les administrateurs proposent de reculer le délai d'échange d'au moins deux mois, ou plutôt de trois. Dans l'intervalle, on userait de ce procédé:

Nous supposons que vous accordez le terme de trois mois que nous demandons pour la rentrée des billets. Dans cet intervalle, chaque administration de département établirait dans son arrondissement un ou plusieurs bureaux, où l'on changerait par des coupures d'assignats tous les billets des départements étrangers. Lorsqu'ils seraient tous rentrés, les départements se renverraient mutuellement les billets qui leur appartiennent, et chacun ensuite les distribuerait dans les caisses particulières.

Ce moyen est simple; il tranquilliserait les imaginations effrayées; il préviendrait les pertes et par conséquent les murmures; le crédit des coupures d'assignats ne souffrirait point d'échec, et cette considération seule est de la plus grande importance.

En suivant les registres des délibérations et de la Correspondance de la municipalité des Sables, nous voyons que l'anéantissement des billets de confiance remboursés commença le 8 janvier 1793. Il en fut brûlé, ce jour-là, pour la valeur de 18,546 livres. Les échanges entre les villes de leurs billets mutuellement retirés de la circulation s'opéraient, par l'intermédiaire du département, avec régularité au mois de mars. Le 9, la veille du jour où se généralisa l'insurrection vendéenne, les Sablais envoyaient aux administrateurs, à Fontenay, pour 493 livres de billets de confiance de Challans. Le bouleversement causé par la guerre civile faisant disparaître la monnaie petite ou grosse, les deux partis en lutte se virent également forcés d'y suppléer par des émissions locales de bons en papier sans aucun contrôle et par l'acceptation des anciens billets municipaux de confiance au même titre que les assignats [1].

Le 1er août seulement recommence aux Sables le renvoi des billets de confiance aux communes qui les ont émis, notamment à la Flotte et à Saint-Martin de l'île de Ré, à la Rochelle, à Bordeaux. Le 3 août, il en est rendu au département de la Charente-Inférieure, au district de Civray (Vienne), à Royan, à Marennes, au Blanc (Indre), à Loudun, à Châteauroux, à Saint-Aignan (Cher), à Blain, Jousselin, Guingamp, en Bretagne, à Chartres, à Calais. Une Commission d'échange est constituée pour rembourser, en assignats, les billets de la ville qui lui sont transmis, notamment de Niort, de Luçon, de Challans. A la municipalité de Fontenay il en est payé pour 3,407 livres 4 sous.

LA CONTRIBUTION PATRIOTIQUE.

Les aides, la gabelle, les traites et les octrois avaient cessé de pouvoir être perçus après la prise de la Bastille. Au milieu des agitations de la France entière, la rentrée des impôts directs se trouvait partout très difficile. On comptait sur la vente des biens d'Église, mis à la disposition de la Nation pour combler le déficit. Mais, en attendant, le Trésor royal était vide, et deux emprunts, l'un de 30, l'autre de 80 millions, avaient échoué, au mois d'août 1789. Pour subvenir aux besoins immédiats de l'État jusqu'à l'application des réformes fiscales, Necker essaya de régulariser le mouvement des offrandes volontaires, suscité par les plus ardents des amis de la Révolution. Il proposa, l'Assemblée nationale adopta, le 6, et le Roi sanctionna, le 9 octobre 1789, une loi qui « demandait, à tous les habitants et à toutes les communautés du royaume, *une contribution patriotique* extraordinaire », ne devant avoir lieu qu'une fois, égale et proportionnelle, du quart du revenu dont chacun jouissait, et de deux

1. Nous donnerons dans la *Vendée patriote* une proclamation du Comité provisoire de Fontenay, institué par l'armée catholique royale après sa retraite du chef-lieu de la Vendée, pris par elle le 25 mai, proclamation par laquelle est maintenue « la libre circulation de tous les assignats et des billets ou bons de confiance ». (Papiers de Mercier du Rocher, reg. I, n° 268.)

et demi pour cent de la valeur de l'argenterie et des bijoux, ainsi que de l'or et de l'argent en réserve. Les déclarations ne devaient donner lieu à « aucune recherche ni inquisition », l'Assemblée étant « pleine de confiance dans les sentiments d'honneur de la Nation française ». Les municipalités ou les délégués nommés par elles étaient chargés de les recevoir des domiciliés. La contribution souscrite était perceptible par tiers, payables, le premier avant le 1er avril 1790, le second avant le 1er avril de l'année suivante, le dernier avant le 1er avril 1792. On était libre de s'acquitter en une seule fois, sauf déduction de l'intérêt légal. Ceux qui possédaient moins de 400 livres de revenu, les hospices et hôpitaux, étaient libres de se taxer à leur gré. Les ouvriers et journaliers sans propriété n'y étaient point astreints, mais, comme on ne pouvait « rejeter l'offrande libre et volontaire d'un citoyen », ils étaient admis à « se faire inscrire sur le rôle des contribuants pour telle modique somme qu'il leur plairait de désigner ».

Les opérations préliminaires pour la levée de la contribution patriotique avaient commencé, à Fontenay-le-Comte, par la rédaction, les 3 et 5 décembre 1789, et l'affichage, du 6 au 13, d'un rôle des chefs de famille de l'un et de l'autre sexe; ce rôle contenait 1,208 noms. Le registre pour recevoir les déclarations, ouvert le 14, ne fut clos que le 28 octobre de l'année suivante. Vérification en fut faite les 5 et 6 novembre 1790. La liste comprenait 344 déclarants, dont 28 qui, non domiciliés dans la ville, avaient voulu y solder leur contribution. La municipalité taxa d'office 8 personnes, qui avaient négligé de se conformer à la loi. Le rendement fut de 138,584 livres 15 sous, acquittés avec assez de régularité [1]. Il y eut aussi quelques dons en bijoux, vaisselle, or, argent [2], de la valeur totale de 588 livres pour l'or et de 4,691 livres pour l'argent [3].

On a vu [4] qu'à Montaigu la contribution patriotique s'éleva à près

1. D'après la notice qui précède les *Noms des habitants de Fontenay inscrits au rôle de la Contribution patriotique*, brochure de Benjamin Fillon, imp. en 1866 chez Robuchon, à Fontenay-le-Comte, 40 pages in-8°. M. Dugast-Matifeux a remis les noms en ordre alphabétique.

2. D'après une addition à l'étude de B. Fillon, par M. Hanoël Joussaume, dans la 4e livraison de la *Revue du Bas-Poitou*, p. 401-402. On remarque dans la liste des dons, des chenets valant 488 livres, apportés par le père ou l'oncle du général Belliard; et deux toutes petites sommes, une première fois de 11 l. 6 s., une seconde de 3 l. 10 s., déposées par Bonnamy-Bellefontaine, le père du général Bonnamy.

3. La liste des 334 souscripteurs de la contribution patriotique ne contient qu'une souscription supérieure à 3,000 livres, celle du chevalier de Grimouard, capitaine de vaisseau, 3,228 l. Le marquis de la Coudraye y est porté pour 922 l. 19 s. 4 d.; la maison des prêtres de la Mission pour 1,100 l.; le curé de Notre-Dame, Bridault, pour 1,000; l'avocat Pervinquière pour 1,200 l.; Pichard du Pago, pour 1,500 l.; Baudry d'Asson, major général, pour 300; le fermier Charlot, pour 1,800; le sénéchal Savary de Beauregard, pour 2,040 l.; Clémenceau des Chaffauds, pour 600 l., etc.

4. Ci-dessus, p. 106.

de 30,000 livres. Les détails manquent quant aux autres villes de la Vendée. On sait seulement qu'aux Sables-d'Olonne et à Saint-Gilles-sur-Vie, l'établissement de la liste de la contribution patriotique, qui s'opérait à l'époque des élections muncipales, aux mois de novembre et décembre 1790, fut la cause principale des difficultés très vives et très longues qu'éprouva l'organisation du Conseil général de la commune et de la mairie dans ces deux localités.

L'Administration des finances avait expédié, le 12 octobre 1790, aux départements une circulaire pour leur réclamer le bordereau des rôles arrêtés et mis en recouvrement par les municipalités de chacun d'eux. L'Administration départementale l'ayant transmise aux communes, la mairie des Sables fit passer à chacun des notables habitants qui n'étaient pas inscrits sur son registre un billet sous cette forme[1] :

Du 5 *novembre* 1790.

En vertu du décret de l'Assemblée nationale, nous avons été forcés de réparer l'oubli que vous avez fait de vous taxer vous-même pour la contribution patriotique. Nous vous avons donc taxé d'office pour la somme de..... Si vous avez quelques objections contre cette taxe, nous serons toujours prêts à les entendre ; elles doivent être présentées dans la quinzaine, temps prescrit par les décrets.

Nous sommes, etc.

Les officiers municipaux de la ville des Sables-d'Olonne.

Le « Tableau de la correspondance[2] », produit par l'Administration centrale des finances, constate, au 31 décembre 1790 :

Par une première lettre, le département de la Vendée annonçait avoir pris toutes les mesures vis-à-vis des districts ; par une seconde, il les accusait de lenteur, ainsi que les municipalités, dont il n'y avait pas le vingtième qui eussent fait leur rôle ; ensuite il n'avait fourni aucun renseignement, s'abstenant de répondre aux deux dernières demandes de l'Administration centrale.

D'après l' « État de la recette de la contribution patriotique, par département, jusqu'au 28 février 1791[3] », on voit :

63 départements ont envoyé leurs bordereaux, et le total des sommes souscrites est de 102,318,083 livres 4 sous 8 deniers ;

1. Correspondance municipale des Sables, à la date, registre A.
2. In-4° de 8 p. de l'Imp. royale, 1791, Arch. nat., ADxix, 524.
3. Grande feuille imprimée en double aux Arch. nat., ibid.
On trouve parmi les papiers de Dumouriez, Arch. nat. F⁷ 4598⁶, la déclaration faite par le maréchal de camp Dumouriez, le 5 mars 1790, pour sa contribution patriotique : 2,250 livres, et plusieurs quittances, dont celle du receveur du 2e arrondissement de Paris, datée du 7 février 1792, pour la somme de 1,500 livres, partie de cette contribution.

La Vendée a vérifié les rôles de 270 de ses municipalités sur 332; 62 municipalités n'ont pas fourni de rôles; le montant des bordereaux d'assiette est de 697,206 livres 1 sol 3 deniers.

ÉTABLISSEMENT DES RÔLES ET RENTRÉE DES CONTRIBUTIONS.

L' « État de situation de la confection des matrices des rôles de la contribution mobilière », publié, en 1792, par l'Administration centrale des finances[1], indique qu'au 26 mai de cette année il n'y avait encore que 3 départements qui eussent fourni plus des trois quarts de leurs matrices de rôles : le Doubs, l'Hérault et la Meuse.

16 départements en avaient envoyé moins du quart; parmi ceux-ci étaient la Vienne, les Deux-Sèvres, la Vendée, toute l'ancienne province du Poitou.

A la date du 9 juin 1792, la Vendée est inscrite comme ayant fourni 18 rôles; au 18 août, 38; au 29 septembre, 48; au 8 décembre, 77; au 22 décembre, 138.

Le 19 janvier 1793, le total des matrices de rôles est de 142 pour 329 communes ou paroisses[2].

On n'a pas de renseignements aussi précis sur la confection des rôles de la contribution foncière[3].

L'impôt foncier finit par être perçu en retard pour les années 1789, 1790 et 1791, suivant les formes anciennes. Mais, dans la majeure partie du département, il fut très difficile d'obtenir la levée des contributions de 1792, quoiqu'elles eussent été allégées, sur les observations du Conseil général du département. Les administrations intermédiaires et supérieures rencontrèrent des obstacles presque insurmontables : l'ignorance des officiers municipaux dans certaines communes bien intentionnées, leur mauvais vouloir dans beaucoup d'autres; surtout, pour le plus grand nombre de paroisses, l'absence de municipalité et l'action combinée du clergé réfractaire avec les propriétaires nobles, non seulement contre l'exécution, mais même contre la réception et la publication de n'importe quelle loi.

Par suite de la démission du procureur-syndic Degounor[4] et de celle de plusieurs administrateurs, comme lui en hostilité avec la mairie de la ville depuis l'affaire de la Proutière, le directoire du district des Sables avait dû se reconstituer le 19 septembre 1791. Bouhier en était devenu le président; Robert, Biret, Gourdin, Sourrouille, qui faisaient partie du Conseil, y avaient été introduits, et Mercereau

1. Imprimé de 12 pages in-4°, de l'Imprimerie royale, Archives nationales, ADxix 508.
2. Ibidem, d'après les tableaux successivement publiés.
3. Voir ci-dessus ch. XX et plus loin ch. XXVIII.
4. Voir notre tome Ier, p. 453.

avait été provisoirement chargé des fonctions de procureur-syndic comme substitut. Au commencement de l'année 1792, ces fonctions importantes furent confiées, à titre définitif, à l'homme le plus capable de les remplir, le très expert avoué Aimé Biret[1].

C'est lui qui rédigea, pour les porteurs de contraintes, nommés le 7 janvier, une instruction « simple et précise », en vue d'obtenir « l'entière exécution de la loi » à l'égard des contribuables, qui « individuellement ou de concert se refuseraient à payer ce qui était dû à l'État ».

Arrêté du district des Sables.

(*Du 24 février* 1792.)

ARTICLE PREMIER. — Les porteurs de contraintes, en arrivant dans chaque commune, soit pour y travailler à la requête du receveur du district contre les percepteurs, soit à la requête de ceux-ci contre les contribuables, seront tenus de faire constater l'heure de leur arrivée par un officier municipal, et lorsqu'ils partiront, ils en feront de même pour l'heure de leur départ.

ART. 2. — Lorsque les porteurs de contraintes opéreront dans le lieu de leur résidence, ils seront seulement tenus de faire viser leurs actes par un officier municipal.

ART. 3. — En vertu des contraintes qui seront réservées par le receveur du district sur les percepteurs des communautés et visées par le directoire, les porteurs de contraintes feront commandement à chaque percepteur y dénommé de payer la somme pour laquelle il sera employé dans la contrainte.

ART. 4. — Ce commandement sera fait de par la Nation, la Loi et le Roi, et conformément au modèle n°..., pour les commandements aux contribuables, à l'exception cependant que, dans les commandements aux percepteurs, il sera donné en tête copie de la contrainte décernée.

1. Biret (Aimé-Charles-Louis-Modeste) était né à Champ-Saint-Père, le 3 janvier 1767; il mourut à Paris le 3 janvier 1839. Après avoir été procureur-syndic du district des Sables et président du Comité de surveillance révolutionnaire, il fut destitué par les représentants Hentz, Francastel et Garreau, le 3 floréal an II, 22 avril 1944. Emprisonné jusqu'à la fin de la Terreur, il eut à se défendre contre les accusations de malversation et de faux dans la vente des biens nationaux. (Nous parlons de son procès dans la *Vendée patriote*.) Mis en liberté, il alla habiter la Rochelle, où il fut employé d'abord dans l'administration des vivres, puis devint receveur principal des droits-réunis. Il ressuscita « l'Académie de la Rochelle », dont il fut le secrétaire de 1803 à 1805. En 1809, il passa à Joigny, d'où il entra à Paris dans les bureaux de l'administration centrale des contributions indirectes. Il a publié, de 1811 à 1840, un très grand nombre de traités et manuels sur la justice de paix, les actes sous seing privé, l'enregistrement et le timbre, la législation des octrois et autres contributions indirectes, à l'usage des officiers de l'état civil, etc. Plusieurs faisaient partie de l'Encyclopédie Roret et sont longtemps restés classiques. Il avait beaucoup atténué ses opinions de 1791-1793 lorsqu'en 1813 il faisait paraître *Le Christianisme en harmonie avec les plus douces affections de l'homme*, dédié à l'évêque de la Rochelle, 2 vol. in-12; en 1815, *De l'éducation ou l'Émile corrigé*, dédié au Roi, 2 vol. in-12; en 1816, *Éloge historique de Louis XVI*, brochure de 24 p. in-12, etc.

(Ces notes biographiques sont tirées du précieux manuscrit de 284 pages, légué à la Bibliothèque de la ville de la Rochelle par l'un de ses bibliothécaires, Delayant.)

ART. 5. — Si le percepteur ne solde sur-le-champ le montant de la contrainte, le porteur de contraintes pourra rester chez lui par forme de garnison pendant trois jours et non plus ; il pourra se faire assister, dans ce cas seulement, par un ou deux hommes de garnison qu'il prendra à son choix et s'il le croit nécessaire.

ART. 6. — Après ce délai de trois jours, le porteur de contraintes pourra, s'il en a reçu l'ordre du receveur du district, saisir et exécuter les meubles et effets du percepteur en retard et jusqu'à concurrence de la somme restant à payer. Il pourra de même procéder à l'arrestation du percepteur, s'il en a reçu l'ordre.

ART. 7. — Dans tous les actes de saisies-exécutions, soit à la requête du receveur du district, soit à celle des percepteurs de commune, les porteurs de contrainte se feront assister, ainsi qu'aux procès-verbaux d'emprisonnement, de deux recors qui sauront écrire et signer, et qui signeront avec eux les procès-verbaux.

ART. 8. — Les saisies et exécutions sur les percepteurs des communautés seront faites conformément aux modèles imprimés n° ..., en observant, par les porteurs des contraintes, que, ces imprimés étant destinés aux contribuables, il conviendra d'y ajouter, pour celles contre les percepteurs, un extrait de la contrainte décernée contre eux par le receveur du district.

Art. 9. — S'il est nécessaire de procéder à la vente des effets saisis sur les percepteurs, les porteurs de contraintes y procéderont suivant les ordres qui leur seront transmis, et ils feront attention qu'étant dans l'esprit de la loi de simplifier les formes, les procès-verbaux de vente ne doivent contenir sommairement que les noms des parties requérantes et saisies, celui du porteur de contrainte, sa qualité et demeure, les noms des adjudicataires et le prix des choses vendues.

ART. 10. — Les porteurs de contraintes seront tenus de verser entre les mains du receveur du district le montant des ventes par eux faites des meubles des percepteurs dans les vingt-quatre heures de la clôture de la vente, à peine d'y être contraints par corps et punis exemplairement en cas de divertissement de deniers.

ART. 11. — Ne pourront lesdits porteurs de contraintes saisir sur les percepteurs en retard, ainsi que sur les contribuables, le lit et les vêtements servant à l'usage journalier des débiteurs, ainsi que leurs pains et pots au feu, les bestiaux servant à la culture des terres, les instruments aratoires, les outils et métiers des artisans.

ART. 12. — Il sera en outre laissé au contribuable en retard une vache ou une chèvre, à son choix, et la quantité de grains nécessaires à l'ensemencement ordinaire des terres qu'il exploite.

ART. 13. — Les porteurs de contraintes qui contreviendront aux dispositions des deux articles précédents seront condamnés en 100 livres d'amende et destitués de leur place en cas de récidive.

ART. 14. — Les porteurs de contraintes seront tenus, vingt-quatre heures après la réquisition des percepteurs de communauté, de se transporter sur les lieux pour contraindre tous les contribuables en retard qui leur seront désignés par lesdits percepteurs.

ART. 15. — Le premier acte de contrainte qu'ils feront contre les contribuables sera une sommation conforme au modèle n°..., en tête de laquelle ils auront le plus grand soin de mettre l'extrait du rôle de contribution soit foncière, soit mobilière ou patriotique, en vertu duquel se fera ladite sommation.

ART. 16. — Si le contribuable n'obéit pas sous trois jours à ce premier avertissement, les porteurs de contraintes procéderont par saisie-exécution dans les meubles et effets des contribuables, conformément au modèle n°..., et ils se feront toujours assister de deux recors qui signeront avec eux le procès-verbal.

ART. 17. — Les ventes de meubles saisis sur les contribuables seront faites par les porteurs de contraintes, ainsi qu'il est prescrit par l'article 9 de la présente instruction, et les sommes en provenant seront perçues au moment de la vente par les percepteurs des communautés qui, à cet effet, seront tenus d'y assister, et les porteurs de contrainte de les en requérir.

ART. 18. — Pourront les porteurs de contraintes, lorsqu'ils en seront requis par les percepteurs de communautés, saisir par la voie de simple arrêt sur les contribuables en retard et entre les mains de leurs débiteurs. Ces saisies seront faites conformément au modèle n°.... Les mêmes saisies-arrêts pourront être faites sur les percepteurs de communautés en vertu des contraintes sur eux décernées par le receveur du district.

ART. 19. — Lorsque les porteurs de contraintes auront fait des saisies-arrêts soit sur les percepteurs de communautés, soit sur les contribuables en retard, ils seront tenus de les dénoncer à la partie même, au plus tard dans les vingt-quatre heures, et cette dénonciation sera faite conformément au modèle n°....

ART. 20. — Si un percepteur était troublé dans l'exercice de ses fonctions, soit par menaces, soit par violences, il se retirera par devers la municipalité, qui sera tenue, à peine de responsabilité, de lui donner assistance et protection.

ART. 21. — En cas de refus des municipalités de prêter main-forte aux porteurs de contraintes, ceux-ci dresseront procès-verbal qu'ils enverront au procureur-syndic, qui y fera pourvoir sur-le-champ.

ART. 22. — Le présent arrêté sera envoyé au receveur du district pour s'y conformer, et il en sera remis une copie à chaque porteur de contraintes pour l'exécuter.

La première contrainte à main armée contre une commune entière fut exercée, trois jours après l'expédition de cet arrêté, à Avrillé, qui, malgré la fuite de son ci-devant seigneur Du Chaffault, était depuis un an restée en complet état de rébellion[1].

Délibération du district des Sables[2].

(*Du* 27 *février* 1792.)

... Lecture est faite d'une lettre écrite par la municipalité d'Avrillé le 22 courant, tendant à avoir un détachement de garde nationale pour assurer

1. Voir ci-dessus, ch. VII, p. 226-232.
2. Arch. du dép. de la Vendée.

le recouvrement de l'impôt, qui est généralement refusé par tous les citoyens de cette commune.

Le directoire, considérant que les lois indiquent des moyens de contrainte contre les refusants de payer les contributions, et que ces moyens doivent être employés avant l'emploi de la force publique,

Ouï le Commissaire procureur-syndic,

Arrête que le receveur du district sera enjoint d'envoyer dans les vingt-quatre heures dans la commune d'Avrillé un porteur de contraintes, avec les instructions et pièces qui lui seront nécessaires, lequel se fera assister d'un ou de plusieurs hommes de garnison, pour contraindre les contribuables au payement de leurs impositions par les voies que la loi prescrit.

Ce même jour, la municipalité des Sables requit le commandan de la garde nationale de fournir deux grenadiers attachés à chacun des porteurs de contraintes chargés d'opérer au dehors[1].

COMMISSAIRES A LA CONFECTION DES RÔLES

Le 10 août 1792, on écrit de Challans au *Moniteur*[2] :

L'aristocratie, sous le masque de la religion, nous fait beaucoup souffrir. Tous les jours on découvre quelque nouvelle trame.... La partie du peuple la moins éclairée et par conséquent la plus adonnée à la superstition est engagée à *ne point payer les impôts, qui doivent, disent-ils, alimenter le crime et les usurpateurs*. C'est aux magistrats du peuple à répandre les lumières, à poursuivre les séditieux, à presser le recouvrement des impôts. N'a-t-on pas lieu de s'étonner que *les matrices des rôles ne s'achèvent pas?* A la veille d'une guerre inévitable, quelles ressources nous offrira le Trésor public, si chaque portion de l'empire n'augmente pas de son contingent la masse qui doit fournir aux besoins?

Après le premier trimestre de l'année 1792, il restait d'assez nombreuses communes qui, par résistance calculée, par absence, hostilité ou incompétence des officiers municipaux, n'avaient pas encore achevé les opérations relatives aux matrices des rôles de contributions. Le procureur-syndic Biret y fit envoyer des Commissaires, pourvus d'instructions très précises, qui mirent en bon ordre dans tout le district des Sables la base même de la perception des contributions.

A ce propos, le directoire eut une petite affaire avec un procureur de commune qui, après avoir préparé de longue main l'insurrection des campagnes, devait en être l'un des premiers chefs en 1793.

1. Reg. de la correspondance municipale des Sables, à la date.
2. Correspondance insérée le 17, n° 108, avec la faute d'impression *Mallans*.

Comparution devant le district des Sables[1].

Le 26 avril 1792, le directoire a reçu une requête du sieur Joly, de la Chapelle-Hermier, tendant à être remboursé de la somme de 26 livres 19 sous, à laquelle il dit avoir été injustement taxé en ladite commune. Cette requête doit être communiquée à la municipalité de la Chapelle-Hermier pour donner son avis......

Le 8 août 1792, en assemblée permanente du Conseil de district, il a été mis sur le bureau un état fourni par le sieur Joly, procureur de la commune de la Chapelle-Hermier, contenant les différentes sommes qu'il demande pour le travail qu'il dit avoir fait relativement à l'imposition foncière de sa paroisse.

Vu l'état, le Conseil, considérant que ledit état est évidemment infidèle, parce qu'il avait d'abord été placé en tête d'icelui un premier article que l'on a coupé sans oser le laisser paraître; que l'article 2, qui paraît être maintenant le premier, est au moins supposé, puisque aucun arrêté de la municipalité ne l'a déterminé; que l'article 3, relatif au prétendu salaire du sieur Joly, comme commissaire pour former les matrices des rôles de sa communauté, a été déclaré inadmissible par arrêté du 3 juillet, en ce que le sieur Joly n'avait point rempli sa mission et avait fait nommer un autre commissaire à sa place; que, d'ailleurs, la demande de 160 livres, portée audit article 3, a été arbitrairement fixée par le sieur Joly, et que, par les autres articles dudit état, excepté celui du sieur Marceteau, il a été fait des états de charges locales, où ces mêmes objets ont été portés pour 1791;

Considérant enfin que la conduite plus qu'indigne du sieur Joly ne permet pas de douter qu'il a eu des intentions secrètes en fournissant un pareil état;

Après avoir entendu le Commissaire procureur-syndic,

Le Conseil arrête que le sieur Joly sera tenu de se rendre lundi prochain 13, dix heures matin, en la salle de l'administration, pour justifier les motifs de sa conduite, sauf, s'il y a lieu, à prendre des mesures ultérieures....

Le 16 août, sur les neuf heures, le sieur Joly, procureur de la commune de la Chapelle-Hermier, mandé pour venir rendre compte de sa conduite, s'est présenté à la séance, et, après s'être expliqué avec lui, sur les articles de la pétition qu'il avait faite de sommes considérables pour avoir travaillé au rôle de l'imposition foncière et autres objets y relatifs;

Le Conseil, sur ce ouï le Commissaire procureur-syndic,

A déclaré audit Joly qu'il improuve sa conduite et lui enjoint de mieux se comporter à l'avenir.

Cette semonce paternelle prouve combien était peu tyrannique,

1. Extraits du 3e registre des délibérations du district des Sables, aux Archives de la Vendée.

au plus fort du danger de la patrie, au moment même du renversement du trône, l'un de ces districts bourgeois, auxquels les écrivains royalistes[1] reprochent d'avoir provoqué l'insurrection des campagnes par des excès de tout genre. L'extraordinaire modération des administrateurs des Sables à l'égard d'un homme qui devait se montrer l'un des contre-révolutionnaires les plus violents, ne saurait s'expliquer par ignorance de la valeur du personnage; car, en 1790, Jean-Baptiste-Joseph Joly avait paru à la première assemblée des électeurs de la Vendée, à Fontenay; en 1791, il s'était déjà fait connaître comme rebelle et n'avait échappé à des poursuites que grâce à l'amnistie de la Constituante[2]; deux semaines plus tard, il allait s'exposer à des poursuites nouvelles[3]. Ancien sergent au régiment de Flandres né à Bordeaux vers le milieu du siècle, il avait été appelé dans le pays par le châtelain de la Brunière, André Servanteau dit le Chasseur, quelques années avant 1789; il s'y était marié, y était devenu propriétaire [4], et s'était vite acquis une influence considérable sur les paysans, qui le considéraient comme un sorcier. Chirurgien, forgeron, architecte, cordonnier, tailleur, peintre et doreur, il était habile dans tous les métiers. Son ambition était égale aux capacités qu'il se reconnaissait; il professait « que les hommes n'ont que leur valeur personnelle pour se créer un rang et une position » [5]. Pourquoi et comment s'engagea-t-il dans le parti du clergé et de la noblesse? On se l'explique d'autant moins que les prêtres le considéraient comme « d'un catholicisme douteux »[6], et qu'en 1795, Charette, son rival, s'est débarrassé de lui en le faisant fusiller comme traître.

1. Voir le *District de Machecoul,* par M. Alfred Lallié.
2. V. ci-dessus, p. 62.
3. V. ci-après, ch. XXVII.
4. Dans la paroisse de Coëx, où son métayer Chesne se distingua dans les troubles du mois de mai 1791. (Voir, dans notre tome Ier p. 282, la dépositition de maire de Coëx, Grondin.) Cette métairie de Joly ne provenait-elle pas de la vente des biens dépendants du prieuré de Coëx?
5. D'après Mercier du Rocher, 1er cahier de ses Mémoires inédits.
6. Le mot est de l'abbé Pontdevie, art. sur *Notre-Dame-du-Garreau* dans l'*Annuaire de la Société d'émulation de la Vendée,* 1887, p. 97.

CHAPITRE XXIII

L'INSURRECTION DES FEMMES DE L'ILE D'YEU

L'insurrection pour le rétablissement de l'Ancien Régime, dont la petite île d'Yeu [1] fut le théâtre au mois de janvier 1792, est l'un des incidents les plus curieux de la préparation de la guerre de Vendée. L'étouffement en fut assez facile; son succès aurait eu des conséquences graves. Si l'ancien gouverneur de Verteuil et ses fils, expulsés en 1791, étaient rentrés en 1792 et étaient restés jusqu'en 1793, l'île d'Yeu eût été ouverte, deux ans plus tôt, et à temps, au débarquement d'émigrés et d'Anglais, qui s'y fit trop tard et d'une manière si ridicule, en octobre 1795, Monsieur ci-devant comte d'Artois présent. Les Verteuil, en relations avec les nobles conspirateurs du continent, ont été des premiers engagés dans le grand mouvement de 1793. C'est sur le domaine qu'ils habitaient alors, à Sainte-Florence-de-l'Oie, que se forma le rassemblement qui, le 19 mars, mit en déroute les troupes trop faibles amenées de Rochefort et de la Rochelle par le général de Marcé. Le père et le fils aîné, Henri, périrent dans la campagne d'Outre-Loire; le frère cadet commandait encore, sous d'Autichamp, à la reprise d'armes de 1799 [2].

1. La superficie du vaste rocher qui forme l'île d'Yeu, à 4 kilomètres du continent, est de 2,332 hectares. La population, d'un peu plus de 3,000 habitants aujourd'hui, était d'environ 2,000 à l'époque de la Révolution. Elle avait monté à 2,581 en 1770, lors de l'établissement d'une « Société de tabac », qui faisait en grand l'introduction en fraude, par les côtes voisines, de ce que fournissaient les fabriques de Dunkerque. (*Statistique de la Vendée*, Cavoleau et La Fontenelle, p. 216.) D'après P.-V.-J. de Bourniseaux (*Hist. des Guerres de la Vendée*, t. I, p. 134-135), les femmes y étaient, par rapport aux hommes, dans la proportion de 30 à 22. La moitié du sol était cultivée en céréales, qui rendaient trois ou quatre fois la semence. 28 laboureurs et 90 bœufs suffisaient à la culture, dont les produits étaient loin de fournir l'indispensable. Presque tous les insulaires étaient marins au long cours, au cabotage et à la pêche. Ils n'avaient pas moins de 150 bâtiments de 60 à 120 tonneaux. Leur port, Port-Breton, peut en recevoir jusqu'à 200 de 150 à 200 tonneaux.

2. Verteuil père fut tué à Savenay, le 23 décembre 1793; son fils Henri était mort le 8

La famille de Verteuil, très nombreuse, ne possédait rien lorsque son chef, vers 1775, fut chargé du gouvernement de l'île d'Yeu ; elle s'y fit une fortune, non certes avec les 3,000 livres dont était payée cette fonction, mais grâce à sa large participation dans les bénéfices d'une « Société de tabac », formée entre « les fabriqueurs, bourgeois et principaux habitants ». Ce fut même le développement de cette Société, qui détermina les Fermiers généraux, dont les bénéfices étaient notablement diminués par la liberté du commerce du tabac sur les côtes, à faire acheter par le Roi aux Mortemart, le marquisat de l'île d'Yeu moyennant la somme exorbitante d'un million [1]. La liquidation des opérations des sociétaires, brusquement interrompues en 1785, ouvrit entre ceux-ci et le gouverneur de Verteuil et les fabricants de Dunkerque, ses co-associés, une série de procès qui ne se sont jamais terminés. Ils ne pouvaient plus l'être par arbitraire ministériel et suivant le bon plaisir royal, dès 1787, où l'institution d'une Assemblée provinciale du Poitou amena la première formation d'une municipalité; encore moins à partir de 1790, lorsque la municipalité élue se trouva investie de pouvoirs abolitifs des anciens droits de la châtellenie et restrictifs de l'autorité du commandant militaire. Le principal agent de celui-ci, son greffier, le notaire Baud, déploya beaucoup d'habileté au moment où éclata la Révolution. Il fut [2] « le premier à porter la cocarde nationale, en 1789, et l'un des huit qui l'offrirent au commandant, qui l'accepta ; l'un des six premiers qui requirent la garde nationale, en 1790 ». Il ne réussit cependant ni à

de ce même mois à la Flèche. Le frère de celui-ci, après avoir pris part à l'insurrection de 1799-1800, survécut à l'Empire. L'album de M. Alexis des Nouhes, *Généraux et chefs de la Vendée militaire et de la Chouannerie*, ne contient pas d'autres détails.

Ces Verteuil de l'île d'Yeu étaient originaires du Langon; leur noblesse avait été contestée par l'intendant de Barentin; elle fut admise, sur production de pièces nouvelles par Rouillé du Coudray, le 18 juin 1670. (Dugast-Matifeux, *État du Poitou*, Catalogue alphabétique des Nobles de la généralité de Poitiers, p. 361.)

Le baron Marc-Antoine de Verteuil, lieutenant-général commandant la 12e division militaire à la Rochelle (V. ci-dessus, p. 3), déclarait publiquement que, s'ils pouvaient être ses parents très éloignés, il n'avait jamais eu de relations avec eux. On lit dans une lettre du conventionnel Jacques Garnier (de Saintes) au Ministre de la guerre, Bouchotte, lettre datée de Paris, 23 août 1793, dossier de M.-A. de Verteuil aux Archives administratives de la Guerre :

« Nous savions qu'il y avait, dans la Vendée, un homme qui se nommait Verteuil et qu'on nous assurait être son proche parent. Lorsque nous lui opposâmes ce fait, il nous répondit que, s'il était son parent, il l'était tout au plus au cinquième degré, et que de sa vie il n'avait eu avec lui de relations directes ou indirectes; que, d'ailleurs, s'il avait eu le courage de dénoncer à la Convention la lâcheté de son fils, qui avait émigré, il renierait bien plus un homme qui n'avait de ressemblance avec lui que la conformité du nom. » Jean-Philippe de Verteuil, avait été détaché du régiment du Piémont, où il était capitaine-commandant, pour devenir, le 29 avril 1790, aide-de-camp du lieutenant-général son père. (Sa nomination est à la Bibliothèque de la Rochelle, manuscrits n° 676, f° 87.)

1. Qui ne fut, d'ailleurs, jamais payée. (Voir notre t. Ier, p. 56.)

2. Rappelle-t-il dans une Plainte au district des Sables, du 11 juillet 1791, aux Arch. du dép. de la Vendée, 1re liasse des papiers de l'île d'Yeu.

obtenir un grade dans la milice citoyenne ni à s'introduire dans le Conseil général de la commune. Le maire et les officiers municipaux étaient tous des marins ; le procureur était le curé, et le greffier l'un des deux chirurgiens de l'île, celui qui n'avait pas la clientèle de la famille de Verteuil.

Le premier règlement de police, que fit la municipalité formée au mois de février 1790, la mit en hostilité violente avec le gouverneur commandant.

Extrait d'un mémoire des habitants de l'île d'Yeu [1].

Depuis quinze ans, le sieur de Verteuil faisait sa basse-cour du cimetière. Il est aisé d'imaginer l'indécence et les dégradations résultant du séjour continuel en ce lieu respectable d'une centaine de dindons et autres volailles.

La municipalité, aussitôt établie, crut qu'il était de son devoir d'écouter les vœux de tous les citoyens sur un objet aussi intéressant et d'y mettre ordre. Par une lettre pleine d'honnêteté, elle invita M. de Verteuil à retirer ses volailles du cimetière, et le prévint qu'elle allait autoriser et inviter tous les citoyens à faire respecter la sépulture de leurs pères, et tuer même, s'il le fallait, les volailles qui la ravageaient.

Le sieur de Verteuil, qui ne soupçonnait aucune énergie à des hommes qu'il avait eu l'art de faire obéir servilement à ses volontés arbitraires pendant un espace de quinze années, et qu'il croyait avoir abrutis, ne répond à cette prévenance que par les propos les plus infâmes contre la municipalité. Parlant à son chef, et le prenant par la boutonnière, il le menaça de fusils à deux coups, s'il avait, lui dit-il, l'audace de se présenter pour en tuer une. Ce nonobstant, quatre jeunes gens s'arment et, à côté du sieur de Verteuil, font feu et tuent une poule sur le plan du cimetière et dans son milieu.

Le sieur de Verteuil demanda une prompte satisfaction, pour ce prétendu crime, à la municipalité ; celle-ci constata le fait, et, après avoir interrogé les quatre jeunes gens et les témoins qu'ils produisirent, ne trouva rien à reprendre dans leur conduite.

Le sieur de Verteuil, charmé d'avoir trouvé un moyen d'inculper la municipalité, écrivit au Ministre de la guerre que les jeunes gens en voulaient à sa vie ; que les habillements de sa femme avaient été criblés de grains de plomb. Mais comment ose-t-il dire que les quatre jeunes gens en voulaient à sa vie ? Il était à côté d'eux, il était sans armes, il leur prodiguait les injures et les menaces. Qui les empêchait de tirer sur lui, si c'était dans ce dessein qu'ils s'étaient armés ? Comment, d'ailleurs, en auraient-ils voulu à sa femme ? Elle était dans sa maison, séparée du cimetière par une vaste cour, par une ou plusieurs murailles ; elle ne pouvait ni être vue d'eux ni les voir ; les coups de fusil étaient dirigés sur le plan du cimetière, les tireurs tournaient

1. *Mémoire des habitants de l'île d'Yeu pour justifier leur conduite envers le sieur de Verteuil, commandant de l'île d'Yeu*, du 25 octobre 1790, autographe de 21 pages grand format, aux Arch. du dép. de la Vendée. Dans la plupart des documents, mais non dans tous, l'île est dénommée *Dieu*, et c'est à cause de cette faute d'orthographe qu'on la qualifia *Ile de la Réunion* en 1793.

le dos à sa maison. Mais, le sieur de Verteuil produit en témoignage certaines vieilles nippes que le temps a ravagées ; elles sont, dit-il, criblées de plomb. On assure qu'outre leur vétusté madame de Verteuil les a fait fusiller par son fils, et cela n'est pas improbable...

A la demande du ministre La Tour-du-Pin, le gouverneur militaire de la province, de Maillé, réclama sur cet incident une information ; la municipalité lui transmit les dépositions des témoins ; il lui témoigna, au nom du Ministre, « sa satisfaction de ce qu'elle l'assurait n'avoir jamais eu aucun tort envers M. de Verteuil. »

Cependant, peu après, celui-ci adressait au Ministre de la guerre une accusation plus grave contre les habitants de l'île, celle de s'être emparés des poudres du Roi et de les avoir vendues à leur profit ; ce qui fut tout de suite prouvé faux. Les « ordres de M. de Verteuil pour employer à des objets d'utilité publique ces poudres », fournies lors de la dernière guerre avec l'Angleterre et non utilisées, furent expédiés à M. de Maillé, et transmis à M. de La Tour-du-Pin. Le ministre, revenant sur une première décision, « approuva de rechef l'emploi fait du produit des ventes de poudre et dispensa les habitants de l'île du payement[1] ».

La municipalité calomniée rédigea, le 9 avril 1790, une plainte gravement motivée, et tendant à la destitution du gouverneur de l'île d'Yeu.

A M. de La Tour-du-Pin, ministre de la guerre.

Monseigneur,

Les habitants de l'île d'Yeu, sur la côte du Poitou, justement mécontents du sieur de Verteuil, leur commandant, vous supplient de le révoquer et de lui ôter une autorité dont il ne se sert que pour leur nuire. Cet officier n'a jamais considéré sa place que comme un moyen de réparer ou d'augmenter sa fortune. Dans cette vue, il a eu recours aux exactions les plus odieuses. Nous avions la liberté de faire le commerce du tabac, il s'est approprié la meilleure partie des profits que nous faisions sur cette marchandise, et nous a forcés de donner à ce commerce, jusqu'alors très borné, une extension qui a enfin obligé le gouvernement de faire l'achat de l'île. Il a exigé 15 livres par chaque millier de tabac acheté pour notre compte à Dunkerque, lieu de nos approvisionnements ; que ce prétendu droit fût payé à l'arrivée de chaque chargement, au prix de l'achat, sans déduction des déchet, fret, avaries et autres frais. Nous pouvons prouver, par des états exacts, que cet objet lui a rapporté au moins la somme de 80,000 livres. Pour augmenter ses bénéfices, il s'est établi le principal agent de ce commerce. Nous ne pouvions acheter qu'à des fabricants recommandés par le sieur de Verteuil, qui leur vendait fort cher sa recommandation, et qui se trouvaient par là obligés

1. D'après le *Mémoire des habitants* déjà cité.

d'augmenter dans la même proportion le prix de la denrée qu'il nous fallait acheter [1].

1. Dans le *Mémoire des habitants*, du 25 octobre 1790, à la suite de la lettre au ministre, sont fournies de très abondantes explications sur l'affaire du tabac :

« Le sieur de Verteuil avait paru d'abord vouloir se contenter du modeste bénéfice de 12 actions pour lui-même et 4 pour Madame.... Il était défendu par le règlement de la Société à tout particulier d'en avoir au-dessus de 6.... Bientôt après, il est informé que le sieur d'Hauterive, ci-devant gouverneur de Noirmoutier », — Duhoux d'Hauterive, le beau-père de Delbée, le second généralissime des Armées Catholiques Royales en 1793, — « ne s'était point montré si modeste, et qu'au lieu du bénéfice d'actions dont le produit était incertain, il percevait une somme déterminée, par chaque millier de tabac. Là-dessus, il convoque les commissaires et leur notifie la demande de 15 francs par millier de tabac importé dans l'île, payables à l'arrivée de chaque cargaison. Les commissaires, n'ayant aucun pouvoir de leurs commettants pour un octroi semblable, durent hésiter ; mais leur irrésolution fut bientôt fixée par l'exhibition d'une lettre prétendue des Fermiers généraux, par laquelle ils offraient au sieur Verteuil 100,000 francs de pot-de-vin et 10,000 fr. de rente, s'il voulait s'opposer de toutes ses forces à la vente du tabac, leur déclarant en même temps qu'il avait ce pouvoir. Il en imposa ainsi pendant plusieurs années, non pas sans bien des murmures, qu'étouffait la crainte.

Mais enfin l'exorbitance du tribut fit naître le désir de s'en exempter. Les principaux d'entre les intéressés se réunirent dans la résolution de dissoudre une société qui n'était bonne que pour le sieur de Verteuil, et de lui substituer un commerce libre de ses vexations. Que ne fit pas le sieur Verteuil pour prévenir un coup qui renversait toutes ses espérances !....

Il écrivit au sieur Luc Moizeau, l'un des plus ardents pour la dissolution de la Société Verteuil et l'établissement du commerce libre, que, si on en venait à l'exécution projetée, il donnait sa parole d'honneur qu'il ne serait jamais vendu une livre de tabac à l'île d'Yeu..... et qu'il enverrait (les associés) à la Rochelle rendre compte de leur conduite au gouverneur de la province.

Les opposants avaient devant les yeux l'exemple assez récent de sept ou huit des plus honnêtes et des plus considérables habitants de leur île qui, pour avoir déplu au sieur Gilles, prédécesseur du sieur Verteuil, avaient été enlevés par des cavaliers de maréchaussée, jetés dans les prisons des Sables comme des criminels et congédiés après une longue détention, sans qu'on leur ait jamais dit de quoi ils étaient accusés. Tel était le gouvernement militaire sous lequel nous avons gémi jusqu'à ce jour et qu'on nous fait un crime de vouloir détruire. Un homme tel que le sieur de Verteuil, un homme qui a pu faire jeter en prison le nommé Cubaud, pour avoir seulement tué d'un coup de pierre une cane qui se trouvait dans le cimetière sur le passage de la procession, à quelles violences ne se serait-il pas porté s'il eût trouvé une plus longue opposition à ses ordres arbitraires ?...

Le sieur de Verteuil nous a forcés de donner au commerce du tabac de l'extension... Il eût voulu emmagasiner à l'île d'Yeu le produit de toutes les manufactures de Dunkerque. Cette cargaison, qui est arrivée ici peu de jours avant la prise de possession des employés et qui est demeurée invendue dans nos magasins, objet d'un procès coûteux, que nous soutenons depuis cinq ans contre les fabricants de Dunkerque, qui l'a fait venir ?....

Lorsque le sieur de Verteuil vint à l'île d'Yeu, il était dans l'indigence et la misère. Il n'eut pendant longtemps qu'un mobilier d'emprunt.... En moins de cinq ans, le luxe le plus recherché succède à cette misère ; tous les vaisseaux venant de Dunkerque sont en partie chargés de ses effets.... En moins de dix ans, il réussit à liquider une masse effrayante de dettes, fait l'acquisition d'une terre, démolit les vieux édifices et élève à leur place une maison dans le goût le plus moderne et le plus élégant.....

M. Henri Verteuil relate, dans son très long mémoire, une lettre qui démontre que son père était instruit du parti que M. de Mortemart (le dernier seigneur) cherchait à tirer de son île. Pour que M. de Mortemart obtînt un million du stérile rocher que nous habitons, il fallait bien que son agent dans cette île y encourageât le commerce du tabac, pour donner de l'inquiétude aux Fermiers généraux et leur faire croire que ce commerce

L'achat de l'île et la suppression de nos privilèges nous ont mis hors d'état de fournir de l'argent au sieur de Verteuil. Il a pris une autre voie pour nous faire servir à sa fortune et à son avancement. Il nous a calomniés auprès des ministres, il nous a représentés comme des brouillons, des factieux, des gens intraitables et de la plus grande difficulté à contenir, relevant ainsi à nos dépens l'importance de sa place et le mérite de ses services. C'est sans doute à ces artificieuses incriminations qu'il est redevable d'un traitement de 1,000 écus tant sur le Trésor royal que sur l'Administration des finances.

La haine de notre commandant et son ardeur à nous nuire deviennent de jour en jour plus actives. Tous les moyens lui sont bons; impostures, calomnies, rien ne lui coûte. Une volaille a dernièrement été tuée dans notre cimetière par quelques habitants indignés de ce que le sieur de Verteuil, depuis quinze ans, faisait sa basse-cour de ce lieu saint. Il a dénoncé à M. le duc de Maillé cette action comme un attentat à sa sûreté personnelle et à celle de sa famille. Il supprime artificieusement dans sa plainte la circonstance du lieu, la distance, l'interposition des murailles et autres circonstances attestées par témoins, qui prouvent évidemment l'invraisemblance de l'accusation. Il affecte des craintes ; mais ce qui prouve bien clairement combien ces craintes sont affectées, c'est la sécurité, la tranquillité, avec laquelle le sieur de Verteuil est au milieu de nous, malgré les sujets de plaintes qu'il ne cesse pas de donner, les mesures qu'il prend pour se perpétuer dans sa place et la crainte qu'il a d'être obligé de l'abandonner.

Voici un nouveau trait de sa malignité, d'autant plus punissable, Monseigneur, qu'il essaye de nous compromettre avec vous, qu'il vous en a imposé, qu'il n'a pas désespéré de faire servir votre autorité d'instrument à sa haine et à sa vengeance.

Au commencement de la dernière guerre, le commandant de la province envoya ici de la poudre pour la défense de l'île. Le sieur de Verteuil a ordonné la vente d'une partie de cette poudre, et il en a approuvé l'emploi pour des objets d'utilité publique et même relatifs à la défense de l'île. Il nous accuse aujourd'hui de vol. Il ose vous dire que les sommes provenant de cette vente sont entre les mains de différents particuliers qui ont été chargés de cette vente. Les comptes de la vente et de l'emploi, les autorisations du sieur de Verteuil sont entre nos mains ; nous les produirons quand vous les demanderez.

Monseigneur, nous sommes presque tous marins. Nous avons la franchise de notre état, sans goût comme sans talent pour l'intrigue et les tracasseries. Un homme d'un caractère tel que M. de Verteuil ne saurait être plus déplacé qu'au milieu de nous. Il ne nous appartient pas de décider s'il

s'élevait au quadruple de ce qu'il était en effet. Le moyen le plus sûr d'y réussir était d'engager les habitants à former une Société qui, donnant au dedans un gain assuré au fidèle agent du seigneur, annonçât au dehors que cet établissement faisait un tort considérable aux traitants, et les engageât ainsi à faire l'acquisition de l'île plus de six fois sa valeur...

Signé : Moizeau, maire; Pierre Pruneau, J. Rabalaud, Honoré Auger, M. Drouillard, J. Micheaux, Lecomte, André Sarliaut, A[is] Auger, J. Moizeau; Cadou, procureur de la commune.

est fort intéressant pour l'État qu'il y ait un commandant dans une île telle que la nôtre, sans citadelle, sans forts et sans garnison. Mais, s'il est jugé nécessaire que cette place soit remplie, nous demandons qu'elle le soit par un autre.

Par une suite de notre caractère simple et sans goût pour les procès, nous ne demandons pas que le sieur de Verteuil nous restitue les sommes qu'il nous a extorquées; nous ne doutons pourtant pas que nos plaintes sur cet odieux sujet ne fussent favorablement accueillies par la justice. Nous nous bornons à demander son éloignement. Nous l'attendons, Monseigneur, de votre justice et de l'intérêt que vous inspirera, sans doute, un peuple simple, bon et trop longtemps opprimé.

Nous avons l'honneur d'être, avec un profond respect, Monseigneur, vos très humbles et très obéissants serviteurs,

Les officiers municipaux de l'île d'Yeu :

Luc Moizeau, maire ; Jacques David, Jn Rabalaud, Pierre Moizeau, Pre Pruneau ; Cadou, curé de l'île d'Yeu et procureur de la commune ; Alexis Auger, Joseph Micheau, Honoré Auger, Th. Drouillard, Lecomte, André Sailland, Dumonté l'aîné, François Turbé ; Laurent, chirurgien et secrétaire-greffier [1]. »

RÉPLIQUES ET DÉNONCIATIONS DES VERTEUIL ET DE LEURS AGENTS

Cette plainte eut pour effet l'envoi d'un Commissaire du Ministre de la guerre, chargé d'examiner la conduite du gouverneur-commandant de l'île d'Yeu.

Extrait d'une plainte d'Henri de Verteuil fils au district des Sables [2].

Mon père, raconte Henri de Verteuil fils, croyait apaisé le conflit suscité par l'effervescence des idées nouvelles mal connues..... Naturellement bon et doux, ses propres ennemis lui rendent cette justice, il ne put soutenir la lecture de l'atroce libellé adressé au Ministre de la guerre. Il tomba dans une espèce d'apathie qui laissa craindre pour sa tête. Enfin sa conscience, ce juge sévère qui ne lui reprochait rien, les raisonnements des membres de

1. Cette *Plainte* est intercalée dans le *Mémoire des habitants*.

Le maire Luc Moiseau, 46 ans, reçu capitaine au long cours, avait commandé dans le commerce de 1770 à 1782 et fait deux campagnes de guerre. — Jacques David, 66 ans, avait commandé 30 ans au cabotage. — Alexis Auger, 52 ans, avait commandé 25 ans au long cours et au cabotage. — Honoré Auger père, 62 ans, avait commandé 40 ans au long cours et au cabotage. — François Turbé, 45 ans, avait commandé 7 ans au cabotage et au long cours. (D'après des renseignements tirés des registres du Comité de surveillance de l'île d'Yeu en l'an II, aux Archives du département de la Vendée.)

Jean-Nicolas Laurent, chirurgien, avait 30 ans. (D'après sa déposition au tribunal révolutionnaire de Rochefort en 1794, où il se donne 33 ans.)

2. Autographe de 8 pages grand format, aux Archives du département de la Vendée.

sa famille, qui étouffaient aussi leur douleur pour lui donner quelques avis, l'engagèrent à sortir de cet état dangereux.

Le Commissaire, le lendemain de son arrivée, indiqua une assemblée du Conseil général de l'île..... Le curé Cadou, qui toujours s'était montré notre ennemi, ne déguisa plus sa haine..... Le sieur Cadou a été curé de la Chèze-Girault. Que l'on interroge les personnes qui l'on connu !... Accablé par les on-dit de sa propre famille, désigné par des libelles sous d'atroces couleurs, il serait représenté comme l'être le plus immoral, donnant dans les excès de tout genre ; il les a méprisés, et par là il nous enseigne assez le cas que nous devons faire de sa déposition.....

Pardonnez à la prolixité d'un fils qui vient de voir traîner son père sur l'abîme du déshonneur; sa perte eût entraîné celle de cinq fils qu'il a au service de la patrie ; obligés d'abandonner nos états, s'il eût succombé sous l'accusation, que fussions-nous devenus ? Mon père, privé de toutes les grâces dont il jouit, en serait mort de chagrin, il n'eût pas survécu à son déshonneur, et ses ennemis se seraient abreuvés des larmes d'une nombreuse famille. Quelques-uns de vous sont pères, l'honneur vous est cher à tous, et vous le savez, sa perte produit des maux incalculables ! Nous venons de recevoir la lettre du Ministre, qui nous disculpe. Mais cela ne peut nous suffire; c'est aux pieds des tribunaux que nous voulons traduire nos ennemis... Il ne peut exister un corps au-dessus de la loi... Elle est une pour tous...

Henri de Verteuil ne se contenta pas de menacer de la justice les dénonciateurs de son père. Le 31 juillet, il déposa au district des Sables une demande[1] de dissolution de la municipalité de l'île d'Yeu, d'après lui illégalement formée, parce que, « beaucoup d'assistants à l'assemblée électorale ne sachant pas lire, on avait pris pour assesseurs des jeunes gens n'ayant pas l'âge de l'activité », et parce que cette assemblée, abandonnée de son président à 6 heures, s'était dissoute sans adopter le procès-verbal constatant l'état du scrutin ; elle était, en outre, prétendait-il, inconstitutionnellement composée de proches parents, et en totalité de gens de mer, à l'exclusion des « laboureurs et artistes. » Il profitait de la circonstance pour accuser le curé-procureur Cadou d'avoir empêché son père et lui d'être admis sur la liste des citoyens actifs, et d'avoir supprimé de l'église le banc de sa famille, « quoiqu'elle eût offert de payer comme les autres. » Il produisait le certificat de la souscription de la contribution patriotique de son père à Sainte-Florence, « où il était propriétaire et se trouvait par congé de la Cour » ; il reprochait aux municipaux de ne s'être pas engagés « comparativement à leurs facultés », de n'avoir rien offert des « mille écus d'argenterie de l'église, dont la moitié, à peu près inutile au culte, ne servait qu'à satisfaire la vanité des ministres des autels. »

1. Autographe de 4 grandes pages, aux Arch. du départ. de la Vendée.

Aux plaintes et accusations de Verteuil venaient s'ajouter celles du notaire Baud, « entreposeur du tabac », qui se prétendait haï de la municipalité parce qu'il avait gagné, à Poitiers et au Parlement de Paris, un procès contre les principaux des membres de l'ancienne « Société de tabac ». Il s'était, raconte-t-il, abstenu de prendre part aux élections municipales de 1787 et de 1790, aux dernières particulièrement, parce qu'il était persuadé que sa présence lui aurait attiré de mauvais compliments, rejaillissant sur plusieurs, notamment La Forie, chirurgien du Roi, qui avaient coopéré avec lui à la rédaction d'un mémoire d'une partie de la première municipalité contre l'autre.

Mais il s'était rendu, l'après-midi, à l'assemblée qui désignait les électeurs à envoyer au département, et s'y était vu « exposé, ainsi que le sieur Bilard, à toutes sortes d'exclusions, insultes et menaces de la part de l'officier municipal François Turbé. » Aux assemblées des 22 et 29 août pour la formation de la garde nationale, les marins les avaient hués et poursuivis d'éclats de rire; plusieurs même les avaient menacés de « leur couper le col et les jambes. »

Nous sommes ici, dit-il, quatre du continent[1], établis et habitués en l'île, y occupant des places qu'aucun des natifs d'icelle ne pourrait remplir. Toujours jaloux de nous maintenir dans nos états, nous sommes regardés comme des ennemis jurés de tous les autres..... Vu l'autorité que la municipalité a sur le menu peuple, nous avons lieu d'appréhender que leur vengeance se porte aux plus grands excès..... On nous accorde le titre d'aristocrates, de perturbateurs du repos public... Je suis dénoncé comme un être auquel on ne doit avoir aucun confiance, être indigne même de la société; ils me déclarent incendiaire, ils affirment que j'ai fait brûler les registres concernant la Société (de tabac), lors de la levée des scellés chez le feu premier trésorier en 1784..... Ils vont jusqu'à faire signer à tous les gueux, dans les cabarets, un mémoire qu'ils adressent à la Compagnie, pour m'enlever l'entrepôt en me dénonçant comme prévaricateur[2].....

Le commissaire aux classes de la marine, qui signe à cette époque Texier de la Pommeraye, fait savoir au district, dans le courant d'octobre :

Si M. Baud n'a pas été porter lui-même son mémoire au district, c'est qu'il craignait qu'en son absence on ne s'emparât de son bureau, suivant la menace du sieur Cadou, curé et procureur de la commune...

Les choses sont ici au point que tous ceux qui y sont étrangers et qui y ont, comme moi des places, se voient sans cesse en butte, par cet acharné

1. Baud, Bilard, Texier et La Forie.

2. En marge de cette plainte de Baud (autographe, aux Arch. du départ. de la Vendée), comme en tête de celle de Verteuil fils, on lit, signée par les administrateurs du district des Sables, cette mention : « Renvoyé à délibérer lorsqu'on aura reçu les éclaircissements demandés à la municipalité de l'île d'Yeu. »

procureur, rongé d'ambition et de la plus noire méchanceté ; il me faudrait un volume pour le dépeindre...

A la lettre est jointe une « supplique[1] » où il se vante d'avoir donné le plus de la commune en souscrivant, pour la contribution patriotique, 60 livres sur les 1,000 livres qu'il a d'appointements ; il fournit en outre « le tableau des fortunes » des municipaux, attribuant au maire Moizeau 200,000 livres, 80,000 à Fr. Turbé et H. Auger, 40,000 à Jean Rabalaud et à J. Auger.

La municipalité avait déjà envoyé[2] le compte de la contribution patriotique, montant au total de 2,864 livres 9 sous 9 deniers ; elle avait fait observer que 60 livres ne représentaient pas le quart du revenu de Texier ; elle avait aussi annoncé son refus de la déclaration de Verteuil, à Sainte-Florence, comme « tardive, illégale et attestée par son fils seul, qui affectait de faire revivre son ancien titre de chevalier. »

L'ÉLECTION DU JUGE DE PAIX DE L'ILE D'YEU ET LE PREMIER AVIS DU DISTRICT DES SABLES

L'assemblée des électeurs primaires, tenue en la chapelle du port les 14 et 15 octobre, avait élu juge de paix le chirurgien Laurent, déjà secrétaire de la municipalité.

Celui-ci part pour les Sables, le 19, porteur de cette lettre, écrite afin d'expliquer l'apposition des scellés faite, aussitôt après son élection, sur les papiers du greffier de la justice féodale :

Aux Administrateurs du district des Sables[3].

C'est le sieur Laurent, porteur de la présente, qui a obtenu la place de juge de paix.

Il nous a représenté que, n'étant pas dans l'intention de nommer le sieur Baud, ci-devant greffier à la châtellenie de l'île d'Yeu, pour remplir les mêmes fonctions dans le nouveau tribunal, il ne serait peut-être pas sans danger de laisser le dépôt des papiers de l'ancien greffe entre les mains d'un particulier ; qu'en attendant le moment où il y aurait un greffier de nommé, il croyait de son devoir de nous prier de nous transporter chez le sieur Baud et de faire apposer les scellés sur les papiers appartenant au greffe. Faisant droit à sa réquisition, et jugeant qu'il était de notre prudence de mettre dans l'instant les scellés sur ledit greffe, nous nous sommes transportés hier à midi

1. Autographe, avec la lettre, 1re liasse des papiers de l'île d'Yeu, Arch. du dép. de la Vendée.
2. Lettre du 15 septembre, aux Arch. du départ. de la Vendée.
3. Lettre autographe, *ibidem*.

chez ledit sieur Baud, où étant, nous lui avons demandé qu'il voulût bien nous montrer le greffe. Il nous a conduits dans une chambre, dans laquelle nous avons vu des papiers, parmi lesquels il nous a dit qu'étaient ceux de son notariat, ainsi que sa correspondance avec la Ferme du tabac, dont il est entreposeur. Après lui avoir témoigné notre surprise d'un semblable mélange et ne croyant pas devoir nous mêler de ce triage, nous avons fait mettre tous les papiers qui se trouvaient ensemble dans une malle fermant à clef, et nous les avons fait cacheter en notre présence, ainsi qu'en celle dudit sieur Baud. La mauvaise humeur de ce monsieur éclata contre nous; il nous a fait des menaces, et M. le procureur de la commune en particulier doit éprouver, a-t-il dit, son courroux. Son épouse s'est échappée jusqu'à dire à l'un de nous : « Vous êtes une bande de J... F... »

Nous espérons, Messieurs, qu'en pardonnant à l'aigreur du moment, comme nous l'avons fait, vous applaudirez à nos mesures ; nous vous prions, Messieurs, de vouloir bien nous donner, ainsi qu'au sieur Laurent, les instructions que pourraient nécessiter les circonstances.

Signé : Luc Moizeau, maire ; Cadou, curé, procureur de la commune ; Pierre Pruneau, Jean David, J. Rabalaud, F. Tarbé et Pierre Moizeau.

Baud s'est également rendu aux Sables. Il présente au district, en la signant « notaire, greffier de la juridiction ordinaire de l'Amirauté et entreposeur du tabac », une plainte contre l'apposition des scellés sur ses papiers sans distinction, opérée contrairement à la loi, qui dit que les officiers des anciens tribunaux continueront leurs fonctions jusqu'à ce que les nouveaux puissent entrer en activité. Il réclame des administrateurs l'envoi d'un Commissaire pour lever ces scellés, et insiste sur l'urgence, « dans l'intérêt des personnes qui l'ont honoré de leur confiance. »

Verteuil fils et lui déposent en même temps de très vives protestations contre l'élection du juge de paix, qui s'est opérée avant les délais légaux, et contre l'usurpation, par les municipaux de l'île d'Yeu, de toutes les affaires judiciaires, enlevées à l'ancienne justice, exercée par Verteuil père, et même à l'Amirauté, qu'aucune loi n'a supprimée.

Laurent se hâte de répliquer, le 23 octobre[1] :

Aux Administrateurs du district des Sables.

Le besoin d'avoir un juge compétent auprès duquel les malheureux habitants de l'Ile-Dieu puissent trouver un aide contre les usurpations qu'on leur fait subir impunément et depuis si longtemps, était le cri journalier qui frappait les oreilles de Messieurs les officiers municipaux. Ces Messieurs ont

1. Toutes ces pièces, autographes, sont dans la 1re liasse des papiers de l'île d'Yeu, aux Arch. du départ. de la Vendée.

pourvu à ce besoin autant qu'il était en eux; leur zèle et leur bonne volonté mériteront sans doute vos éloges.

En promettant aux habitants que bientôt, par les soins de l'Assemblée nationale, ils seraient dispensés, pour se faire rendre la justice, de payer d'abord 50 écus pour les frais d'un huissier, et que les déplacements, si dispendieux, seraient infiniment rares, ils cédèrent à leurs sollicitations, ils leur offrirent leur médiation pour une infinité de différends, qu'ils ont presque toujours terminés au contentement des parties. Depuis un an tout le temps de ces Messieurs est employé à ces occupations vraiment paternelles. Mais, comme du zèle ne suffit pas et que, d'ailleurs, lorsqu'un des entendants refusait d'adhérer à leur décision, ces Messieurs n'avaient aucun moyen coactif pour l'y contraindre, le besoin d'un juge revêtu de l'autorité qui commande l'obéissance se faisait toujours vivement sentir.

C'est dans ces circonstances, Messieurs, que vous envoyâtes à l'Ile-Dieu les décrets concernant l'organisation judiciaire..... Messieurs les officiers municipaux pensèrent qu'il était de leur devoir de faire publier la tenue de l'assemblée primaire pour la nomination du juge de paix. Ils étaient loin de penser qu'il fallait attendre une convocation expresse de M. le procureur-syndic. Si le défaut de cette convocation est une cause d'illégalité, c'est à vous, Messieurs, à prononcer, et, quoi que vous décidiez, j'obéirai sans murmurer à ce que dictera votre sagesse.....

Le directoire du district ajourna la délibération touchant l'élection du juge de paix, qui, après examen du procès-verbal, ne fut pas cassée. Quant à la question des scellés apposés sur les papiers de Baud, il émit le 25 octobre, « l'avis que la municipalité de l'île d'Yeu avait excédé ses pouvoirs[1] ».

Les administrateurs du département, par une délibération du 11 novembre, déclarèrent l'apposition des scellés du 17 octobre « une démarche prématurée et illégale » et en ordonnèrent la levée, réserve faite de tous dommages-intérêts à l'égard du plaignant[2].

L'INTERVENTION DU DÉPARTEMENT ET LE SECOND AVIS DU DISTRICT DES SABLES.

Cependant les papiers s'accumulaient entre les mains des administrateurs. Dans les derniers jours d'octobre, avait été déposé le *Mémoire des habitants de l'île d'Yeu pour justifier leur conduite envers le sieur de Verteuil*[3]. Le fils du gouverneur-commandant, invité à se résumer, sous prétexte de « table indicatoire des faits dénoncés »[4], avait

1. Délibérations du district des Sables, à la date, Arch. du dép. de la Vendée.
2. Voir plus loin, p. 253, les Plaintes de Baud, au mois de juillet 1791.
3. Celui dont nous avons donné précédemment les parties essentielles.
4. De 7 pages, dans la première liasse des Papiers de l'île d'Yeu, aux Archives du dép. de la Vendée.

apporté, le 4 novembre, un nouveau réquisitoire, terminé par la prière aux autorités supérieures d'intervenir afin d'assurer la liberté et la régularité des opérations électorales, lors du renouvellement de la municipalité à la Saint-Martin, le 11 de ce mois.

Le directoire du département se décida à envoyer à l'île d'Yeu un « Commissaire de conciliation », l'un de ses membres, Morisson. On ne trouve de renseignements sur cette mission du futur conventionnel que dans deux lettres de Verteuil père et fils[1].

Aux Administrateurs du département.

Messieurs,

Je m'étais flatté que l'arrivée d'un Commissaire conciliateur aurait rétabli le calme et la tranquillité dans ce malheureux pays. Qui, plus que M. Morisson, par ses qualités sociales et l'aménité de son caractère, était fait pour nous présenter l'olivier de la paix? Il avait circonscrit la municipalité dans les bornes qui lui sont assignées par la loi; il nous avait promis le redressement de nos griefs; il avait exigé que des égards réciproques prissent la place des inimitiés; enfin il nous avait mis dans la situation qui lui semblait la meilleure.

A peine est-il parti que mon fils, qu'il avait ordonné de reconnaître citoyen actif en raison de ses services, se présente à une assemblée convoquée à l'effet d'élire des officiers municipaux. On lui conteste ce droit, l'on dénie le pouvoir du Commissaire, quoiqu'il l'eût fait inscrire sur le registre municipal; et ce sont des officiers municipaux qui excitent le trouble, qui forcent l'assemblée de se dissoudre. Le lendemain, mon fils va chez le maire lui porter ses lettres d'officier et lui prouver que le jugement de M. Morisson n'est que l'effet de la justice. Je lui conseillai de ne plus aller aux assemblées, cela pouvant même compromettre sa sûreté particulière, d'après les propos terribles qui se tenaient.

La municipalité avait reçu les différents mémoires adressés par mon fils au district et au département; ils ont dû envoyer leur réponse la poste dernière. Ils ont dit qu'ils demandaient mon éloignement comme seul moyen de rétablir la paix. Si le département cède à leurs prières, ce que je suis loin de croire, que l'on établisse ici l'ostracisme; que tous les citoyens jouissant ici de quelque emploi ou place se préparent à l'exil; que tous les citoyens tremblent devant ce tribunal despotique! Ce n'est point la crainte de perdre ma place qui me fait tenir ce langage, car je viens de m'adresser au Ministre pour le prier d'en décider, et je recevrai comme une grâce le moment où enfin je pourrai aller goûter quelque tranquillité chez moi.

M. Morisson ayant jugé provisoirement que la municipalité ne devait pas s'immiscer dans l'Amirauté, ils ont rendu l'argent qu'ils avaient reçu. Un bâtiment, dit-on de 500 tonneaux, s'étant perdu à trois lieues au large de l'île, dans l'est, il est venu à la côte des caisses de savon dont il était chargé. Quatre particuliers en ayant volé quatre pains, j'ai porté mes plaintes à M. le

1. La première sans date, la seconde du 11 décembre 1790, *ibid.*.

maire par mes lettres ci-incluses, pour qu'il les fît rendre. N'ayant aucun moyen de faire respecter mes ordres, je n'ai pu obtenir sur cette infraction aucune satisfaction. Je me suis présenté chez lui; il a eu la malhonnêteté de me faire attendre, quoique averti une heure et demie (d'avance); et il m'a promis une justice dont j'attends encore l'effet. Deux jours après, j'ai envoyé M. Baud, greffier de l'Amirauté chez la nommée Metier, qui prétend avoir trouvé et non dérobé une caisse de savon. Vous pouvez juger par le procès-verbal les motifs qui ont excité son refus et sa violence[1]. Même plainte au maire, aussi infructueuse que la première. Si la municipalité tolère un pareil brigandage, ils pourront peut-être en être les premières victimes. En outre, ce vol a mérité dans tous les temps l'animadversion des lois. Je vous prie, Messieurs, de persuader à la municipalité qu'il est de son devoir d'imprimer par des exemples l'horreur qu'ils doivent avoir de pareils crimes.

J'ai l'honneur d'être, avec respect, votre très humble et très obéissant serviteur,

DE VERTEUIL, commandant.

Henri de Verteuil développe ce qu'a dit son père de la réception qui lui a été faite à l'assemblée électorale du 5 décembre. Il accuse le perruquier Guicheteau de s'être montré parmi les plus animés contre lui et d'avoir dit, devant plusieurs particuliers qui parlaient d'un cochon tué : « Il y en aura plus de vingt comme cela, s'ils viennent à l'assemblée ! » Il cite « le sieur Moizeau, dit l'Espagnol, assesseur, comme ayant dit à M. de la Pommeraye (Texier) « qu'on en voulait à sa vie ». Il prétend qu'à la levée de la séance « les laboureurs et les artistes furent insultés par les marins ; l'un reçut un coup de poing, un autre fut calotté; le sieur Jean David, officier municipal, appréhenda le sieur Cubeau au collet; le sieur Chauviteau, marin, mit habit bas pour se battre et parla de massacre ». Il termine ainsi :

Le soir même arriva la poste, qui apporta à la municipalité une lettre de M. Morisson, qui fut lue publiquement. Le lendemain, à l'assemblée, trois fois elle fut reçue aux applaudissements les plus flatteurs. Il mandait, dit-on, *que vous aviez mis nos plaintes au néant, que toutes les opérations de la municipalité étaient trouvées bonnes, et que, malgré nos oppositions non fondées, le juge de paix serait installé*. Le résultat par conséquent est que nous sommes des perturbateurs du repos public, des hommes inquiets, des ennemis de la Constitution, même du peuple. De pareilles idées venant fortement à germer peuvent se dilater avec violence, amener sur nous ces scènes d'horreur qui ont souillé la Révolution. Je suis loin d'attaquer M. Morisson;

1. Il y a, expédié à la date du 17 décembre 1790, le rapport de Baud, « greffier de la châtellenie de l'île d'Yeu et de l'Amirauté », d'une perquisition chez la femme Metier, qui dit que « si son mari était présent, elle avait une fourche qu'elle lui fourrerait dans le ventre », et qui n'a trouvé d'autre excuse à la prise des caisses de savon que ceci : « Le curé avait annoncé en chaire que tout ce qui était apporté par le flot de la mer appartenait au sauveteur. »

plus que personne, je suis enthousiaste de ses qualités sociales. Mais c'est ainsi que l'homme honnête n'est souvent qu'un jouet dans la main du méchant. Je vous supplie par des moyens quelconques de rétablir le calme dans ce malheureux pays, qui, je crois, a besoin de connaître la loi par la crainte, seul moyen par lequel elle agit sur le peuple. Si vous me faites l'honneur de me répondre, je vous prie de me faire connaître la décision du département sur le traitement échu, affecté sur la province, dont jouissait mon père, qui est dans le plus grand besoin.

C'est avec le plus profond respect que je suis, Messieurs, votre très humble et très obéissant serviteur,

De Verteuil fils.

Si les Verteuil accusent les officiers municipaux d'en vouloir à leur vie, leurs adversaires prétendent qu'ils ont eux-mêmes tout à craindre d'eux, comme le prouve cette lettre du premier procureur de la commune, le curé[1] :

A Messieurs du district des Sables.

Au bourg, le vendredi 16 janvier 1791.

Messieurs,

Vous n'ignorez pas jusqu'où va contre moi la haine du sieur Verteuil, haine qui prend sa source dans la nécessité où je me suis trouvé de concourir avec vous à la défense de la paroisse contre les injustes attaques qu'il lui livra l'an passé. On pourrait croire que le temps aurait affaibli son ressentiment ou qu'il l'aurait abjuré dans la transaction passée aux Sables par nos procureurs respectifs. Point du tout. Le temps n'a fait qu'accroître sa colère et l'a changée en fureur. Il alla trouver, il y a environ un mois, le sieur Laurent, juge de paix, et, en sa présence, il exhala sa rage contre moi dans les termes les plus extravagants. « Il voudrait, disait-il, mourir quatre heures avant moi pour avoir le plaisir de me marcher sur le ventre à mon arrivée en enfer ! »

Quelqu'un qui n'a aucun intérêt à cela pourrait calculer de sang-froid les effets d'une haine si atroce, et n'y voir qu'un simple mécontentement et peut-être l'envie de me faire peur. Mais moi, qui ne me pique pas d'avoir le courage d'un spadassin, courage qui ne convient ni à mon âge ni à mon état; moi qui ne puis sortir de chez moi sans passer sous les fenêtres du sieur de Verteuil, je vous l'avoue, je crains un homme qui a pu dire au sieur Honoré Auger « qu'il avait deux fusils à deux coups pour ceux qui voudraient tuer... (ses poules); qui a pu dire au sieur Laurent qu'il avait cinquante à soixante cartouches pour accueillir la municipalité elle-même, et qu'après tout il ne s'embarrassait pas d'être pendu ! »

Le sieur Verteuil a un fils, à qui il a communiqué tout le venin qu'il a contre moi, le sieur Gourville, qui a osé insulter la municipalité en face même des officiers municipaux. Vous connaissez les dépositions qui ont été

1. Lettre en copie certifiée « Malescot, secrétaire général, » aux Arch. du dép. de la Vendée.

faites à la chambre municipale de ses projets assassins contre moi et mon vicaire. L'attention que j'ai depuis longtemps de ne jamais marcher seul et de prendre des chemins détournés m'a jusqu'ici garanti d'un sort funeste.

Mais il n'est pas moins fâcheux pour un citoyen honnête, qui ne nuit à personne, de recevoir une avanie, une insulte ou une blessure. Or c'est ce à quoi je suis journellement exposé. Je ne puis sortir, je ne puis rentrer chez moi, sans que le sieur Gourville m'accompagne par quelques insultes préméditées. Il en est une familière au père et au fils, c'est de venir à ma rencontre, m'effleurer, me coudoyer dans le chemin le plus large, passer sous mon parapluie, civilité qui est ordinairement accompagnée de quelques grossièretés verbales. Cela m'est arrivé en présence de plusieurs témoins, il y a dimanche huit jours. Je présume que le dessein du sieur Verteuil est de me provoquer, à l'effet de me faire manquer à la modération que je me suis prescrite, pour avoir occasion de se prévaloir des armes dont je le crois muni. La présence même de ma domestique ne le retient pas. Il y a aujourd'hui huit jours qu'il m'insulta au milieu du bourg en sa présence.

Après tant d'insultes et de preuves si convaincantes de projets pervers du père et du fils, je crois, Messieurs, que vous me croirez quand je vous dirai que, m'étant aventuré à aller hier au soir au village des Sables, j'y fus suivi par le sieur Gourville, armé d'un fusil, qui, m'ayant aperçu, rompit son chemin et accéléra le pas pour me joindre et ne se désista que quand il me vit fort près du village.

Sur ce, Messieurs, je me condamne moi-même à ne point sortir de ma maison jusqu'à ce que je voie jour à pouvoir sortir en sûreté. A la vérité, je suis fonctionnaire public, et mon ministère peut fréquemment m'appeler au dehors ; mais vous ne me condamnerez pas de m'y refuser à moins d'être extraordinairement accompagné, c'est-à-dire par un ou deux gardes nationaux armés.

Je suis avec respect, Messieurs, votre très humble et très obéissant serviteur,

CADOU, *curé de l'île d'Yeu.*

LES AVIS DU DISTRICT ET L'EXPULSION DES VERTEUIL

Le 14 avril 1791, le ci-devant gouverneur Verteuil et son fils aîné se présentaient au district des Sables, lui annonçant qu'ils venaient d'être expulsés de l'île par la force, sur l'ordre arbitraire du maire, et qu'ils allaient poursuivre ce magistrat devant les autorités compétentes, civiles et judiciaires. Le directoire réclama l'arrêté municipal, en vertu duquel avait été fait l'embarquement de ces deux citoyens. Cet arrêté lui ayant été transmis, il prit d'abord « en considération la raison alléguée, l'agitation causée dans l'île par des personnes en lutte perpétuelle contre les autorités constituées et les lois de l'Assemblée nationale » ; mais cette raison était-elle « suffisante pour excuser un attentat à la liberté individuelle » ? Le 28 avril, le district émit « l'avis qu'il y avait lieu à inculpation et que la municipalité de l'île d'Yeu avait dépassé les bornes de son autorité en prononçant une espèce de bannissement[1] ».

En conséquence, les Verteuil rentrèrent dans l'île, et l'agitation y devint de plus en plus inquiétante. La municipalité, par lettres et par délégations, expliqua au directoire du district que, si les agissements auxquels on l'avait empêchée de couper court n'étaient pas réprimés, il y aurait révolte ouverte, et que les contributions ne seraient pas payées. On l'empêchait de dresser le rôle des contribuables, on organisait le refus de l'impôt; personne ne voulait se servir de papier timbré pour les actes; le receveur de l'enregistrement, qui était l'ancien percepteur des redevances féodales, Bilard, au lieu d'expliquer la loi sur les actes, travaillait ouvertement à la rendre inexécutable.

Sur quoi, le district, qui, dans ses deux premiers *avis*, avait donné tort à la mairie de l'île d'Yeu, en émit, le 10 mai, un troisième ainsi formulé :

Considérant la résistance opposée à l'exécution de la loi relative à l'imposition foncière, les difficultés de faire cesser les désordres sans cesse renaissants à l'île d'Yeu, tantôt au sujet du gouverneur et de ses fils, tantôt à l'égard d'autres citoyens, dont la municipalité se plaint comme d'ennemis de la Constitution, qui s'opposent à l'exécution des lois et tendent à soulever le peuple ;

Considérant, en outre, qu'une dénonciation à l'accusateur public serait une voie peut-être trop rigoureuse, et dont le résultat, loin d'apporter le calme, pourrait exciter des soulèvements ;

Est d'avis que MM. du département doivent envoyer à l'île d'Yeu un Commissaire à l'effet d'y rétablir l'ordre[2].

Aux mois de mai et de juin 1791, l'Administration départementale était trop occupée par les troubles du continent pour prendre souci des affaires de l'île d'Yeu. Les marins patriotes profitèrent de l'emprisonnement aux Sables des nobles conspirateurs pour expulser définitivement le ci-devant gouverneur et embarquer toute sa famille pour Nantes, le 14 juillet[3]. Mais ils n'osèrent pas, du même coup, chasser ses agents, et ceux-ci continuèrent la lutte.

Presque en même temps que le district des Sables recevait la dépêche municipale annonçant l'exil des Verteuil, parvenait au procureur général syndic du département cette lettre :

1. Les deux *avis* sont aux dates dans les registres du district des Sables, aux Archives du départ. de la Vendée.

2. Reg. des délibérations du distr. des Sables, à la date, Arch. du dép. de la Vendée.

3. V. notre tome Ier, p. 399-400.

L'Ile-Dieu, le 11 juillet 1791.

Monsieur,

Sans cesse victime de vexations non méritées, touchant sans doute au dernier moment de ma vie, ma position actuelle et celle d'une femme et de cinq enfants sans moyens pouvant émouvoir les âmes sensibles, je fais le dernier effort pour les appeler à mon secours. Convaincu de la vôtre (*sic*), je soumets à votre zèle la demande portée en la plainte ci-jointe, vous suppliant d'y prêter votre attention ordinaire.

Je suis, etc. BAUD.

A cette lettre sont jointes deux nouvelles plaintes de « Jacques Baud, notaire, ci-devant greffier de la ci-devant châtellenie de l'île d'Yeu ». La première porte sur ce qui s'est passé, le 5 juillet, à la levée des scellés, mis pour la seconde fois sur ses papiers le 3 janvier.

La séance finie à cinq heures, raconte-t-il, le maire l'a sommé de remettre ses armes; une quarantaine d'hommes armés entouraient sa maison en criant : « A la lanterne les aristocrates, on les pendra; il faut les tuer! » Il a donné trois fusils en mauvais état et a offert trois pistolets, « que le maire a refusé de prendre. »

Il supplie les administrateurs du district de « faire cesser de pareils outrages en le mettant sous la sauvegarde de la loi, en défendant aux officiers municipaux de prononcer l'exil prochain et honteux dont il est menacé, sans qu'au préalable les formalités requises aient été remplies, s'il y a lieu à inculpation ».

La seconde plainte, beaucoup plus développée, est adressée au directoire du département, parce que le directoire du district n'a pas répondu à la précédente. Baud rappelle la « sage décision » rendue en sa faveur le 11 novembre 1790, pour les scellés à tort mis sur ses papiers [1]. Après avoir rappelé ses manifestations de civisme en 1789 et 1790, il réitère sa demande d'être protégé contre « les mauvais traitements et attentats qu'il éprouve ». Il déclare que « le mépris marqué du district lui donne le droit de porter lui-même, en personne, ses plaintes à l'Assemblée nationale ». Il réclame les effets complets de la délibération départementale du 11 novembre, c'est-à-dire des dommages-intérêts de la part de ceux, dit-il, en revenant encore sur l'affaire des tabacs, contre lesquels il a gagné un procès, qui n'ont d'animosité contre lui qu'à cause de cela et qui, « plutôt que de se libérer des comptes d'une société commune, se sont toujours servis d'une autorité que la loi leur défend de s'approprier. »

Le département paraît s'être décidé à imiter le district des Sables à l'égard des Verteuil et de leurs agents. On lit sur la marge de la lettre de Baud [2] : « Renvoyé au district des Sables, 12 août; commu-

1. Voir plus haut, p. 247.
2. Papiers de l'île d'Yeu, Arch. du dép. de la Vendée.

niqué à la municipalité de l'île d'Yeu, 27 août; » et plus bas, sans date : « Affaire terminée. »

EXPULSION DU VICAIRE BARBEAU

Jusqu'alors la question religieuse était restée étrangère aux agitations de l'île d'Yeu. L'abbé Amable Cadou, né dans l'île, son curé depuis 1780, avait, sans la moindre objection, prêté le serment civique, en sa double qualité de fonctionnaire ecclésiastique et de procureur de la commune. Cela ne l'avait pas empêché de demeurer en relations avec l'ancien chapitre de Luçon, tant que le département n'avait pas eu d'évêque constitutionnel. Lié avec le chanoine de Rozan, il lui avait même offert un asile au moment où des poursuites commençaient contre l'ancien évêque et Brumauld de Beauregard[1]. Cependant les instances secrètes de M. de Mercy étaient restées impuissantes à le faire entrer dans le mouvement des rétractations de serment[2]. Tout ce que l'ancien clergé put obtenir de lui, c'est qu'il acceptât de sa main un vicaire qui, lui, se rétracta plus ou moins publiquement, et dont le conseil de la commune, malgré son procureur, le curé, prononça l'expulsion.

Délibération du Conseil général de la commune[3] de l'île d'Yeu.

Séance du 31 *août* 1791.

Où présidait M. *Jean David*, en l'absence du maire; et assistaient les sieurs *Jean Duval, François David, Vincent Cantain*, officiers municipaux; *Jacques Auger, Jean Turbé, Alexis Auger, Jacques Moizeau, Girard, Rablot*, notables; M. Pierre Moizeau faisant les fonctions du procureur de la commune en son absence.

Lecture faite d'une lettre de MM. les officiers municipaux de Saint-Gilles, en date du 24 du courant, adressée à la municipalité de l'île d'Yeu, contenant l'annonce d'une lettre écrite au curé de Riez par le sieur Barbeau avec copie de ladite lettre ainsi conçue :

« Monsieur et cher Curé,

« Il n'est maintenant personne dans notre paroisse qui me regarde comme jureur; c'est pourquoi je ne crois pas avoir besoin de le dire publiquement, mais, s'il était nécessaire, je le ferais.

1. Voir notre tome Ier, p. 183 et 346.

2. Amable Cadou se maria, le 17 septembre 1793, devant l'officier de l'état civil, avec Thérèse Rabalaud, âgée de 28 ans. Après le Concordat, il se fit admettre à la communion laïque. Il mourut en 1810, sans avoir quitté son île natale. (*L'île d'Yeu*, par O. Richard, p. 306 de l'*Annuaire de la Société d'émulation de la Vendée*, 1883.)

3. Extrait authentique dans les papiers de l'île d'Yeu, aux Arch. du dép. de la Vendée.

« Il ne s'est adressé personne à moi qui ne m'ait dit nettement qu'il ne me regardait point du tout comme assermenté.

« Je conviens bien que j'ai eu grand tort d'être allé aux Sables; aussi je m'en repens, et j'espère que j'effacerai la mauvaise idée que j'ai donnée de moi dans le continent.

« Je viens d'écrire à la municipalité de Saint-Hilaire peut-être un peu trop cavalièrement.

« J'ai écrit à mes supérieurs légitimes sans avoir pu recevoir de réponse. Nous attendons de jour en jour un bon curé du diocèse du Mans, chassé de sa cure pour défaut de serment; je pense que nous nous arrangerons ensemble. Je ne puis avoir d'autre pension qu'à la cure. Il faut que je fasse venir mes effets, ce que je ne ferai qu'après une réponse de M. l'abbé de Fresne, à qui j'ai écrit deux fois.

« Si je ne puis rester ici, je retournerai chez mon père; il est vrai que je suis sans ressources, mais la nécessité ne me fera pas renoncer à la foi. Je suis et serai toujours prêtre catholique, apostolique et romain, quelque indigne que j'en sois.

« Les esprits, qui paraissaient furieusement montés à mon arrivée, se calment peu à peu; je crois même avoir fait déjà du bien dans cette paroisse; on n'est plus si prévenu contre les prêtres non assermentés; comme ils avaient été aveuglés! Ils paraissent même le contraire pour la plupart.

« Je suis fâché que vous ne m'ayez pas écrit plus tôt; j'aurais pris d'autres mesures.

« Adieu, mon cher curé, je me recommande à tous nos bons amis dans leurs prières.

« Votre bonne amie la bête ombrée est tellement ennuyée qu'elle se propose de partir pour la Grande-Bretagne, mais ne soyez point surpris si elle fait cette folie; elle en est bien capable; c'est une pauvre malheureuse fille abandonnée. Un jeune capitaine la voit souvent; je crois qu'elle se laissera gagner. Pour moi, je la plains fort, et lui conseille de ne pas faire cette folie. Elle attend seulement des nouvelles de ses parents. Plaignez donc cette malheureuse; elle fait ses très humbles adieux au roi de pique, de cœur et au valet de carreau. Je ferai ce que je pourrai pour la retenir au moins d'ici à quinze jours. »

La municipalité a arrêté que le sieur Barbeau serait mandé à l'instant, et, ledit sieur Barbeau entré, il lui a été fait lecture de la copie de lettre ci-dessus.

A quoi interpellé de répondre s'il reconnaissait ladite copie pour être conforme à l'original par lui écrit au sieur Ganachaud, curé de Riez?

A quoi ledit sieur Barbeau a répondu qu'il avait en effet écrit la lettre dont copie est ci-dessus, mais que cependant il croyait qu'il y avait des phrases qui n'étaient pas de lui, et qu'au cas qu'il les y eût mises, il les désapprouve.

Interpellé de déclarer quelle est la personne qu'il désigne dans cette lettre sous le nom de « bête ombrée », qui paraît, par les expressions de sa lettre, être actuellement dans l'île?

Le sieur Barbeau a répondu qu'il nommait ainsi un sieur Robin, ci-devant vicaire des Essarts, et qu'il ignorait où se trouve ledit Robin en ce moment, mais qu'il l'attendait dans l'île.

Interpellé de déclarer quel est ce bon curé du diocèse du Mans que lui et d'autres attendaient?

A répondu que c'est l'oncle du sieur Bilard, régisseur du domaine en cette île.

Et, lecture à lui faite, il y a persisté et a signé, après avoir déclaré en outre qu'il ne croit point avoir inséré dans sa lettre au curé les phrases suivantes : « Je crois même avoir fait déjà du bien dans cette paroisse ... « Comme ils avaient été aveuglés! » et qu'au cas qu'il les y eût insérées, il les désapprouve, et a signé : BARBEAU, *prêtre*.

Et ledit sieur Barbeau retiré, tout mûrement considéré, après avoir entendu le substitut du procureur de la commune,

Le Conseil général arrête que le sieur Barbeau, par l'aveu qu'il vient de faire, étant véhémentement soupçonné d'être correspondant avec les ennemis de la Constitution et d'avoir témoigné de sentiments qui y sont contraires; de s'être en outre joué du serment solennel qu'il avait fait de la maintenir de tout son pouvoir; les sieurs Jean Duval et François David, officiers municipaux, se transporteront, accompagnés du greffier, dans la chambre du sieur Barbeau, qui les y accompagnera; qu'il sera par eux, en présence du sieur Barbeau, fait inventaire des papiers qui pourraient donner des renseignements sur sa conduite;

Que MM. Jean Turbé et Alexis Auger, notables, accompagneront lesdits sieurs Duval et David;

Qu'ensuite, il sera par eux conduit au port sous sûre garde jusqu'à la première occasion qui partira pour la grand'terre, laquelle y transportera ledit sieur Barbeau, avec injonction de le remettre entre les mains de MM. les officiers municipaux du lieu du débarquement, qui seront priés de le faire conduire au district des Sables.

Embarqué avec le garde national Poiraud, le vicaire Barbeau était amené, dans la journée du 3 septembre, devant le directoire du district des Sables, auquel était en même temps remise cette lettre explicative[1] :

Le juge de paix de l'île d'Yeu aux administrateurs des Sables.

De l'île d'Yeu, 3 septembre 1791.

Messieurs du Directoire,

Le sieur Barbeau, que la municipalité vient de vous envoyer, a tellement changé les dispositions patriotiques de notre curé, que le lendemain qu'il fut arrêté que ce fourbe vous serait envoyé, ce curé a envoyé sa démission de procureur de la commune. Il refusa le même jour de faire un baptême en

1. Autographe dans la 1re liasse des papiers de l'île d'Yeu, aux Arch. du dép. de la Vendée.

disant que, puisqu'on renvoyait son vicaire, on pouvait faire baptiser l'enfant par qui on voudrait. La municipalité a été obligée de lui écrire à ce sujet, enfin il a fait le baptême. Mais il prétend que ses fonctions ne regardent nullement l'autorité civile. Il affecte d'être malade; cela tend évidemment à exciter une insurrection dans la paroisse par le défaut de secours spirituels.

N'est-il donc pas, Messieurs, de mon devoir de vous demander si le curé n'est pas tenu d'administrer les secours spirituels à l'instant qu'il en est requis? Le nôtre a, depuis bien longtemps, défendu à ses vicaires de se lever pour confesser les malades qui les feraient appeler, et cela se pratique ainsi depuis ce temps. Dernièrement une de ses voisines le fit appeler à dix heures du soir pour confesser son fils; il s'y refusa net. Une autre malade va le chercher, une fille habituée chez lui répond qu'il faut venir le matin, comme si les malades ou la maladie devaient se rencontrer à l'heure la plus commode du pasteur! Enfin, Messieurs, il n'y a qu'un cri sur la négligence du curé, et sa conduite nécessite la présence d'un vicaire qui fera seul la besogne.

Croyez cependant, Messieurs, que sans les plaintes journalières des habitants, je n'aurais pas rompu le silence à cet égard; mais, outre le mécontentement général, il force l'État de faire une dépense inutile. La beauté des chemins, l'arrondissement d'une paroisse où les épidémies sont très rares, pour mieux dire, inconnues, donnent une latitude suffisante au génie paresseux d'un curé de l'île d'Yeu. Cela est si vrai qu'avec un vicaire qui fait tout, le curé dit seulement une messe le dimanche, ce qui nous en donne deux. Pour satisfaire les goûts particuliers de ce monsieur, tous les prêtres lui sont bons. Il se vante qu'il leur donnera des pouvoirs. Il cherche à remplir notre île de prêtres non assermentés. Il a voulu nous faire cadeau de M. Rozan, son ami[1]. Il vint me prévenir qu'il demandait à se retirer ici en sûreté. Je le prévins à mon tour que j'étais d'avis de ne recevoir aucun aristocrate dans une île où les opinions religieuses ne sont pas très éclairées, et de n'y introduire personne qui pût y semer la discorde. M. le curé est monté en chaire pour faire l'éloge de Rozan et de tous les prêtres non assermentés. Dès ce moment, voilà deux partis dans l'île. Cet homme m'a représenté comme très dangereux et plus dangereux que les Verteuil, si l'on n'y mettait ordre. Me voilà bien payé des soins que je me suis donnés pour lui et pour toute la municipalité!

Enfin Barbeau vient. Il déclare qu'il ne fera point le serment. Le curé, astucieux comme un prêtre, fait entendre qu'aimer M. Mercy ou M. Rodrigue c'est égal; que Barbeau fera le serment à cela près. Il triomphe. On reçoit Barbeau. Il nous joue, il vous jouait aussi, et voulait être payé par la loi qu'il trahissait.

Je vous supplie, Messieurs, de tâcher de nous faire avoir un vicaire, s'il est possible. Mais, à défaut de vicaire, si vous aviez la bonté de faire sentir à notre curé combien son indolence ou sa méchanceté peuvent produire de fâcheux événements, qu'il est de son devoir de prévenir, je ne suis pas le seul ici qui vous en aurait une grande obligation.

1. Voir notre t. Ier, p. 163.

C'est avec cet espoir et le plus profond respect, que j'ai l'honneur d'être, Messieurs, votre très humble et très obéissant serviteur,

LAURENT, *juge de paix.*

Lecture fut faite, par le secrétaire-greffier du district au vicaire comparant, d'un arrêté municipal, d'après lequel « il était autorisé à rester dans l'île à la condition de faire le serment exigé par les décrets ; mais il en devait partir, s'il refusait de se soumettre à la loi. » L'abbé Barbeau accepta l'alternative posée et déclara aux administrateurs qu'il « s'éloignait du lieu où sa conduite était suspecte[1]. »

Cinq jours plus tard, le 8 septembre, arrivèrent au district deux adresses, l'une *des citoyens*, l'autre *des citoyennes de l'île d'Yeu, en faveur du vicaire Barbeau qui a été retiré*[2].

La religion, y avait-il été écrit par le curé Cadou lui-même, ne peut subsister sans ministres ; nous n'en avons qu'un, notre curé, dont la force ne répond nullement à l'immense détail dont il est chargé. M. Barbeau était venu à notre secours, on l'a chassé d'ici comme un scélérat, mais vous-mêmes vous l'avez trouvé innocent. Nous pensons assez de sa bonté pour croire qu'il oubliera volontiers toutes les avanies qu'il a reçues ici en vue de nous rendre les services qui dépendent de son état.

Aux pétitions s'ajoutaient des lettres du curé Cadou, réclamant son vicaire avec insistance[3].

Le sieur Barbeau, qui depuis deux mois exerce dans une paroisse, s'y est comporté d'une manière irréprochable. Bien loin d'avoir provoqué, par une conduite séditieuse, les mauvais traitements qu'il vient d'essuyer, il avait, au contraire, ramené à la paix et aux principes de la Constitution plusieurs personnes qui en étaient fort éloignées...

Chargé d'une paroisse de plus de 2,000 âmes, j'ai droit à un vicaire. On l'a chassé indignement sans me consulter, quoique dans ma qualité de procureur de la commune ont eût dû prendre mon avis. Toute la paroisse le demande aujourd'hui ; les séditieux sont confondus. Je vous supplie, Messieurs, de me renvoyer mon vicaire, chargé pour notre municipalité d'une lettre qui attestera la protection que vous lui accordez et qu'il mérite à tous égards.

L'abbé Barbeau ne voulut pas revenir dans l'île[4]. Les démarches de Cadou en sa faveur irritèrent la municipalité, qui fit faire une

1. Reg. du district des Sables, séance du 3 septembre.
2. Pièces isolées, aux Archives du départ. de la Vendée.
3. Des premiers jours de septembre 1791 dans la 1re liasse des papiers de l'île d'Yeu, aux Arch. nat. du dép. de la Vendée.
4. L'abbé Barbeau s'exila en Espagne, d'où il revint après le Dix-huit brumaire ; au Concordat, il fut nommé curé de l'île d'Yeu, où il mourut en 1818. (O. Richard, *l. c.*, p. 303.)

visite domiciliaire à la cure. Le curé envoya aux Sables une plainte formelle contre les autorités de l'île.

A MM. les Directeurs du district des Sables-d'Olonne.

De l'Ile-Dieu, 19 septembre 1791.

Messieurs,

Si l'altération de ma santé et les besoins de ma paroisse ne me retenaient ici, vous m'entendriez moi-même vous adresser de vive voix les plaintes que contient ce récit.

Je suis curé constitutionnel. Je suis en correspondance avec l'évêque du département. Depuis longtemps, les avantages de la Constitution ont été un des principaux objets de mes instructions publiques. Mais je ne suis point persécuteur, je n'ai pu applaudir aux barbaries exercées la semaine dernière contre mon vicaire. J'ai soutenu son innocence. Ennemi de tous les procédés violents, j'ai mieux aimé abandonner la place de procureur de la commune que de paraître les conseiller en la conservant.

Voilà mon crime aux yeux de notre municipalité. Elle en a conclu que j'étais complice de mon vicaire, que je lui avais aidé à faire l'innocente lettre qui a motivé sa condamnation. Là-dessus, deux officiers municipaux et deux notables sont envoyés avec une escouade de matelots soi-disant gardes nationales, pour inventorier ma maison à mon insu et en mon absence. Les inquisiteurs pénètrent partout et cherchent jusque dans mon cabinet, parmi mes papiers, des preuves de ma prétendue intelligence avec les ennemis de l'État.

La recherche fut longue et laborieuse. Quelques bouteilles de mon meilleur vin en firent supporter l'ennui et consolèrent ces messieurs de son inutilité. Je vous prie d'observer qu'ils agirent ainsi par ordre de leur corps.

A cette injure en succéda, le lendemain, une autre non moins sensible. J'étais sérieusement indisposé ; deux jeunes gens apportèrent un enfant pour être baptisé. Il était dix heures du matin. Je les renvoyai à l'après-midi, où j'espérais me trouver mieux. Les jeunes gens vont droit à la municipalité, charmés d'avoir une occasion de lui faire leur cour, et me rapportent après midi la lettre dont suit copie :

« Puisque nous devons rappeler le devoir à tous bons citoyens qui s'en écartent, nous vous engageons avec instance de remplir avec soin vos fonctions curiales, et en conséquence, nous vous recommandons avec bonté de vouloir bien baptiser l'enfant que l'on présente aujourd'hui pour recevoir le baptême. Sans cela nous croyons devoir vous observer que nous serons obligés de prendre les mesures convenables à ce sujet. »

Ainsi, Messieurs, vous voyez qu'on me condamne sans m'entendre, sur l'accusation de deux enfants. Mon caractère connu aurait dû faire présumer qu'un empêchement légitime m'avait obligé de différer le baptême demandé. Cependant on me fait l'injustice de n'y voir qu'un refus absolu de remplir mes fonctions. Cet empêchement existait en effet. J'étais malade et je le suis encore. Il se peut encore que je sois réduit à ne pouvoir remplir aucune fonction au moment que j'en serai requis. Dans ce cas, ces messieurs croient devoir m'observer qu'ils seront obligés de prendre des mesures convenables à ce sujet. Et quelles sont-elles, ces mesures? On parle de m'envoyer des fusiliers pour me forcer d'aller où je serai demandé. On parle de me traîner à l'autel, de m'envoyer un chirurgien, auteur de tous les troubles, pour constater l'état de ma santé. On a été, dans la Chambre municipale, jusqu'à proposer de me pendre, et la municipalité n'a rien dit.

En m'ôtant mon vicaire, on me met dans l'impossibilité de remplir mes fonctions, du moins en totalité, et on me fait un crime de cette impossibilité; on m'ôte jusqu'à la triste liberté d'être malade. Mes persécuteurs ont autour de moi des espions qui leur rapportent journellement si je suis debout ou couché, coloré ou pâle.

Je craindrais, Messieurs, de blesser vos âmes honnêtes et sensibles en vous envoyant le détail de toutes les horreurs qui m'environnent. Pour échapper aux avanies qui me menacent, je m'excède de travail, et encore je ne suis pas en sûreté.

Je vous supplie, Messieurs, de mettre fin à tous ces attentats de notre municipalité contre moi, en prononçant contre elle la condamnation portée par la loi contre les officiers municipaux ou de police qui font des visites ou des recherches dans les maisons des particuliers, hors les cas exceptés par la loi.

Je demande, en second lieu, que vous lui défendiez de se mêler de ma santé et que vous lui enjoigniez de me croire pratiquement malade quand je dirai être tel.

CADOU, *curé de l'Ile-Dieu.*

LA MESSE FORCÉE

Au moment des grandes fêtes de Noël, le curé Cadou se déclara trop indisposé pour dire la messe de minuit. Mais ce ne fut pas la municipalité qui lui envoya une réquisition ; ce fut un rassemblement de femmes qui se porta vers sa maison en criant que la messe de minuit se célébrerait, « qu'on le conduirait de force à l'autel » [1].

Le curé a ainsi raconté lui-même cette émeute préliminaire au commencement de sa déposition, dans l'information ouverte après les événements [2] :

Amable Cadou, curé de l'Ile-Dieu, a déclaré, pour donner une idée des inclinations séditieuses des habitants du bourg où il vit, que la veille de

1. D'après la déposition de la couturière Julienne Fouasson, dans l'*Information faite à la mairie des Sables, du 23 janvier au 3 février 1792*, en présence d'un commissaire du district des Sables. — Cette information très développée est en copie authentique aux Archives nationales, DXL — 16, (Pièces renvoyées à la commission exécutive des Douze, Assemblée législative.) L'original se trouve aux Archives du département de la Vendée, liasse 1re des Papiers de l'île d'Yeu.

2. Nous donnons en entier la déposition d'Amable Cadou, mais nous la découpons pour ne pas interrompre l'exposé des faits et éviter les redites.

Noël, se trouvant peu en état, par une indisposition, de remplir les détails des offices attachés à cette solennité, il était résolu de ne point dire la messe de minuit. Vers les sept heures du soir, il a entendu un bruit étonnant dans le bourg. Il s'alarma; il apprit que tout le bourg était en insurrection, qu'on se proposait de casser les portes et les vitres, peut-être même mettre le feu dans sa maison; il céda à l'orage, et, malgré son indisposition, dit la messe de minuit.

LA PREMIÈRE JOURNÉE DE L'INSURRECTION

Depuis longtemps le notaire Baud et le receveur de l'enregistrement Bilard répétaient sans cesse que « l'Ancien Régime était préférable, qu'il fallait abolir la municipalité, la justice de paix, et que les impôts nouvellement créés n'étaient qu'au profit des fonctionnaires publics [1]. » La femme de Bilard courait « de veillée en veillée », expliquer que « chacun payerait des impositions sur tout et que les habitants seraient bientôt ruinés; que, si la chambre municipale était cassée, on serait dégagé de tout impôt; qu'il fallait demander l'ancienne Coutume, qu'on n'avait pas besoin de juge dans l'île, qu'il fallait l'ancien Gouverneur [2]. »

Le premier jour de l'an 1792, devant la porte de l'église, plusieurs femmes discutent avec animation les moyens d'empêcher la levée des impôts dont la perception va commencer. Comme on leur a dit faussement que les officiers municipaux sont payés de leurs fonctions et que même ils ont mis dans leurs poches le produit de la contribution patriotique, elles reconnaissent que c'est par leur destitution qu'il faut commencer. Ensuite on chassera de l'île le juge de paix, parce qu'il condamnerait ceux qui ne payeraient pas les taxes, refuseraient le papier timbré, ne déclareraient pas les successions. Enfin on « mettra le curé à la raison. » Car, insinue la femme Bilard, « si M. le curé voulait, dans la confession il pourrait bien, sans crainte d'être découvert, engager à agir et tracer ce qu'il y aurait à faire [3]. »

Le 2 janvier, sur le mot d'ordre répandu à la veillée du 1er, toutes les femmes de l'île sont appelées, « au son des cornemuses [4] », et presque toutes viennent se rassembler à l'entrée du bourg. La couturière Julienne Fouasson les harangue :

Les femmes! plus vous serez de monde, tant mieux! Aujourd'hui ou demain, c'est le dernier ressort! C'en est fait de vos droits, si vous ne vous présentez pas! Il faut casser la municipalité, le juge de paix, faire fouler aux

1. Déposition de Pierre Moizeau.
2. Déposition de Marie Cadou, de Marie Auger dite Grand-Bon-Dieu, du maçon Louis Deslandes.
3. Déposition de Julienne Fouasson.
4. Déposition de Toussaint Bilard.

pieds les écharpes des officiers municipaux, et vous mettrez le feu aux papiers! On vous présentera alors la loi martiale et un drapeau rouge, j'en suis sûre, c'est M. le curé qui me l'a dit. Mais ne craignez rien; *tâchez de déchirer le drapeau et faites-en voir un blanc de votre côté!* On vous présentera aussi les armes; mais n'ayez pas peur, et soyez femmes!... Les droits que nous devons payer sont énormes; ils s'étendent jusque sur les chiens; M. le curé me l'a assuré. Il sera obligé de payer pour ses deux servantes. Moi, j'en serai pour vingt livres, et les particuliers un peu aisés du bourg payeront au moins quarante écus. Le village de Martinière, composé de quatre ou cinq feux, payera cent écus!

Les femmes se précipitent vers la maison commune et l'envahissent. Le maire, Luc Moizeau, leur demande ce qu'elles veulent. Madeleine Piavard, femme Soudeau, poussée en avant, répond « qu'elles désirent que la paroisse soit remise sous l'ancienne Coutume. » Une autre, qui restait en arrière, s'écrie « qu'il faut réclamer M. de Verteuil, gouverneur, pour leur juge. » La première qui a parlé reprend avec politesse « qu'elle serait bien heureuse que ce fût M. le maire [1]. » Mais presque toutes profèrent les menaces les plus violentes et réclament : « L'ancienne Coutume! Le retour du Gouverneur [2]! » Elles ne s'apaisent que quand elles ont vu inscrites sur le registre les demandes qu'elles ont tumultueusement présentées :

Procès-verbal dressé à la mairie de l'île d'Yeu [3].

Aujourd'hui, 2 janvier 1792,

Nous, officiers municipaux de la commune de l'Ile-Dieu, avons été prévenus qu'un attroupement considérable de femmes, sans être armées, se sont présentées à la chambre commune;

Nous étant rendus de suite à ladite chambre en écharpe, nous leur avons demandé les motifs de leur attroupement;

Nous ont répondu qu'elles demandaient le retour à l'ancienne Coutume, c'est-à-dire à l'ancienne administration; voulant payer le sixième pour le terrage et toutes autres redevances concernant les droits féodaux et autres;

Ne voulant point de chambre municipale, de juge de paix, de greffier; ne voulant point non plus que les registres de l'église soient déplacés;

Elles demandent, en outre, que le garde des champs, nommé Macé, soit cassé de sa charge;

Elles demandent, en outre, que la paroisse soit pourvue de deux vicaires pour le culte religieux, comme elle a été desservie ci-devant;

1. Déposition de Madeleine Piavard.

2. Dépositions de Marie-Thérèse Pelletier et Jeanne Bossy.

3. Cette pièce a été adressée d'abord au district des Sables, puis au directoire du département de la Vendée et, par celui-ci, en copie certifiée du secrétaire du district Delange et du secrétaire général du département J.-M. Cougnaud, au Ministre de l'intérieur; Arch. nat., F^7 3274.

Elles demandent, de plus, que les droits de succession, d'enregistrement et de papier timbré soient abolis.

Fait à l'Ile-Dieu, l'an, jour, mois que dessus.

Marie-Jeanne GUÉRIN, *Catherine-Julie* BERNARD, *Catherine* PIENDUS, *Madeleine* FROMENTIN, *Marie* DUMONT, *Madeleine* PIAVARD, *Jeanne* et *Marguerite* BOSSY, etc., etc., etc.

Au nombre de 135, les femmes qui savent écrire signent et celles qui ne le savent pas mettent une croix après leurs noms inscrits par les autres. Puis, elles s'en vont, criant qu'il n'y a plus de chambre municipale, interdisant aux officiers municipaux de se réunir de nouveau[1].

LA SECONDE JOURNÉE DE L'INSURRECTION DES FEMMES

Le soir du 2 et le lendemain 3, comme les femmes croient en avoir fini avec la municipalité, elles s'occupent du curé.

Déposition du curé de l'île d'Yeu.

Le 2 janvier, époque de la première émeute, les femmes du bourg étaient rassemblées au pied de l'escalier par où l'on monte à la terrasse de Beauregard. Au milieu de la délibération, quelques voix s'élevèrent, qu'il ne fallait pas aller au port sans être venues chez moi ; que c'était par moi qu'il fallait commencer.

J'avais précédemment entendu dire qu'on parlait de me faire rétracter mon serment. Je présume que c'était là le but de la visite proposée, qui pourtant n'eut pas lieu ce jour-là. Quoi qu'il en soit, Mathurin Gaillard, jardinier, qui était debout à sa porte ou dans son aire, trouva le conseil trop modéré et conclut tout uniment qu'il convenait de commencer par *couper la tête à ce bougre-là !* en parlant de moi.

Tout ce dessein peut être attesté par Jeanne Guérin, femme d'Ary du Ker-Guérin.

Le même jour, Louis Girard, journalier, alla consulter son frère, Jean Girard, chantre, pour savoir s'il irait au port avec les femmes. Celui-ci répondit qu'il ferait mieux de rester chez lui, que M. le curé n'approuvait pas cette démarche. Louis crut et se tint ce jour-là tranquille. Dans la nuit du 2 au 3, le même Louis Girard crut devoir changer d'avis, et, ayant rencontré le matin Julienne Fouasson, couturière, dont la maison touche la sienne, il lui dit qu'il fallait tous aller au port pour faire du tapage, *briser les bancs du chœur*, ensuite chez le curé lui demander *un mémoire ou plan* en faveur de la paroisse, et que, s'il le refusait, on ne manquerait pas de lui *frotter la casaque*.

Le bruit s'était répandu que, pour me soustraire aux violences dont

1. Voir plus loin, p. 266-268, la déclaration du juge de paix.

j'étais menacé, je projetais d'abandonner l'île. Girard dit, parlant à la femme ci-dessus, que mon projet d'évasion était une preuve de mon intelligence avec *les ennemis de la paroisse, c'est-à-dire avec les officiers municipaux, et qu'on saurait bien me retenir malgré moi.*

Le 4, les groupes de femmes se reforment, et la dame Bilard[1] l'apercevant, dit à Julienne Fouasson :

> Je sais d'une voie sûre que la municipalité a reçu une lettre par laquelle les habitants de l'Ile-Dieu sont libres de conserver l'ancienne Coutume... Si j'étais comme vous, je dirigerais toutes ces femmes, et je leur mettrais par écrit ce qu'il convient de faire.

Sur l'objection que l'on ne peut se compromettre à ce point, elle se retourne vers Julie Bernard, survenue pendant la conversation, et s'écrie :

> Il faut que tu ailles dire aux femmes du bourg qu'elles aillent au port casser la municipalité, leur arracher leurs écharpes et les fouler aux pieds... Si mon mari n'était pas en place, j'irais moi-même à la tête[2] !

Le 5, les femmes sont rassemblées en nombre aussi considérable que le 2, et toute la journée elles manifestent au bourg et au port.

C'est d'abord au curé qu'elles s'adressent le matin, envoyant quatre d'entre elles l'avertir qu'il faut qu'il leur fasse un mémoire contenant toutes leurs demandes. La délégation revient, et la femme Bernard annonce que le curé y a consenti. Une demoiselle Loiseau objecte : « Ne vous fiez pas à ce gueux-là ; il vous a déjà trompées en vous disant que la Constitution était bonne. » Il est décidé qu'au retour du port, comme dit la femme du sacristain, J.-P. Billet, on ira chez le curé « lui demander la rétractation du serment, et, s'il refuse, faire un beau tapage[3]. »

A midi, l'attroupement se porte vers la maison commune, où demeure le juge de paix. Le maire, informé, envoie par deux fois, faire dire aux femmes, pour détourner leur exaspération, qu'il a à leur parler. Il en vient une trentaine d'abord, puis plus de deux cents, qui le huent quand il veut lire la loi sur les attroupements. D'ailleurs, le chef de la garde nationale a refusé d'obéir aux réquisitions ; les hommes présents applaudissent à ce qui se passe. Le maire subit toutes les humiliations, et ensuite le juge de paix est l'objet de furibondes menaces, heureusement non suivies d'effet.

1. Déposition de Julienne Fouasson.
2. Ibid.
3. Arch. nat., F^7 3274.

Lettre du maire de l'île d'Yeu aux administrateurs du district des Sables.

(*Du* 6 *janvier* 1791.)

... Je fus informé, hier midi, par le sieur François Turbé, officier municipal, d'un nouvel attroupement de femmes qui, me dit-il, menaçaient la vie du juge de paix; ces femmes prétendaient que mercredi le curé avait dit *qu'il faillait tuer ce juge*, étant alors chez moi au dîner, auquel s'est trouvé le sieur Turbé; celui-ci a dit aux femmes qu'on n'avait pas seulement prononcé son nom pendant le dîner.

J'ai cru ne pouvoir faire mieux que de faire venir ces femmes qui étaient attroupées devant la maison commune, où reste le sieur Laurent.

Arrivées devant ma maison, après les avoir fait prévenir deux fois de s'y rendre, au nombre d'environ 30, je leur demandai les motifs de leur attroupement, et leur fis lecture de la loi contre la sédition; à quoi elle dirent *qu'elles ne voulaient point de lois, et qu'il fallait les brûler toutes.*

Elles me dirent ensuite qu'elles voulaient avoir le papier qu'elles avaient signé lundi; je répondis que j'étais prêt à leur en donner copie; ce que j'effectuai sur-le-champ. Après l'avoir fait examiner par Marie-Anne Chalous, l'une d'entre elles, elles dirent que, n'étant pas signé des officiers municipaux, elles n'en voulaient point. Je leur représentai que nous ayant contraints de rédiger leur demande le lundi, nous ne pouvions signer une chose que nous désapprouvions.

Il s'éleva dans cet instant une rumeur considérable, et l'attroupement s'augmenta jusqu'au nombre de *deux cents femmes au moins.*

Alors la fille de Viaud et la Malouine me dirent qu'il fallait signer leurs demandes ou plutôt leurs ordres, d'amitié ou de force, et que, s'il y en avait douze comme elle, que non seulement je signerais ce papier, mais qu'elles me conduiraient après l'avoir signé à la Chambre commune, et par la force me contraindraient de *brûler devant elles toutes les lois et les papiers concernant la municipalité, afin qu'il n'en fût plus question.*

J'entendis dans le tumulte un grand nombre de voix qui l'approuvaient. A quoi je répondis que je ne le ferais jamais, et, sur ce refus, la même femme dit *qu'il fallait m'y traîner ou me couper la tête;* mais un grand nombre d'autres, qui m'entouraient, la désapprouvèrent.

Une nommée Cadou, Ve Bernard, du Ker-Guérin, me défendit expressément, appuyée par d'autres, *de ne plus mettre les pieds à la municipalité*, non plus que mes collègues, et qu'elles défendaient également au juge de paix ainsi qu'au greffier de faire aucune fonction, qu'elles *ne voulaient ni municipalité ni greffier*. Je fus obligé, pour apaiser une sédition qui menaçait mes jours ainsi que ceux du juge, comme elles l'ont hautement publié, de leur promettre que ni mes collègues ni moi n'entrerions à la Maison commune. Alors ladite Cadou me dit que, pour preuve de madite promesse, elles voulaient que devant elles, *je foulasse aux pieds mon écharpe.* Je répondis avec fermeté : « Plutôt la mort que de commettre une pareille infamie! » La même, portant toujours la parole, me demanda quel usage nous avions fait du don patriotique [1]. A cela je leur montrai les quittances du receveur du district, qui attestent la remise que nous en avons faite. Elles me dirent qu'elles étaient charmées d'en voir l'emploi, parce qu'on leur avait dit que le juge de paix l'avait gardé pour lui.

La même ajouta, avec plusieurs, qu'elles allaient faire écrire un ou plusieurs mémoires, et que, de gré ou de force, elles me feraient signer, ainsi qu'à bien d'autres.

Croyant la sédition apaisée, j'ai appris qu'une vingtaine de ces femmes s'étaient présentées devant la maison du juge de paix ; que là elles lui avaient fait des menaces horribles, qu'elles l'avaient défié d'ouvrir sa maison, et qu'elles l'avaient quitté en lui promettant de revenir aujourd'hui *lui couper la tête et mettre le feu chez lui*. Il vous rendra sans doute un compte détaillé de tout ce qu'il a appris dans ces jours d'horreurs, auxquelles les hommes applaudissent, loin de s'y opposer. Dès que *personne*, malgré mes réquisitions, *n'a voulu prendre les armes pour la défense de la loi*, vous jugerez facilement du nombre des coupables.

Le juge de paix partira au premier vent favorable pour aller vous rendre compte de ces événements fâcheux, si des lâches ne l'ont pas fait assassiner auparavant.

Signé à l'original : Luc MOIZEAU, maire.

Lettre du juge de paix de l'île d'Yeu [2] à ses collègues du district des Sables.

(*Du* 8 *janvier* 1792.)

Administrateur du district et juge de paix du canton de l'île Dieu, je viens, comme simple citoyen, vous rendre compte des événements arrivés dans cette île le 5 de ce mois, la municipalité ayant dû faire passer le procès-verbal des faits arrivés le 2.

Le mépris pour la loi et pour ses organes s'est manifesté de la manière la plus audacieuse. Un attroupement de femmes, *la presque totalité de celles de l'île d'Yeu*, sont venues, le 2 de ce mois, notifier à la municipalité *l'ordre de se séparer sous peine de la mort ;* elles leur ont intimé qu'elles *n'entendaient pas qu'il y eût de municipalité, de juge de paix*, etc., qu'elles voulaient *vivre sous l'Ancien Régime*, etc. Il fut dès d'abord très facile de juger que les hommes ne marcheraient pas pour apaiser cette sédition. En effet, sur ma demande au chef de la garde nationale d'armer les citoyens, il me répondit qu'il y aurait plus de danger quand ils seraient armés qu'en ne les armant pas ; et sa femme ajouta : « Est-ce que ces femmes n'ont pas raison ? »

D'ailleurs c'était une opinion générale avant ce moment qu'on ne devait rien payer dans un pays si pauvre. Seul, j'ai démontré l'absurdité et l'injustice d'une telle opinion. Voilà les motifs de la rage des mauvais citoyens qui, pour servir leur haine, ont excité contre moi la fureur de ces femmes, instruments aveugles de la vengeance particulière de ces mauvais citoyens.

1. La contribution patriotique.
2. Arch. nat., F^7 3274.

Jeudi 5, environ midi, j'étais chez M. le maire; François Turbé, officier municipal, entra et dit qu'un nouvel attroupement de femmes demandait ma tête.

Je répondis à ces deux messieurs qu'il était honteux qu'un citoyen, dont les jours sont menacés n'eût de secours à attendre de personne. M. Turbé répondit en deux mots qu'il me conseillait de me sauver. Voilà ce que j'ai obtenu.

Convaincu que, si ces femmes voulaient, en effet, m'assassiner, je devais me borner à vendre ma vie en la défendant, je rentrai chez moi, je fermai ma porte et mes volets, et je montai au premier étage pour y attendre l'attaque qu'on pourrait me faire. A peine monté, je vis la rue remplie de femmes qui hurlaient bien plus qu'elles ne criaient; mon épouse et ma sœur pleuraient à mes côtés; je restai impassible, résolu à tout événement.

Je vis ces femmes se retirer tout à coup. On m'a dit depuis que M. le maire les avait mandées.

Environ une heure après, je les vis revenir au nombre d'environ trente; elles frappèrent à ma porte avec violence. J'ouvris la fenêtre du premier étage, où j'étais resté. Je leur demandai le sujet de leurs rumeurs. Elles me répondirent que je pouvais descendre; ce que je ne voulus pas faire. Alors elles me défièrent, et dirent qu'elles voulaient promener ma tête au bout d'une pique; que, si je ne descendais, elles mettraient le feu chez moi. Cependant elles se bornèrent à me menacer de paroles et de gestes et finirent par me prévenir que, si je ne changeais de sentiment, elles viendraient me *couper la tête*...

J'ai appris que Catherine Loyau et sa sœur, femme d'Honoré Turbé, marin, excitaient ces femmes et leur conseillaient de nous traîner dans la rue, ma femme, mon enfant âgé de trois mois, ma sœur et moi, et *de nous marcher sur le ventre*.

Tant de menaces ne me feront pas trahir ma conscience et mes serments; je mourrai, s'il le faut, victime de mon respect pour la loi; je rougirais de conserver ma vie aux dépens de l'honneur; je l'ai juré : *La Constitution ou la mort!*

Mais que peut ma faible voix, que peut mon zèle au milieu d'un nombre considérable de barbares?

J'aurais voulu séparer ce qui me concerne des événements qui prouvent jusqu'où le mépris des lois a pu s'étendre. Mais j'ai eu une part presque toujours active aux opérations qu'elles prescrivent, et je n'ai jamais pu me taire quand on les a négligées. Voilà la véritable cause des désagréments que j'éprouve aujourd'hui.

Greffier de la municipalité, la première et la deuxième année de la Révolution, j'ai encouragé ses membres à agir avec zèle, et, j'ose le dire, aucune de ses opérations n'est restée en retard, pendant ce temps, par l'activité que j'ai mise à les remplir; j'ai abandonné en quelque sorte ma profession (de chirurgien) pour ce travail.

Les citoyens, alors reconnaissants des faibles services que j'avais rendus à la paroisse dans différentes circonstances, me choisirent pour juge de paix; c'est alors que l'envie s'est agitée contre moi, et, mon patriotisme l'emportant sur ma reconnaissance, j'ai dû dire des vérités dures à des hommes qui ne voulaient pas payer de contributions.

C'est surtout dans la circonstance suivante que je me suis aliéné le cœur des mauvais citoyens. Au mois de mars dernier, la municipalité reçut les lois relatives au timbre et à l'enregistrement; les sieurs François et Jean Turbé, alors notables, proposaient de se refuser à l'enregistrement de ces lois; plusieurs membres de la municipalité penchaient ou paraissaient pencher vers un refus qui s'accommodait avec leur sordide intérêt. Je leur représentai qu'il était interdit de délibérer pour savoir si la volonté générale soumettrait leur volonté particulière; enfin l'avis de M. le maire l'emporta, et les lois furent enregistrées. Mais alors François Turbé me dit que cela était bon à dire à ceux qui n'avaient rien à perdre, et Jean, son frère, d'applaudir, et François d'ajouter qu'il était aristocrate, s'il fallait payer; le procureur de la commune d'alors, le sieur curé, se tut dans la crainte sans doute de déplaire, lui dont le devoir était de requérir cet enregistrement. De sorte que c'est aujourd'hui un des griefs les plus aggravants qu'on me reproche. On prétend que *les officiers municipaux n'ont enregistré que parce que je l'ai voulu...*

J'ai contrarié le curé, procureur de la commune, qui, lors de l'évasion du Roi, proposa à la municipalité d'écrire au sieur Rozan, ci-devant grand vicaire de l'évêque de Luçon, qu'elle lui assurait une protection spéciale s'il choisissait l'île Dieu pour retraite, ainsi qu'il l'annonçait à ce curé[1]...

Alors Barbeau, autre prêtre réfractaire, c'est le nom qui lui convient, vint dans l'île; une lettre écrite par lui au curé de Riez découvrit ses desseins fanatiques. Je parvins à le faire expulser pour éviter l'effet qu'il attendait de son séjour prolongé dans cette île. Les assesseurs, parents et complaisants du curé, me notifièrent le lendemain qu'ils ne voulaient plus m'assister. Il fut rédigé par le curé une pétition qui, transcrite par un autre, fut colportée par le greffier de la municipalité, et Messieurs les ci-devant assesseurs se chargèrent de la porter au district; mais Barbeau ne revint pas. Dès ce moment, bigots et bigotes, ennemis secrets ou déclarés, tous m'accablaient de menaces, d'injures; une habituée du curé disait hautement *qu'il fallait me chasser*. Le curé fit le malade, et, se promenant avec deux filles, il refusait, sous prétexte d'indisposition, d'administrer les secours spirituels. Je rendis compte du tout à l'Administration, laquelle, du style du procureur-syndic, sans blâmer l'esprit de ma lettre, y répondit par une critique amère des expressions.

Choisi par Messieurs les électeurs du district pour être au nombre des administrateurs, l'assemblée du conseil m'envoya une commission par laquelle elle m'engageait d'inviter les citoyens du canton de l'île Dieu à s'enrôler dans les gardes nationales volontaires; ce que j'ai fait, quoique sans succès. La même commission m'invitait à prendre connaissance de l'état des rôles de la communauté, à donner à la municipalité tous les renseignements dont elle pourrait avoir besoin. Je l'ai fait, et j'avais prévenu la sollicitude de l'administration avec un zèle qui pensa me coûter la vie, car c'est principalement là-dessus qu'on s'appuyait; quand presque tout le monde prétendait

1. Laurent revient ici sur ce qu'il a écrit à ce sujet dans la lettre donnée p. 236, 237.

qu'un pays si pauvre ne devait rien payer, je répondais que les exceptions pour la pauvreté étaient dans la loi même.

M. le maire, de retour des eaux de Barèges, à qui je montrai ma commission, agit puissamment pour hâter un travail que son absence avait laissé intact, et l'on s'occupait de la confection des rôles, lorsque les mandements sont arrivés. C'est en ce moment que des malintentionnés crient qu'il ne faut rien payer; que je suis cause de tout ce mal, que j'y trouve mon compte, etc., etc...

J'apprends en ce moment que des femmes ont défendu aux passeurs de me prendre à bord; que cinq d'entre elles sont allées chez le sieur Gaston, qui va à Nantes, lui défendre également de me donner passage.

Ainsi, prisonnier dans l'île, privé de l'honneur de vous rendre compte des faits que je n'ai pu qu'ébaucher, j'attendrai votre détermination. Soyez persuadés de la vérité du contenu de cet écrit, et que, loin d'en rien ôter, il reste une quantité de faits à y ajouter et dont les preuves existent.

J'ai l'honneur, etc.

JEAN-NICOLAS LAURENT.

Suite de la déposition du curé de l'île Dieu.

Le 5, veille de l'Épiphanie, quatre femmes se présentèrent à l'église, où j'étais pour le service. Ces femmes étaient la Pelletier, femme de Jean Bernard, la Pelletier, veuve Hary, la Bossy, fille de Bossy dit La Ramée, et Madeleine Piavard, femme Soudeau. Elles me dirent que les femmes étaient allées au port en grand nombre, et viendraient chez moi dans la soirée me demander un *Mémoire* expositif de leur misère et de leur position, pour être présenté à l'Assemblée (nationale). La teneur de ce mémoire m'était strictement dictée par ces paroles : *Nous demandons les anciennes Coutumes!* paroles qui renfermaient non seulement l'exemption de toute imposition directe ou indirecte, mais encore l'*abolition du nouveau Régime et le rétablissement de l'Ancien.* Sachant cependant que ce dernier article ne tenait pas à beaucoup près autant au cœur de la foule que celui de l'exemption, et qu'il y avait là-dessus diversité d'avis, j'osai prendre sur moi de l'omettre dans mon mémoire, et l'on a paru ne pas s'en apercevoir.

Deux heures après, la femme Billet dit, en présence de la susdite Julienne Fouasson et de la Pelletier, femme Bernard, qu'on allait au port, et qu'au retour on passerait à la cure, pour demander au curé la rétractation de son serment, et qu'à défaut de ce, on verrait beau tapage!

Le même jour, sur les trois heures et demie du soir, quarante ou cinquante femmes vinrent effectivement chez moi. Pour éviter d'entrer en discussion avec elles par rapport au serment, que je savais être une des demandes qui devaient m'être faites, je m'étais absenté, après avoir chargé ma servante de leur dire que je les satisferais par rapport au *Mémoire*, que c'était pour y songer à loisir que j'avais été me promener sur le bord de la mer. Il y eut entre elles une contestation courte sur le serment; cependant elles partirent assez satisfaites, sur l'observation que fit une d'elles que *la promesse de faire leur mémoire équivalait à la rétractation du serment.*

Le même jour, à mon retour, quelques femmes vinrent m'enjoindre de *publier* le lendemain, jour des Rois, *une assemblée générale des habitants*. Je les envoyai chez M. le maire, pour avoir sa réquisition, celui-ci la refusa, et, étant de retour chez moi, je leur déclarai que je n'accepterais pas sans cela. Instruite de mon refus, la Groisard, femme Tarau, dit, en présence de la veuve Poiraud, dite Grand'Nanon, et de Julienne Fouasson, que le curé était *un Jean-Foutre ;* qu'elle venait d'en conférer avec les femmes du village, et que, si ledit curé refusait de publier l'assemblée, qu'on lui demanderait par ordre du maire, il verrait *ce qui lui arriverait,* et qu'on irait *le forcer chez lui.*

Le 6, quatre ou cinq femmes, dont étaient la Pelletier, femme Jean Bernard, la Cadou, veuve Bernard, la fille Bossy La Ramée, vinrent me demander *le Mémoire,* que je leur avais promis la veille. Je le leur remis, après leur en avoir donné lecture; elles en parurent satisfaites et me remercièrent. Ayant remarqué que ma signature n'était pas au bas, elles en demandèrent la raison. Je leur répondis que, dans des affaires de cette nature, l'initiative appartenait à la municipalité et pas à moi; qu'il convenait de présenter mon écrit aux officiers municipaux, pour qu'il fût par eux lu et retouché, s'il était nécessaire, accepté et signé, s'ils le jugeaient à propos, et qu'alors je ne refuserais pas de le signer. Elles acquiescèrent là-dessus.

LES ASSEMBLÉES FACTIEUSES DES 10, 11 ET 12 JANVIER

Les attroupements recommencent le 10, mais ils ne sont plus formés par des femmes seulement; les hommes s'y mêlent. Ce sont des hommes, comme les deux chantres Cadou et Jean Girard, avec les nommés Rabu, Francheteau, Billet, Olimpie-Ardoin, qui parcourent les villages, criant que « tous ceux qui soutiennent la Chambre municipale sont des Jean-Foutres et des valets du bourreau [1]. » Les femmes qui hésitent sont contraintes à marcher. L'une des plus compromises, la Fouasson, affirme [2] qu'on l'a avertie que, si elle ne revenait pas aux rassemblements, « elle serait fouettée et peut-être sa maison brûlée. » La Grand'Nanon mène une bande chercher les retardataires; à coups de pierres sont assaillies les maisons de celles qui veulent ne se mêler de rien [3].

Des assemblées factieuses, dites de la commune, sont tenues le 10, le 11 et le 12, par huit cents personnes — près de la moitié des habitants de l'île — dans la chapelle du port, et c'est le notaire Baud qui dirige en personne les délibérations.

Amenés de force, le maire Moizeau, les officiers municipaux

1. Dépositions de Deslandes et de Mathurin Auger.
2. Déposition de Julienne Fouasson.
3. Déposition de Mathurin Auger.

François Turbé et Honoré Auger, le juge de paix Laurent sont obligés de signer la fameuse pétition.

La foule se transporte à la Maison commune, se fait communiquer les procès-verbaux des délibérations et la correspondance. L'examen des comptes tourne à la confusion des meneurs, puisqu'il prouve la fausseté des bruits répandus sur le vol du produit de la contribution patriotique, sur la dilapidation des fonds de la commune et des 1,000 livres accordées par le département pour les travaux du port, etc.

On croit savoir que la municipalité, en avertissant le district des événements du 2 et du 5, a demandé l'envoi de 100 hommes de troupes. On décide de forcer les officiers municipaux à prendre et signer l'engagement suivant, dicté sous la forme la plus régulière[1] :

Aujourd'hui 12 janvier 1792, en l'assemblée du Corps municipal, présents : MM. Luc Moizeau, maire, Honoré Auger et François Turbé, officiers municipaux ;

Déclarons à la commune que nous garantissons que, dans le cas qu'il plaise à MM. les Administrateurs du district des Sables d'envoyer des troupes par suite du procès-verbal du 2 courant et de la lettre de la municipalité qui l'a accompagné, nous supporterons les frais, et non la commune, et que lesdites troupes à leur arrivée mettront armes basses, et seront renvoyées de suite.

A l'Ile-Dieu, les jour, mois et an que dessus.

Signé : Luc Moizeau, maire ; F. Turbé et Honoré Auger.

Le 13 janvier, certains membres de la municipalité de l'île d'Yeu rédigèrent chacun une déclaration contenant le récit minutieux des faits à la suite desquels ils avaient été contraints de signer des actes manifestement illégaux. Le secrétaire-greffier, Malescot, fit aussi le sien le même jour. Le lendemain, le juge de paix Laurent acheva le rapport qu'il avait commencé par sa lettre du 8.

Déclaration du maire de l'île d'Yeu[2].

M. *Luc Moizeau*, maire, déclare que, mardi matin 10 du courant, plusieurs femmes, accompagnées du procureur de la commune, sont venues lui prescrire de signer une demande faite au nom des habitants, qui porte en substance qu'*ils entendent vivre sous l'Ancien Régime ;* elles m'avaient annoncé qu'il fallait signer de gré ou de force ; je me résignai et je signai : *Luc*

1. Arch. nat. F⁷ 3274.
2. Une autre copie de cette déclaration, contresignée par Delange, secrétaire du district des Sables, se trouve parmi les papiers de Mercier du Rocher, reg. de 1789 à 1793, n° 27.

Moizeau. Elles dirent qu'elles entendaient qu'il y eût une assemblée générale au lieu ordinaire, et cela sur-le-champ. Je répondis qu'elles pouvaient agir à leur fantaisie. En effet, j'entendis un instant après battre la caisse, et, à une heure après midi, *Charles Chalous* vint m'avertir qu'on me demandait à la chapelle, lieu du rassemblement ; convaincu que la résistance serait inutile et même dangereuse, je m'y rendis. Là un nombre d'hommes attroupés me dirent que je devais signer, *comme maire*, la demande qu'ils faisaient ; je leur observai que ce n'était point mon intention. A quoi le sieur *Jacques Baud* répondit que je ne pouvais me dispenser de mettre ma qualité ; il fut appuyé par *Toussaint Bilard*, ainsi que par ceux qui les entouraient. A cela je répondis que, puisque j'y étais forcé, j'obéissais. Ensuite, en me retirant chez moi, je vis le sieur *François Turbé*, officier municipal, qu'un nombre d'hommes conduisaient au lieu de l'attroupement. Comme j'entendis dans le tumulte qu'il était question d'envoyer chercher le juge de paix, je me rendis chez lui pour l'inviter à ne pas résister ; et, comme j'entrais chez lui, je vis une douzaine d'hommes qui me dirent qu'ils venaient le chercher. Je leur répondis, sans avoir vu le juge, qu'il allait s'y rendre ; à quoi ils répondirent que, s'il ne venait pas de suite, ils viendraient le chercher de gré ou de force. Nous nous rendîmes, accompagnés de ces hommes, au lieu de l'attroupement. Sur la route, trois hommes, *Jean Girard, Olimpie-Ardouin* et *Orsonneau*, menuisier, accouraient, et, quand ils nous virent, ils s'arrêtèrent, et *Olimpie-Ardouin* nous dit du ton le plus insolent : « Vous vous faites bien prier ! »

Le lendemain matin, le même attroupement a eu lieu au son de deux caisses, de chaudrons et de lambis, dans toute l'île. Je restai chez moi, mais je reçus, environ les onze heures, un billet signé *Lecomte*, procureur de la commune, qui m'annonçait que cette assemblée d'hommes et de femmes m'avait choisi pour scrutateur. Je répondis au bas que je remerciais. Ce billet me fut apporté par le fils de *René Cubaud*.

Sur les deux heures de relevée, *Charles Chalous* m'a apporté un billet que j'ai gardé, écrit par *Baud*, notaire, et souscrit *Lecomte*, procureur de la commune, ainsi conçu :

« Messieurs les officiers municipaux, j'ai l'honneur de vous prévenir que « la commune, assemblée à la chapelle du port, exige votre présence ; en « conséquence, je vous prie de ne pas tarder à vous y rendre. »

Ne pouvant résister, je m'y rendis avec M. *Honoré Auger*, mon collègue.

Arrivés, le nommé *Jacques Baud* tira de sa poche un papier, qu'il me dit contenir les demandes de la commune, il le lut à haute voix. Il portait que la « commune demandait compte : 1° de l'emploi du don patriotique ; « 2° des fonds de la commune ; 3° des 1,000 livres accordées par le dépar- « ment pour les travaux du port ; 4° enfin, que la municipalité était accusée « d'avoir écrit au district pour demander 90 ou 100 hommes de troupes pour « faire exécuter les lois, vu les événements des 2 et 5 du courant. »

A quoi je répondis que nous avions à la vérité rendu compte dudit attroupement, mais que nous n'avions point demandé de troupes ; que, puisqu'on nous avait défendu de remplir aucune de nos fonctions, il avait été de notre devoir d'en prévenir nos supérieurs ; qu'au surplus de la demande nous étions prêts à y satisfaire ; et ledit *Baud* ajouta « que la commune exigeait que nous lui fissions voir nos registres de délibérations et de correspondance. »

Il fut, à l'effet de les visiter, nommé, par les attroupés, six commissaires, qui sont lesdits *Jacques Baud, Toussaint Bilard*, régisseur, *Jacques Auger, Jean Guiet, Amable Moizeau* et *Jean Texier*, commissaire aux classes, qui se rendirent avec le sieur *Blanclœil* dit *La Forie*, chirurgien, et le sieur *Lecomte*, procureur de la commune, à la municipalité, où nous nous rendîmes, *MM. François Turbé, Honoré Auger, Vincent Lautain et moi.*

Rendus à la maison commune, le sieur *Baud* fit lecture des déclarations que nous avions faites sur les événements du 2, où il était compromis ; il nous fit des reproches et même des menaces, dit qu'il partirait par le premier courrier pour nous apprendre à inculper d'honnêtes gens. Enfin, après bien des humiliations, j'observai à ces messieurs que la paroisse n'obtiendrait rien qu'en prouvant sa pauvreté par un cadastre général du revenu net. Ils en convinrent et nous promirent la paix, si nous voulions écrire au district « *que* « *la tranquillité publique était rétablie.* » Nous y consentîmes, si cela était nécessaire à la paix. *Baud* exigea de plus un billet pour lire à l'attroupement du lendemain 12, afin de lui prouver qu'ils avaient visité nos livres.

Le 12 au matin, *René Cubaud* s'est annoncé chez moi, comme député de l'attroupement chargé de me notifier qu'il fallait m'y rendre ; ce que j'ai fait. Là, le sieur *Jacques Auger* lut le billet qui attestait qu'ils avaient visité nos livres, et assura que tout était en règle ; ensuite *M. Amable Moizeau*, qui avait eu la complaisance de transcrire la lettre que nous consentions, pour avoir la paix, d'écrire au district, en fit lecture ; je la signai, ainsi que les officiers municipaux, et je sortis.

Sur les deux heures de relevée, *René Cubaud* vint de nouveau me notifier que les attroupés exigeaient ma présence ; je sortis et descendis sur la porte. *Olimpie-Ardouin* se présenta et me dit : « Comment, Monsieur le maire, qu'est-ce que cette caisse qui bat pour l'assemblée de ce soir? Est-ce pour se f..... de nous, et pourquoi votre garde ne bat-il pas la caisse ? Nous sommes ennuyés d'attendre. Ainsi, rendez-vous de suite à l'assemblée[1] ! » J'obéis.

Rendu au lieu de l'attroupement, j'y trouvai *sept à huit cents personnes*, tant hommes que femmes. Je vis arriver quelques officiers municipaux et notables, ainsi que le juge de paix. Enfin, *René Cubaud* nous ordonna d'entrer dans la chapelle, où étant, je demandai si je pouvais porter la parole ; on me répondit que oui. Alors je demandai pourquoi on nous avait fait venir. Le procureur de la commune voulut parler ; mais le sieur Baud lui

1. On lit dans la déposition de Jean Micheau : « Bilard, Olimpie-Ardouin, Pointoiseau, Orsonneau, disaient que, si le maire et les officiers municipaux ne voulaient pas se rendre (à l'assemblée), il fallait aller les chercher et les traîner par les cheveux. » Pointoiseau ajoutait, autant qu'il peut se le rappeler : « S'il y en avait une douzaine comme moi, nous les ferions bien obéir ; il faut absolument en purger quelques-uns ! » Orsonneau et Pointoiseau dirent encore : « Il faut aller chercher des armes et les faire marcher à coups de bourrades. »

servit de truchement, et dit que ce procureur s'était plaint qu'à la Chambre, quand il voulait parler, je lui coupais la parole ; ensuite le sieur *Baud* ajouta que la commune exigeait que la municipalité lui garantît que, si, par suite de son procès-verbal du 2 et de la lettre qui l'accompagnait, envoyée aux administrateurs du district, ces messieurs expédiaient des troupes dans l'île, elles seraient aux frais des officiers municipaux. A cela je répondis que, la loi assurant notre responsabilité, cela devait suffire aux demandeurs. Alors il se fit un mouvement effroyable dans les attroupés, que *Baud et Bilard* parvinrent à apaiser. Le juge de paix, qui se trouvait à côté de moi, me dit : « Ils veulent couvrir leurs crimes passés par un nouveau crime ; tout acte forcé est nul de droit ; ils croient par là couvrir leurs infamies, c'est tout le contraire ; offrez de signer ! » Je l'offris, mais *François Turbé et Honoré Auger* refusèrent de le faire.

Baud dit ensuite qu'il fallait que les armes qui se trouvaient tant à la maison commune que chez le commandant de la garde nationale, fussent déposées au corps de garde, et que la clef en fût remise par une personne de confiance. Toutes les femmes et une partie des hommes nommèrent *Baud ;* mais on finit par dire que *M. Micheau* aurait la clef jusqu'à dimanche, jour où ils devaient s'assembler pour nommer un nouveau commandant[1].

Baud demanda alors si l'on travaillerait au cadastre des terres avant d'envoyer à Paris la demande qu'ils nous ont fait signer le 10. Un cri général s'éleva pour répondre : *L'ancienne Coutume !* Je portai la parole et j'observai que, sans cadastre, point de succès. *René Cubaud* répondit qu'il valait mieux faire un procès-verbal que le cadastre. Enfin, sur mes observations et sur celles de *Baud* qui les appuya, toute la troupe convint de laisser faire le cadastre avant d'envoyer la demande pour ne point payer d'impôts.

Il nous restait une autre humiliation à essuyer : il s'agissait de dresser procès-verbal sur nos registres, pour assurer la garantie exigée au cas qu'il vînt des troupes. Leurs commissaires de la veille se rendirent avec nous à la Chambre commune. MM. Turbé et Honoré Auger refusèrent de souscrire cette dernière violence. Alors les commissaires se retirèrent ; le juge de paix entra et les engagea à signer, ensuite il sortit. Au même moment entra *M. Amable Moizeau,* qui dit qu'on était à prévenir les attroupés retirés dans les cabarets qu'on refusait de signer ; que ces bandits allaient venir à la maison commune, et qu'il nous priait pour notre propre sûreté de signer. Je lui dis que nous y étions décidés, et, l'instant après, les mêmes commissaires, à l'exception de Bilard, accompagnés de Blanclœil dit La Forie, Chaillou, Ardouin et un nombre considérable d'autres entrèrent, et d'autres étaient, dit-on, dans la rue. Nous lûmes le procès-verbal, et *Baud* voulut qu'on y ajoutât que, si les troupes arrivaient, nous leur ferions « mettre bas les armes ». Comme cette dernière condition exigée est en interligne au registre, cela est facile à prouver.

Une partie de ces gens sortis, *Olimpie-Ardouin* me porta la parole et me dit : « Monsieur, nous voulons que, le cadastre fait, il n'y ait plus de Chambre ni d'officiers municipaux, et la commune l'entend de même ! »

1. Lequel devait être Baud, dit Amable Moizeau dans sa déposition.

Analyse des déclarations des deux officiers municipaux et du secrétaire-greffier.

François Turbé confirme les faits rapportés par le Maire. Il insiste sur la contrainte qu'il a subie, appelé, amené aux « assemblées illégales » par « quinze à vingt hommes sans armes », que commandait le sieur Cubaud ; en vain a-t-il protesté ; il a fini par se soumettre « pour la paix et la tranquillité. »

J'ai vu, répète-t-il en terminant, qu'avertis que le sieur Baud était au cabaret avec un tas d'hommes de sa troupe qui devaient venir, il était plus prudent de signer leur papier que de courir le risque de se faire égorger.

Honoré Auger constate que c'est le sieur Ardouin qui s'est mis à la tête des femmes, le 10, et que l'annonce de l'assemblée a été faite par le garde la municipalité Chalous, qui battait la caisse ; que, le 11, c'est sur un ordre porté par ce même garde et signé par le procureur de la commune Lecomte, qu'il s'est rendu à la Chambre pour l'examen des registres et comptes. Il fait remarquer, sur l'assemblée du 12 :

Lorsqu'on parla de laisser continuer le cadastre des terres et des maisons, l'assistance cria « Non ! » Les femmes s'écrièrent inconséquemment : « Avec des fourches et des râteaux ! » Baud ayant dit qu'il était bon d'achever le cadastre pour savoir à quoi se montait le revenu net de l'île, tout le monde répondit : « Oui, oui » !...

Dans la soirée, ajoute-t-il, après tout le train fini, le sieur Baud avait assemblé plusieurs hommes chez Laurent, aubergiste, et leur versait à boire lui-même, sans doute pour les remercier de l'avoir autant soutenu.

Le greffier Malescot atteste l'exactitude de la déclaration du Maire, et ne s'occupe que de prouver qu'il n'a rien fait ni écrit de son gré.

On était venu, affirme-t-il, le chercher chez lui et on lui avait dit que, s'il ne venait pas, on le porterait... Il répète que le commissaire aux classes Texier voulait voir les lettres emportées de la municipalité, et que, si les officiers municipaux se sont décidés à signer la lettre annonçant que la paix régnait dans l'île, c'est que le sieur J.-B. Amable Moizeau vint les avertir qu'il se fomentait quelque chose de sinistre contre eux dans une auberge.

Extraits de la déclaration du juge de paix.

Mardi 10, je fus à la chasse jusqu'à trois heures après midi... Rentré chez moi, j'en ressortis ; j'allai chez ma belle-sœur Cadou ; à peine assis, une fille vint me dire qu'on me demandait chez moi. J'y entrai par la porte du jardin. Je trouvai M. le Maire chez moi ; il me prévint qu'une douzaine de satellites, envoyés par les attroupés, étaient à ma porte, qu'ils étaient sortis de chez moi sur l'assurance que j'allais me rendre à leurs ordres. Ces hommes disaient : *Ce bougre-là viendra, ou nous lui couperons le cou!* Enfin je partis pour leur épargner un meurtre inutile... En chemin Olimpie-Ardouin m'approcha et me dit du ton d'un vrai brigand : *Vous vous faites bien prier*... Jean Giraud dit à des femmes dispersées sur mon passage, pour jouir du spectacle d'un juge traîné par des rebelles, qu'elles *devaient me huer*. Sur le refus de l'une d'elles, les autres lui firent des injures [1].

J'entrai à la chapelle, remplie d'hommes et de femmes, au nombre de plus de 800 personnes. On m'ouvrit un passage ; je distinguai Baud dans la foule ; il me dit : *Allons, Monsieur Laurent, allez signer !* J'avançai près d'une table, et là le digne procureur de la commune (Lecomte) me présenta ces papiers et une plume ; il me dit : *Il faut signer ça !* Ce peu de mots mit toute la bande en mouvement. Je fus entouré dans un instant ; mais un signe de Pierre-Paul Nauleau et de Texier les contint.

Il s'agissait de rentrer sous un régime que j'ai juré solennellement d'abhorrer. Cependant je signai ces actes ; j'écrivis *Laurent*. Pierre-Paul Nauleau, qui m'observait, dès que je fus relevé, me présenta le doigt indicateur et, d'un ton de menace des plus violents me dit : *Vos qualités, Monsieur !* J'ajoutai : *Juge de paix*, et je sortis [2].

Au moment que Nauleau m'ordonna de mettre ma qualité, toute la bande s'était portée sur moi, et j'entendis une rumeur épouvantable, J'ai appris que les satellites députés de la bande pour me forcer à m'y rendre, avaient promis de *m'amener mort ou vif*, et que Chaillou, l'un deux, avait dit *qu'il en apporterait un quartier*. Il est remarquable que ce Chaillou, accusé de vol, est sous le coup d'un décret. Un autre de ces hommes, auquel on demandait où ils allaient, répondit : *Chercher un jean-foutre !*...

Le 12, à la chapelle, étant près du maire, au fond de l'édifice, je lui donnai le conseil de souscrire à la si insolente demande (de garantie). Le ton du sieur Baud, les reproches qu'il adressait aux municipaux pour avoir, disait-il, osé faire le rôle d'inquisiteurs et rendre compte au directoire des faits arrivés le 2, les dispositions des révoltés qui n'étaient pas équivoques, tout en faisait une loi. Olimpie-Ardouin dit en me regardant : « Nous avons choisi MM. Baud, Bilard et La Pommeraye pour nos chefs, mais qu'il ne leur arrive rien ! c'est la commune qui le veut !... »

Avant d'obtenir les demandes que Baud articulait, toute la troupe paraissait disposée à toutes sortes de violences, et je dois le dire, ce Baud, Bilard et Texier cherchaient à les contenir ; mais je dois dire aussi que, si la

1. On lit dans la déposition de la dame Pelletier :

« Marie-Jeanne Bouin, veuve Roy, demanda au juge de paix ce qu'il avait fait du don patriotique, et disait qu'ils (les municipaux) étaient une bande de voleurs. » (Arch. nat. DXL § 3 — 16.)

2. On lit dans la déposition d'Amable Moizeau (*ibid.*) :

« Il vit amener le sieur Laurent, juge de paix ; même il se mit à côté de lui, pour empêcher qu'on ne lui fit insulte, attendu qu'il avait ouï dire qu'on avait cette intention. Il a vu Jean Girard, chantre, vouloir ôter des mains dudit Laurent une badine dont il était porteur ; étant à son côté, sachant qu'on lui en voulait, il l'engagea à ne point résister et à donner sa signature. »

municipalité avait refusé d'adhérer à ces demandes, elle courait, ainsi que moi, le *risque de perdre la vie*.

Enfin il fut proposé, avant d'envoyer les députés pour demander à l'Assemblée nationale de retourner sous l'odieux régime de l'esclavage, de faire faire un cadastre du revenu net des terres, maisons, etc. D'abord un cri général dit : *A l'ancienne Coutume !* Mais le maire leur fit sentir que, pour réussir, il fallait absolument faire ce cadastre ; à quoi ils consentirent, toujours sous la condition de *ne rien payer*, ainsi que je l'entendais répéter de toutes parts en sortant...

Il est à remarquer que, dans aucune des déclarations qui viennent d'être rapportées il n'est question du curé de l'île d'Yeu. C'était cependant contre lui que l'agitation avait commencé. Il avait été obligé de servir de secrétaire aux femmes insurgées pour la rédaction de l'Adresse à l'Assemblée nationale, et il s'était vu, lui aussi, contraint d'assister à l'une des réunions populaires de la chapelle du port. C'était même lui qui avait indiqué au suffrage des assistants les commissaires qu'ils chargèrent de la visite des papiers de la municipalité. Mais il s'était esquivé à temps pour n'être pas forcé de mettre sa signature au bas des pièces le plus violemment illégales.

Fin de la déposition du curé.

Le 10, deux enfants m'apportèrent, à une heure après midi, un billet du procureur de la commune, qui m'invitait à une assemblée qui devait se tenir le même jour à la chapelle. Ils ajoutèrent qu'ils étaient chargés de me dire de me concerter avec le sieur Bilard. Un quart d'heure après leur commission remplie, je vis ledit Bilard entrer chez moi ; il me proposa d'aller avec lui à l'assemblée ; je refusai absolument et pris le parti de rester près de mon feu.

A deux heures et demie ou trois heures du même jour, vinrent chez moi Ardouin, Billet et Pierre Orsonneau, du bourg, qui m'annoncèrent qu'ils avaient à m'emmener. Je ne crus pas qu'il pût être de la prudence de leur résister ; je les suivis.

Je vis en arrivant que l'objet dont l'assemblée était occupée était la signature de l'Adresse des habitants à l'Assemblée nationale, dont j'avais été le rédacteur. Les officiers municipaux, les notables l'avaient signée ; je me décidai à la signer, et peu après je pris le chemin du bourg.

Le 11, j'étais chez moi à neuf heures et demie du matin. Je résolus de ne point sortir, quoique le bruit des tambours et autres instruments m'annonçât la continuation de l'assemblée et sa tenue audit jour, de l'aveu, disait-on, et par ordre de la municipalité. Alors entrèrent chez moi Jean Gérard, chantre, Pierre Osillet et Dugard, matelot, tous du bourg, qui m'annonçaient que mon absence occasionnerait une grande fermentation dans l'assemblée, qui était résolue de ne rien entamer sans que je fusse présent. Je pris le parti d'obéir et me mis en chemin. Arrivé à la chapelle vers dix heures et demie onze heures, j'aperçus au bureau, à la principale porte, Jacques Baud, environné de Bilard, Texier, commissaire des classes, et autres, que je ne me rappelle pas. De suite, le sieur Baud me présenta un écrit de sa main, me pria d'en prendre lecture et de le signer. Cet écrit me parut contenir des motions incendiaires et séditeuses, tendantes à insulter la municipalité. Après l'avoir lu rapidement, je le rendis à son auteur, avec refus formel de signer. Ce refus fit impression sur l'assemblée, où j'entendis beaucoup murmurer contre moi. Pour conjurer l'orage qui me menaçait, j'adressai la parole à l'assemblée et lui dis que, m'ayant envoyé chercher pour concourir à la nomination des députés qu'on voulait envoyer à l'Assemblée nationale, je demandais que, toute affaire cessante, on s'occupât de cet objet. Alors je présentai à l'assemblée une protestation contre tout ce que j'étais forcé de faire, et je dis :

« L'assemblée que nous tenons, si elle n'est pas contre la loi, est au moins hors de la loi ; ce serait un abus criminel que de prétendre lui appliquer les formes prescrites par la loi, telles que seraient la nomination d'un président, d'un secrétaire, la demande d'un serment, la rédaction d'un procès-verbal. Ce que vous avez de mieux à faire, c'est de nommer par acclamation les députés que vous voulez envoyer à l'Assemblée nationale, et, si cet expédient vous paraît impraticable, à cause de la multitude qui prétend au droit de vote, (désignez) quelques citoyens dignes de votre confiance qui recueilleront votre voix et votre suffrage. Ce moyen, ajoutai-je, entraînera encore beaucoup de longueurs ; mon avis serait de déférer la nomination des scrutateurs à tels ou tels des membres de l'assemblée que vous jugerez à propos. »

Là-dessus, une voix unanime se fit entendre :

« Nous vous déférons cette nomination, Monsieur ! »

Je crus devoir obéir à ce vœu si clairement prononcé et nommai les sieurs *Moizeau*, maire ; *Turbé*, officier municipal ; *Baud*, *Bilard*, *Texier* et *Jacques Auger*. Ceux qui étaients présents acceptèrent de suite. Le sieur procureur fut chargé de notifier aux sieurs Moizeau et Turbé, absents, leur nomination et le vœu de l'Assemblée. Il s'en acquitta par deux billets, dont la réponse fut immédiatement rapportée. Le sieur Moizeau refusa purement ; le sieur Turbé fit, après quelques observations sur l'illégalité de l'assemblée, annoncer que, s'il acceptait, c'était *pour la paix de la commune*. Là-dessus, l'assemblée se sépara, non cependant sans convenir qu'on se réunirait à deux heures de relevée pour procéder à la nomination de ceux qui devaient être porteurs de l'Adresse à l'Assemblée nationale.

L'objet pour lequel on m'avait forcé de venir était cette nomination, et, cette opération n'étant pas terminée, je crus devoir comparaître à la séance de relevée, où je trouvai tout changé. Le sieur Baud intervertit l'ordre que j'avais proposé le matin, et, au lieu de s'occuper de la nomination des députés, je trouvai l'assemblée occupée de l'exécution des mesures violentes dont le plan m'avait été présenté le matin. Ce que voyant, je profitai avec dextérité de la confusion qui régnait dans la chapelle pour me soustraire de cette assemblée tumultueuse, qui ne m'a jamais revu depuis.

Ajoute le déposant qu'arrivant à la chapelle environ sur les deux heures, il apprit que son refus d'adhérer aux mesures violentes proposées par le sieur Baud et de signer son écrit, avait violemment indisposé contre lui plusieurs personnes de l'assemblés, en particulier la fille Poiraud, dite Grand'Nanon, laquelle dit hautement et en présence de Thérèse Devaud, fille demeurant au bourg, et de plusieurs autres personnes que, « si le curé s'obstinait au refus de signer, on lui ferait *voler sa perruque*, et qu'il ne retournerait pas au bourg aussi aisément comme il était venu. » Là même, il entendit d'autres voix qui disaient « qu'il fallait *le déposséder* et qu'on ne voulait pas d'un curé qui abandonnait ses paroissiens. »

Le 15, jour de l'évasion du juge de paix et des membres de la municipalité, il entendit un grand bruit à une petite distance de sa maison, du côté du nord. S'étant levé pour en apprendre la cause, il ouvrit sa fenêtre et vit un groupe de femmes assemblées à la porte de la veuve Bisson. Toutes ou à peu près disaient *qu'il fallait égorger tous les bourgeois*. Une jeune fille, qui est la troisième de la femme Bisson, ajouta *qu'il fallait commencer par celui qui mettait le nez à sa fenêtre*. De ce déposera Marie-Jeanne Devaud, fille de Thérèse, demeurant au bourg, quartier de Patrouille[1].

Il sait de bonne part et notamment par les rapports qui lui ont été faits par Julienne Fouasson, qu'il s'est tenu de fréquentes assemblées pendant la veillée, chez la Stinau veuve Pâquier, auxquelles assemblées se rendaient la Chalous fille, les deux Groizard, l'une mariée à Tarau et l'autre à Mollé, la fille Poiraud dite Grand'Nanon ; que de ces assemblées portaient toutes les motions incendiaires qui agitaient la paroisse, et que les présidait la femme Bilard. Le déposant ajoute que *le commencement de cette fermentation existe depuis plus de six mois*. Dès la récolte, la dame Bilard a répandu dans le public que la municipalité avait reçu une lettre, par laquelle on lui donnait le choix entre l'Ancien Régime sans impôt ou le Régime actuel avec impôts. Ladite femme Bilard a tenu ce propos à Julienne Fouasson. Il a appris par la même voie que, le 5 janvier, des femmes attroupées s'étant rendues chez le sieur Bilard pour lui défendre de débiter du papier marqué, celui-ci leur répondit : *Cassez la municipalité, et vous ne payerez plus de papier marqué !* que l'attroupement voulait contraindre M. le maire à *fouler son écharpe aux pieds*.

Et a signé : Cadou, *curé de l'île d'Yeu*.

L'ÉVASION DU MAIRE ET DU JUGE DE PAIX

Le district des Sables avait reçu, le 4 ou le 5 janvier, la nouvelle de l'attroupement des femmes de l'île d'Yeu, le procès-verbal de leurs demandes et une lettre du Maire indiquant pour promoteur des troubles le notaire Baud. Aucun autre renseignement ne lui parvenant, il put croire que l'émeute, toute féminine, était restée sans conséquence. Il dut être complètement rassuré par la lettre munici-

1. Ces propos sont confirmés par la déposition de Jeanne Bossy et de la veuve Bisson ; d'après cette dernière, la Girard disait « qu'il fallait aller mettre le feu chez tous les bourgeois. »

pale qui annonçait « que la tranquillité était rétablie dans l'île ». Cette lettre, expédiée par canot dès que la signature en avait été obtenue de force, fut la seule qui parvint sur le continent entre le 6 et le 14 janvier.

D'après la première déposition reçue dans l'information[1],

> Le 12, le sieur Texier, commissaire-syndic du port, était venu dire au nommé Pierre Poiraud, patron de canot, qu'il était chargé par la commune de vérifier les paquets et lettres dont il pouvait être chargé ; qu'en conséquence il lui ordonnait de n'en prendre aucun sans le lui avoir communiqué. Le samedi 14, sur les huit heures du soir, le nommé Olimpie-Ardouin, accompagné de Jean Cadou, chantre, et de la femme de Philippe Philippe, archer de marine, avaient dit au même en particulier qu'ils lui conseillaient de ne pas passer au continent le sieur Laurent, juge de paix, et que sa vie en dépendait[2].

Texier, par ses fonctions de commissaire aux classes, avait tous les marins dans sa main. La consigne qu'il leur donna fut obéie, sans qu'aucun y manquât. Par surcroît de précautions, ceux des bâtiments dont les équipages couchaient à terre furent laissés sans voiles et sans boussoles.

Néanmoins, le dimanche matin, 15 janvier, les rebelles apprirent avec stupéfaction que le juge de paix, le maire et l'un des officiers municipaux s'étaient échappés. C'était ce jour-là que devait être achevée la petite révolution insulaire par une assemblée générale, dans laquelle auraient été choisis les deux députés chargés d'aller porter la fameuse pétition aux autorités supérieures du département et à l'Assemblée nationale. On devait élire en même temps le chef de la garde nationale, auquel eût été confiée une sorte de dictature. Baud, à qui ce grade et cette fonction étaient destinés, n'osa pas laisser les femmes exaspérées « mettre le feu chez les bourgeois » ; il les occupa d'une quête pour couvrir les frais de voyage de ceux qui auraient la mission d'aller « soutenir les droits de la paroisse[2]. » Comme les fugitifs, partis dans une mauvaise barque sans patron ni matelots, couraient le risque de se perdre ou d'aborder loin des Sables, Baud monta dans l'une des meilleures chaloupes. Il espérait arriver le premier et, se présentant au directoire du district comme le délégué de toute la population de l'île, réussir encore une fois à tromper les administrateurs sur le véritable état des choses. Mais il arriva trop tard.

1. Le 23 janvier.
2. Déposition de Jeanne Cadou, qui donna 5 sous.

CHAPITRE XXIV

LES AFFAIRES DES ILES

Le 17 janvier 1792, le maire de l'île d'Yeu, Luc Moizeau, l'officier municipal François Turbé et le juge de paix Laurent étaient reçus en séance du directoire du district des Sables, présidée par Dardel, les administrateurs Bouhier, Robert et Mercereau présents[1].

Déclaration.

Messieurs, dirent-ils, vous voyez devant vous des fonctionnaires publics, forcés par des circonstances impérieuses d'abandonner leurs fonctions et de laisser leurs familles en proie aux fureurs d'une commune révoltée, qu'ils ont abandonnée dans l'espoir que la crainte d'une prompte vengeance de la loi outragée pourrait retenir le bras des factieux prêt à se lever.

Nous vous remettons nos déclarations contenant le récit des principaux faits arrivés à l'île d'Yeu dans les journées des 2, 5, 10, 11 et 12 du courant. Nous y ajouterons en ce moment tous les moyens employés pour nous empêcher de soumettre à votre sagesse vigilante les outrages que la loi a reçus dans notre commune, pour nous priver de vos secours tutélaires et pour éviter la juste réparation que nous avons droit d'attendre des violences et outrages que nous ont fait éprouver des hommes égarés sans doute, mais coupables.

On a défendu de laisser sortir le juge de paix de l'île, défense que nul n'eût osé enfreindre. On a défendu de prendre nos lettres, à moins qu'elles n'eussent passé sous les yeux du commissaire aux classes. On a désarmé la municipalité, on l'a forcée à souscrire aux volontés arbitraires des révoltés, et, le 15, les rebelles se proposaient de commettre de nouveaux crimes, tels que la destitution du juge de paix, celle du commandant de la garde nationale; et qui sait jusqu'où le mépris des lois aurait pu les conduire?

De fait, la municipalité n'existait plus depuis les violences du 2, et tout

1. Nous suivons le procès-verbal, 2e reg. des délib. aux Arch. du département de la Vendée.

ce qu'elle a souscrit depuis ce jour est une preuve nouvelle des violences qui se sont succédé jusqu'au 12.

Ne voyant d'autre remède aux calamités d'une anarchie complète que dans le recours prompt à votre sagesse ; d'un autre côté, menacés ouvertement si nous osions y recourir, nous nous décidâmes, le 14 de ce mois, à partir, à dix heures et demie du soir, dans un bateau sans guide et sans boussole ; et, pour tout dire enfin sans exagération, nous nous sommes exposés à perdre la vie dans la nuit et surtout au jour, à l'entrée de Fromentine, que nous ne connaissions qu'imparfaitement.

Il est si vrai qu'on voulait nous empêcher de venir vous rendre compte de nos malheurs, que le canot que nous avons enlevé fut désarmé dans la nuit qui précéda celle de notre départ, et il ne fut réarmé que pour vous apporter la lettre par laquelle on exigeait que la municipalité vous annonçât que la tranquillité était rétablie dans l'île. Une autre preuve de l'ardeur qu'on mettait à empêcher notre départ, c'est qu'un citoyen, un marin, sur lequel nous pouvions compter et qui nous eût été du plus grand secours pendant la nuit et à l'entrée de Fromentine, n'a pas osé nous accompagner, dans la crainte du ressentiment populaire.

Enfin, Messieurs, nous avons tout bravé pour remplir nos devoirs, et vous nous tiendrez sans doute quelque compte d'avoir eu le courage de venir dénoncer une commune que nous habitons, et dont la plupart des citoyens sont nos parents ; ils sont égarés ; mais séparez les malintentionnés d'avec les bonnes gens qu'ils ont trompés, et sans doute alors le calme renaîtra.

En conséquence, Messieurs, nous vous demandons protection et justice ; pardon pour la faiblesse, punition juste et devenue nécessaire pour les coupables ; et, si nous osions ici vous témoigner nos vœux, nous vous prierions de faire passer dans notre île, d'abord une compagnie de garde nationale, et, le calme rétabli, une brigade de gendarmerie nationale à pied pour aider les fonctionnaires publics à faire exécuter les lois bienfaisantes qui y sont méconnues et que *des partisans secrets de l'Ancien Régime* affectent de leur représenter comme désastreuses.

Ce que lesdits sieurs Moizeau, Turbé et Laurent ont déclaré être sincère et véritable, en protestant formellement contre tous actes qui ont pu leur être arrachés par la force à compter du 2 jusqu'au 12 de ce mois.

Et ont signé : LAURENT, *juge de paix;* — TURBÉ ; — MOIZEAU, *maire.*

Réquisitoire du procureur-syndic.

Lesdits sieurs Moizeau, Turbé et Laurent retirés, M. le Commissaire procureur-syndic a dit :

« Messieurs, un attentat contre la Constitution a été commis ; des magistrats du peuple sont menacés, outragés et forcés d'abandonner leurs foyers ; une horde de rebelles a violé le dépôt des lois, insulté tous les pouvoirs constitués et provoqué l'anéantissement de la Constitution. Ces crimes viennent de se commettre à l'île d'Yeu. Une foule de femmes séditieuses, peut-être égarées, se sont présentées, le 2 de ce mois à la municipalité. Là elles ont remis au corps municipal assemblé une pétition incendiaire et délirante ; elles l'ont recommandée d'un ton impérieux et menaçant, elles l'ont revêtue de près de deux cents signatures.

« Cette pétition tend à la destruction de la municipalité, à la cassation du juge de paix et au rétablissement parfait de l'Ancien Régime.

« La foule s'est rendue ensuite chez le juge de paix, dont elle a menacé d'enfoncer les portes; cet officier a été cruellement insulté et menacé; des furieuses ont demandé sa tête, d'autres l'ont accablé de huées humiliantes.

« Le 5 de ce mois, l'attroupement a pris un caractère plus grave; des hommes qui, à la première scène, étaient sans doute cachés derrière la foule, ont levé le masque. Ils ont fait mettre en délibération les demandes des pétitionnaires féminins. Ces chefs de révolte ont fait assembler, dans une chapelle, environ huit cents individus, tant hommes que femmes; ils y ont fait ignominieusement traîner les officiers municipaux et le juge de paix. Là, ces officiers ont été forcés de signer tout ce que la rage des furieux a pu désirer, et, pour sauver leur vie, ils ont promis d'en imposer à l'administration, de lui assurer que la paix régnait dans l'île, tandis que la plus affreuse effervescence y était au comble; on leur a présenté et ils ont signé une espèce de mémoire pour opérer le retour de l'ancien ordre de choses; ils ont livré leurs registres entre des mains ennemies qui les ont souillés par des délibérations infâmes.

« L'attroupement délibérant s'est renouvelé tous les jours depuis le 5 jusqu'au 12; il a fait enlever les armes déposées à la municipalité, où les chefs de ces séditieux se sont transportés; ils y ont fait rendre des comptes et forcé les municipaux de signer une promesse de faire déposer les armes aux troupes qui pourraient être envoyées par l'administration, d'en payer les frais et de les renvoyer de suite. Toute communication avec le continent avait été interceptée aux officiers municipaux et au juge de paix. Tout passager ou capitaine de barque avait reçu la défense, sous peine de mort, de coopérer à la fuite que ces officiers pourraient tenter. Cependant, dans la nuit du 14 au 15, les sieurs Moizeau, maire, Turbé, officier municipal, et Laurent, juge de paix, se sont jetés seuls dans un bateau; ils ont heureusement abordé au continent.

« Les pièces qu'ils m'ont remises à l'appui de leur déclaration sont :

« 1° La pétition insensée des femmes révoltées;

« 2° La délibération qu'ils ont été forcés de signer sur l'arrivée des troupes;

« 3° Les déclarations des sieurs Turbé, Auger, Malescot et Moizeau, officiers municipaux.

« Le récit que je viens de vous faire, Messieurs, est le résultat affligeant que présentent ces pièces. Telle est la coalition impie qui insulte à la fois aux lois et aux droits les plus sacrés des citoyens. Si le glaive de la loi est déposé entre les mains des corps administratifs, c'est pour le rendre redoutable aux factieux et aux ennemis pervers de la Constitution; c'est pour punir leurs coupables manœuvres, c'est pour opérer l'exécution entière de la loi, c'est pour protéger la liberté, la sûreté de tous les citoyens, c'est pour faire respecter les organes et les agents de la loi, c'est enfin pour assurer l'exécution des actes légitimes qui leur sont attribués.

« Il importe donc de prendre des mesures promptes, mais fermes et prudentes, pour dissiper l'attroupement des rebelles, pour rétablir la paix, pour venger la loi, les citoyens, les magistrats populaires, et punir les scélérats.

« Je requiers, Messieurs, dans ces circonstances, au nom de la loi :

« 1° Qu'il soit envoyé à l'île d'Yeu un détachement suffisant pour dissiper tout attroupement et faire rentrer le peuple dans la soumission qu'il doit à la loi et à ses magistrats;

« 2° Que ce détachement soit aux ordres du maire et des officiers municipaux de l'île d'Yeu, qui seront responsables des ordres qu'ils donneront;

« 3° Que les délits qui ont été commis dans cette sédition soient dénoncés au directeur du juré d'accusation du tribunal de ce district; que je sois autorisé d'en rendre plainte et de poursuivre les coupables;

« 4° Que les sieurs Jacques Baud, Bilard, J.-F.-Amable Moizeau fils, La Forie, chirurgien, Jacques Auger, et Texier, commissaire aux classes, qui paraissent être les chefs et instigateurs des rebelles, soient mis en état d'arrestation;

« 5° Enfin, que copie du présent réquisitoire, de la délibération qui sera prise sur icelui, de la déclaration des sieurs Moizeau, Turbé et Laurent, et des autres pièces justificatives, soit envoyée sur-le-champ au département, avec prière de confirmer l'arrêté du directoire, dont, à cet effet, *l'exécution demeurera suspendue jusqu'à la réponse du département.*

Arrêté du district.

Vu et communication prise du mémoire adressé à l'administration de ce district par le sieur Laurent, juge de paix de l'île d'Yeu, en date du 8 de ce mois; les déclarations du sieur Moizeau, maire, François Turbé, officier municipal, et Laurent, juge de paix; ensemble les pièces qu'ils viennent de déposer sur le bureau;

Considérant que la loi a été outragée et violée en la personne des magistrats du peuple établis par la Constitution;

Considérant, en outre, qu'il est instant de réprimer une telle violation faite à la loi, de la faire respecter, ainsi que ceux qui en sont les dépositaires et les organes;

Le Directoire,

Sur le réquisitoire du procureur-syndic, arrête :

1° Que, vu l'urgence du cas, copies des pièces qui constatent l'insurrection arrivée à l'île d'Yeu, depuis le 2 janvier jusqu'au 12 inclusivement, seront transmises au département par un courrier extraordinaire;

2° Que le département sera prié d'autoriser le Commissaire procureur-syndic à dénoncer et poursuivre les factieux devant les tribunaux;

3° Demander au département des forces, tant pour rétablir l'ordre et la tranquillité dans cette île que pour favoriser l'assiette de l'impôt, seul objet de la sédition qui y règne; que les troupes, dont ce lieu a un besoin aussi pressant, ne puissent diminuer celles que la même raison nécessite au centre de notre arrondissement;

4° Que les troupes qu'on fera passer à l'île d'Yeu seront aux ordres de la municipalité, mais qu'elle ne pourra les employer qu'aux termes de la loi, sous sa responsabilité;

5° Que le département sera prié de déterminer sur quels fonds seront pris les frais du transport de ces troupes dans l'île.

Et à l'heure de minuit, la séance a été levée, et, après lecture, MM. les administrateurs se sont, avec le Commissaire procureur-syndic et le secrétaire, soussignés :

DARDEL, président; MERCEREAU, ROBERT;
BIRET, commissaire procureur-syndic.

Les Administrateurs du département reçurent le courrier des Sables dans l'après-midi du 18 janvier. Ils tinrent séance du soir au nombre de quatre, Luminais, Fayau, Mercier et Esnard. Sur le réquisitoire du procureur général-syndic Séverin Pervinquière, ils approuvèrent en ces termes l'expédition proposée par le district :

Le Directoire du département de la Vendée[1],

Justement alarmé de l'esprit d'insurrection qui règne dans la commune de l'Ile-Dieu et voulant y remédier par des moyens efficaces, a arrêté et arrête ce qui suit :

ARTICLE PREMIER. — Aussitôt la réception du présent arrêté, le directoire du district des Sables adressera au commandant du bataillon du 60° régiment d'infanterie ci-devant Royal-Marine, en garnison aux Sables, une réquisition pour qu'il ait à faire partir sur-le-champ trois compagnies de ce régiment avec des pièces de campagne, s'il est possible de s'en procurer de suite, pour se rendre à l'Ile-Dieu, et agir d'après les réquisitions qui seront faites.

ART. 2. — Le directoire du district nommera également, sans délai, un ou deux Commissaires, lesquels se transporteront à l'Ile-Dieu avec le détachement, pour rétablir, par tous les moyens indiqués par les lois, la paix et la tranquillité publique, et en conséquence lesdits Commissaires seront autorisés à faire agir la force publique, si elle est indispensable.

ART. 3. — Pour procurer au détachement les moyens de subsistance, le directoire du district est autorisé à délivrer des mandats pour les sommes nécessaires à cet objet; lesquels mandats seront acquittés par le receveur du district des Sables, d'abord sur les sous additionnels actuellement en caisse, et ensuite, en cas d'insuffisance, sur les autres fonds dont il est nanti, sauf néanmoins à statuer au définitif à la charge de qui ces dépenses doivent être, et à prendre des mesures pour le remboursement.

ART. 4. — Le directoire, convaincu de la nécessité de faire poursuivre les auteurs des délits dont il s'agit, mais, considérant que d'après la loi du 29 septembre 1791 concernant la police de sûreté, la justice criminelle et l'institution des jurés, c'est au juge de paix du canton de l'Ile-Dieu à commencer les poursuites, et à délivrer à cet effet les mandats nécessaires, arrête qu'en cas seulement de refus dudit juge de paix de faire lesdites poursuites,

1. Archives nat. F[7] 3274.

et encore en cas de refus de sa part et de tout autre de se porter partie plaignante et dénonciatrice, le Commissaire procureur-syndic du district des Sables présentera directement un acte d'accusation contenant les faits et toutes leurs circonstances au juré du même district, en la forme prescrite par les articles 12, 13 et suivants du livre Ier de la justice criminelle et de l'institution des jurés de la loi du 29 septembre 1791.

ART. 5 ET DERNIER. — Le présent arrêté sera adressé à l'Assemblée nationale, au Roi et à l'officier général commandant les troupes de ligne de la 12e division militaire.

Le lendemain les Administrateurs du département de la Vendée expédiaient un rapport complet:

A M. B.-C. Cahier, ministre de l'intérieur[1].

Nous reçûmes hier soir, du directoire du district des Sables, des procès-verbaux, lettres et déclarations à lui adressés par les maire, officiers municipaux, secrétaire greffier de la commune et juge de paix de l'île d'Yeu, et enfin des déclarations faites par devant lui, le 17 de ce mois, par les sieurs Moizeau maire, Turbé, officier municipal, et Laurent juge de paix, qui constatent que, depuis le commencement du mois, la tranquillité publique a été journellement troublée dans cette île par des attroupements séditieux; que l'autorité des lois y est entièrement méconnue, et que les fonctionnaires publics spécialement chargés de veiller à leur exécution ont été forcés de sortir secrètement de l'île dans la nuit du 14 au 15, pour se soustraire à la fureur du peuple, irrité de leurs résistances à ses coupables desseins. Le prétexte de l'insurrection est l'assujettissement que l'île vient d'éprouver à tous les impôts, de plusieurs desquels elle était ci-devant exempte. Depuis le commencement de l'année dernière, des partisans secrets de l'Ancien Régime n'ont cessé d'abuser de ce motif pour tromper les habitants de cette île, leur dissimuler les bienfaits de la Révolution et les porter à la révolte. Ils ont redoublé leurs efforts au moment où la municipalité a reçu du district des Sables les mandements des contributions foncière et mobilière, et voulu terminer les opérations nécessaires pour leur répartition, et ils sont parvenus à exciter un soulèvement presque général[2]...

Aussitôt que nous avons été instruits de ces faits, Monsieur, nous avons eu à remplir le double devoir de faire cesser ces coupables attroupements et de poursuivre la punition de leurs auteurs. Nous avons l'honneur de vous envoyer l'arrêté que nous avons pris et expédié dans la nuit au directoire des Sables pour parvenir à ce but; nous avons d'autant plus lieu d'espérer que l'apparition à l'Ile-Dieu d'une force armée assez considérable rétablira promptement le calme, qu'il nous paraît vraisemblable que les chefs de la rébellion auront cherché leur salut dans la fuite.

1. Archives nat. F7 3274. — Nous n'en reproduisons pas le récit des évènements, qui ferait double emploi avec le procès-verbal du district des Sables et les déclarations des magistrats de l'île d'Yeu.

2. Suit le récit détaillé de ce qui s'est passé du 2 au 15 janvier.

Le respect religieux que nous portons à la loi nous a jetés dans des incertitudes sur les mesures que nous devions prendre pour la punition des coupables. Le juge de paix de l'Ile-Dieu paraissant avoir été l'objet des menaces et des outrages des séditieux, nous avons trouvé de l'inconvenance à ce qu'il fût chargé de poursuivre les délits qu'ils ont commis. Cependant, Monsieur, la loi du 29 septembre charge indistinctement les juges de paix du lieu du délit ou de la résidence des prévenus de commencer les poursuites et de délivrer à cet effet les mandats nécessaires; elle n'indique aucun cas où le juge de paix doive, ou être privé de ce droit, ou être dispensé de remplir cette obligation; elle ne désigne personne, ni son assesseur ni un autre juge de paix pour le remplacer. La loi ne nous a paru s'expliquer que pour le cas où le juge de paix ne veut pas exercer les poursuites qu'elle le charge de faire. Prévoyant que le juge de paix de l'Ile-Dieu pourrait avoir des motifs fort graves pour ne pas user de son droit dans les circonstances où il se trouve, nous avons cru devoir suivre la forme prescrite par l'article 12 du titre Ier de la justice criminelle et de l'institution des jurés dans la loi du 29 septembre. Nous espérons que l'Assemblée nationale voudra bien examiner si l'imperfection que nous avons cru voir dans la loi est réelle, et y remédier promptement. Dans la supposition où nos réflexions lui paraîtraient fondées, nous enverrons, Monsieur, à l'Assemblée nationale et à vous, des copies de toutes les pièces, dont nous venons de tracer le résumé, le plus tôt qu'il sera possible; et, dès que nous aurons reçu des nouvelles ultérieures, nous nous empresserons de vous les transmettre.

Les administrateurs composant le directoire du département de la Vendée :

VINET, *vice-président;* J.-M. COUGNAUD, *secrétaire général.*

Le ministre de l'intérieur, Bon-Claude Cahier de Gerville[1], accusant réception du rapport et de l'arrêté du département de la Vendée, ajoutait :

« J'en ai rendu compte au Roi, qui a approuvé les mesures que vous avez prises pour réprimer une insurrection si dangereuse. Sa Majesté attendra avec impatience vos avis ultérieurs, mais elle vous engage à ne rien négliger pour découvrir les principaux moteurs de ce désordre, et pour les livrer à toutes les rigueurs des lois.

P.-S. — Ne pourriez-vous pas, Messieurs, pour éclairer le peuple, lui mettre sous les yeux des états comparatifs de ce qu'il paye et de ce qu'il payait? Il me semble que le seul moyen de lui faire aimer l'ordre actuel, qui est celui de la raison et de l'intérêt public, serait de lui montrer toujours la vérité[2].

1. Avocat au Parlement de Paris, né à Bayeux, le 30 novembre 1751, mort dans cette ville le 15 février 1796; substitut du procureur de la commune de Paris au mois d'août 1790; successeur de Valdec de Lessart au ministère de l'intérieur, du 27 novembre 1791 au 23 mars 1792. (Voir *Le personnel municipal de Paris, période constitutionnelle*, par M. Paul Robiquet, p. 232-234.)

2. Copié sur la minute, Arch. nat. F^7 3274.

L'arrêté du département avait été apporté aux Sables-d'Olonne par un cavalier de la gendarmerie nationale, le 19 janvier. Aussitôt le Maire et les officiers municipaux de la ville furent appelés par le directoire du district à « se concerter sur les moyens de transporter de la troupe en nombre absolument nécessaire pour maintenir le peuple de l'île d'Yeu. » Luc Moizeau, Turbé et Laurent, consultés, déclarèrent « qu'un détachement de 70 à 80 hommes serait bien suffisant. »

ARRESTATION DU NOTAIRE BAUD EN SÉANCE DU DIRECTOIRE DU DISTRICT DES SABLES[1].

La délibération sur l'envoi de la force armée fut interrompue par l'arrivée du promoteur de l'insurrection, déposant lui-même et soutenant la pétition pour le rétablissement de l'Ancien Régime.

L'incident est ainsi rapporté au procès-verbal de la séance du district :

Délibération du 19 janvier 1791.

Sur les quatre heures s'est présenté le sieur Baud, habitant de l'Ile-Dieu, inculpé dans l'insurrection, lequel a déclaré avoir pris au greffe de la municipalité l'original d'une pétition incendiaire de la soi-disant commune de l'Ile-Dieu, tendant à s'opposer au nouvel ordre de choses établi par la Constitution et à refuser le payement de toutes les contributions publiques.

Le sieur Baud en a déposé copie par lui signée et a appuyé cette pétition en insistant sur son admission.

Le directoire,

Considérant que nul individu ne peut, sans démériter, insulter à la loi, manquer aux officiers publics chargés de son exécution;

Considérant que le sieur Baud était un des principaux instigateurs de l'attroupement qui a eu lieu à l'île d'Yeu,

A invité MM. les officiers municipaux et juge de paix de ladite commune, qui, s'étant évadés nuitamment de l'île, se trouvent maintenant en cette ville des Sables, de se rendre au directoire, pour savoir d'eux si vraiment le sieur Baud avait été un des séditieux qui les ont forcés de sortir de leurs foyers, pour échapper à la mort dont ils étaient menacés.

MM. Luc Moizeau, maire, François Turbé, officier municipal, et Jean-Nicolas Laurent, juge de paix, ayant comparu, ont d'abord reconnu le sieur Baud pour un des instigateurs de la sédition qui a eu lieu dans leur île, et ont en conséquence requis le directoire de faire mettre le sieur Baud en état d'arrestation, et ont signé.

Le directoire, ouï le Commissaire procureur-syndic,

Considérant que, d'après l'article 18 de la loi du 3 août 1790, toutes

1. Extrait des registres des délibérations du district des Sables, aux Archives du département de la Vendée.

personnes surprises en flagrant délit, ou poursuivies par la clameur publique, seront saisies et conduites devant l'officier de police,

Arrête que la municipalité des Sables sera requise de requérir quatre fusiliers pour se transporter à l'hôtel de l'administration, et se saisir de la personne dudit sieur Baud, qui a insulté aux administrateurs en leur présentant pour être exécutée une pétition incendiaire, tendant à bouleverser l'ordre établi par la loi; le sieur Baud étant d'ailleurs poursuivi à la requête des officiers municipaux de l'île d'Yeu, organes de la clameur publique; et que lesdits fusiliers conduiront ledit sieur Baud devant le juge de paix de cette ville des Sables, comme étant la plus voisine, en cas d'absence, par devant l'un des assesseurs suivant l'ordre du tableau, pour, sur le procès-verbal du directoire, ordonner ce qu'il appartiendra.

Ce qui a été sur-le-champ exécuté. Séance levée à sept heures du soir.

Dans la soirée même, Gobert, l'assesseur du juge de paix, faisait subir à Baud un premier interrogatoire et décernait contre lui un mandat d'arrêt. Dans la matinée du lendemain, le prisonnier était examiné par le juge Bréchard, directeur du juré d'accusation, qui, deux jours après, dressait son acte[1].

ENVOI DE FORCE ARMÉE A L'ILE D'YEU

Le 20 janvier, dans la matinée, le commandant du deuxième bataillon du 60e régiment était appelé par le directoire. Il expliquait que trente hommes de sa troupe venaient de partir pour Talmont, « afin de prévenir et au besoin réprimer des mouvements séditieux » qui s'étaient produits la veille dans les villages environnants; que, par conséquent, il n'avait pas plus de 70 à 80 hommes disponibles pour l'expédition de l'île d'Yeu.

Arrêté[2].

Le directoire du district des Sables,

Considérant qu'il serait dangereux de trop dégarnir dans ce moment la garnison de cette ville, arrête :

1° Que le détachement qui doit se rendre à l'île d'Yeu demeure fixé à 75 hommes; et il a été sur-le-champ remis au commandant une réquisition par écrit, pour qu'il donne des ordres afin que ce détachement se trouve prêt à partir au premier vent favorable pour l'île d'Yeu; à l'effet de quoi le directoire s'est muni de deux bâtiments pour le transport de ladite troupe, et a écrit à la municipalité de cette ville pour l'engager à fournir audit détache-

1. D'après les pièces mentionnées nos 17, 18, 19 et 20, dans l'acte de retrait du greffe des Sables, 15 mars.

2. Extrait du rég. des délib. du district des Sables, 20 janvier 1792, Archives de la Vendée.

ment 1,000 cartouches et 15 livres de poudre particulière, comme aussi de donner des ordres à l'un des bouchers de la ville de tenir un bœuf prêt à tuer pour le besoin dudit détachement;

2° Qu'il sera nommé un Commissaire pour se transporter à l'île d'Yeu;

M. Mercereau, un des administrateurs de ce directoire, a été unanimement nommé commissaire et invité à se charger de cette mission; ce qu'il a accepté;

3° Que ledit sieur Commissaire emploiera toutes les voies de conciliation et de douceur pour amener à la raison ceux que des conseils perfides ont pu égarer, et que, si, malgré les exhortations et les voies conciliatoires employées envers les habitants de l'île d'Yeu, ils persistent dans leur obstination à tenter de renverser l'ordre établi par la loi, ledit sieur Commissaire est autorisé à faire agir la force armée, en faisant néanmoins attention à ne pas compromettre le petit nombre de militaires qui lui est confié, mais à donner avis au directoire du renfort qu'il jugerait devoir être nécessaire contre les rebelles, de manière à ne rien craindre; enfin, le directoire s'en rapporte à la prudence de son Commissaire pour, de concert avec la municipalité, agir de la manière la plus efficace au rétablissement de la paix de l'île; le directoire autorise son Commissaire à ramener la troupe, en total ou en partie telle qu'il le jugera convenable, lorsqu'il retournera en cette ville.

Le directoire charge son Commissaire de payer les frais qu'occasionnera la présente expédition dans l'île et lui remet entre les mains la somme de 600 livres, dont il voudra bien justifier de l'emploi. En conséquence, et d'après l'autorisation du département, le directoire arrête qu'il sera tiré un mandat sur le receveur du district, d'une somme de 1,200 livres, pour subvenir aux frais de l'armement des deux bâtiments qui doivent transporter la troupe à l'île d'Yeu et payer les approvisionnements nécessaires à cette expédition, laquelle somme sera prise sur les fonds additionnels actuellement disponibles.

Cette réquisition, vu l'urgence, avait été faite sans consultation préalable du commandant de la 12e division militaire, à la Rochelle, ni du maréchal de camp, qui se trouvait en ce moment à Niort. Ce dernier fut ainsi avisé par courrier extraordinaire dans la matinée du 20 janvier :

Le département de la Vendée à M. Dumouriez, maréchal de camp de la 12e division[1].

Nous reçumes hier, Monsieur, un paquet du district des Sables, contenant les détails d'une insurrection à l'île d'Yeu. Le procureur de la commune paraît en être un des principaux moteurs. Il a soulevé, excité le peuple contre le maire et le juge de paix du lieu. La vie de ceux-ci a été en danger; des femmes, ou plutôt des furies infernales demandaient leurs têtes. Le directoire

1. Arch. historiques de la guerre; correspond. milit. générale, carton du 14 au 31 janvier 1792.

du district, prévenu de ces mouvements terribles, a pris un arrêté qu'il n'a pas cru devoir mettre à exécution sans l'approbation des administrateurs du département. Nous avons sur-le-champ arrêté que le directoire des Sables requerra de l'officier commandant le bataillon du 60e régiment, en garnison dans cette ville, trois compagnies qui marcheront, avec deux pièces de canon, s'il est possible, contre les mutins, et que ledit directoire enverra deux Commissaires revêtus de tous les moyens capables de déployer la force publique et de rétablir l'ordre et la paix dans l'Ile-Dieu. Nous n'avons point oublié d'ordonner de poursuivre, par les voies de droit et conformément à la loi, les auteurs, fauteurs et adhérents des délits qui ont été commis en cette circonstance contre les pouvoirs constitués.

Nous allons faire connaître les mesures que nous avons prises à M. de Verteuil.

VINET, *vice-président;* COUGNAUD, *secrétaire général.*

L'après midi, Dumouriez répond[1] :

A Messieurs du département de la Vendée.

Vous verrez, par une lettre de ce matin, combien le changement de garnison ordonné par M. de Vertcuil et commandé par la nécessité[2] contrarie les mesures arrêtées par vous et par les administrateurs du district des Sables, relativement à l'insurrection des habitants de l'Ile-Dieu. J'ai reçu la même nouvelle par une autre lettre que la vôtre, et je vous en envoie l'extrait, parce qu'elle doit donner matière à une mûre délibération.

Il est de fait que toute l'île est en insurrection, que les rebelles se sont emparés de toutes les armes. Ainsi, plus ils ont mis de violence criminelle, plus on doit s'attendre à ne pouvoir les réduire que par la force. Les habitants de l'Ile-Dieu sont tous marins et par conséquent beaucoup d'entre eux sont exercés au canon. Je ne connais pas du tout cette île, et j'ignore si elle est garnie d'artillerie; mais il faut s'attendre que, s'ils ont du canon, ils auront commencé par le placer en batterie pour défendre les approches de l'île. On m'a dit qu'il n'y a qu'un seul mouillage, que tout le reste est roche et même que le mouillage est difficile. Je crois donc qu'il faudrait, pour ne pas manquer cette expédition, employer autre chose que des bateaux de pêcheurs sans canon. 3 compagnies d'infanterie malades de la mer dans une saison aussi dure et 2 pièces de campagne, qui seraient à fond de cale jusqu'au moment du débarquement : je craindrais qu'en employant des moyens aussi hasardeux, on ne rendît le mal plus grand, si les Commissaires et la troupe étaient repoussés peut-être avec violence, ou s'ils s'intimidaient dans le cours de l'expédition, en y apercevant des difficultés qu'on n'aurait pas prévues avant.

Nous voilà obligés, par la circonstance du changement des deux garnisons, à suspendre de quelques jours cette expédition. Je crois que ce n'est

1. 6e cahier de la correspondance de Dumouriez, Arch. nat. F7 4423.
2. Affaire du 51e. Voir ci-dessus, p. 204-212

qu'un bien, parce que cela nous donnera le moyen et le temps de délibérer plus mûrement sur les moyens à prendre.

1° Pour une pareille expédition, il faut, au lieu de trois compagnies, trois détachements bien choisis de 50 hommes chacun, dont l'un doit être de grenadiers.

2° Nous n'avons pas de canons de campagne, il faut que M. de Verteuil puisse nous en faire passer.

3° Il est bon qu'au moins un des bâtiments de transport soit armé, pour protéger la descente et imposer aux batteries des rebelles.

En conséquence, je crois qu'il est utile que je me rende lundi à Fontenay. Tâchez de vous procurer une carte de l'Ile-Dieu et une liste de renseignements sur ses mouillages et sur son port.

Tâchez d'avoir près de vous le juge de paix et les officiers municipaux qui ont fui, parce qu'on ne peut rien statuer sur une pareille expédition sans avoir pris avant, avec le plus grand détail, les connaissances locales qui peuvent la faire réussir. Quant au danger d'insurrection du côté des Sables, nous pourvoirons aussi ensemble au moyen de le prévenir, indépendamment du bataillon de la Loire-Inférieure, qui n'a encore ni armes ni habits, et que je ne peux pas, par conséquent, retirer de Nantes.

Le lendemain, le lieutenant-général commandant la 12e division militaire est ainsi informé par son maréchal de camp :

A Monsieur de Verteuil [1].

Pendant, mon cher général, que vous vous purgez du dangereux régiment de la Sarre, il me survient une crise assez embarrassante, que ce mouvement de garnison contrarie beaucoup. Pour vous mettre tout de suite au courant, je vous envoie : 1° copie de la lettre que m'écrit le département de la Vendée; 2° un extrait d'une lettre particulière sur le même fait; 3° ma réponse au département.

J'irai lundi à Fontenay, et je suivrai cette affaire de manière à la terminer, car il ne faut pas manquer son coup.

Je vous prie, en attendant, de faire partir le plus tôt possible, c'est-à-dire mardi ou mercredi prochain, un sous-lieutenant et 24 cavaliers de l'escadron qui est à Saint-Jean-d'Angély; faites-les passer par la Rochelle et chargez-les d'escorter 12,000 cartouches à balle, et 200 livres de poudre par bataillon, pour les deux bataillons de la Vendée et des Deux-Sèvres à qui elles reviennent.

Annoncez-moi au plus vite l'envoi de ce petit secours, qui m'est indispensablement nécessaire, mais *qui me suffira pour contenir le pays, et pour mon expédition de l'Ile-Dieu.*

Quant aux moyens de cette expédition, je ne les prévois pas encore. Peut-être aurons-nous besoin du secours de la marine nationale; nous ne pourrons même pas nous en passer si les rebelles ont établi des batteries. Je

1. 6e des 7 cahiers de correspondance de Dumouriez, Arch. nat. F7 4423.

vous écrirai sur tout cela de Fontenay. Mais, dans tous les cas, j'ai besoin des 25 cavaliers et des 12,000 cartouches.

Adressez-moi votre réponse de brigade en brigade à Fontenay.

Du Mouriez.

Le vieux général Verteuil, que son homonymie avec les promoteurs primitifs de la révolte de l'île d'Yeu embarrasse beaucoup, manifeste un certain mécontentement et de vives inquiétudes dans ses lettres :

Au Ministre de la guerre [1].

La Rochelle, 24 janvier 1792.

J'ai reçu une dépêche de M. Dumouriez, qui m'annonce un mouvement très grave à l'Ile-Dieu...

M. Dumouriez me demande 12,000 cartouches à balle, 400 livres de poudre et 25 hommes de cavalerie à envoyer à Fontenay-le-Comte. J'ai donné des ordres en conséquence, en observant à M. Dumouriez que l'Ile-Dieu était entourée de rochers très dangereux, n'ayant qu'un endroit de facile abord et à quatre lieues du continent; que les habitants de cette île sont marins, courageux et sachant manier l'artillerie ; que, s'ils ont des canons, leur résistance pourrait être meurtrière, et qu'on ne les réduira pas sans qu'il en déserte beaucoup par mer, sur des bâtiments qu'ils pourront tenir tout prêts pour aller se réfugier à Jersey ou à Guernesey; que la difficulté des lieux et un tel état de choses exigeraient peut-être qu'on attendît les ordres du Pouvoir exécutif et qu'on employât, en attendant, par la négociation, les voies de douceur et de conciliation; qu'après ces observations, je m'en rapportais à sa prudence.

On m'annonce une lettre du département de la Vendée. J'aurai l'honneur de vous en envoyer copie et de faire exécuter les ordres que Sa Majesté jugera convenables dans cette circonstance, sans négliger jusque-là tout ce qui dépendra de moi pour rétablir le calme et faire triompher la loi.

Je suis, avec respect, Monseigneur, votre très humble et très obéissant serviteur,

Verteuil, *lieutenant-général.*

La Rochelle, 28 janvier.

.... Le département (de la Vendée) me mande avoir eu l'honneur d'envoyer son arrêté à Sa Majesté et à l'Assemblée nationale. Je lui ai écrit qu'il eût été nécessaire de se concilier avec moi pour les trois compagnies du 2e bataillon du 60e, qu'il a envoyées à l'Ile-Dieu, et d'attendre vos ordres.

Cette entreprise, à raison de la difficulté des lieux et du caractère des habitants, paraît exiger beaucoup de précautions, et l'on aurait pu jusque-là employer les voies de conciliation. J'attends avec impatience des détails nouveaux. J'aurai l'honneur de vous les transmettre.

1. Arch. historiques de la guerre; correspondance militaire générale, janvier 1792.

J'ai donné ordre d'envoyer aux Sables-d'Olonne, sur la demande de M. Dumouriez, qui s'est rendu en poste à la Rochelle, 2 pièces de canon, 120 cartouches à boulets et 80 à mitraille. Je suis, etc.

VERTEUIL, *lieutenant-général* [1].

FIN DE L'EXPÉDITION DE L'ÎLE D'YEU

Dès le 30 janvier, le directoire du département pouvait écrire au Ministre de l'intérieur [2] :

.... Le directoire du district des Sables vient de nous informer que, le 21, il a fait partir pour l'Ile-Dieu un détachement de 75 hommes du 60e régiment d'infanterie ; que ce détachement a eu une traversée heureuse, et a débarqué sans aucune opposition. Nous espérons que les avis postérieurs de ce directoire nous apprendront que le calme est entièrement rétabli dans cette île, et que les poursuites qui ont dû être dirigées contre les coupables n'auront pas trouvé d'obstacle.

C'est seulement la semaine suivante que le ministre Narbonne reçoit, du commandant de la 12e division militaire, le rapport officiel de la fin de l'expédition de l'île d'Yeu [3] :

La Rochelle, 7 février.

Monseigneur,

J'ai reçu la nouvelle que tout est tranquille à l'Ile-Dieu. Les mutins sont rentrés dans l'ordre. Les Commissaires et le détachement du 60e d'infanterie y ont été bien reçus et la plus profonde paix y règne.

Je suis, etc.

VERTEUIL, *lieutenant-général*.

L'INFORMATION

Le Commissaire du district des Sables, Mercereau, « nommé pour apaiser les troubles et prendre connaissance des événements survenus », put commencer, le 23 janvier, à la mairie de l'île d'Yeu, le maire Luc Moizeau et les deux officiers municipaux Turbé et Auger présents, une information qui fut achevée le 5 février.

Précédemment nous avons détaché de cette très curieuse information la déposition du curé Amable Cadou, en entier; nous avons

1. Les lettres du 11 au 24 janvier écrites par Verteuil à Dumouriez, à propos de l'affaire de l'île d'Yeu, lettres qui se trouvent aux Archives nationales, dispersées dans les cartons 5 et 6 de F7 4598, n'ajoutent rien à celles que nous avons extraites des Archives historiques du ministère de la guerre.

2. Arch. nat., F7 3274.

3. Arch. hist. de la guerre; correspond. générale, février 1792.

cité les traits caractéristiques des interrogatoires des femmes, qui s'accusèrent mutuellement d'avoir été entraînées, et dont aucune n'accepta la responsabilité de ses actes.

Dépositions de Texier et de Bilard.

Le commissaire aux classes Texier, qui comparut le 23 janvier, nia absolument les ordres donnés par lui aux marins pour empêcher le juge de paix de passer sur le continent : « Jamais cela ne lui était venu à l'idée », dit-il, et il traita « d'imposteur Poiraud, patron du canot » qui, le premier entendu, avait déposé contre lui. Il n'avoua qu'une chose : avoir signé la pétition, « que tout le monde signa ».

Très suspect, en raison de son intimité avec les Verteuil, à l'époque où il s'intitulait de la Pommeraye, comme s'il eût été noble, il mit d'autant plus d'ardeur à soutenir que, s'il avait été vu dans les attroupements, c'était qu'il y « avait été contraint par une multitude de peuple ». Il rejeta la responsabilité de tout sur son ami Baud, et essaya de se disculper entièrement par cette réponse à « Chaillou et autres qu'il ne connaissait pas », qui, le 15 janvier, voulaient l'emmener à une assemblée convoquée, disaient-ils, par le Maire : « Il est impossible que le Maire ait convoqué cette assemblée, puisqu'il est absent ! »

Le receveur de l'enregistrement Toussaint Bilard, entendu le 24 janvier, soutint « n'avoir connu que par ouï-dire l'attroupement du 2, dont « les cornemuses avaient donné le signal » [2]. Il était accusé d'avoir dit aux femmes : « Si vous ne voulez plus payer de papier timbré, envoyez la municipalité au diable ! » Il expliqua :

> Le 5, grand nombre de femmes se présentèrent chez lui, environ sur les trois heures, pour lui faire défense de débiter et vendre aucune espèce de papier marqué, de faire aucun enregistrement d'acte, ni forcer aucune insulaire à faire des déclarations de succession, « attendu que MM. les officiers municipaux leur avaient dit n'avoir jamais donné leurs signatures pour l'établissement de pareils droits ; que c'était lui, déposant, qui les percevait de son chef ; que c'était la bonne manière de s'enrichir. » Ces femmes étaient environ 150, desquelles il n'a connu que la femme Cadou, du village de Ker-Guérin. Il leur a répondu qu'il continuerait à percevoir les droits d'enregistrement, etc., puisque la loi l'y autorisait.

Sur « l'assemblée des séditieux », où fut signée la pétition, « rédigée par M. le curé, à la demande de plusieurs femmes, et qui tendait à la suppression des nouveaux impôts, au rétablissement de l'Ancien Régime », Bilard déclara :

Il a aussi eu connaissance que l'on fut chercher de force MM. les officiers municipaux et le juge de paix; il a vu signer le sieur Turbé, officier municipal, qui a déclaré signer comme forcé et contraint; il a vu M. le maire ajouter à sa signature et par force sa qualité de maire; il a entendu une voix dire dans l'attroupement que le sieur Laurent ne voulait pas signer; le curé perça la foule pour voir s'il signait... C'est le curé qui nomma les scrutateurs.....

L'initiative et la responsabilité de tout étaient, par lui comme par Texier, reportées sur Baud.

Il termina ainsi sa déposition :

Sur le refus des officiers municipaux de signer la garantie (relative aux troupes), il s'est retiré; il savait être dans des assemblées séditieuses, en opposition à la loi, mais il ne s'y est rendu que forcé par les menaces d'une multitude séditieuse.

Le départ de MM. Luc Moizeau, Marie-François Turbé et Laurent, juge de paix, avait donné tant d'inquiétudes que quelques femmes avaient fait faire une quête pour envoyer quelqu'un vers l'administration pour arrêter les suites de cette affaire. Le 15, en allant à la messe, il a ouï dire qu'il y aurait une nouvelle assemblée; mais, comme cela ne l'intéressait pas, il n'y a fait aucune attention.

Déposition de Lecomte.

Le procureur de la commune Lecomte se trouvait dès plus compromis, parce que de son nom, avec sa qualité, étaient signées les convocations aux assemblées factieuses. Il accusa Baud et Bilard de lui avoir remis, « dans la matinée du 10, la pétition incendiaire, avec injonction de leur part. S'il alla la porter chez MM. les officiers municipaux pour la signer », c'était qu'il « avait été arraché de force de chez lui ».

Il prétendit que, s'il avait pris la parole, pour faire communiquer la pétition à l'assemblée de la chapelle et annoncer une autre assemblée le lendemain « en sa qualité de procureur de la commune », c'était que Monsieur le Maire, auquel il avait présenté l'ordre reçu, lui avait répondu « qu'il pouvait le faire si le peuple l'exigeait ainsi, mais qu'il n'y donnerait jamais son assentiment ».

Comme preuve de son opposition, il cita son refus, malgré les injonctions d'Olimpie-Ardouin et d'Amable Moizeau, de fournir du papier pour les dernières convocations, qu'il ne signa que contraint et forcé par Baud et ses satellites. Il finit par attester que « tout ce qu'avait rapporté Monsieur le Maire, en ses déclarations sur les faits des 2, 5, 10, 11 et 12 janvier, était de la plus exacte vérité. »

Le commissaire du district Mercereau quitta l'île d'Yeu le 8 février. Il y laissa pour toute garnison 12 soldats du 60e. Le surplus du détachement expédié rentra aux Sables sans prisonniers.

COMMENCEMENT DES POURSUITES

Le 16 février, sur la demande du directeur du juré d'accusation, Mathurin-François Bréchard, le tribunal du district arrêtait la liste des jurés de l'arrondissement, dont huit devaient être appelés à se prononcer sur l'acte d'accusation porté contre Baud et plusieurs autres particuliers compromis dans l'affaire de l'insurrection de l'île d'Yeu.

Cinq des noms inscrits étaient éliminés préalablement : l'ancien colonel de la garde nationale, Servanteau de la Brunière, qui en vain avait demandé, le 24 janvier, d'être effacé, avait été maintenu par jugement; mais était parti pour Paris; Mercereau, administrateur, et Ferry, secrétaire du district, qui s'étaient, en qualité de commissaires, transportés à l'île d'Yeu, « avaient pris de l'insurrection des connaissances trop positives et dressé des procès-verbaux trop exacts pour pouvoir prendre part à l'affaire en qualité de jurés »; Rabalaud, qui avait produit une excuse valable, étant membre du Conseil général de la commune de l'île; enfin Baud lui-même, qui se trouvait être le principal accusé.

Le jury fut, par le tirage au sort, ainsi formé :

Dupleix, juge suppléant du tribunal; — *Arnaud*, négociant à Moricq; —*Corbier*, négociant aux Sables; —*Menanteau*, médecin à Olonne; —*Delachèze*, notaire à la Mothe-Achard; — *Chevallereau*, administrateur (du district); — *Marceteau* fils, maréchal ferrant aux Sables; — *Forguerre*, receveur des douanes.

Réunis, le 28, sous la présidence du dernier d'entre eux, doyen d'âge, les huit jurés prêtaient, en présence du commissaire du Roi, S.-C.-D.-L. Mercier, ce serment :

Nous jurons et promettons d'examiner avec attention les témoins et pièces qui nous seront présentés, d'en garder le secret, de nous expliquer avec loyauté sur l'acte d'accusation qui nous sera remis, et de ne suivre ni les mouvements de la haine ou de la méchanceté ni ceux de la crainte ou de l'affection.

Les témoins, assignés le 12 et le 24, avaient été entendus la veille, 27, par le directeur du jury [1], qui communiquait leurs dépositions

1. Nos 21 et 22 des pièces retirées le 15 mars.

en même temps que l'acte d'accusation. Après avoir lu ces pièces, le directeur du jury se retirait, pour ne rentrer que la délibération terminée et recevoir la déclaration, ainsi formulée :

La déclaration du juré est :

OUI, IL Y A LIEU (à accusation) contre *Baud, Bilard, Blancœil dit La Forie, Texier, Olimpie-Ardouin, Chaillou, René Cubaud; Girard*, chantre; *Madeleine Piavard*, femme *Soudeau;* la femme de *Philippe Philippe;*

NON, IL N'Y A PAS LIEU contre *Guiet, Moizeau* fils, *Lecomte* et *Jacques Auger* [1].

Le lendemain, le juge Bréchard signait l'ordonnance de prise de corps rendue contre les accusés [2].

Le directoire du district des Sables, par arrêté du 29 février pris sur le réquisitoire du procureur-syndic Biret, pressa la municipalité de l'île d'Yeu « d'apposer les scellés sur les papiers de Toussaint Bilard, chargé de la régie des domaines nationaux », aussitôt son arrestation. Un autre arrêté du 3 mars chargea la même municipalité de nommer « un préposé provisoire pour remplir les fonctions du sieur Texier, commissaire des classes ».

Un détachement de 18 hommes de garde nationale et 8 de troupe de ligne furent transportés dans l'île pour prêter main-forte à l'huissier et au gendarme chargés de l'exécution des mandats de justice [3]. Cette opération fut faite sans résistance.

SUSPENSION DU PROCÈS

Les inculpés de l'insurrection de l'île d'Yeu furent emprisonnés aux Sables. Mais le tribunal du district ne fut pas estimé compétent pour les juger. Ils furent tirés de la prison des Sables et transférés à Fontenay, le 15 mars; avec eux, le gendarme Louis Le Petit, de la compagnie Mauflâtre, se fit remettre toutes les pièces judiciaires les concernant [4].

Le 2 avril, le procureur-syndic Biret adressa une copie authentique de l'information faite à l'île d'Yeu au président du tribunal

1. Analyse de quatre procès-verbaux tirés du « Registre pour servir à inscrire tout ce qui est relatif à la procédure par jurés devant le tribunal de district et le juré d'accusation des Sables d'Olonne », 20 feuillets parafés par le président du tribunal, Louis-Basile-Antoine-Joseph Nicollon, à la date du 1er janvier 1792, registre trouvé dans le grenier du tribunal des Sables.

2. N° 25 des pièces retirées le 15 mars.

3. Analyse des délibérations du district, 29 février et 3 mars, Arch. du département de la Vendée.

4. D'après l'acte de retrait signé de ce gendarme et du greffier Biroché.

criminel de la Vendée, et le procureur du Roi de ce tribunal dut peu après la transmettre à l'Assemblée nationale [1].

Les quatre principaux accusés, Texier, Baud, La Forie et Bilard, de la maison de justice de Fontenay, adressaient au tribunal des Sables une demande de mise en liberté provisoire, « en attendant que l'Assemblée législative eût statué sur la compétence » du tribunal qui devait les juger. Les juges du district des Sables rendaient ce jugement [2] :

Du 12 *avril* 1792.

Le tribunal,

Ouï sur ce le commissaire du Roi en ses conclusions,

Attendu que les fonctions de directeur du juré sont cessées, que l'Assemblée nationale prend connaissance de cette affaire et que le droit de recevoir caution ne paraît, par la loi, se référer qu'aux juges de paix et aux tribunaux criminels, déclare qu'il n'y a pas lieu à délibérer sur la requête desdits sieurs Texier et consorts.

Signé: S.-C.-D.-L. MERCIER, commissaire du Roi ; BRÉCHARD, DUPLEIX, NICOLLON, AUGER ; ROUILLÉ, pour le greffier empêché.

Il avait été question de déférer à la Haute-Cour nationale, établie à Orléans, l'affaire de l'insurrection de l'île d'Yeu pour le rétablissement de l'Ancien Régime. Après de longues hésitations, la Commission des Douze déposa, le 21 juillet, un rapport concluant au renvoi devant le tribunal criminel du département de la Vendée [3].

L'Assemblée nationale adopta, le 24, ce décret, qui fut soumis à la sanction du Roi, le 27, et promulgué sous forme de loi :

Loi relative aux troubles de l'île d'Yeu [4].

L'Assemblée nationale,

Considérant que plusieurs personnes, prévenues d'avoir excité les troubles qui ont eu lieu à l'île d'Yeu dans le courant du mois de janvier dernier, et qui lui ont été dénoncées par le directoire du département de la Vendée, ainsi que par le commissaire du Roi près le tribunal criminel de ce département, sont en état d'arrestation;

Considérant que les autorités établies dans cette île ne peuvent reprendre entièrement leur cours ordinaire qu'après le jugement de cette affaire,

1. Qui la renvoya à la Commission des Douze. Elle forme 58 pages de papier grand format, d'une écriture très fine et très serrée, Arch. nat., DXL 16, n° 79. La minute, qui se trouve parmi les Papiers de l'île d'Yeu, aux Archives de la Vendée, forme 42 feuillets. Elle est signée par *Luc Moizeau*, maire; *Mercereau*, commissaire du district, et *Ferry*, secrétaire.

2. Extrait du registre des procédures déjà cité.

3. Procès-verbal imp. de la Législative, p. 67-68, séance du 24 juillet 1792 au soir.

4. Cette loi est à sa date dans la collection dite du Louvre.

Décrète qu'il y a urgence.

L'Assemblée nationale,

Après avoir entendu le rapport de sa Commission extraordinaire des Douze et décrété l'urgence,

Décrète que la procédure relative aux troubles qui avaient eu lieu à l'île d'Yeu sera continuée par le tribunal criminel du département de la Vendée, et que les différentes pièces concernant cette affaire, adressées à l'Assemblée nationale, seraient remises au Pouvoir exécutif pour être renvoyées au tribunal criminel de ce département.

Une partie des pièces se trouvait dans les papiers de la Commission des Douze, et l'autre dans les cartons du ministère de l'intérieur; leur transmission fut incomplète. Le 11 août, le commissaire du Roi près le tribunal criminel de la Vendée signala au président de l'Assemblée nationale « l'absence de plusieurs des pièces envoyées le 22 mars, et d'une grande utilité pour les renseignements ». Le Comité des pétitions répondit, le 22 avril, qu'il ne les avait pas [1].

Par la raison qu'il manquait au dossier des pièces importantes, et aussi par celle « que le directeur du juré des Sables n'avait point écrit dans l'acte d'accusation que les délits avaient été commis *méchamment et à dessein de nuire*, le tribunal criminel de la Vendée déclara « nul ledit acte, ainsi que la procédure », et renvoya « les pièces au greffe, les accusés en la maison d'arrêt » des Sables d'Olonne.

Le tribunal du district des Sables délibérant sur cet incident, se refusa à tout recommencer.

Arrêté du 10 août 1792 [2].

Le directeur du juré, ne croyant pas pouvoir prendre sur lui seul d'entamer une nouvelle procédure qui peut entraîner des inconvénients, a requis le tribunal de délibérer sur la conduite qu'il a à tenir dans la circonstance délicate où il se trouve.

Sur quoi le tribunal, ouï le commissaire du Roi en ses conclusions;

Considérant que la nullité articulée par le jugement du tribunal criminel de Fontenay n'est pas prononcée par la loi; qu'il ne paraît pas que ledit tribunal criminel tienne de la loi aucune compétence pour annuler les procédures tenues devant le juré d'accusation; que le rassemblement et la décision d'un nouveau juré peuvent entraîner de grands inconvenients à l'égard des prévenus acquittés par le premier juré,

Estime que pour le moment et jusqu'à la décision du Corps législatif, le directeur du juré doit se borner à l'examen et audition des prévenus détenus en la maison d'arrêt;

En conséquence, arrête qu'il sera sans délai procédé à la rédaction d'un mémoire qui sera adressé par le tribunal à l'Assemblée nationale, et dont

1. Cette correspondance est aux Archives nationales, Dxl — 4.
2. Extrait du registre en feuilles, coté E, au greffe du tribunal civil des Sables.

copie sera envoyée au Ministre de la justice, avec invitation de solliciter la plus prompte décision sur les difficultés que cette affaire présente.

Signé : MERCIER, AUGER, NICOLLON, BRÉCHARD, DUPLEIX, REGAIN; BIROCHÉ, greffier.

Les détenus Texier, La Forie, Baud et Bilard réclamèrent de nouveau leur élargissement sous caution, « prétendant n'être prévenus que d'un délit qui, s'il était prouvé, ne mériterait pas peine afflictive. » Le tribunal refusa, « le jugement du tribunal criminel de Fontenay qui a déclaré nul l'acte d'accusation ne paraissant pas compétemment rendu et ne pouvant être en ce moment censé destructif de l'ordonnance de prise de corps[1]. »

REPRISE DU PROCÈS. — ACQUITTEMENT

Le 21 septembre, la municipalité des Sables écrivait[2] :

Au commissaire du Pouvoir exécutif provisoire près le tribunal des Sables.

Nous vous prions, Messieurs, de répondre à l'intérêt que doit inspirer le sort des citoyens de l'île Yeu, détenus dans la maison d'arrêt de cette ville en vertu d'une ordonnance de prise de corps, et de faire en sorte qu'ils puissent être transférés dans le plus court délai à Fontenay, dans la maison de justice près le tribunal criminel du département. Vous acquerrez de nouveaux droits à notre reconnaissance et à celle particulière des citoyens pour lesquels nous nous intéressons auprès de vous.

Les Officiers municipaux des Sables.

Le mémoire des juges des Sables, annoncé dans leur arrêté du 10 août, était parvenu au Ministre de la justice. Danton, par lettre du 28, l'avait soumis à l'Assemblée nationale, qui l'avait renvoyé à son Comité de législation[3]. Le Comité approuva la décision du tribunal criminel du département de la Vendée, et le Ministre de la justice fit expédier au tribunal du district et des Sables l'ordre de reprendre entièrement la procédure sur l'insurrection de l'île d'Yeu.

En conséquence, le procureur-syndic Biret présentait, le 15 octobre, au district, un nouveau rapport[4], dont l'impression fut or-

1. Jugement du 11 août 1792, *ibid.*

2. Corresp. municip. des Sables, reg. B. — Dans une autre lettre au même, du 29, on annonce l'évasion de l'un des prisonniers du nom de Cubaud.

3. D'après le procès-verbal imp. de la Législative, p. 322.

4. Imprimé chez Ferré par ordre du district, et reproduit par M. Petiteau, dans son travail sur « Dumouriez aux Sables, *Annuaire de la Société d'émulation de la Vendée,* 1885, p. 131-135.

donnée par arrêté signé du président Lansier et des administrateurs Dardel, Gourdon, Fruchard, Duroussy, Gérard, Robert, Mercereau et Bouhier. L'insurrection du mois de janvier y était ainsi résumée :

Les citoyens, qui n'avaient jamais supporté aucun impôt, trouvèrent leur contingent excessif et laissèrent échapper des plaintes et des murmures contre les nouvelles lois. Des malveillants, intéressés au retour de l'Ancien Régime, mécontents d'avoir perdu le pouvoir despotique dont ils jouissaient avant une heureuse révolution, exaltèrent les têtes et abusèrent cruellement de la crédulité du peuple pour le porter à de coupables excès.

Bientôt un attroupement fut fait ; les chefs de sédition firent attenter à la liberté et à l'existence des magistrats du peuple, qu'ils forcèrent d'abandonner leurs foyers ; ils violèrent le dépôt des lois et demandèrent à grands cris l'anéantissement d'une Constitution faite pour le bonheur du genre humain.

Après un bref exposé des faits, le procureur-syndic signalait que l'insurrection avait été apaisée sans coup férir et que toute agitation avait disparu de l'île depuis que les meneurs étaient retenus prisonniers sur le continent. En s'abstenant complètement d'incriminer les femmes entraînées, il se portait une seconde fois dénonciateur de Baud et de ses principaux complices.

D'après le réquisitoire de Biret, le juge Bréchard rédigeait un nouvel acte d'accusation. Sur l'audition de témoins rappelés, l'instruction était recommencée, et le jury d'accusation déclarait, le 20 novembre, *qu'il y avait lieu* de poursuivre les nommés Baud, Bilard, Texier, La Forie, Girard, Ardouin, Cubaud, Chaillou, les femmes Soudeau et Philippe Philippe, contre lesquels était réitérée l'ordonnance de prise de corps, le lendemain.

Le 24, l'affaire était reprise du tribunal de district par le tribunal criminel de département, et les accusés une seconde fois transférés à Fontenay, avec toutes les pièces du procès [1].

Les accusés comparaissaient enfin devant le tribunal criminel, à Fontenay, le 23 décembre. Sur la déclaration négative du jury de jugement, ils étaient acquittés et aussitôt remis en liberté [2], ce qui surprit et indigna la majorité patriote des Administrateurs départementaux. Un mois auparavant, le directoire, dans son Compte de 1792 au Conseil général, avait écrit [3]:

1. Acte de retrait en date du 24 novembre 1792, que nous avons retrouvé dans le grenier du tribunal civil des Sables.
2. Les pièces des jugements du tribunal criminel de la Vendée ont été détruites lors de la prise de Fontenay, le 25 mai 1793.
3. Page 213.

Nous avons été assez heureux pour ne voir s'élever dans notre arrondissement aucune de ces insurrections qui nécessitent le déploiement d'une grande force. Celle qui prit naissance à l'île d'Yeu dans les premiers jours de janvier fut dissipée par l'arrivée de trois compagnies du régiment d'infanterie en garnison aux Sables, et ses auteurs ont été livrés à la vengeance de la loi.

Nous devons peut-être le calme dont nous avons joui pendant notre administration à la fermeté que nous montrâmes en cette circonstance; car les auteurs des troubles étaient ce qu'on appelait autrefois *des gens comme il faut*. Ce motif nous détermina à les poursuivre plus rigoureusement encore, et les malveillants qui nous entourent virent bien alors que nous ne les ménagerions pas.

Après l'acquittement des insurgés de l'île d'Yeu, le Directoire du département de la Vendée constata qu'aucune des affaires politiques soumises au jury vendéen, tel qu'il était formé depuis le mois de janvier 1792, n'avait abouti à la punition des ennemis les plus déclarés de la Révolution. Il décida de signaler le fait à la Convention et de réclamer un « juré spécial[1] ».

La demande, dit Mercier du Rocher[2], demeura sans réponse. Il semblait que ceux qui étaient chargés du gouvernement s'entendissent avec les malintentionnés. Notre pays était en proie au royalisme, au fanatisme, aux mécontentements de toute espèce. Les gens riches entretenaient surtout les espérances du pauvre peuple égaré; ils lui persuadaient que *la contre-révolution s'opérerait aussi facilement qu'on tourne la feuille d'un livre*. Insensés qui ne prévoyaient pas quels déchirements nous devions éprouver!

CE QUE DEVINRENT LES INSURGÉS DE 1792

Il n'y eut que deux des promoteurs de l'insurrection de 1792, tous rentrés dans l'île, qui furent repris, en 1793, comme suspects : Baud et Texier. Le Comité de surveillance des Sables les fit emprisonner le 6 octobre.

On trouve, dans les délibérations de ce comité révolutionnaire[3] relativement à Baud :

Du 11 *nivôse* an II. — Sur réclamation du Comité de correspondance de

1. Nous donnerons dans le tome III, un arrêté départemental pris en ce sens, le 4 mars 1793 (d'après les minutes dispersées des procès-verbaux détruits, dont une partie se retrouve parmi les papiers de M. Charier-Fillon, maire de Fontenay).
2. Dans le 1er cahier de ses Mémoires inédits.
3. 2e Registre, aux Arch. du départ. de la Vendée.

la Société populaire de l'Ile-Dieu, le comité envoie au tribunal (des Sables) une invitation de presser le jugement de Baud.

Du 29 *nivôse.* — Dénonciation contre lui faite par Moizeau, et contresignée par le président du Comité Trasybule Gérard.

Du 6 *pluviôse.* — Le Comité ayant pris connaissance de plusieurs pièces relatives à Baud, détenu, qui établissent qu'il est un contre-révolutionnaire, arrête qu'il sera traduit au tribunal révolutionnaire de Rochefort, où il sera conduit par la force armée.

Du 8 *pluviôse.* — Réquisition au commandant de place de le transporter à Rochefort.

L'accusation tirait ses principaux éléments des déclarations reçues par le Comité de surveillance de l'île d'Yeu, transmises à celui des Sables le 29 nivôse, et la plupart répétées verbalement devant le tribunal révolutionnaire de Rochefort par six des sept témoins assignés[1] :

Jean-Nicolas Laurent, 33 ans, chirurgien, agent national de la commune de la Réunion, ci-devant l'Ile-Dieu, y demeurant, déclare avoir toujours regardé Baud comme « l'ennemi de la Révolution » ; il raconte tout ce qui s'est passé jusqu'à l'insurrection de 1792. Baud, ajoute-t-il, « a manifesté à tous les revers des patriotes dans la Vendée, une joie contre-révolutionnaire... Pour juger de la dangereuse influence que Baud et Texier avaient dans l'île, il suffit de rappeler au Comité que, depuis leur arrestation, l'opinion publique y a totalement changé en faveur des principes républicains ».

Vincent Moizeau, 30 ans, marin, déclare : « Il a vu Baud, dans l'affaire du mois de mars dernier (1793), où Guerry, chef de brigands, somma l'île de se rendre, aller lui-même chercher des outils pour ôter le gouvernail des embarcations dans lesquelles des patriotes proposaient de partir pour aller demander du secours aux Sables ; il l'a entendu dire qu'on faisait bien de désarmer les bateaux parce que ces gueux de Laurent et de Turbé en feraient autant qu'ils en avaient fait au mois de janvier 1792. »

Joseph Michau, 58 ans, marin, confirme.

Luc Moizeau, 49 ans, enseigne de vaisseau non entretenu, membre de la Commission municipale de l'île, parent éloigné de l'accusé du côté de sa femme, dit que : « Baud a toujours été avec les Verteuil père et fils, qui ont entravé la marche de la Révolution et l'exécution des lois. » Verteuil père « a exercé les fonctions de juge jusqu'à ce qu'il ait été chassé de la commune en 1791. « Baud tenait de lui ses places de notaire, de greffier de la Châtellenie et de l'Amirauté. Il était « processif et turbulent. » Il « vivait presque seul, se défiant des patriotes. »

Simon Poireau, 31 ans, greffier de la justice de paix de l'Ile d'Yeu, raconte « qu'en apprenant la déroute de Fontenay, l'accusé, sur le port, disait, en se frottant les mains avec satisfaction, que les brigands avaient pris

1. Les unes sont dans le registre de l'île d'Yeu, les autres dans les papiers du tribunal révolutionnaire de Rochefort. Nous les réunissons en les résumant.

la grenouille. » — C'est à lui, à Jean Auger fils et à Franco, s'occupant des affaires relatives au naufrage de la *Jeune-Louise*, que Baud a refusé de remettre les effets provenant de ce naufrage, « sous prétexte, entre autres, qu'il voulait être payé de ce qui lui était dû en argent et non en assignats. »

André-Joseph Guistheau, 40 ans, officier municipal, raconte toute l'affaire de janvier 1792. Il ajoute : « A l'époque du 24 mars 1793, la poste arrivant, nul particulier n'a reçu de lettre ; Baud seul en aurait eu une par la feue veuve Dixneuf, qui était passagère dans la poste. » Il fait observer que « c'est par ce même bateau que Guerry, chef des brigands, sommait l'île de se rendre. »

Dans le *Tableau des détenus*, dressé le 22 germinal an II, 11 avril 1794, par le comité de surveillance de l'île de la Réunion, ci-devant d'Yeu, conformément à l'article 5 de la loi du 13 ventôse, on lit :

Baud.

Jacques Baud, domicilié de cette commune, natif de Saint-Jean-de-Monts, âgé de 40 ans, marié à Marie Dumonté, ayant cinq enfants, dont un fils de douze ans, une fille de onze ans, idem de dix, idem de neuf, la cinquième de quatre, tous résidant dans cette commune.

Sa détention est aux Sables, du 6 octobre 1793 (vieux style), par ordre du Comité de surveillance révolutionnaire des Sables et depuis transféré à Rochefort. Le Comité de surveillance de l'île de la Réunion existant alors ignore le sujet de la détention du détenu.

Notaire, greffier de l'amirauté et trésorier de ladite, faisant fonction de procureur avant et depuis la Révolution jusqu'au mois de janvier 1792, et entreposeur de tabac principal et dépositeur.

Son revenu consiste en un jardinet et une maison en commun avec son épouse, de la valeur de 4 à 500 livres. Son revenu consistait en le produit des places qu'il occupait.

Ses relations et ses liaisons au pays étaient avec Deverteuil, ci-devant gouverneur et depuis chef de brigands, jusqu'à ce que ce dernier a été chassé du pays, et avec les individus qui faisaient partie de la révolte qui s'est passée au mois de janvier 1792 (v. st.). Si il avait quelques relations dans le continent ce n'est pas à la connaissance du comité.

Le caractère est celui d'un brouillon, instigateur de procès. Il s'est toujours montré partisan de l'Ancien régime en se mettant à la tête d'un attroupement pour demander son retour au mois janvier 1792, et en portant lui-même la pétition des attroupés au district des Sables, même époque. La joie brillait dans ses yeux aux revers des patriotes de la Vendée, suivant les différentes dénonciations qui ont été faites au comité de surveillance.

Depuis deux mois déjà, le 23 pluviôse, 11 février 1794, Jacques Baud avait été interrogé dans la chambre d'instruction du tribunal révolutionnaire de Rochefort, par le juge François-Jean Savigny[1]. Voici les réponses :

Il croit avoir été détenu comme suspect.

Pour les quelques troubles du mois de janvier 1792, il a été accusé d'en être le moteur et dénoncé comme tel au tribunal criminel de Fontenay, qui l'a acquitté le 23 décembre.

Il a connu Guerry il y a trente ans, c'était un ci-devant; il l'avait perdu de vue et n'avait eu aucune relation avec lui.

D. — Tu t'es réjoui de la Vendée?

R. — Non, j'avais au contraire sujet d'en être bien peiné, puisque mes possessions ont été ravagées par les brigands et que cinq de mes parents ont été égorgés, d'autres arrêtés et mis en prison.

... Le jour de l'arrivée de la lettre de Guerry, la garde désarma, en effet, les bateaux, les citoyens Gastous et Gatineau vinrent me trouver sous mon portail et me demandèrent un calfat et un marteau; je les leur prêtai; j'ignore ce qu'ils en ont fait. Je n'ai contribué d'aucune manière au désarmement des canots. Je dénie formellement les propos qu'on m'a fait tenir à ce sujet. Je vis le lendemain tous les gouvernails dans le corps de garde.

Il nie absolument avoir reçu une lettre de Guerry. Sur la question d'avoir refusé des assignats et envoyé de l'argent, il répond :

— J'avais fait une avance en numéraire de 237 livres, que j'avais empruntées sur fonds d'anciens naufrages; lorsqu'il fallut rendre le compte du dernier bâtiment, je demandai effectivement au tribunal du district des Sables, par une pétition, à être remboursé en mêmes espèces, parce que je devais tenir compte des fonds antérieurs que j'avais, en même nature que je les avais reçus, afin que le tribunal de commerce eût à me dégager de ma responsabilité à cet égard.

D. — Qu'as-tu fait pour la chose publique?

R. — Rien, parce que je n'en ai pas trouvé l'occasion.

Une feuille de papier annexée aux questions posées au jury contient ce relevé des réponses faites par Baud dans un autre interrogatoire[1] :

— Il a avoué qu'il était aux assemblées de janvier 1792 ; a signé et porté au district la pétition pour ramener le roi et les prêtres.

— Il a eu connaissance du désemparage des canots et de la sommation de Guerry à la commune de se rendre et de lui envoyer des otages.

— Il convient n'avoir jamais assisté aux assemblées primaires et n'avoir pas accepté la Constitution républicaine.

— Il ne lisait aucun papier public; dit n'en avoir pas le moyen.

— Il a prêté un marteau et un calfat à Gatineau sans savoir pourquoi.

Baud fut jugé à l'audience du 8 floréal, — 27 avril 1794.

1. Dossier Baud dans les papiers du tribunal révolutionnaire de Rochefort aux Archives du département de la Charente-Inférieure, à La Rochelle.

Extrait de l'acte d'accusation[1].

Alexandre *Lebas*, substitut de l'accusateur public du tribunal criminel extraordinaire et révolutionnaire du département de la Charente-Inférieure, établi à Rochefort par arrêtés des représentants du peuple, en date des 8 et 13 brumaire de l'an II de la République française une et indivisible, sans aucun recours au tribunal de cassation, conformément au décret du 10 mars 1793 et en vertu des pouvoirs à eux donnés par l'article 2 d'un autre décret de la Convention du 5 avril suivant, qui les autorisent à faire arrêter, poursuivre et juger, sur la dénonciation des autorités constituées et des citoyens,

Expose... qu'il résulte des dénonciations, aveux, interrogatoires et déclarations des témoins que Jacques Baud, âgé de 40 ans, natif de Saint-Jean-de-Monts, département de la Vendée, notaire public, domicilié à l'île de la Réunion ci-devant Ile-Dieu, a conspiré contre la République et entretenu des correspondances avec les brigands de la Vendée, notamment avec Guerry de la Fortinière, l'un de leurs chefs, et provoqué des attroupements et des insurrections, notamment celles qui ont eu lieu du 2 au 12 janvier 1792 à l'île de la Réunion, en présidant les assemblées illicites dans l'intention de corrompre l'esprit du peuple et le ramener à son parti, en cherchant à empêcher d'arriver les secours que l'île pouvait espérer des Sables-d'Olonne, en désemparant de leurs gouvernails les chaloupes et canots qui pouvaient aller en demander et les transporter dans l'île pour repousser les brigands dès qu'ils auraient avis de l'attaque, en interceptant les lettres et correspondances qui pouvaient en instruire et faire mettre sur la défensive les bons patriotes, en dépréciant les assignats et s'obstinant à ne recevoir en payement que du numéraire et s'adressant pour le faire donner aux autorités constituées;

En conséquence requiert, etc.

Le jugement.

La question était ainsi posée aux jurés :

Baud est-il convaincu d'avoir conspiré contre la République par ses manœuvres et ses intelligences avec les brigands de la Vendée, tendant à favoriser leurs armes et à leur livrer l'île de la Réunion ci-devant île d'Yeu, soit par ses correspondances, soit en favorisant et en contribuant au désarmement des embarcations à l'époque où les habitants furent sommés de se rendre aux brigands, pour empêcher que les patriotes puissent réclamer des secours?

Sur les 9 jurés, 4 ont répondu *oui;* 5 ont déclaré l'accusé « très suspect ».

En conséquence et vu les lois des 10 mars, 7 juin, 17 septembre 1793 et 5 frimaire an II, le tribunal a prononcé la peine de la déportation à vie, les biens confisqués.

1. Papiers du tribunal révolutionnaire de Rochefort, à La Rochelle.

Dans le *Tableau des détenus*, dressé le 11 avril 1794, et qui ne contient que les deux noms de Baud et de Texier, le Comité de surveillance de l'île d'Yeu fournit ces renseignements :

Jean Texier.

Domicilié de cette commune, âgé de 50 ans, marié à Victoire Mamau, ayant un fils de sept ans, résidant dans cette commune, détenu aux Sables depuis le 5 octobre 1793 (v. st.), par ordre du Comité de surveillance révolutionnaire des Sables. Le Comité de surveillance révolutionnaire de l'île de la Réunion ignore le sujet de la détention du détenu.

Préposé aux classes avant et depuis la Révolution jusqu'au moment de sa détention.

Son revenu est un traitement de 100 pistoles, avant et depuis la Révolution, comme préposé aux classes.

Ce détenu fréquentait et avait beaucoup de liaisons avec Deverteuil, ci-devant gouverneur de l'île, jusqu'au moment où ce dernier a été chassé. Lorsque Noirmoutier tomba au pouvoir du brigand Guerry, le citoyen Franco se trouvait alors prisonnier de ce brigand ; quelques jours après la prise, il le relâcha, dans l'espoir que ce citoyen engagerait les habitants de de l'Ile-d'Yeu de se rendre à lui, en lui disant qu'il placerait pour gouverneur Texier de la Pommeraye.

S'il avait quelques relations dans le continent, ce n'est pas à la connaissance du Comité.

Immoral et dissipateur des deniers de la Caisse des gens de mer à laquelle il a remis mille francs sur ce qu'il avait dissipé.

Il fut partisan des révoltés qui demandaient l'Ancien régime en janvier 1792 (v. st.); dont il fut mis en arrestation à cette époque et relâché en décembre, même année. Il afficha le patriotisme, mais les fanatiques fréquentaient beaucoup sa maison.

Fait et clos le 22 germinal, an IIe de la République française, une et indivisible.

Les membres du Comité de surveillance de l'île de la Réunion :

Jean Dugoua, André Franco, Costiou, Charles Cadou,
Honoré Auger fils, greffier.

Cette note sur Texier était le résultat d'une enquête, que le comité de surveillance de l'île d'Yeu avait ouverte en nivôse et achevée en pluviôse sur « l'épuration » du commissaire aux classes, arrêté aux Sables par ordre du comité de surveillance de cette ville.

La femme de Texier, pour le faire mettre en liberté, s'était avisée d'obtenir de plusieurs officiers municipaux individuellement une attestation de civisme de son mari et, d'un certain nombre de marins notables, rentrant de voyages et d'expéditions, une pétition aux autorités maritimes, à l'effet de le maintenir dans sa place.

Les anciens officiers municipaux François Turbé dit Bruno, Célestin Turbé, Jacques Nolleau, déclarèrent n'avoir signé le certificat qu'à titre de particuliers. Les capitaines de navire Jean Auger fils, Jean Michaud, Jean-Louis Pillet, Pierre Guilbert, déclarèrent avoir signé la pétition à l'ordonnateur civil de la marine à Rochefort, « sans réflexion », ne sachant pas ce qui s'était passé durant leur absence et croyant que, « le tribunal de Fontenay-le-Peuple ayant prononcé l'élargissement de Texier, il ne l'avait fait qu'en connaissance de cause. »

D'autres, Vincent Chassin, Charles Cadou, Jean-Pierre Bossy, etc., se rétractèrent sous cette forme :

> . . . . ., marin domicilié de cette commune, déclare avoir signé la pétition pour Jean Texier sans aucune réflexion; il ne connaissait point les faits dont Texier est inculpé, à cause de son absence du pays depuis longtemps, mais depuis quelque temps il a entendu dire par des personnes dignes de foi que Texier avait fait tort à différents citoyens de cette commune tant en campagnes qu'en part de prises, et, vu le mauvais état où il a laissé son bureau, il serait coupable s'il ne se rétractait de sa signature qu'il croyait avoir donné à un honnête homme; il la rétracte formellement et avoue avec la plus grande sincérité que sa bonne foi a été trompée sur le comte de Texier.

C. Turbé réitéra son retrait de signature, le 19 pluviôse, ayant « entendu, le 19 nivôse, au club ou Société populaire, que Texier avait retenu les gages de plusieurs marins; ce qui lui avait fait de la peine d'avoir donné sa signature. » P. Pruneau ajouta : « qu'il ne savait pas que Texier fût noble, ni qu'il fût un négligent pour son état de préposé aux classes, comme il est prouvé, un fourbe, un trompeur. »

Cependant Texier de la Pommeraye ne fut l'objet d'aucune poursuite. Il resta prisonnier aux Sables jusqu'au moment où, par l'amnistie de 1795, tous les suspects furent mis en liberté.

Il avait été remplacé dans ses fonctions, par arrêté du comité de surveillance provisoire de l'île, le 1er nivôse, 23 décembre 1793, comme « incapable et pas patriote ». On avait nommé à sa place « Honoré Auger père, âgé de 65 ans, ancien capitaine, ayant commandé au long cours et au cabotage pendant 40 ans, syndic municipal en 1789 et 1790, officier municipal en 1791, officier public en 1793, d'ailleurs bon républicain[1]. »

Quant au troisième des anciens agents du gouverneur commandant Verteuil, Antoine-Toussaint *Bilard*, receveur des droits d'enregistrement et régisseur des domaines nationaux, il avait repris sa

1. D'après les deux registres du comité de surveillance et les Papiers de l'île d'Yeu, aux Arch. du dép. de la Vendée.

place après son acquittement par le tribunal criminel. Il n'en fut pas dérangé au plus fort de la crise révolutionnaire.

Comité de surveillance de l'île de la Réunion.

Séance du 24 frimaire an II, 14 décembre 1793.

Antoine-Toussaint Bilard ayant donné des éclaircissements, et surtout l'acte de civisme qu'il a fait en faveur de ses concitoyens en abandonnant ses prétentions pour l'augmentation des prés, et le comité lui ayant prescrit une conduite prononcée pour la Révolution, il a été reçu (dans la Société populaire).

Un membre a fait observer qu'un arrêté de la Société populaire interdisait l'entrée de son sein aux citoyens qui n'avaient pas accepté la Constitution républicaine. Le Comité arrête que le rapporteur sera chargé de demander le rappel de cet arrêté ou du moins d'y déroger en faveur des citoyens Honoré Auger, Antoine-Toussaint Bilard et François David fils. Laurent est nommé rapporteur.

Quoique ennemi personnel de son confrère le chirurgien Laurent, tout-puissant en 1793 dans les fonctions d'agent national, le chirurgien *Blanclœil dit La Forie* ne fut l'objet d'aucune persécution. Le comité révolutionnaire de surveillance[1] émit « l'avis de lui faire subir un an d'épreuve », avant de l'admettre dans la Société populaire, « pour voir si le changement qui paraissait s'être opéré dans ses idées était bien sérieux, et s'il revenait aux sentiments d'humanité qui doivent caractériser les vrais républicains. » Deux jours plus tard, le 26 frimaire, sur sa réclamation, l'épreuve était réduite à six mois.

Quant aux femmes, on a vu que deux seulement des insurgées avaient été incriminées. On n'en trouve qu'une seule, *Marie-Jeanne Chaillou*, renvoyée de la Société populaire, au mois de décembre 1793. Elle vient s'en plaindre au comité de surveillance, « disant qu'elle était repentante de ses fautes passées. » Le comité[1] remet son admission à huit jours, « pendant lesquels les censeurs seront invités à prendre des informations à son égard. »

L'oubli du passé et le désir d'épargner aux plus déclarés des contre-révolutionnaires les conséquences capitales de leurs antécédents étaient poussés si loin à l'île d'Yeu, que l'ancien maire et l'ancien juge de paix de janvier 1792 signèrent, en faveur de Jacques Baud lui-même, un certificat de civisme, dont la production devant le tribunal de Rochefort épargna certainement la peine de mort à l'accusé.

1. En cette même séance du 24 frimaire an II.
2. Séance du 1er nivôse, 21 décembre 1793.

Comité de surveillance de l'île de la Réunion.

Séance extraordinaire du 15 floréal an II, 4 mai 1794.

Le Comité passe à l'épurement de J.-Charles Pelletier, juge de paix. Après plusieurs discussions et plusieurs renseignements pris des citoyens Luc Moizeau, J.-Nicolas Laurent et Simon Poiraud, qui ont déclaré qu'étant à Rochefort en témoignage contre Jacques Baud, le président du tribunal révolutionnaire donna lecture d'un certificat certifié de service de la garde nationale, de civisme et de républicanisme, en faveur de Jacques Baud et signé par Jean-Charles Pelletier, Célestin Turbé et plusieurs autres de cette commune.

Le Comité, considérant que les principes de Jacques Baud étaient connus, regarde comme impossible que ces citoyens les eussent ignorés et regarde que ceux qui ont signé un pareil certificat sont coupables d'incivisme.

Le Comité passe à l'ordre du jour sur la demande de J.-Charles Pelletier motivée sur ce qui est mentionné ci-dessus.

Jean Dugoua, Costiou, Lance, Jean-Pierre Bossy, Mathurin Chassin, Honoré Auger fils, greffier.

L'ILE D'YEU APRÈS L'INSURRECTION

L'ordre avait été rétabli à l'ile d'Yeu sans coup férir; pour le maintenir avait suffi une petite garde de 30 hommes, fournis, jusqu'au 17 mars 1792, par le 84e régiment, et, durant les mois d'avril et de mai, par le bataillon des volontaires de la Loire-Inférieure, en garnison aux Sables. La mission du commissaire Mercereau avait réussi au delà des espérances. L'exaspération des femmes insurgées avait été tout de suite apaisée par « ses exhortations paternelles ». L'absence des meneurs, en prison sur le continent, avait « fait succéder bientôt le calme et la paix à une affreuse effervescence, » comme disait le procureur syndic dans son rapport du 15 octobre.

L'administration du district et la municipalité se hâtèrent de couper court à toute velléité de restaurer l'Ancien régime en en faisant disparaître les derniers vestiges. Ceux des droits ci-devant féodaux, qui devaient être rachetés, et les parcelles des biens ci-devant ecclésiastiques ou domaniaux, qui pouvaient être vendues, le furent rapidement par les soins d'un agriculteur de l'ile, Jacques Rabalaud, nommé expert par arrêté du 28 février. Un autre insulaire, Challous, fut désigné, le 3 mars, comme porteur des contraintes aux contribuables en retard, et les contributions ne tardèrent pas à être payées avec régularité. Du reste, le poids en fut un peu allégé, grâce à la demande d'un dégrèvement pour l'exercice 1793, présentée par la municipalité et appuyée par l'autorité supérieure[1]. Les officiers municipaux François Turbé, Honoré Auger et le juge de paix Lecomte, regagnèrent vite la popularité en se portant caution, pour 2,050 francs, dans l'émission des billets de confiance qui « donnèrent à la classe indigente les moyens de se procurer les comestibles qu'elle ne pouvait obtenir avec des assignats sans des pertes considérables[2]. »

L'harmonie était si complètement rétablie entre la population et l'autorité légale, que l'Ile-d'Yeu ne s'insurgea pas au mois de mars 1793 ; au contraire, elle repoussa la sommation qui lui fut adressée par Guerry de la Fortinière, maître de Noirmoutier. Lorsqu'au mois d'octobre 1795, elle vit le comte d'Artois débarquer de la flotte anglaise, elle ne manifesta aucune sympathie. Ayant pour les Anglais une haine séculaire, elle salua avec enthousiasme le départ des émigrés et la disparition de la flotte ennemie.

Tant que dura la guerre maritime, elle se garda avec le plus ardent patriotisme. Ses marins, fidèles à la République, se sont illustrés dans toutes les luttes de l'Océan. On en compte huit dans l'équipage glorifié du *Vengeur*, coulé bas le 13 prairial an II : Amable Pointoiseau, Jean Turbé, Pierre Nolleau, Jean Cadou, Étienne Nouet, Jean-Baptiste Soudreau, Pierre Poireau, matelots ; Hyacinthe Moizeau, mousse ; ces deux derniers sauvés[3]. Dans la défense des côtes de 1793 à 1798, nul ne se distingua plus que le capitaine de frégate Jean-Simon Chassin, sans cesse en course contre les Anglais, assurant le ravitaillement des ports militaires de Rochefort et de Brest, réorganisant le service des signaux surpris par l'ennemi ; enfin, le 16 nivôse an VI, 5 janvier 1798, sur le *Chéri*, sombrant plutôt que d'amener son pavillon, et méritant, de ceux avec lesquels il luttait depuis trois heures, d'enthousiastes honneurs funèbres et la mise en liberté de son héroïque équipage[4].

1. Délibérations du district des Sables, 28 février, 3 mars et 5 août 1792, Arch. du départ. de la Vendée.

2. Arrêté municipal approuvé par le district des Sables, le 4 avril 1792.

3. D'après les deux listes différentes de l'équipage du *Vengeur*, dont nous avons pris copie aux Archives des ports de Brest et de Rochefort.

4. Chassin (Jean-Simon), né à l'île d'Yeu, le 10 janvier 1754, a commencé à naviguer au long cours le 15 septembre 1771. Il a fait son service sur la galère *Le Compas* du 7 mars 1778 au 17 juin suivant, comme matelot à 12 livres ; timonier de bord sur la corvette la *Blonde*, du 3 juin 1788 au 27 août suivant ; maître timonier sans solde sur le chasse-marée du roi la *Marie-Françoise*, du 18 décembre 1788 au 17 avril 1789. Il a navigué au commerce, comme novice, sur la *Marie-Anne* et la *Nouvelle-Marguerite*, allant à Port-au-Prince, en 1772 et 1774 ; comme novice, puis comme enseigne et deuxième lieutenant de vaisseau sur la *Marguerite*, en 1776, 1777 ; comme premier lieutenant sur le *Sully*, en 1779 ; comme second capitaine sur les *Trois-Amis*, en 1780-1781 ; premier lieutenant sur le *Juste*, en 1781-1782 ; second capitaine sur le *Thomas*, de 1783 à 1786, allant toujours de Nantes au Port-au-Prince ; second capitaine sur le *Benezech*, parti pour le Cap le 2 juillet 1787, et de retour le 15 février 1788, reparti du 19 avril au 11 no-

A la fin de la Révolution, l'île de Noirmoutier ne déploya pas moins d'énergie que l'île d'Yeu dans la défense des côtes et de la mer; mais, au cours de la guerre civile, elle fut prise et reprise deux fois et par les royalistes et par les républicains.

vembre 1788; reçu capitaine au long cours, à Nantes, après examen passé devant Monge, examinateur hydrographe et inspecteur, le 27 avril 1789.

Du 1er août 1789 au 5 mars 1790, capitaine en second, il a fait le voyage du Cap avec son beau-frère, le capitaine Pillet, et l'a renouvelé du 26 juin 1790 au 25 mai 1791. Sous le même capitaine, il a encore refait le même voyage sur le *Chéri*, qui a été frété au compte de l'État, du 20 janvier au 25 mars 1792. Le 26 mars, il a été nommé enseigne de vaisseau et a fait campagne sur les côtes de l'Océan, pour convoyer les approvisionnements du port de Brest, puis est resté en croisière, sans désarmer, jusqu'au 20 novembre 1793.

Par ordre du contre-amiral Villaret, du 22 brumaire an II, confirmé le 26 par le ministre Dalbarade, il prit le commandement du *Chéri*, courant contre l'Anglais sur les côtes de Bretagne (12-16 novembre 1793). Le 27 ventôse, le contre-amiral le faisait opérer de conserve avec la *Fraternité*, sous les ordre du citoyen Goulay. Il était chargé de remplir provisoirement les fonctions de lieutenant de vaisseau soit à bord de la corvette, soit dans le port, par ordre du ministre Dalbarade, le 7 pluviôse an II — 27 avril 1794.

Le 19 prairial an III — 7 juin 1795, — le contre-amiral Thirat, commandant d'armes au port de Brest, charge « le lieutenant de vaisseau commandant la corvette le *Chéri* d'appareiller de cette rade avec les transports que lui remettra le citoyen Poydras, chargé des convois de la Manche du Sud-Est. Il aura sous ses ordres la corvette la *Décade*, capitaine Le Nottrel. Le port où doit se rendre le capitaine Chassin avec son convoi étant Bordeaux, il évitera autant qu'il se peut toute rencontre... Dans les relâches qu'il fera, il prendra les informations les plus précises sur les divisions ennemies qui pourraient croiser dans divers parages... Il est prévenu que les Anglais ont en leur pouvoir les signaux de reconnaissance du 30 messidor n° 2, et il aura le plus grand soin de ne pas se laisser surprendre. La prudence et la connaissance du capitaine Chassin sont assez connues pour n'avoir pas besoin de lui recommander le soin et les attentions que demande la mission dont il est chargé, et l'on s'en rapporte à lui sur toutes précautions.... »

Le 2 messidor — 20 juin, — le commandant de la rade du Verdon lui fait « prendre sous son escorte les caboteurs qui se trouvent dans sa rade », en le renforçant des corvettes le *Citoyen* et le *Dragon*, avec le *Décade*.

Le 9 messidor — 27 juin, — le commandant des armes à Rochefort, le contre-amiral Lelarge, lui ordonne, la mission de Brest à Bordeaux étant heureusement accomplie, de reprendre aussitôt sous son escorte les bâtiments destinés pour les ports de la ci-devant Bretagne, et d'aller se remettre à Brest à la disposition des autorités maritimes. « Le citoyen Chassin, répète-il, se défiera des signaux de reconnaissance qui pourront lui être faits, prévenu que les nôtres sont au pouvoir de l'ennemi. »

Le 20 fructidor an III, — 6 septembre 1795, — l'équipage du *Chéri* était appelé par le coup de sifflet de son commandant sur le gaillard d'arrière, la nouvelle Constitution du 6 fructidor lui était lue; l'acceptation était unanime.

Le 24 de ce même mois de fructidor, le contre-amiral Ledal-Tromelin passait de l'*Agricole* sur le *Chéri*, d'où il débarquait le 9 vendémiaire an IV, suivant un arrêté du Comité du Salut public. La division qu'il commandait ayant pour princi, aux points de relâche les îles d'Aix et de Ré, opérait depuis la rivière de Bordeaux jusqu'à la rivière de Nantes, et de Rochefort à Brest.

Le 12 vendémiaire an V, — 3 octobre 1796, — d'après les ordres du ministre de la guerre, le capitaine de vaisseau Le Coat-Saint-Haouen, commandant des armes et mouvements maritimes à Nantes et Paimbœuf, expédie « le citoyen Chassin à Noirmoutier, pour y observer les mouvements des forces navales anglaises et veiller à ce que le service des signaux de la côte se fasse avec l'exactitude et la ponctualité que son importance exige. » Il le charge de « questionner toutes les embarcations qu'il saura y abor-

Dumouriez, dans une lettre écrite de Niort au Administrateurs du département de la Vendée, le 13 février 1792[1], dit :

... Je reçois un avis inquiétant sur l'île de Noirmoutier : que les habitants, qui formaient vingt bonnes compagnies de gardes nationales suffisantes pour se garder, ont perdu tout leur zèle pour la Constitution ; que l'aristocratie y a fait des progrès rapides ; que les munitions de guerre et l'artillerie sont abandonnées sans soin dans un château du ci-devant gouverneur, où ils ont pour toute garde la famille du procureur de la commune, qui est à Paris. Je vous rends cet avis pour que vous puissiez avec prudence

der et de s'informer d'elles si elles n'ont pas eu connaissance de l'ennemi, en quel lieu, quel nombre et quelle espèce elles ont cru l'apercevoir... »

Le 18 brumaire, — 8 novembre 1896, — Le Coat annonçait au citoyen Chassin qu'il était nommé capitaine de frégate, et le 2 nivôse, — 22 décembre, — lui écrivait : « Vous avez en ce moment à surveiller non seulement les mouvements de la division anglaise, que vous savez dans le golfe, mais encore tous les incidents qui peuvent provenir de la sortie de l'escadre de Brest, appareillée le 26 (ventôse), au nombre de 17 vaisseaux de guerre, 12 frégates, 6 avisos et 7 flûtes. » Les renseignements demandés fournis, et tous les signaux, surpris par l'ennemi, changés à Noirmoutier et sur les côtes environnantes, la mission du capitaine Chassin était finie. Le 4 germinal an V, —24 mars 1797, — il était envoyé à Brest « continuer ses services sur les bâtiments de guerre de la République. »

Durant les missions de confiance qu'il remplit au service de la République, le capitaine Chassin a écrit plusieurs mémoires et ouvrages de science navale, dont trois ont été publiés : *Relevé des côtes de la ci-devant Bretagne et moyens faciles de les mettre en état de défense*, Rochefort, an III, in-4°, avec cartes ; *Essai sur la construction et l'armement des bâtiments destinés à la course*, Brest, an V, in-8° ; *De l'utilité des pièces dites de chasse et des moyens d'assurer leur tir*, Rochefort, an V, in-8°.

Le *Chéri*, ayant cessé d'être frété par l'État, fut armé en course à Paimbœuf par une compagnie, à la tête de laquelle étaient des armateurs de Nantes, Richer frères. Il était pourvu de 2 canons de 24, 2 de 12, 16 de 8, 4 de 6, et 12 pierriers ; il avait 250 hommes à bord. Le capitaine Jean-Pierre Pillet en reprit le commandement et dirigea deux expéditions, durant lesquelles il captura : seul, un navire anglais, de 400 tonneaux, le *Queen*, chargé de sucre, café et coton, de la valeur de 900,000 francs ; avec la *Confiance*, un autre navire anglais, de 900 tonneaux, le *Phénix*, chargé de sucre, café et rhum, estimé 1,400,000 francs, et un navire danois de 300 tonneaux, le *Jupiter*, chargé de riz, sucre, café et tabac, estimé 300,000 francs ; seul, le bâtiment américain (espagnol), l'*Hébée*, de 224 tonneaux, chargé de coton, riz, madriers et roseaux, estimé 300,000 francs ; le brick anglais l'*Hariot*, de 160 tonneaux, chargé de 3,100 quintaux de morue sèche ; de plus, il coula en mer le brick *Mercury*, de Jersey, après en avoir sauvé l'équipage.

Le capitaine Pillet étant tombé malade, son beau-frère, Jean-Simon Chassin, obtint un congé pour commander à sa place une troisième expédition. Le 16 nivôse an VI, — 5 janvier 1798, — il fut attaqué par une frégate anglaise, contre laquelle il lutta pendant trois heures et quart, jusqu'à ce que les batteries de son navire fussent submergées, et il se fit tuer plutôt que d'amener son pavillon.

L'héroïsme du *Chéri* émut les vainqueurs à un tel point qu'ils rendirent les honneurs funèbres au capitaine Chassin, et qu'après avoir recueilli les restes de l'équipage, pendant que le navire sombrait, ils remirent tous les marins sauvés en liberté.

Par arrêté du 15 floréal an VIII, — 5 mai 1800, — sur le rapport du ministre de la marine Forfait, le premier consul Bonaparte accordait à « Jeanne-Honorée Chauvelen, veuve de Jean-Simon Chassin, capitaine de frégate, une pension annuelle et viagère de 200 francs, pour récompense des 6 ans 1 mois 17 jours des services de son mari et en considération de la mort de cet officier, tué le 16 nivôse en VI dans le combat du corsaire le *Chéri*. »

1. Dernier des cahiers de la correspondance de Dumouriez, Arch. nat. F[7] 4423.

vérifier les faits, peser les conséquences et prendre le parti que vous jugerez le plus convenable pour nous assurer de ce point important.....

L'avis avait été transmis par le billet suivant[1] :

A Monsieur Dumouriez, général des gardes nationales du département de la Vendée, à Fontenay.

Après avoir constaté les mouvements de mon cœur et ce que je me dois, je me crois obligé de vous informer, Monsieur le général, de la situation où nous sommes.

Il y a quelques mois passés que le département avait offert à la municipalité de la troupe. Elle a dû vraisemblablement répondre qu'elle n'en avait pas besoin, sous l'apparence du patriotisme des citoyens, qui présentaient alors une force publique de 18 compagnies, sans comprendre 2 compagnies de marine sous la dénomination d'artilleurs canonniers, parce qu'il existe un château, qui a été conservé comme un monument utile à la navigation, servant de point de repère aux forces de terre et de mer ; il y résidait le ci-devant gouverneur.

Eh bien ! Monsieur, toute l'apparence de ces forces s'est éclipsée sitôt que nous avons été exemptés d'avoir quelques troupes, et le château à découvert, où on a mis poudre, fusils et canons, n'est occupé que par la famille du procureur syndic de la commune, qui est à Paris. Voilà, Monsieur le général, comme nous sommes conduits ! Les fourneaux de l'aristocratie ont jeté si tellement leurs exhalaisons sur le peuple mal content qu'on se fait un jeu de la Constitution !

Noirmoutier, considérez-le, est bien propre pour entamer une invasion dans le Poitou et donner bien de la tablature à la ville de Nantes, qui est considérée comme le porte-respect de ce bas pays, parce que 50,000 hommes auraient peine à en déloger 10,000 ; l'île est accessible aux forces navales. Monsieur le général, nous avons bien des ennemis qui nous environnent ; je vous parle comme un ancien capitaine de navire et comme ayant été nommé le chef de mon corps ; dans le moment présent, nos ennemis pourraient nous causer bien des maux et profiter de notre sécurité, qui affecte beaucoup les bons citoyens.

J'ai l'honneur, etc.

ANT. HALLOT.

Déjà, comme on le voit, avait éclaté, au sein de l'île, sous l'action des prêtres du continent, combinée avec l'influence des nobles qui y avaient des propriétés, la rivalité entre les « aristocrates » de la paroisse de Barbâtre et les « patriotes » du chef-lieu.

Là, comme à l'île d'Yeu, la question de l'absence d'impôts sous l'Ancien régime, et de la somme des contributions en argent, trop

1. Dont l'original, en écriture et orthographe presque indéchiffrables, se trouve dans les papiers de Dumouriez, Arch. nat. F^7 4598^5.

forte, substituée à celle des « devoirs seigneuriaux » en nature, produisait un mécontentement populaire, trop facile à envenimer.

Pour y couper court, la commune principale appela, dans le cours du mois de novembre 1791, les habitants à délibérer sur une démarche à faire auprès de l'Assemblée nationale.

Le procureur de la commune, Viaud, et un officier municipal, Masson, furent nommés députés extraordinaires de l'île et envoyés à Paris. L'Assemblée les admit à sa barre, le 4 décembre, et Masson y lut :

Les pétitions des habitants de Noirmoutier[1].

Messieurs,

Si, sous l'ancien gouvernement, si, dans les crises diverses qui l'ont agité, si, enfin, dans l'état délabré des finances de cet empire, qu'on a vu réduit aux derniers expédients, les habitants de l'île de Noirmoutier se sont fait entendre jusqu'au trône, quel espoir n'ont-ils pas aujourd'hui de se faire écouter dans le sanctuaire de la loi, sous le régime de la justice et de la liberté ? Autrement, serait-il possible que l'aurore de la félicité de la France fût, pour ces insulaires, l'avant-coureur d'une nuit éternelle?

Tel est pourtant, Messieurs, le malheur dont est menacée l'île de Noirmoutier, qui nous députe vers vous, pour réclamer contre les impositions énormes sous lesquelles de nouveaux oppresseurs veulent l'anéantir.

Nous contractâmes, au mois de février dernier, l'obligation d'acquitter la dette sacrée des contributions, en sollicitant, auprès de l'Assemblée constituante, de n'être plus ce que d'adroits financiers appelaient autrefois « étrangers effectifs », malgré qu'en conséquence, ainsi que toutes les îles du département de la Vendée, nous ne payions ni dixième, ni taille, ni capitation, ni aucun impôt de n'importe quel genre.

C'est en opposant la justice à toutes les tentatives fiscales, que tous nos rois, jusqu'à Louis XVI, ont pris notre état précaire en considération. Nous rougirions de demander, sous ces prétextes, à ne pas partager les charges de l'Empire, pour ne participer qu'à ses avantages. On a voulu pourtant insinuer que ces fausses prétentions étaient celles de nos communes ; elles nous ont spécialement chargés d'en donner un désaveu formel au milieu de la Nation assemblée, et de déposer dans cette enceinte leur soumission aux lois, à côté du trésor de la liberté.

Il est naturel que si, du fond de nos îles, nous moissonnons les fruits de la nouvelle Constitution, nous coopérions à leur culture; puisque tous les citoyens sont appelés par elle à les moissonner également, ils doivent également, en raison de leurs facultés, contribuer à la dépense et à l'entretien qui en sont inséparables.

1. In-8, imp. par ordre de l'Assemblée nationale, 1791, Arch. nat. ADxvi 80. La date n'est pas sur la brochure; nous la fixons à l'aide du procès-verbal de la Législative, p. 255. — Comparer cette pièce avec la *Réclamation* de 1789, donnée dans notre tome Ier, chap. II, p. 53.

C'est sur ces bases, Messieurs, que nos pays, qu'on impose pour la première fois, demandent à l'être ; et alors, devenus sujets aux contributions, ainsi que l'intérieur du royaume, il est de la majesté, de la justice et de la dignité d'une aussi grande nation de prendre ces îles sous sa protection, de les garantir avec l'art et à ses frais, puisque les autres domaines de l'État le sont par la nature.

Mille fois ces vérités ont été mises sous les yeux des corps administratifs, dont l'un est à 30 ou 40 lieues de nous ; ils ont été constamment sourds à ces justes réclamations, et cela, pourquoi ? Parce qu'elles étaient éloignées de tendre à leur décharge. En conséquence, nous sommes informés que nous devons être taxés arbitrairement ; comme si la justice sociait avec l'arbitraire ! Ce qui, en matière d'impositions, se trouve, sitôt que leur assiette a pour base des principes défectueux. On veut imposer en raison de la population : est-ce un point invariable ? Tous les pays de même valeur et de même étendue sont-ils donc également peuplés ? Quand, par supposition, ils le seraient, n'y aurait-il pas à excepter les bords de la mer, où, à cause des pêches, des armements et du commerce, se fixent une infinité d'individus de toutes les parties du globe ? Outre ces considérations, nos pays en offrent d'autres : c'est qu'à défaut de bestiaux, tous les travaux, même ceux de l'agriculture, s'y font à force de bras. C'est pourtant, d'après la population qu'on veut asseoir, dans l'île de Noirmoutier, sa cote contributive.

C'était là, dit-on, la seule base qu'on devait adopter, dès lors que l'île de Noirmoutier était en retard relativement aux sections cadastrales requises par la loi : autre faux principe, surtout quand on saura que, dans cette île, il n'a jamais existé de rôle d'imposition ; ses charges, ses réparations journalières, en ayant toujours tenu lieu ; que les propriétés, d'ailleurs, y sont divisées, subdivisées et morcelées à l'infini : d'où il résulte une impossibilité morale d'exécuter la loi des sections, comme dans le continent. Ainsi donc, nulles raisons, nuls motifs pour y asseoir arbitrairement les contributions en blessant ainsi les droits de la justice distributive.

Dans ces circonstances, et environné des ténèbres de l'incertitude, était-il un autre parti à prendre que celui d'ordonner aux municipalités de l'île de choisir un arpenteur, qui, conjointement, avec un autre, nommé par le directoire du district, procéderait à l'arpentement entier de cette île, en désignant, par un procès-verbal authentique, les rochers escarpés et de nul produit ; les dunes de sable mobiles, nuisibles et arides ; les terres vaines et vagues, les landes stériles ; et enfin la partie productive, seule sujette à la contribution foncière, pour ensuite frapper ces propriétés ainsi et de la même manière que sont atteintes celles du continent de pareille valeur ; telles que celles des paroisses de Notre-Dame et de Saint-Jean-de-Monts, de Beauvoir-sur-Mer et de Saint-Gervais, qui cernent notre île, et qui sont absolument de même nature ? Alors, voilà où il n'y aurait plus d'arbitraire, et où la balance serait dans son juste équilibre, à la seule charge des digues et chaussées qui défendent cette île des irruptions de la mer.

Nous n'avons cessé, Messieurs, de demander des commissaires, tant pour constater la valeur respective des propriétés, que pour visiter ces travaux coûteux élevés contre l'Océan. S'ils eussent été accordés à nos instances, ils vous diraient que nous sommes une classe de Français, dont les fortunes sont incertaines et dont les plus précieuses espérances peuvent redevenir, dans un instant, la proie des flots ; ils vous attesteraient que notre île n'est point, comme ces superbes jardins de l'Égypte, suspendue dans les airs ; mais ils vous apprendraient que ces terrains productifs sont assis au fond de l'Océan, à douze pieds environ au-dessous du niveau de la mer, qui tantôt marche amicalement et majestueusement sur les remparts qu'on lui oppose, tantôt déploie contre eux des montagnes écumantes, et enfin que ces derniers ouvrages sont, ainsi que les premiers, dignes de Sémiramis.

En assujettissant ces pays à la contribution foncière, telle que les paroisses limitrophes, outre que, non seulement, il est de la grandeur de la Nation de mettre au rang de ses travaux publics toutes les digues que baigne l'Océan, et par lesquelles sont garantis les fonds hypothéqués à ses contributions, c'est qu'il est également juste que les emprunts contractés jusqu'à ce jour deviennent la propre dette de l'État, parce que, sans ces engagements, il ne serait plus question d'imposer ces domaines qui n'existeraient peut-être plus.

Nos ennemis, s'il en existe, pourraient objecter que nos terres produisent tous les ans ; mais ils ne diront pas que nos deux récoltes réunies ne peuvent souvent atteindre celle qu'ils ont moissonnée après un an de repos ; quand bien même il y aurait un peu d'excédent, ils se donneraient bien de garde, vu les dangers que nous courons, de changer leurs champs pour les nôtres, pour y vivre dans une prison continuelle, nuit et jour dans les craintes et dans les alarmes, et dans un endroit où il n'y a ni foire, ni marché, ni manufacture, etc., etc.

Dans la Révolution, les habitants de l'île de Noirmoutier perdent tout ; il ne leur reste que leur patriotisme et leur amour pour la liberté, constant et inné avec eux, qui, inaccessibles, se sont montrés aussi fermes et aussi inébranlables que les rochers voisins, où viennent se briser les flots qui les environnent. La Constitution française y est si sacrée, que, s'ils en étaient les seuls dépositaires, à l'exemple de ce grand homme de l'antiquité, elle échapperait à l'Océan, viendrait-il à franchir les limites qu'ils lui ont imposées.

Le patriotisme exige que l'on veille à la conservation de nos propriétés qui nous lient de si près à la Constitution. Ne serait-ce pas attenter à celles de ces insulaires, que de les imposer, sans égard à leurs charges, aux risques et aux dangers qu'ils courent, et en vertu desquels ils n'ont jamais été imposés ? C'est sous la garantie de n'avoir point d'autres fardeaux qu'ils s'étaient originairement soumis à des redevances prodigieuses, qui viennent d'être vendues comme biens nationaux au profit de l'État.

Dans la régénération de l'empire, l'île de Noirmoutier n'a pu rien obtenir, malgré ses réclamations ; il semble qu'elle ait été totalement mise en oubli, excepté lors de l'assiette des impositions ; et il est à croire que, dans les temps malheureux où une guerre, surtout sur mer, menacerait cet empire, on pourra y trouver plus de cinq cents des meilleurs marins, bien connus sur nos vaisseaux, et auxquels on devrait nécessairement un hydrographe pour enseigner la marine sur les lieux.

Cette île a été oubliée dans le seizième des biens nationaux, malgré que ses communes aient, dans les temps opportuns, fait leur soumission de 1,400,000 livres pour acquérir tous ceux que renferme ce canton.

Elle a été oubliée dans les secours qu'elle a réclamés pour une perte de plus de 120,000 livres, causée à ses digues et chaussées par les hautes marées des 19 et 20 janvier dernier.

Elle a été oubliée enfin, quand elle a demandé la défense définitive d'aliéner le château de la ville de Noirmoutier, les bois de la Chaise et de la Blanche, dont, au mois de février dernier, nous avions obtenu, par un décret [1], la conservation provisoire, comme d'une utilité indispensable à la défense de l'île, au commerce, à la navigation, en un mot, à l'État entier, pour ne pas dire même aux nations étrangères.

En nous résumant, Messieurs, nous ne connaissons que deux partis à prendre : ou de nous laisser le pesant fardeau des digues, des chaussées, de nos canaux et de nos côtes, dont la conservation coûte immensément, et surpassait tous impôts, la digue de Devin ayant seule absorbé près de 300,000 livres, sans compter que la même somme ne suffirait pas pour la garantir, et qu'il existe, en outre, environ 12,000 toises d'autres digues ; ou d'assujettir nos pays aux contributions d'après le même mode et sur les mêmes bases que les paroisses circonvoisines.

En conséquence, les communes choisiraient un expert-arpenteur, qui, avec celui que nommerait le district, à moins que l'Assemblée, à nos prières, ne veuille de suite en envoyer un, « pour y procéder à l'arpentement, en dis- « tinguant dans leur procès-verbal les dunes de sable, les rochers, les « terrains vagues et incultes, d'avec les parties productives, pour, d'après le « résultat, imposer chaque arpent, comme le sont les voisins ; qu'alors toutes « les digues et chaussées que baigne l'Océan, tant celles existantes aujour- « d'hui, que celles que les temps nécessiteront d'élever, seront et demeure- « ront pour le compte de la Nation, qui toujours laissera sur les lieux une « certaine somme, dont les municipalités pourront disposer dans les cas pres- « sants, à la charge d'en rendre compte, et de mander de suite le préposé « du gouvernement, afin qu'il vienne aussitôt faire réparer les dommages « arrivés : le tout sous peine de responsabilité. »

Sans ces précautions, l'île serait infailliblement bientôt submergée, s'il fallait aller au loin chercher des secours ; et il en serait ainsi qu'il en est du chemin, qui, deux fois par jour, à marée basse, communique au continent, où, faute de réparations bien sollicitées, plusieurs personnes ont trouvé leur tombeau.

Que les dettes contractées par les communes seront acquittées des premiers deniers de l'imposition, ou sur le produit du bénéfice de la vente des biens nationaux, auxquels cette île a droit de prétendre, en vertu des ses soumissions.

Qu'il sera établi à la résidence de la ville de Noirmoutier un hydrographe, pour y tenir une école gratuite de marine.

1. Ce décret est du 27 février 1791. Le procès-verbal imp. de la Constituante p. 3, porte : « Suspension de la vente du château de Noirmoutier et des biens qui y sont. L'Assemblée autorise son Comité d'aliénation à écrire au département pour cela. »

Que les deux paroisses ne pouvant être réunies, mais seulement les municipalités, seront conservées, et que la succursale de l'Épine, immédiatement entre les deux paroisses, le sera comme leur oratoire ;

Que le château de ladite ville de Noirmoutier, le jardin qui en est séparé non compris, ensemble les bois de la Chaise et ceux de la ci-devant abbaye de la Blanche, situés le long de la mer, et hors des murs de clôture, seront définitivement inaliénables, comme utiles à l'État, servant de rade et de balises à la navigation ; lesquels continueront à être sujets à l'administration forestière ;

Que la défense d'aliéner les biens du ci-devant abbé de Noirmoutier sera levée, s'il y a lieu, plusieurs personnes se présentant pour en acquérir en tout ou partie :

Cette récompense, Messieurs, est due à ces insulaires, qui se sont empressés de satisfaire à la loi du don patriotique, sitôt qu'elle leur fut connue ; qui n'ont cessé, et notamment depuis deux ans, de donner des preuves du patriotisme le plus épuré ; qui n'ont rien épargné pour faire respecter dans leur sein les nouvelles lois, y faire régner la paix au milieu des troubles que de fanatiques oppresseurs fomentaient dans leur département ; qui, en conséquence, n'ayant pu être armés par leurs administrations, ont envoyé, à leurs frais, chercher des armes et munitions tant à La Rochelle qu'à Rochefort ; qu'ils s'en sont tous munis, sans exception, pour la défense de la patrie, pour réprimer le moindre attentat contre la liberté et l'audace de ceux qui ont été porter chez l'étranger leur esprit corrupteur et corrompu.

Cette île enfin demande le secours et la protection de la Nation dont elle fait partie, et de plus, à être, sans aucune différence, régie, administrée et gouvernée comme le reste de l'Empire Français.

Signé : VIAUD et MASSON.

Le 9 juin 1792, l'Assemblée nationale reçut le rapport sur cette pétition, avec le projet de décret présenté par son Comité de l'Ordinaire des Finances[1]. Elle en décréta l'impression et ajourna à huitaine la première lecture.

Rapport à l'Assemblée nationale concernant l'île de Noirmoutier[2].

..... Il n'est pas exactement vrai de dire que les îles de Noirmoutier, de Bouin et de la Crosnière ne payaient aucun impôt ; celle de Noirmoutier était abonnée à 450 livres pour toute imposition directe, et celle de Bouin à 300 livres ; en outre, elles étaient depuis peu d'années assujetties à l'impôt

1. Procès-verbal imp., p. 350 (Arch. nat., ADxviii^{b} 98).

2. Ce rapport est de Malus de Montarcy (Antoine-Charles), né à Paris en 1736 et mort à Lille en 1820. Il était receveur des tailles à Guerchy (Yonne) en 1789 et, en 1790, il avait été nommé administrateur du département. — Député de l'Yonne à la Législative, il ne fut pas réélu à la Convention. Sous le Consulat et l'Empire, il était directeur des droits réunis dans les Ardennes. (D'après le *Dictionn. des Parlementaires français.*)

Nous ne retranchons du rapport de Malus que le résumé de la pétition précédente.

indirect du tabac et de tout temps à celui du contrôle et autres droits y joints; et, par leur réunion au département de la Vendée, elles ont apporté seulement ces faibles impôts dans les bases élémentaires qui ont déterminé la part contributive de ce département aux contributions foncière et mobilière de 1791. Mais l'île de Noirmoutier a payé encore en outre, depuis 1783 jusque et compris 1788, une imposition locale de 20,000 livres par an, dont le produit était employé à l'entretien d'une digue principale dont il sera parlé ci-après. Cette charge locale, qui avait été créée pour dix ans, a cessé d'être imposée en 1789 et 1790.

L'île de Noirmoutier, éloignée du continent d'une lieue seulement, y communique par une plage que la mer abandonne à marée basse, et qui, semée de bourbiers et de précipices, serait dangereuse même en plein jour, si des balises, placées de distance en distance, n'indiquaient aux voyageurs la route exacte qu'ils doivent tenir.

A l'exception de la partie du nord, qui est bordée de rochers, cette île est très basse, et la majeure partie de son territoire est couverte de marais salants qui reçoivent l'eau de la mer par trois canaux pratiqués du côté de la baie de Bourgneuf.

C'est aussi de ce côté que les habitants eux-mêmes, à leurs frais, ont successivement élevé jusqu'à douze mille toises de digues, pour s'emparer des atterrissements que la mer y forme, pour les défendre contre ses élévations périodiques et contre ses fureurs accidentelles, et pour y faire rouler l'utile charrue.

J'ai dit, pour s'emparer des atterrissements ; mais ce n'est pas à titre gratuit qu'ils ont fait ces conquêtes. Si la fiscalité avait dédaigné de les atteindre, le joug de la féodalité pesait d'autant plus sur leurs têtes et avait redoublé ses rigueurs. En vertu du droit d'alluvion, ces atterrissements appartenaient au seigneur haut justicier ; et c'est au titre onéreux de la prestation, tantôt du dixième, tantôt du sixième, et quelquefois même du quart des fruits, que ces industrieux habitants obtinrent, en différents temps, la permission de consumer leurs fortunes, leurs travaux et leur industrie, pour convertir en héritages précieux des terrains que l'indolence du riche eût peut-être toujours abandonnés à la stérilité. Chaque propriétaire entretient la portion de ces digues qu'il a construite et qui est devant son héritage ; il y veille le jour et la nuit, et, par des soins de tous les moments, ajoutés aux travaux ordinaires de la culture, il préserve des récoltes dont une grande partie tourne au profit de celui qui n'a ni veillé, ni cultivé, ni même acquis l'héritage, et qui ne doit l'augmentation de son domaine qu'au hasard des éléments.

Il est dans cette île d'autres digues moins fortes et moins coûteuses, construites dans l'intérieur pour le service des marais salants, et entretenues de même aux frais de chaque propriétaire. Une surveillance municipale, établie de tout temps, oblige chaque propriétaire à tenir ses digues en bon état, de peur que sa négligence ne nuise aux autres ; mais, si un accident imprévu met sa digue en danger, alors le péril commun rassemble tous les propriétaires, et le dommage est promptement réparé.

Enfin, du côté de la grande mer, en un lieu appelé la pointe du Devin, qui, plus avancé que les autres parties de l'île, soutient les premiers et les plus grands efforts de l'Océan, la nécessité du salut commun a forcé les habitants de Noirmoutier à construire, à grands frais, une digue, sans laquelle les eaux de la mer, faisant irruption, couperaient l'île en deux parties et anéantiraient les marais salants. C'est à l'occasion de cette construction que les habitants s'étaient obligés à payer pour dix ans une contribution annuelle de 20,000 livres, et qu'en outre ils ont contracté des dettes communes; et déjà ils entrevoient avec inquiétude la nécessité d'en contracter de plus considérables, soit pour fortifier, soit pour augmenter cette digue, dont l'entretien est abandonné depuis 1789.

Telle est, Messieurs, la propriété précaire des six mille Français qui habitent l'île de Noirmoutier, cultivateurs, commerçants ou marins, à qui leur industrie et leur prétendue exemption d'impôts n'ont pu procurer assez d'aisance pour racheter les redevances féodales dont leurs héritages sont grevés: vendues comme domaines nationaux, elles sont devenues le patrimoine d'un capitaliste.

Telle est aussi la propriété des habitants des îles de Bouin et de la Cronière.

Tous consentent à partager les charges de la grande société dont la politique fiscale, plus que l'Océan, les tenait séparés; tous ont droit à la protection efficace de cette société, pour la sûreté tant de leurs propriétés que de leurs personnes.

C'est pourquoi, Messieurs, il paraît à votre Comité que tous les ouvrages qui sont nécessaires à la sûreté et à l'utilité commune de ces îles doivent être faits ou réparés aux frais du département de la Vendée, et sur les sols additionnels de ses contributions; tels sont, pour l'île de Noirmoutier, la digue du Devin et les balises de la plage. Ce département, pour qui la contribution de ces îles est presque entièrement un bénéfice, ne serait pas fondé à faire une réclamation à cet égard, si ce n'est dans le cas où la sûreté de ces îles exigerait des constructions extraordinaires qui seraient jugées être au-dessus de ses forces.

Mais, quant aux ouvrages qui ne sont utiles qu'à la propriété particulière, tels que les digues dans la baie de Bourgneuf ou de l'intérieur des marais salants, votre Comité estime qu'ils doivent continuer à être à la charge des propriétaires; il pense que la surveillance publique remplacerait mal celle que l'intérêt particulier commande, mais que cette charge qui grève le produit net doit en être déduite.

Ce sera d'après ce principe juste et conforme à la loi, que le département de la Vendée aura à juger si la taxe, attribuée à chacune de ces îles par le district de Challans, n'est pas excessive. Mais sur quel pied sera faite la déduction de cette charge?

La loi du 1er décembre 1790 a ordonné, article 10, la déduction d'un quart sur la valeur locative des maisons à cause des réparations et entretiens; et, article 14 du même titre, celle d'un tiers sur les fabriques, forges, moulins et autres usines; mais nulle part elle ne parle des chaussées ou digues, pas même de celles des étangs, à l'égard desquels la loi demeure dans un parfait silence.

Quand elle eût prononcé quelques dispositions précises à cet égard, certes, Messieurs, on ne peut comparer la construction et l'entretien des chaussées ou digues destinées à soutenir les eaux paisibles d'un étang à celles que l'industrie humaine ose opposer aux fureurs de l'Océan, pour augmenter à ses dépens les domaines de la terre et se procurer des récoltes presque sous les eaux.

Mais il nous a semblé que vous ne pourriez fixer cette réduction à une quotité précise, car cette fixation, pour être équitable, doit être calculée dans une proportion relative : 1° à la difficulté de contenir les efforts de la mer, qui est plus ou moins grande, suivant les positions accidentelles ; 2° et à la portion plus ou moins considérable que cette charge peut consommer dans le produit net de l'héritage, dont la fertilité est aussi une mesure accidentelle.

En effet, il peut arriver qu'une digue, très exposée et d'un entretien considérable, défende un héritage de très petite valeur, et alors le propriétaire retirera à peine les frais de son exploitation et de cet entretien ; et il peut arriver, au contraire, que l'entretien d'une digue, peu exposée, ne consomme qu'une très légère portion de l'héritage qu'elle couvre et qui serait d'un grand produit.

Votre Comité a donc pensé que vous deviez, par une loi, consacrer le principe de la déduction de cet entretien et laisser aux corps administratifs le soin d'en arbitrer la quotité suivant les circonstances.

Votre Comité a pensé, en outre, que les cultivateurs, qui tenteraient par la suite de pareilles entreprises, doivent jouir des avantages prononcés par le titre III de la loi en faveur de ceux qui dessèchent les marais.

Enfin, Messieurs, quant aux dettes communes que les habitants de Noirmoutier disent avoir contractées uniquement pour des constructions nécessaires à leur sûreté commune, elles seront acquittées par les mesures décrétées pour les dettes de toutes les communes ; c'est pourquoi il paraît inutile de vous en occuper[1].

Après une seconde lecture le 30 juin, ce rapport paraissait oublié.

A la séance du 5 août[2], est lue une « lettre d'un député extraordinaire de Noirmoutier, qui demande que l'Assemblée entende le plus tôt possible un rapport sur les réclamations qu'il a déjà présentées relativement aux impositions de l'île. L'Assemblée renvoie aux Comités des finances et de la marine. »

Un mois plus tard, la loi proposée par Malus est enfin adoptée.

1. En l'an VI, sur une résolution du 25 pluviôse, il fut fait un autre rapport intéressant le dessèchement des marais de la Vendée, de la Charente-Inférieure et des Deux-Sèvres, par Martin Chassiron. (Même coll. Rondoneau, Arch. nat., ADxvi, 80.)

2. Procès-verbal de la Législative, p. 379 (ADxviii^b 100).

Décret du 3 septembre 1792, concernant Noirmoutier, les îles et territoires maritimes.

L'Assemblée nationale, sur la pétition des habitants de l'île de Noirmoutier, district de Challans, département de la Vendée, après avoir entendu le rapport de son Comité de l'ordinaire des finances, après trois lectures, faites les 19 et 30 juin et 3 septembre, et après avoir décrété qu'elle est en état de décréter définitivement, décrète ce qui suit :

Article premier. — Les digues et canaux construits, tant au dehors qu'à l'intérieur de l'île de Noirmoutier, pour la défense ou pour l'exploitation des propriétés particulières, continueront à être entretenus par les propriétaires et à leurs frais, et sous la surveillance immédiate des municipalités; mais, pour l'assiette de la contribution foncière, il sera fait, en raison de cet entretien, sur le produit net de ces propriétés, les frais de culture prélevés, une déduction dont le taux, proposé par la municipalité, sera arrêté par le directoire de district, sauf le recours au département.

Art. 2. — L'entretien et les réparations ordinaires de la digue de la pointe du Devin et des balises nécessaires pour la sûreté de la communication entre l'île et le continent, seront à la charge du département de la Vendée et payés par sols additionnels de ses impositions; mais, pour les nouvelles constructions qui seront jugées nécessaires à la sûreté de l'île, il sera accordé, sur le trésor public, au département de la Vendée des secours qui seront fixés par le corps législatif d'après les devis de l'ingénieur en chef du département et l'avis des corps administratifs.

Art. 3. — A l'avenir celui qui construira une digue en mer pour cultiver un attérissement, jouira, pour la contribution foncière, des exemptions portées aux articles 2 et 5 du titre III de la loi du 1er décembre 1790 pour le desséchement des marais, et ne pourra être augmenté qu'après les vingt-cinq premières années, et toujours néanmoins sous la déduction ordonnée par l'article 1er ci-dessus.

Art. 4. — Les règles prescrites par le présent décret sont communes à toutes les îles et à tous les territoires maritimes.

1. Le projet de décret joint au rapport (ADxvi 80) a été modifié à l'article 3; nous en donnons le texte définitif, copié sur le procès-verval de la séance du 3 septembre au soir (ADxviiib 103, p. 269-270).

CHAPITRE XXV

LA SOCIÉTÉ AMBULANTE DES AMIS DE LA CONSTITUTION
LA VENDÉE SANS GARNISONS

La Société ambulante des Amis de la Constitution de la Vendée[1] avait, en 1791, consacré tous ses efforts à éclairer les campagnes sur les lois du nouveau régime et à en aider l'application. Mais la ligue contre-révolutionnaire des nobles et des prêtres insermentés s'était emparée de l'esprit des paysans au point de rendre impossible, sous n'importe quelle forme, parlée ou écrite, toute propagande libérale et démocratique.

En 1792, sous l'influence du général Dumouriez, la Société ambulante se voua à l'excitation du sentiment patriotique. Elle était convaincue que la guerre était inévitable ; elle croyait, avec les Girondins, qu'il n'y avait qu'une victoire nationale, rapidement remportée, qui pût affermir la Révolution et couper court aux complots de ses ennemis du dedans et du dehors.

La première réunion de l'année avait été tenue à Palluau le 11 janvier[2]. La seconde eut lieu aux Sables-d'Olonne le 6 février et se prolongea le jour suivant[3].

LA 16e SÉANCE DE LA SOCIÉTÉ DES AMIS DE LA CONSTITUTION DU DÉPARTEMENT DE LA VENDÉE AUX SABLES-D'OLONNE

La séance est ouverte sur les dix heures du matin, dans l'église des ci-devant Capucins, sous la présidence du citoyen Massé.

1. Voir notre tome Ier, fin du chap. VII.

2. Les convocations avaient été faites par la municipalité de Palluau. La municipalité des Sables invita à y assister les différents corps constitués, le Club permanent et la Chambre littéraire. (Correspond. municip., reg. B, à la date du 2 janvier 1792.)

3. Le procès-verbal forme une brochure in-8° de 40 pages, de l'imprimerie Ferré, aux Sables, excessivement rare ; elle nous a été communiquée par M. Paul Merland, juge à Bressuire.

En l'absence des secrétaires de la Société, Corbier et Dhostes, sont nommés secrétaires provisoires : le vice-président Gérard et le procureur de la commune des Sables, Rouillé jeune.

La matinée est employée à la lecture du procès-verbal de la réunion précédente et de la correspondance.

La séance est reprise à deux heures de l'après-midi.

Une députation du bataillon des volontaires nationaux de la Vendée se présente. Le lieutenant-colonel Gratton « prononce au nom de tous ses camarades un discours, qui reçoit les applaudissements mérités de l'assemblée. » Le président y répond « en homme digne de la liberté » ; et la députation, après avoir reçu les honneurs de la séance, est admise à prendre part aux travaux. « Un acte d'affiliation générale pour les officiers, sous-officiers et volontaires » est aussitôt remis entre les mains du citoyen Gratton.

L'un des secrétaires lit « à la tribune le discours prononcé par le général Dumouriez à la Société des Amis de la Constitution de Niort, en prenant le fauteuil de la présidence, et la réponse du citoyen Baudry, membre de ladite Société, au discours du général [1]». Mention honorable en est faite au procès-verbal.

On communique ensuite deux lettres du directoire du département de la Vendée et du tribunal de Fontenay-le-Comte, que la Société, « pour témoigner sa satisfaction », décide d'insérer en entier dans son procès-verbal :

Fontenay-sur-Vendée, le 4 février 1792, l'an IV de la Liberté.

Frères et Amis,

Le Directoire de votre département voit, avec le plus vif plaisir, les Amis de la Constitution se rallier pour la défense de la liberté.

S'il nous était possible, Frères et Amis, de nous livrer en ce moment à nos affections particulières, nous volerions partager vos travaux, et jurer avec vous : *Point de capitulation avec les traîtres qui oseront porter atteinte à la liberté française ; toute la Constitution, rien que la Constitution, ou la mort!*

Fidèles à ces serments, nous sommes vos Frères et Amis

Les Administrateurs composant le Directoire du département de la Vendée,

Signé : Vinet, vice-président ; A.-Ch.-F. Mercier, Esnard, J.-M. Fayau ; Pervinquière, commissaire procureur-général-syndic ; J.-M. Cougnaud, secrétaire général.

1. Dumouriez, nommé ministre des affaires étrangères, n'oublia pas le citoyen Baudry, de Niort. Il l'appela auprès de lui, le chargea d'un emploi important, qu'il garda jusqu'au ministère de Lebrun, qui le renvoya dans les Deux-Sèvres et en Vendée, en qualité de commissaire du pouvoir exécutif, comme on le verra dans la *Vendée patriote.*

Fontenay-le-Comte, le 4 février 1792, l'an IV de la Liberté.

Messieurs, Frères et Amis,

Nous sommes très reconnaissants de l'invitation que vous voulez bien nous faire. Nous désirerions bien sincèrement pouvoir y répondre ; mais la multiplicité des affaires de notre tribunal et le défaut de suppléants nous empêchent de nous réunir à nos frères. Soyez persuadés, Messieurs, de tout notre zèle, de toute notre bonne volonté, et de la satisfaction que nous aurions de contribuer au bel ouvrage que les Amis de la Constitution du département de la Vendée se proposent d'entreprendre, et qui, sans doute, produira les heureux effets qu'ils espèrent.

Nous sommes très fraternellement vos Frères et Amis

Les juges du tribunal de Fontenay-le-Comte.

Signé : Daudeteau, L.-G. Godet, Beurrey, Belliard et Moreau.

Mention est faite au procès-verbal d'une lettre que la municipalité des Sables a reçue des Amis de la Constitution de Cholet, qui manifestent leurs regrets de n'avoir pu venir.

Après le citoyen Veillon, le citoyen Leteur, procureur de la commune du Jard, prononce « un discours patriotique rempli des meilleures idées sur les contributions publiques », et prie l'assemblée de le recevoir au nombre de ses membres.

Sont nommés commissaires pour l'admission des candidats : les citoyens Achard, des Sables, et Girard, de la Mothe-Achard.

Sur la motion du citoyen Gérard, curé des Sables, l'affiliation est délivrée par acclamation aux sous-officiers, grenadiers et soldats du second bataillon du 84e régiment, en quartier en cette ville, qui, au milieu des applaudissements réitérés de l'assemblée et des tribunes, ont protesté de leur attachement à la Constitution et ont prononcé le serment civique exigé par le règlement.

Lecture faite par l'un des secrétaires d'un arrêté du département du Haut-Rhin relatif aux agioteurs d'assignats et accapareurs de numéraire, il est décidé de solliciter du département de la Vendée « un arrêté semblable pour empêcher les combinaisons perfides de ces avares spéculateurs ».

Il avait été décidé, à Palluau, qu'on rédigerait « un *Manifeste* à souscrire par tous les Amis de la Constitution. » Sont nommés commissaires rédacteurs : les citoyens Gratton, commandant du bataillon de la Vendée ; Gaudin, maire ; Gérard, curé, et Rouillé jeune, procureur de commune des Sables.

Sur la lecture « d'une pétition de citoyens de Dijon au Roi, pour le décider à déclarer la guerre », la motion est faite d'en adopter une dans le même but. Sont nommés commissaires rédacteurs : Mairand, curé de Landevieille; Rouillé jeune, et Biroché, greffier du tribunal des Sables.

Le citoyen Rouillé jeune, après avoir développé tous les bienfaits que la société reçoit de ce sexe aimable qui, dans tous les temps, fait les charmes de la vie du bon citoyen, propose d'affilier à la société toutes les citoyennes qui se présenteraient, et de leur accorder voix délibérative. Grande discussion sur la dernière partie de cette motion; après bien des débats, l'assemblée décide que les dames seraient affiliées, mais n'auraient que voix consultative. M. le Président, après avoir consulté l'assemblée, nomme aussitôt quatre commissaires pour accompagner et donner la main aux citoyennes qui se présenteraient au bureau pour être affiliées; et son choix se porte sur les citoyens Majou et Bâtard, volontaires du bataillon de la Vendée; un sous-officier du 84e régiment, et le citoyen Gooy, garde national des Sables, qui s'acquittent de leur commission avec toute la galanterie qui fait l'apanage de la jeunesse française, et présentent ces dames à l'affiliation dans l'ordre ci-après :

Les citoyennes *Madeleine Frappier*, épouse du citoyen *Biret;* — *Marguerite Blaizot*, épouse du citoyen *Gueslin*, — *Madeleine Servant*, épouse du citoyen *Rochex;* — *Marie Raffin*, épouse du citoyen *Laisné;* — *Mare-Anne Begaud*, épouse du citoyen *Blaizot;* — *Marie Blay*, épouse du citoyen *Mercier;* — *Catherine Lévêque*, épouse du citoyen *Delange;* — *Elisabeth Sarde*, épouse du citoyen *Ferré;* — *Elisabeth Moisnard*, épouse du citoyen *Lamothe;* — *Rose Bignoleau*, épouse du citoyen *Frappier;* — *Rosalie-Anne Morisson*, épouse du citoyen *Rouillé;* — *Reine Gervier*, épouse du citoyen *Foussé;* — *Sainte Bussier*, épouse du citoyen *Bernard;* — *Anne Pigeon*, épouse du citoyen *Muneret;* — *Nérée Lavergne*, veuve *Blay;* — *Marie-Anne Porteau*, épouse du citoyen *Achard;* — *Jeanne Mercier*, épouse du citoyen *Giquel*.

(Plus 17 citoyennes non mariées.)

La liste des citoyennes étant achevée, et l'assemblée se trouvant dans le calme le plus imposant, M. le Président prononce la formule du serment civique, en y ajoutant pour les dames, le serment d'élever leurs enfants dans les principes de la Constitution. A l'instant, ces dignes citoyennes unissent leur serment à celui de leurs frères. L'enthousiasme devient général; tout respire le plus pur patriotisme et l'amour sacré de la liberté. Les tribuns partagent l'allégresse commune; chacun se dispute de civisme, et cette scène patriotique rappelle à tous les bons citoyens, et en dépit de leurs ennemis, que le peuple Français est digne des Romains et des Spartiates, qui sacrifiaient tout pour leur liberté et l'amour de leur pays.

Sur le rapport des commissaires Achard et Gérard sont admis, sans réclamations, 46 membres nouveaux, parmi lesquels le greffier du tribunal, Biroché; le procureur-syndic du district, l'avoué Biret; les officiers municipaux des Sables, Achard, Bertrand, Foussé; le commandant de la garde nationale de la ville, René Rouillé; le chirurgien André-Nicolas Laisné; un marin, un négociant, un orfèvre, un agriculteur, etc; — le curé de Château-d'Olonne, Etienne Biret; les maires de Girouard et de Sainte-Flaive, Mourain et Jacques Robin; les procureurs des communes du Jard et de Vairé, Leteur et Alexandre Roy; enfin cinq gardes nationaux de la Mothe-Achard.

Au commencement de la séance du 7 février, au matin, le commandant Gratton prononce, au nom des délégués du bataillon de la Vendée, ce bref discours :

Frères et Amis,

Nous avons joui hier d'un spectacle bien cher à nos cœurs, en voyant des citoyennes prononcer dans cette assemblée le serment de vivre et de mourir dans les principes de la Constitution.

Nous avons été pénétrés des sentiments de la plus vive reconnaissance en recevant le brevet d'affiliation que vous avez bien voulu délivrer aux volontaires du bataillon de la Vendée. Nous leur ferons un récit fidèle de la tenue de vos séances; ils applaudiront et regretteront de n'en avoir pas été les témoins. Vous pouvez, Messieurs, les dédommager de cette privation en tenant votre prochaine séance à Fontenay; entendez tous nos camarades se joindre à nous pour vous prier et vous engager à prendre cette demande en considération.

Mlle Delange l'aînée, au nom des dames affiliées, s'exprime ainsi :

Messieurs, *Rangez les femmes du côté des lois*, a dit un philosophe qui semble n'avoir écrit que pour notre sexe; *sans quoi vous n'aurez rien fait pour les mœurs*. Pénétrés de ces principes, vous nous avez affiliées à cette Société. Le premier usage que nous devons faire de cette marque de bienveillance et d'estime est de vous remercier avec toute la sensibilité qui nous est propre. Vous nous avez déclarées citoyennes; nous le sommes en effet, et notre serment sera tenu avec fidélité.

Vous la prêcherez cette Constitution auguste, nous la pratiquerons. Vous la défendrez, et nos vœux les plus ardents seront pour le succès de vos armes; enfin, après le rétablissement de la tranquillité publique, la victoire vous couvrira de lauriers, et nous nous estimerons heureuses d'y entrelacer des myrtes.

Sur la demande du citoyen Robert, administrateur du district des Sables, « son fils aîné, âgé de huit ans, tenant par la main son frère, âgé de six ans, prononce avec feu et sentiment ce discours où respire le plus pur patriotisme » :

Messieurs, il n'y a pas un membre de cette assemblée qui ne sacrifiât sa vie pour la liberté. Pour moi, moins heureux que vous, je n'aurai pas l'honneur de la conquête; mais je vivrai pour la maintenir. Jeune et faible encore, je ne puis offrir à la patrie un bras protecteur; mais l'énergie et le courage ne sont pas toujours l'attribut de l'âge. Mon cœur, qui est l'écho de la devise des Français, brûle déjà de cet amour divin, de ce feu sacré qui vous anime. Admettez-moi parmi vous; que je croisse sous vos auspices, et je vous promets d'être un jour le plus ferme appui de la Constitution.

Le président répond à ces jeunes amis de la Constitution :

Il les encourage à étudier avec soin les principes de la Constitution, à suivre les conseils d'un père tendre et chéri, qui met tous ses soins à les rendre dignes de lui et leur fait espérer d'être un jour à même de jouir d'une Constitution dont la Société travaille à consolider les bases.

Sur la motion d'un membre, « la Société arrête qu'elle décernera des actes d'affiliation à tous ceux des enfants qui désireront en obtenir. »

Douze petits garcons sont aussitôt affiliés et prêtent le serment de vivre libres ou de mourir dans les principes de la Constitution.

Sur le rapport du citoyen Rouille jeune, est adopté par acclamation le

Manifeste à souscrire par tous les Amis de la Constitution et de la Liberté.

Nous, citoyens du département de la Vendée, Français, hommes libres,
A tous les amis de l'humanité, salut.

L'heure est sonnée : la guerre des peuples avec les rois est déclarée, et bientôt le flambeau de la raison va parcourir les différents points de l'univers entier. C'est pour atteindre ce but si désiré, qui fera de tous les peuples de la terre une seule et grande famille, que les Français se doivent à eux-mêmes et à tous les amis de l'humanité de tracer, dans le cercle le plus circonscrit, la conduite et l'attitude qu'ils tiendront avec les ennemis de leur liberté, dans la grande crise qui se prépare.

Ils jurent de respecter les lois, d'obéir aux autorités constituées, de protéger les propriétés, la circulation des subsistances, et de ne voir qu'un traître dans celui qui refusera d'acquitter les contributions publiques.

Ils jurent le maintien de la Constitution, la destruction des tyrans, le châtiment des traîtres et la vengeance des martyrs de la liberté.

Ils jurent de périr avec la Constitution ou de survivre avec elle; de n'accepter aucune capitulation, ou de s'ensevelir sous les ruines de la patrie; de vivre sous le sceptre de la liberté et de la philosophie, ou de laisser aux tyrans cette vaste enceinte couverte de monceaux de cadavres.

Ils jurent de porter le flambeau de l'instruction chez les peuples voisins, de les éclairer sur leurs droits méconnus, de les aider à briser les verges du despotisme, de reconnaître en eux des frères égarés et dupes des despotes qui les gouvernent, de ne les combattre qu'après leur avoir offert l'amitié du peuple Français, le bonheur d'une grande nation relevée de son erreur, le feu sacré de la liberté, et leurs bras pour l'allumer dans leurs foyers,

Ils jurent de combattre l'aristocratie et le fanatisme, par toutes les armes qui sont en leur pouvoir, de pardonner aux enfants égarés qui retourneront dans le sein de leur patrie, de poursuivre cette horde de brigands qui infestent les départements frontières de la France, de protéger leurs femmes et leurs enfants qui sont restés au sein de leur famille, de faire élever ces derniers dans les principes de la Constitution, de leur conserver le simple nécessaire dans la succession de leurs pères et de solliciter de l'Assemblée nationale le séquestre du surplus, pour les frais de la guerre, l'indemnité des bons citoyens et le secours des malheureux.

Ils jurent enfin de surveiller les ministres dans leurs opérations ténébreuses, de les dévoiler dans leurs marches criminelles, et de les poursuivre au tribunal de la vengeance, pour y payer le prix de leurs forfaits.

Ils offrent à Louis XVI, s'il est fidèle à ses serments, le concours de la liberté; mais, s'il est parjure, s'il trahit la confiance d'un grand peuple, qu'il tremble! Le réveil de la nation sera terrible, et sa chute l'attend avec la destruction de la Constitution.

Fait, conclu et arrêté entre les Amis de la Constitution du département de la Vendée, réunis aux Sables-d'Olonne, le 7 février 1792, l'an IV de la liberté.

En même temps est adoptée cette *Lettre d'envoi aux Amis de la Constitution*, au Club des Jacobins de Paris et à toutes les Sociétés affiliées :

Département de la Vendée, ce 7 février 1792, l'an IV de la Liberté.

Frères et Amis,

Dans la grande crise qui se prépare, il est du devoir de tous les bons citoyens de se réunir autour du temple de la Liberté, pour la défendre contre les attaques des tyrans. Une coalition se forme, entre les têtes couronnées, contre le Peuple français, et nous avons cru que le développement de nos principes pourrait les arrêter dans leurs sinistres projets, et les faire trembler jusque sur leurs trônes d'argile. Hâtez-vous de vous réunir à nous; souscrivez sans délai au Manifeste que le patriotisme nous a dicté, et instruisez-nous de votre adhésion à nos principes. Le temps presse; la patrie est en danger, et le moindre retard serait un crime aux yeux de l'humanité.

Nous sommes, Frères et Amis, les citoyens libres composant la Société ambulante des Amis de la Constitution du département de la Vendée, etc.

La pétition contre les agioteurs et accapareurs du numéraire, lue par le citoyen Rouillé jeune, au nom du bureau de la Société, à la séance du matin, est adoptée à la séance de l'après-midi :

Pétition des citoyens du département de la Vendée à leurs frères et amis les administrateurs du directoire dudit département.

Messieurs,

Un cri général vous dénonce les spéculations sordides des agioteurs qui couvrent la surface de ce département. Esclaves serviles de l'or, qui fait leur dieu de tous les jours, les malheureux ! ils spéculent jusque sur l'existence de leurs concitoyens ! Toujours avides et jamais rassasiés, ils accaparent le numéraire, qu'ils échangent ensuite à des profits considérables contre des assignats, cette monnaie salutaire, qui a sauvé la France d'une banqueroute assurée et nous a procuré des ressources inconcevables dans leur hypothèque : les biens ecclésiastiques et domaniaux. Ce n'est pas tout : l'œil vigilant de nos dignes représentants avait aperçu nos besoins ; de petits assignats nous assuraient une circulation plus douce et plus facile dans notre commerce journalier ; des caisses d'échange étaient établies dans tous les chefs-lieux de district, et nous espérions enfin pouvoir jouir avec tranquillité des bienfaits que la tendresse paternelle des législateurs de la France avait préparés à ses enfants. Eh bien ! notre espoir a été déçu : les petits assignats sont devenus la proie des sangsues du peuple et, si les corps administratifs ne viennent point à l'appui de la loi, pour soutenir le peuple dans sa misère, et le retenir sur les bords des précipices que l'avarice et le sordide intérêt lui creusent à chaque instant sous ses pas, c'en est fait, la Constitution est en danger ! Elle est en danger parce que les ennemis du bien public se serviront de ce prétexte pour soulever le peuple contre l'autorité des lois ; elle est en danger, parce que le numéraire sortira du royaume, pour aller substanter l'armée des rebelles ; elle est en danger enfin, parce que la source du commerce se tarira pour toujours, et que le peuple, se voyant dénué de secours, viendra demander du pain à la Nation, qui ne pourra leur en donner à tous, parce que la masse des indigents se trouvant trop grande, il lui faudra partager ses bienfaits.

Hâtez-vous donc, frères et amis, de venir au secours de vos concitoyens ; portez un regard sévère sur la conduite infernale des accapareurs d'argent et de petits assignats ; armez-vous de toute la puissance de la loi, et donnez-nous, dans votre sagesse, les moyens de nous tirer avec avantage de la misère où nous ont plongés les ennemis de la patrie.

Nous vous adressons copie de l'arrêté du directoire du département du Haut-Rhin ; il est ferme et vigoureux ; il remplit le vœu des citoyens du département de la Vendée. Nous le soumettons à votre sagesse et nous espérons que vous vous occuperez sans délai de l'objet de notre pétition, avec tout le zèle, le patriotisme et l'énergie qui vous ont rendus dignes de la confiance de vos concitoyens.

Tous les membres ont été appelés au bureau par le Président pour signer cette pétition au département.

Le matin, les commissaires chargés de préparer une *Pétition au Roi pour le décider à la guerre*, avaient fait leur rapport. Leur projet de lettre d'envoi aux Amis de la Constitution dans toute la France avait été adopté. Mais il leur avait été adjoint, pour donner à la pétition sa forme définitive, les citoyens *Gérard*, curé, *Gaudin*, maire, et *Achard*, officier municipal des Sables.

A la séance de l'après-midi, Mlle Achard présente, au nom des dames affiliées, un projet qui est généralement applaudi. Le citoyen

Rouillé lit ensuite le travail des commissaires, couvert également de bravos.

Cependant, après discussion, la priorité est déférée à la pétition de Mlle Achard qui, lue une troisième fois, est adoptée et revêtue des signatures individuelles des membres de la Société, ainsi que de tous les citoyens et citoyennes présents.

La *Lettre d'envoi aux Sociétés de l'Empire français* était ainsi conçue :

Frères et Amis,

Le pouvoir exécutif nous trompe ; tous les tyrans se liguent pour attaquer notre sublime Constitution, et c'en est fait de la Liberté, si nous ne sortons pas promptement du sommeil profond où nous sommes, et qui toujours fut le prélude de l'esclavage des peuples. Rallions-nous donc aux cris de la Patrie en danger ; établissons-nous une correspondance suivie entre nous pour surveiller nos ennemis ; frappons tous à la fois à la porte de Louis XVI et lui demandons la guerre. Il est temps qu'il obéisse à la voix de la Nation, ou que nous n'ajoutions plus de foi à ses serments.

Adhérez donc aux principes de la Société ambulante des Amis de la Constitution du département de la Vendée, développés dans la pétition qu'elle a adressée au Roi, et dont elle vous fait passer copie. Suivons tous la marche que nous ont tracée nos braves frères les Amis de la Constitution de Dijon, en criant tous, sans cesse : LA GUERRE ! LA GUERRE !

Pétition des citoyens du département de la Vendée à Louis XVI, premier Roi constitutionnel des Français.

Roi des Français,

Qu'attends-tu pour te rendre au vœu général du Peuple libre, qui n'a pas hésité de t'élire son premier fonctionnaire public ? De tous les coins de cet empire, devenu le plus formidable par sa Constitution, on te crie : *La guerre ! La guerre !*

Attends-tu, Roi des Français, pour céder aux vœux de tes vrais amis, que les ennemis du bien public aient une seconde fois épuisé nos ressources? La guerre prompte peut seule nous sauver ; nous la demandons à grands cris. Pourrais-tu ne pas adhérer aux instances du Peuple, TON SOUVERAIN, qui, pour ta seule famille, a laissé subsister les honneurs héréditaires ?

Ah ! que crains-tu, Roi des Français, en proposant la guerre? Notre volonté, notre liberté et notre courage ne nous assurent-ils pas une victoire complète ? Ton retard et ta défiance nous deviennent injurieux. Penses-tu que la caste noble fût la seule qui puisse soutenir le trône ? Détrompe-toi ! Les Français restés à leur poste sont devenus nobles, par cela même qu'ils ont aboli la noblesse. Un homme libre vaut cent de ces esclaves vils et rampants, fiers et orgueilleux, vicieux par caractère et par état, que ci-devant on appelait *Nobles*.

Montre plus de civisme ; aie plus de confiance ; rends-nous plus de justice ; propose la guerre ; fais plus encore, retire le *veto*, et tu verras que ce n'est pas en vain que nous avons juré de VIVRE LIBRE OU MOURIR.

Fait et signé par nous, Amis de la Constitution de la Société ambulante du département de la Vendée, réunis aux Sables-d'Olonne le 7 février 1792, l'an IVe de la Liberté.

Sur la motion d'un membre « d'adhérer sur-le-champ, sous la foi du serment, aux principes développés dans ce pacte social, qui doit être souscrit par tous les vrais Français », l'un des secrétaires redonne lecture du Manifeste, et le président jure d'y rester invariablement attaché. Il reçoit le même serment de tous les membres de la Société, des citoyennes affiliées, des troupes de ligne et des tribunes, qui partagent l'enthousiasme général. On arrête que « le serment d'adhésion au Manifeste sera additionnel à celui exigé par le règlement pour devenir membre de la Société. »

Le choix de la date et du lieu de la réunion prochaine étant fixés au 1er mars, à Saint-Gilles-sur-Vie, le procès-verbal est clos. Avec le président et le secrétaire, est appelé à le signer *C. Michel*, de Dijon.

A SAINT-GILLES ET A LA MOTHE-ACHARD

Le procès-verbal de la séance de Saint-Gilles manque. On sait seulement que la municipalité, « qui ne s'attendait pas à attirer les regards de l'estimable Société, malgré les difficultés d'un local », fit son possible pour bien recevoir les Amis de la Constitution [1]. Il n'est resté, de son passage dans le petit port patriote, qu'une circulaire du 19 mars [2], par laquelle Carlier, commissaire dépositaire; Gérard, curé des Sables, commissaire ; Rouillé jeune, commissaire et secrétaire général, annoncent aux « frères et amis » :

Sur la motion d'un de ses membres, la Société des Amis de la Constitution de la Vendée a arrêté, dans sa séance du 1er mars dernier, à Saint-Gilles-sur-Vie, qu'il serait ouvert une souscription pour tous ceux qui, au premier danger de la Patrie, voudraient s'engager à marcher volontairement et à leurs frais pour sa défense, ou qui, ne pouvant marcher en personne, s'engageraient à payer une somme pour la solde et l'entretien de ceux qui n'auraient pas les facultés.

De la dix-huitième séance, nous n'avons retrouvé que cette circulaire restée manuscrite [3] :

1. Délibération du 15 février 1792, dans les registres de Saint-Gilles.
2. Que nous a communiquée le bibliothécaire de la ville de Niort, le savant M. Chotard.
3. Papiers de Mercier du Rocher, 1er reg., pièce 31.

A la Mothe-Achard, le 8 mars 1792, IVe année de la Liberté.

Frères et Amis,

Les Amis de la Constitution de la Société ambulante du département de la Vendée ont arrêté, dans leur séance à Saint-Gilles, que leur prochain rassemblement se ferait à la Mothe-Achard, le jeudi 22 du courant. Dans ce moment, où le fanatisme va mettre tout en usage pour ébranler le bel édifice de la Constitution, les partisans de la Révolution doivent se montrer davantage. C'est le seul moyen de déjouer les manœuvres de nos ennemis.

Le but de notre Société est d'instruire les peuples égarés par les castes ci-devant privilégiées. Afin d'y parvenir autant qu'il est en nous, il a été arrêté que chacun des membres serait invité à composer une instruction familière par demandes et par réponses, à la portée du peuple, où l'on ferait voir qu'il est indignement trompé et qu'il va devenir la victime de l'orgueil et du fanatisme. On fera lecture de ces différents ouvrages à la séance prochaine, et celui que la Société aura jugé le meilleur sera imprimé et distribué à ses dépens.

La municipalité de la Mothe-Achard vous invite également à venir éclairer ce canton de vos lumières. Elle regardera comme un jour de fête celui où vous propagerez au milieu d'elle l'esprit de patriotisme dont vous êtes animés. Elle vous prie de vouloir donner le plus de publicité possible à la présente, afin que tous les amis en soient instruits.

C. Michel, *secrétaire de la Société.*

Il ne semble pas que la proposition d'une « Instruction familière » ait abouti. Nous croyons que les premières mesures de répression générale, prises par le département et les districts, précisément au mois de mars 1792, coupèrent court aux tentatives de propagande fraternelle. Nous supposons que la gravité des événements, qui se succédèrent depuis la déclaration de guerre, au mois d'avril, jusqu'à la révolution du 10 août, obligèrent le petit groupe de patriotes, qui composaient la Société ambulante, de rester en permanence à leurs postes de combat. Les Amis de la Constitution devinrent les Amis de la Liberté et de l'Égalité. Ceux de Fontenay-le-Peuple, de Luçon, des Sables-d'Olonne, s'organisèrent isolément, tenant des séances plus ou moins régulières, se visitant quelquefois, suscitant dans les gros bourg, très rares, de petites sociétés affiliées pour la lecture des décrets et des journaux. Il en subsistait très peu quand éclata la guerre civile. Mais, dans la partie de la Vendée qui put être conservée à la République, l'établissement des Sociétés populaires et leur épuration devinrent, comme partout, des institutions fixes, inhérentes au gouvernement révolutionnaire.

OPPOSITION RURALE AU RECRUTEMENT MILITAIRE

Au moment où la Société ambulante des Amis de la Constitution déployait un si ardent patriotisme, les campagnes vendéennes manifestaient les sentiments les plus opposés. Dès le commencement de l'année 1792, on les voit non seulement refuser le service militaire, mais encore s'opposer avec violence à toute demande de soldats pour la patrie.

Sur la révélation, faite par le ministre de la guerre Louis de Narbonne, qu'il manquait 50,000 hommes à l'effectif des régiments de ligne, tel que la Constituante l'avait déterminé, l'Assemblée législative décréta, le 25 janvier, qu'en dehors des bataillons de volontaires, formés par les gardes nationales, il serait fait un recrutement extraordinaire « d'auxiliaires » pour porter au complet l'armée permanente. La prime d'enrôlement était augmentée et le nombre des années de service diminué ; mais les divers moyens de contrainte ou de séduction en usage sous l'Ancien régime étaient interdits. Les administrations de département étaient simplement chargées d'inviter celles des districts à nommer des commissaires pour aller dans les diverses localités publier la loi et encourager les citoyens à s'enrôler de leur plein gré.

D'après le compte rendu par le directoire du département au Conseil général, à la fin de 1792 [1], « les lois des 25 janvier et 23 mai sur le recrutement de l'armée de ligne furent exécutées en Vendée et les enrôlements se firent avec succès. »

Cependant, les délibérations du district des Sables [2] fournissent les détails très caractéristiques d'une rébellion semblable à celles qui devaient, au mois de mars 1793, éclater dans des centaines de bourgs et villages en même temps.

Le président même du district, Dardel, avait été nommé commissaire à Angles. Avec le juge de paix du canton, il se présenta au milieu de jeunes paysans, convoqués d'avance. Il n'eut pas le temps de lire la loi, d'expliquer qu'elle n'ordonnait pas une levée de milice, qu'aucun tirage au sort ne serait fait. Sa voix fut couverte par les huées. Il voulut parler de la patrie, invoquer la Constitution ; le rassemblement hostile se resserra autour de lui, l'insulta, le maltraita. On bouscula les officiers municipaux, on frappa le juge de paix, dont la maison fut ensuite saccagée. L'émeute risquait de prendre de sérieuses proportions, lorsqu'arriva la compagnie de la

1. *Compte de gestion et d'administration*, imp. à Fontenay au commencement de l'année 1793, p. 216.

2. Aux Arch. du départ. de la Vendée, délibérations des 19, 26, 28 et 29 mars 1792.

garde nationale de la Tranche, qui se jeta sur la foule et la dissipa à la baïonnette.

Sur le procès-verbal des violences commises, dressé par Dardel, le directoire prit l'arrêté suivant :

Arrêté du district des Sables.

Du 19 mars 1792.

Le directoire, après avoir entendu le commissaire procureur syndic,

Considérant que les séditions et les voies de fait, constatées par le procès-verbal dudit sieur commissaire, sont tout ensemble des outrages faits à la Loi et des attentats contre la sûreté et la liberté des fonctionnaires publics en fonctions ;

Considérant que de pareils délits, s'ils n'étaient sévèrement réprimés, opéreraient bientôt l'anéantissement des lois, l'avilissement des pouvoirs constitués et l'anarchie la plus affreuse ;

Considérant que le sieur juge de paix du canton d'Angles a éprouvé dans ses propriétés et dans sa personne des violences graves, qui le rendraient plutôt partie plaignante que juge désintéressé ;

Considérant qu'aux termes de l'article 12 du titre Ier de la loi du 29 septembre, la dénonciation de tous délits doit être faite au directeur du juré d'accusation, lorsque l'officier de police des lieux ne veut ou ne peut en connaître ;

Considérant enfin qu'il appartient à l'administration de venger les outrages qu'elle a reçus dans la personne de son Commissaire ;

Arrête que les mouvements séditieux, les violences et voies de fait, qui ont eu lieu le 18 de ce mois dans la commune d'Angles, seront dénoncés au Directeur du jury d'accusation de ce district par le Commissaire-procureur-syndic, et, sur l'impossibilité où se trouve l'officier de police du lieu d'en connaître légalement, pour être par ledit Directeur du juré, procédé contre les coupables conformément à la loi du 29 septembre.

Arrête que copies du procès-verbal du sieur Dardel et du présent arrêté seront envoyées au département et au Directeur du juré.

Le 22 mars, le commissaire-président Dardel, le maire de Longeville, Chabaux, et un citoyen de Morée, Fevré, se présentent en séance du directoire et annoncent :

Dans la commune d'Angles et dans les paroisses voisines, il se forme des projets de renouveler la sédition qui a eu lieu le dimanche précédent au bourg d'Angles ; de toutes parts on assure qu'un attroupement considérable doit se porter dimanche prochain chez les bons citoyens, les massacrer, piller et incendier leurs maisons ; ce qui confirme ces bruits effrayants, c'est la fermentation sourde qui règne dans ladite paroisse d'Angles.

Le sieur Fevré dépose sur le bureau une lettre à lui écrite par le sieur Garnier, maire du chef-lieu de canton :

Angles, le 21 mars, l'an IVe de la Liberté, 1792.

Je viens d'apprendre dans le moment que plus de quarante domestiques avaient fait un en-cas pour s'enivrer dimanche prochain, pour nous léser, piller et faire brûler. Ne tarde pas, je t'en prie, à aller demander du secours aux Sables, des moyens de force pour maintenir cette canaille et la faire rentrer dans l'ordre. Si la fièvre ne m'avait pas pris, je serais parti avec vous...

Soixante hommes de la garnison des Sables sont requis, et leur présence à Angles et à Longeville durant plusieurs jours empêche de nouveaux troubles.

Le 28 mars, le directoire du district transmet à la justice le procès-verbal dressé le 25 par la municipalité d'Angles, et enjoint au procureur de cette commune de se porter dénonciateur d'un nommé Landriau, « reconnu pour un de ceux qui ont outragé les magistrats et menacé la garde nationale, sous peine, pour ledit procureur de la commune, de répondre personnellement de tout événement fâcheux, qui pourrait résulter » de l'omission de la poursuite.

Le 2 avril, le receveur des domaines à Morée dénonce comme le principal auteur des troubles le curé Dugast[1].

Par arrêté du 29 mars :

Le directoire accorde 30 livres de gratification à la garde nationale de la Tranche pour sa belle conduite dans l'insurrection qui a eu lieu le 18 à Angles, la part qu'elle a prise pour empêcher de plus grands désordres, et surtout le secours qu'elle a donné à M. Dardel, commissaire, qui, sans la bonne contenance de cette troupe, aurait couru les plus grands risques pour sa vie.

Le jury d'accusation prononce, le 3 avril :

OUI, IL Y A LIEU contre *Baraud*, domestique chez Herbert à la Mothe-d'Angles ; *Landais*, garçon boulanger chez la veuve Lambert à Angles ; *Charrier*, domestique, et *Landriau*, demeurant à la Rivoire ; autre *Landais*, frère du ci-dessus ; *Queriou*, domestique aux Mothes ; les *Bareil*, frères, demeurant à Angles ; *Couturier*, garçon meunier ; *Berland*, domestique ; *Simon*, domestique chez le sieur Avril, à la Rivoire ; *Giboteau*, métayer dans les vallées de Longeville ; *Pothier*, autrefois boulanger à Longeville, à présent à Angles.

Toutes les pièces de l'information sont réunies, le 9 avril, au greffe du tribunal du district des Sables. Mais l'affaire est-elle de sa compétence ? La question reste neuf mois en suspens. Du 14 au 22 janvier 1793, huit jurés, de nouveau tirés au sort, déclarent

1. Voir le chapitre suivant, p. 398.

une seconde fois, « *qu'il y a lieu* à accusation contre les susnommés, prévenus d'attroupement séditieux à Angles, le 18 mars dernier; à propos du recrutement extraordinaire pour l'armée. » Le 24 janvier, toute la procédure est transférée à Fontenay, au tribunal criminel du département de la Vendée [1].

Nous n'avons trouvé aucune trace du jugement rendu en cette grave affaire de la première résistance insurrectionnelle au recrutement militaire, qui annonce une année d'avance le soulèvement général contre la levée des 300,000 hommes.

C'est seulement vers la fin du mois de mars 1793, que le tribunal criminel commença à rendre des arrêts de mort, et uniquement contre les insurgés d'alors pris les armes à la main, en vertu du décret du 19 [2]. Jusqu'à ce décret terrible, rendu en présence d'une convulsion effrayante, et depuis l'amnistie plénière du 15 septembre 1791, les actes les plus manifestes de préparation à la guerre civile et religieuse demeurèrent tous impunis, soit par indulgence du jury, composé de complices des accusés, soit par absence de loi répressive.

DÉPART DU GÉNÉRAL DUMOURIEZ

Redoutant des soulèvements graves et se voyant à la veille de manquer de troupes de ligne, voulant surtout s'éviter de mauvaises affaires au moment où ses relations, devenues intimes avec les Girondins, lui donnaient l'espérance d'être chargé d'un rôle à la hauteur de son ambition, Dumouriez avait hâte de quitter le commandement subordonné qu'il exerçait dans la 12e division militaire. Au mois de novembre déjà, il avait plusieurs fois demandé au ministre de la guerre de l'employer aux frontières de l'Est ou du Nord, particulièrement en Flandre, son pays d'origine. Du Portail lui avait répondu que ses services étaient plus utiles dans les départements agités de l'Ouest, « puisqu'il n'y avait aucune apparence de guerre prochaine ». Le comte Louis de Narbonne étant entré au ministère, Dumouriez s'empressa de lui adresser, de Niort, 17 décembre 1791, ses félicitations, d'autant plus vives qu'il s'était lui-même laissé présenter pour ce poste [3] :

Il faut tout votre esprit et votre courage pour vaincre les difficultés dont

1. D'après les registres D et E et la liasse B des papiers trouvés dans le grenier du tribunal civil des Sables.

2. Le tribunal criminel de la Vendée ne rendit aucun arrêt de mort avant le 26 mars 1793. (Voir *La justice révolutionnaire à Fontenay en* 1793, broch. du comte de la Boutetière, in-8, 1879.)

3. D'après une lettre de la collection Fillon, dans l'Inventaire Étienne Charavay, n° 509, p. 128 du t. Ier.

vous êtes environné... Les officiers généraux qui aiment sincèrement la Constitution et le Roi doivent se rallier à vous...

Il profitait de la circonstance pour réclamer de nouveau son déplacement. Le 12 janvier 1792, de Nantes, il réitérait encore sa demande, expliquant que son remplaçant était tout trouvé; « le général de Marcé, employé dans la 20e division, désire depuis longtemps passer dans la 12e [1] ».

Juste le même jour, d'Agen, Marcé [2], renouvelant des demandes antérieures, faisait observer au ministre « qu'il pourrait être plus utile dans la 12e division, tout en étant plus rapproché de ses propriétés » de Touraine, laissées à l'abandon, tandis qu'à Agen, « étant seul en activité, toujours en représentation ou dans des courses ruineuses, sa dépense était forcément portée au delà de son traitement. » Le 30 du même mois, il insistait dans ces termes :

... M. Dumouriez, maréchal de camp, employé à la 12e division, demande aussi à passer ailleurs ; je sais que M. de Verteuil, qui commande cette division, me verrait avec plaisir près de lui. Si j'ai été assez heureux pour concilier toutes les difficultés qui se sont présentées depuis un an que je suis ici dans la plus grande activité, j'espère, Monsieur, n'être pas moins utile à La Rochelle et dans toute l'étendue de la 12e division.

Cependant, le 15 février 1792, était signée par le roi la nomination de Marcé, « maréchal de camp près des troupes commandées en chef par le maréchal de Rochambeau dans les départements du Pas-de-Calais, du Nord, de l'Aisne, des Ardennes et de la Meuse. »

Il répondait, d'Agen, le 23, au ministre de la guerre :

Monsieur, je reçois la lettre que vous m'avez fait l'honneur de m'a-

1. D'après une lettre du dossier de Dumouriez aux Archives administratives de la guerre.

2. Louis-Henri-François de Marcé était né à Chinon, le 12 juin 1731. D'après ses états de service, aux Archives administratives de la guerre, il était, en 1744, lieutenant en second au régiment de Crillon, devenait lieutenant en premier en 1745, capitaine en 1746. Il abandonnait le régiment et passait en Allemagne les années 1757 à 1762; on le retrouve, en 1759, major du bataillon des prisonniers de guerre; en 1760, major des grenadiers royaux d'Argentré-Chantilly, dont il devient le lieutenant-colonel en 1766. Au mois d'août 1770, il est employé, par le célèbre ingénieur le lieutenant-général Pierre-Joseph de Bourcet, à la reconnaissance des frontières du Dauphiné, en vue d'en dresser la carte topographique complète. Élevé à cette occasion au rang de colonel, il passe de 1786 à 1788 aide maréchal-des-logis, puis maréchal de camp, et est employé en Corse. En 1791, il résidait à Agen et s'occupait de l'organisation des premiers bataillons de volontaires nationaux, formés en vertu de la loi des 11-13 juin et des décrets des 21 et 24 juin.

Sur la feuille des états de service du général de Marcé, on lit, à la date de 1788, ces observations : — « Bon officier, instruit, a de l'esprit, a servi utilement et avec zèle. »

dresser le 15 de ce mois, par laquelle vous m'annoncez que le Roi a bien voulu m'employer à l'armée que commande le maréchal de Rochambeau. Je sais tout le prix de cette distinction, j'ose dire que je la mérite par mon attachement inviolable pour Sa Majesté et par mon dévouement au service de ma patrie. Agréez tous les hommages de ma reconnaissance. Quelques infirmités passagères ne m'ont point empêché de remplir une tâche assez difficile dans la 20e division militaire. J'ai porté le calme et la tranquillité dans ces provinces fort agitées ; je remplirai toujours vos vues d'après les mêmes principes[1]...

Si, comme il semble, Narbonne n'avait pas accepté le remplacement de Dumouriez par de Marcé, le roi venait d'accorder, le 15 février, au maréchal de camp de la 12e division, le grade de lieutenant général. A ce propos, Mercier du Rocher raconte[2]:

Dumouriez fut nommé par le Roi lieutenant général des armées. Je dis qu'il fut nommé par le Roi parce qu'il y avait de ces places qui étaient uniquement accordées à l'ancienneté de service. Ne voulant pas attendre son tour et ne pouvant être pourvu à ce grade que par le Roi, il fit solliciter auprès de lui. Cette nomination ne me donna pas une grande idée de son amour pour le gouvernement démocratique. Il me parla avec enthousiasme de sa promotion ; il me dit en me tâtant les côtes : *Je ne vous perdrai pas de vue, mon petit luron !* Ces offres ne me touchèrent point ; il partit pour l'armée du Nord. Je n'ai eu depuis cette époque ni relation, ni correspondance avec lui. Pendant la session du Conseil, je l'avais entendu lire le Journal des débats de l'Assemblée législative d'un ton de comédien. Je l'avais vu se moquer avec Pichard des plaintes qu'on faisait de la négligence de Duportail, ministre de la guerre. Cette scène diminua un peu la confiance que j'avais en lui ; ce n'était plus à mes yeux l'homme que j'avais rencontré dans l'église des Cordeliers, seul au milieu des jeunes gens qui composaient le bataillon, les accueillant avec bonté, disant à l'un : « Je t'ai vu dans tel régiment, toi ! et toi, dans tel autre ; ton nom de guerre était Bel-Amour ; tu étais un bon soldat ; allons, mes enfants, nous vaincrons les tyrans, les ennemis de notre liberté ! »

L'ordre à Dumouriez de se rendre à l'armée du Nord est daté du 15 février[3]. Il lui parvint officiellement le 23.

Le 13, Verteuil, informé par la correspondance ministérielle, lui faisait ainsi ses adieux[4]:

... Je vais enfin vous perdre, mon cher général ; quoique persuadé que vous serez partout utile à la chose publique, il m'est bien permis de vous

1. Pièces extraites du dossier de Marcé aux Archives administratives de la guerre.
2. Mémoires inédits, 1er cahier
3. Dossier de Dumouriez, aux Arch. admist. de la guerre.
4. Arch. nat., F^7 4598^6.

regretter. Vous ne douterez sûrement pas de la sincérité de mes sentiments et de la tendre amitié que je vous ai vouée pour la vie. J'espère que vous me donnerez quelquefois de vos nouvelles. En attendant, ménagez votre chère santé, offrez mon respect à Mme de Beauvert. Je vous embrasse de tout mon cœur, mon cher général.

Avant de quitter la 12e division, Dumouriez arrêta les dispositions propres à empêcher les points inquiétants de la Vendée de rester sans force armée. Du côté des Épesses et de Montaigu, il y avait toujours des compagnies du bataillon des Deux-Sèvres. Les compagnies du bataillon vendéen restaient à Fontenay et à Luçon. Mais les Sables et Challans allaient bientôt se trouver sans garnison, les derniers détachements du 84e devant en être retirés.

Le général écrivait, le 20 février, à Verteuil [1] :

Des lettres particulières de Paris m'anoncent sous peu de jours, peut-être demain, un ordre de partir tout de suite. Ainsi je pourrais n'avoir pas le temps de me charger de ce détail. Si vous voulez faire venir dans le département de la Charente-Inférieure le bataillon de la Loire-Inférieure, adressez directement au commandant de ce bataillon votre ordre et une route pour le 1er mars. Faites-le venir par Montaigu, Saint-Fulgent, Chantonnay, Fontenay, Luçon et Marans; donnez le séjour à Chantonnay de préférence à Fontenay, qui est plein du bataillon de la Vendée, et que ce séjour surchargerait.

Ce même jour, il résumait la situation militaire de la division qu'il quittait dans une communication officielle, faite[2]

Au département des Deux-Sèvres.

D'après la conférence que nous avons eue hier ensemble, je regarde comme une mesure très urgente et indispensable que vous preniez sur vous d'organiser sur-le-champ et mettre en fonctions vos quinze brigades de gendarmerie nationale; j'ajouterai à toutes les considérations que nous avons pesées mûrement ensemble, celle du *dénuement absolu de troupes de ligne.*

La 12e division militaire, qui, l'année passée, était composée de douze bataillons et six escadrons de troupes de ligne, a été successivement diminuée au point qu'elle n'est plus que de deux régiments d'infanterie très incomplets ou quatre bataillons, et de deux faibles escadrons de cavalerie ou dragons.

La nécessité de garder les places fortes de La Rochelle, Rochefort, l'île de Ré et autres postes militaires, va obliger M. de Verteuil de rassembler toute la troupe de ligne dans le département de la Charente-Inférieure; les trois autres départements de la 12e division resteront absolument dénués de troupes de ligne. Nous avions la ressource de cinq bataillons de volontaires

1. Fin du 7e Cahier de la correspondance de Dumouriez, Arch. nat., F7 4423.
2. *Ibid.*

nationaux pour remplir ce vide; le ministre de la guerre, s'étant rendu au vœu du bataillon de la Charente-Inférieure, l'envoie aux frontières. Ainsi il ne nous reste absolument que quatre bataillons pour garnir trois départements. Encore la nécessité de garder les places oblige M. de Verteuil d'en placer un dans le département de la Charente-Inférieure.

Vous connaissez, Messieurs, le danger du fanatisme, la difficulté de l'assiette de l'impôt, l'augmentation du nombre des brigands dans plusieurs districts de votre département; celui de la Vendée est encore dans une position plus critique, et ses dangers sont encore plus grands. On me demande partout des troupes, et je ne puis en fournir que dans très peu d'endroits, parce que la prudence ne permet pas de se subdiviser, surtout avec des troupes nouvellement levées, au point d'être faible partout.

Ayant aussi peu de moyens pour assurer la tranquillité du pays, et comme vous en êtes spécialement chargés, Messieurs, je crois, que vous auriez des reproches à vous faire, si vous attendiez plus longtemps à vous procurer la seule ressource que vous ayez dans les mains, qui est l'organisation la plus prompte de la gendarmerie nationale, et je ne doute pas que l'Assemblée nationale n'approuve votre conduite, lorsque vous lui représenterez l'indispensable nécessité qui vous aura fait prendre ce parti.

Au moment de son départ, le 23, il écrivait[1] :

Aux administrateurs du département de la Vendée à Fontenay.

J'ai l'honneur de vous envoyer copie de la lettre que j'ai écrite à Messieurs les administrateurs du département des Deux-Sèvres, en conséquence de laquelle, et d'après les plus mûres considérations, ils viennent de prendre le parti d'organiser sur-le-champ les quinze brigades de leur département. Je vous invite à faire de même sans perdre de temps; c'est votre affaire la plus essentielle, puisqu'il s'agit de la sûreté publique et que c'est le seul moyen qui vous reste dans les mains pour l'assurer.

Je vous réitère mes adieux, et, quelque part que je sois, vous trouverez en moi la même amitié, la même franchise et le même zèle.

Du Mouriez.

LES VOLONTAIRES DE LA LOIRE-INFÉRIEURE EN VENDÉE

Les deux départements suivirent les derniers conseils du général. Mais, quoique organisées à leurs frais, les brigades de gendarmerie ne leur purent rendre les services auxquels elles étaient destinées. La patrie en danger en réclama les quatre cinquièmes pour repousser

1. Fin du 7e des Cahiers de correspondance et d'ordres de Dumouriez, Arch. nat., F7 4423.

l'invasion[1]. Les Deux-Sèvres essayèrent alors de lever un nouveau bataillon de volontaires spécialement consacré à maintenir la tranquillité publique dans la région. La Vendée, comme on le verra plus loin, dut instituer en permanence, aux chefs-lieux des districts, des compagnies soldées de garde nationale.

Pour le moment — à la fin du mois de février — la ville des Sables-d'Olonne, qui avait refusé le 51e régiment, n'était pas pourvue d'une garnison nouvelle. Il y avait été, un moment, renvoyé quelques compagnies du 84e avec un escadron de cavaliers du Roussillon. Mais, le 9 mars, le lieutenant général Verteuil était venu inspecter ces troupes et avait emmené avec lui les cavaliers, sans dire ni comment ni quand il les remplacerait. Le directoire du district fut très ému de « ce départ précipité d'une force si nécessaire en des moments aussi dangereux ». Il exposa à l'administration départementale et au commandant de la 12e division militaire qu'après avoir eu tant de peine à empêcher les éclats du fanatisme à l'époque des fêtes de Noël, avec l'aide des braves soldats du 60e, il ne pouvait répondre de l'ordre durant les prochaines fêtes de Pâques, tant les campagnes voisines et la ville elle-même étaient surexcitées par les menées de plus en plus séditieuses des prêtres réfractaires[2]. Le département, dès le lendemain, le rassura en lui annonçant la très prochaine arrivée du bataillon de la Loire-Inférieure, promis depuis plusieurs semaines par Dumouriez, et dont le commandant venait de lui écrire[3] :

Nantes, ce 9 mars 1792, l'an IV de la Liberté.

Messieurs les Administrateurs,

J'ai l'honneur de vous prévenir que M. Verteuil, lieutenant général commandant la 12e division militaire m'a fait passer des ordres pour partir de Nantes le 12 de ce mois et aller tenir garnison aux Sables-d'Olonne. Le département de la Loire-Inférieure a fixé notre route par Machecoul, Saint-Gilles, cette route étant plus avantageuse pour le logement des volontaires. Il m'a dit qu'il vous en écrirait ce jour. Je vous préviens aussi, afin que vous donniez les ordres nécessaires pour l'étape sur cette route.

Je me fais une fête d'aller dans votre département vous faire juger du zèle et de la fermeté du bataillon des volontaires que j'ai l'avantage de commander.

Le lieutenant-colonel en chef des volontaires nationaux de la Loire-Inférieure, G. JOSNET[4].

1. Décret du 29 août 1792. — Le département, dit Mercier du Rocher, dans ses Mémoires inédits, avait dépensé 15,000 livres pour équiper et monter ses gendarmes ; il n'en fut jamais remboursé. (Voir plus loin, chapitre XXVIII.)

2. Délibération du district des Sables, reg. des Arch. du départ. de la Vendée.

3. Pièce isolée des papiers de Mercier du Rocher.

4. JOSNET DE LA VIOLAIS (Jean-Louis-Gaspard) était né, en 1753, à Bois-de-Cené

En attendant avec impatience la nouvelle garnison, les Sables-d'Olonne ne cessaient de réclamer au lieutenant général Verteuil de la cavalerie, des munitions et des armes pour la garde nationale,

(Vendée), d'après la feuille signée par lui-même, le 3 pluviôse an III, des « renseignements exigés par le décret du 29 frimaire », laquelle porte cette mention écrite de la main de Hoche : « Très bon patriote et aussi bon officier. » — Soldat au régiment d'Orléans-Infanterie le 1er juin 1768 ; puis au régiment de Saintonge, le 1er janvier 1773 ; breveté lieutenant de milice, le 12 mars 1775, il entra dans les canonniers gardes-côtes de la division de Beauvoir, le 1er mars 1779, avec le grade de lieutenant ; il y devint capitaine le 21 septembre 1780. Il avait le grade de capitaine dans ce corps lors de la formation de la garde nationale de Machecoul, qui l'élut son commandant en 1789. (V. notre t. I, p. 71-74.) Le 9 novembre 1791, le premier bataillon des volontaires de la Loire-Inférieure le choisit pour son chef.

Avec le bataillon, il fut envoyé à Saint-Domingue au mois d'août 1792. La plupart de ses compagnons d'armes, écrivait-il au Directeur La Revellière-Lépeaux, le 4 floréal an V, périrent « du poison donné par Blanchelande et ses adhérents », et il revint en France pourvu d'un « congé pour cause de maladie ». Tandis que le général Rouxel de Blanchelande était retiré du gouvernement de Saint-Domingue et traduit devant le tribunal révolutionnaire, qui le condamna à mort le 10 avril 1794, Josnet de la Violais était parvenu au grade de général de brigade par la protection de Xavier Audoin, et destiné à être employé soit à Saint-Domingue, soit à Sainte-Lucie (Lucie-le-Fidèle). Il attendait son ordre de départ à Paris, quand le Comité de sûreté générale reçut cette dénonciation du Comité révolutionnaire de Nantes, signée Chaux, président, et Goullin :

« Nous vous dénonçons M. Josnet de la Violais, chevalier de Saint-Louis, lieutenant-colonel sous l'Ancien régime ; c'est un traître et conspirateur, qui a empoisonné son bataillon dans les colonies. Nous avons plus de pièces qu'il ne nous en faut pour le mener loin ; expédiez-le promptement, ou bien envoyez-nous-le, nous l'expédierons de même. »

Josnet fut arrêté le 17 ventôse, mandé à la barre de la Convention le 19, et mis en liberté le 27 par ordre du Comité de Salut public. Par ordre du même Comité, et, sur la même dénonciation, réitérée avec pièces à l'appui, il fut le 24 prairial, tenu aux arrêts chez lui, rue du Temple, n° 109, à Paris, sous la garde d'un gendarme. Aussitôt après la chute de Robespierre, le 11 thermidor, il réclamait « justice contre l'infâme dénonciation », et protestait de « son attachement à la Convention, de son amour pour la patrie et pour la République, avec le plus grand désir de donner son sang pour elles ». Il était remis en liberté le 19, sur ce certificat :

« La députation de Saint-Domingue rend les meilleurs témoignages de la conduite politique et militaire de Josnet-Laviolais, ainsi que de son attachement au nouveau gouvernement de la République. Les mêmes députés témoignent qu'ils l'ont considéré comme un bon patriote et qu'il ne leur est rien revenu qui puisse faire suspecter son civisme. Les mêmes députés assurent qu'il a pris les meilleures dispositions pour la défense des points qui lui ont été confiés, qu'il a maintenu l'ordre au milieu d'un camp dangereux, et qu'il a montré autant d'intelligence que de bravoure. »

Le 20 fructidor an II, par ordre du Comité de Salut public, il fut employé en qualité de général de brigade dans l'armée des côtes de Brest, et mis à la tête de la 8e division, ayant son quartier général à Laval. En l'an IV, il lança contre Hoche « un dégoûtant libelle », que l'illustre général adressa, le 8 ventôse au Directoire exécutif, en réclamant « un conseil militaire pour examiner sa conduite et celle de son accusateur. » (A. Rousselin, *Vie de Hoche*, t. II, p. 317.)

Josnet fut mis en disponibilité. Réformé pendant le Consulat, il fut admis à la retraite le 6 août 1811, et mourut le 19 janvier 1822, à Bouguenais (Loire-Inférieure). Sa veuve en secondes noces, née Bourgeois de la Billardière, obtint une pension de 1,000 francs par ordonnance royale du 12 mars 1823.

Dans une des pièces du volumineux dossier de Josnet, aux Archives administratives de la guerre, on voit qu'il avait eu à s'expliquer sur son nom de la Violais. Il déclara n'être pas né de la caste privilégiée, la désignation de « noble homme », assignée dans son acte de baptême à son père, n'étant qu'une formule locale sans conséquence, appliquée aux gens vivant de leur bien ; ce qui était le cas de son père, « cultivateur ». Cependant à la fin de sa lettre du 8 ventôse, Hoche écrivait (Rousselin, t. I, p. 319) : « Un

même de l'artillerie, afin de préparer la défense du port, en cas de guerre maritime, et celle de la ville contre une surprise des contre-révolutionnaires, que ses patriotes, depuis l'affaire de la Poutière, savaient préméditée.

Le vieux général essayait de couper court aux obsessions des Sablais; il écrivait le 14 mars [1] :

Au district des Sables.

Toutes les fois qu'il s'agira de convaincre les corps administratifs de mon patriotisme et du désir que j'ai de concourir avec eux au maintien des lois et de la tranquillité publique, j'ose croire que mes efforts ne seront pas sans succès.

Le détachement de 25 hommes de cavalerie est de la plus grave importance à Saintes. Le directoire du département, menacé d'une fermentation grave, m'a demandé avec les plus vives instances 50 hommes de cavalerie; j'en ai pris 25 autres à Saint-Jean-d'Angély, où il n'en reste qu'environ 60 pour la garde d'un hôpital militaire et des moulins à poudre, service auquel l'escadron entier avait peine à suffire. Rochefort n'a pas 200 hommes effectifs de troupes de ligne, La Rochelle à peine 300. Jugez maintenant, Messieurs, de ma position et de ce que je peux et dois faire.

Quant aux deux canons, que M. Dumouriez m'avait demandés, j'ai dû croire que l'insurrection de l'île d'Yeu avait exigé cette demande, et cela, Messieurs, est tellement vrai, qu'il ne m'est pas permis absolument d'accorder ni armes, ni munitions; que même les corps administratifs ne peuvent ni ne doivent s'adresser à moi pour ces objets; cependant, voulant vous prouver mes sentiments de fraternité, je m'empresse de vous instruire de la marche prescrite à ce sujet par la loi du 19 octobre 1791, qui exige que ces sortes de demandes, faites par les corps administratifs, soient visées par le district et le directoire du département et adressées au ministre de l'intérieur.

J'ajoute, Messieurs, à cet éclaircissement, qu'en tout ce qui me sera permis et possible, vous me trouverez toujours disposé à seconder les vues qui vous animent pour le bien général.

VERTEUIL, *lieutenant général.*

Les soldats du 84e, revenus aux Sables après avoir évacué les postes des districts de Paimbœuf et de Challans, étaient précisément ceux qui s'étaient ameutés à Pornic et contre lesquels avaient été

trait suffira pour vous faire juger la moralité de J......, cousin germain de Charette. Après seize années de mariage, et après avoir mangé la fortune de sa femme, il divorce avec cette malheureuse et la laisse, avec trois enfants, sans pain ni vêtements. » Josnet de la Violais était, le 25 mai 1790, le témoin de sa cousine germaine, Angélique Josnet de la Doucetière, épousant Charette de la Contrie, suivant l'acte de mariage dont la copie se trouve dans la collection de M. Dugast-Matifeux.

1. Dans les papiers de Mercier du Rocher, reg. Ier, n° 32, et aussi dans ceux de B. Fillon, conservés par M. Charier-Fillon.

forcés d'intervenir les gardes nationales de la Loire-Inférieure. Leur rencontre avec les volontaires de Nantes risquait de produire des rixes violentes. La municipalité et le district prirent toutes les précautions nécessaires, adressèrent les plus patriotiques appels aux deux troupes, leur firent fête à l'une et l'autre. La transmission des postes s'opéra très fraternellement le 17 mars [1].

La première expédition, faite par le bataillon de la Loire-Inférieure au dehors de la ville des Sables, eut pour but de prêter main-forte à l'arrestation, sur ordonnance du commissaire du roi, des promoteurs des troubles d'Angles. Un fort détachement resta dans ce bourg, afin d'empêcher de nouveaux rassemblements. Il y était si mal traité par les paysans qu'il ne pouvait se fournir de viande ni de pain de munition ; voulant empêcher les réquisitions en nature, le district dut, à ses frais, lui procurer des vivres. On eût désiré le maintenir dans cette région très agitée ; mais elle était malsaine et beaucoup d'hommes tombèrent malades. Sur une plainte du colonel, le détachement fut, le 22 avril, rappelé à son drapeau [2].

Ardents patriotes, les volontaires nantais déployèrent beaucoup de vivacité dans la répression des troubles religieux. Ainsi, le dimanche des Rameaux, 31 mars, ils empêchèrent les gens de la ville d'aller de l'autre côté du port, à l'église de la Chaume, entendre la messe du curé non assermenté. Le jour de Pâques, ils occupaient l'église principale des Sables, armés de sabres et de fouets, pour protéger le curé constitutionnel, menacé par les dévotes qui, au nombre de plus de mille, revenaient d'Olonne et de Château-d'Olonne, où elles avaient communié des mains de prêtres réfractaires. Le 29 avril, à la Chaume, ils maltraitèrent quelques femmes, qui les avaient raillés et insultés.

Mme de Loynes de Boisbaudran, rapporte André Collinet, ayant tenu des propos contre-révolutionnaires, était conduite par deux sous-officiers, à l'heure de la parade, sur la place Carcado ; un officier lui faisait baiser un de ses boutons, déchirer la cocarde blanche et cracher dessus ; ordre lui était intimé de rentrer chez elle, de ne pas sortir sous peine de fouet [3].

Deux compagnies du bataillon de la Loire-Inférieure étaient demeurées dans le département d'origine, à Bourgneuf et à Clisson. Celle placée dans cette dernière petite ville avait de fréquentes excursions à faire à travers les campagnes, toujours très agitées, du district voisin de Montaigu. Les volontaires étaient on ne peut plus mal

1. D'après les délibérations de la municipalité et du district des Sables.
2. Délibérations du district des Sables, 2, 5 et 23 avril 1791.
3. Notes manuscrites sur les Sables et la Chaume, à cette date. André Collinet ajoute : « Mme de Boisbaudran a été guillotinée à Nantes, c'était une charmante personne, de grand esprit. »

reçus par les paysans, et il leur arriva de répondre aux injures par des brutalités, que les municipalités contre-révolutionnaires dénonçaient en les exagérant.

A propos d'une de ces plaintes, soutenue par l'administration départementale, le chef du bataillon écrivait :

Aux administrateurs du département de la Vendée [1].

Aux Sables, 6 mai 1792.

J'ai reçu l'honneur de la vôtre en date du 2 courant, y joint votre arrêté du 30 avril dernier, en tête le procès-verbal de la municipalité de Chantonnay. J'avais reçu dans le temps le même procès-verbal. De suite je donnai ordre à mon camarade le lieutenant-colonel en second de partir pour Clisson, où est détachée la compagnie n° 4, contre laquelle on a mis la plainte. Ceux accusés dans le procès-verbal ont été punis, par le capitaine qui commande la compagnie, de 17 jours de prison. Cette peine est assez forte. Les volontaires assurent qu'ils ont été insultés par les gens chez lesquels ils ont logé à Chantonnay, qu'ils les ont traités indignement ; ces volontaires n'ont pu souffrir d'être insultés par ces gens, très mauvais citoyens, qui ne les insultaient que parce qu'ils étaient ennemis de la Constitution et fâchés de loger des patriotes.

Mon camarade, Messieurs, le lieutenant-colonel en second est allé à Chantonnay, où il s'est informé de cette affaire. D'après l'aveu fait par les volontaires de la compagnie n° 4, établie à Clisson, on lui a assuré que les paysans chez lesquels s'est passée la dispute sont de très mauvais citoyens, que la municipalité de Chantonnay est toute aristocrate; en outre, que la métairie, où s'est rapporté le procès-verbal, appartient au maire, qui a envoyé son neveu et son domestique rapporter le fameux procès-verbal et n'y est pas allé en personne; que les métayers seuls du maire ont été entendus dans leurs dépositions, sans prendre aucun éclaircissement du dehors.

Voilà, Messieurs, le rapport de mon camarade. Ces volontaires ont été punis de 17 jours de prison par le capitaine, je crois cette peine assez forte même quand ils l'auraient encourue par les désordres dont on les accuse. Si vous avez, Messieurs, des observations à me faire, vous me ferez plaisir de me les adresser.

J'espérais, Messieurs, avoir le plaisir de vous aller présenter mes respects et vous porter les sentiments du bataillon que j'ai l'honneur de commander ; ils sont tous pleins du patriotisme le plus vrai, de zèle pour leur métier, d'amour pour la Constitution de la liberté ; voilà, messieurs, les sentiments qui les animent et dont ils promettent tous de vous donner des preuves sûres, si la tranquillité publique, si le bien général étaient troublés. J'aurais eu le plaisir d'être porteur de la façon de penser du bataillon. Ma mauvaise santé et la tranquillité que je cherche à conserver dans cette ville et dans les environs m'ont empêché de quitter mon poste.

Je vous observerai, Messieurs, que nous avons quatre compagnies détachées dans deux départements, la Loire-Inférieure et les Deux-Sèvres. Le

1. Papiers de Mercier du Rocher, reg. 1er, n° 33, autographe.

bien du service souffre d'avoir ces troupes détachées. La quantité de malades que nous avons nous force de fatiguer la garde nationale des Sables ; il est très intéressant pour le bataillon et pour le service que les deux compagnies détachées à Clisson et à Bourgneuf rentrent de suite ; je vous en fais la demande pour que vous la portiez au général qui commande dans la 12ᵉ division.

Le lieutenant-colonel en chef des volontaires de la Loire-Inférieure,

G. JOSNET.

Les volontaires de la Loire-Inférieure étaient très aimés des autorités de la Vendée maritime qu'ils avaient aidées à réprimer quelques troubles et à en prévenir beaucoup d'autres. La nouvelle de leur déplacement, au milieu du mois de mai, mit les patriotes dans un très grand embarras.

Le directoire du district des Sables écrivait le 21 mai :

Au ministre de l'intérieur.

Monsieur,

Le ministre de la guerre vient d'annoncer au bataillon de la Loire-Inférieure en garnison en cette ville la nouvelle de son départ et sa destination aux colonies. Cette nouvelle ne laisse pas que de nous affliger grandement. Convaincus, comme nous le sommes, que les ennemis du bien public qui sont en grand nombre n'attendent que cet instant pour troubler l'ordre, soulever le peuple et l'exciter au carnage, car déjà les intentions se manifestent ; sans forces, il nous est impossible de mettre les lois à exécution, faire respecter les autorités constituées, garder une côte fort commode à l'accès des corsaires, enfin parvenir au recouvrement des contributions publiques, qui fait le nerf de l'État. Le fanatisme, qui n'est qu'endormi par la présence des baïonnettes, se réveillera, fera des progrès et promènera partout un feu dévorant et inextinguible.

Voilà, monsieur le ministre, le tableau sincère de notre position ; nous vous prions de la prendre en considération et de mettre sous les yeux du ministre de la guerre, votre collègue, l'état de perplexité où nous allons nous trouver, et la nécessité indispensable de troupes.

S'il est cependant décidé que nous devions rester abandonnés à nous-mêmes, nous n'en montrerons pas moins de zèle, d'activité et de courage ; mais les efforts deviendront sans effet.

Les administrateurs composant le directoire du district des Sables,

BOUHIER, vice-président ; ROBERT, MERCEREAU.

Réponse du ministre.

Messieurs du directoire du district des Sables du département de la Vendée,

J'ai reçu la lettre que vous m'avez fait l'honneur de m'écrire le 21 du mois dernier, par laquelle vous demandez qu'il vous soit envoyé de nouvelles

1. Avec la réponse du ministre Roland, en minute, Arch. nat., F⁰ 150.

troupes pour remplacer le bataillon de la Loire-Inférieure, destiné à partir pour les colonies. Je dois vous observer que, d'après l'ordre et la hiérarchie des pouvoirs établis par la Constitution, je ne peux prendre aucune mesure sur une demande de cette nature sans l'avis du directoire du département, et je ne peux que vous engager à me faire parvenir votre réclamation par la voie des corps administratifs.

L M D L

RÉORGANISATION DES GARDES NATIONALES

On a vu précédemment[1] que les diverses formations spontanées de milice civique s'étaient fondues, au chef-lieu du département de la Vendée, le 20 avril 1791, conformément à la loi du 6 décembre 1790, en un seul corps de garde nationale. L'opération avait été assez difficile, mais enfin l'invitation de la municipalité avait été obéie[2]. Les drapeaux des anciens corps et compagnies avaient été suspendus « à la voûte de l'église Notre-Dame, comme gages d'union, de concorde et de paix » ; les soldats-citoyens avaient abandonné les costumes et insignes particuliers, « pour revêtir l'uniforme de la Nation », et porter tous la cocarde aux trois couleurs. Cependant les lois du 23 septembre et du 14 octobre 1791 avaient exigé une nouvelle réorganisation par cantons et par districts, et celle-ci ne se termina, à Fontenay, que le 28 mars 1792, par l'élection de l'ancien constituant J.-F. Goupilleau, comme commandant en premier, de Denfer du Clousy, comme commandant en second, et immédiatement après de tous les officiers et sous-officiers[3].

Règlement de la garde nationale de Fontenay-le-Comte.

Délibération du Conseil général de la commune, 30 *avril* 1792[4].

Le conseil général,

Délibérant sur le règlement qui lui a été proposé par le corps municipal relativement à la nouvelle organisation de la garde nationale,

Informé qu'il s'élève quelques difficultés sur le mode d'exécution de la loi du 14 octobre dernier, relative à cette organisation,

Considérant que c'est surtout dans un moment, où la Nation est obligée d'employer une grande partie de la force publique contre les ennemis extérieurs, que tous les citoyens doivent se réunir pour la cause commune, et concourir par une utile coalition à la sûreté et à la tranquillité intérieure ;

1. Tome I, p. 82.
2. En date du 15 décembre 1790.
3. A Bitton, *Journal d'un Fontenaisien*, aux dates du 28 mars et du 1er avril 1792.
4. Affiche in-folio des papiers de M. Charier-Fillon, maire de Fontenay.

Que la garde nationale étant spécialement destinée à protéger cette sûreté et cette tranquillité, et à faire exécuter les lois, son service est maintenant plus utile et plus précieux que jamais;

Qu'il est par conséquent indispensable de faire connaître à tous les citoyens, d'une manière claire et non équivoque, le mode d'exécution de la loi du 14 octobre, afin de ne laisser aucun prétexte aux refus de l'ignorance ou de la malveillance, et afin d'obtenir que le service de la garde nationale se fasse avec toute l'exactitude et toute l'activité qu'exigent impérieusement les circonstances actuelles ;

Sur ce, ouï le procureur de la commune, a confirmé l'arrêté dudit règlement ainsi qu'il suit :

Article premier. — Il sera fait deux tableaux de service, conformément à l'ordre établi par la section IV de la loi du 14 octobre dernier, dont l'un sera déposé chez le capitaine de chaque compagnie et l'autre au corps de garde, où chaque citoyen pourra en prendre communication;

Art. 2. — L'état-major déterminera un mode habituel pour avertir les citoyens de leur tour de service et pour le remplacement de ceux qui n'ont pas le droit de le faire en personne, ainsi que pour ceux qui, en ayant le droit, seront autorisés à se faire remplacer pour cause d'empêchement légitime;

Art. 3. — Les tours de service étant connus et le mode d'avertissement déterminé, il sera tenu un registre au corps de garde, sur lequel sera inscrit le nom des citoyens avertis; ceux qui ne se présenteraient point au corps de garde ou à tout autre poste, aux heures indiquées par le billet d'invitation, seront notés sur ledit registre par le commandant du poste; il en sera de même de ceux qui, en cas d'empêchement légitime, ne se seront pas fait remplacer par des citoyens appartenant à la même compagnie, le tout conformément à l'article 3 de la loi du 14 octobre 1791. L'officier commandant le poste veillera à la sûreté dudit registre.

Art. 4. — Lesdites notes seront signées par le commandant du poste et par un autre officier ou sous-officier de service, et la taxe ne sera exigible qu'autant que cette formalité aura été remplie.

Art. 5. — Un relevé de ce registre sera envoyé par le commandant du poste immédiatement après son service fini, au commandant de bataillon, lequel sera tenu de l'adresser dans les vingt-quatre heures à la municipalité.

Art. 6. — Seront également inscrits sur ce registre et dans la même forme, ceux qui s'absenteront du poste soit de jour soit de nuit, sans la permission écrite du commandant du poste.

Art. 7. — Ceux des citoyens dont la liste sera ainsi adressée auxdits officiers municipaux seront, conformément aux articles 14 et 15, section première de la loi du 14 octobre, taxés par eux à 1 franc 12 sous, taxe égale à deux journées de travail.

Art. 8. — Ceux qui, ayant les qualités requises pour être citoyens actifs, auraient refusé de se faire inscrire au registre des gardes nationales, ou qui auraient, conformément aux articles 2 et 14, section première de la loi du 14 octobre 1791, perdu le droit d'activité, celui de porter les armes, et seraient privés de l'honneur de faire le service en personne, seront taxés à la même somme pour chaque taxe de service, et il en sera par lesdits officiers municipaux dressé un état exact.

Art. 9. — Il sera tenu un état semblable de tous ceux qui, en exécution de l'article 15, section première, de l'article 14, section cinquième de la même loi, seront suspendus temporairement de l'exercice de ces droits, soit pour avoir été soumis trois fois dans l'année à la taxe de remplacement, soit pour ne pas s'être soumis aux peines prononcées par le Conseil de discipline.

Art. 10. — Leurs noms seront inscrits sur des tableaux distincts qui seront placés en évidence tant dans le corps de garde que dans le lieu des assemblées de chaque section.

Art. 11. — Les officiers de la garde nationale ne pourront user d'aucuns moyens de force contre ceux des citoyens inscrits qui ne se présenteraient ni par eux-mêmes ni par des soldats-citoyens de la même compagnie; ils les déféreront seulement à la municipalité, qui les soumettra à la taxe du remplacement, comme il est dit ci-dessus, conformément à l'article 4, section cinquième de la loi du 14 octobre.

Art. 12. — Lesdits officiers municipaux dresseront un état nominatif de tous les citoyens qui auront encouru la taxe de remplacement et le remettront tous les samedis de chaque semaine au Directoire du district, pour être par lui converti en une ordonnance exécutoire.

Art. 13. — Dans le cas où le citoyen inscrit ou non inscrit croirait avoir été mal à propos soumis à la taxe, il se pourvoira auprès du Directoire du district, et ensuite, s'il n'est satisfait de sa décision, il pourra se pourvoir par devant le Directoire du département.

Art. 14. — Si la réclamation du citoyen taxé avait pour motif la dénégation de la qualité de citoyen actif, il se pourvoira pour mémoire auprès de la municipalité, et, en cas de persistance de la part de la municipalité, il pourra former son action contre le procureur de la commune et la porter, comme question d'Etat, au tribunal du district, conformément à l'article 4 du titre II de la loi du 27 mars 1791.

Art. 15. — Les citoyens inscrits et non inscrits qui, ne s'étant point fait remplacer par un citoyen servant dans la même compagnie ou par leurs fils ou frères, âgés de 18 ans, auront été soumis à la taxe, seront censés avoir été remplacés par ceux qui auront fait leur service en personne; en conséquence le produit des taxes sera employé aux menus frais de la garde nationale.

Art. 16. — Les sommes provenant desdites taxes seront versées dans une caisse particulière, tenue sans frais par le secrétaire-greffier de la municipalité, qui seul aura le droit de délivrer des mandats de cette caisse.

Signé : Biaille-Germon, *maire.*

Chisson, Fillon, Girard, *officiers municipaux.*

Phelipeau, Aumon, Imbert, Papin, Guerry, Raison *aîné*, Perreau, *curé de Notre-Dame*, Belliard, Giraudeau, Garos, Dupuy, *notables.*

A. Pichard, *procureur de la commune*, et Fleury, *secrétaire-greffier.*

Suit l'approbation des directoires de district et de département en dates du 21 mai et du 2 juillet 1792, l'an IV de la liberté.

Aux Sables, la démission du colonel Servanteau de la Brunière, au moment des troubles du mois de mai [1], et ensuite l'affaire de la Proutière, avaient suscité des divisions violentes, qui, durant de longs mois, rendirent impossible l'exécution des lois de la Constituante et de la Législative. C'est seulement durant le dernier mois de 1791 que la municipalité put procéder à l'organisation définitive de la garde nationale.

Arrêté pour l'organisation de la garde nationale des Sables-d'Olonne [2].

L'an 1791, le 4 décembre, dix heures du matin, séance où présidait *M. P. Gaudin* jeune, maire, et assistaient *MM. Bécherel, Palvadeau, Bouli-neau, Bermont* et *Gobert*, officiers municipaux, ayant avec nous *M. Augustin Rouillé,* notre secrétaire greffier ; présent *M. Ch.-P.-M. Rouillé* jeune, procureur de la commune ;

Lecture faite de la loi du 14 octobre dernier, relative à l'organisation de la garde nationale ;

Le corps municipal, délibérant sur le réquisitoire du procureur de la commune ;

Considérant : 1° Que conformément à l'article 1er de la section première de la loi du 14 octobre, tout citoyen actif doit s'inscrire, pour le service de la garde nationale, sur des registres qui seront ouverts à cet effet dans les municipalités de son domicile ;

2° Que, suivant l'article 3 de la même section, tous ceux qui sans être citoyens actifs, ont servi depuis l'époque de la Révolution, et qui sont actuellement en état de service habituel, ont le droit de s'inscrire et d'être maintenus dans leur service ;

3° Que, d'après l'article 5 de la même section, tout fils de citoyen actif doit également s'inscrire sur lesdits registres lorsqu'il est parvenu à l'âge de 18 ans accomplis ;

4° Que les pères, mères et tuteurs peuvent faire inscrire leurs enfants absents pour cause de leur éducation ;

5° Que, suivant l'article 11 de la même section, les registres d'inscription des municipalités doivent être tenus doubles et l'un d'eux envoyé tous les ans au directoire du district ;

Arrête :

1° Qu'à compter du lundi 12 décembre, présent mois, deux registres seront ouverts au secrétariat de la municipalité, en la maison commune,

1. Voir t. Ier, p. 296, et Appendice n° 5, p. 506.
2. Extrait du 4e registre des délibérations de la commune des Sables.

pour recevoir les inscriptions qui y seront faites en vertu de la loi du 14 octobre 1791 relative à l'organisation de la garde nationale ;

2° Que tout citoyen qui, sans être actif ni fils de citoyen actif, a servi depuis la Révolution et est actuellement en état de service, pourra se présenter à l'inscription, s'il justifie d'ailleurs des droits que la loi lui accorde, soit en représentant un certificat du secrétaire de la municipalité qui justifie de son inscription sur le registre qui était ouvert à la maison commune conformément à la loi du 18 juin 1790 ;

3° Que, le 1er février prochain, l'un des registres d'inscription sera envoyé au directoire du district des Sables-d'Olonne, et que, ce délai passé, aucun citoyen ne pourra s'inscrire sur les registres qui seront ouverts pour l'année 1792.

Déclare :

1° Que tout citoyen actif qui n'aura pas satisfait à l'inscription pour le service de la garde nationale demeure suspendu des droits que la Constitution attache à la qualité de citoyen actif, ainsi que de celui de porter les armes (section 1re, article 2) ;

2° Que tout fils de citoyen actif, âgé de 18 ans accomplis, qui n'aura pas également satisfait à l'inscription ci-dessus, ne pourra prendre l'inscription civique ordonnée par les lois que trois ans révolus après y avoir satisfait (même section, article 7) ;

3° Que tous les étrangers, qui auront rempli les conditions prescrites pour devenir citoyens français, et leurs enfants, seront traités à cet égard comme les Français naturels (même section, article 7) ;

4° Que tout fils de citoyen actif, qui aura satisfait au devoir de l'inscription, jouira, après dix ans révolus de service, de tous les droits de citoyen actif, quand même il ne payerait pas la contribution exigée par les lois, si d'ailleurs il remplit les conditions prescrites par la Constitution (même section, article 10) ;

5° Que les fils de citoyens actifs inscrits dans l'année seront reçus au serment de la garde nationale, qui se prêtera à la fête civique du 14 juillet suivant, dans le chef-lieu du district (section 1re, article 12) ;

6° Que tous les citoyens inscrits et distribués dans les compagnies pourront, en cas d'empêchement légitime, se faire remplacer dans le service qui leur sera commandé, mais seulement par des citoyens inscrits sur les registres et servant dans la même compagnie ; que les pères pourront se faire remplacer par leurs fils âgés de 18 ans, et les frères par leurs frères ayant l'âge requis (même section, article 13) ;

7° Que tout citoyen qui, tenu de s'inscrire, n'y aura pas satisfait, sera soumis, comme les autres citoyens, à un tour de service, et taxé sur mandement du directoire du district par la municipalité à la somme de une livre huit sous, pour le payement de celui qui fera son service (section 1re, article 14) ;

8° Que tous les citoyens inscrits qui ne rempliront pas leur service en personne au jour indiqué, ou ne fourniront pas volontairement leur remplacement, seront assujettis à la même taxe par la municipalité ; qu'ils demeureront suspendus pendant un an de l'honneur de servir en personne et de l'exercice du droit d'activité et d'éligibilité, s'ils encourent la même taxe trois fois dans la même année; que les femmes, les veuves et les filles seront exemptes de toutes contribution (section 1re, article 15) ;

9° Que tout fonctionnaire public salarié par la nation, ainsi que les évêques, curés, vicaires et tous citoyens qui sont dans les ordres sacrés, sont astreints sous les mêmes peines à l'inscription, mais que, ne pouvant faire aucun service personnel, ils sont soumis au remplacement et à la taxe ; que les présidents des administrations de département et de district, les officiers municipaux et procureur de la commune doivent s'inscrire, mais que, n'étant point salariés par la nation et ne pouvant faire aucun service personnel, ils ne sont point assujettis au remplacement et à la taxe (section 1re, article 16) ;

10° Que les officiers, sous-officiers, cavaliers et soldats des troupes de ligne et de la marine, étant actuellement en état de service, les officiers, sous-officiers et cavaliers de la gendarmerie nationale et des gardes soldées, les sexagénaires, les infirmes, les impotents et les invalides sont dispensés du service de la garde nationale (section 1re, article 17) ;

11° Que tout citoyen, qui, changeant de domicile, ne fera pas effacer son nom sur le registre de l'ancienne municipalité, pour s'inscrire sur celui de la nouvelle, demeurera sujet au service et au remplacement à la taxe dans l'une et dans l'autre municipalité (section 1re, article 18) ;

12° Que tous les citoyens âgés de plus de 60 ans ont le droit de former entre eux une compagnie de vétérans, organisée comme la garde nationale et vêtue du même uniforme ; ils seront distingués par un chapeau à la Henri IV et une écharpe blanche, et seront armés d'un espadon (section 2e, article 30) ;

13° Enfin, qu'il peut également s'établir dans cette commune, sous la même forme d'organisation des gardes nationales, une compagnie de jeunes citoyens au-dessous de l'âge de 18 ans qui, commandée par des officiers choisis dans leur sein, sera soumise à l'inspection de trois vétérans nommés à cet effet par leur compagnie, ou à défaut de vétérans, d'inspecteurs désignés par la municipalité (section 2e, article 33).

Le Corps municipal surseoit à l'organisation des compagnies jusqu'après l'envoi d'un des registres d'inscription au directoire du district, et déclare que tous les citoyens qui font actuellement le service de gardes nationales continueront le service dont elles seront requises jusqu'à ce que la nouvelle composition soit établie.

Le Corps municipal ordonne que le présent arrêté sera imprimé au nombre de cinquante exemplaires, publié à son de caisse et affiché partout où besoin sera, et que quatre exemplaires seront envoyés à la diligence du procureur de la commune, savoir : deux au directoire du département de la Vendée, et deux au directoire du district des Sables.

Fait, clos et arrêté à la maison commune, lesdits jour et an que dessus.

Signé : P. GAUDIN *jeune, maire ;* BERMOND ; BÉCHEREL ; PALVADEAU ; GOBERT ; BOULINEAU.

C.-P. ROUILLÉ *jeune, procureur de la commune ;* A. ROUILLÉ, *secrétaire.*

L'inscription ordonnée par cet arrêté produisit, à la fin du premier mois de 1792, le total de 513 hommes de garde nationale [1], non compris les marins qui, lorsqu'ils n'étaient pas pris pour le service de l'État, formaient un corps à part, attaché le plus souvent au service de l'artillerie. Les hommes étaient mal armés et encore ne l'étaient-ils pas tous. Le district des Sables entier n'avait pas 600 fusils disponibles pour les gardes nationales de ses communes, sur les 2,739 dont avait été pourvu le département sur ses instances réitérées [2].

DEMANDES D'ARMES ET DE MUNITIONS

Après la déclaration de guerre, lorsque toutes les troupes de ligne étaient retirées, tous les bataillons de volontaires appelés au service actif contre l'ennemi extérieur, la ville des Sables ne se trouvait pas même pourvue des deux canons que Dumouriez lui avait promis et qu'il avait donné ordre de lui envoyer.

Ses réclamations au commandant de la 12e division militaire demeurant infructueuses, elle s'adresse, le 19 mai,

A M. de Grave, ministre de la guerre [3].

Monsieur,

Lors du séjour de M. Dumouriez parmi nous, en qualité de maréchal de camp de la 12e division de l'armée, le général nous fit obtenir deux pièces

1. D'après le registre conservé aux Archives du département de la Vendée.

2. Un arrêté du Directoire de département, en date du 12 août 1791, avait opéré comme il suit la distribution des fusils entre les six districts :

« Fontenay, 700; — la Châtaigneraie, 450; — Montaigu, 500; — Challans, 669; — Les Sables, 550; — la Roche-sur-Yon, 370; — total : 3,239.

« En déduisant néanmoins, savoir : sur le nombre accordé au district de Fontenay les 250, faisant moitié des 500 livrés antérieurement aux municipalités de son arrondissement, ce qui réduit la portion à délivrer pour complément à 450;

« Sur le nombre accordé au district de la Châtaigneraie, les 150 faisant moitié des 300 livrés comme dessus, ce qui réduit le complément à 300;

« Sur le nombre accordé au district de Challans les 50 faisant moitié des 100 accordés comme dessus, ce qui réduit le complément à 569;

« Et sur le montant accordé au district des Sables, les 50 faisant moitié des 100 accordés comme dessus, ce qui réduit le complément à 450. »

Pour comprendre ce qui précède, est-il expliqué dans une note que nous a adressée M. J. Barbaud, archiviste de la Vendée, il faut ajouter qu'avant la répartition ci-dessus il existait environ mille fusils dans le département, savoir : dans le district de Fontenay, 500; la Châtaigneraie, 300; Challans, 100; les Sables, 100; total : 1,000.

Seulement, la loi du 4 février 1791, supposant que la moitié de ces armes étaient sans valeur, décida qu'il ne serait imputé à chaque district que la moitié des armes précédemment obtenues par les municipalités. soit 500 pour tous les districts. Il y eut donc en réalité 2,739 fusils distribués, en vertu de la loi du 12 août, au lieu de 3,239 inscrits au total général.

3. Corresp. municip. des Sables, reg. B. — Le marquis Pierre-Marie de Grave, né le 27 septembre 1755, mort à Paris le 16 janvier 1823, était ministre de la guerre depuis le 9 mars, il cessa de l'être le 8 mai; il fut décrété d'accusation et émigra.

de campagne et nous annonça que nous allions les recevoir sous peu. En effet, les canons furent embarqués, leurs affûts et leurs caissons arrivèrent aux Sables. Mais, par une fatalité que nous n'avons pu concevoir, ils rétrogradèrent dès le lendemain, et nous sommes encore à les recevoir.

A son arrivée au Ministère des affaires étrangères, le procureur de la commune écrivit à M. le ministre-citoyen, et nous venons de recevoir sa réponse, qui nous apprend que, par des motifs fondés sur le texte précis de la loi du 18 mars 1792, vous ne pouvez adhérer au vœu de la commune des Sables en lui accordant les deux pièces qu'elle réclame.

Ce n'est point, Monsieur, pour la garde nationale de cette ville que nous avons demandé les deux pièces de campagne et que nous les sollicitons encore de votre bienveillance; c'est pour l'intérêt général de ce pays, c'est pour nous mettre en mesure contre les malveillants et pour leur opposer une force capable de détourner les effets de leurs projets criminels.

Notre situation sur une côte intéressante de l'empire, les menées sourdes et perfides des prêtres non assermentés de notre département, la fâcheuse nécessité où nous nous trouvâmes l'année dernière de recourir aux gardes nationales de Nantes et de l'île de Ré, qui vinrent à notre secours avec leurs pièces de campagne, dans les affaires de Saint-Christophe et de la Prontière, tout nous prouve que c'est avec raison que nous réclamons deux pièces. L'état de guerre où nous sommes, le départ du bataillon de la Loire-Inférieure, l'incertitude où nous sommes d'obtenir des troupes pour le remplacer, tous ces motifs nous engagent à solliciter avec plus de force que jamais, et nous espérons que les motifs de notre demande vous décideront à donner les ordres nécessaires pour que, des douze pièces de campagne qui sont actuellement à La Rochelle, on nous en délivre deux pour la commune des Sables, avec les ustensiles et munitions nécessaires.

Nous prenons cette occasion pour vous prier de nous accorder, en remplacement du bataillon de la Loire-Inférieure, un autre bataillon de garde nationale, ou au moins un détachement de cavalerie. Il est absolument impossible que l'impôt se perçoive dans nos contrées si, pour prêter force à la loi, nous n'avons point de troupes, et notre département, en proie aux factions des prêtres non assermentés et des ci-devant nobles, finira par être le tombeau des patriotes et peut-être le foyer contre-révolutionnaire.

Il serait, d'ailleurs, très impolitique de laisser nos côtes à la merci d'une tentative de l'ennemi, et ce serait la première fois qu'en temps de guerre on les eût laissées dégarnies.

Les officiers municipaux de la ville des Sables.

Le surlendemain, 21 mai, elle transmet copie de cette réclamation avec une lettre nouvelle :

A M. Dumouriez, ministre des affaires étrangères.

Monsieur,

Nous venons de prendre communication de votre correspondance avec

1. Corresp. municip. des Sables reg. B.

le procureur de la commune de cette ville, relativement aux deux canons que vous nous avez promis. Recevez, Monsieur, nos remerciements de toutes les démarches que vous avez faites pour nous procurer ces deux pièces, et soyez bien persuadé que la commune des Sables n'oubliera jamais votre souvenir et la manière dont vous défendez ses intérêts.

Nous vous renouvelons ici nos observations pour que vous puissiez les faire valoir auprès du ministre de la guerre. Ce n'est point pour notre garde nationale que nous sollicitons deux pièces de campagne, c'est pour l'intérêt général du pays que nous habitons, et, nous ne craignons pas de le dire, dans notre position actuelle, sans force pour appuyer l'exécution de la loi, entourés de gens aveuglés par le fanatisme, les magistrats du peuple courent les plus grands dangers et n'entrevoient qu'un triste avenir pour la chose publique.

C'est donc aux ministres patriotes à prévoir les dangers qui nous menacent. Nous écrivons aujourd'hui à M. le ministre de la guerre pour le décider à nous accorder l'objet de notre demande. Vous recevrez, Monsieur, copie de la lettre que nous lui écrivons et nous vous prions de l'appuyer avec toute l'énergie qui vous est propre.

Nous sommes, avec les sentiments de la plus vive reconnaissance,

Les officiers municipaux de la ville des Sables.

Le même jour, 21 mai, partait pour Paris cette lettre de l'Administration départementale :

A Monsieur Roland, ministre de l'intérieur [1].

Monsieur,

Les districts de notre arrondissement nous demandent journellement de la poudre et des balles, pour le service des gardes nationales ; quelques municipalités nous ont porté directement leurs demandes à cet égard. Conformément à l'article 9 de la loi du 19 octobre 1791, elles doivent s'adresser au ministre de l'intérieur, après y avoir été autorisées par les directoires de district et de département. Cette marche est longue et pourrait devenir funeste dans un temps où la tranquillité publique est menacée. Le directoire du département a pensé qu'il y avait un remède à cet inconvénient, en remplissant d'ailleurs l'esprit de la loi, qui est de ne confier des munitions de guerre qu'à des citoyens amis de la Constitution. D'après cela, ils vous prient de lui donner ordre de fournir six cents livres de poudre et douze cents livres de balles, qu'il fera payer au prix fixé par la loi. Vous pouvez être assuré que la distribution en sera faite avec prudence aux municipalités dont le patriotisme nous est connu.

Rien n'est plus instant que de prendre des mesures capables de maintenir la paix intérieure. Les bataillons de volontaires, qui tenaient en bride les ennemis qui nous environnent, s'avancent vers les frontières. Nous allons

1. Arch. nat., F⁰ 150.

être sans forces; des gardes nationales, peu nombreuses et en butte aux sarcasmes des malveillants, vont devenir notre seul espoir. Nous pensons que deux pièces de canon de quatre ou six livres de balles nous seraient d'un grand secours; elles imposeraient peut-être davantage à nos factieux que notre garde citoyenne, si elles étaient bien armées et bien servies. Nous sommes déterminés à faire cette acquisition. Nous vous prions de vouloir bien faire donner des ordres à cet effet à Rochefort, et de nous procurer des artilleurs pour instruire à cette manœuvre les citoyens de notre chef-lieu qui brûlent de s'y livrer. Cette demande est d'ailleurs conforme à la loi du 18 mars dernier.

Les administrateurs du département de la Vendée,

A.-Ch.-Fr. MERCIER, pour le vice-président; J[n]-M[as] COUGNAUD, secrétaire général.

Réponse du ministre de l'intérieur [1].

Paris, 4 juin 1792.

J'ai reçu, Messieurs, la lettre que vous m'avez fait l'honneur de m'écrire le 21 du mois dernier, pour demander qu'il soit remis à votre disposition 600 livres de poudre et 1,200 livres de balles, dont vous ferez la distribution entre les différentes municipalités de votre arrondissement, et qu'il soit donné des ordres à Rochefort pour vous délivrer deux pièces de canon et 4 ou 6 livres de balles. Je dois vous observer sur le premier objet que la loi du 18 octobre dernier ayant déterminé d'une manière précise la manière dont la poudre pourra être délivrée aux municipalités, je ne peux sous aucun prétexte m'écarter de cette forme. Je dois ajouter aussi que les régisseurs des poudres viennent de m'annoncer qu'il leur serait difficile de pourvoir tout à la fois et aux besoins de nos armées et aux demandes des municipalités, si ces demandes n'étaient pas faites avec la plus grande réserve, et je ne peux que vous inviter à mettre infiniment de circonspection dans les avis que vous serez dans le cas de donner sur les demandes de cette nature.

A l'égard des canons dont vous croyez utile de faire l'acquisition pour la garde nationale, rien n'empêche que vous puissiez vous en pourvoir à vos frais dans telle fonderie que vous jugerez à propos, mais dans le moment actuel où le service des arsenaux peut à peine suffire aux besoins de l'armée, il n'est pas possible de les dégarnir pour un autre objet.

L M D L

DÉPART DES BATAILLONS DE VOLONTAIRES ET DES TROUPES DE LIGNE

Le bataillon de la Loire-Inférieure reçut son ordre de départ au moment où il s'était acquis l'entière affection des patriotes des Sables en employant aux travaux de la ville et du port les loisirs que

1. Lettre copiée sur la minute non signée, Arch. nat., F⁹ 150.

lui laissait la pacification des campagnes. Le 19 mai, lui étaient adressées ces félicitations chaleureuses[1] :

A Monsieur le commandant du bataillon de la Loire-Inférieure.

Monsieur,

Nous sommes chargés de vous exprimer toute la reconnaissance du Conseil général de la commune de notre ville pour l'acte de dévouement patriotique qui porte le bataillon de la Loire-Inférieure à nous offrir d'aplanir le terrain qui avoisine la promenade de la Barre. Le Conseil général de la commune vous prie d'être l'interprète de nos sentiments auprès du bataillon de la Loire-Inférieure, et de l'assurer que, dans tous les temps et dans toutes les occasions, nous chercherons à prévenir ce qui pourra lui être agréable, utile ou avantageux.

Il a arrêté que désormais le terrain s'appellerait Champ-de-Mars, et, lundi prochain, nous mettrons tout en œuvre pour faire boucher l'arcade du vieux pont de la Barre et donner au bataillon les moyens de satisfaire l'impatience qu'il a d'être utile à la commune des Sables.

Assurez, Monsieur, nos frères de la Loire-Inférieure de toute notre gratitude, et dites-leur que nous n'oublierons jamais leur marque d'attachement. Un pareil sacrifice appartenait sans doute aux fils aînés de la liberté, et les amis bretons ont su, dans tous les temps et dans tous les lieux, allier la bravoure au patriotisme, la bienfaisance à la générosité, et les vertus guerrières à celles du bon citoyen.

Les officiers municipaux de la ville des Sables.

La sortie des volontaires nantais de la Vendée maritime fut saluée par les éclats de joie des ennemis de la Révolution. A leur première étape vers La Rochelle, ils reçurent, d'habitants des Sables qui ne signèrent pas, une adresse injurieuse, que leur commandant fit passer au maire de la ville. La municipalité se hâta d'envoyer copie de l'adresse et de la lettre du commandant au député Gaudin, le priant d'aller lui-même vérifier « s'il était vrai qu'une plainte infâme eût été adressée au ministre de la guerre et que l'on eût osé la signer. »

Si cela était, ajoutait-elle, veuillez bien désabuser le ministre sur toutes les calomnies qui ne sont l'ouvrage que de quelques mauvais citoyens, à qui ces braves volontaires ont déplu parce qu'ils n'ont vu en eux que de vrais défenseurs de la patrie... Nous n'avons rien à reprocher à ce bataillon, dont l'amour pour la chose publique est infatigable.

En même temps, 18 juin, la ville des Sables expédiait cette adresse :

1. Corresp. municip. des Sables, reg. B.

A Messieurs les volontaires de la Loire-Inférieure.

Frères et Amis,

Il ne peut y avoir que des scélérats qui aient osé vous écrire la lettre que vous nous avez transmise; ils ont emprunté les noms des citoyens de cette ville, mais vous avez une trop bonne opinion d'eux, vous les connaissez trop pour avoir un instant cru qu'ils étaient capables de tels forfaits. Nous, frères et amis, nous vous répondons d'eux; l'amitié qui nous lie à vous sera éternelle, et vos frères d'armes s'empresseront de démentir de pareilles calomnies. Quant à nous qui sommes inculpés dans cette lettre, notre devoir est d'en rechercher les coupables, c'est ce que nous allons faire. Pour y parvenir nous l'envoyons par le même courrier à un député de l'Assemblée nationale, avec prière de se transporter chez le ministre de la guerre pour savoir si elle ne lui a pas été adressée avec une pétition contre votre bataillon et pour connaître les individus qui ont osé la signer. Par ce moyen nous découvrirons peut-être les coupables; alors nous les poursuivrons rigoureusement et nous leur ferons payer cher les calomnies qu'ils ont vomies contre vous. En attendant, frères et amis, recevez nos adieux, croyez que notre attachement pour vous durera autant que notre vie.

Les officiers municipaux de la ville des Sables.

Conformément aux dispositions prises par Dumouriez au mois de février, les huit compagnies du bataillon des volontaires de la Vendée avaient été, aussitôt leur armement et leur équipement au complet, employées à maintenir l'ordre dans le département. La 1re compagnie, commandée par Belliard, avait occupé Luçon, dès le moment de la mise en mouvement du 60e régiment vers Niort. Elle s'était ensuite dirigée par les Sables sur Challans (2-4 mars). La 2e compagnie, de Fontenay se rendit aux Herbiers le 10 mars, et le 5 avril à Saint-Fulgent. La 4e, aux Sables le 16 avril, poussa jusqu'à Saint-Gilles-sur-Vie. Les autres formaient la garnison du chef-lieu départemental. Du 1er au 4 mai, toutes les compagnies se mirent en mouvement pour se rendre à l'armée du Nord, où le bataillon était appelé.

Dans plusieurs postes, elles furent aussitôt remplacées par des compagnies du bataillon des Deux-Sèvres. Des compagnies de Maine-et-Loire occupaient les districts de Montaigu et de la Châtaigneraie, mais peu de temps, jusqu'au commencement du mois de juin. Ces volontaires avaient vivement réclamé contre la faveur accordée aux Vendéens d'être appelés avant eux à la frontière [1].

Les dragons de Conti et d'Orléans disparus, il n'était resté jusqu'au milieu du mois de février, dans le centre très troublé de Saint-

1. Mémoires de Mercier du Rocher, 1er cahier.

Mars-la-Réorthe et des Epesses que quelques cuirassiers de Royal-Roussillon (41e); dès lors la Vendée n'eut plus de cavalerie régulière pour dissiper sans cesse les rassemblements factieux.

Les dernières compagnies du 84e parties à la fin du mois de mars, il ne revint des troupes de ligne qu'au moment où les volontaires de la Loire-Inférieure furent déplacés de la Basse-Vendée. C'était le régiment ci-devant de la Marck (77e d'infanterie), repoussé des départements du Midi et non accepté à La Rochelle[1]. Les administrateurs vendéens se hâtèrent de le faire appeler ailleurs, parce que, disait l'un d'eux[2], il était « infecté d'aristocratie; les chefs étaient liés avec les ci-devant nobles, les soldats avec leurs domestiques. » Lorsqu'arriva l'ordre de son départ de Fontenay, le 16 juillet, on fit garder la nuit l'arbre de la liberté, de peur que la troupe n'aidât à le couper[3].

ARRIVÉE DU GÉNÉRAL DE MARCÉ

Les patriotes vendéens reçurent avec enthousiasme la nouvelle de l'entrée de leur ancien général au ministère des affaires étrangères, le 15 mars. Le département, le district des Sables, plusieurs municipalités adressèrent à Dumouriez de chaleureuses félicitations. Celle de la ville des Sables, du 22 mars[4], se terminait ainsi :

... Puissent vos conseils auprès du Roi, de ce Roi que nous chérissons tous, le ramener enfin à ses véritables devoirs et faire évanouir les projets insensés que vos prédécesseurs ont cherché à lui faire concevoir. Votre patriotisme et vos talents nous présagent d'avance tous les succès et bientôt la France vous devra son bonheur et sa tranquillité.

Le ministre répondait : « Je promets à la France une guerre juste et une paix glorieuse. »

Dès le 25 mars, Niort l'ayant proclamé « citoyen de la ville », il remerciait « cette municipalité, dont le civisme lui était connu », du brevet d'honneur qu'elle lui avait décerné et promettait « de s'efforcer de s'en rendre digne en servant la chose publique. » Il signait : *Le ministre des affaires étrangères, votre concitoyen de votre choix*[5].

1. D'après le registre matricule du régiment de la Marck, aux Archives de la guerre, le colonel Carthan avait été destitué le 8 juillet 1792; son prédécesseur, de Haack, le 5 février, avait démissionné, par retrait de serment, sans doute.

2. Mercier du Rocher, 1er cahier de ses Mémoires inédits.

3. Corresp. municip. des Sables, reg. B.

4. Mention est faite de sa réponse à la séance du 2 avril du directoire du district des Sables, Arch. du départ. de la Vendée.

5. D'après un autographe de la collection de Benjamin Fillon, n° 510 de l'Inventaire d'Étienne Charavay, t. Ier, p. 126.

Le 26, Dumouriez adressait des remerciements aussi chaleureux à la ville de Fontenay-le-Comte, qui l'avait également déclaré « citoyen[1]. »

Cependant le successeur qu'il s'était d'avance désigné, le maréchal de camp de Marcé, appelé avant lui à l'armée du Nord, avait quitté la 20e division militaire, et la 12e restait sans autre officier général que le vieux Verteuil.

Descendu à Paris, à l'hôtel de Fleury, rue Sainte-Anne, de Marcé adressait au ministre de la guerre, de Grave, qui avait remplacé Narbonne le 10 mars, deux lettres dont voici la seconde, datée du 20 avril 1792 :

Monsieur,

Après avoir donné tous mes soins au service de la 20e division, je me suis rendu ici pour recevoir les instructions de M. le maréchal de Rochambeau, et passer à l'armée du Nord. En arrivant à Paris, j'ai reçu la lettre que vous m'avez fait l'honneur de m'écrire pour me prévenir que le Roi avait bien voulu m'employer à la 12e division. Vous m'avez fait l'honneur en même temps de m'appeler au Comité assemblé par ordre de Sa Majesté, sur la réunion décrétée du régiment de l'artillerie des colonies au département de la guerre. Je me suis occupé de ce travail depuis mon arrivée; le résultat en sera mis sous vos yeux par M. de Wittinghoff, qui préside le Comité. Les embarquements de troupes, qui vont se faire à La Rochelle et à Nantes, ne me permettent pas de différer mon départ dans la 12e division. Je vous prie, Monsieur, de vouloir bien statuer sur l'indemnité que vous avez eu la bonté de me faire espérer pour les dépenses extraordinaires que j'ai faites pendant quinze mois à la 20e division. Vous savez, Monsieur, avec quelle activité je me suis livré à tout ce qui tient au bien du service.

Le maréchal de camp employé à la 12e division militaire,

L.-H.-F. Demarcé[2].

Retenu par la goutte, de Marcé profita de son assez long séjour dans la capitale pour obtenir, le 13 mai, le grade de lieutenant gé-

1. A. Bitton, *Journal d'un Fontenaisien*, à la date.

2. Dossier de Marcé, aux Archives administratives de la guerre. — « Demarcé » signe ainsi, sans séparer la particule, comme à cette époque, au contraire, Dumouriez signait en deux mots « Du Mouriez. »

La lettre, qui avait précédé celle que nous donnons, contient la note des dépenses extraordinaires du général. En marge est écrit l'ordre au Bureau des fonds de payer une indemnité de 6,000 livres. La réclamation de Marcé est ainsi motivée :

« Si j'ai été assez heureux pour prévenir ou calmer tous les troubles, pour exciter ou maintenir le patriotisme des citoyens, si les trois bataillons de volontaires que j'ai formés (ceux de la Charente, de la Corrèze et de Lot-et-Garonne) ont été distingués par leur tenue et par leur ensemble ; s'ils ont paru avec satisfaction auprès des troupes de ligne, armés, habillés, équipés, exercés; si je me suis concerté avec toutes les administrations de la 20e division et des départements qui l'avoisinent, de manière à ce que nous ayons obtenu une tranquillité constante ; si les troupes ont également joui de tous mes soins;

néral. Dirigeant, à Nantes, l'embarquement des troupes préparées pour Saint-Domingue, il adressa au ministre de la guerre, P.-A. de Lajard, le 26 juin, la demande d'être chargé du commandement de la 20e division militaire :

Je sais que les différents départements qui composent la 20e division militaire désirent me voir succéder à M. Desparbes, qui en avait le commandement en chef. J'ai eu l'honneur de commander la 20e division militaire pendant seize mois, dans des temps difficiles ; j'ai été assez heureux d'y rétablir la paix et d'y maintenir l'ordre, au gré des citoyens et de l'administration. Si vous croyez, Monsieur, que je puisse encore y être utile, je me rendrai directement à Agen, qui est le centre de cette 20e division.

Le lieutenant général employé provisoirement dans la 12e division,

L.-H.-F. DEMARCÉ.

Un mois plus tard, il écrivait au même ministre :

Monsieur,

J'ai l'honneur de vous faire mes remerciements et vous prie de faire agréer au Roi ceux que je dois à Sa Majesté sur le commandement de la 12e division militaire qu'elle a bien voulu me confier. Je me rendrai incessamment à La Rochelle pour me concerter avec M. de Verteuil, mon prédécesseur.....

Le lieutenant général commandant la 12e division militaire,

L.-H.-F. DEMARCÉ.

Mais le vieux Verteuil obtenait de n'être pas encore mis à la retraite ; les autorités civiles de La Rochelle ayant pétitionné en sa faveur, il était maintenu à son poste. Son successeur d'un jour, du même grade que lui, demeurait provisoirement dans sa division, mais avec l'emploi particulier de préparer la défense de l'embouchure de la Loire et des côtes voisines en vue de la guerre maritime.

Au mois de septembre, comme de Marcé allait être appelé à un autre commandement, les autorités de Nantes s'opposèrent à son départ.

je n'ai pas dû ménager ma fortune pour remplir décemment ce poste, et j'ai été bien persuadé que le roi, et vous, Monsieur, approuveriez mon zèle et mon dévouement. »

Dans « l'état des dépenses extraordinaires », annexé, et dont le total s'élevait à 8,750 livres, on lit :

« Causes imprévues à Cahors, Villefranche, Figeac, Agen, Toulouse, etc., pour prévenir ou arrêter différentes insurrections, frais de poste et dépenses extraordinaires, depuis le mois de janvier jusqu'au mois d'octobre 1791.............. 2.400 livres.

« Formation de trois bataillons de gardes nationales volontaires à Tulle, Angoulême et Cognac; frais de poste de Montauban à Tulle, Limoges, Angoulême, Cognac, retour par Angoulême, Bordeaux et Agen ; dépenses extraordinaires pendant trois mois de courses, octobre, novembre et décembre 1791.......... .... 3.600 livres.

C'est exactement le total de l'indemnité accordée. Mais l'administration refusa de rembourser 1,500 livres de frais de bureau pendant quinze mois; 450 livres de loyer à Agen; 800 livres de frais de poste et transport d'équipage pour l'armée du Nord.

Arrêté du Conseil du département de la Loire-Inférieure [1].

Du 16 septembre 1792, l'an IV de la Liberté, le 1er de l'Égalité.

Présidait : Pierre-Clair Francheteau, premier administrateur.

Sont entrés : MM. Piter Deurbroucq, commandant de la garde nationale ; Robineau, commandant de la cavalerie; Passelez et Yvon, capitaines, députés du Conseil d'administration ; Lecadre et Paimparay, membres du Conseil général de la commune de Nantes. Ils ont remis à M. le président :

1° Une délibération du conseil d'administration de la garde nationale, en date de ce jour, portant que la municipalité et les corps administratifs de cette ville seraient invités à se joindre à la garde nationale, à l'effet de solliciter auprès du Ministre de la guerre que M. De Marcé, lieutenant général employé dans cette division, soit conservé dans son commandement de Nantes, où il serait de la plus grande utilité à la chose publique dans le cas d'une attaque par mer, par la confiance qu'inspirent à tous les citoyens son civisme et ses talents militaires ;

2° Une délibération du Conseil général de la commune, par laquelle le Conseil général, reconnaissant la justice des motifs du Conseil d'administration de la garde nationale, y donne son entière adhésion et nomme MM. Le Cadre et Paimparay, deux de ses membres, pour se rendre de suite auprès du District, et ensuite du Département, pour les engager à appuyer auprès du Conseil exécutif le vœu et la demande des magistrats du peuple et des citoyens militaires de la ville de Nantes ;

3° Un arrêté du District de Nantes de même date, pris en conformité des délibérations du Conseil d'administration de la garde nationale et du Conseil général de la commune de Nantes.

Lecture faite desdites pièces [2], le procureur général syndic (François-Sébastien Letourneur) entendu,

Le Conseil général du département, voulant rendre justice au civisme manifesté par M. De Marcé depuis qu'il réside en cette ville, à son activité et à son zèle pour le bien public, et à ses talents militaires ;

Déclare que la confiance qu'a obtenue cet officier général dans le département lui a été conciliée par le désir qu'il a montré dans toutes les occasions de faire le bien, de procurer l'exécution des lois de l'État et de contribuer au salut de la patrie ;

Déclare pareillement que, dans le cas où les côtes de ce département ou celles des départements voisins seraient menacées ou attaquées par une puissance maritime, les citoyens militaires de ce département marcheraient avec plaisir et confiance contre l'ennemi sous les ordres d'un officier, dont ils connaissent les intentions, la prudence et l'habileté dans l'art de la guerre ;

En conséquence, arrête que les délibérations du Conseil d'administration de la garde nationale, du Conseil général de la commune et du district seront,

1. Arch. adm. de la guerre, dossier du général de Marcé.
2. Annexées au procès-verbal; la reproduction en est inutile.

avec une expédition du présent, adressées au ministre de la guerre, qui est prié de conserver à ce département un officier qui a été très utile et que de nouveaux événements y peuvent rendre nécessaire.

Fait en Conseil, à Nantes, le 16 septembre 1792, l'an IVe de la Liberté, le Ier de l'Égalité.

Signé : JOYAU, en l'absence du président;
Pierre GRELIER, secrétaire général.

Si le général de Marcé sut mériter ainsi l'estime et l'affection des Nantais par l'ardeur patriotique qu'il déploya dans la préparation de la défense des côtes, il ne se mêla nullement des affaires de la Vendée. La préparation de la guerre civile et religieuse continua sans qu'il y prêtât assez d'attention, et il devint la première victime militaire de la catastrophe qu'il n'avait pas prévue.

Successeur de Dumouriez dans le commandement des troupes de la région vendéenne, il fut battu par les bandes qui devaient former l'Armée catholique et royale du centre, le 19 mars 1793, quelques jours avant la trahison de son trop célèbre prédécesseur. Cette coïncidence fatale fit tout de suite croire qu'il était son complice et le voua à l'échafaud [1].

1. Nous avons réuni et nous donnerons dans notre tome III d'importants documents sur la défaite et sur le procès du général de Marcé.

CHAPITRE XXVI

LES PREMIERS ARRÊTÉS DU DÉPARTEMENT DE LA VENDÉE CONTRE LES PRÊTRES NON ASSERMENTÉS

Le décret du 29 novembre 1791 imposait « le serment civique, dans les termes de l'article 5 du titre II de la Constitution », — et non le serment suivant la formule fixée par la Constitution civile du clergé, — à tous les ecclésiastiques qui avaient refusé celui-ci ou l'avaient rétracté. Tous ceux qui ne s'y seraient pas soumis dans la première huitaine de l'année 1792 devaient être déchus de tout traitement ou pension, et mis en surveillance comme « suspects de révolte contre la loi ». Si des troubles religieux éclataient dans la commune de leur résidence, ils en étaient réputés responsables et, sur un arrêté du département, pris d'après l'avis du district, ils pouvaient être internés au chef-lieu ; le refus de s'y rendre était puni d'un emprisonnement d'un an ; une détention de deux ans devait être prononcée dans le cas de provocation à la résistance ou à la rebellion contre la loi[1].

LA PÉTITION DES ADMINISTRATEURS, DU DÉPARTEMENT DE PARIS ET LE VETO

Le duc de La Rochefoucauld-d'Enville, président, et huit autres administrateurs du département de Paris adressèrent, le 9 décembre, une *Pétition au Roi*[2] contre ce « décret sur les troubles religieux, qui

1. Voir plus haut, chap. XIX, p. 99-101.

2. Cette « Pétition au roi », qui souleva les sections parisiennes, avait d'abord été considérée comme émanant du département de Paris officiellement. Les neuf signataires, par lettre du 9 décembre 1791 (*Moniteur*, n° 348), déclarèrent qu' « il n'y avait point de pétition du Directoire, mais une pétition individuelle, exprimant l'opinion de ceux qui l'avaient signée.

leur paraissait provoquer impérieusement l'exercice du *veto* ». Ils réputaient les mesures votées par l'Assemblée législative « inadmissibles au triple point de vue de la Constitution, de la justice et de la prudence ». Ils soutenaient que, les pensions des ecclésiastiques étant « une dette nationale », il était impossible de les en déposséder sous prétexte de refus de serment, cet acte ayant déjà entraîné sa peine, la dépossession des fonctions. Ils s'élevaient contre l'idée de déclarer « suspects de révolte contre la loi » des citoyens quelconques, avant tout délit commis, par simple présomption. Ils rappelaient, à ce propos, que les protestants avaient été déclarés suspects sous Louis XIV, les catholiques en Angleterre, et les premiers chrétiens à Rome. Ils se refusaient à dresser, pour la présenter au Corps législatif, une liste de citoyens antérieurement ecclésiastiques, non fonctionnaires et réputés suspects, parce que « elle risquerait, dans les jours d'effervescence, de devenir une liste de sanglante proscription ». Considérant enfin les prêtres non assermentés comme pratiquant un culte autre que celui dont l'État faisait les frais, ils invoquaient en leur faveur les principes proclamés dans la Déclaration des droits de l'homme et du citoyen.

> Un siècle entier de philosophie, s'écriaient-ils, n'aurait-il donc servi qu'à nous ramener à l'intolérance du XVIe siècle, par la route même de la liberté ? Que l'on surveille les prêtres non assermentés, qu'on les frappe sans pitié au nom de la loi, s'ils l'enfreignent, rien de plus juste, rien de plus nécessaire; mais que, jusqu'à ce moment, on respecte leur culte, comme tout autre culte, et qu'on ne les tourmente point dans leurs opinions ; puisqu'aucune religion n'est une loi, qu'aucune religion ne soit donc un crime.

La pétition des administrateurs parisiens et le *veto* opposé par le Roi aux décrets de l'Assemblée législative eurent un retentissement considérable dans les départements de l'Ouest. L'agitation religieuse y prit des proportions énormes, et les patriotes exaspérés se décidèrent à appliquer les mesures votées par les représentants de la Nation, comme si elles avaient été sanctionnées.

LES ARRÊTÉS DE LA LOIRE-INFÉRIEURE ET DE MAINE-ET-LOIRE

Le directoire du département de la Loire-Inférieure donna l'exemple par un arrêté provisoire, que lut à la tribune l'un des députés de la Vendée, le 20 décembre 1791. Goupilleau (de Montaigu) espérait obtenir un vote approbatif de la conduite des administrateurs nantais, par lequel leurs collègues de Fontenay, d'Angers, de Niort, eussent été encouragés à déployer la même énergie contre les prêtres réfractaires et factieux. Son discours fut assez vivement applaudi [1]. Mais il suffit qu'un député, Duval (de la Seine-Inférieure) rappelât l'Acte constitutionnel; l'Assemblée passa à l'ordre du jour.

Néanmoins, le 1er février 1792, le directoire du département de Maine-et-Loire, voulant placer « sous la sauvegarde de la loi les personnes et les propriétés » des prêtres non assermentés, en même temps « mettre un terme au trouble de l'ordre public et à la fermentation des esprits », causés par « les suggestions des prêtres perfides et séditieux », arrêtait que ces prêtres seraient tenus de se rendre, sous huitaine, au chef-lieu, et d'y prendre leur résidence, sans pouvoir s'éloigner de plus d'une demi-lieue de la ville, sous peine d'y être ramenés par la force publique ; les rebelles, les retardataires, les défaillants à deux des appels, faits chaque matin, devaient être internés au Petit-Séminaire.

Cet arrêté fut expédié, le 4, aux directoires des départements voisins, avec une lettre, par laquelle les administrateurs angevins souhaitaient à leurs confrères de ne pas se trouver, comme eux, dans « l'impérieuse nécessité de prendre des mesures rigoureuses et sévères contre les aristocrates noirs [2] ».

Le 9, « les prêtres non assermentés du département de Maine-et-Loire adressaient à Louis XVI une protestation « terrible, dit J. Michelet [3], qui dut tromper le roi, l'enhardir, le pousser à sa perte ; qui peut passer pour l'acte originaire de la Vendée [4], qu'elle annonce, qu'elle prédit audacieusement. On y parle haut et ferme, comme ayant sous la main, pour arme disponible, une jacquerie de paysans. Cette page sanglante semble écrite de la main, du poignard de Bernier, un curé d'Angers qui, plus que nul autre, fomenta la Vendée, la souilla par ses crimes, la divisa par son ambition, l'exploita dans son intérêt [5] ». L'illustre historien, qui découvrit cette pièce

1. *Moniteur* de 1791, n° 356.

2. Voir t. Ier, p. 304-307, de la *Vendée angevine*, par M. Célestin Port (de l'Institut).

3. *Histoire de la Révolution française*, t. III, p. 497 (édit. de 1869).

4. Voir, en notre chapitre XIX, l'arrêté également adressé au Roi par l'Assemblée générale des citoyens de Châtillon, 10 novembre 1791, où déjà sont exprimées les menaces réitérées par les prêtres insermentés de Maine-et-Loire, le 9 février 1792.

5. Bernier (Étienne-Alexandre-Jean-Baptiste-Marie), né à Daon (Mayenne), le 31 octobre 1762, docteur en théologie à 21 ans, vicaire de Saint-Michel-la-Palud d'Angers à 25 ans, promu à la cure de Saint-Laud d'Angers le 26 février 1790, refusa le serment à la Constitution civile; un arrêté départemental lui interdit les fonctions pastorales, mais il continua néanmoins son cours de théologie. Lors de l'installation de l'évêque constitutionnel de Maine-et-Loire, Hugues Pelletier, il se prétendit muni des pouvoirs du précédent évêque d'Angers, Couet du Vivier de Lorry, et, à ce titre, s'attribua la juridiction épiscopale. (D'après une note de M. Célestin Port, p. 36 du t. II des *Souvenirs d'un nonagénaire*, qui cite la date de la protestation du prélat contre cette usurpation, 10 vendémiaire an II; voir aussi, de M. C. Port, l'article *Bernier*, dans le *Dictionnaire historique de Maine-et-Loire*.)

On a justement considéré l'abbé Bernier comme « l'âme de la Vendée ». Avec au-

capitale dans les papiers de l'Armoire de fer des Tuileries, n'en cite que quelques lignes ; la voici tout entière :

Au meilleur des rois[1].

Sire,

Ce que nous devons aux peuples qui nous conservent encore leur confiance, et ce que nous nous devons à nous-mêmes nous impose l'obligation de mettre sous les yeux de Votre Majesté et de lui dénoncer un arrêté du département de Maine-et-Loire, pour la supplier d'en arrêter l'exécution.

Quelque dur et quelque sévère qu'il soit pour nous, nous ne chercherions pas à nous y soustraire, si les peuples n'en devaient être les victimes aussi bien que nous, ou s'il portait l'empreinte auguste de la loi, à laquelle nous nous ferons toujours un devoir de nous soumettre, ou même si nous pouvions présumer qu'il entrât dans vos vues et qu'il pût être conforme à

tant d'ardeur que les chanoines de Luçon, Brumauld de Beauregard, il organisa les refus de serment, puis les rétractations des curés angevins, ainsi que l'opposition violente à l'installation des assermentés. Comme les missionnaires de Saint-Laurent-sur-Sèvre, il propagea l'emploi de prétendus miracles pour exaspérer les fidèles des « bons prêtres ». Ainsi, il prédit que son successeur dans sa cure de Saint-Laud serait frappé, le jour où il oserait célébrer sa première messe, de l'interdiction divine. En effet, lorsque cet « intrus » se présenta, il ne trouva pas de vases sacrés, il ne put faire sonner les cloches ni faire allumer les cierges ; tout avait été enlevé du tabernacle, les cordes du clocher avaient été coupées et les cierges mouillés.

Bien caché en 1792, lorsque les autorités départementales faisaient sortir de leur territoire les réfractaires nés ailleurs, et lorsque la loi du 26 août ordonnait que tous ceux qui définitivement refusaient le serment civique fussent exilés hors de France, il participa aux mouvements préparatoires de l'insurrection générale. Dès que fut créé le Conseil supérieur des armées catholiques et royales, à Châtillon, il en devint le membre le plus influent. Mais la présidence en ayant été décernée à Guyot de Folleville, soi-disant évêque d'Agra, sa jalousie clairvoyante surprit et dénonça la supercherie sacrilège employée pour entretenir le fanatisme des combattants. C'est lui qui sollicita le Bref du Pape Pie VI, qui n'arriva, d'ailleurs, pour confondre le faux évêque, qu'au moment du passage de la Loire, et que l'on garda secret.

Échappé au désastre de Savenay, l'abbé Bernier ne tarda pas à reparaître dans les armées de Charette et de Stofflet, qu'il s'efforça de réunir sous un nouveau Conseil supérieur. Deux des chefs vendéens, qui résistaient à la dictature de ce conseil, Bernard de Marigny, rival de Stofflet, et Joly, rival de Charette, furent, on le sait, fusillés par l'influence du curé de Saint-Laud.

Négociateur de la première pacification, obtenue par le général Hoche, Bernier fut l'excitateur de la reprise des hostilités, à la suite desquelles périrent et Stofflet et Charette. Lors du dernier grand soulèvement des Vendéens et des Chouans, à la fin du Directoire, c'est lui qui en procura l'apaisement au Consulat par des manœuvres que des royalistes qualifièrent de trahison. Il fut l'un des plus actifs collaborateurs de Bonaparte dans la conclusion du Concordat, qui lui valut l'évêché d'Orléans, qu'il occupa de 1802 à sa mort, le 1er octobre 1806.

Le nom de l'abbé Bernier est resté dans le recueil consacré par M. Alexis des Nouhes, avec la collaboration des écrivains royalistes, à la gloire des *Généraux et chefs de la Vendée militaire et de la Chouannerie* (in-f°, Paris, 1887). Mais, dans la brève notice qui le concerne, on lit ceci : « Accusé d'avoir provoqué l'exécution de Marigny, puis d'avoir livré Stofflet ; contribua beaucoup aux soumissions de 1800 et au Concordat ; mourut en 1806, évêque d'Orléans, peu estimé. »

1. Arch. nat., C 183, pièces des Tuileries, n° 70. Ce document, non signé, est de très belle écriture, sur onze pages de papier du plus grand format, attachées avec des faveurs bleues.

vos intentions, qui seront toujours pour nous des ordres, qu'on nous verra exécuter avec zèle. Mais, Sire, pouvons-nous et devons-nous et serait-il possible que vous voudriez nous soumettre à un arrêté que la loi ne peut avouer, à un arrêté qui nous donne des qualifications odieuses que nous ne méritons pas, et nous impute des crimes atroces dont nous fûmes toujours innocents; à un arrêté marqué au coin de la partialité et de la vengeance, à un arrêté qui porte atteinte aux droits de l'homme les plus sacrés et les plus solennellement proclamés, assurés et garantis par la Constitution; à un arrêté qui n'est qu'une nouvelle réclamation contre le *veto* que votre sagesse, votre humanité, votre zèle et votre protection pour la religion et ses ministres, vous ont fait apposer sur le décret foudroyant relatif aux prétendus troubles religieux ; à un arrêté qui a déjà été improuvé par l'Assemblée nationale, lorsqu'il lui a été présenté de la part et au nom du département de la Loire-Inférieure; à un arrêté enfin qui rend nulle et sans effet la lettre que M. le garde des sceaux vient d'adresser, en votre nom et d'après vos intentions, à tous les tribunaux du royaume relativement à la liberté religieuse. Tel est, Sire, l'arrêté contre lequel nous prenons la liberté de porter aux pieds de votre Trône, nos justes et indispensables réclamations; daignez nous permettre d'en fournir les preuves.

Cet arrêté, Sire, ne peut être avoué par la loi. Il n'en existe aucune qui nous impose l'obligation de quitter nos foyers et d'abandonner la ville ou le village, dont nous sommes ou dont nous voulons être citoyens, pour aller fixer notre domicile dans le chef-lieu du département. Cette loi, si elle existait jamais, serait une loi pénale; toute loi pénale suppose un crime ou un délit, et jamais elle ne peut être appliquée qu'à un coupable légalement convaincu. L'arrêté dont il s'agit, dans la seule supposition, disons mieux, dans la simple possibilité d'un crime ou d'un délit de la part des prêtres non assermentés, au mépris de toutes les formes légales, les prive tous de la liberté que la loi et la nature leur donnent de choisir le lieu de leur domicile, et leur en assigne un, où les faibles ressources qu'on leur a laissées, et dont plusieurs sont totalement privés, ne leur préparent qu'une existence précaire et malheureuse.

Cet arrêté, enfin, Sire, peut être considéré ou comme loi, ou comme jugement, ou comme règlement de police. Or, sous ces trois rapports, la loi le désavoue et le proscrit; l'arbitraire seul peut le revendiquer et se l'approprier.

Comme loi, il ne peut émaner que du Pouvoir législatif, qui n'est point confié aux départements, et dont, sans doute, la Constitution n'a pas privé l'Auguste Chef de la nation et son Roi, pour le transférer à ses subalternes, qui ne doivent agir qu'en sous-ordre.

Comme jugement, les tribunaux ont seuls le droit de le prononcer, dans les cas et d'après les formes déterminées par la loi.

Comme règlement de police, il n'appartient qu'aux municipalités et, par appel, aux juges ordinaires.

Il est vrai, Sire, que le département semble rendre hommage au pouvoir législatif, avouer et reconnaître que lui seul peut rendre obligatoire son arrêté, en lui imprimant le caractère sacré de la loi, puisqu'il dit, dans son préambule, que c'est sous le bon plaisir de l'Assemblée nationale qu'il prend cet arrêté. Mais, aussitôt, il désavoue cet hommage et dément cet aveu, puisque, par une inconséquence peu digne de la sagesse et des lumières dont il a fait preuve, sans attendre ce bon plaisir de l'Assemblée nationale, il ordonne l'impression, l'envoi, la publication et l'exécution de son arrêté, sous peine de responsabilité et même de forfaiture contre les municipalités coupables de négligence à cet égard. D'ailleurs, Sire, ce bon plaisir de l'Assemblée nationale est insuffisant, et cet arrêté, fût-il décrété par le Corps législatif, ne fera jamais loi, s'il n'est sanctionné par Votre Majesté. Comment donc et par quel principe peut-on ordonner l'exécution d'un arrêté, qui ne peut être regardé que comme le vœu et le projet d'une loi, dont nous espérons qu'il n'aura jamais le caractère?

Cet arrêté, Sire, nous donne des qualifications odieuses que nous ne méritons pas et nous impute des crimes dont nous fûmes toujours innocents. A quelle preuve et à quelle enseigne peut-on nous reconnaître et nous juger réfractaires? Le refus du serment nous a-t-il mérité cette qualification? L'Assemblée législative a décrété le contraire, et il n'y a, dans le vrai, que des réfractaires à la loi qui puissent s'obstiner à nous donner une qualification proscrite par la loi à notre égard et à laquelle elle a substitué celle de non assermentés. Comment peut-on prouver les intelligences et la correspondance que nous entretenons avec les émigrés? Qu'on articule et qu'on désigne les lieux où nous avons excité des séditions, des soulèvements, des insurrections, des troubles et des désordres quelconques, où nous avons arrêté le travail et la rentrée des contributions? Ah! s'il suffit, pour infliger des peines, d'imputer des crimes, quel sera celui qui pourra s'y soustraire? Et quand il serait vrai (ce qu'on n'a encore pu prouver, malgré toutes les dénonciations et les poursuites multipliées qui ont eu lieu contre plusieurs de nous), oui, quand il serait vrai que quelqu'un de nous se serait rendu coupable des crimes qu'on nous impute, serait-ce une raison pour nous infliger à tous la peine qu'ils méritent? Depuis quand une classe entière de citoyens doit-elle être proscrite et réduite en captivité, parce qu'il s'y trouve quelqu'individu coupable?

Loin d'être des séditieux et des perturbateurs de l'ordre et de la tranquillité publique, nous n'avons consulté et nous n'avons suivi que l'esprit et les devoirs du ministère de paix dont nous sommes honorés. Oui, Sire, c'est à nous, nous ne craignons pas de le dire, et la voix publique l'annoncera, si on la veut consulter, oui, c'est à nous que notre département est redevable du peu de troubles et d'insurrections qu'il a éprouvés. Jamais il n'en eût existé, si on n'eût écouté et suivi que la lettre et l'esprit de la Constitution, s'il n'eût point existé de clubs, si on eût laissé à chacun la liberté de son culte, si on n'eût point été si facile à écouter les plaintes et suivre les instigations des curés constitutionnels, qui, sur des délations sans fondement et sans preuves, et pour se venger de l'éloignement qu'avaient pour eux les peuples, ont sollicité l'envoi des gardes nationales, dignes instruments des vengeances des constitutionnels. Il n'est point d'horreurs que ne se soient permises ceux qui ont été envoyés, tant contre nous que contre des citoyens honnêtes et paisibles, qui n'avaient commis d'autre crime que celui de ne pas aller à la messe des nouveaux pasteurs qu'on leur avait donnés. Ah! Sire, si nous avions été et si nous étions encore ce qu'on nous suppose, que serait actuellement le plus grand des royaumes? Bientôt votre Trône n'aurait pour base que des cadavres et des monceaux de cendres. Car, nous osons vous le dire, il a fallu et il faut encore toute l'activité de notre zèle et tout l'empire de la religion, dont nous ne cessons de rappeler et d'inculquer au peuple les principes pacifiques et vraiment patriotiques, pour l'empêcher d'opposer une résistance active à l'oppression religieuse et à la privation de tous les secours spirituels, aux vexations enfin de tout genre sous lesquelles nous gémissons tous, prêtres non assermentés et peuples attachés à l'ancien culte. C'est pour ménager votre sensibilité que nous croyons devoir vous en épargner le détail.

Cet arrêté, Sire, est marqué au coin de la partialité et de la vengeance. Décidé à ne rien négliger pour accréditer les pasteurs assermentés, irrité de n'avoir encore pu y réussir, il tente un dernier moyen, il frappe un dernier coup qui puisse porter et sur les prêtres non assermentés, qu'il regarde comme la seule cause du peu de confiance qu'on a pour les assermentés, et sur les peuples, qui sont à ses yeux les dupes coupables des suggestions des non assermentés. En nous enlevant à nos paroisses, pour nous reléguer tous dans une ville et dans un séminaire, qui ne peuvent nous offrir qu'un séjour très désagréable, dès lors qu'il est forcé, il trouve le fatal et cruel moyen d'infliger, aux pasteurs et aux brebis qui leur sont restées fidèles, la plus sensible de toutes les peines, celle de ne pouvoir avoir ensemble cette relation, ce commerce spirituel que la conscience et la religion commandent.

Cet arrêté, Sire, est contraire aux droits les plus sacrés de l'homme. S'il était en effet exécuté, que deviendrait cette précieuse liberté, apanage nécessaire de l'homme, consacrée par tant de décrets, proclamée par tant de bouches, défendue par tant de bras, et qui ne reconnaît de bornes que celles de la loi? Un seul citoyen arrêté sans l'aveu de la loi, détenu ou forcé de se rendre dans un lieu, qui n'est pas de son choix ou que la loi ne lui a pas assigné, est un attentat contre la liberté, digne de la sévérité des lois. Quelle qualification donnera-t-on et infligera-t-on à un arrêté, qui condamne à la captivité une classe entière de citoyens à qui la loi ne peut rien trouver de répréhensible?

Cet arrêté, Sire, est une nouvelle réclamation contre le *veto* que Votre Majesté a cru devoir apposer sur le décret relatif aux prétendus troubles religieux. Vous n'avez pas sans doute oublié, Sire, tout ce que notre département s'est permis auprès de Votre Majesté, et tout ce qu'il a osé lui dire, dans une adresse, pour l'engager à lever ce *veto* qui a prévenu et empêché la perte totale, la destruction entière du clergé non assermenté et du culte qu'il professe. Vous l'avez appréciée, Sire, cette adresse, et toujours conséquent à vous-même, vous n'y avez eu aucun égard. C'est en conséquence que notre département revient à la charge, et, pour éluder le fait de votre *veto*, il présente son projet sous la forme d'un arrêté qu'il espère faire décréter par l'Assemblée nationale, et, par une exécution provisoire il ordonne, il espère parvenir au but que le *veto* de Votre Majesté lui a fait manquer. Mais, Sire, quand l'Assemblée nationale approuverait et décréterait cet arrêté (ce que nous ne saurions croire), vous en empêcheriez également les suites désastreuses par le refus de votre sanction, dont vos dispositions connues nous répondent d'avance, et nous espérons que vous voudrez bien défendre et arrêter l'exécution provisoire de ce cruel arrêté.

Cet arrêté, Sire, a déjà été improuvé, du moins tacitement par l'Assemblée nationale. Le département de la Loire-Inférieure en avait pris un tout semblable. Le rapport en fut fait à l'Assemblée nationale. Plusieurs membres le regardèrent comme attentatoire à ses droits, et, après de courts débats, on passa à l'ordre du jour. Comment donc le département du Maine-et-Loire se permet-il de prendre, de faire imprimer, exécuter un arrêté, dont tout lui annonce l'improbation de la part de l'Assemblée nationale. Car enfin peut-il se flatter que l'Assemblée nationale lui permettra plus volontiers qu'au département de la Loire-Inférieure d'attenter à ses droits et d'entamer son autorité par l'exécution provisoire d'un arrêté dont l'objet ne peut ressortir que du pouvoir législatif? A-t-il pu se persuader qu'il aurait plus de droit que tout autre à l'approbation de l'Assemblée nationale, et que des mesures, qui lui ont parues injustes et trop sévères à l'égard des prêtres non assermentés du département de la Loire-Inférieure, lui paraîtraient justes et modérés contre nous? Erreur, fausse prévention, vaine espérance de notre département.

Aussi juste qu'impartiale, l'Assemblée nationale ne nous sera pas moins favorable qu'elle l'a été aux prêtres non assermentés du département de la Loire-Inférieure. Elle nous soustraiera également qu'eux à un arrêté qui punirait des innocents. Elle est trop éclairée, trop réfléchie, trop conséquente pour revenir sur ses pas, admettre ce qu'elle a rejeté, approuver ce qu'elle a improuvé, lorsque l'objet et les circonstances sont les mêmes. Sommes-nous plus coupables que les prêtres non assermentés du département de la Loire-Inférieure? Qu'on le prouve légalement, et nous souscrirons à notre condamnation.

Enfin cet arrêté, Sire, rend nulle et sans effet la lettre que Monsieur le Garde des sceaux vient d'adresser à tous les tribunaux relativement à la liberté religieuse.

Cette lettre, Sire, avait calmé nos inquiétudes, dissipé nos alarmes et nous avait un peu rassurés sur notre sort et sur celui du culte auquel rien ne sera jamais capable de nous faire renoncer. Déjà nous nous étions flattés de voir finir un jour nos disgrâces et toucher au terme de la nouvelle persécution que nous éprouvons depuis plus d'un an. Déjà nous espérions pouvoir sous peu retourner dans des paroisses qui, pour n'être plus les nôtres aux yeux de la loi, le sont cependant encore dans une opinion qu'elle autorise comme toute autre, et qui est celle de la très grande majorité des peuples qui les composent, et leur administrer des secours que leur conscience ne leur permet pas de recevoir des nouveaux pasteurs. Mais, Sire, nous n'avons eu qu'une joie momentanée, qu'une espérance éphémère. L'arrêté de notre département vient d'augmenter les inquiétudes, les craintes et les alarmes de tous les prêtres non assermentés et de tous les peuples qui les suivent ; il a ravi aux uns et aux autres la douce et consolante espérance d'une liberté religieuse, consacrée par la Constitution, et de nouveau proclamée par le ministre de la justice, premier organe de la loi. Comment, en effet, ceux qu'on appelle dissidents jouiront-ils de la liberté religieuse, si on leur enlève les ministres de leur culte pour les reléguer dans un lieu d'où ils ne puissent avoir avec eux aucune relation? Un culte peut-il exister sans ministres en fonctions ?

Voilà, Sire, les motifs de nos réclamations contre un arrêté, dont nous serons peut être les victimes au moment où elles parviendront à Votre Majesté. Nous ne les avons point appuyés comme nous l'aurions pu, sur les motifs d'une religion qui fut jusqu'à nos jours l'unique religion de l'empire, d'une religion dont l'Auguste dépositaire vous regarde comme son Fils aîné, d'une religion qui trouva toujours sur le Trône, que personne n'a plus dignement que vous occupé, un asile, un protecteur, un défenseur ; une religion enfin pour laquelle votre attachement ne fut jamais suspect, dont le langage vous est familier, dont les maximes vous sont connues et dont la morale fut la règle unique de votre conduite.

C'est uniquement sous l'égide de la loi nouvelle et sous la sauvegarde de la Constitution que nous vous dénonçons l'arrêté d'un département qui, plus que tout autre, se dit et se croit le zélateur et le défenseur de la Constitution. Nous croyons, Sire, avoir démontré que cet arrêté est illégal, inconstitutionnel et tyrannique, et qu'il ne tend qu'à nous priver du plus précieux des avantages que nous assure la Constitution, nous voulons dire le libre exercice du culte auquel nous sommes attachés.

C'est en vain, Sire, que notre département, pour faire illusion, annonce dans son arrêté que c'est par intérêt et par zèle pour notre propre sûreté et pour nous soustraire à toute insulte, qu'il veut nous rassembler dans le chef-lieu. Nous ne prendrons point le change, et nous jugerons de ses dispositions et de ses sentiments pour nous par la conduite qu'il a tenue jusqu'ici à notre égard. Comment se persuader que, n'étant à ses yeux que des réfractaires, des séditieux, coupables de crimes qui ne méritent rien moins que les derniers supplices, il s'intéresse néanmoins à notre sûreté et à notre conservation? Nous ne vous dissimulerons pas, Sire, que nul lieu n'est moins sûr pour nous que la ville d'Angers. La manière indigne et cruelle dont y ont été conduits et traités plusieurs de nous, d'après les arrêtés des 21 mai et 21 juin derniers, les motions incendiaires, les projets sanguinaires qu'on a faits et annoncés dans tous nos clubs contre tous les prêtres non assermentés, dans le cas d'une guerre dont on aime à nous dire et à nous croire les auteurs, nous font redouter les derniers malheurs, si nous étions obligés de nous réunir dans la ville d'Angers. Si le département s'intéresse sincèrement à notre conservation, qu'il fasse cesser la persécution sous laquelle nous gémissons, qu'il n'autorise ni ne tolère les propos et les projets sanguinaires des factieux contre nous, qu'il fasse exécuter la Constitution, qu'il ne se permette pas de l'altérer, qu'il nous laisse jouir de tous les avantages qu'elle nous offre, qu'il nous donne la liberté d'exercer notre culte, qu'il nous laisse dans nos foyers, et nous y serons plus en sûreté que partout ailleurs.

C'est encore sans fondement, Sire, que le département annonce, dans le préambule de son arrêté, qu'il a été obligé de nommer des commissaires qui parcourent avec zèle différents districts pour pacifier les troubles occasionnés par le fanatisme. Personne ne se méprendra à cette assertion, et tout le monde sait que le fanatisme, dont le département parle, n'est que l'attachement que les peuples conservent pour les ministres du culte de leurs pères, et l'éloignement qu'ils témoignent pour les curés constitutionnels. C'est encore, sans doute, le fanatisme qui, dans toutes nos campagnes, a fait succéder aux chansons bachiques et lascives les cantiques sacrés, et qui fait retentir les airs des cris de la piété, des vœux ardents, des prières ferventes que les peuples réunis ne cessent d'adresser au ciel, par l'entremise de Celle qui est le canal de la grâce et la protectrice de la France, pour obtenir le rétablissement de l'ordre, le retour de la paix et la prospérité de l'empire. Est-ce donc là, Sire, un fanatisme? l'attachement à sa Religion et le recours à la protection de la Mère de Dieu sont-ils donc des crimes?...

Les commissaires envoyés par le département dans les différents districts, où très certainement la paix régnait avant leur arrivée, n'ont fait qu'y jeter le trouble et l'alarme en dépouillant les temples, en enlevant les cloches, les vases et les ornements sacrés, en brisant les tabernacles, en renversant les autels, en fermant des églises non supprimées, ou qu'on demandait à louer pour l'exercice du culte romain, en établissant des clubs où il n'y en avait point, en rappelant des curés assermentés dans des paroisses qu'ils avaient abandonnées, parce qu'ils n'étaient suivis de personne, en répandant enfin des écrits capables de nous faire égorger ainsi que la noblesse ; et ce sont, Sire, ces malheureux écrits qu'ils ont répandus avec profusion et substitués aux écrits qu'ils appellent incendiaires, parce qu'ils contiennent les preuves de la religion, les principes de la foi.

La voix publique s'élève, dit encore le préambule de l'arrêté. Oui, Sire, et c'est pour crier vers vous et vous solliciter d'arrêter l'injustice, l'irréligion et la persécution qui ne font qu'augmenter de toutes parts, et réclamer la liberté religieuse. Si les bureaux du département sont, comme il le dit, chargés de dénonciations, elles n'ont pour auteurs que les curés jureurs qui n'en ont encore pu prouver aucune, et dont plusieurs ont légalement fait condamner aux frais qu'elles avaient occasionnés ceux qui les avaient faites.

C'en est assez, Sire; nous craindrions d'abuser de votre bonté et de votre patience. Vous connaissez la justice de nos réclamations; daignez-y faire droit. Cassez et annulez l'arrêté que nous vous dénonçons, et, si l'on parvenait à surprendre la religion, l'équité et l'humanité de l'Assemblée nationale, au point de lui faire décréter cet arrêté cruel et tyrannique, frappez-le de votre *veto*. Employez, Sire, tout ce que la Constitution vous a laissé d'autorité pour faire cesser une persécution dont les prêtres et les peuples fidèles à la religion de leurs pères sont les tristes et malheureuses victimes ! Qu'il leur soit permis, comme il l'est aux juifs, aux protestants, et à Paris, d'avoir leurs temples, leurs autels et leurs ministres! Ils offrent d'acheter ou de louer les uns, et de pourvoir à la subsistance des autres. C'est l'unique moyen de rétablir la paix et la tranquillité dans le royaume, qui n'ont disparu qu'au moment où on a voulu commander la confiance, et tyranniser les consciences. C'est l'unique moyen de faire cesser les plaintes, les murmures et les mécontentements qui occasionnent des malheurs, des désordres, des vexations, qu'on attribue à une Constitution dont ils ne sont que l'abus; enfin, c'est l'unique moyen de prévenir les suites désastreuses d'un persécution prolongée et d'une longue obstination à refuser une liberté que la loi et la Constitution garantissent.

Jusqu'ici, nous avons contenu le peuple, et, honorés de sa confiance, nous l'avons jusqu'ici empêché de franchir les bornes d'une résistance passive. Mais, Sire, si on nous éloigne de lui, si on l'abandonne à l'indignation et au désespoir que peuvent lui causer la nouvelle persécution qu'on nous prépare et une plus longue privation de tous les secours de la religion, qui peut prévoir et qui peut calculer les excès auxquels il peut se porter? Vous ne savez que trop, Sire, ce dont est capable un peuple qui croit n'agir que par patriotisme. De quoi ne sera-t-il pas capable, quand il croira ne suivre que sa conscience et n'agir que pour conserver ou recouvrer ses temples, ses autels et sa religion? Prévenez, Sire, prévenez de pareils malheurs; il en est encore temps, vous le pouvez. Vous êtes le père de vos peuples, tous vous sont égaux, tous vous sont également chers. Daignez donc les faire tous jouir de la même liberté civile et religieuse. Vous aimez, vous désirez la paix, écartez donc la tyrannie religieuse avec laquelle elle ne peut régner. C'est en acquiesçant à nos justes demandes, que vous mettrez et les prêtres et les peuples dans le cas de redoubler, dans les temples et aux pieds des autels que vous leur aurez rendus, leurs vœux et leurs prières pour la prolongation et la prospérité de votre règne et la conservation et le bonheur de votre illustre famille, auxquels personne ne s'intéressera jamais plus que ceux qui ont l'honneur d'être, de Votre Majesté, Sire, les très humbles, très obéissants serviteurs et très fidèles sujets,

Les prêtres non assermentés du département de Maine-et-Loire.

PREMIERS ACTES DE RÉPRESSION EN VENDÉE

Jusqu'à la fin du mois de février 1792, l'administration départementale de la Vendée n'avait pris aucune mesure générale contre les prêtres réfractaires. Les poursuites requises par les districts de Challans, des Sables et de la Châtaigneraie, contre ceux qui s'étaient trouvés personnellement compromis dans les séditions de 1791, avaient été abolies par l'amnistie du 15 septembre[1]. Depuis lors, l'ordre n'avait été maintenu matériellement que grâce aux minutieuses précautions militaires de Dumouriez. Par un seul acte, F.-J. Pichard du Page étant encore procureur général syndic, dans les derniers jours du mois de novembre 1791, le directoire du département, renouvelé, avait, dit l'un de ses membres, Mercier du Rocher[2], commencé à « faire sentir aux factieux que leurs manœuvres ne seraient plus souffertes. » Il avait « arrêté la destruction d'une cha-

1. Voir plus haut, chap XVIII.
2. Dans ses Mémoires inédits, 1er cahier.

pelle élevée dans le cimetière de Sainte-Flaive, foyer de fanatisme et de désordre. » Le nouveau procureur général syndic, Séverin Pervinquière, n'entretenait pas, comme son prédécesseur, des relations compromettantes avec les ci-devant nobles et les anciens membres du haut clergé ; mais il était rigoureusement constitutionnel, et, durant plusieurs semaines, il empêcha la Vendée de suivre l'exemple de la Loire-Inférieure et de Maine-et-Loire.

Cependant il se produisait dans les districts, en particulier dans celui des Sables, des faits d'une gravité telle que l'administration centrale se vit dans l'impossibilité d'attendre une loi spéciale sanctionnée, les bras croisés devant la violation flagrante de toutes les lois générales.

ATTENTAT CONTRE LE MAIRE DE LA BOISSIÈRE-DES-LANDES

Le 24 février 1792 se présente au directoire du district des Sables le maire de la Boissière-des-Landes, Pierre Rayneau, qui dit[1] :

Messieurs, je viens déposer dans votre sein des attentats commis contre mon existence et contre la Constitution.

Dans les premiers jours de décembre dernier, un sieur Robin, prêtre chassé de la paroisse des Essarts pour mauvaise conduite et renvoyé des prisons de cette ville, vint s'établir à la Boissière, où il n'y avait pas de prêtre depuis le déplacement du sieur Bonnaud ; il y offrit ses services et d'y exercer les fonctions de curé. Le peuple crédule et fanatique adopta le sieur Robin, et, au bout de deux jours, son esprit malveillant commença à percer. Un certain nombre de factieux me demandèrent de placer ce prêtre zélé dans la maison curiale de la Boissière. Je m'y refusai, ne pouvant reconnaître aucun pouvoir dans le sieur Robin. Ils me menacèrent de m'y forcer, même de m'assommer, avec deux autres citoyens qui osaient, comme moi, se montrer patriotes.

Depuis ce temps le sieur Robin s'est permis d'exercer tous les pouvoirs d'un légitime pasteur ; il a marié, baptisé, inhumé et administré les sacrements ; mais à ces pieux exercices il en a mêlé de bien criminels ; il a travaillé le peuple pour le porter à des excès contre les magistrats et à méconnaître les lois, surtout celles sur la Constitution civile et sur les impôts.

Ces coupables manœuvres du sieur Robin se reconnaissent principalement aux murmures continuels, aux fermentations sourdes, aux menaces et aux violences, qui n'ont cessé d'être manifestées par la majeure partie des habitants de la Boissière depuis la présence dudit sieur Robin. Enfin les tentatives de ce prêtre pervers ont éclaté ces jours derniers, et j'en ai été presque mortellement victime.

Lundi dernier, 20 de ce mois, me rendant de la foire des Moutiers, je

1. Extrait des registres des délibérations du district des Sables, séances des 24 février et 12 mars 1792, Arch. du départ. de la Vendée.

rencontrai sur la route les nommés Giraud et Artaud, de la Béjoire, paroisse de Saint-Vincent-sur-Graon, qui, aussitôt qu'ils m'aperçurent, vomirent des injures atroces contre les patriotes et contre le nouvel ordre des choses. Trop faible pour résister aux menaces que ces particuliers manifestaient, je résolus de me taire. Mais des menaces ils en vinrent aux voies de fait, ils se jetèrent sur moi en criant : *Il faut tuer ce démocrate!* L'un d'eux me porta un coup de bâton sur un bras et l'autre se disposa à le seconder, mais heureusement plusieurs particuliers présents m'arrachèrent de leurs mains.

Les fidèles agents du sieur Robin ne voulant pas demeurer court, furieux de voir leur proie s'échapper, prirent les devants, s'embusquèrent sur ma route, et m'attendirent devant un lieu appelé la Jaunerie. Ils se jetèrent de nouveau sur moi, me frappèrent de plusieurs coups violents. Girard me terrassa et me prit à la gorge en disant : *Je vais l'étrangler!*

Déjà, Messieurs, je n'avais plus la force de crier au secours, dont j'avais si grand besoin, et certainement j'eusse perdu la vie sans l'arrivée d'un nommé Dubois et de trois femmes, qui m'arrachèrent encore des mains de ces assassins.

Le lendemain mardi, ces scènes d'horreur furent renouvelées. Girard et Artaud s'attroupèrent avec plus de trente individus de leur parti, et, tous armés de gros bâtons, ils me cherchèrent pour enfin me porter le dernier coup et venger le sieur Robin, dont j'avais eu le courage de vous dénoncer les entreprises.

Instruit de cet attroupement, je me retirai chez le sieur Gautier, qui voulut bien me recevoir; mais les factieux en furent bientôt instruits : ils se disposèrent à investir la maison du sieur Gautier, et j'en sortis rapidement.

Le mercredi, le même attroupement se forma; je fus poursuivi de nouveau, je ne fus pas encore atteint; alors les factieux désespérés firent une bonne promesse de me tirer à coups de fusil à la première occasion.

Telles sont, Messieurs, les atrocités dont j'ai été victime. La Constitution m'est chère, et je la soutiendrai; mais je ne puis plus exercer les fonctions que le vœu public m'a confiées : il n'y a plus de sûreté pour moi dans la commune de la Boissière, je serai forcé de m'en exiler, si la loi protectrice de tous ne vient à mon secours; si vous, Messieurs, qui en êtes les agents, n'en déployez toute la force pour m'obtenir sûreté et liberté. Je réclame une justice trop nécessaire. Mon zèle pour la loi a pensé me coûter la vie, la loi me doit donc un juste retour; et, s'il est besoin, je déclare même faire toutes les dénonciations nécessaires des faits ci-dessus, que j'affirme sincères et véritables.

Et a signé : RAYNEAU, *maire de la Boissière.*

Arrêté du district des Sables.

Vu la déclaration du sieur Rayneau, maire de la paroisse de la Boissière, contenant dénonciation d'attroupements séditieux, de violences exercées sur sa personne et de résistance aux pouvoirs constitués;

Le directoire,

Considérant que l'assassinat qui a été sur le point de se consommer dans la personne du sieur maire de la Boissière porte tout ensemble atteinte à la Constitution et aux droits les plus sacrés des citoyens;

Considérant que les attroupements séditieux, provoqués par les nommés Robin, Girard et Artaud, n'ont pour but que le renversement de l'ordre établi par la loi, et qu'il importe à la sûreté des citoyens comme à l'intérêt public de punir ces coupables manœuvres;

Considérant que la déclaration dudit sieur maire n'est pas la seule pièce qui constate ces délits, mais qu'ils sont encore acertainés par deux missives des sieurs maires de la commune des Moutiers et de celle de Saint-Vincent-sur-Graon, voisines de celle de la Boissière;

Considérant enfin que les délits dont il s'agit doivent, aux termes de la loi du 29 septembre, être dénoncés aux officiers de police;

Après avoir entendu le commissaire procureur syndic,

Arrête que copie de la déclaration et dénonciation du sieur maire de la Boissière sera remise dans le jour au sieur capitaine commandant de la gendarmerie nationale de cette ville, comme officier de police compétent dans toute l'étendue de ce district, ensemble copie des lettres des sieurs maires des Moutiers et de Saint-Vincent, pour être par lui délivré contre les prévenus le mandat d'amener devant le juge de paix du lieu du délit, conformément à l'article 14 du titre V de la loi du 29 septembre;

Arrête, en outre, que copie du présent arrêté et de la dénonciation du sieur Rayneau sera transmise sans délai au directoire du département.

Réquisition de la gendarmerie.

Le mandat d'amener devant le juge de paix du canton du Poiroux ayant été sur-le-champ délivré par le sieur Mauflâtre, capitaine de la gendarmerie nationale de cette ville, le directoire a adressé un réquisitoire par écrit au commandant du détachement de cavalerie qui est en cette ville pour qu'il fasse partir dix hommes de sa troupe, pour accompagner l'huissier chargé dudit mandat d'amener, et lui prêter main-forte si besoin est.

Il a été écrit, tant au juge de paix du canton du Poiroux, auquel il a été adressé copie des déclarations et arrêté ci-dessus, qu'aux officiers municipaux du Poiroux et de la Boissière, pour qu'ils fassent fournir auxdits cavaliers l'étape et les choses nécessaires.

Signé : BIRET, commissaire procureur syndic; ROBERT, président; MERCEREAU; DELANGE, secrétaire.

Le 12 mars, est donné à la gendarmerie nationale l'ordre d'exécuter le « mandat d'arrestation, décerné par le juge de paix du Poiroux contre Robin, prêtre, auteur des troubles qui ont eu lieu à la Boissière ». — Le signalement de Robin est joint à l'ordre.

Le 16, le directeur du jury a fait au tribunal du district des Sables :

Rapport d'une procédure commencée devant le juge de paix du canton du Poiroux, sur la dénonciation du sieur *Rayneau*, maire de la Boissière, contre le nommé *Girard* et ses complices, prévenus d'assassinat tenté le 20 février dernier sur ledit sieur Rayneau, venant de la foire des Moutiers;

d'attroupements séditieux et de menaces violentes, dirigées au bourg de la Boissière sur la personne dudit Rayneau et contre sa vie; ladite procédure aussi dirigée contre le sieur *Robin*, prêtre, prévenu d'avoir, sans nomination émanée d'une autorité légitime, exercé publiquement audit lieu de la Boissière toutes les fonctions d'un véritable curé...

Le tribunal délibérant, ouï le commissaire du roi en ses conclusions, a été d'avis que l'un et l'autre délits étaient de nature à être présentés au juré et devaient être enveloppés dans une seule et même accusation.

NICOLLON, CHEVALLEREAU, BRÉCHARD, REGAIN, juges;
G.-C.-D.-L. MERCIER, commissaire du roi; BIROCHÉ, greffier.

Le tirage des jurés est opéré le 20. Le 27, l'affaire est soumise aux huit jurés désignés par le sort, et leur réponse est : OUI, IL Y A LIEU *contre Girard, Ferron et Robin.*

Cependant il ne subsiste d'autre trace de la poursuite, après arrestation des prévenus et perquisition chez eux, que la mention d'un « interrogatoire de Robin, prêtre, reçu par Bréchard, juge au tribunal du district, ensemble la conclusion du ministère public et l'*ordonnance de relaxation* »[1].

L' « inventaire par bref des dossiers du tribunal du district des Sables, dressé en l'an IV », indique qu'il y eut jugement, par le tribunal criminel du département de la Vendée, contre l'abbé Robin, le domestique Girard, le garde-chasse Ferron, et autres prévenus de tentative d'assassinat sur Rayneau, maire[2]. »

DÉFENSE DU CURÉ D'OLONNE CONTRE LE PRÊTRE NON ASSERMENTÉ[3]

Le 1er mars est adressée au directoire du district une requête du curé d'Olonne, Bonnaud, « pour qu'il soit fait défense au prêtre réfractaire Girard de le troubler dans l'exercice de ses fonctions ecclésiastiques. » Le directoire appelle à comparaître les deux prêtres et les officiers municipaux d'Olonne.

Le 6 mars, à onze heures du matin, se présentent le sieur Charles-Louis Bonnaud, curé d'Olonne; les sieurs René Brochard, maire de ladite paroisse, Jean Massi, officier municipal, et Jacques Mourain, procureur de la commune. Le maire dépose, l'officier municipal et le procureur signent :

Les faits des plaintes du sieur curé sont sans fondement légitime; le

1. Reg. B et D, et liste FF des papiers trouvés dans le grenier du greffe du tribunal des Sables.
2. Ibid. Mais le dossier coté DDD ne se retrouve pas.
3. Extraits des registres des délibérations du district des Sables, aux Archives de la Vendée.

prêtre (Girard) n'a jamais voulu le gêner dans l'exercice de ses fonctions, ni l'obliger de s'abstenir de chanter ses matines, pendant que lui (Girard) disait sa messe; il est vrai qu'ils en ont fait la prière, mais sans entendre l'y forcer; le motif qui les avait déterminés à faire cette prière au sieur curé, c'est que, dans leur paroisse, ils avaient essentiellement besoin d'une première messe; ils n'ont pas non plus menacé le sieur Bonnaud de le laisser sans secours, à la merci des factieux qui pourraient exciter des troubles; au contraire, ils avaient toujours protégé ledit sieur curé.

Bonnaud maintient sa requête.

Arrêté du district des Sables.

Le directoire du district des Sables,

Considérant que la conduite des officiers municipaux d'Olonne ne paraît pas avoir ou exposé le sieur Bonnaud ou l'avoir forcé à souscrire aux ridicules prétentions du prêtre Girard;

Considérant que le sieur curé d'Olonne est libre d'exercer ses fonctions aux heures qu'il lui plaît et de la manière qu'il l'entend; qu'il a seul un droit légitime aux prérogatives de son église et que nul ne peut l'y troubler;

Considérant enfin qu'il est notoire que le prêtre Girard ne cesse d'exciter des mouvements séditieux dans les paroisses d'Olonne, Sainte-Foy, Brem et circonvoisines, mouvements qui pourraient avoir des suites fâcheuses pour le sieur Bonnaud;

Ouï le commissaire procureur syndic;

Arrête que la municipalité d'Olonne mandera le sieur Girard pour se rendre au lieu de ses séances et lui enjoindre de se comporter paisiblement dans la commune d'Olonne, d'être circonspect envers le sieur Bonnaud et de lui laisser le libre exercice de ses fonctions;

Que ladite municipalité enjoindra en outre audit sieur Girard et recommandera au peuple, à l'issue de la première messe, sous peine d'en être puni, l'obéissance et la soumission aux lois, de ne pas intervertir l'ordre établi et de respecter les pouvoirs légitimes confiés au sieur Bonnaud;

Arrête, en outre, que le corps municipal d'Olonne adressera au directoire copie de la délibération qu'il sera tenu de faire sur les remontrances dont il est chargé envers le sieur Girard, et en fera afficher une autre copie à la porte de l'église d'Olonne;

Signé : Bouhier, vice-président; Biret, procureur-syndic; Robert, Delange, Mercereau, administrateurs.

OPPOSITION DU PRÊTRE DE BRETIGNOLLES A UN MARIAGE AUTORISÉ PAR L'ÉVÊQUE CONSTITUTIONNEL

Le 5 mars, était dénoncé le sieur Deschamps, prêtre de Bretignolles, qui refusait de reconnaître la validité des dispenses accordées par l'évêque de la Vendée pour un mariage entre deux jeunes gens de la paroisse, cousins.

Arrêté du district des Sables[1].

Vu une infraction à l'article 4 du titre Ier de la loi du 24 août et une insulte aux autorités constituées;

Considérant que la conduite du sieur Deschamps est encore devenue plus peccable par les procédés dont il a fait suivre son premier refus, en plaidant lui-même, devant le tribunal de cette ville, que l'évêque constitutionnel n'a pas le droit de dispenser André Roux et Marie Mesnard, que la loi du 24 août (1790)[2] n'avait pu détruire les canons, les rites, les formes romaines, etc.;

Considérant que ledit Deschamps ne cesse publiquement de crier à l'impiété contre la loi et contre le jugement qui l'a condamné à procéder au mariage d'André Roux, afin de soulever les esprits déjà trop disposés à soutenir la cause du fanatisme et de l'ignorance;

Le directoire du district des Sables,

Ouï le commissaire procureur syndic,

Arrête que MM. les administrateurs et procureur général syndic du département seront priés :

1° De déclarer ledit Deschamps déchu de tout traitement;

2° De prendre les mesures nécessaires pour obliger ledit Deschamps de résider dans le chef-lieu du département, pour que sa conduite soit exactement surveillée, ou qu'il soit forcé de résider dans un autre département[3].

TENTATIVES DE SÉDUCTION DE SOLDATS

Le 13 mars, était amené à la mairie des Sables « Cougnaud, clerc tonsuré, prévenu d'avoir cherché à surprendre la fidélité de deux grenadiers du 84e régiment », et d'avoir « tenu des propos attentatoires à la Constitution ». La municipalité le faisait conduire devant le juge de paix. Celui-ci, après l'avoir confronté avec les grenadiers, le renvoyait devant le jury d'accusation du tribunal du district, au lieu de le retenir simplement prisonnier, en attendant, sur son cas, une décision de l'Assemblée nationale, suivant l'intention exprimée dans l'arrêté municipal. Sur quoi, en expédiant le commencement de la procédure à Paris, le maire écrivait[4] :

... Le juge de paix a interrogé le sieur Cougnaud et a entendu les deux grenadiers; malgré que leurs dépositions de la veille dussent lui suffire pour éclairer sa religion, au lieu de réserver à l'Assemblée nationale, comme nous

1. Extrait des déclarations du district des Sables, aux Archives de la Vendée.
2. Sur la Constitution civile du clergé.
3. Mêmes signatures qu'à l'arrêté précédent.
4. Correspondance municipale des Sables, reg. B.

l'avons fait, de rendre un décret d'accusation contre ledit sieur Cougnaud, il l'a mis entre les mains du juré d'accusation. Nous devons aussi vous observer que le juge de paix a pris les dépositions de ces deux grenadiers dans un état d'ivresse qui les empêche de se reconnaître ; ce qui diminue de beaucoup la force de leurs premières dépositions...

Le tribunal du district reçut, le 14 mars, du greffier du juge de paix, « l'examen du sieur Joseph Cougnaud, les déclarations des sieurs Bouin et Tuffin, témoins ». Le directeur du jury d'accusation demanda s'il y avait lieu de convoquer les jurés, la municipalité dénonciatrice ayant fait mettre « ledit Cougnaud en arrestation jusqu'à ce qu'il en fût autrement ordonné par l'Assemblée nationale ». Le tribunal, le 15, jugea « qu'il n'y avait pas lieu à délibérer » et arrêta que « le commissaire du roi était prié d'adresser au ministre de la justice sa décision avec un mémoire circonstancié des faits[1] ».

L'affaire fut soumise à l'Assemblée législative. On lit au procès-verbal de la séance du 28 mai[2] :

Un membre du Comité de surveillance fait un rapport sur l'accusation d'embauchage intentée contre le sieur Joseph Cougnaud, clerc tonsuré, et propose de décréter qu'il n'y a pas lieu à accusation.

L'Assemblée décrète qu'il n'y a pas lieu à accusation contre le sieur Cougnaud, et, sur la motion qui en est faite, qu'il sera fait mention honorable au procès-verbal de la conduite vigilante de la municipalité des Sables d'Olonne.

Cougnaud fut mis en liberté, comme quelque temps auparavant un autre prévenu des mêmes délits de « propos contre la Constitution » et de « tentative d'embauchage de militaires », Baudry de la Richardière[3]. Ce « mauvais sujet » comme l'appelait Dumouriez[4], se plaisait à offrir aux officiers des diverses garnisons qui se succédaient des dîners très compromettants. Les poursuites exercées contre lui à la fin de 1791 n'aboutirent pas plus que celles auxquelles il avait été l'objet dès 1789. Un conflit de juridiction s'éleva entre la justice de paix et le tribunal de police. La municipalité qui l'avait fait mettre en arrestation constatait elle-même que « la loi paraissait muette sur le crime dont il s'était rendu coupable » ; elle demandait à l'Assemblée nationale de « classer son délit et, si aucune peine n'y parais-

1. Sur les affaires de Cougnaud et de Baudry de la Richardière il y a quelques notes dans les papiers du tribunal civil des Sables, registre D du juré d'accusation et n^{os} DD et II de l'Inventaire des procédures criminelles.

2. P.-V. imprimé, p. 651.

3. Voir notre tome Ier, p. 86-87.

4. Dans le « Journal de ma tournée d'août », ci-dessus p. 28.

sait applicable, d'en déterminer, dans sa sagesse, une qui conciliât tous les intérêts[1] ».

Ce dont la Législative s'abstint, demeurant jusqu'à la Révolution du 10 août, impuissante à fournir aux autorités constitutionnelles les moyens légaux de réprimer les manœuvres contre-révolutionnaires les plus évidentes.

AVIS DES DÉPARTEMENTS DE LA LOIRE-INFÉRIEURE, DE MAINE-ET-LOIRE A CELUI DE LA VENDÉE

Le directoire du département de la Loire-Inférieure transmettait, le 25 février 1792, au directoire de la Vendée le nouvel arrêté qu'il venait de publier, confirmant deux précédents, pris depuis le 6 juin 1791, et d'après lequel les ecclésiastiques réfractaires, réunis au chef-lieu, étaient tenus de répondre, tous les jours à midi, à un appel du commissaire départemental.

Les administrateurs terminaient ainsi leur lettre d'envoi :

... Quelques-uns (des ecclésiastiques) nous ont demandé la permission de partir, qui leur a été accordée; plusieurs autres la demandent encore, mais nous nous sommes décidés à la refuser jusqu'à ce que nous ayons préalablement eu votre consentement, parce que nous avons pensé : 1° que vous ne verriez peut-être pas avec plaisir ces mauvais citoyens fixer leur séjour dans le pays que vous administrez; 2° que vous seriez bien aises d'être avertis de leurs projets, afin de prendre des mesures qui ne seront point inutiles contre des ennemis aussi acharnés. Au reste, nous ne répondons pas qu'ils ne partent sans permission.

Nous attendons votre réponse à ce sujet, et vous invitons à user de tous les moyens que nous avons employés pour arrêter les entreprises de ces prêtres fanatiques. Peut-être, en leur ôtant la faculté de nuire, leur imprimera-t-on l'envie de se retirer soit en Espagne, soit à Rome, parti qui a déjà été pris ces jours derniers par plusieurs de ceux qui étaient ici (à Nantes).

Nous sommes vos frères et amis, les membres du directoire du département de la Loire-Inférieure,

Joyau, pour le président; *Caviezel*, *G. David*, *Donnet*, *Payen*, *Dufrexou*; *Letourneux*, procureur général syndic; *Grelier*, secrétaire général.

Le 28 février, les administrateurs de Maine-et-Loire, *Bruillon*, vice-président; *Crestault*, *de la Vigne*, *Fillon*, *Brichet*, *L.-J. Bardit*, et le procureur général syndic *Boulet*, avertissaient leurs « frères, amis et bons voisins de la Vendée », que les ci-devant curé et vicaire de Saint-Christophe-du-Bois, près Cholet, n'ayant pas prêté serment, avaient

1. Lettre du 2 janvier 1792, dans la correspondance municipale des Sables, reg. B.

été remplacés ; qu'ils avaient fixé leur résidence à Mortagne, en Vendée, « sans discontinuer de parcourir sans cesse leur ancienne paroisse » ; que, sur la réquisition de la municipalité (de Saint-Christophe), la garde nationale de Cholet les avait arrêtés, « dans une maison à peu de distance de la démarcation des deux départements », et les avait fait conduire à Angers.

Nous espérons, ajoutaient-ils, que vous approuverez cette mesure, votre territoire se trouvant par ce moyen purgé de plusieurs de ces ecclésiastiques, dont la présence compromet partout le bon ordre et la tranquillité publique.

L'Assemblée nationale n'ayant rien prononcé relativement à notre arrêté du 1er de ce mois, les corps administratifs s'empressent de l'exécuter avec une telle activité que, dans ce moment-ci, le chef-lieu de notre département renferme dans ses murs environ 400 de ces prêtres [1].

Ces avis des départements voisins, s'ajoutant aux délibérations des districts patriotes, firent une vive impression sur les administrateurs vendéens. Les deux plus énergiques du directoire, le jeune Fayau, futur conventionnel, et Mercier du Rocher prirent l'initiative, et, malgré les constitutionnels purs, réussirent à faire adopter un premier arrêté contre les prêtres nés hors du département.

Voici ce que raconte Mercier [2] :

... Fayau et moi nous proposâmes au Directoire un arrêté portant que tous les prêtres réfractaires, remplacés dans leurs fonctions, seraient tenus de sortir de notre département, s'ils n'y étaient pas nés. Je rédigeai le considérant, Fayau se chargea des articles.

Nous présentâmes notre travail au Directoire, qui d'abord ne nous avait pas paru éloigné de l'adopter. Les membres qui étaient présents étaient Bonnamy, arrivé de Paris depuis peu de jours, Vinet, Fayau, moi ; Esnard, Paillou et Luminais étaient absents ; Pervinquière, qui commençait à se lier avec Pichard et Biaille-Germon, maire de Fontenay, combattit de toutes ses forces notre projet d'arrêté. Il dit qu'il était contraire à la Déclaration des droits. Bonnamy fut de son avis ; Vinet adopta son opinion par faiblesse ; Esnard ne voulut pas délibérer, parce qu'il craignait Bonnamy, dont il avait été le greffier [3]. Enfin on n'osa pas rejeter notre proposition ; on l'ajourna, en

1. Ces deux avis sont annexés au texte imprimé de l'arrêté du 5 mars, Arch. nat., F19 481¹.

2. Mémoires inédits, 1er cahier.

3. Bonnamy, le père du vaillant général (voir ci-dessus p. 186) était l'ancien maître des eaux et forêts de Fontenay. « Fils d'un fermier de Mouilleron, il avait, dit Mercier du Rocher, déployé dans cette place toute l'insolence et la petite vanité de son caractère. Il s'était ligué plus d'une fois avec Élie de Beaumont, intendant des finances du comte d'Artois, apanagiste du Poitou, et avait sacrifié les intérêts de ses concitoyens à ceux de ce prince et de ses agents ; il avait employé à cet égard les ruses et les détours les plus avilissants. C'était un homme sans moyens et qui n'avait d'autre mérite que de faire lâchement la cour aux grands, et de traiter avec hauteur ceux qui avaient affaire à lui. »

pensant bien qu'elle ne passerait pas et que nous n'aurions pas la majorité. Nous usâmes d'une ruse qui nous réussit. Le lendemain, Esnard trouva notre projet transcrit au net sur le bureau du Directoire ; il se plaignit beaucoup, il le remit à Pervinquière, en disant que cette pièce n'avait été mise là que pour surprendre la signature des membres qui ne l'avaient pas adoptée. Pervinquière la déchira en ma présence, en proférant des paroles injurieuses qui me piquèrent vivement. Fayau était sorti ; il n'éprouva pas, comme moi, la douleur de s'entendre traiter d'intrigant. Je n'ai jamais connu d'autre parti que celui du bonheur de ma patrie. J'avais passé ma vie dans l'obscurité, sans vouloir occuper aucune place. L'envie de servir la Révolution m'a fait tirer de la solitude. Les reproches que me fit Pervinquière me firent verser des larmes. J'allai de suite trouver Fayau ; il n'était pas chez lui ; je me rendis confier mes chagrins à Gratton, lieutenant-colonel du bataillon.

Nous étions à la fin de février. Tous les mois on allait au scrutin pour donner la voix prépondérante à l'un de nous. Celui à qui elle était dévolue décidait en cas de partage égal d'opinions. Bonnamy était en campagne ; je proposai à Fayau d'appeler Moulins pour compléter le Directoire ; on ne pouvait s'y refuser ; il nous manquait un membre, il était suppléant. Il fera nombre, dit Pervinquière en souriant, et moi, je disais en moi-même : Il fera pour deux ! Moulins arrive, nous lui faisons part de notre projet, nous faisons tirer au scrutin la voix prépondérante. Pervinquière, comme procureur général, ne votait pas. Fayau et moi nous portâmes sur frère Moulins, il porta sur l'un de nous ; Vinet et Esnard votèrent l'un pour l'autre, de sorte que Moulins eut deux voix contre une. Bien sûr de la majorité, je proposai à Fayau d'attendre le retour de Bonnamy pour faire passer notre arrêté à sa barbe. Fayau ne voulut point de délai ; on délibéra, nous triomphâmes. Pervinquière ne pouvait se contenir ; il fit insérer ses conclusions avant les articles de notre arrêté. Le secrétaire fit imprimer toute la discussion, pour faire connaître les membres qui avaient opiné contre, et rendre odieux ceux qui avaient pris cette mesure.

Le modérantisme le plus abominable était le moindre vice des membres de l'administration et de la presque totalité des habitants du chef-lieu. Guichet lui-même, qui ne nous connaissait pas, et qui était procureur syndic du district de la Châtaigneraie, à qui j'écrivis, comme substitut du procureur général, pour me plaindre de ce qu'il n'avait pas fait publier notre arrêté du 5 mars, me répondit d'un ton très aigre. Cette mesure attira sur nous tous les sarcasmes de ce qu'on appelait les patriotes de la commune. Nous nous en moquâmes, et nous fîmes même part au Pouvoir exécutif de notre arrêté.

Délibération et arrêté du département de la Vendée [1].

Du lundi soir, 5 mars 1792, l'an IV de la liberté.

Un membre [2], reprenant la motion ajournée dans la séance du 3 de ce mois, a dit :

1. Imp. de 11 pages, qui ne se retrouve qu'aux Arch. nat., F^{1c} 381[1].
2. Fayau.

« Messieurs, tous vos districts vous ont donné avis que des hommes étrangers, se disant prêtres et faisant des fonctions ecclésiastiques, sont répandus en très grand nombre dans les campagnes de leurs territoires et leur causent les plus vives inquiétudes.

« Presque toutes vos municipalités vous disent que la chose publique est mise en danger par les manœuvres de ces hommes, et qu'elles se verront forcées d'abandonner leurs fonctions, si vous n'apportez un prompt remède aux maux que ces soi-disant prêtres leur préparent.

« Si, malgré ces assertions, vous avez encore quelques doutes sur les motifs qui engagent ces vagabonds à parcourir votre département, voyez les arrêtés des directoires de Mayenne-et-Loire et de la Loire-Inférieure ; ils suffiront pour vous convaincre des intentions que ces hommes pourront apporter chez vous.

« D'après tant de considérations, Messieurs, il ne vous reste qu'un parti à prendre, la prudence le dicte, votre devoir l'ordonne, et vos administrés l'attendent.

« Je vais vous mettre sous les yeux un projet d'arrêté que les circonstances ont rendu nécessaire, et qu'il ne vous est plus permis d'ajourner. »

Ce membre a lu le projet d'arrêté.

M. le commissaire procureur général syndic s'est opposé à cet arrêté, et a demandé que les motifs qu'il a déduits de cette opposition soient consignés au procès-verbal et en tête de l'arrêté.

Un membre a déclaré ne pas prendre part à la délibération, par les mêmes raisons données par M. le commissaire procureur général syndic, et parce qu'en outre les dispositions de l'arrêté proposé, sont absolument contraires aux principes de liberté solennellement proclamés par la Déclaration des droits de l'homme et par la Constitution, que l'une et l'autre garantissent également en faveur de chaque citoyen.

Un membre a conclu à ce que la motion et le projet d'arrêté fussent entièrement rejetés.

La discussion fermée, le projet d'arrêté et le préambule, présenté par un autre membre [1], ont été arrêtés dans leur intégrité, et à la majorité de trois voix sur quatre, ainsi qu'il suit :

« Le Directoire, ouï le commissaire procureur général syndic, qui a déclaré s'opposer aux dispositions contenues dans l'arrêté, attendu qu'elles excèdent les pouvoirs des administrateurs du Directoire du département, lesquels n'ayant aucun caractère de représentation, ne peuvent s'immiscer dans l'exercice du Pouvoir législatif et doivent se borner à faire exécuter les lois existantes ;

« Que ces dispositions sont destructives de l'indivisibilité de la souveraineté, puisque, si le Directoire du département s'arrogeait le droit de prendre de semblables mesures, d'autres corps administratifs pourraient de leur côté en prendre de directement contraires ou diverses et purement arbitraires ;

« Attendu enfin qu'il n'est même pas parvenu au Directoire de dénonciation individuelle contre aucun des prêtres étrangers au département, qui

1. Mercier du Rocher.

font l'objet de l'arrêté, et que la rigueur de ces mesures ne peut être excusée par une nécessité urgente et absolue de circonstances graves et alarmantes, lesquelles, si elles existaient, ne pourraient au surplus qu'autoriser et imposer au Directoire l'obligation de rassembler le Conseil général du département; et a, en conséquence, demandé acte de sa déclaration.

« Le Directoire, après en avoir délibéré,

« Considérant que l'Assemblée nationale constituante, bien loin de regarder les arrêtés pris par différents directoires de département contre les prêtres factieux comme des atteintes portées à la souveraineté, les a au contraire approuvés, et notamment celui pris au mois de juillet dernier par le Directoire du département du Bas-Rhin, tendant à éloigner des frontières de l'empire des prêtres qui entretiennent une correspondance coupable avec nos ennemis extérieurs ;

« Considérant que la municipalité de la ville de Paris, sous les yeux de l'Assemblée constituante même, a expulsé de son enceinte tous les gens qu'elle suspectait de pouvoir troubler l'ordre public, les a obligés de se retirer dans leur résidences respectives ; que ces mesures ont été ponctuellement exécutées ;

« Considérant que l'Assemblée législative n'a point improuvé les arrêtés des départements de la Loire-Inférieure et de Mayenne-et-Loire, portant que les prêtres non assermentés, qui ont été remplacés dans leurs fonctions, seront tenus de se rendre aux chefs-lieux de leur départements, et d'y fixer leur demeure jusqu'à ce qu'il en ait été autrement ordonné ;

« Considérant que plusieurs de ces prêtres se sont déjà retirés sur ce territoire, et qu'un nombre considérable d'autres se disposent à s'y rendre, pour s'y coaliser avec ceux qui travaillent sourdement les habitants des campagnes, comme les administrateurs des directoires de district ne cessent de le représenter ; que les directoires des départements de Mayenne-et-Loire et de la Loire-Inférieure en ont même prévenu cette administration ;

« Considérant qu'il est instant de s'opposer à une coalition qui pourrait devenir funeste, si tous les prêtres factieux, ou autres gens inconnus revêtus de l'habit ecclésiastique, se réunissaient en cette partie du royaume ;

« Considérant enfin, que dans un moment où nous sommes menacés de toutes parts, la plus sainte des lois est le maintien de l'ordre et le salut public ;

« Déclare n'avoir aucun égard aux conclusions du commissaire procureur général syndic ;

« En conséquence, le Directoire a arrêté et arrête ce qui suit :

« Article premier. — Tous prêtres qui se trouvent actuellement dans le département seront tenus de présenter, au directoire du district qu'ils habitent, un certificat de l'époque à laquelle ils y ont fixé leur domicile.

« Art. 2. — Tous prêtres qui ne pourront prouver un an de résidence dans le département, seront tenus d'en sortir dans huitaine après la publication du présent arrêté.

« Seront néanmoins exceptés les prêtres qui, dans le cas du présent article, présenteront un certificat de leur prestation de serment.

« Sont également exceptés ceux qui habitent avec leurs père ou mère.

« Art. 3. — Les municipalités dénonceront aux directoires de leurs districts ceux des prêtres qui ne se seront pas conformés aux dispositions de l'article ci-dessus.

« Art. 4. — Les municipalités qui, dans la quinzaine qui suivra la publication du présent arrêté, n'auront pas fait leurs dénonciations au directoire de leur district, demeureront responsables des événements qui pourront avoir lieu dans leurs communes, et seront tenues aux frais de déplacement de la force publique, que les directoires de district sont autorisés à employer.

« Art. 5. — Les directoires de district sont autorisés à employer la force publique pour éconduire ceux des prêtres qui, dans le cas de l'article 2, ne s'y seraient pas conformés.

« Art. 6. — Les directoires de district qui, sur la dénonciation des municipalités, n'auront pas employé les moyens qui sont en leur pouvoir pour l'exécution du présent arrêté, demeureront responsables des événements qui auront lieu dans les communes dont les municipalités se seront mises en règle.

« Art. 7. — Le présent arrêté sera imprimé et envoyé à tous les corps administratifs de ce département, pour y être lu, publié, affiché et exécuté selon sa forme et teneur, ainsi qu'à l'Assemblée nationale et au Roi.

« Et pour plus forte réponse aux conclusions de M. le commissaire procureur général syndic, les lettres des départements de Mayenne-et-Loire et de la Loire-Inférieure seront imprimées à la suite du présent arrêté.

« *Signé :* J.-P.-M. Fayau, pour le vice-président ;
et J[n]-M[as] Cougnaud, secrétaire général. »

En même temps que cet arrêté fut envoyée cette lettre [1] :

Au ministre de l'intérieur.

Fontenay, le 8 mars 1792.

Monsieur,

Quelque répugnance que j'éprouve à manifester, et peut-être par cela même à étendre et fortifier l'esprit de dissension qui commence à s'introduire dans le Directoire du département de la Vendée, je ne puis m'empêcher de vous faire connaître un arrêté que ce corps administratif vient de prendre, puisque j'ai cru devoir m'y opposer expressément. Quoique j'eusse pu raisonnablement prétendre que cet arrêté excéderait même les pouvoirs d'une législature, je me suis borné à le réprouver comme arbitraire et offensant les lois sans avoir même le mérite d'une médiocre utilité. Vous reconnaîtrez, Monsieur, que l'on a interprété dans le sens de l'approbation le silence gardé par l'Assemblée nationale et le Roi sur les arrêtés des directoires des départements de la Loire-Inférieure et de Mayenne-et-Loire. Je me suis abstenu de scruter les motifs de ce double silence ; mais quant à moi, mon caractère ne m'a pas permis de suivre les conseils d'une prudence timide, je n'ai pu balancer entre la crainte de compromettre l'espèce d'autorité que la loi me confie, une popularité, j'ose le dire, bien acquise, et le devoir de défendre

1. Arch. nat., F[19] 481[1].

de toute infraction une Constitution que j'ai concouru à faire et juré de maintenir. Si la résolution que j'ai combattue n'est que le présage et l'essai de résolutions bien autrement graves; si le penchant à l'imitation, la chaleur d'un zèle inconsidéré, la vanité des opinions exagérées, l'ambition de l'influence, une tendance involontaire ou systématique à rompre la balance des pouvoirs constitués parvenaient à entraîner vers de plus grandes erreurs et des mesures encore plus violentes et illégales, une prompte démission me dispenserait du moins d'être spécialement chargé de leur exécution.

Je suis avec respect, Monsieur, etc.

PERVINQUIÈRE, *commissaire procureur général syndic du département de la Vendée.*

Le ministre, Cahier de Gerville[1], s'empressa de répondre[2] :

Je dois adresser incessamment à votre département et à ceux qui ont pris des arrêtés semblables à celui contre lequel vous réclamez, une lettre dans laquelle je les rappellerai aux principes de justice, de tolérance et de respect inviolable pour les lois, dont je vois avec peine que plusieurs ont cru qu'à raison des circonstances difficiles dans lesquelles nous nous trouvons, ils pouvaient s'écarter. Je ne peux, en attendant, que vous engager à employer tous vos efforts pour éviter que la différence des opinions entre les administrateurs n'élève entre eux des divisions fâcheuses, qui ne pourraient que nuire infiniment au bien de l'administration. Les pouvoirs constitués ont besoin de s'entourer de la considération publique, et ce n'est que par une harmonie constante entre eux qu'ils peuvent parvenir à ce but désirable.

L M D L

P.-S. — Je suis, Monsieur, fort sensible à votre attention et je sais apprécier votre attachement à la Constitution. J'espère que vous serez content du parti que j'ai proposé au Roi.

PRÉSENTATION D'UN AUTRE ARRÊTÉ CONTRE LES PRÊTRES RÉFRACTAIRES

Mercier du Rocher raconte[3] :

Le 9 du même mois, nous fîmes un autre arrêté, par lequel *nous appelâmes au chef-lieu tous les réfractaires qui étaient remplacés dans leurs fonctions*. Je rédigeai les considérants, Fayau se chargea encore des articles. Les prêtres étaient tenus de venir tous les jours à 11 heures, constater leur présence au département en s'inscrivant sur un registre ouvert à cet effet. Pervinquière voulut encore faire insérer dans cette pièce ses conclusions; nous nous y opposâmes en lui demandant la loi qui l'y autorisait; il ne put nous la montrer. Nous avions observé que cette insertion n'était bonne qu'à

1. Qui devait bientôt être remplacé à l'intérieur par Roland de la Plâtrière, 23 mars 1792.
2. D'après la minute annexée à la lettre précédente, Arch. nat., F[19] 481[1].
3. Mémoires inédits, 2e cahier.

déprimer l'administration, et qu'à faire connaître avec malveillance la division qui régnait entre ses membres. Pervinquière n'en fit pas moins imprimer ses conclusions; elles furent répandues dans les districts avec profusion.

Les aristocrates et les fanatiques les lurent avec avidité; l'édition en fut bientôt épuisée; elles ranimèrent leurs espérances. Mais Dumouriez, qui décidait des cantonnements des troupes dans la 12e division, avait répandu 22 compagnies dans notre territoire, elles tenaient les factieux en respect. Je dois dire qu'il s'est toujours prêté avec le plus grand zèle à remplir les vues de l'administration à ce sujet. Notre arrêté eut son entière exécution. Les prêtres réfractaires se rendirent à Fontenay; ils y furent bien accueillis des habitants, et les fanatisèrent au point de leur inspirer le plus souverain mépris pour l'administration du département. Pichard avait fait rouvrir l'église du grand hôpital quelques jours avant la réunion du Conseil général, pour éviter au peuple la peine d'aller entendre la messe à Pissotte, qui était le rendez-vous des factieux. Les réfractaires célébrèrent leurs cérémonies dans cette chapelle; elle ne pouvait contenir tous ceux qui s'y rendirent, mais, comme il s'y disait jusqu'à soixante messes par jour, chacun pouvait y participer. C'était un concours continuel depuis quatre heures du matin jusqu'à midi. On y voyait courir des gens qui depuis plus de vingt ans avaient cessé de fréquenter les églises. L'imbécillité du pauvre peuple, l'hypocrisie des riches, le charlatanisme des célébrants, tout cela formait un spectacle digne de haine et de pitié. Je fis en vain auprès des femmes et de tous ceux que je croyais de bonne foi ce que je pus pour leur dessiller les yeux. Je leur représentai avec force les maux que produisaient ces rassemblements. Je leur offris le tableau des siècles passés, je leur dis que les prêtres avaient fait couler des flots de sang, qu'ils le feraient encore. Mes représentations furent vaines. J'étais aux yeux de ces personnes égarées, un impie; j'accusais les prêtres; ils n'étaient pas, disait-on, capables de faire commettre de telles horreurs....

Arrêté du département de la Vendée, du vendredi 9 mars 1792, l'an IV de la liberté[1].

Le Directoire, profondément affligé des désordres occasionnés par les suggestions perfides des prêtres non assermentés;

Considérant que, dans l'étendue du département, les curés constitutionnels sont journellement insultés, que plusieurs d'entre eux ont été obligés d'abandonner leurs fonctions; qu'un très grand nombre sont près de laisser les paroisses sans pasteurs; que les municipalités sont la plupart désorganisées ou inactives; que l'assiette des contributions publiques ne se fait point; que la désunion règne entre les citoyens et même au sein des familles; que tous ces malheurs ne peuvent être attribués qu'à des hommes qui couvrent leurs menées du manteau de l'hypocrisie, et qui, la Déclaration des droits à la main, poursuivent leurs abominables projets, sans qu'il soit possible de les refréner;

1. Imp. de 6 pages, qui ne se retrouve qu'aux Archives nationales, F19 481[1].

Considérant l'impuissance des lois contre des hommes qui abusent des mystères d'une religion sainte pour égarer les habitants des campagnes et les exciter au renouvellement de ces scènes affreuses que nous retrace l'histoire des siècles passés et dont le district de Challans a été le théâtre l'année dernière;

Considérant que les ennemis les plus dangereux de la Constitution sont les hypocrites qui la représentent aux âmes simples comme l'œuvre du démon et la voie de la damnation éternelle, comme si les apôtres n'avaient pas obéi eux-mêmes aux lois politiques des nations païennes;

Considérant que le serment des administrateurs et de tous les bons citoyens est de maintenir de tout leur pouvoir la Constitution du royaume, que le magistrat serait coupable de ne pas trouver dans son patriotisme des mesures de police contre une classe de séditieux dont il est impossible de mettre les complots au grand jour; que, si l'on ne peut les punir, il faut du moins les empêcher de nuire; que c'est faire beaucoup dans cette circonstance critique, qui ne présente que l'alternative de la liberté ou de la servitude;

Considérant que plusieurs de ces prêtres ont été dénoncés par les autorités constituées comme perturbateurs de l'ordre public, et que les pièces probantes sont sur le bureau;

Et ne voulant appeler auprès de lui que ceux que des dénonciations atteignent et atteindront;

Le Directoire, après en avoir délibéré, et ouï le commissaire procureur général syndic, a arrêté et arrête ce qui suit :

Article premier. — Les sieurs *Herbert*, ex-curé à Maillé; *Vilain*, ex-vicaire à Maillezais; *Baudoin*, ex-curé; *Baudouin*, ex-vicaire; *Brumauld*, ex-théologal; *Defresne*, ex-doyen; *Sicard*, *Le Brasse*, *Paillou*, *Villoing*, ex-chanoines; et *Borde*, ex-sacriste du ci-devant chapitre de Luçon; *Gobin*, ex-curé, et *Priouzeau*, ex-vicaire d'Antigny; *Genay*, ex-curé, et *Braud*, ex-vicaire de Loge-Fougereuse; *Dénoyer*, ex-vicaire de Saint-Maurice-des-Noues; *Beraud*, prêtre de Saint-Maurice-des-Noues, et résidant ci-devant dans le département des Deux-Sèvres; *Raillon*, ex-curé à Montaigu; *Fouasson*, ex-curé, et *Lusson*, ex-vicaire à Saint-Georges-de-Montaigu; *Gourdon*, ex-curé, et *Brillaud*, ex-vicaire à Saint-Fulgent; *Biret*, ex-curé à Bouaine; *Chevalier*, ex-curé à Tiffauges; *Noirot*, ex-curé à Sallertaine; *Morand*, curé actuel de Saint Jean-de-Monts; *Lansier*, ex-curé de la Mothe-Achard; *Poing*, ex-curé à Sainte-Flaive; *Morisset*, ex-vicaire à Bretignolles; *Arraudet*, ex-curé au Poiroux; *Robin*, ex-vicaire aux Essarts; *Thomas*, ex-curé à Venansault, et *Guillet*, ex-curé à Saint-Martin-des-Noyers, seront tenus de se rendre au chef-lieu du département, dans la huitaine qui suivra la publication du présent arrêté.

Art. 2. — Ceux des susnommés qui ne se conformeront pas aux dispositions de l'article ci-dessus, y seront contraints par la force armée.

Art. 3. — Les municipalités sont autorisées à requérir la force publique pour faire conduire au chef-lieu du département ceux des prêtres sus dénommés qui peuvent ou pourront habiter le territoire de leurs communes.

Art. 4. — Les municipalités, qui seront convaincues d'avoir recélé un ou plusieurs desdits prêtres, seront tenues aux frais de déplacement de la force publique que les administrations supérieures pourront employer pour l'exécution de l'article premier.

Art. 5. — Tous les citoyens sont invités à donner connaissance au directoire de leur district des lieux qu'habitent ou pourront habiter les personnes comprises en l'article premier.

Art. 6. — Les directoires de district qui, d'après les avis qui leur seront donnés, négligeraient de mettre en usage tous les moyens convenables pour s'assurer des prêtres dénoncés, demeureront responsables des événements qui auront lieu dans les communes qu'ils habitent.

Art. 7. — Les prêtres appelés au chef-lieu du département ne pourront s'en éloigner de plus d'une lieue, sans permission expresse du directoire du département, et cette permission ne pourra s'étendre à plus de deux jours ;

Et, pour s'assurer de la présence des susdits, ils seront tenus de s'inscrire tous les jours, à onze heures du matin, au secrétariat du département, sur un registre tenu à cet effet.

Art. 8. — Ceux qui contreviendront aux dispositions de l'article ci-dessus, y seront contraints par la force armée et à leurs frais.

Art. 9. — Et, comme quelques-uns des prêtres ci-dessus dénommés pourraient n'avoir aucun moyen de subsistance, il sera payé à chacun de ceux qui justifieront être dans ce cas, une somme de 250 livres par an, payable par quartier et d'avance, à prendre sur les fonds de charité et de bienfaisance à la disposition du département.

Art. 10. — Le présent arrêté sera imprimé et envoyé à tous les corps administratifs du département, pour y être lu, publié, affiché et exécuté selon sa forme et teneur.

Le Directoire arrête, en outre, que copie en sera envoyée à l'Assemblée notionale et au Roi.

J.-P.-M. Fayau, *pour le vice-président;* Jn-Mas Cougnaud, *secrétaire général.*

Aussitôt imprimés, les deux arrêtés du 5 et du 9 étaient expédiés à Nantes, dont les Administrateurs les avaient suscités :

A Messieurs les Administrateurs du département de la Loire-Inférieure[1].

Fontenay, le 10 mars 1792, l'an IV de la Liberté.

Frères et Amis,

Grâces soient rendues à vos bons avis ! Nous en avons profité, et maintenant vos factieux peuvent aller, venir, demeurer ou partir ; mais ils ne répandront pas leur fiel sur notre territoire. Par notre arrêté, joint à la pré-

1. Imp. in-4°, 4 p., parmi les Papiers de M. Charier-Fillon, maire de Fontenay.

sente, vous verrez que nous avons su mettre des barrières à l'exécution de leurs projets.

Les malveillants croient-ils donc encore que notre administration veuille tremper dans leurs complots ? Non, frères et amis, non, d'un pas égal au vôtre, nous voulons les atteindre.

Si d'intelligence nécessaire tous les corps administratifs prenaient le même parti, peut-être, comme vous le dites bien, la paix renaîtrait en France avec le départ de ces saints personnages pour Rome.

Les administrateurs composant le Directoire du département de la Vendée,

J.-P.-M. FAYAU, *pour le vice-président ;* J[n]-M[as] COUGNAUD, *secrétaire général.*

Deux jours plus tard, expédition officielle de l'arrêté du 9 était faite au gouvernement[1] :

Au ministre de l'intérieur.

Fontenay, le 12 mars 1792, l'an IV de la Liberté.

Monsieur,

Nous avons l'honneur de vous adresser ci-joint un arrêté, que nous vous prions de mettre sous les yeux du Roi. Nous ne vous rappellerons point que le Conseil général du département, avant de se séparer, manifesta au Roi son vœu le plus ardent pour la sanction du décret de l'Assemblée nationale contre les prêtres qui troublent l'ordre public, et nous pouvons assurer que cette loi eût produit le meilleur effet. Depuis ce temps, le mal n'a fait qu'augmenter, l'assiette de l'impôt ne se fait point, les municipalités sont ou désorganisées ou inactives, la plupart de ceux qui les forment ne veulent point participer à l'*œuvre du démon.* C'est ainsi que ces prêtres séditieux appellent la Constitution du royaume. Dans cette cruelle position, plusieurs départements n'ont point désespéré de la chose publique. Ils ont suppléé à l'insuffisance des lois par des moyens de police vigoureux et appropriés aux circonstances.Ils ont rassemblé à leurs chefs-lieux les ecclésiastiques qui incendiaient leurs territoires. Les directoires des départements de Mayenne-et-Loire et de la Loire-Inférieure ont pris des arrêtés de cette nature, qui ont fait refluer sur nous les mauvais prêtres qu'ils avaient chez eux. Nous avons déjà trop de gens de cette espèce. Nous avons cru devoir arrêter cette immigration. Nous ne sommes point persécuteurs : *liberté de culte et tranquillité publique,* voilà notre devise. Mais nous avons l'honneur de vous observer qu'il faut être sur les lieux pour connaître et leurs manœuvres perfides et l'impuissance des lois. On n'éclaire pas aisément les habitants des campagnes, quand des prêtres malveillants ont pour eux le tribunal de la pénitence. S'il faut tout attendre du temps, qui prépare en silence les

1. Arch. nat., F^7 481[1].

hommes à l'instruction, nous sommes destinés à éprouver de longues agitations.

Les administrateurs composant le Directoire du département de la Vendée,

FAYAU, *pour le président;* Jn-Mas COUGNAUD, *secrétaire général.*

PROTESTATION DU PROCUREUR GÉNÉRAL SYNDIC

Au même ministre de l'intérieur, le procureur général syndic écrivait le 24 mars[1] :

Monsieur,

J'ai l'honneur de vous adresser un nouvel arrêté du Directoire du département de la Vendée, en date du 9 de ce mois. Le désir de ne laisser aucune incertitude sur la libéralité de mes principes en matière de religion et sur la constance de mon attachement aux maximes fondamentales du gouvernement représentatif m'a déterminé à faire imprimer les conclusions que j'ai prises dans cette occasion. Cependant, je ne les ai pas publiées, pour ne pas paraître autoriser aucune résistance à l'exécution de l'arrêté ; je me suis contenté de les communiquer à un petit nombre de personnes dont j'estime le suffrage. Je vous prie de vouloir bien en agréer un exemplaire.

Je suis avec respect, etc.

PERVINQUIÈRE.

L'arrêté du Directoire du département de la Vendée, du 9 de ce mois, porte qu'il a été rendu, ouï le commissaire procureur syndic[2].

Pour lever les doutes que ces expressions laissent sur les conclusions que j'ai prises en cette circonstance, je crois devoir faire connaître qu'il n'a pas tenu à moi qu'elles ne fussent imprimées en tête de l'arrêté; qu'elles sont consignées au procès-verbal de la séance du même jour, dans les termes suivants :

« M. le commissaire procureur général syndic a déclaré s'opposer à l'arrêté, et a dit :

« Que nul ne peut être arrêté ni détenu que dans les cas déterminés par « la loi, et selon les formes qu'elle a prescrites;

« Qu'aucune loi n'a décidé que, sur les plaintes plus ou moins fondées « qui pourraient être formées contre des ecclésiastiques non assermentés, « ceux-ci seraient, sans autre forme, arrachés à leur domicile et privés de « leur liberté;

« Que les corps administratifs n'ont pas reçu de la loi le droit d'ar« restation;

« Qu'ainsi, l'arrêté proposé renferme une usurpation manifeste des pou-

1. Arch. nat., F19 481[1].

2. Ces lignes en italiques servent de titre, 3 pages in-12, imp. sans lieu ni date, Arch. nat., F19 481[1].

« voirs législatif et judiciaire; qu'une confusion aussi monstrueuse de tous « les pouvoirs serait le complément de l'anarchie et tendrait à la désorga- « nisation sociale, puisque, s'il est vrai qu'il n'y a pas de constitution dans « toute société où la séparation des pouvoirs n'est pas déterminée, il l'est « également qu'il n'y a plus de constitution dans celle où la séparation déter- « minée des pouvoirs n'est pas observée;

« Qu'en supposant qu'il résultât quelques avantages de la détention des « ecclésiastiques dont il s'agit, ils ne pourraient entrer en parallèle avec le « mal et le scandale que produirait l'exemple d'un corps administratif, vio- « lant lui-même la Constitution dont le dépôt lui est confié, et ne reconnais- « sant de lois que sa volonté; que la subordination des autorités constituées « peut seule concilier à la Constitution le respect et la soumission qui lui « sont dus;

« Qu'au surplus, l'arrêté, par rapport à quelques-uns des individus qu'il « concerne, est, ou contradictoire avec de précédents arrêtés, ou d'une « rigueur excessive. »

« M. le commissaire a conclu par requérir le Directoire d'adresser au Pouvoir législatif un exposé des plaintes qui lui ont été portées contre plusieurs prêtres insermentés du département; de lui représenter que les lois relatives au maintien de la tranquillité publique et à la répression des délits paraissent insuffisantes pour contenir les prêtres factieux, et de l'inviter de s'occuper incessamment des moyens de suppléer à leur insuffisance. »

PERVINQUIÈRE.

Fontenay, 19 mars 1792.

ACTION DU DISTRICT DES SABLES

Entre le 2 et le 9 mars, le district des Sables avait pris un arrêté, dont l'expédition aux autorités supérieures détermina peut-être la majorité du directoire départemental à voter l'arrêté du 9.

Délibérations du district des Sables[1].

Le 8 mars, Biret, commissaire procureur syndic, a représenté :

La conduite des prêtres réfractaires à la loi du 26 décembre 1790, qui sont en grand nombre dans ce district, est si ouvertement opposée aux sages principes des lois nouvelles qu'il n'est plus possible de douter que la Constitution n'a pas d'ennemis plus dangereux que ces rebelles. Un cri général dans ce district dénonce sans cesse les prêtres insermentés. Ils s'agitent en tous sens pour renverser l'édifice de la Constitution; ils soulèvent le peuple au nom d'une religion de paix, ils lancent le glaive du fanatisme contre les autorités constituées, ils joignent souvent à leurs manœuvres sourdes des voies de fait publiques, et, s'il éclate souvent des séditions populaires, ce n'est

1. Extraites de ses registres, Arch. départ. de la Vendée.

que par leurs trames perfides; ils sont l'âme de ces explosions criminelles, ils les font naître et les assoupissent à leur gré. L'expérience de chaque jour en est une conviction trop réelle. Si à tant de maux il n'est apporté de prompts remèdes, il est à craindre qu'ils n'aient des suites incalculables. Il est, sans doute, du devoir d'une administration prudente et zélée de prévenir les fléaux que ces ennemis coalisés apprêtent, et une époque dangereuse (Pâques) approche, où la maligne influence de ces êtres malfaisants va doubler ses progrès et ses efforts.

Sur ces pressantes considérations, M. le commissaire procureur syndic a demandé qu'il fût pris sur-le-champ des mesures sévères ; et le directoire a arrêté et arrête ce qui suit :

ART. 1er. — Tout prêtre qui a refusé de prêter le serment prescrit par la loi sera tenu de se rendre devant le corps municipal du lieu où il habite et d'y déclarer qu'il engage son honneur et sa conscience à maintenir la tranquillité publique, à prêcher au peuple l'obéissance et la soumission aux lois et aux corps constitués, et de répondre qu'il ne sera rien entrepris par le peuple directement ou indirectement contre l'ordre établi par la loi.

ART. 2. — Tout prêtre qui ne fera pas une telle déclaration, dans la quinzaine de la publication du présent arrêté, ou qui, après l'avoir faite, y contreviendrait, sera dénoncé par le corps municipal du lieu de sa résidence au directoire du district, qui sur-le-champ donnera des ordres pour faire *amener le prêtre jusqu'au chef-lieu du district et le fera très exactement surveiller jusqu'à ce que le département en ait ordonné la translation dans la ville où il tient ses séances.*

ART. 3. — Les municipalités qui ne feraient pas mettre à exécution les deux articles précédents ou qui ne dénonceraient pas les refus ou les contraventions des prêtres insermentés, dans la quinzaine qui suivra celle prescrite par l'article 2, seront personnellement responsables de tous les événements fâcheux qui en pourraient résulter.

ART. 4. — Tout prêtre qui n'aura pas résidence depuis un an dans le district sera tenu d'en sortir huitaine après la publication du présent arrêté, sous peine d'en être chassé par la force publique.

ART. 5. — Les dispositions précédentes ne seront que provisoires, et, pour leur exécution, il sera fait à l'administration supérieure de très instantes prières pour qu'elle en prononce incessamment la confirmation.

ART. 6. — Le présent arrêté sera envoyé dans toutes les municipalités du district, pour s'y conformer et être par elles publié et affiché partout où besoin sera.

Quelques jours plus tard, le 2 avril, le receveur des domaines à Morée venait devant le directoire du district dénoncer, comme le principal auteur de la révolte, qui avait éclaté au bourg d'Angles contre les enrôlements pour l'armée [1], le curé non assermenté Dugast :

Ce prêtre, disait-il, se couvrant du voile de la religion, a cherché plu-

1. Voir ci-dessus, p. 336-338.

sieurs fois à persuader au peuple que la religion catholique était perdue; que les nouvelles lois l'anéantissaient totalement, et que ceux qui les exécutaient étaient des rebelles à la foi. Dugast, abusant, d'ailleurs, de la sainteté du ministère de paix, qui ne lui a été que trop longtemps confié, a tenté de corrompre le zèle et la bonne foi du comparant, en lui prêchant, au tribunal de la pénitence, les maximes les plus pernicieuses. Il lui a demandé *des sommes pour payer le repaire de la Proutière, heureusement détruit par les défenseurs de la liberté;* il lui a reproché d'avoir assisté à cette attaque, et a voulu lui persuader qu'elle était contraire à la religion, ainsi que les lois nouvelles qui en sapaient jusqu'aux fondements.

A cette dénonciation verbale, aussitôt inscrite au registre des délibérations et signée par son auteur, le procureur syndic Biret ajoutait celles que divers citoyens avaient adressées par écrit contre Andureau, ex-curé du Château-d'Olonne; Maimaud, prêtre desservant la paroisse de Saint-Hilaire-de-Talmont; Fleurisson, exerçant les fonctions curiales à Bretignolles. Sur son réquisitoire, était pris l'arrêté suivant :

... Toutes ces dénonciations prouvant que les prêtres réfractaires sont aussi ennemis de l'ordre et de la paix que d'une Constitution bienfaisante, qui leur ôte le privilège d'être impunément pervers;

Le directoire du district arrête que le directoire du département sera prié, vu les différentes dénonciations qui lui seront remises, d'étendre les dispositions de son arrêté du 9 mars aux prêtres factieux ci-devant désignés et à tous ceux qui pourraient être légitimement dénoncés dans l'étendue de ce district.

POURSUITES CONTRE LES PRÊTRES FACTIEUX

En réponse aux dénonciations qui lui arrivaient de plusieurs districts, le département prit un nouvel arrêté, non plus de police spéciale des prêtres non assermentés, mais de renvoi devant la justice de paix, pour commencer les poursuites contre des ecclésiastiques manifestement factieux et leurs complices, hommes et femmes.

Arrêté départemental du 30 mars 1792[1].

Vu par le Directoire :

1° La pétition qui lui a été adressée, le 23 de ce mois, par des citoyens libres du département de la Vendée, de laquelle il résulte que les sieurs *Gourdin*, ex-curé de Saint-Julien; *Gautier*, desservant de la cure de la Chapelle-Achard, suscitent des attroupements de citoyens des paroisses voisines, auxquels ils prêchent l'incivisme; que ces ecclésiastiques baptisent les en-

1. Arch. départ. de la Vendée, registre des décisions et ordonnances du département adressées au district des Sables.

fants des autres paroisses, et que ces enfants sont soustraits à la loi si nécessaire de l'enregistrement des naissances, et que le sieur *Villeneau*, ex-curé de Vairé, annonce et tient de son propre chef des assemblées clandestines et qui, lorsque cette infraction à la loi lui a été représentée, s'est permis de répondre qu'il fallait examiner si ceux qui font la loi en ont le droit; qu'il se livre encore à des propos incendiaires et menaçants;

2° La lettre écrite le 26 de ce mois par le sieur *Caillaud*, l'un des administrateurs du département et juge de paix du canton du Tablier, à l'effet de dénoncer les auteurs des manœuvres qui compromettent la sûreté et tranquillité publiques, de laquelle lettre il résulte qu'*André Martineau*, notaire, est reconnu pour le moteur du refus des habitants de comparaître aux assemblées politiques établies par la loi; que *Louis Martineau*, son frère, *Jeanne Cautet*, régente au Tablier, et la *veuve Bordier*, émissaires des sieurs *Guitton*, curé de Rosnay, et *Bigot*, de Saint-Florent-des-Bois, fomentent la discorde, répandent l'esprit de division et propagent l'esprit du fanatisme dont ces prêtres sont animés;

Le Directoire . . . . . déclare dénoncer aux juges de paix des cantons des différentes communes où les ci-après dénommés sont domiciliés :

1° Le sieur *Gautier*, desservant la cure de la Chapelle-Achard;
2° Le sieur *Jourdain*, curé de Saint-Julien-des-Landes;
3° Le sieur *Villeneau* curé de Vairé;
4° Le sieur *Guitton*, curé de Rosnay;
5° Le sieur *Bigot*, curé de Saint-Florent-des-Bois;
6° *André Martineau*, notaire au Tablier;
7° *Louis Martineau*, son frère, habitant au même lieu;
8° La *veuve Bordier*, demeurant même paroisse;
9° *Jeanne Cautet*, régente au Tablier.

Pour contrebalancer l'effet de la protestation du procureur général syndic Pervinquière, la majorité du directoire départemental avait réitéré l'envoi au ministre de l'intérieur de son arrêté du 9 mars, avec une lettre nouvelle, non plus signée par Fayau, « pour le vice-président », mais par le vice-président lui-même[1] :

Fontenay, le 29 mars 1792, l'an IV de la Liberté.

Monsieur,

Les prêtres non assermentés font dans ce département, comme dans plusieurs autres, des maux inouïs. Si nous eussions écouté les plaintes générales portées contre eux, nous n'en eussions présumé aucun d'innocent; malgré que nous fussions convaincus nous-mêmes combien la chose publique souffre de leurs menées, nous nous sommes fait un devoir de connaître les coupables avant de rien prononcer contre eux. Nous avons donc examiné les plaintes et dénonciations individuelles qui nous ont été portées par les corps constitués, et alors nous n'avons pas cru devoir balancer à prendre l'arrêté dont

1. Arch. nat., F^{19} 481^{1}.

nous vous adressons copie. Nous vous prions de le mettre sous les yeux du Roi pour le lui faire approuver.

L'état des choses ne permettant aucun retard dans son exécution, nous l'adressons aujourd'hui aux districts de notre ressort pour le transmettre aux municipalités.

Les Administrateurs composant le directoire du département de la Vendée,

VINET, vice-président; Jn-Mas COUGNAUD, secrétaire général.

Il ne fut fait de réponse ni à cette lettre ni à celles de Pervinquière; elles arrivèrent à Cahier de Gerville au moment où il quittait le ministère et où aboutissait la crise qui amenait les Girondins au pouvoir.

Les ardents patriotes des Sables profitèrent de la circonstance pour adresser à l'Assemblée législative une pétition des plus radicales, à laquelle adhérèrent plusieurs citoyennes et qui fut lue à la séance du 17 avril[1].

Pétition de citoyens et de citoyennes de la ville des Sables-d'Olonne[2].

Législateurs,

De tous les coins de l'empire français régénéré un cri d'indignation s'élève contre les prêtres réfractaires et rebelles aux lois de leur patrie; partout on se plaint qu'ils propagent le fanatisme et qu'au nom d'un Dieu de paix, dont ils ne furent jamais que les ministres hypocrites, ils abusent, à l'abri de la loi qui les protège, de la confiance qu'un peuple trop crédule se plaît à leur accorder; partout ils prêchent ouvertement la rébellion, la désobéissance aux pouvoirs constitués et l'anéantissement de la Constitution. Ces monstres se correspondent d'un bout du royaume à l'autre; ils ont juré entre eux la perte de leur patrie, et bientôt, si vous n'y prenez garde, ils allumeront parmi nous le flambeau de la guerre civile. Ils sont, n'en doutez pas, les ennemis les plus dangereux de notre liberté, et d'autant plus à craindre que c'est dans le secret, au fond des consciences, qu'ils portent leurs coups terribles; que c'est en abusant de la crédulité des citoyens qu'ils perpétuent l'anarchie, s'opposent au règne des lois et au rétablissement de la tranquillité publique.

Législateurs, aux grands maux il faut de grands remèdes. Le Pouvoir exécutif a paralysé le sage décret et les mesures vigoureuses que vous aviez prises pour vous opposer à leurs criminels projets; mais ces mesures mêmes aujourd'hui ne seraient pas suffisantes pour réprimer leurs désordres. Nous venons vous en demander de plus sévères encore.

La patrie ne peut plus longtemps garder dans son sein ces monstres

1. P.-V. imp. de la Législative, p. 268.
2. Reçue par la Commission des Douze le 18 avril 1792, Arch. nat., Dxl 16, l.6.

sanguinaires; elle ne peut plus longtemps alimenter des enfants rebelles à la loi et conjurés contre elle.

Le vaisseau de l'État est en danger! Songez que bientôt vous aurez peut-être deux guerres à soutenir, celles du fanatisme et des tyrans. Il faut que ces ministres pervers souscrivent au pacte social, ou que, conformément aux lois de la nature et de la raison, ils soient rejetés du sein des membres qui l'ont contracté sous la foi sainte des serments.

Nous demandons la déportation et l'exil de ces furieux; nous demandons qu'ils soient transportés par vos ordres dans les marais fangeux de l'Italie, pour y purger le venin dont ils nous empoisonnent; qu'ils aillent rejoindre le chef de leur cohorte infernale. Pie VI les recevra sans doute avec transport dans ses États; ils y concerteront ensemble les moyens de nous lancer avec succès des anathèmes et des excommunications, qui ne nous atteindront pas; et, par vos soins paternels, bientôt la France recouvrera sa tranquillité, et nous vivrons enfin libres et heureux.

P. Gaudin, maire; — *C.-P.-M. Rouillé*, procureur de la commune; — *Bonnaud*, — *Gérard*, — *Laisné* jeune, — *Beauvais*, — *Blanc*, — *Rouillé*, — *Prévost*, — *Leroy*, — *Ferré*, — *Vermond*, — *Mercier*, — *Valenton*, — *Gousteau*, — *Ganeau*, — *Maurel*, — *Laygard*, — *Deférières*, — *Loutret*, — *Verin*, — *Riollard*, — *Pouquet*, — *Pougnet*, — *Le Blond*, — *Babaud*, — *André Laisné*, — *Vallon*, — *Ouvrard*, — *Florent Delange*, — *Aymon*, — *Arrault*, — *Besnard*, — *Poigne*, — *Marcilleau*, — *Henry Josseaume*, — *Palliau*; — *Sarde-Geniez*, mercier; — *Gilbert*, — *Marie-Aimée Ferré*, — *Marianne Achard*, — *Marie Fosseau*, — *Marie Achard*, — *Françoise Gaudin*, — *Mouilleron*, — *Ursule Perrache*, — *Françoise Ferré*, — *Forguerre*, — *Marie Aymon*, — *Bourzeau*, — *Alex. Coppat*, — *F^e^ Perrache*, — *Bécherel* aîné, — *Mahiot*; — *Sourrouille*, juge de paix; — *Corbier*; — *Vince*, chirurgien-major; — *Louis Aubier*, — *Raffin*, *femme Laisné*, — *Zemire Rouillé*, — *Rosalie Morisson*; — *F. Ferry*, adjudant du bataillon de la Loire-Inférieure; — *Nicolas Charles*, sergent-major du bataillon de la Loire-Inférieure; — *François Bruneteau*.

Goupilleau (de Montaigu) appuya cette adresse à la tribune[1] :

Depuis la Révolution, dit-il, ces prêtres ont désolé le département de la Vendée. Ils sont les seuls auteurs des désordres actuels. Je demande que l'on prenne enfin le parti définitif de nous en débarrasser. Les mesures déjà prises par l'Assemblée nationale ont été paralysées; mais le *veto* ne l'empêche pas d'en prendre de nouvelles. Je propose que le Comité des Douze soit expressément chargé de s'occuper de nouvelles mesures à prendre contre les prêtres qui troublent l'ordre public, et qu'il fasse incessamment son rapport.

Ce qui fut adopté.

1. *Moniteur* de 1792, n° 109, séance du 17 avril.

CHAPITRE XXVII

L'INTERNEMENT GÉNÉRAL DES PRÊTRES INSERMENTÉS AU CHEF-LIEU

La riche veuve Moulins de Toucheprès [1], par sa fameuse pétition du mois de juin 1791, par l'installation du curé remplacé de sa paroisse, Saint-Mars-la-Réorthe, dans la chapelle de son château de la Traverserie, et par l'acquisition, aux enchères des biens nationaux, des dépendances de l'ancienne cure, avait, sur l'inspiration des missionnaires de Saint-Laurent, et sous la direction du ci-devant chapitre de Luçon, pris l'initiative d'une opposition anti-constitutionnelle, d'autant plus dangereuse qu'elle revêtait toutes les apparences de la légalité.

L'agitation des non-conformistes, depuis l'ouverture d'un premier temple contre-paroissial à l'Oratoire de La Rochelle [2], avait pris des développements considérables dans la région destinée à devenir le théâtre de la guerre de Vendée. Elle avait trouvé son point d'appui dans un arrêté libéral du département de la Charente-Inférieure [3]; elle eût triomphé des hésitations des administrateurs vendéens, lorsque s'exerçait sur eux l'influence de Pichard de Page, sans l'opposition obstinée de Gensonné et de Dumouriez. Indifférents en matière religieuse, aussi tolérants que sceptiques, le commissaire civil et le général n'avaient de passion ni pour ni contre aucune espèce de prêtre, intrus ou réfractaire; ils auraient volontiers laissé dire et entendre la messe dans les chapelles privées comme dans les églises paroissiales, s'ils n'avaient reconnu dans ceux qui les harcelaient de pétitions libérales les ennemis de la liberté, s'ils ne s'étaient convain-

1. Voir t. I, p. 348 et suivantes; et ci-dessus, p. 197.
2. Voir ci-dessus, p. 81-83.
3. Voir ci-dessus, p. 79.

cus que permettre d'ériger autel contre autel dans chaque localité vendéenne, c'était autoriser l'organisation de la contre-révolution et la légaliser.

D'ailleurs, le but politique et les dangers immédiats du non-conformisme, inventé par les évêques destitués de La Rochelle et de Luçon, subventionné par la noblesse conspiratrice, et propagé par les missionnaires de Saint-Laurent, avait été dès le début révélé grâce à la saisie et à l'impression d'une lettre intime, et d'autant plus importante, du chanoine Paillou. Cette lettre, nous ne l'avions pas, au moment où nous avons produit le procès-verbal de la perquisition faite à la Traverserie par les maires de Saint-Mars-la-Réorthe et du Boupère. Mais elle vient encore à sa place ici, malgré sa date, 20 juin 1791. Elle sert à expliquer, d'une part, l'entraînement des administrateurs patriotes vers les mesures répressives, et, d'autre part, la persistance des démarches diplomatiques, tentées auprès des ministres girondins eux-mêmes, par le représentant à Paris des non-conformistes de l'Ouest.

Lettre trouvée à la Traverserie, paroisse de Saint-Mars-la-Réorthe [1].

Écrite tout au long de la main de M. Paillou, ci-devant chanoine de Luçon [2], et adressée à M. Mercy, ci-devant évêque dudit Luçon.

Monseigneur,

J'ai reçu, par le courrier de samedi dernier, vos lettres du 10 et du 14 de ce mois, avec les paquets que vous m'annoncez par ces lettres. Ainsi tout est arrivé à bon port et à temps, car j'étais fort inquiet. Il se trouve que le premier envoi a retardé d'un ordinaire ; je tâcherai d'en faire le meilleur usage possible, et soyez sûr que je ne me compromettrai pas, je sens combien il est essentiel d'agir prudemment.

1. Imprimée, sans lieu ni date, par les soins du district de la Châtaignerie, 8 p. in-8°; Papiers Fillon de la collection de M. Charier-Fillon, maire de Fontenay.

2. Le chanoine Paillou (Gabriel-Laurent), était né à Puy-Béliard (Vendée), le 7 mars 1735. (D'après le recueil de biographies manuscrites de Delayant, à la Bibliothèque de La Rochelle). Comme on le verra plus loin (ch. XXXII), il fut compris dans l'embarquement de prêtres pour l'Espagne, opéré aux Sables le 9 septembre 1792, en vertu de la loi du 26 août. Il fut on ne peut mieux reçu à Madrid. En 1801, il rentra en France et accepta d'être chanoine à La Rochelle, puis grand-vicaire de l'évêque J.-F. Demandolx, qui avait accepté ce siège sous le régime du Concordat, malgré la protestation de l'ancien évêque J.-Ch. de Coucy. Celui-ci, quoique prié par le pape Pie VII, avait refusé de se démettre pour servir la politique de Bonaparte. Demandolx mort en 1804, Paillou accepta sa succession. Après la Restauration, en 1816, il fut sollicité d'abandonner son siège à M. de Coucy. Il s'en référa à la volonté du Souverain Pontife (*Affiches de La Rochelle*, 1827, n° 63); mais, ajoute Delayant, « le pape ne trouva pas qu'il y eût lieu de céder sur ce point aux désirs exprimés par Louis XVIII. » L'évêque Paillou mourut le 15 décembre 1826.

J'ai reçu hier une lettre de mon neveu [1], en date du 17 ; il me marque que le département d'Angers, en écrivant à celui de la Vendée, au sujet des missionnaires de Saint-Laurent, a pris le parti de ses gardes nationales ; mais que cela n'a pas empêché le Directoire de Fontenay de prendre un arrêté par lequel il déclare que les deux missionnaires, n'étant prévenus d'aucun crime et n'ayant point été accusés, ni décrétés, ont été illégalement arrêtés, qu'ils sont libres, qu'on ne peut les retenir plus longtemps en prison et que la porte leur en doit être ouverte. L'arrêté a été porté à Montaigu sur-le-champ par un cavalier d'ordonnance [2]. Les missionnaires, comme je vous le mandais par le dernier courrier, ont été effectivement mis en liberté. Je m'étais proposé d'aller aujourd'hui à Saint-Laurent pour les voir ; mais les prisonniers vinrent coucher ici hier au soir, et ils sont partis ce matin, à quatre heures, pour aller remercier le Directoire de Fontenay de la justice qu'il leur a rendue, et ils repasseront ici demain. Mon neveu me marque que le département d'Angers a dénoncé ces messieurs au Comité des recherches ; il leur fait un crime, et c'est le seul, dit mon neveu, qui mérite quelque attention, d'un catéchisme manuscrit fort contraire à la constitution civile du Clergé ; mais, ajoute-t-il, le Directoire pense que tout homme peut écrire chez lui tranquillement ce qu'il pense, et que, si ce qu'il pense peut troubler l'ordre de la société, c'est la manifestation de ses principes qui peut seule le rendre coupable ; le Directoire [3] a, de son côté, instruit le Comité des recherches et lui a fait part des mesures qu'il a cru devoir prendre pour assurer le respect dû aux lois et aux domiciles, asiles inviolables des citoyens. J'ai beaucoup causé avec les missionnaires de ce qu'ils ont éprouvé pendant leur captivité ; cela fait frémir d'horreur. Ils ont continuellement entendu de la bouche de leurs conducteurs des blasphèmes, des impiétés, des infamies dont ils assurent qu'on ne peut se former une idée [4] ; à Cholet, ils ont été, depuis neuf heures du matin jusqu'à dix heures du soir, donnés en spectacle, au corps de garde, à tous ceux qui ont voulu les outrager ; avant d'arriver à Angers, un des gardes nationales avait pris les devants pour avertir qu'ils allaient arriver ; ils ont trouvé toute la populace assemblée. On ne peut encore, disent-ils, se faire une idée de toutes les insultes et de tous les outrages qu'on leur a faits ; à chaque instant ils s'attendaient à se voir mettre en pièces, ou attacher à la lanterne ; il y eut un moment surtout où ils furent prêts à se donner mutuellement la bénédiction. Avant d'arriver à la citadelle on voulut les faire descendre de cheval, ils obtinrent cependant de n'en descendre qu'à la citadelle même ; ils sont persuadés que, s'ils étaient descendus avant, ils auraient été massacrés ; et ce fut ce motif qui leur fit accorder leur demande, tant il est vrai que le danger était réel [5]. Ils ont été interrogés à Angers par deux membres du Directoire. Je trouve qu'ils répondirent parfaitement ; ils insistèrent toujours sur deux choses : 1° qu'ils n'étaient point

1. Paillou, administrateur au Directoire du département de la Vendée (Note de l'imprimé). — Il était, au moment de la Révolution, sénéchal de Pouzauges et était devenu membre du district de la Châtaigneraie à la formation.
2. Voir ci-dessus, t. I, p. 200.
3. Département de la Vendée. (Note de l'imprimé).
4. Faux rapport. (Note de l'imprimé).
5. Preuve qu'on ne voulait pas les exposer. (Note de l'imprimé).

justiciables du département d'Angers ; 2° que les corps administratifs n'avaient aucune qualité pour faire subir des interrogatoires. Enfin la revendication du département de Fontenay ne permettant plus à celui d'Angers de les retenir, ils ont été conduits à Montaigu ; mais le danger de paraître dans la ville d'Angers était si réel que le département lui-même, pour sauver leur vie, a cru devoir les faire partir à minuit [1], escortés de cavaliers de maréchaussée au lieu de gardes nationales, liés et garrottés sur leurs chevaux, conduits, quand ils étaient descendus, par le bout de la corde, comme des scélérats.

Il est vrai que cette précaution n'a duré que jusqu'à Cholet ; car, depuis Cholet jusqu'à Montaigu, ils n'ont point été liés. En passant à Cholet, ils ont encore couru les plus grands risques ; les gardes nationales de cette ville voulaient s'en emparer et les conduire à Angers, où ils assuraient qu'ils n'iraient pas loin sans être massacrés ; un des missionnaires répondit que, si on voulait leur mort, ils étaient prêts à la subir, à Cholet comme à Angers. Enfin, Dieu les sauva encore de ce danger ! A l'exemple des apôtres, ils ont l'air contents et joyeux d'avoir été trouvés dignes de souffrir pour Jésus-Christ ; ces prêtres m'ont bien édifié.

Vous êtes instruit de ce qui s'est passé à Luçon à l'installation de Rodrigue [2], mais il y a des choses dont on n'a pu vous instruire. Voici ce que me marque à ce sujet mon neveu :

« Dimanche dernier, à Luçon, le clergé non conformiste fit son office à l'hôpital ; la garde nationale, très patriote, voulut le troubler ; et, sans nos commissaires, cela eût été fait. Nous avons reçu, ce matin, un paquet à l'adresse de l'évêque constitutionnel, à lui remis par Savignac [3], qui lui a déclaré qu'il venait de M. de Mercy [4] ; il ne l'a point décacheté et l'a porté à la municipalité qui nous l'a envoyé. Nous n'avons encore pris aucun parti sur cet envoi, et je crois qu'on pourra le renvoyer à l'évêque pour le décacheter lui-même, sauf à lui à prendre, après l'avoir lu, le parti qu'il avisera. La municipalité de Luçon nous a aussi instruits ce matin que le clergé non conformiste disait la messe et chantait vêpres ; il paraît que cela scandalise ces messieurs ; nous allons délibérer ce soir sur la réponse à leur faire ; et, comme elle respirera la grande liberté et la tolérance religieuse, je pense qu'elle ne les satisfera pas. M. Menanteau [5] qui fut à l'installation de l'évêque, comme commissaire, m'a dit qu'il croyait le sieur Gaudin [6] persécuteur ; ainsi je pense que nous pourrons bientôt en avoir sur les bras autant et plus peut-être que nous n'en pourrons faire. »

Vous voyez, par cet extrait de lettre, que le directoire de notre département ne se dément point ; mais combien n'avons-nous pas à craindre des nouveaux qui vont être choisis ? On m'a assuré que le département d'Angers et quelques autres demandaient le renvoi des curés remplacés et leur éloi-

1. Preuve qu'on ne voulait pas leur faire de mal. (Note de l'imprimé).
2. Évêque constitutionnel. (Note de l'imprimé).
3. Huissier de la ci-devant baronnie de Luçon. (Note de l'imprimé).
4. Ci-devant évêque. (Note de l'imprimé).
5. Administrateur au Directoire du département de la Vendée. (Note de l'imprimé).
6. Vicaire de l'évêque constitutionnel. (Note de l'imprimé).

gnement à trois lieues. Les clubistes sont enragés du décret de tolérance; ils menacent de tous côtés les catholiques non conformistes; cela est porté à un point qu'il faut s'attendre à tout. Mais c'est peut-être de l'excès des maux et du comble de l'anarchie que Dieu fera sortir le bien et l'ordre; j'ai toujours espérance qu'il n'abandonnera pas son Eglise.

Le bon curé de Saint-Mars [1] a été remplacé hier par un intrus Génovéfain et du diocèse, nommé Réthoré. Nous sûmes samedi, à n'en pouvoir douter, que l'intrusion s'opérerait le lendemain. Le curé acheva de démeubler. Il sut qu'à raison des assemblées primaires, l'intrus serait installé et dirait la messe à huit heures du matin. Comme sa santé ne lui permettait de se lever que tard, il me fit prier d'y aller dire la messe de grand matin. Je la dis en effet à cinq heures; l'église était remplie. Aussitôt la messe et après avoir monté dans la chambre du curé, je revins ici. Le curé se leva plus tôt qu'à son ordinaire; après la prestation du serment, l'intrus et ses adhérents entrèrent à la cure; le curé lui-même leur ouvrit la porte et leur déclara qu'il protestait contre la prétendue installation, qu'il était légalement curé de Saint-Mars, qu'il ne s'en était point démis, que l'église ne lui avait point ôté sa juridiction [2]; qu'en conséquence, il ne cesserait de se regarder comme curé de Saint-Mars et de rendre, autant qu'il le pourrait, tous les soins à son troupeau. Aussitôt après, il les quitta et se rendit ici, où il dit la messe à dix heures; presque tous ceux qui n'avaient pas entendu la mienne s'y rendirent; il ne se trouva à la messe de l'intrus que les bourgeois, les bourgeoises et un très petit nombre de gens qui étaient la lie de la paroisse. Le décret pour la tolérance est envoyé aux districts, on ne tardera pas à l'avoir ici, et alors on chantera les vêpres. Mme de Toucheprès fait aménager sa chapelle pour être un temple de catholiques non conformistes; l'autel a été arrangé, on y placera un tabernacle; il y aura une balustrade pour la communion, on ménage toute la place qu'on peut pour y loger le plus de fidèles possible.

Ces bons paysans ne demandent que cela [1]. Le mécontentement commence à se faire sentir à raison de l'impôt; les marchands voituriers qui, dit-on, seront fortement imposés, jettent les hauts cris et disent qu'ils ne payeront pas.

J'avais ici l'écrit intitulé *Les principes de la foi sur le gouvernement de l'Église, ou réfutation des développements de l'opinion de M. Camus*. Je l'ai prêté au Père Camus, vicaire de la Flocellière; celui-ci l'a fait lire à son curé, qui n'en persiste pas moins dans son serment, mais qui a avoué que si cet écrit était très répandu, il était propre à faire rétracter bien des serments. Le Père Camus m'a demandé comment il pourrait se procurer cet écrit, qu'il désire faire lire à des jureurs; je n'ai pu lui donner celui que j'avais parce qu'il n'est pas à moi; ne pourriez-vous point lui en envoyer un exemplaire? Cet homme me paraît dans d'excellents principes, vous pourriez

1. Le lieu où la lettre a été écrite est la paroisse de Saint-Mars. (Note de l'imprimé).
2. Ces protestations sont conformes à l'instruction donnée par le ci-devant évêque de Luçon, trouvée au même lieu que cette lettre. (Note de l'imprimé).
3. Parce qu'ils sont persécutés. (Note de l'imprimé).

mettre une seconde enveloppe à l'adresse de M. Guerry, directeur de la poste à la Flocellière.

Je n'entends point parler du curé des Herbiers ; son vicaire, qui était allé se faire installer curé près de Nantes, est de retour aux Herbiers : c'est un grand obstacle. Vous n'avez pas d'idée de la manière indigne dont ces jureurs parlent du pape et des évêques.

Mme de Touchéprès vous prie d'agréer son hommage et ses remerciements. Elle est tranquille aujourd'hui sur son acquisition, ses dispositions sont faites ; c'est mon neveu qui est son fidéicommissaire. Ceux qui viennent ici et à qui on parle de cette acquisition, disent que personne ne s'est mépris sur le motif qui lui a fait faire cela.

J'ai l'honneur de vous assurer de mon respect et de mon dévouement. Je compte toujours me rendre à Luçon le lundi 29.

DÉMARCHES DU REPRÉSENTANT DES NON CONFORMISTES A PARIS

Jean Brumauld de Beauregard, chanoine du ci-devant chapitre de Luçon, investi des pouvoirs du ci-devant évêque, de Mercy, personnellement visé dans l'arrêté départemental du 9 mars, s'était dérobé à son application ; il était allé rejoindre sa famille à Poitiers [1].

Mais son frère André qui avait échappé aux poursuites devant le tribunal criminel [2], n'était pas revenu en Vendée après l'amnistie du 15 septembre 1791. Il était resté à Paris et s'était installé à l'hôtel d'Artois, rue Gaillon. S'intitulant « représentant accrédité des prêtres non conformistes et des fidèles catholiques romains du Poitou », il fit les plus actives et les plus habiles démarches auprès des ministres, y compris le philosophe et républicain Roland, qui l'écouta avec complaisance et faillit entrer dans ses vues.

Les démarches de l'abbé de Beauregard commencèrent par la présentation d'un mémoire [3], dont voici les parties essentielles :

De la vraie cause des troubles religieux dans le département de la Vendée et dans les autres départements du royaume ; les moyens d'y rémédier.

Il n'existe aucuns autres troubles religieux que ceux qu'exercent, contre toutes les règles de la justice et contre les dispositions les plus précises de la loi, plusieurs départements ou autres corps administratifs, qui se sont permis d'interdire au plus grand nombre des citoyens tous moyens d'exercer le culte auquel ils sont attachés.

Dans tout l'empire français, il n'y a peut-être pas une seule église des-

1. D'après la *Vie* qui précède ses *Mémoires* déjà cités.
2. Voir ci-dessus, p. 61 et 391.
3. Deux grandes pages de l'écriture de Beauregard, non signées, Arch. nat.

tinée au culte des catholiques romains, quoique cette liberté leur soit garantie comme à tous les conformistes par l'Acte constitutionnel et spécialement encore par un décret particulier. Lorsqu'ils ont présenté leurs pétitions pour être autorisés à exercer leur culte dans les églises qu'ils ont achetées et en offrant de se conformer à ce qui est prescrit par les lois, on n'a point faire droit à leurs pétitions, ou bientôt ils ont été troublés dans l'exercice de leur culte, sans que les corps administratifs aient pris aucune mesure pour réprimer ces exactions...

Le plus grand nombre des paroisses des campagnes n'ont d'autres ministres du culte que ceux que les principes religieux que professent les habitants de ces paroisses ne leur permettent pas de reconnnaître pour leurs pasteurs...

Cependant, à Paris et dans quelques autres villes, on jouit d'une partie de la liberté religieuse que les lois garantissent; les églises des communautés y sont ouvertes et cela ne contribue pas peu à la tranquillité publique. Qu'on procure ailleurs les mêmes moyens, la même liberté aura le même succès.

Le bon peuple des campagnes n'a d'autre intérêt personnel opposé à la Révolution que ce qui concerne la religion. Qu'on lui rende les ministres auxquels il a confiance, qu'on lui laisse les moyens d'exercer le culte auquel il est attaché; sa religion le rend paisible, sa religion le rendra heureux.

Le seul moyen de maintenir l'ordre dans une société, c'est de protéger les droits que sa Constitution accorde à tout citoyen, c'est de faire observer les lois.

Le 21 avril 1792, le ministre recevait la lettre suivante[1] :

Monsieur,

J'ai eu l'honneur de vous représenter la situation affligeante des malheureux prêtres détenus à Fontenay par le jugement le plus illégal comme le plus injuste du directoire du département de la Vendée et l'état de consternation où sont dans ce département et dans celui de la Vienne les catholiques romains, qui forment la très grande majorité de la population de ces départements, et demeurent privés de l'assistance de leurs ministres, de tout exercice de leur culte par des arrêtés des directoires de ces départements, ou par leur silence lorsqu'on réclame contre les entreprises des autres corps administratifs.

Je n'insisterai pas, Monsieur, pour démontrer que le refus qui est fait aux catholiques romains de la liberté religieuse, que la loi leur garantit, et la détention arbitraire de leurs ministres sont la plus criante de toutes les injustices. Vous l'avez reconnu, Monsieur, et vous m'avez fait l'honneur de me dire qu'elle serait réparée ; qu'aussitôt la quinzaine de Pâques les arrêtés de ces départements seraient cassés et que, par une proclamation solennelle, la liberté serait rendue aux prêtres détenus sans forme judiciaire et aux catholiques romains privés de l'exercice de leur culte contre les dispositions expresses de la loi. Le terme que vous avez jugé à propos de fixer est expiré : la pro-

1. Arch. nat. $F^{19}481^{1}$.

clamation n'a point encore eu lieu ; je me suis présenté plusieurs fois chez vous, je n'y ai point été admis ; j'ai eu l'honneur de vous écrire, je n'ai reçu aucune réponse.

Vous ne désapprouverez pas, Monsieur, que j'aie rendu compte, à ceux pour lesquels je suis chargé de solliciter, de ce que vous avez eu la bonté de me promettre en leur faveur. C'était pour eux une consolation que je ne pouvais leur refuser. Mais, si l'espoir dont j'ai dû les flatter n'est pas bientôt réalisé, ce sera pour eux le comble de l'amertume ; pour les corps administratifs un signal d'encouragement dans les nouvelles entreprises qu'ils méditent contre les catholiques et leurs ministres, et une disposition de plus aux progrès de l'anarchie qui nous menace des plus grands malheurs.

Au moment même où j'ai l'honneur de vous écrire, des lettres que je reçois de Fontenay m'annoncent de nouveaux projets concertés contre les prêtres qu'on appelle réfractaires et qu'on veut punir comme des séditieux, lorsqu'ils n'usent même pas de la liberté que la loi leur accorde ; on porte la prévention ou la mauvaise foi jusqu'au point d'abuser d'une lettre que vous avez écrite, et, pour s'autoriser de cette lettre dans l'usage qu'on en fait, on s'est permis l'interprétation la plus contraire à l'esprit qui l'a dictée. Il serait trop long de vous rendre compte de ce détail par écrit. Je vous supplie donc, Monsieur, de vouloir bien m'accorder une audience. L'affaire est instante et elle est assez intéressante pour que j'ose espérer que vous ne me refuserez pas cette grâce.

Je suis avec un profond respect, Monsieur, votre très humble et très obéissant serviteur,

L'abbé DE BEAUREGARD.

Roland achevait en ce moment la rédaction de l'exposé, — qu'il lut à l'Assemblée nationale le 23, — de la situation intérieure du royaume et en particulier des graves embarras causés, dans la majorité des départements, par les agitations des prêtres non assermentés, ainsi que par les mesures prises contre eux en l'absence d'une loi précise [1].

... Les dernières convulsions du fanatisme et de l'aristocratie, y écrivait-il, tendent à prolonger les troubles et à produire une dissolution, dont les ennemis extérieurs voudraient profiter... La multiplicité des excès produits par l'intérêt et la vengeance de quelques prêtres forcenés, à l'ombre des opinions religieuses... a produit une fermentation universelle, dont le levain existe dans toutes les parties de la France... Ici, des prédications incendiaires, faites par des prêtres non assermentés, retentissent de village en village, préviennent les habitants contre les prêtres assermentés et les portent à s'opposer à leur installation. Là, des écrits séditieux, des menaces violentes multiplient les émeutes, propagent les désordres de toutes parts. On insinue le mépris des lois, le refus de payer les contributions. La licence et l'anarchie font tous les jours de nouveaux progrès. Des femmes séduites et furieuses

1. *Moniteur* du 24 avril 1791.

croient travailler pour le ciel en portant leurs maris à soutenir des prêtres hypocrites et en accablant d'outrages ceux que ces prêtres leur indiquent pour ennemis. Les lois insuffisantes et méconnues ne peuvent contenir ou réprimer une foule aveugle ; le germe des dissensions civiles se développe de tous les côtés ; la division règne dans les familles, la discorde ravage l'empire... Le salut de l'empire demande des mesures que la sagesse du législateur peut seule calculer et ordonner...

Dans les différentes crises de cet état violent, environ trente à quarante départements se sont vus forcés de prendre des arrêtés qui n'étaient ni prescrits ni autorisés par la Constitution. Ils ne sont pas l'ouvrage isolé d'un petit nombre de départements, dans les administrateurs desquels on puisse soupçonner de l'exagération et de la partialité ; ils ont été pris presque partout à des temps très différents ; ils sont le produit des malheurs passés, des craintes pour l'avenir et des dangers présents... Les hommes qu'ils concernaient et ceux qui prenaient part au sort de ces hommes ont réclamé contre leur illégalité. Mon prédécesseur avait écrit aux départements pour le leur observer, et *l'on projetait une Proclamation pour les casser.*

Nul doute, Messieurs, que la rigueur de la loi n'exige du ministre chargé de la faire exécuter, d'anéantir tout acte qu'elle réprouve ; nul doute aussi que l'application rigoureuse de ce principe ne puisse, dans ces temps de crise, compromettre le salut public ; nul doute encore que le moment où nous sommes est extrêmement orageux.

Placé entre l'obligation de me conformer au texte de la loi et le devoir non moins sacré de ne rien faire qui puisse plonger la France dans de nouveaux malheurs, j'ai dû commencer par remontrer aux départements les vices de leurs arrêtés, la nécessité où je serais de les frapper, et le bien qu'ils feraient s'ils les retiraient eux-mêmes. Quelques-uns ont eu égard à ces représentations ; plusieurs n'ont pas répondu ; d'autres ont observé que les arrêtés qu'ils avaient faits, n'ayant pas été exécutés, devaient être regardés comme non avenus ; d'autres, enfin, ont répliqué qu'il était impossible de retirer les leurs sans exciter les plus grands maux.

Parmi ces derniers départements, le ministre de l'intérieur citait Ille-et-Vilaine, l'Orne, la Mayenne, déclarant que, « tant qu'on laisserait une libre carrière à des trames perfides, jamais la tranquillité publique ne se rétablirait, et que l'expérience, plus forte que tous les raisonnements, le prouvait avec l'évidence ». Ce dont il ne disconvenait pas, en produisant la liste des quarante-deux départements qui avaient pris des arrêtés pour « déplacer les prêtres insermentés ».

Les « soumettant tous à l'Assemblée nationale, seule juge compétent de ce que les circonstances ont pu exiger au delà de la loi et de ce que la sûreté commune doit faire excuser », il n'omettait pas de produire les réclamations que les arrêtés illégaux avaient suscitées, notamment celle que la municipalité de Clisson venait de lui adresser avec les adhésions de vingt autres du voisinage.

Mais, d'autre part, il présentait des pétitions de la Charente-

Inférieure, qui signalaient les agitations produites par l'arrêté qu'avaient pris les nouveaux administrateurs de ce département en faveur de la liberté religieuse[1]; d'autres pétitions, à la fois de la Moselle et des Landes, réclamant, au moment où la guerre extérieure s'engageait, le rétablissement de la paix intérieure par « une mesure efficace pour anéantir la discorde dont le fanatisme s'était fait un jeu cruel ». Il produisait encore deux arrêtés pris, l'un par le département de la Corrèze, expulsant les prêtres non assermentés de Tulle, dans les vingt-quatre heures, afin de prévenir une émeute; l'autre, par le district de Strasbourg, qui, en raison des relations de ces prêtres avec les émigrés en armes sur les rives du Rhin, les éloignait à trente lieues de la frontière.

Aussitôt après la lecture de l'exposé ministériel, Merlin (de Thionville) proposa, au milieu des applaudissements des tribunes, « que tous les prêtres perturbateurs fussent chargés sur des vaisseaux et envoyés en Amerique ».

Vergniaud demanda qu'au moins l'on examinât la question de savoir « dans quelle circonstance il est permis à une nation de rejeter de son sein ceux qui n'y restent que pour le déchirer ». Il constata que « le fanatisme n'avait continué ses progrès que parce qu'il n'existait pas de lois répressives, la seule faite se trouvant paralysée par un refus de sanction ». Il signala « la cruelle nécessité » où se trouvaient les administrations départementales « de compromettre la tranquillité publique ou de violer la loi »; la contradiction dans laquelle se mettait la représentation nationale elle-même, « entraînée à applaudir des mesures extraordinaires, parce qu'elle reconnaissait que le salut public y était attaché ». Enfin, s'écria-t-il, puisque nos ennemis nous font la guerre, « il est temps de la leur déclarer au nom de la loi ».

Mailhe voulait qu'on votât de nouveau, et d'urgence, et qu'on représentât une seconde fois au roi le décret qu'il avait frappe de son *veto*.

L'Assemblée adopta la motion de Vergniaud, le renvoi du compte rendu du Ministre de l'intérieur au Comité des douze « pour en faire son rapport très incessamment ».

Cinq jours après cette séance, où il n'avait pas été dit un mot de la Vendée, le représentant des assermentés vendeens ecrivait de nouveau à Roland:

Au Ministre de l'intérieur.

Paris, à l'hôtel d'Antin, rue Gaillon, ce 28 avril 1792.

Monsieur,

Depuis plus d'un mois, les prêtres cités pas différents arrêtés du Direc-

1. Voir ci-dessus ch. XVIII, p. 80.
2. Arch. nat. F[19]481[1].

toire du département de la Vendée sont retenus à Fontenay, chef-lieu du département. Depuis plus d'un mois, ils demandent qu'on leur fasse connaître les motifs de cette rigoureuse détention. Cette justice leur est refusée. Les trouveraient-ils, ces motifs, dans le rapport que vous fîtes lundi dernier à l'Assemblée nationale des arrêtés pris par différents départements contre les prêtres non assermentés? Des citoyens paisibles, des ministres de la religion vertueux et fidèles, pourraient-ils se reconnaître dans le tableau que présente ce rapport? On n'y voit que des prêtres hypocrites, des séditieux, des rebelles voués à l'indignation publique, dignes de toutes les sévérités des lois. Ces inculpations, plus elles sont graves, plus il importe de les approfondir. Sur quoi sont-elles fondées? Sur des dénonciations des corps administratifs, vagues et dénuées de preuves. Quels différents motifs ont pu les dicter? Ces motifs vous sont mieux connus qu'à moi; il ne m'appartient pas de les pénétrer, mais il suffit que ce soient des dénonciations pour qu'elles ne puissent être admises sans preuves; c'est un principe fondé sur toutes les règles de la justice, et vous l'avez reconnu lorsque vous m'avez fait l'honneur de me dire que ces arrêtés seraient annulés.

Je ne doute pas, Monsieur, que vous n'ayez insisté sur ce point autant que sur le défaut de compétence, lorsque vous avez représenté aux départements les vices de leurs arrêtés. Quel a été l'effet de ces représentations? Quelles preuves ont-ils produites contre les prêtres non sermentaires? Quelques-uns ont reconnu dans ces représentations la vraie règle de la justice, ils ont révoqué leurs arrêtés ou ils ont déclaré qu'ils ne seraient pas exécutés; d'autres n'ont pas répondu, d'autres enfin ont répliqué qu'il n'était pas possible de révoquer leurs arrêtés sans occasionner les plus grands maux. J'ignore quelle a été la réponse de celui de la Vendée. Ce qu'il y a de très certain, et je n'oublie pas que c'est au Ministre du Roi que j'ai l'honneur de l'assurer, il n'y a d'autres troubles dans le département de la Vendée que les persécutions injustement suscitées contre les prêtres non sermentaires et contre les catholiques privés de la liberté du culte que la loi leur garantit. C'est un fait qui n'est pas moins certain et il serait facile d'en acquérir la preuve. Ces ministres, qu'on traite comme des séditieux ou des rebelles, n'ont cessé de recommander, comme un des premiers devoirs de la religion, le respect pour l'autorité, la soumission due aux lois; ils en ont toujours donné l'exemple, et, si dans ce département où le peuple, fidèle par principes à la religion de ses pères, souffre en paix l'éloignement de ses ministres, la cessation du culte auquel il est attaché, c'est aux sages avis qu'il reçut de ses pasteurs, c'est à leur exemple qu'il faut attribuer sa tranquillité, sa résignation, dans la privation la plus douloureuse comme la plus injuste. Qu'on rende à ce bon peuple les ministres auxquels il a confiance, qu'on lui permette l'exercice du culte auquel il est attaché, il est paisible, bientôt il sera heureux. *Nous ne demandons d'autre grâce*, disait-il unanimement aux commissaires envoyés dans le département de la Vendée, *nous ne sollicitons d'autre faveur que de conserver les prêtres auxquels nous avons confiance; nous payerons, s'il le faut pour l'obtenir, le double de nos impositions.* Ce sont ces ministres vertueux, chéris et respectés du peuple, dans lesquels il vit dans tous les temps des amis, des bienfaiteurs, des pères, de qui il n'entendit jamais que des paroles de consolation et de paix, qui lui sont représentés comme des prêtres hypocrites, des citoyens dangereux, des coupables! Quels crimes leur sont imputés? L'attachement aux principes religieux qu'ils ont toujours enseignés, l'estime et la confiance du peuple dont ils se sont rendus dignes, quelques fonctions du ministère exercées en secret auprès de ceux qui réclament leur assistance, tandis que l'exercice de tout culte est expressément permis par la loi. Ce sont des dénonciations vagues, des délits qu'on ne peut spécifier, qu'on refuse d'approfondir; des accusés enfin, auxquels tout moyen de justification est interdit et qui sont rigoureusement punis sans aucune information préalable, avant qu'aucun jugement ait été prononcé.

J'avais pu annoncer, Monsieur, aux malheureux détenus du département de la Vendée, que bientôt une proclamation du Roi mettrait fin à leur captivité et que par cette proclamation la liberté du culte serait assurée aux catholiques. Quelle sera leur surprise et leur consternation, lorsqu'ils apprendront qu'une dénonciation faite à l'Assemblée nationale contre les prêtres non sermentaires, par le Ministre du Roi, a suivi de près ces consolantes promesses? Quels motifs pourrai-je alléguer de ce changement imprévu? *Quelles espérances pourrai-je leur offrir, lorsque je serai forcé de déclarer que, depuis plus de quinze jours, je n'ai pu être admis chez vous, et que les lettres que j'ai eu l'honneur de vous écrire sont restées sans réponse?*

Je n'entreprendrai pas, Monsieur, de vous peindre l'état de détresse où sont réduits un grand nombre de ces prêtres infortunés, dans une ville où la plupart, dépourvus de connaissances, n'ont d'autre moyen de subsistance qu'une solde humiliante de 13 sous par jour, offerte à ceux qui prouveront qu'ils ne peuvent se procurer aucune autre ressource. Ce n'est pas la sensibilité que je désire émouvoir, c'est la justice du Ministre du Roi que je veux invoquer, et elle me promet que, si vous avez cru devoir transmettre à l'Assemblée nationale les dénonciations du directoire du département de la Vendée contre les prêtres non sermentaires de ce département, vous ne serez pas moins empressé de lui faire connaître que ces dénonciations sont dépourvues de toute preuve, et de proposer au Roi la cessation des arrêtés de ce département contre les prêtres non sermentaires. Ils ne sont pas moins contraires à toutes les règles de la justice que rendus incompétemment.

Je suis avec un profond respect, Monsieur, votre très humbre et très obéissant serviteur,

L'abbé DE BEAUREGARD.

Le fanatisme, disait Cahier de Gerville, approuvant la résistance opposée par Pervinquière aux arrêtés contre les prêtres, « le fanatisme est un torrent qui coule paisiblement, quand il ne rencontre pas d'obstacles, et qui rompt avec fureur les digues qu'on lui oppose ». Son successeur, Roland de la Platière, pensait exactement de la même façon et, dans le même style, conseillait aux administrations de l'Ouest de cesser les appels d'ecclésiastiques au chef-lieu. Il adressa à tous les départements une circulaire contre l'emploi de la force militaire pour la répression des troubles dits religieux [1]:

A Messieurs du Directoire du département de...

Paris, 24 avril 1792, l'an IV de la Liberté.

Les troubles actuels, Messieurs, qui agitent plusieurs points de l'empire, semblent prendre leur source dans la diversité des opinions religieuses. Cette diversité d'opinions est le fruit de l'erreur, et les erreurs proviennent de l'ignorance. Si donc nous éclairions les hommes, nous les délivrerions de beaucoup de préjugés; et, si les préjugés étaient détruits, la paix règnerait sur la terre.

Ce n'est point par la force des armes que l'on inculque la raison. Leur appareil n'est fait que pour irriter ceux qui n'ont pas de mauvaises intentions, et ce n'est pas dans un siècle de philosophie, et sous une Constitution qui repose sur elle, qu'on doit opposer l'arme meurtrière des combats à des citoyens, à des frères qui sont seulement égarés.

Les dernières convulsions du fanatisme tendent à perpétuer les troubles. Le plus grand malheur pour les hommes chargés de l'exécution des lois, c'est d'être obligés de faire une application rigoureuse de la force publique contre des citoyens qui ne sont qu'égarés. C'est ce que nous verrions arriver si nous ne nous hâtions d'instruire le peuple, de l'éclairer sur les manœuvres de ses ennemis, de le prémunir contre leurs insinuations et d'employer enfin tous les moyens pacificateurs pour le maintien de l'ordre auquel est attaché son propre salut.

C'est parce qu'on a négligé ces moyens qu'on a trop souvent requis, sans besoin réel, une force armée extraordinaire. Je crois donc devoir vous observer, Messieurs, dans les circonstances où se trouvent plusieurs départements :

1° Qu'un État bien organisé n'a de troupes de ligne que pour se garantir des invasions, repousser la force par la force, et faire jouir les citoyens de tous les bienfaits de leur Constitution;

2° Que la paix intérieure doit être maintenue par l'instruction, par l'opinion, et finalement par la force réprimante des gardes nationales.

Or, nommés par le peuple, vous devez en avoir la confiance; l'instruction de votre part doit produire le plus grand effet, et vous devez par la confiance et par la raison former l'opinion et la diriger. Ces moyens, employés avec une très grande activité et beaucoup de sagesse, sont sûrs. Est-il quelques-unes de ces circonstances rares où ils soient trop lents? Vous avez toute la force publique de votre département, vous pouvez la porter où il est nécessaire, et vous devez la diriger suivant les circonstances.

Voilà vos moyens, Messieurs, et je le répète, vous restez responsables devant la nation et ses représentants, devant le Roi et vos commettants, de tous les événements que vous n'auriez pas prévus ou empêchés par eux.

Le Ministre de l'Intérieur, ROLAND.

1. Copiée sur l'exemplaire autographié, revêtu de la signature de Roland, Arch. des Affaires étrangères, France 1407, f°s 218-219.

L'administrateur vendéen Mercier du Rocher[1] répliquait aux circulaires ministérielles, auxquelles le Directoire s'abstenait de répondre :

Ces préceptes peuvent être vrais. Personne n'est plus ami que moi du libre exercice des cultes. Je l'ai dit nombre de fois, j'aurais désiré qu'on eût pu faire célébrer la messe partout. Mais il eût fallu pour cela que tous les hommes eussent été assez sages pour n'attacher à cette cérémonie aucune importance politique. Ce n'était point des prêtres que nous poursuivions, mais de mauvais citoyens qui se servaient du caractère dont ils étaient revêtus pour égarer le peuple et lui faire opérer la contre-révolution. Nos malheureux administrés n'étaient pas assez éclairés pour faire cette distinction. Je ne me suis jamais opposé à la célébration des offices de ces prêtres, j'ai seulement engagé l'aumônier de l'hôpital à dire la messe à l'autel où ils l'avaient célébrée. Ah ! c'était alors un spectacle digne de pitié, que de voir les pauvres dévotes purifier l'autel, les ornements et les vases qu'elles croyaient souillés par les prêtres assermentés !

Les ministres catholiques ont tant de moyens pour soulever le peuple contre les lois. Il est impossible même de les prendre sur le fait ; ils sont toujours enveloppés d'un voile religieux. Cette religion, telle que les prêtres l'ont établie, ne peut exister qu'autant qu'elle est elle-même le gouvernement ; autrement, elle détruit l'État ou l'État la détruit. Les prêtres assermentés se regardaient, par la Constitution civile du clergé, comme partie intégrante du corps politique. Leur religion était constitutionnelle, elle accueillait toutes les autres, elle n'était point jalouse des hommages qu'on leur rendait. Ainsi les dieux des peuples de l'antiquité vivaient en paix avec les uns, avec les autres, et jamais ils n'ont fait verser le sang des hommes. Les ministres d'un culte dominateur doivent être chassés d'une société policée, et sous tous les rapports, les prêtres non assermentés devaient être déportés aussitôt leur refus de prestation de serment. Les laisser en France, c'était leur donner le temps de tramer contre la Révolution, c'était exposer les autorités constituées, qui voudraient les tenir dans l'ordre, à passer pour persécutrices aux yeux de leurs partisans, c'était laisser la mèche allumée de l'abbé Maury sur le baril de poudre.

L'Assemblée législative a poussé l'imprévoyance jusqu'à ne pas interdire aux réfractaires le costume ecclésiastique ; elle le laissa aux corporations supprimées. Le Parlement de Paris et Louis XV avaient agi plus politiquement quand ils détruisirent les Jésuites. Ils leur défendirent de porter l'habit de leur ordre. Ces souquenilles sont des espèces de talismans aux yeux du peuple ; il fallait se hâter de les briser.

DÉVELOPPEMENT DU PÉTITIONNEMENT NON CONFORMISTE

Cependant le pétitionnement de la municipalité de Clisson, qu'avait annoncé le ministre Roland en son exposé à l'Assemblée

1. 1er cahier de ses Mémoires inédits.

nationale, prenait des proportions considérables, propagé par les missionnaires de Saint-Laurent, qui avaient leur maison tout près de ce chef-lieu de district. Il s'étendait sur les deux rives de la Loire dans les parties des quatre départements de la Loire-Inférieure, des Deux-Sèvres, de Maine-et-Loire et de la Vendée, où devait éclater la grande insurrection de 1793. *Les citoyens du bourg de Batz*, district de Guérande, expédiaient à l'Assemblée et au Roi une *pétition* dont les signataires, y était-il dit, représentaient « les quatre-vingt-dix centièmes des quatre mille âmes de la paroisse ». Invoquant la proclamation du Roi du 28 septembre 1791 [1], ils demandaient « qu'il leur fût permis de rappeler leurs pasteurs exilés et d'exercer publiquement avec eux le culte catholique romain, auquel ils étaient inviolablement attachés [2] ».

De Clisson, ou plutôt de Saint-Laurent-sur-Sèvre, était lancé le mot d'ordre de nommer, pour chaque paroisse adhérente, deux commissaires, qui iraient à Paris, porter les arrêtés et pétitions « pour les bons prêtres ». Au pays des Mauges, en Maine-et-Loire, le mouvement était suivi avec ardeur et l'on répétait, en protestant contre les mesures départementales, la menace, émise dans les précédentes délibérations de Châtillon et de Bazoges-en-Pareds [3] : « Si les demandes des peuples n'étaient pas accordées, *ils pourraient se porter à l'insurrection.* » Vers la fin du mois d'avril, dans une auberge tenue par le procureur de la commune de la Poitevinière, une assemblée de maires et conseillers municipaux préparait une coalition de quarante à cinquante paroisses angevines pour « le renvoi des assermentés et la rentrée des bons prêtres ». Dans le district de Châteauneuf, on embauchait publiquement « des recrues à prix d'argent». Des nobles, anciens officiers, absents depuis longtemps, reparaissaient dans leurs châteaux et étaient désignés pour commander dans un soulèvement général prochain. Une circulaire se distribuait, avisant les coalisés de s'armer et de se tenir prêts à l'appel du tocsin « conformément aux instructions venues de Bretagne [4] ».

Le Directoire patriote de Machecoul, très inquiet de ce qui se passait autour de son arrondissement, réclamait avec insistance « une loi qui permît d'agir contre les prêtres insermentés prêchant le refus de l'impôt ». Il dénonçait le district de Clisson, comme protégeant le pétitionnement municipal des réfractaires et donnant l'exemple de la désobéissance aux lois [5].

1. Voir ci-dessus, p. 77.
2. Arch. nat. Dxl 11, liasse de la Loire-Inférieure.
3. V. ci-dessus, ch. XVIII, p. 85-90.
4. Voir la *Vendée angevine*, de M. Célestin Port (de l'Institut), t. I, p. 337, 342, 433, 435. Voir plus loin, ch. XXIX et XXXV.
5. Pétition du 11 et dénonciation du 23 avril, Arch. nat., Dxl 11.

LE DÉCRET DU 27 MAI 1792

La Commission extraordinaire des Douze, très émue de ce que lui écrivaient les administrateurs de l'Ouest, chargea Français (de Nantes)[1] de rédiger le « rapport sur les troubles intérieurs », exigé par l'Assemblée nationale, d'après la motion de Vergniaud. Ce rapport[2] fut déposé le 5 mai. La question des « agitations prétendues religieuses » y est ainsi traitée :

Le projet de loi que le Comité vient soumettre à votre discussion renferme des dispositions sur les prêtres dissidents, qui sont tellement importantes que le salut public dépend peut-être de la détermination que vous allez prendre.

Il faut se dépouiller ici de toute passion, considérer avec froideur ces objets prétendus religieux, qui ne peuvent enflammer que des imaginations malades; mesurer, par la pensée, le mal dans toute son étendue, mais le resserrer dans ses justes bornes; examiner ce que la liberté peut tolérer et ce qu'elle doit défendre, peser ce que la justice exige et ce que l'humanité ordonne, mais surtout écouter ce que le salut de la patrie commande.

Le despotisme, dans tous les pays, s'est appuyé sur deux choses : sur une armée et sur une église. Lors de la Révolution française, les chefs de l'armée ont fui, les soldats se sont souvenus qu'ils étaient citoyens, et le despotisme a manqué par cette base. L'Église, toujours ambitieuse et adroite, toujours forte des grands intérêts dont elle sait couvrir le sien, toujours puissante par ce qu'elle promet et par ce dont elle menace, toujours active dans les souterrains mystérieux que sa politique a su lui ménager, a tenu plus ferme, et elle a continué de se conduire d'après ce système raisonné qu'on lui voit suivre depuis quinze siècles, et dont les combinaisons ont toujours été d'attirer à elle le pouvoir et les richesses, dans les temps d'ignorance, sous le nom d'*église triomphante*, et de se rattacher, dans les temps de lumières, les esprits faux et prévenus, sous le nom d'*église persécutée*. Ses pontifes ont fui, mais un grand nombre de ses ministres, au lieu de se rappeler qu'ils appartenaient à la patrie, ont feint de se souvenir qu'ils appartenaient à Dieu, nom sous lequel on a commis toute sorte de crimes sur la terre......

Il est connu de tout le monde qu'un grand nombre de dissidents, depuis trente mois, ont écrit, prêché et confessé pour la cause de la contre-révolution, fanatisé et armé les villages, et que *pas un seul n'a été puni*.

1. Homme de lettres, né à Beaurepaire (Isère), le 17 janvier 1756, mort à Paris, le 7 mars 1836. Antoine Français s'était établi à Nantes à l'époque de la Révolution. Il s'était distingué, en 1790, comme fondateur de la Société des Amis de la Constitution, et, devenu son président, avait été chargé d'une mission auprès des Amis de la Révolution, de Londres. Député de la Loire-Inférieure à l'Assemblée législative, il ne fut pas réélu à la Convention. En 1798, il fit partie du Conseil des Cinq Cents, devint préfet de la Charente-Inférieure sous le Consulat et, sous l'Empire, baron, conseiller d'État et Directeur général des Droits-Réunis. Député à la Chambre de 1819, il fut nommé pair de France en 1831.

2. In-8°, Imprimerie nationale, aux Arch. nat., AD'92.

Il serait possible que la Constitution pérît de l'une de ces trois manières: ou par le dérangement des finances, ou par l'anarchie, ou par une grande coalition des ennemis du dedans avec les ennemis extérieurs. Quant aux finances, les recouvrements se font avec lenteur dans les campagnes; mais comment pourront-ils s'y faire, tant que vous aurez 15 ou 20,000 prêtres qui diront à des hommes simples, que former de nouveaux rôles, c'est *offenser Dieu*, et que payer l'impôt, c'est *se damner*...

Nous ne devons pas seulement peser ici les considérations politiques, mais nous devons nous occuper aussi de rendre au peuple la paix domestique, ce bonheur que la nature a placé pour tous les hommes au sein de leur famille... Cette paix et ce bonheur se sont exilés des villages, depuis le jour où le fanatisme y est entré. J'ai vu, dans les campagnes, les liens les plus sacrés rompus, les flambeaux d'hyménée ne jeter plus qu'une lueur pâle et sombre, ou changés en torches des furies; le squelette hideux de la superstition s'asseoir jusque dans la couche nuptiale, et se placer entre la nature et les époux; le fils repoussé du sein de sa mère, parce qu'il s'était consacré au service d'une autre mère non moins tendre, *la patrie;* les jeunes gens hésitant entre leur cœur et la superstition, ne sachant plus sur quel autel faire bénir une union désirée, ni quel est le Dieu qui les appelle, ou le Dieu qui les repousse; l'agriculteur ne sillonner plus qu'avec effroi le champ abreuvé de ses sueurs, et n'y voir, au lieu de la Providence qui le couvre de moissons, que des démons qui les dévorent; l'état civil des personnes, cette première propriété de l'homme civilisé, laissé à l'abandon; les morts laissés sans sépulture, et le fanatisme descendre jusque dans les tombeaux, pour en arracher les tristes dépouilles de l'homme, que l'homme ne voit qu'avec horreur; enfin, j'ai vu le cours de la nature pour ainsi dire suspendu, une sorte de bouleversement opéré dans les facultés humaines, depuis que le fanatisme a étendu sur les campagnes ses crêpes ensanglantés. O Rome! es-tu contente? Te faut-il encore de plus grands maux et de plus grandes discordes? N'as-tu pas bu déjà le sang des Montalbanais et des citoyens du Morbihan? Quelle page de l'histoire n'est pas souillée des maux que tu nous as faits? Quelle partie de l'empire puis-je parcourir, où je ne trouve les traces de tes crimes passés ou les agitations de tes manœuvres présentes? Es-tu donc comme Saturne, à qui il faut tous les jours des holocaustes nouveaux? Reprends, reprends ta funeste milice, instrument de tous nos maux, et qui s'est soustraite à nous pour rester toute à toi!

Le projet de décret général sur la répression des troubles intérieurs, qui suit le rapport de Français (de Nantes), contient ces quatre articles, par lesquels eussent été régularisées les précautions révolutionnaires, prises par les administrations départementales de l'Ouest:

ART. 26. — Sur la pétition de vingt citoyens actifs, et l'avis du directoire de district, le directoire de département appellera, dans la ville chef-lieu de son territoire, tout ecclésiastique non assermenté, dont l'éloignement lui sera demandé, ou dont il aura reconnu lui-même la nécessité.

ART. 27. — Tous les ecclésiastiques appelés ou amenés au chef-lieu du département y résideront dans les maisons qui leur seront indiquées par le directoire; ils habiteront en commun lesdites maisons, et y vivront à leurs frais, s'ils ont des pensions ou des biens propres suffisants; et, s'ils n'en ont pas, il sera pourvu à leur subsistance par le Trésor public.

ART. 28. — Les prêtres ainsi réunis ne pourront sortir de leurs maisons, ni recevoir de citoyens qu'avec la permission du directoire de département.

ART. 29. — Ceux des prêtres qui contreviendraient au présent décret, ou qui trameraient quelques manœuvres par des correspondances, ou autrement, seront dénoncés par le procureur général syndic du département à l'accusateur public près le tribunal criminel, et punis des peines portées par le Code pénal.

L'Assemblée législative décida, le 27 mai, l'expulsion du royaume des prêtres insermentés, sur la proposition de Vergniaud[1]. Mais ce décret, comme celui du 29 novembre 1791, fut frappé de *veto*, et c'est seulement après la révolution du 10 août que la déportation des prêtres se réalisa.

APPLICATION DES ARRÊTÉS DE DÉPARTEMENT ET DE DISTRICT

En attendant, les patriotes des administrations vendéennes effectuèrent, sans séditions nouvelles, la réunion des réfractaires au chef-lieu. D'ailleurs, ils ne se livrèrent pas à des violences inutiles; même, en plus d'une circonstance, ils réprimèrent certains excès de la force armée et des abus de pouvoir des autorités subordonnées.

Ainsi, le 16 mai, le directoire du district des Sables, par une plainte sévère aux chefs de la garnison, faisait interdire les brutalités à l'égard des femmes qui allaient assister en troupes aux messes anticonstitutionnelles[2].

Le 21 mai, ce même directoire admettait à sa barre un ci-devant noble, qui était encore maire de la commune de Champ-Saint-Père, et qui allait bientôt émigrer[3], le sieur de Gyvès, déposant :

Le 18 de ce mois, le maire des Moutiers, le sieur Bouhier, et le juge de paix, le sieur Denogent, accompagnés d'environ trente hommes armés, avec pistolets, fusils et baïonnettes, sont venus jeter la consternation dans mon bourg, en se portant chez différents particuliers, entre autres le nommé Jacques Jaunet, officier municipal; ils ont été plusieurs fois chez moi-même chercher dans tous les appartements, en répandant contre moi les injures les plus atroces.

1. V. plus loin, ch. XXXII.
2. Délibér. du 16 mai, reg. du district, aux Archives du département de la Vendée.
3. Inscrit sur la liste des émigrés de la Vendée (papiers de Mercier du Rocher, reg. II).

Il est arrêté que cette plainte « sera communiquée à la municipalité des Moutiers, pour y répondre, sous deux jours » ; sans attendre, il est « arrêté provisoirement » :

La personne et les propriétés du sieur de Gyvès, comme de tout autre citoyen, étant sous la sauvegarde de la Nation, il est fait expresse défense d'y porter atteinte, sous peine d'encourir, pour les coupables, les punitions prononcées par la loi[1].

Le 4 avril, deux curés non assermentés du district voisin, Pierre Guinement, de la paroisse de Saint-Hilaire-de-Riez, et Pierre-Alexis Tortereau, de la paroisse de Challans, étaient venus, avec le desservant de la Chaume, devant le directoire des Sables, pour satisfaire à l'article 1er de l'arrêté départemental du 5 mars, qui obligeait les prêtres non fonctionnaires à prouver qu'ils avaient leur domicile dans le département. Le procureur syndic réputait insuffisantes les pièces par eux produites. Le directoire repousse ses conclusions[2] :

Persuadé que l'esprit de l'arrêté du département du 5 mars dernier est de prévenir le plus grand inconvénient de garder dans son territoire des prêtres étrangers, chassés pour méfaits des départements voisins;

Considérant que les sieurs Tortereau, ancien curé de Challans, Guinement, ancien curé de Saint-Hilaire-de-Riez, et Deau, faisant les fonctions de curé de la Chaume, tous munis de certificats de leurs municipalités respectives, et natifs de la ville des Sables, ne peuvent être classés parmi les prêtres que doit atteindre le susdit arrêté;

Déclare qu'il n'a point d'égard au réquisitoire du commissaire procureur syndic, et qu'en conséquence les susdits prêtres ne pourront être inquiétés sous le spécieux prétexte de ne s'être pas conformés à l'arrêté du 5 mars.

Le 26 avril, le prêtre non assermenté Morisset, pourvu d'un certificat de la commune de Sainte-Flaive, réclame le traitement accordé à ceux qui sont appelés au chef-lieu du département. Le district y fait droit par un arrêté ainsi motivé :

Considérant que, par l'article 9 de l'arrêté du département du 9 mars, il est accordé une pension de 250 livres aux ecclésiastiques appelés à Fontenay, lorsqu'ils justifieraient n'avoir aucune ressource pour vivre;

Considérant que cet acte d'humanité de MM. du Département s'étend à tout ecclésiastique sans distinction, même à ceux qui ont le plus contribué à égarer les peuples dans les circonstances présentes.

Ces décisions prouvent la modération et l'humanité des administrateurs des Sables. Leur complaisance alla quelquefois jusqu'à ac-

1. 4e reg. du district, Archives du département de la Vendée.
2. Ibid. Délibér. du 26 avril.

cepter sans preuve les prétextes de maladie allégués par les prêtres sommés de se rendre au chef-lieu.

Au cours de la séance du 24 avril, le procureur syndic dénonçait, comme « continuant ses intrigues pour soulever le peuple contre les lois, un sieur Cohade, qui s'était déclaré malade et dans l'impossibilité de voyager et de se transporter à Fontenay ». Moirand, curé constitutionnel de Landevieille, où exerçait ce réfractaire, écrit que « celui-ci n'est atteint d'aucune maladie grave, mais exerce librement et exactement, comme par le passé, les fonctions de son ministère ». Le directoire ordonne, en conséquence, « que le sieur Cohade soit conduit par la gendarmerie au chef-lieu du département ».

Dans la paroisse de Sainte-Foy, ce n'est pas l'ancien curé qui est resté, c'est un prêtre de la Loire-Inférieure, Gillaizeau, qui s'est établi, avec la protection de la municipalité contre-révolutionnaire. Le 25 avril, le procureur syndic requiert que cet individu « soit chassé par la force publique, en vertu de l'article 1er de l'arrêté du département du 5 mars, et que la commune soit responsable des frais de déplacement de cette force, en vertu de l'article 4 du même arrêté ». Le directoire approuve ces conclusions. Le 27, il ordonne « à deux cavaliers de la brigade de gendarmerie de se transporter à Sainte-Foy pour notifier au sieur Gillaizeau, prêtre réfugié, de sortir sur-le-champ de cette paroisse, le conduire à la Mothe-Achard, et là le mettre entre les mains de la garde nationale qui le conduira, conjointement, avec le cavalier de la correspondance de Palluau, en ce dernier lieu »[1].

Ces arrêtés, les premiers de l'espèce, étaient expédiés au département pour qu'il les confirmât, le département retarda son approbation jusqu'au 8 juin.

C'est, sans doute, qu'il y avait de minutieux préparatifs à faire pour rendre possible l'arrestation des prêtres refusant d'obéir aux injonctions des autorités. Le mois précédent, le desservant réfractaire de Saint-Nicolas-de-Brem, Épaud, avait été condamné à trois jours de prison par la municipalité, dont il se permettait de saisir au passage les papiers officiels; le maire était venu déclarer au district que ce jugement de police restait inexécuté, vu qu'il n'y avait « aucune personne dans la commune qui prêterait main-forte pour l'arrestation de ce prêtre » (20 mars). On avait expédié la gendarmerie; mais les fidèles avaient caché leur curé.

Les officiers municipaux de Vairé écrivaient, le 25 avril, « qu'il leur était de toute impossibilité de faire aucune opération relative aux impositions foncière et mobilière, sans mettre en danger leur

1. Analyse des reg. du district des Sables, aux dates indiquées ; Archives du département de la Vendée.

existence et leurs propriétés, par les menaces atroces d'un peuple égaré ». Le directoire les fait comparaître à la séance du 28 et apprend d'eux que le promoteur de la rébellion presque générale, contre laquelle ils se trouvent impuissants, est le curé insermenté de la paroisse, dont l'incivisme est depuis longtemps notoire, et qui, cité pour plusieurs délits devant le juge de paix du canton de la Motte-Achard, vient d'être acquitté, « le juge s'étant refusé à entendre les témoins à charge ».

Le directoire « interjette appel du jugement rendu le 28 avril » et « dénonce au ministre de la justice, au département et à l'accusateur public le refus et déni de justice du juge de paix de la Mothe-Achard ».

Le 30, il prend l'arrêté suivant :

Considérant qu'il résulte des déclarations verbales faites au directoire par lesdits officiers municipaux et procureur de la commune de Vairé, que le prêtre *Villeneuve* est le seul auteur de ces rébellions aux lois et aux pouvoirs établis ;

Considérant que, d'après les dépositions desdits officiers municipaux et procureur de la commune, le sieur *Villeneuve* est réellement l'auteur de la désorganisation de la municipalité de Vairé ; que lui seul a empêché, à la Saint-Martin dernière, la formation d'une nouvelle municipalité ; qu'il ne cesse d'intriguer journellement pour soulever le peuple ;

Considérant enfin que, lorsque le glaive de la justice ne peut atteindre les coupables, et que le fanatisme voile leur turpitude, il est d'une administration prudente et zélée de répondre des factieux et d'assurer la tranquillité ;

Le directoire du district, ouï sur ce le commissaire procureur syndic, arrête que le prêtre *Villeneuve* sera conduit au chef-lieu du département pour y résider avec les coupables désignés par arrêtés des 9 et 30 mars dernier, et ce jusqu'à ce qu'il en soit autrement ordonné [1].

Le ci-devant curé de Vairé ne se laissa pas prendre. Il adressa au directoire une « requête tendante à faire cesser l'arrêté qui lui enjoignait de se rendre au chef-lieu du département, et à être autorisé à retourner dans la paroisse qu'il desservait ».

Le rapport sur cette requête fut lu en séance, le 10 mai, et l'arrêté du 30 avril confirmé en ces termes [2] :

Vu l'exposé de ladite requête,

Considérant que, dès le commencement de la Révolution, le sieur *Villeneuve*, non content de manifester par ses opinions un profond mépris de la Constitution, s'est montré rebelle à la loi en plusieurs occasions :

1. Délibér. des 23, 28 et 30 avril.
2. Extrait du 3e reg. des délibér. du district des Sables, f° 81, aux Archives du département de la Vendée.

1° En suggérant aux habitants de la paroisse de Vairé *de prendre les armes pour s'opposer à l'installation du sieur Tassaing*, curé nommé à sa place, suggestion qui a eu tout l'effet qu'il en attendait; instigation même qui fut sur le point de devenir funeste aux habitants de la Mothe-Achard, faisant conduire des meubles à Vairé; à la vue de ces meubles, une foule de citoyens de ce dernier (lieu) se porta sur les conducteurs et sur les meubles, pour tuer les uns et brûler les autres, persuadés qu'ils appartenaient au nouveau curé ;

2° Que, pour parvenir à désorganiser la municipalité, il a fait des assemblées clandestines, dans lesquelles il avait la précaution d'exalter les têtes tant par des discours perfides que par d'abondantes libations ; ces moyens lui ont parfaitement réussi, puisque lui-même, dans une de ces assemblées, dicta, à l'heure de minuit, la démission du maire, qui venait d'être déposé par ceux qui composaient l'assemblée ; ce fait a été attesté et affirmé par le fils du maire, entendu comme témoin devant le juge de paix ;

3° Qu'il a fait menacer les jours du procureur de la commune, qui déployait à son avis trop de zèle et de fermeté ; ce fait a été également déposé devant le juge de paix ;

4° Qu'il est l'auteur que les opérations relatives au recouvrement de l'impôt ont été non seulement négligées, mais même abandonnées, ayant fait répandre dans le public que le premier qui oserait publier quelque loi, proclamation ou arrêté concernant l'impôt serait pendu au premier arbre; ainsi s'expriment les officiers municipaux dans la pétition qu'ils ont présentée à l'administration :

Tels sont les motifs qui ont déterminé le Directoire du district des Sables à prendre contre le sieur *Villeneuve* un arrêté de répression, dans lequel il persiste provisoirement et jusqu'à ce que les tribunaux aient prononcé sur les délits susmentionnés...

Signé : BOUHIER, président ; BIRET, procureur syndic; ROBERT et MERCEREAU, aministrateurs.

Le Directoire du département prenait, de son côté, le 29 mai, la décision suivante contre « différents particuliers en soutanes » [1] :

Le Directoire arrête que les dispositions de l'arrêté général du 9 (mars) seront exécutées relativement aux sieurs *Perrin*, ex-chanoine à Luçon ; Thomas *Paillaud*, curé de Nieul-le-Dolent ; *Rozan*, ci-devant grand-vicaire à Luçon, et résidant actuellement aux Moutiers-sur-le-Lay ; *Ganachaud*, curé de Saint-Hilaire-de-Riez; Jacques *Barbeau*, ci-devant vicaire à Saint-Hilaire-de-Riez, et résidant actuellement à Saint-Julien-des-Landes, et le sieur *Testard*, curé de Coudrie, que des dénonciations atteignent; en conséquence leur enjoint de se rendre au chef-lieu du département dans huitaine de la notifi-

1. 2e reg. des ordonnances et décisions du département, adressées au district des Sables, f° 45.

cation du présent arrêté et de se conformer sitôt leur arrivée aux dispositions contenues dans l'arrêté général.

EXPULSION DES PRÊTRES RÉFRACTAIRES DE LA VILLE DES SABLES-D'OLONNE

Les officiers municipaux des Sables qui sentaient leur ville la première menacée par la guerre civile, sans cesse prête à éclater, étaient très animés contre le clergé réfractaire.

Le 3 avril, ils avaient « mis à la porte les quatre sœurs de la Sagesse montfortine qui, au couvent de Bon-Secours, sur le quai, instruisaient la jeunesse »[1]. Ces « Filles de la Sagesse », d'ailleurs, ne se contentaient pas de faire l'école ; recevant les mots d'ordre de Saint-Laurent-sur-Sèvre et de Luçon, elles faisaient la plus ardente propagande contre-révolutionnaire[2].

Non seulement les anciens curés et vicaires de la ville et de son faubourg de la Chaume n'étaient pas partis, mais à eux s'étaient joints plusieurs prêtres insermentés du voisinage, dont la résidence avait été reconnue légale par le district[3]. Les femmes, en très grande majorité, s'abstenaient de tout rapport avec le curé constitutionnel, « l'intrus », ne se confessaient qu'aux réfractaires et les suivaient par masses aux messes à travers champs. Il n'y avait pas une famille qui ne fût, pour ainsi dire, coupée en deux par la rivalité des deux clergés, et l'action des réfractaires devenait de plus en plus dangereuse sur le peuple, qui s'ameutait non seulement dans les campagnes environnantes mais dans la ville même. Aussitôt les volontaires de Nantes partis, le 31 mai, se produisirent, le 3 et le 4 juin, des manifestations très violentes contre le curé constitutionnel et contre la garde nationale. Elles déterminèrent la municipalité à procéder immédiatement à l'expulsion et au transport au chef-lieu du département de tous les prêtres non assermentés qui se trouvaient aux Sables, moins un, le curé de la Chaume, parce qu'il ne lui avait pas encore été nommé de remplaçant constitutionnel.

1. « Lesquelles avaient refusé le serment le 15 février. » (Notes inédites d'André Collinet.)

2. Le 31 août 1792, les vases sacrés de la chapelle des Sœurs de la Sagesse furent saisis et envoyés au département, et leur maison fut convertie en caserne pour 50 hommes. (Délibération municipale.)

Par arrêté municipal, l'expulsion des religieuses des Sables fut opérée le 1er octobre, après inventaire de ce que contenaient leurs maisons, « en distinguant les effets qu'elles pouvaient emporter ». (Correspondance municipale, reg. B, aux dates des 6 et 7 septembre 1791.)

3. V. plus haut, p. 421.

Délibération du Conseil général de la commune des Sables-d'Olonne[1].

Le 4 juin 1792, an 4e de la Liberté, la séance est présidée par le citoyen Gaudin jeune, maire ; y assistent les officiers municipaux Delange aîné, Bermond, Gobert, Foussé, Boudreau, Perrache ; le procureur syndic Dupleix ; les notables Mercereau fils, Jean Rigolage, Rochet, Jean Bouan, L. Foucaud, Corbine, Sourrouille, Logeais, Épaux, Ferry, Gilbert, Laisné fils, Gobert et Dorotte ; plus, le citoyen J.-D. Aymon, commis-secrétaire.

Sur la proposition d'un membre, l'Assemblée se déclare en permanence jusqu'après l'exécution des déterminations qu'elle va prendre.

Les citoyens Corbine et Ferry sont envoyés au directoire du district pour lui demander un exemplaire de l'arrêté du directoire du département contre les prêtres non assermentés.

Le procureur syndic demande et l'assemblée décide d'envoyer des commissaires constater chez les marchands de la ville l'état des armes et munitions qu'ils peuvent avoir dans leurs magasins, en leur faisant défense de s'en dessaisir et de les vendre sans une permission du corps municipal.

L'arrêté départemental contre les prêtres non assermentés est apporté sur le bureau.

Déclarations.

Le citoyen Dupleix dépose, signée, la déclaration que, « le nommé *Diard*, aumônier des Bénédictines, confesse secrètement dans l'église de cette communauté nombre de personnes de la ville ».

Le citoyen Laisné déclare et signe :

« Dimanche dernier, sur les six heures et demie du matin, la femme d'un sieur Martin, perruquier à la Chaume, a entendu un gros homme vêtu de gris, à la porte de l'église de la Chaume, criant à haute et intelligible voix : « A bas la cocarde nationale ! C'est la cocarde blanche, qu'il faut « prendre aujourd'hui ! » Elle avait à côté d'elle le fournier de la Chaume, quand cet homme a tenu ce propos. La femme Martin a rapporté le fait aux sieurs Vantou et Pagnet, desquels je le tiens. J'observe aussi que les sieurs *Tortereau*, *Guinement* et *Bonneau*, affectent de faire sonner leurs messes pendant trois quarts d'heure, afin de donner le temps aux fanatiques des Sables de s'y rendre. »

Le citoyen Boulineau déclare et signe :

« Les sieurs *Deau*, *Bonneau*, *Tortereau* et *Guinement* tiennent journellement entre eux des conciliabules, et le sieur *Degounor*, ex-curé de la paroisse de Givrand, s'y rend. Je tiens ces faits du nommé Coutant, préposé à la police du commerce extérieur, au poste de la Chaume, qui m'a dit en avoir été témoin. »

Le maire, Gaudin, déclare à son tour et signe :

« Il existe une dénonciation formelle, consignée sur les registres de la police municipale, faite par le citoyen Beauvais, contre les sieurs *Boitel*, ci-

1. Procès-verbal imprimé de l'Assemblée législative, p. 631.

devant curé des Sables ; *Gourdin*, ex-vicaire ; *Deau*, curé de la Chaume ; *Darnaud*, ex-vicaire dudit lieu ; *Boulineau*, prêtre habitué ; *Diard*, aumônier des religieuses ; *Guinement* et *Tortereau*, ci-devant curés, l'un de Challans et l'autre de Saint-Hilaire-de-Riez, qui, après avoir refusé le serment dans leurs paroisses, sont venus se réfugier dans celle de la Chaume. Cette dénonciation est datée du 24 mars dernier, elle est formelle et positive ; elle doit être adjointe à toutes les dénonciations déjà faites et à faire par les citoyens qui composent l'assemblée, et envoyée au département, avec les autres pièces.

« Le sieur *Boitel*, ci-devant curé, qui avait l'air d'être invisible aux yeux des patriotes et que l'on croyait absent, est au contraire habitant de la ville des Sables. Je l'ai vu hier, sur les onze heures du soir, entrer dans sa maison, située près de la mienne. Je ne suis pas le seul qui l'ait vu ; depuis trois ou quatre jours, plusieurs personnes du quartier l'ont vu, comme moi, rentrer à sa maison à la même heure, et cette maison, dont il n'a passé le bail que pour jusqu'à la Saint-Jean, il la garde encore. Je tiens de plusieurs personnes qu'il aurait renouvelé son bail jusqu'à la Saint-Jean de 1793. D'où l'on peut présumer que le sieur *Boitel* n'a pas perdu l'espérance de rentrer dans ses premiers droits ; qu'il ne persiste à habiter aux environs de la commune ou dans le sein même de la ville que pour mieux aveugler les citoyens, les entretenir continuellement dans une espérance prochaine de contre-révolution, et persuader aux citoyens crédules et fanatiques qu'il ne tardera pas à revenir au milieu d'eux et dans sa première qualité de curé des Sables. »

Réquisitoire du procureur de la commune.

Communication prise de ces déclarations, le procureur de la commune dit et signe (Rouillé) :

« L'esprit de fermentation qui existe actuellement et règne depuis le départ du bataillon de la Loire-Inférieure, parmi les mauvais citoyens de cette ville, est soufflé par les prêtres non assermentés, dont les principes et les vues sont en contradiction avec le respect de la Constitution et la soumission aux lois. Le sieur *Guiard*, aumônier des ci-devant religieuses Bénédictines de cette ville, confesse, administre les sacrements, dit la messe à portes ouvertes, malgré les défenses qui lui en ont été faites par le corps municipal. Les sieurs *Deau*, ex-curé ; *Darnaud*, ex-vicaire de la Chaume ; *Tortereau*, ex-curé de Challans ; *Guinement*, ex-curé de Riez, et *Boulineau*, prêtre habitué aux Sables, administrent aussi et confessent habituellement les fanatiques de cette commune, provoquent la haine contre le curé assermenté et les nouvelles lois du royaume. Les trois premiers célèbrent la messe sans permission du curé des Sables. L'ex-curé *Boitel* et l'ex-vicaire *Gourdin* parcourent les différentes communes du district des Sables, sèment le trouble et la division, égarent le peuple de ses devoirs, et le provoquent à la résistance contre les autorités constituées. D'ailleurs, les précautions qu'ils prennent pour se dérober à la vue des citoyens annoncent leurs coupables influences et leurs sinistres projets.

« Sur quoi, le procureur de la commune,

« Considérant qu'il est presque impossible d'atteindre et de dévoiler les menées sourdes et perfides desdits sieurs *Guiard, Deau, Darnaud, Tortereau, Guinement, Boulineau, Boitel* et *Gourdin*, dont la conduite se dérobe dans les ombres du mystère et au tribunal de la confession ;

« Considérant que les provocations qui ont eu lieu dans la journée d'hier et ce matin, de la part des mauvais citoyens, contre les amis de la Constitution et ceux qui vont à la messe du prêtre assermenté, et notamment contre le sieur Poignet, de la Chaume, garde national de cette commune ; le citoyen Loiseau, marchand joaillier ; les sieurs Adam, Vibrac et autres, ne peuvent émaner que des conseils qui peuvent leur avoir été donnés par les prêtres ci-dessus dénommés ;

« Considérant que l'insurrection qui vient d'avoir lieu à La Rochelle annonce une révolte générale de tous les prêtres non assermentés ; que, d'ailleurs, les mesures rigoureuses que vient de déployer contre eux l'Assemblée nationale ne peuvent laisser aucun doute sur leurs intentions coupables ;

« Considérant, en outre, que leur refus d'obéir aux lois du pays annonce leur dessein de renverser la Constitution et la liberté de la France, et que tout nous prouve que le tyran de Bohême et de Hongrie, les émigrés, le Comité autrichien et les prêtres rebelles n'ont tous qu'un même but, celui de reconstruire les tours et les créneaux de la Bastille sur les décombres du temple de la Liberté ;

« Considérant enfin qu'aux grands maux il faut les grands remèdes, et que, pour détruire les effets de la fermentation du peuple, il faut en enlever la cause immédiate ;

« Le procureur de la commune requiert :

« Que lesdits sieurs *Guiard, Deau, Darnaud, Tortereau, Guinement, Boulineau, Boitel* et *Gourdin*, soient transportés de suite au département de la Vendée ;

« Qu'à cet effet deux commissaires, nommés par l'assemblée générale, se transportent à Fontenay, avec un détachement de la garde nationale de cette ville, pour les y conduire et les remettre entre les mains du directoire du département ;

« Et que les ordres nécessaires soient donnés pour que le départ ait lieu ce soir à onze heures précises ;

« Que les fonds nécessaires pour le transport à Fontenay soient avancés par la commune des Sables, jusqu'à ce que le département ait pris les mesures nécessaires pour leur remboursement ;

« Requiert, en outre, qu'en exécution de son arrêté, le Conseil général de la commune reste assemblé jusqu'à ce qu'il ait la certitude que la détermination qu'il va prendre a eu son exécution. »

Le Conseil général de la commune des Sables-d'Olonne, ouï le réquisitoire du procureur, adopte ses conclusions en ces termes :

Arrêté du Conseil général.

« Le Conseil général de la commune,

« Considérant que réellement, la chose publique est en danger ; que, depuis le départ des volontaires de la Loire-Inférieure, plusieurs provocations de la part des ennemis de la chose publique contre les amis des lois et de la Constitution ont été manifestées, entre autres contre les citoyens Poignet, Vibrac, Loiseau, tous trois de la garde nationale de cette commune ;

« Considérant que les provocations ne peuvent provenir que des insinuations perfides des prêtres non conformistes et qu'elles engagent les âmes crédules et faibles au mépris des lois et à la désobéissance aux pouvoirs constitués ;

« Considérant enfin que de tels désordres pourraient avoir les plus funestes suites ; que les prêtres réfractaires qui habitent la commune des Sables, de notoriété connue, prêchent ouvertement la rébellion ; qu'ils ont eu le secret, par les insinuations les plus perfides, d'entraîner la majeure partie des citoyens dans leur parti, et que le sang est peut-être à la veille de couler, si l'on ne s'empresse de prendre les mesures les plus rigoureuses et les plus promptes pour prévenir tant de malheurs ;

« Arrête le Conseil général de la commune :

« 1° Que tous les prêtres non conformistes habitant et domiciliés dans la commune des Sables seront ce soir, sur les onze heures à minuit, sommés de se transporter de suite au chef-lieu du département ; (cependant, sera provisoirement excepté le sieur *Deau*, desservant actuellement la cure de la Chaume, attendu qu'il serait peut-être injuste de priver les habitants de cette paroisse de tous les secours spirituels dont ils pourraient avoir besoin ; mais le département sera également prié de vouloir bien donner des ordres au procureur syndic du district, pour qu'il ait à convoquer les électeurs, afin de nommer un prêtre conformiste qui puisse remplacer le sieur Deau dans ses fonctions) ;

« 2° L'assemblée arrête également que deux commissaires, pris dans son sein, accompagneront au département ces prêtres réfractaires, et, pour cet effet, elle a choisi les citoyens Corbine et Rouillé, qu'elle a priés d'appuyer de toutes leurs forces la réclamation de la commune pour que le sieur Deau, ex-curé de la Chaume, soit remplacé le plus promptement possible ;

« 3° Arrête également que vingt hommes de la garde nationale de cette ville accompagneront au département lesdits prêtres réfractaires et lesdits commissaires, pour protéger leurs personnes, les mettre sous la sauvegarde de la loi et prévenir les événements qui pourraient leur arriver le long de la route ;

« 4° Arrête en outre le Conseil général de la commune que les frais que pourront occasionner le transport au département desdits prêtres réfractaires seront provisoirement supportés par la commune, jusqu'à ce que le département ait statué sur le remboursement ; ce que messieurs les commissaires voudront bien observer audit département et hâter le plus qu'il sera possible ledit remboursement, attendu que la commune n'est pas dans un état capable de supporter une longue créance.

« Fait, clos et arrêté à la Maison commune, lesdits jour, mois et an que de l'autre part.

« P. Gaudin, maire ; Dupleix, procureur syndic ; Gobert, T. Perrache, Delange, Foussé, Bermond, Boulineau, officiers municicipaux ; FERRY, CORBINE, SOURROUILLE, LAISNÉ, GOBERT, DOROTTE, FOUCAUD, Jean BOUAN, RIGOLAGE, ROCHET ; AYMON, commis-secrétaire. »

Extrait du procès-verbal du directoire du district des Sables.

Sur les neuf heures, M. Dardel, présidant la séance, et M. Sourrouille, administrateur du district et adjoint au directoire présent et prenant part à la délibération.

Sont entrés au directoire MM. Bermond, officier municipal, et Rouillé, procureur de la commune de cette ville, commissaires nommés par le Conseil général de ladite commune, et ont dit que l'arrêté du Conseil général en date de ce jour contre les sieurs Guiard et autres pretres y dénommés n'a été pris que dans l'intention de détruire la fermentation des mauvais citoyens, et ont déclaré que, si son exécution n'avait pas lieu, il y aurait tout lieu de craindre une insurrection et que tout les portait à croire que le moindre retard compromettrait évidemment la chose publique.

Et ont signé : P.-M. ROUILLÉ, procureur de la commune ; BERMOND, officier municipal.

Vu l'arrêté pris ce jour par le Conseil général de la commune, que lesdits sieurs Bermond et Rouillé ont représenté, portant que les sieurs *Guiard*, aumônier des ci-devant Bénédictines ; *Boulineau*, ancien aumônier de l'Hôpital ; *Tortereau*, ex-curé de Challans ; *Guinement*, ex-curé de Saint-Hilaire-de-Riez ; *Darnaud*, desservant le vicariat de la Chaume ; *Boitel*, ex-curé des Sables, et *Gourdin*, ex-vicaire aux Sables, seront conduits par la force publique au chef-lieu du département, pour être mis entre les mains de son directoire et être par lui statué ce qu'il appartiendra.

Le Directoire, après avoir entendu le commissaire procureur syndic :

Considérant que, si la démarche du Conseil général de la commune est illégale et contraire aux droits des gens, le salut public doit être la loi suprême dans des moments de crise ;

Considérant que la déclaration du Conseil général de la commune et celles de ses commissaires sur le danger imminent d'une insurrection violente méritent foi ;

Considérant que, du propre aveu des députés du Conseil général, les mesures qui ont été prises pour l'exécution de son arrêté avaient déjà consommé cette exécution avant que le Directoire en fût instruit, tellement que les prêtres dont la translation est arrêtée étaient détenus à la chambre municipale, et le détachement destiné à les escorter prêt à partir, ce qui met le Directoire dans l'impossibilité d'arrêter des mesures si avancées ;

Déclare, après en avoir délibéré en présence des députés du Conseil général, que l'arrêté dudit Conseil relatif à la translation au chef-lieu du dé-

1. F° 106 du 3° reg. du district des Sables, aux Archives du département de la Vendée.

partement des prêtres dénommés est entièrement laissé à la prudence et sous la responsabilité du Conseil général, chargé spécialement de veiller à la sûreté publique ;

Arrête, en outre, que copie de la présente délibération sera envoyée au département.

Et sur la mi-nuit, la séance a été levée, et après lecture, MM. les administrateurs et commissaire procureur syndic se sont, avec le secrétaire, soussignés :

SOURROUILLE, ROBERT; DARDEL, président; BIRET, commissaire procureur syndic ; DELANGE, secrétaire.

Le Directoire du département de la Vendée reçevait, le 5, le précédent arrêté, non par le district mais par la municipalité des Sables, avec une lettre se terminant ainsi :

... Ces hommes pervers ont tellement intrigué et fanatisé nos concitoyens, que nous sommes peut-être à la veille des plus grands malheurs et que le sang aura peut-être coulé avant que les forces que vous nous avez annoncées nous soient arrivées. En effet, depuis le départ des volontaires de la Loire-Inférieure, plusieurs provocations ont été faites aux bons citoyens de la part des ennemis de la chose publique. Ils ont été publiquement insultés dans les rues et à la sortie de l'église et des offices des prêtres constitutionnels. Ce matin même, une rixe s'est élevée entre plusieurs citoyens de différentes opinions et le sang a pensé couler. Pour prévenir tous ces maux, qui ne sont occasionnés que par les instigations des prêtres réfractaires, le Conseil général de la commune des Sables a pris le parti de faire conduire dans vos murs ces prêtres rebelles, sous bonne garde, afin de les préserver de tout événement. Cette conduite, de la part de notre commune, ne sera pas regardée comme criminelle, lorsque vous penserez que le salut de ses concitoyens en dépend [1].

Le département, en séance du 6, admit l'exécution de l'arrête des Sables par ce motif :

Les déclarations contenues dans la délibération et les lettres du Conseil général de la commune des Sables, du 4 de ce mois, rendent évidemment suspecte la conduite des prêtres insermentés contre lesquels il s'est déterminé à prendre des mesures de rigueur.

EXPULSION DES PRÊTRES ÉTRANGERS AU DÉPARTEMENT

Deux jours plus tard, le Directoire du département prend un nouvel arrêté général expulsant définitivement de la Vendée, dans les huit jours, tous ceux des ecclésiastiques non assermentés qui n'y sont pas nés et qui n'y exercent point de fonctions publiques.

1. Correspond. municip., reg. B.

Arrêté du département de la Vendée du 8 juin 1792, l'an IV de la liberté [1].

Le Directoire, dont le devoir et l'objet principal de sa sollicitude sont également de maintenir la tranquillité publique,

Considérant que les mesures prises à cet effet contre les prêtres insermentés, justement désignés comme les auteurs secrets des troubles qui ont affligé différentes parties du département, ne peuvent atteindre assez complètement le but proposé ;

Considérant que le trop grand nombre de ces prêtres, que des dénonciations d'autorités constituées ont déjà atteints ou atteindront par la suite, et qui, d'après l'arrêté du 9 mars dernier, doivent être réunis au chef-lieu du département, s'oppose à l'exécution de cette mesure ou ne la rend exécutable qu'avec de grands inconvénients ;

Considérant que le peu d'étendue de la ville où le chef-lieu du département est fixé ne permet pas d'y appeler tous les prêtres dans le cas d'y être réunis, et que la présence du nombre (de ceux) qui l'habitent a déjà inquiété les citoyens ;

Considérant que la majeure partie de ces prêtres n'étant pas originaire du département, il est juste et naturel d'en renvoyer la surveillance aux administrations sur le territoire desquelles ils ont pris naissance ;

Considérant que ce moyen présente l'avantage de diviser en plus petite quantité des ecclésiastiques dont les intentions sont nécessairement suspectes, et de rendre moins dangereuses les attaques qu'ils portent à la tranquillité publique;

Après avoir délibéré sur la motion de l'un de ses membres et après avoir entendu le substitut du commissaire procureur général syndic, le Directoire a arrêté et arrête ce qui suit :

ART. 1er — Tous les prêtres qui n'ont pas prêté le serment civique prescrit par la loi constitutionnelle seront tenus de faire à la municipalité qu'ils habitent, sous trois jours de la publication du présent arrêté, la déclaration du lieu de leur naissance.

ART. 2. — Les municipalités feront tenir de suite aux Directoires de leurs districts les déclarations mentionnées en l'article 1er.

ART. 3. — Tous les prêtres qui ne sont pas nés dans ce département et qui n'exercent pas dans le moment actuel des fonctions publiques seront tenus d'en sortir dans la huitaine qui suivra la publication du présent arrêté.

ART. 4. — Les municipalités seront tenues de faire rendre au chef-lieu de leur district, par la force armée, ceux des prêtres compris dans l'article précédent qui ne s'y seraient pas conformés, et les frais de conduite seront payés par les contrevenants.

ART. 5. — Les Directoires de district seront tenus de faire conduire lesdits prêtres jusqu'aux limites du département par la force armée et à leurs frais.

ART. 6. — Les prêtres qui, dans le cas de l'article 3, ne s'y seraient pas

1. Imprimé annexé aux lettres et mémoires de l'abbé de Beauregard, Arch. nat., F[19]481[1].

conformés, et envers lesquels les municipalités n'auraient pas fait exécuter l'article 4, seront conduits hors des limites du département par la force armée, que les Directoires du district emploieront aux frais des municipalités.

Art. 7. — Les Directoires de district demeurent personnellement responsables de l'exécution du présent arrêté, lequel sera imprimé pour être publié et affiché dans toutes les communes du département.

Fait à Fontenay, en Directoire de département, le vendredi 8 juin 1792, l'an 4e de la Liberté.

Signé : Fayau, pour le vice-président, et Cougnaud, secrétaire général.

En vertu de cet arrêté, furent expulsés plusieurs des plus notables agitateurs du clergé non conformiste, qui n'étaient pas nés en Vendée, entre autres le grand-vicaire Jean Brumauld de Beauregard. Ce représentant du ci-devant évêque de Mercy était venu rejoindre les prêtres internés au chef-lieu. Mme de Grimouard lui avait offert l'hospitalité en sa riche maison. Il fut expulsé du département le 15 juin[1].

NOUVELLES PROTESTATIONS CONTRE LES ARRÊTÉS DÉPARTEMENTAUX DE LA VENDÉE

Louis XVI venait d'opposer son *veto* au décret du 27 mai, prononçant l'expulsion hors de chaque département, puis hors du royaume, des prêtres ayant refusé le serment civique ou l'ayant rétracté. Les ministres patriotes avaient été chassés des conseils du roi. Le portefeuille de l'intérieur, tombé des mains de Roland en celles de Mourgues, le 12 juin, passait, le 17, dans celles de Terrier de Montceil, puis de Champion de Villeneuve, le 9 juillet.

L'abbé André de Beauregard n'avait pas quitté Paris. Il ne manqua pas d'adresser aux deux premiers de ces ministres passagers deux nouveaux mémoires pour obtenir que l'arrêté vendéen du 9 juin et ceux qui l'avaient précédé fussent cassés[2].

L'un de ses mémoires se terminait ainsi :

... Le refus de la sanction du décret du 27 mai dernier semblait promettre aux prêtres non sermentaires du département de la Vendée la liberté et aux citoyens de ce département le retour de ces prêtres qu'ils demandent avec instance. Il offrait à MM. les administrateurs du département une occasion, en révoquant leurs arrêtés contre les prêtres non sermentaires, de donner l'exemple du respect pour l'autorité et de la soumission à la loi ; mais c'est à cette époque que le département ajouta à ses arrêtés injustes, inconstitutionnels, un arrêté plus injuste, plus inconstitutionnel encore. L'estime

1. Vie de Mgr Brumauld évêque d'Orléans, en tête de ses Mémoires, t. I, p. 51.
2. Arch. nat., F¹⁹481¹.

et la confiance, que ces prêtres vertueux ont su mériter et qu'ils conservent, est suspecte à MM. les administrateurs; c'en est assez pour qu'ils soient déclarés coupables, sans preuves, sans examen, sans aucune forme de justice et pour des délits supposés; déjà punis par une longue détention, ils sont punis une seconde fois, ils sont bannis du département sans égard à l'âge, aux infirmités, au défaut de moyens.

Qu'on se représente des vieillards octogénaires, des prêtres infirmes et courbés sous le poids du travail et des années, forcés de s'éloigner du lieu qu'ils habitent depuis longtemps, leur unique patrie, laissant tout ce qu'ils possèdent à la discrétion de ceux qui se sont déclarés leurs ennemis! Obligés de fuir dans une terre qui leur est devenue étrangère, là, sans fortune, sans espérance, sans consolation, sans appui, incertains s'ils trouveront un abri sous le toit où ils prirent naissance, où ils se verront entourés d'une famille pauvre qui leur demandera du pain et à qui ils ne pourront offrir que des larmes!

Mais ce n'est pas par la commisération qu'on veut intéresser, c'est la justice et les lois qu'on implore en faveur des prêtres non sermentés du département de la Vendée, et c'est d'après la justice et les lois qu'on est fondé à représenter que l'amour de l'ordre et de la paix, la protection due à tout citoyen, ne permettent pas de laisser subsister des arrêtés, qui sont en opposition à tous les principes de l'humanité et de la justice, comme à toutes les lois. C'est dans un moment où il est peut-être plus facile et où il est aussi plus nécessaire de faire respecter l'autorité et d'employer tous les moyens que la Constitution laisse à la disposition du Roi contre tous ceux qui se permettraient d'y porter atteinte, qu'on croit devoir solliciter la cassation des arrêtés du département de la Vendée.

Qu'il soit permis de faire observer en finissant que si les mesures qui ont déjà été prises pour arrêter les entreprises des corps administratifs contre les prêtres non sermentaires ont été infructueuses, c'est que les ordres n'ont pas été assez prononcés ou qu'ils n'ont pas été assez sévères.

Le soussigné, qui est du nombre de ceux qui sont compris dans le bannissement prononcé contre les prêtres non sermentaires, et qui sollicite en son nom et pour eux la cassation des arrêtés du département de la Vendée, se rend garant des faits exposés dans ce mémoire.

Des exemplaires de ces différents arrêtés ont été remis à M. le ministre de l'intérieur.

L'abbé DE BEAUREGARD.

L'autre mémoire était intitulé : *Les arrêtés du département de la Vendée, du mois de mars et du* 8 *juin derniers, mis en opposition à la loi constitutionnelle*[1]. Il concluait en ces termes :

La Constitution laisse au Roi les moyens de réprimer les entreprises des corps administratifs lorsqu'ils excèdent leurs pouvoirs ou lorsqu'ils se permettent de prendre des arrêtés contraires à la Constitution, aux principes de

1. Arch. nat., F[19]481[1].

la justice et aux lois (chap. IV). Des moyens vigoureux peuvent être employés dans le cas d'une désobéissance persévérante (*id.*).

Le département de la Vendée s'est refusé plus d'une fois aux ordres qui lui ont été intimés de la part du Roi pour réprimer ses entreprises et surseoir à l'exécution de ses arrêtés inconstitutionnels; on en a la preuve par écrit, et les faits ne sont que trop constants. On doit espérer que des mesures plus efficaces, des moyens plus sévères seront employés ; ou les prêtres non sermentaires et la presque totalité des citoyens de ce département, victimes ou de la faiblesse ou de l'injustice des administrateurs, dirigés par une faction dangereuse et cruelle, demeureront privés des droits les plus précieux que la Constitution leur garantit.

FERMETURE DU TEMPLE DES NON CONFORMISTES DE LA ROCHELLE

Cependant l'essai de pleine et entière liberté religieuse entrepris et soutenu par le département de la Charente-Inférieure[1] venait de prendre fin. Une émeute des plus graves avait éclaté à La Rochelle le 28 mai. L'Oratoire des non conformistes avait été saccagé et les meubles du propriétaire principal de l'ancien couvent des Capucins, La Trimouille, jetés par les fenêtres. La foule ne s'était apaisée qu'après avoir obtenu l'expulsion des insermentés et l'interdiction de tout culte catholique hors des églises officielles.

Arrêté du Directoire du district et du Conseil général de la commune de La Rochelle[2].

Le Directoire du district et le Conseil général de la commune réunis,

Considérant les inconvénients qui naissent de l'exercice du double culte catholique qu'on est parvenu à établir, en opérant, parmi ceux qui professent cette religion, une scission dont les suites pourraient devenir de plus en plus funestes;

Considérant qu'en laissant ainsi élever autel contre autel, ce serait propager les divisions, fomenter l'esprit de parti, favoriser les desseins perfides de la malveillance et fournir un nouvel aliment au fanatisme ;

Considérant que la liberté d'opinion, en matière de religion, que garantit la Constitution, consiste à ne pouvoir inquiéter qui que ce soit pour ses opinions religieuses, mais qu'on peut s'opposer à leur manifestation aussitôt qu'elles troublent l'ordre public;

Considérant que les prêtres inassermentés professent par principe l'opposition à la Constitution, et emploient tous les moyens possibles de séduction pour égarer les esprits faibles ou crédules ; que, par ces manœuvres coupables, ils sont parvenus à porter le trouble dans les familles, à diviser l'époux et l'épouse, les sœurs et les frères, le père et les enfants; et que,

1. V. ci-dessus, ch. XVIII, p. 78.
2. Imprimé et affiché; Arch. nat. DXL 8, liasse de la Charente-Inférieure.

d'après ces motifs, leur existence en ce district est désormais incompatible avec la tranquillité publique;

Il a été arrêté, après avoir entendu le procureur syndic du district, et le procureur de la commune :

1° Qu'à compter de la publication des présentes, le culte catholique ne pourra être exercé en cette ville et dans l'étendue du district, que dans les églises paroissiales et oratoires qui en dépendent; en conséquence, que toutes églises, chapelles particulières et celles des communautés et hôpitaux demeureront fermées, sans qu'il puisse y être exercé aucun culte, sauf à Messieurs les curés à pourvoir aux secours spirituels des malades qui sont dans les hôpitaux;

2° Dans le délai de trois jours, à compter de la publication du présent arrêté, tous prêtres non assermentés et tous ecclésiastiques constitués dans les ordres sacrés, n'ayant pas prêté le serment civique, seront tenus de partir de la ville et du district, sous peine d'être arrêtés par la force publique.

Fait et arrêté à la Maison commune par le Directoire du district et le Conseil général de la commune réunis, le 29 mai 1792, l'an 4e de la liberté.

Signé : MASSIAS, *président;* PERRY, BRISARD, *administrateurs;* RAOULT, *procureur syndic;* GARESCHÉ, *maire;*. ROBERT, CHAIZE, JOLY, DELY, PEYRUSSET, PELLIER, LANUSSE, LESPINAS, CHAUVET, PINET, GUIBERT, *officiers municipaux;* ROY, *procureur de la commune;* LEBOUC, *substitut du procureur de la commune;* TOURS, BASSET, ROCQUET, CHESSÉ, BÉTRINE, CALLOT, MOUNIER, CHOPARD, QUINEMANT, GRAVOLET, FILLEUL, LANGLOIS, CHEVALIER, *notables.*

A l'Assemblée nationale[1].

La Rochelle, 16 juin 1792.

Législateurs,

Un double culte catholique s'était formé dans nos murs, notre ville était devenue la retraite d'une quantité considérable de prêtres inassermentés, le fanatisme s'accroissait en raison de leur nombre, le trouble et la division régnaient dans la plupart des familles, et chaque jour cette tourbe incivique, égarant l'esprit faible des consciences trop timorées faisait des prosélytes nouveaux. Le peuple, indigné des progrès du mal, s'est porté en foule dans une église particulière, où ces prêtres faisaient leur office, en a chassé leurs sectateurs et a rompu, brisé tout ce qui la décorait, à l'exception de l'autel, qui a été respecté[2]; les appartements particuliers du propriétaire de cette église ont également été en partie dévastés. Nous n'avons rien négligé de ce qui pouvait rétablir le calme et prévenir de plus grands malheurs; mais, le lendemain, le peuple s'est mis à la poursuite des prêtres inassermentés, et,

1. Arch. nat. DLX 8.

2. Les *Éphémérides historiques de La Rochelle*, par J. B. E. J. (La Rochelle, 1861, in-8°), rapportent, à la date du 29 mai 1792 : « La courageuse attitude de l'ingénieur militaire, M. de Talesis, qui assistait à l'office et qui l'épée à la main alla se placer devant l'autel, réussit à préserver le tabernacle. »

les croyant réfugiés dans des couvents de religieuses, il s'y est porté en très grand nombre. Deux des couvents ont été forcés et on y a fait beaucoup de fractures; les trois autres couvents et les hôpitaux ont été protégés à temps et il ne s'y est commis aucun désordre. Plusieurs de ceux qui se sont portés à ces excès répréhensibles ont été arrêtés, conduits dans les prisons civiles et livrés aux juges de paix, qui en ont fait relâcher quelques-uns et ont dénoncé les autres au directeur du juré. Nous avons aussi publié une adresse à nos concitoyens pour les porter au respect des lois; mais ces mesures n'étaient pas suffisantes pour rétablir la paix et ramener le retour de l'ordre. C'est à l'origine du mal qu'il fallait remonter, et il était absolument indispensable d'en anéantir la cause.

En conséquence, de concert avec le Directoire du district, nous avons enjoint à tous les prêtres non assermentés de s'éloigner de la ville et du district dans le délai de trois jours. Nous vous adressons l'arrêté que nous avons pris à cet égard. Nous y avons établi les principaux motifs qui nous ont déterminés. Ces motifs et les circonstances impérieuses dans lesquelles nous étions justifieront sans doute ce que cette mesure pourrait avoir d'illégal, et le succès le plus complet a rempli notre attente. Nous n'avons pas cru blesser par cet arrêté la liberté des opinions et des cultes, que garantit notre Constitution, parce que nous avons cru qu'il fallait reconnaître et jurer cette Constitution pour être fondé à réclamer la jouissance des droits qu'elle assure.

Nous vous adressons en même temps, Messieurs, une offrande de 3,774 l. 6 s., dont 613 l. 10 s. en numéraire, pour aider à subvenir aux frais de la guerre; la Société des Amis de la Constitution de notre ville y a contribué pour 2,178 l. 6 s., dont 498 livres en numéraire; dès les premiers jours du mois de mai, elle nous a confié ce dépôt qui, avec le concours de quelques citoyens, s'est accru dans nos mains jusqu'à ladite somme de 3,774 l. 6 s.

Les officiers municipaux :

J[h] CHAIZE ; DÉLY, *maire;* ROBERT, LESPINAS, PELLIER, ROY, TOURS, CHEVALIER, BASSET.

POURSUITES CONTRE DES PRÊTRES FACTIEUX

Le district des Sables, comme on l'a vu précédemment, n'avait laissé s'exécuter l'arrêté municipal d'expulsion des prêtres insermentés de la ville que par raison de salut public, pour éviter « une insurrection menaçante ». Il s'émut de l'envoi qu'en avait fait la municipalité au département, au lieu de le charger de le transmettre suivant les règles de la hiérarchie des pouvoirs.

On répondit à ses plaintes[1] :

1. Correspond. municip. des Sables, reg. B.

A MM. les Administrateurs du district des Sables.

(*Du 11 juin.*)

Messieurs,

Jamais le corps municipal n'a méconnu la hiérarchie des pouvoirs constitués et, s'il a balancé à vous transmettre une expédition de l'arrêté du Conseil général de la commune en date du 4 de ce mois, c'est qu'il était déjà connu de vous; que déjà vous aviez délibéré sur son contenu et que, l'ayant fait passer au directoire du département par deux commissaires pris et nommés dans son sein, il attendait leur retour et la décision de l'administration supérieure auparavant de prendre une détermination qui eût pu le mettre en contradiction avec lui-même,

Nous vous prévenons qu'on travaille à copier l'arrêté que vous réclamez, avec toutes les pièces qui s'y rapportent; que de même on travaille à entendre les témoins sur les différentes dénonciations qui ont été reçues sur nos registres, et qu'aussitôt que les pièces seront en règles, elles vous seront adressées pour, sur votre avis, être statué par le département sur quoi il appartiendra.

Votre dernière correspondance nous offre l'exemple d'un ton d'aigreur et de menaces, dont nous croyons que la loi se plaît à refuser l'usage à une administration supérieure, qui doit chercher plutôt à se faire aimer qu'à se faire craindre, et dont les actes de surveillance doivent être tempérés par tous les égards capables de rappeler que ce n'est qu'à regret qu'elle se sert du pouvoir qui lui a été transmis par la loi, dans l'exercice de la police constitutionnelle qui lui est déléguée. Nous croyons aussi que, si les municipalités doivent respecter les actes des corps administratifs quand ils sont dans l'esprit de la loi, il serait hors de la Constitution de prétendre qu'une administration supérieure peut fixer un délai à l'administration inférieure pour lui transmettre une pièce, dont l'expédition peut être refusée par la conscience et le sens intime de la dernière qui croit être en droit d'en agir de la sorte.

Remettons-nous donc promptement dans la ligne qui nous a été tracée par la Constitution, sacrifions réciproquement ce moi personnel, dont nos ennemis ne manqueraient pas de profiter, et rappelons-nous que, si la désunion des corps administratifs règne, c'en est fait de la chose publique.

D'un côté, soumission, confiance et déférence absolue; de l'autre, amitié, douceur, ordre et protection : telles sont les obligations que la loi nous impose. Respectons-la en les observant strictement, en ne perdant jamais de vue qu'auparavant d'être administrateurs, nous avons été officiers municipaux et que sans doute nous retournerons au poste d'où nous étions partis, pour avoir à reconnaître une administration supérieure dont nous nous plaisions à respecter et chérir les actes de douceur et d'honnêteté plutôt qu'à redouter les actes d'une sévérité dangereuse.

Les officiers municipaux de la ville des Sables.

Le conflit ne persista pas. Du reste, le district avait pu lui-même se convaincre de la réalité des craintes de la municipalité. Le 29, il avait reçu, en séance, cette inquiétante déposition[1].

Le maire de la commune de Saint-Hilaire-la-Forêt, Louis Jaunâtre, déclare qu'il ne peut plus exercer ses fonctions avec sécurité ; que, depuis quelque temps, il est menacé dans son existence et dans ses propriétés par des gens malintentionnés ; que, ces jours derniers, le nommé Pierre *Rodillon*, demeurant au bourg dudit Saint-Hilaire-la-Forêt, s'est permis de répandre publiquement que les émigrés rentraient en France, et que lui, maire, il aurait la tête coupée ; ajoutant qu'à son égard, il avait un bon fusil, dont il ferait usage sur les officiers municipaux ; que ces propos séditieux font un très mauvais effet sur le peuple déjà trop disposé à méconnaître les lois et les autorités constituées...

Sur quoi les administrateurs avaient dénoncé le sieur Rodillon à l'officier de police du canton.

Le district s'était jusqu'alors dérobé à prendre l'initiative ; il n'avait agi que contraint et forcé par la mairie des Sables. Mais voici qu'un de ses membres, Duroussy, de Talmont, se trouve directement menacé d'assassinat par les agitateurs, qui préparent une insurrection à date fixe, le 28 juin. Il se voit forcé de commander des arrestations avec l'emploi de la force publique.

Directoire du district des Sables. — Procès-verbal de la séance du 11 juin 1792[2].

Séance où présidait M. Dardel et assistaient MM. Bouhier, Robert et Mercereau ; présent, le commissaire procureur syndic...

Sur les dix heures du matin, sont entrés au directoire le sieur Jacques-Adrien Lesage, officier municipal de la commune de Jard ; le sieur Louis-Vital Leteur, maire de Saint-Hilaire-la-Forêt ; le sieur Jean-Louis Nicolleau, curé dudit lieu, et le sieur Jean-Mathias Germon, curé de la ville de Talmond, lesquels ont dit qu'ils se présentent en exécution de l'arrêté du 9 de ce mois, qui les requiert de se rendre faire leurs déclarations sur des faits graves qui menacent la tranquillité publique dans plusieurs paroisses de ce district.

M. le président ayant instruit lesdits sieurs des faits pour lesquels ils sont mandés, ils ont fait leurs déclarations de la manière suivante :

« MM. l'officier municipal et le procureur de la commune de Jard, comparants, ont dit :

« Pendant longtemps, ils ont eu le bonheur de voir régner le calme et la paix dans leur commune ; mais, depuis trois mois ou environ, ils s'aperçoivent d'une fermentation sourde, qui de jour en jour fait des progrès rapides et semble enfin *prête à éclater d'une manière terrible;* ils croient que les causes de cette fermentation sont les menées du sieur Rampillon,

1. Délibér. du district des Sables. Archives du département de la Vendée.
2. *Ibid.*

leur curé, qui, *après avoir donné l'exemple de la soumission aux lois, en prêtant le serment qu'elles prescrivent, intrigue cependant auprès du peuple pour le porter à mépriser la Constitution et ses organes ;* ce prêtre tient depuis quelque temps *des conciliabules avec des ecclésiastiques réfractaires ;* il a annoncé publiquement *qu'il voulait rétracter son serment et donner à l'église qu'il avait offensée une réparation solennelle ;* il ménage cependant le moment de cette rétractation pour travailler d'autant mieux les âmes faibles et ignorantes et se faire un parti décidé dans sa commune; lorsque ses trames seront ourdies et leur effet assuré, il publiera hautement sa rétractation et les mauvais principes que contient, selon lui, le serment imposé aux fonctionnaires publics ; enfin ce prêtre dangereux publie une *prétendue bulle du pape,* où les prêtres amis de la Loi sont anathématisés et déclarés schismatiques. »

M. Germon, curé de Talmond, a déclaré :

« Il tient d'un particulier, dont il ne peut dire le nom, parce qu'il a eu sa confidence par le secret de la confession, *qu'il doit y avoir, le vingt-huit de ce mois, une grande insurrection dans les paroisses de Girouard, Sainte-Flaive, Talmond et Saint-Hilaire-de-Talmond.* Dans ces paroisses, les sieurs Maroilleau et Savin, prêtres desservant la cure de Saint-Hilaire-de-Talmond, voyagent continuellement pour exciter le peuple à la sédition et à se tenir prêt, muni de toutes espèces d'armes pour le vingt-huit juin ; il se répand, d'ailleurs, que, *si l'on osait faire partir ou enlever les prêtres de Saint-Hilaire-de-Talmond, le maire de ce lieu ferait publier la loi martiale, pour soulever le peuple* contre les ordres émanés des pouvoirs légitimes et contre ceux qui les mettraient à exécution; ledit prêtre Maroilleau lui a dit à lui-même que le serment qu'il avait prêté était un serment impie ; que, tous les actes qu'il avait faits comme curé de Talmond étaient nuls et sacrilèges, et que bientôt il s'en repentirait ; au mépris des canons et des règlements diocésains, ledit Maroilleau s'est permis de confesser et de faire communier au temps pascal une grande partie des paroissiens de Talmond et lieux circonvoisins, sans le consentement de leurs curés légitimes ; enfin ledit Maroilleau a conseillé à la femme du nommé Coutanceau d'engager son frère qui était malade, et qui se serait sans doute confessé à lui, sieur Germon, de *renoncer de tout son cœur, au moment où il recevrait l'absolution, à la Nation et à la Loi* »

MM. les maire et curé de la commune de Saint-Hilaire-la-Forêt ont déclaré :

« Depuis plusieurs mois, la paix et l'ordre sont entièrement troublés dans leur paroisse ; la majeure partie de leurs concitoyens, en abandonnant leur église et en suivant uniquement celle de Saint-Hilaire-de-Talmond, sont, depuis ces changements de principes religieux, travaillés en sens contraire de la Constitution. Ils ont vu et lu une lettre écrite de la main du sieur Rampillon, curé de Jard, signée seulement des lettres initiales dudit sieur, par laquelle il engageait fortement le sieur Biret, curé de Château-d'Olonne, de rétracter son serment, en ajoutant que Monsieur Rodrigue (l'évêque), n'avait jamais eu une mission légale et qu'il ne lui en avait point reconnu. Ledit sieur Rampillon a dit au sieur curé d'Avrillé : *Je vais rétracter mon ser-*

ment, tu devrais en faire autant; mais, au moins, monte en chaire et annonce que tu n'es pas vraiment curé d'Avrillé. Ledit Rampillon a prêché, en sens inverse de la Révolution, le sieur Parenteau, prêtre, qui était auparavant dans les bons principes et lui a remis une *prétendue bulle du pape*, qui l'a effrayé. Il leur a été rapporté qu'un prêtre non sermenté avait donné, pour pénitence, à deux citoyens qu'il avait confessés, *de se rendre sur un chemin assassiner un patriote qu'il leur désigna;* les pénitents, rendus au lieu indiqué, ayant réfléchi sur l'atrocité de leur procédé, furent trouver le particulier indiqué pour être assassiné et lui firent part de l'infâme complot qui leur était proposé ; ajoutant, le sieur Jaunâtre, avoir pensé que c'était le sieur Duroussy, administrateur de ce district, qui était menacé ; à quoi le sieur Duroussy lui aurait répondu *qu'il y avait de l'exagération, mais qu'il y avait quelque chose de réel.*

« Lesdits sieurs Jaunâtre et Nicolleau ont dit ne pas connaître le prêtre qui s'est rendu coupable de ce forfait ; mais qu'ils ont lieu de croire que c'est un prêtre voisin de leur commune. Enfin ledit sieur Jaunâtre a ajouté que le sieur Maroilleau, curé de Saint-Hilaire-de-Talmond, *avait offert vingt louis au sieur Bourmaud, maire de Jard, pour donner sa démission* et se tourner de son côté.

« Lecture faite, par le secrétaire, des déclarations ci-dessus, les sieurs déposants ont déclaré y persister et ont signé :

« *Le Page; Germon*, curé de Talmond ; *Jaunâtre ; Nicolleau*, curé de Saint-Hilaire-la-Forêt ; *Leteur*. »

Le Directoire, délibérant sur les déclarations qui lui ont été unanimement faites par plusieurs officiers municipaux et citoyens actifs de diverses communes de ce district, sur le danger de la tranquillité publique ;

Considérant qu'il existe une fermentation violente dans les paroisses de Jard, Talmond, Saint-Hilaire-de-Talmond et Sainte-Flaive, fermentation qui doit éclater à une époque très prochaine ;

Considérant que les sieurs *Maroilleau, Savin* et *Rampillon*, desservant les paroisses de Jard et de Saint-Hilaire-de-Talmond, paraissent être les moteurs et instigateurs de ces séditions ; qu'ils tiennent à cet effet des conciliabules secrets et parcourent les campagnes pour engager le peuple à la révolte et à s'armer promptement ;

Après avoir entendu le commissaire procureur syndic,

Arrête que les sieurs *Maroilleau, Savin* et *Rampillon* seront dénoncés par le commissaire syndic à l'officier de police du canton de Talmond, pour être par lui procédé sur-le-champ et sous sa responsabilité, conformément à la loi du 29 septembre concernant la justice criminelle ;

Arrête, en outre, qu'en cas de besoin la force publique sera employée pour l'exécution des mandats que pourra délivrer ledit officier de police.

Déclare le directoire qu'il indique pour témoins les sieurs Benoist, inspecteur des douanes nationales, demeurant à la Tranche ; le sieur Bourmaud, maire de Jard, les officiers municipaux dudit lieu, et le sieur Leteur, procureur de la commune du même lieu ; le sieur Jaunâtre, maire de Saint-Hilaire-la-Forêt ; le sieur Nicolleau, curé dudit lieu ; le sieur Duroussy, administrateur de ce district; le sieur Germon, curé de Talmond; le sieur Morisset, curé d'Avrillé, et le sieur Biret, curé de Château-d'Olonne.

Sur les deux heures après midi, la séance présidée par M. Robert, M. Bouhier s'étant abstenu de délibérer, M. le commissaire procureur syndic a mis sur le bureau une lettre à lui écrite, le huit de ce mois, par un officier de police de ce district constatant des faits séditieux contre le nommé *Audureau,* prêtre desservant la commune de Beaulieu. Il a fait lecture de cette lettre et requis qu'il fût pris des mesures répressives pour empêcher les manœuvres employées pour soulever le peuple contre la Loi.

Le Directoire, après en avoir délibéré,

Considérant que le citoyen qui a transmis au syndic les trames sourdes du prêtre Audureau, mérite une double confiance, et comme citoyen sage et comme officier de police zélé;

Considérant que les faits qu'il dénonce ne sont que le résultat des preuves authentiques qu'il a juridiquement acquises;

Considérant que, si les manœuvres criminelles du prêtre Audureau n'étaient promptement arrêtées, elles pourraient avoir des suites affligeantes et peut-être irréparables;

Arrête provisoirement, après avoir entendu le commissaire procureur syndic :

Que le prêtre *Audureau* sera tenu de se rendre, dans trois jours de la signification du présent arrêté, au chef-lieu du département pour y rester, avec les autres prêtres réfractaires, sous la surveillance de l'administration supérieure, ainsi qu'il est prescrit par son arrêté du mois de mars dernier...

Sur les six heures, M. Pervinquière, commissaire procureur général syndic du département, est entré au directoire, qui s'est entretenu avec lui de diverses affaires d'administration.

Et sur les sept heures la séance a été levée, et, après lecture du procès-verbal, MM. les administrateurs et le procureur syndic se sont, avec le secrétaire, soussignés.

Dardel, président; Delange, vice-président; Biret, procureur syndic; Mercereau, Bouhier.

La perte des papiers du tribunal criminel du département de la Vendée empêche de suivre jusqu'au jugement les poursuites ordonnées par les arrêtés qui précèdent. On ne sait du procès Maroilleau que le commencement, aux Sables-d'Olonne.

Extraits des papiers du greffe du tribunal du district des Sables[1].

Le 25 septembre 1792 a été formé le jury appelé à se prononcer sur l'affaire de *Jacques Maroilleau,* prêtre, ex-curé de la paroisse de Saint-Hilaire-de Talmond, prévenu d'avoir parcouru les paroisses de Talmond, de Saint-Hilaire, de Jard, de Sainte-Flaive, de Girouard et du Poiroux, d'y avoir excité

1. Registres cotés E, B, et F, en feuilles, trouvés dans le grenier du tribunal des Sables.

à l'insurrection, d'avoir engagé les habitants à *garder le secret sur le complot jusqu'au moment de l'explosion*, d'avoir présenté au peuple les prêtres assermentés et ceux qui assistent à leurs offices comme des impies et des excommuniés, d'avoir tenté de faire assassiner ceux qui paraissent le plus attachés à la Révolution, d'avoir colporté et répandu de prétendus Brefs du Pape, et autres délits portés en ledit acte d'accusation.

Aujourd'hui 5 octobre 1792, l'an Ier de la République française, issue d'audience ordinaire, le tribunal rassemblé sur l'invitation du directeur du juré, assisté de Jacques-François Veillon, homme de loi, ledit directeur du juré a exposé que, sur une dénonciation de délits graves que lui ont faite les membres du conseil permanent du district des Sables contre Jacques Maroilleau, ex-curé de Saint-Hilaire-de-Talmond, le directeur du juré a dressé, conjointement avec le commissaire procureur syndic du district, un acte d'accusation contre ledit Maroilleau; que, cet acte d'accusation ayant été présenté au juré d'accusation le 2 de ce mois, et la déclaration du juré étant qu'il y a lieu à accusation, ledit directeur du juré a rendu le même jour l'ordonnance de prise de corps; que ledit Maroilleau a aujourd'hui présenté au directeur du juré une requête, par laquelle il représente qu'ayant déjà été reçu à caution devant les citoyens composant le directoire du district de cette ville, il demande que l'ordonnance de prise de corps soit convertie en une injonction de se rendre près le tribunal criminel du département, à la charge d'élire domicile dans la ville de Fontenay et de se présenter partout où besoin sera; sur quoi le directeur du juré requiert que le tribunal ait à donner son avis.

Le tribunal,

Vu la dénonciation et l'acte d'accusation ci-dessus relatés, le certificat de cautionnement reçu devant les administrateurs;

Attendu que le cautionnement présenté devant les administrateurs le 8 septembre dernier ne paraît point porter sur les délits dont est prévenu ledit Maroilleau;

Attendu encore que les actes des corps administratifs n'ont rien de relatif avec ceux du pouvoir judiciaire qui ne peut en aucune manière en connaître;

Attendu enfin que les délits dont est accusé ledit Maroilleau méritent peine afflictive;

Et ouï le commissaire du Pouvoir exécutif en ses conclusions,

Déclare que la caution offerte ne peut être reçue; en conséquence, que l'ordonnance de prise de corps doit être exécutée selon sa forme et teneur.

Donné et fait aux Sables, les jour, mois et an que dessus.

BIROCHÉ, greffier; REGAIN, GILLAIZEAU, NICOLLON; VEILLON, homme de loi; AUGER.

Du 13 *octobre* 1792, transfert au greffe du tribunal criminel du département de la Vendée des pièces relatives à l'accusation tenue devant le juré d'accusation du district des Sables contre *Maroilleau*, prêtre, curé de Saint-Hilaire-de-Talmond, accusé d'avoir excité le peuple à l'insurrection.—8 pièces, dont la déclaration du juré, laquelle porte : OUI, IL Y A LIEU.

Le procureur général syndic Pervinquière n'avait pas protesté contre l'arrêté départemental du 8 juin, comme il l'avait fait contre ceux des 5 et 9 mars. Sa présence aux Sables au moment où le district prit son arrêté du 11 juin lui permit de vérifier par lui-même la gravité de l'agitation, politique autant que religieuse. Il s'abstint de tout acte public d'opposition quand, à la fin de ce mois de juin, Mercier du Rocher et Fayau firent décider l'internement total à Fontenay-le-Comte des prêtres insermentés, remplacés ou non dans les paroisses.

Arrêté du département de la Vendée[1]

Du samedi 30 juin 1792, l'an IV de la Liberté.

Un membre rappelle l'attention du Directoire sur les troubles qui agitent ce département. Il représente les prêtres dissidents comme seuls moteurs des désordres, et, pour preuve de cette assertion, il dépose sur le bureau les plaintes réitérées des districts et de presque toutes les municipalités; un seul cri se fait entendre : « Retirez tous les prêtres insermentés, ce sont nos plus cruels ennemis! »

Ce membre présente un projet d'arrêté qui, après avoir été discuté, est adopté en ces termes :

Le Directoire, considérant l'insuffisance des moyens qu'il a employés jusqu'à ce jour, et ne voulant que le salut de la patrie, après avoir délibéré sur la motion de l'un de ses membres, et après avoir entendu le commissaire procureur général syndic, a arrêté et arrête ce qui suit :

ARTICLE PREMIER. — Tous prêtres fonctionnaires ou non fonctionnaires publics, nés dans ce département, et qui ne se sont pas conformés à la loi du 26 décembre 1790, seront tenus de se rendre au chef-lieu du département, dans la huitaine qui suivra la publication du présent arrêté.

ART. 2. — Les prêtres compris dans l'article ci-dessus se conformeront en tout aux dispositions de l'arrêté du 9 mars dernier, dont communication leur sera donnée, en se présentant au directoire du département.

ART. 3. — Tous prêtres fonctionnaires ou non fonctionnaires publics, qui ne sont pas originaires de ce département, et qui n'ont pas satisfait à la loi citée en l'article 1er, seront tenus de sortir de ce département, dans la huitaine qui suivra la publication du présent arrêté.

ART. 4. — Ceux des prêtres compris dans les articles 1er et 3, et qui ne s'y seraient pas conformés, y seront contraints par la force armée, que les municipalités sont autorisées à employer aux frais des contrevenants.

ART. 5. — Les municipalités tiendront note sur leurs registres des jours du départ des prêtres qui habitaient leurs communes.

ART. 6. — Les municipalités feront parvenir au directoire de leur district, dans la quinzaine de la réception du présent arrêté, l'extrait de leurs registres, mentionné en l'article ci-dessus.

1. Imp. de 4 p., aux Arch. nat., F[19]481[1].

ART. 7. — Les directoires de district sont autorisés à employer la force armée pour découvrir et faire arrêter les prêtres compris dans les articles 1er et 3; les frais de déplacement seront supportés par les municipalités qui ne se seront pas conformées aux articles 4 et 5.

ART. 8. — Les directoires de district tiendront sous bonne et sûre garde les prêtres mentionnés en l'article ci-dessus, et donneront avis au directoire du district, sur le territoire duquel ils devront déposer ces prêtres, du jour où ils les y conduiront.

ART. 9. — Le présent arrêté sera envoyé à tous les départements du royaume, afin qu'ils puissent prendre des mesures contre ceux des prêtres qui seront renvoyés, et qui pourraient être nés sur leur territoire.

ART. 10. — Il est enjoint aux districts et municipalités de ce département de faire lire, publier, afficher et exécuter le présent arrêté, à la manière accoutumée.

Fait en directoire, à Fontenay, le 30 juin 1792, l'an IV de la Liberté.

VINET, *vice-président;* Jn -Mas COUGNAUD, *secrétaire général.*

L'arrêté qui précède fut transmis aux 82 autres départements, avec cette lettre[1] :

Fontenay, ce 4 juillet 1792, l'an IV de la Liberté.

Nos très chers collègues, frères et amis,

Nous avons l'honneur de vous adresser l'arrêté, que la pesanteur des maux, dont une monstrueuse coalition afflige depuis longtemps notre territoire, nous a forcés de prendre contre les prêtres insermentés, infatigables agitateurs des troubles sans cesse renaissants dans cet empire. Vous nous rendrez sans doute cette justice de croire que nos motifs sont purs, que notre but est louable. *Les mesures de police et de prudence les plus capables de prévenir et de calmer les désordres nous ont été délégués par la loi et sous notre responsabilité.* Pouvons-nous, dans ce temps désastreux de crise et de danger imminent où se trouve la patrie, négliger de prendre de *ces mesures* celle qui nous a paru la plus urgente pour le maintien de notre incomparable Constitution, cette pierre d'achoppement des factions, contre laquelle se heurtent la perfidie, la lâcheté et la malveillance en tout genre de ces castes superbes qui, par l'aveuglement d'un orgueil coupable et punissable, veulent se placer et se maintenir indépendantes au-dessus de la loi de l'État, et au mépris de l'égalité de droit, de l'ordre utile et de la paix si désirable, qu'elle prononce et prescrit entre les frères, enfants de la mère patrie, que ces pervers ingrats se plaisent à déchirer? Par cet arrêté, nos très chers collègues, il se peut que quelques-uns de ceux qui en sont atteints soient nés dans votre territoire et s'y retirent; dès lors, ils se trouvent sous votre surveillance, à laquelle nous les recommandons, vous assurant de la même sollicitude en pareil cas, et de l'importance que nous mettrons à entretenir avec

1. Arch. nat., F¹⁹481¹.

vous la correspondance active de la constitutionnelle fraternité avec laquelle, nos très chers collègues, nous sommes vos frères et amis,

Les Administrateurs composant le Directoire du département de la Vendée :

VINET, vice-président; J^{n}-M^{as} COUGNAUD, secrétaire général.

Le délégué des non assermentés adressa au ministre de l'intérieur, Champion de Villeneuve, cette dernière protestation[1] :

Paris, 15 juillet 1792.

Monsieur,

Je sens tout ce qu'exige de moi la crainte de me rendre importun ou de paraître indiscret, et la retenue que m'imposent les malheureuses circonstances où nous sommes. Je ne peux néanmoins me dispenser de vous rendre compte d'un nouvel arrêté que vient de prendre le directoire du département de la Vendée contre les prêtres non sermentaires, en date du 30 du mois dernier, et des représentations que je suis chargé de vous faire à cette occasion.

Par différents arrêtés qu'avait pris précédemment le directoire du département de la Vendée, tous les prêtres insermentés de ce département étaient ou réunis ou détenus dans le chef-lieu du département. Ces arrêtés avaient respecté la loi qui conserve dans leurs fonctions ceux qui n'ont pas été remplacés. Par l'arrêté du 30 du mois dernier ils sont expressément soumis, comme les autres prêtres non sermentaires, à l'exil ou à la détention, tous sans exception, et par cette loi, aussi impolitique qu'elle est injuste et inconstitutionnelle, plus de la moitié des paroisses de ce département seront dépourvues de pasteurs. De six districts dont est composé le département de la Vendée, on en compte trois où il n'y a pas plus de deux ou trois curés sermentés.

Il est aisé de prévoir la désolation que va répandre ce rigoureux arrêté parmi les habitants du département de la Vendée qu'on sait être généralement très attachés à leurs principes religieux. Les ministres auxquels ils ont confiance seront tous éloignés. Ils ne trouveront même pas un prêtre constitutionnel à qui ils puissent s'adresser en cas de nécessité. Ils seront privés de tous les secours que la religion leur offre, que la Constitution leur garantit, et les plus nécessaires même leur seront interdits. Cette vexation inouïe, aussi contraire aux règles de la prudence qu'à tous les principes de la justice, peut occasionner les plus grands troubles dans le département.

C'est un fait constant que, depuis près d'un an, on n'a rien négligé de ce qui pouvait exciter des troubles dans le département de la Vendée. Il y a peu de départements où on ait employé plus de moyens pour indisposer le peuple, il n'y en a point où il ait été plus tranquille, et il n'y a eu d'autres troubles que ceux dont les prêtres non sermentaires ont été les objets et les victimes. On est redevable de la paix qui a régné constamment dans le peuple, malgré les mesures qu'on a prises pour l'agiter, au zèle des curés qui, n'ayant pas été remplacés, n'ont cessé de rappeler ce devoir comme un des premiers

1. Arch. nat., F^{19}481^{1}.

que la religion impose et en ont toujours donné l'exemple. Que n'a-t-on pas à craindre du désespoir de ce malheureux peuple privé des consolations de la religion dans la cruelle persécution qu'il éprouve, lorsqu'il ne sera plus retenu par les sages représentations des ministres auxquels il a confiance ? Je ne dois pas vous le dissimuler, Monsieur, cette appréhension est la plus grande peine de ces ministres vertueux et paisibles ; ils me chargent de vous en faire part.

Serait-il possible, Monsieur, qu'il ne restât aucun moyen pour réformer les entreprises des corps administratifs lorsque, violant à la fois toutes les règles de la prudence, de la justice et des lois, ils prennent des mesures capables d'occasionner les plus grands troubles. Ces moyens, s'ils n'ont pas tout l'effet qu'on se propose, serviront au moins à rendre plus sensible l'abus de l'autorité, à faire connaître la nécessité de maintenir le pouvoir que la Constitution laisse au Roi, et peut-être à prévenir de plus grands vices encore et de nouvelles injustices dans l'administration ; bientôt elles n'auraient plus de bornes si on laissait aux corps administratifs la liberté de tout entreprendre impunément.

Je dois encore vous exposer, Monsieur, que cet arrêté, quoiqu'il soit publié au nom du Directoire, n'est que le résultat des vues particulières d'un petit nombre d'administrateurs ; plusieurs des membres du Directoire ont refusé de le signer ; ce qui n'a pas empêché que, par un arrêté postérieur, il n'ait été envoyé aux 83 départements.

Un exemplaire de l'arrêté du 30 a été remis dans vos bureaux. Je joins ici un exemplaire de la lettre d'envoi aux départements.

Je suis, avec un profond respect, Monsieur, votre très humble et très obéissant serviteur.

L'abbé DE BEAUREGARD.

L'administrateur départemental Mercier du Rocher affirme que les deux arrêtés du 9 et du 30 juin finirent par recevoir leur entière exécution. Tous les prêtres étrangers furent expulsés et tous les réfractaires internés au chef-lieu, où, « réduits à un traitement très modique, ils étaient obligés de se présenter au secrétariat du département tous les matins pour constater leur présence [1] ».

EXPULSIONS PAR LE DISTRICT DES SABLES

Délibération du 23 juillet 1792[2].

Continuation de la séance permanente ; présents : Dardel, Ant. Bouhier, Robert, Mercereau, Gérard, Lansier, Fruchard et Duroussy.

1. Mémoires inédits de Mercier, 1er cahier, et pièce 178 du reg. II de ses papiers : « Observations des Administrateurs de la Vendée, remises au représentant du peuple Laignelot. »
2. Reg. aux Arch. du départ. de la Vendée.

Un membre signale les funestes progrès des prêtres réfractaires, ministres de discordes dans les campagnes.

Le Conseil permanent...

Vu l'arrêté du département du 30 juin dernier,

Considérant que tous les prêtres rebelles aux lois, fonctionnaires ou non fonctionnaires, ont dû, dans la huitaine dudit arrêté, sortir du département, pour ceux qui n'en sont point originaires, ou se rendre au chef-lieu du département, pour ceux qui en sont natifs;

Considérant que ledit arrêté a été expédié dès le 7 de ce mois dans toutes les municipalités, et qu'il en est beaucoup qui ont négligé ou refusé l'exécution; cependant qu'aux termes des articles 1er, etc., les corps municipaux ont dû faire sortir de leur territoire dans la huitaine tout prêtre insermenté, et envoyer dans la quinzaine copie de leur procès-verbal au directoire de district, sous peine de supporter les frais de déplacement de la force publique;

Ayant entendu le commissaire procureur syndic,

Arrête que tous prêtres, fonctionnaires ou non fonctionnaires résidants dans le district, qui ne se sont pas soumis à la loi du 26 décembre 1790, seront sans délai conduits par la force publique, savoir : ceux qui ne sont pas originaires du département hors de ses limites, et ceux qui en sont natifs au chef-lieu;

Pour cet effet, il sera adressé des réquisitoires et à la gendarmerie nationale et aux gardes nationales du district;

Seront les frais de déplacement de la force publique supportés par les municipalités dans lesquelles ont été négligées les dispositions des articles 4 et 5 de l'arrêté du 30 juin, et, dans le cas contraire, ils seront supportés par le département.

L'une des paroisses, où l'exécution des réquisitions faites en vertu des précédents arrêtés rendait urgente l'application de celui-ci, était la Chapelle-Hermier, dont le procureur de la commune, J.-B.-J. Joly [1], avait fait un centre très ardent de contre-révolution. « Cet étranger au pays, homme aux allures suspectes, catholique douteux, il est vrai, mais adversaire déclaré des idées nouvelles », dit un prêtre [2], avait considéré comme nuls et non avenus les divers arrêtés et ordres transmis pour l'expulsion du curé remplacé de sa paroisse, lequel, n'étant pas d'origine vendéenne, devait être expulsé du département. L'approche des fêtes des 7 et 8 septembre, qui attiraient chaque année de nombreux pèlerins à la chapelle de Notre-Dame-du-Garreau, dont le curé de la Chapelle-Hermier était l'officiant habituel, inspirait naturellement les plus vives inquiétudes au moment où l'insurrection venait d'éclater contre Châtillon et Bressuire. Le

1. V. ci-dessus, ch. XXII, p. 234-235.

2. M. l'abbé Pontdevie, aumônier du lycée de la Roche-sur-Yon, dans un travail sur *Notre-Dame-du-Garreau, son pèlerinage et sa chapelle*, p. 90-103 de l'*Annuaire de la Société d'émulation de la Vendée*, 1887.

district envoya un détachement de gendarmerie et de garde nationale, qui parvint à découvrir, caché dans un coffre, chez le procureur Joly, le ci-devant curé[1] et le mena immédiatement aux Sables. Le 29 août, les administrateurs écrivaient au directoire de département :

Nous nous hâtons de faire conduire par la force armée le sieur Brillaud, ex-curé de la Chapelle-Hermier. Ce ministre de troubles et de discorde fut trouvé hier par un détachement de gardes nationales et de gendarmes de la Mothe-Achard, chez le nommé Joly, procureur de la commune de la Chapelle-Hermier, dans un coffre, mollement étendu sur le duvet. Il fut conduit ici sur les sept heures du soir par le même détachement, jaloux de se procurer la jouissance de le mettre entre vos mains. Ce zèle est trop louable pour que nous croyions devoir nous y opposer. Le sieur Joly, dont les principes anti-révolutionnaires sont connus, est coupable d'un double délit, en prêtant la main aux manœuvres audacieuses de ce monstre d'iniquité, *lui qui s'était empressé de nous marquer, peu de jours après la réception de l'arrêté du 30 juin, le départ du sieur Brillaud pour son pays*. Nous mettons les frais de déplacement de la force armée à la charge du sieur Joly, mais il mérite une autre punition : *il est suspendu de ses fonctions*. Nous portons à votre connaissance qu'il avait réuni les habitants au son de la cloche et réussi à se faire nommer électeur.

Deux des gendarmes et l'un des gardes nationaux qui avaient arrêté l'abbé Brillaud le conduisirent à Fontenay, où les administrateurs départementaux constatèrent, en leur délibération du 30 août, « qu'à onze heures du matin » leur avait été amené « un particulier en habit laïc, lequel avait déclaré s'appeler Jean-Louis Brillaud, natif de Brion, près Joigny, département de l'Yonne ». L'expulsion de ce prêtre étranger était prononcée en vertu de l'arrêté du 30 juin, et le procureur de la Chapelle-Hermier était « condamné aux frais de l'arrestation et de la conduite au chef-lieu ».

EXPULSIONS PAR LE DISTRICT DE CHALLANS[2]

Le district de Challans avait été le premier à éprouver les effets insurrectionnels de la propagande religieuse et politique contre la Constitution civile du clergé et contre toutes les institutions de la

1. Mercier du Rocher raconte, dans ses Mémoires inédits, 1er cahier, que la présence du prêtre dans le coffre fut révélée par une mèche de cheveux sortant du trou de la serrure.

2. D'après les *Notes et documents pour servir à l'histoire du district de Challans*, par C. Merland, publiés par son fils (in-8° tiré à 150 exemplaires), p. 11, 17, 20, 27. Les premiers registres des délibérations de ce district manquent aux Archives du département de la Vendée. Ils sont entre les mains du Dr Viaud-Grandmaison, à Nantes.

Révolution[1]. Son directoire patriote n'avait cessé de réclamer des mesures afin de soustraire les paysans fanatisés aux excitations des prêtres. Il avait, par une adresse au Roi, du 22 décembre 1791, protesté contre le *veto* opposé à la première loi faite dans ce but[2]. Il avait, par une dénonciation à l'Assemblée nationale, signalé la pétition des administrateurs parisiens, très répandue en Vendée, comme « ayant réveillé l'audace des prêtres réfractaires et provoqué des malheurs »[3]. Il approuva donc et s'efforça de mettre à exécution les arrêtés du département.

Le 14 avril 1792, il délibérait sur les rapports qui lui étaient adressés relativement à plusieurs prêtres, qui, comme le curé de la Garnache, prêchaient ouvertement la rebellion. Le curé de Coudrie lui était dénoncé par le curé constitutionnel de Saint-Christophe-du-Ligneron[4], pour avoir « menacé de se porter à son église et de renouveler les scènes de la précédente année » ; on parlait, dans la campagne, « d'exterminer les citoyens qui, fidèles à la voix de leur pasteur légitime, assistaient à ses offices ». Il fut pris un arrêté, qui supprimait le traitement à plusieurs des réfractaires non remplacés, et qui enjoignait aux remplacés de se rendre, sous trois jours, à Fontenay. Un inconnu, qu'un capitaine des volontaires de la Vendée avait trouvé exerçant le ministère sacré au Fenouiller, fut expulsé du département.

Le 7 mai, la municipalité de Soullans, ayant à sa tête le maire, Guesneau, se présentait en séance du district et déclarait s'opposer au départ de son curé pour Fontenay :

Ayant appris par la voix publique que le sieur Nœau, curé de la paroisse, en vertu d'un arrêté du département, était obligé de se rendre au chef-lieu, nous demandons à connaître les dénonciations qui ont provoqué cet arrêté, et nous faisons observer que le sieur Nœau s'est toujours comporté à notre connaissance très tranquillement et conformément aux lois constitutionnelles de l'État, et qu'il ne doit pas être compris dans le nombre de ceux qui, ayant occasionné des troubles, étaient dangereux dans leurs paroisses.

1. Voir notre t. I, ch. VIII, IX, X, XII.

2. Voir ci-dessus, ch. XX, p. 122.

3. A la séance de l'Assemblée nationale du 22 juin 1792, le Comité des pétitions fit un rapport (procès-verbal imprimé de la Législative), dans lequel on lit :

« Le district de Challans vous dénonce, et à tous les amis de la Constitution, un écrit du Département de Paris, ayant pour titre *Pétition au Roi*, dont l'effet a réveillé l'audace des prêtres réfractaires et provoqué des malheurs; il demande que les administrateurs soient mis en état d'accusation et qu'il soit proclamé, dans la capitale et dans la France entière, que tous les bons citoyens ont vu avec indignation et méprisé cette pétition. »

4. Massé; V. ci-dessus, t. I, ch. VI, p. 205.

La délibération municipale était cassée comme prise et notifiée illégalement. Le 17, le curé Nœau était arrêté par la gendarmerie et conduit, de brigade en brigade, au chef-lieu de département. Il devait s'échapper avant la déportation, devenir l'un des plus ardents promoteurs de la grande insurrection et être fusillé en 1793.

Le 2 mai 1792 des poursuites judiciaires étaient requises contre un officier municipal de la Barre-du-Monts, « qui avait fait défense au procureur de la commune de travailler à la confection des rôles des impositions ; qui avait dit publiquement, dans une auberge, qu'il voudrait que le temps fût enfin arrivé où il pourrait avoir la tête du procureur pour s'en servir de maître au jeu de boules ; qui, dans la Chambre municipale, avait tenu les propos les plus incendiaires contre les prêtres assermentés, intrus et apostats ».

Le 19 juin, le directoire de district, en vertu de l'article 6 de l'arrêté départemental du 8, fait enlever par les gendarmes les vicaires de Beauvoir et de Saint-Gervais, ainsi que le curé de Sallertaine qui, après avoir été internés à Fontenay, étaient rentrés dans leurs paroisses. Le même jour, il requiert le juge de paix de Saint-Jean-de-Monts de poursuivre « un sieur Mathurin Billet, demeurant à la Croix-Sallard, paroisse de Notre-Dame-du-Monts : 1° pour avoir donné asile à diverses personnes suspectes, déguisées les unes en matelots, les autres en mendiants, parmi lesquelles étaient Guerry du Cloudy ; 2° pour avoir réuni des assemblées nocturnes ; 3° pour avoir tenu des propos incendiaires tendant à troubler le repos public et à faire égorger les bons citoyens du voisinage ».

Les administrateurs de Challans redoutaient des soulèvements contre l'exécution de l'arrêté départemental du 30 juin. Le 26 juillet, ils demandèrent un sursis à l'expulsion totale des prêtres réfractaires restés ou revenus dans les paroisses. Leur requête fut repoussée, quoiqu'elle eût été appuyée en ces termes profondément significatifs :

« *La Déclaration de la patrie en danger a fait dans la majeure partie des esprits une impression opposée aux vues de l'Assemblée nationale;* tout semble présager un avenir d'autant plus effrayant que l'absence de toute force publique ne laisse aucun moyen de le prévenir, puisque, *à la nouvelle du danger de la patrie, en plusieurs endroits du district, des sentiments d'allégresse se sont manifestés, dans l'espoir d'un moment qu'ils osent envisager comme heureux, celui d'une contre-révolution qui, avec l'ancien ordre de choses, leur rendrait leurs prêtres, qu'ils n'ont pas encore oubliés et qu'ils n'oublieront que lorsque les ennemis de la Constitution auront disparu.*

CHAPITRE XXVIII

LA PATRIE EN DANGER

Les patriotes de la Vendée maritime avaient été des premiers à réclamer la lutte nationale contre les ennemis extérieurs de la Révolution. Ils accueillirent avec un viril enthousiasme la déclaration de guerre, faite au roi de Hongrie et de Bohême, le 20 avril 1792, par le roi des Français.

PUBLICATION DE LA DÉCLARATION DE GUERRE

C'est au milieu des cris de « Vive la patrie ! » qu'ils lurent l'Acte du Corps législatif proclamant que « la Nation française, fidèle aux principes consacrés par sa Constitution, ne prenait les armes que pour la défense de sa liberté et de son indépendance, et que la guerre, qu'elle était obligée de soutenir, n'était point une guerre de nation à nation, mais la juste défense d'un peuple libre contre l'injuste agression d'un roi ».

La publication fut faite avec la plus grande solennité dans les ports des Sables et de Saint-Gilles, le 7 et le 16 mai [1].

Les agitateurs des campagnes comptaient sur des désastres nationaux pour opérer la restauration de l'Ancien régime. L'insuccès des premières opérations offensives à la frontière du Nord, la déroute de Biron, le massacre de Dillon, produisirent de menaçants éclats de joie. Publiquement on applaudit aux victoires des Autrichiens, on annonça la Coalition des puissances, la rentrée des émigrés, le rétablissement du roi dans la plénitude de son pouvoir et la punition exemplaire des ennemis de l'autel et du trône.

Dès le mois de mai, la ville des Sables se voit menacée par la

1. Procès-verbal en est dressé dans le registre des municipalités et dans celui du district.

fermentation des populations rurales qui l'environnent. Le 14, elle se met en défense ; la porte des Capucins est fermée, les postes sont augmentés, les canons placés sur leurs affûts. Des démarches sont faites par la commune auprès du département et de la division militaire afin d'obtenir des armes et des munitions. La garde nationale, augmentée et réorganisée, fait suspendre à la nef de l'église le drapeau blanc, qu'elle a gardé jusqu'alors, et arbore le drapeau tricolore à l'exclusion de tout autre[1]. Injonction est faite aux capitaines et marins « d'arborer le pavillon national en mouillant dans la rade ou en entrant dans le port », sous menace de punition selon toute la rigueur des lois[2]. Cette lettre est adressée le 19 mai :

A M. Lacoste, Ministre de la marine[3].

Monsieur,

Dans la dernière guerre il était d'usage que le fort de la Chaume, situé dans l'étendue de notre commune, hissait les pavillons nécessaires pour les différents signaux. Tous les jours il entre dans notre port des bâtiments français qui n'arborent point le pavillon national, et les capitaines prétendent que, selon l'ancien usage, c'est au fort à l'arborer le premier.

Nous croyons donc, Monsieur, que, pour faire cesser ces excuses, que nous regardons comme très peu fondées, il serait nécessaire de faire approvisionner le fort de la Chaume des pavillons qui lui manquent et de faire réparer ceux qui peuvent y exister.

Nous prenons aussi cette occasion pour vous observer que ce fort n'est aujourd'hui gardé que par deux pièces de 36, et que, dans toutes les guerres, il y en a eu constamment six du même calibre. Le fort de Lanchet était aussi gardé par trois pièces de 36, et aujourd'hui il n'en existe plus une. Tous les ustensiles nécessaires au service de ces pièces ont besoin, d'ailleurs, des plus grandes réparations, et nous n'avons qu'environ deux milliers de poudre et une centaine de boulets.

Notre situation mérite sans doute toutes les précautions pour mettre notre côte à l'abri des tentatives de l'ennemi, et nous espérons, Monsieur, de votre patriotisme que vous allez donner les ordres nécessaires pour que nos observations ne restent pas sans effet.

Les officiers municipaux de la ville des Sables.

MANŒUVRES POLITIQUES A FONTENAY

Une société populaire avait été fondée depuis peu au chef-lieu du département par un Bordelais, le tapissier Laparra. Mais cet « homme

1. Délibér. municip. des 14, 18 et 19 mai 1792.
2. Correspond. municip. reg. B.
3. Le baron de Lacoste, né à Dax en 1730, mort en 1820, était ministre de la marine depuis le 16 mars ; il cessa de l'être le 10 juillet 1792.

sobre, patient, aimant la paix et s'honorant de sa pauvreté [1], » avait beau « échauffer chaque soir de son zèle sa société, elle ne comptait guère plus de vingt membres ». Il se présenta, en son nom, au directoire du département demandant « la permission d'aller tirer un arbre de la forêt de Crevant et de le consacrer à la liberté en le plantant sur la place d'armes de la commune ». La cérémonie eut lieu le 20 mai, en présence des administrateurs Moulins, Fillon, Esnard, Bonnamy, Fillon et Mercier du Rocher, substitut du procureur général syndic, des juges du tribunal criminel, du tribunal civil et du tribunal de paix. Quelques-uns des officiers municipaux étaient aussi présents; mais le maire, Biaille-Germon, et le procureur de la commune, Alexis Pichard, avaient refusé de venir, ainsi que le vice-président, Vinet, et le procureur général du département, Pervinquière. La garde nationale y parut, commandée par l'ancien constituant Goupilleau; une salve d'artillerie fut tirée après les discours énergiques de Mercier et de Fayau.

Pervinquière et Pichard du Page, dit Mercier, se moquèrent de cette fête idolâtrique; les communes patriotes n'en multiplièrent pas moins ces plantations d'arbres sacrés, qui valaient bien les croix que les fanatiques missionnaires ont plantées sur les routes.

Sylvain Bailly, depuis son remplacement par Pétion à la mairie de Paris [2], s'était retiré à Nantes. Au commencement du mois de juin 1792, il passa quelques jours à Fontenay avec sa femme. Il fut fêté par ses anciens collègues à l'Assemblée constituante, le maire Biaille-Germon, le procureur général Pervinquière et le commandant de la garde nationale Goupilleau (de Fontenay). « F.-J. Pichard assista à leurs dîners. » Cependant, assure Mercier du Rocher [3], le docteur Gallot ne voulut point voir son ancien président à la séance du Jeu-de-Paume, et celui-ci, « d'après la peinture qu'on lui fit de Fayau, de Moulins, de Fillon et de Mercier, ne fut pas tenté de venir les endoctriner, quoiqu'il eût désiré s'entretenir avec l'Administration sur les affaires publiques ». Son voyage, croyait Mercier, devait avoir un but politique. Il eut au moins pour résultat d'entretenir Pervinquière et ses amis dans leurs illusions constitutionnelles. Mais était-il lié au suprême effort que fit La Fayette, le 28 de ce même mois de juin, à l'Assemblée nationale, pour sauver la royauté, malgré le roi et sa cour? Avait-il pour but de préparer, dans l'Ouest, un appui au mouvement militaire que le général projetait contre les révolutionnaires parisiens? On sait que cette tentative du parti constitutionnel avorta

1. Dit Mercier du Rocher, en ses Mémoires inédits, 1er cahier.
2. 18 novembre 1791; V. p. 638 du *Personnel municipal de Paris pendant la Révolution*, par Paul Robiquet.
3. En ses Mémoires inédits, 1er cahier.

pitoyablement à Sedan, le 19 août, et valut au « héros des deux mondes », de ses compatriotes un décret d'accusation le forçant à émigrer, et des étrangers, — auxquels il n'essaya pas de livrer son armée, comme Dumouriez, — la longue et honorable captivité d'Olmutz.

Cependant, avant et après la fameuse journée du 20 juin 1792, où le peuple de Paris traversa les Tuileries et donna au roi un dernier avertissement, des émissaires de Coblentz, avec des commissions signées, étaient envoyés en Vendée par les comtes de Provence et d'Artois ; les familles royalistes étaient informées que « quinze mille chevaliers déterminés s'apprêtaient à remettre Sa Majesté sur son trône et qu'il y aurait bien du sang répandu » ; les agitations excitées et les bruits répandus se rattachaient aux protestations et démarches de La Fayette, cité comme le chef d'une contre-révolution prochaine[1].

LA FÊTE DU 14 JUILLET ET LE DRAPEAU BLANC

Au milieu des inquiétudes générales revint la fête de l'anniversaire de la prise de la Bastille et de la Fédération. Elle fut célébrée à Challans « aux acclamations des bons citoyens ; le curé constitutionnel, Borel, officia sur l'autel de la patrie » [2]. Aux Sables-d'Olonne, la cérémonie commença dès neuf heures du matin sur la place ci-devant Carcado, où toutes les autorités entendirent la messe dite à l'autel de la patrie, réitérèrent « le serment de vivre libres ou de mourir », et présidèrent à la plantation d'un arbre de la liberté. La fête fut terminée par des illuminations et un bal populaire [3].

Dans la commune de Landevieille, devant la porte de son procureur, au haut d'un arbre, apparut, du 13 au 16 juillet, un drapeau blanc. Ce « délit scandaleux », cet acte de « rébellion à la loi », fut dénoncé au district des Sables. Le 23, le magistrat municipal, Pierre Giraudin, prévenu d'avoir « arboré ce signe déshonorant de révolte

1. M. A. Bitton, dans son *Journal d'un Fontenaisien*, porte à la date du 19 mai 1792 : « Le sieur Jailays de la Barre (Pierre-Benjamin), se rend à Fontenay, porteur d'un passeport délivré par les comtes d'Artois et de Provence réunis à Coblentz. » (*Revue du Bas-Poitou*, fév. 1891).

Mercier du Rocher dit avoir connu le projet de contre-révolution d'une femme de chambre de Fontenay-le-Comte, rapportant ce qu'écrivait Vallin de l'Orbrie à sa mère. Ce Vallin est inscrit dans la *Liste des émigrés de la Vendée* comme ci-devant officier d'infanterie, habitant Fontenay et possédant des biens dans cette ville, ainsi qu'à l'Orbrie et à Saint-Michel-le-Cloucq.

2. D'après le procès-verbal cité des *Notes et documents* de MM. Merland sur *le district de Challans*.

3. Suivant le programme contenu dans la lettre de convocation du 12 juillet (corresp. municip., reg. B), adressée aux Administrateurs du district, aux tribunaux civil et de commerce, au bureau de conciliation, à la marine et au commandant de place.

et de trahison, fut requis d'expliquer sa conduite; il comparut le 30 et déclara :

Le délit qui lui était imputé n'était point de son fait, il n'y avait pas participé, il n'avait même donné aucun conseil ; le prétendu drapeau blanc, placé le 13 à sa porte, l'avait été en son absence, par ses neveux, dont le plus âgé avait neuf ans ; ce n'était que plusieurs morceaux de papier de différentes couleurs, réunis par des enfants et attachés avec des épines au bout d'un bâton, sur un manche de bois ; étant dans son jardin, derrière sa maison, il ne s'en était aperçu que le troisième jour ; il l'avait regardé comme un amusement d'enfants, sans conséquence.

Le procureur de la commune de Landevieille mit sur le bureau « les chiffons détachés », que les administrateurs lui firent parapher. Le 13 furent entendus des témoins, convoqués par le procureur syndic Biret : Jacques Blanchard, Pierre Noleau, André Roux, Jean Papin, de Bretignolles ; Pierre Tesson, de la Chapelle-Hermier ; les dames Madeleine Nicoleau et veuve Porteau, de Landevieille, avec Méraud, Corée et Louis Fruchard du même lieu. Il résulte des interrogatoires que « le drapeau, large d'une demi-aune, avait flotté au vent durant quatre jours, dans la cour du procureur Giraudin ». L'officier de police de Landevieille fut en conséquence chargé de poursuivre [1].

PUBLICATION DE LA DÉCLARATION DU DANGER DE LA PATRIE

L'Acte du Corps législatif déclarant *la patrie en danger* est daté du 12 juillet 1792. Sous sa forme officielle, avec la proclamation de l'Assemblée nationale aux Français et le décret du 5, sanctionné par le roi le 8, il arriva au chef-lieu de la Vendée dans la nuit du 16 au 17. Ordre était donné à tous les corps administratifs, aux conseils généraux des départements, des districts et des communes, d'entrer immédiatement « en surveillance permanente » ; tout fonctionnaire public était tenu de rentrer à son poste et nul ne pouvait plus le quitter. Tous les citoyens ayant déjà fait le service de la garde nationale étaient mis « en état d'activité permanente ». Tous les citoyens étaient obligés, « sous peine d'emprisonnement, à déclarer, devant leur municipalité, le nombre et la nature des armes qu'ils possédaient ». Tout homme résidant ou voyageant en France était « tenu de porter la cocarde tricolore » ; tout porteur « d'un signe de rébel-

1. Reg. des délibér. du district. des Sables, aux Archives départementales de la Vendée, 23 juillet, 13 août 1792. Aucune trace des pièces du procès ne se retrouve.

lion » était puni de mort ; la cocarde blanche était l'un de ces signes.

Le directoire du département de la Vendée s'empressa d'expédier la convocation des membres de son conseil, de faire entrer en permanence les autorités de Fontenay, et de transmettre aux cinq autres districts l'Acte et ses annexes.

Dans la journée du 19 le district faisait porter les convocations municipales dans tous les cantons par trois gendarmes [1].

Entrée en permanence, ce même jour 19 juillet, la municipalité de Fontenay-le-Comte, composée en majorité de royalistes constitutionnels, faisait afficher une délibération, dont plusieurs parties étaient rédigées en vue de prévenir les excès de zèle de la majorité des membres, déjà républicains, du département et de certains districts [1]:

Considérant que, dans le danger de la patrie, il n'est plus de repos pour les fonctionnaires publics, que c'est de la vigilance infatigable des administrateurs et de la confiance courageuse des administrés que dépend le salut public, et que cette confiance convient d'autant plus aux citoyens de cette commune qu'ils ont l'avantage de rassembler tous les genres de surveillance, de posséder toutes les administrations supérieures et subordonnées, dont le zèle et le patriotisme leur sont également connus.

Considérant que, lorsque les ennemis s'avancent vers nos frontières et menacent notre cause, il convient de se préparer à une juste défense par tout ce qui peut la rendre plus active, et surtout par la tranquillité intérieure et le maintien du bon ordre au dedans ; que tous les désordres, tous les excès, toutes les atteintes que des citoyens égarés pourraient porter illégalement aux droits des citoyens, ne peuvent avoir d'autres motifs que la malveillance ou des terreurs pusillanimes; d'autre effet que d'entretenir les divisions, d'exciter et perpétuer les haines, d'affaiblir les ressources nationales ; ... que le vrai courage doit se manifester par le sang-froid et la calme exécution des lois; qu'il appartient à tous les Français de faire éclater ce genre de courage, qu'ils doivent puiser dans la justice de leur cause et dans l'énergie de la liberté, qui sera toujours invariable...

Le Conseil général de la Commune... invite tous les citoyens au maintien du bon ordre et de la tranquillité, à l'exacte observation des lois, à la soumission qu'ils doivent à toutes les autorités constituées ; il déclare qu'il poursuivra, par tous les moyens qui seront en son pouvoir, tous les perturbateurs du repos public, tous les infracteurs des lois, tous ceux qui porteraient atteinte à la sûreté des personnes et des propriétés...

A l'article 3 de l'arrêté municipal sont expliquées minutieusement les peines d'emprisonnement encourues par ceux qui ne déclareraient

1. Le texte complet de cette délibération est donné par Benjamin Fillon, *Recherches sur Fontenay*, t. I, p. 364-366.

pas les armes et munitions en leur possession ; à l'article 5, est citée la disposition du décret qui punit *de mort* quiconque serait convaincu « d'avoir pris à dessein un signe de rébellion » ; avis est expressément donné que *toute cocarde autre que celle aux trois couleurs nationales est un signe de rébellion.*

Entré aussi en permanence le 19, le Conseil général de département s'empressa de discuter, adopter, faire imprimer et distribuer dans les six districts ce qui suit :

Arrété du Conseil général du département de la Vendée, sur les mesures à prendre quand la patrie est en danger.

(*Des* 20 *et* 21 *juillet* 1792, *l'an IV de la liberté.*)

L'assemblée, réunie pour l'exécution de la loi du 8 de ce mois, relative aux mesures à prendre quand la patrie est en danger ;

Considérant que cette loi fait un devoir particulier à tous les fonctionnaires publics de rester à leur poste, déclare avoir la ferme résolution de périr à celui qui lui est assigné plutôt que de l'abandonner *tant que la patrie sera en danger ;* invite toutes les autorités constituées à prendre la même résolution ; invite pareillement les gardes nationales et toutes les parties de la force publique à se tenir en état de surveillance permanente et à montrer cette attitude ferme et décidée qui convient à des hommes libres, et qui, imposant aux malveillants, assure le salut de la patrie ; enfin invite tous les citoyens à maintenir la tranquillité publique en conservant parmi eux l'union et la paix ;

Et voulant prendre les mesures les plus promptes pour l'exécution de la loi du 8 de ce mois, après avoir mûrement réfléchi sur les dispositions qu'elle renferme, après en avoir délibéré, et ouï le commissaire procureur général syndic,

L'assemblée a arrêté et arrête ce qui suit :

Article premier. — Dans huitaine de la publication du présent arrêté, tous les citoyens seront tenus, conformément à l'article 4 de la loi du 8 juillet dernier de déclarer, en personne ou par fondés de procuration à leurs municipalités respectives, s'ils ont ou n'ont pas des armes et munitions, et, dans le cas de déclaration affirmative, donner le détail exact du nombre et de la nature de chaque arme et munition qu'ils possèdent.

Art. 2. — Les citoyens qui ne se seront pas présentés à leurs municipalités dans le délai fixé par l'article précédent et qui n'y auront pas fait la déclaration prescrite ou qui, s'y étant présentés, seront convaincus de fausse déclaration, outre les peines portées par l'article 4 de la loi du 8 de ce mois, seront, par l'un ou l'autre fait, présumés avoir de mauvaises intentions et, en conséquence, désarmés à leur frais ; et pour effectuer ce désarmement, les

1. Imp. chez Testard et Goichot en 1792, et réimp. par Benjamin Fillon dans l'*Indicateur de la Vendée* du 17 novembre 1870.

officiers municipaux seront tenus de réquérir la force publique; le commandant dressera procès-verbal des armes et munitions enlevées, lesquelles seront déposées provisoirement à la maison commune ou dans un autre lieu sûr et convenable que la municipalité indiquera, en attendant les ordres du directoire de district.

ART. 3. — Huitaine après le délai fixé par l'article 1er, les officiers municipaux adresseront aux directoires de leurs districts copie des déclarations qui leur auront été faites, et, dans la huitaine suivante, ils enverront auxdits directoires les procès-verbaux des désarmements qui auront eu lieu sur leurs réquisitions.

ART. 4. — Si les directoires de district sont instruits que les municipalités ont négligé de faire désarmer quelques-uns des citoyens qui sont dans le cas de l'être, ils donneront eux-mêmes les ordres et réquisitions nécessaires pour faire opérer lesdits désarmements aux frais des municipalités en retard.

ART. 5. — Toutes les armes et munitions qui auront été enlevées seront déposées dans des lieux sains et sûrs que les directoires de district désigneront.

ART. 6. — Les membres des municipalités et des dictricts seront personnellement responsables des événements qui pourraient résulter de l'inexécution de ce qui est prescrit par les articles précédents.

ART. 7. — L'Assemblée ordonne que la loi du 8 de ce mois sera au surplus exécutée dans tout son contenu.

Le 22 juillet, le Conseil général de département se décida à s'installer dans les bâtiments de l'Union chrétienne, dont les administrations n'avaient pas encore osé prendre possession, par crainte de susciter une émeute de fanatiques.

Quelques jours auparavant, le 23, il avait fait fermer l'église de Pissotte, où les non conformistes de Fontenay et environs allaient en foule entendre la messe des prêtres réfractaires qui « agitaient les esprits par des prédications anti-patriotiques. »

Pour mettre sur pied la gendarmerie, le directoire fut autorisé à dépenser 15,000 livres. Il chargea, le 26, l'administrateur Bonnamy, d'aller négocier à Rochefort l'achat de 4 pièces de canon, avec 100 boulets et 20 coups à mitraille; mais l'opération n'aboutit pas[1].

RENTRÉE DES CONTRIBUTIONS

Le manque de fonds dans les caisses des administrations augmentait beaucoup les difficultés. Le département avait, le mois pré-

1. Ces faits sont mentionnés à leur date dans le *Journal d'un Fontenaisien* de M. A. Bitton.

cédent, acheté à La Rochelle 4,800 quintaux de blé, qu'il avait distribués entre les six districts [1]. Ainsi avait-il prévenu une famine fictive, préparée de longue main, pour le moment critique, par les ennemis de la Révolution [2]. Mais il était à court d'argent, et il lui fallut user de rigueur pour faire rentrer les contributions, que les communes hostiles s'abstenaient d'acquitter.

A la fin du mois de juillet, le district de Salles constatait que « 24 *communes sur* 49 avaient seules apporté les matrices des rôles de la contribution foncière, et qu'il n'y en avait que 4 qui eussent remis celles de la contribution mobilière ». Il avisait aux moyens de faire rentrer les matrices de rôles en retard, et aussi de contraindre, aux termes de la proclamation royale du 14 mars et de la loi du 26 du même mois, les officiers municipaux de 1791 à payer la totalité de l'imposition foncière de leurs communes respectives.

Arrêté du district des Sables du 30 juillet 1792 [3].

Le conseil permanent du district,

Considérant que la rentrée des impositions est aussi utile dans la crise où nous sommes que la levée des gens de guerre, et que l'argent est le nerf de l'État ;

Arrête que les officiers municipaux et notables exerçant en 1791, qui sont en retard de fournir leurs matrices des rôles de l'imposition foncière, et qui n'y auront pas satisfait avant le 15 août prochain, seront solidairement contraints à payer la somme totale portée dans le mandement du directoire pour ladite imposition foncière. A l'effet de quoi il sera décerné contre eux des contraintes en vertu de la proclamation du 14 mars et de la loi du 26 du même mois.

A l'égard des officiers municipaux qui ont fourni leur matrice d'imposition foncière et qui sont seulement en retard de fournir leur matrice d'imposition mobilière, le Conseil arrête qu'ils seront enjoints de terminer ce dernier travail avant le 1er septembre prochain ; sinon ils seront pareillement contraints à payer le montant des mandements expédiés à ce sujet.

Mercier du Rocher affirme, dans ses Mémoires, que, grâce à l'énergie des districts patriotes, poussant jusqu'au bout l'exécution de leurs arrêtés, la rentrée des contributions en retard et celle de l'imposition foncière finirent par être obtenues avant la fin de l'année 1792.

1. Mémoires inédits de Mercier du Rocher, 1er cahier.
2. Voir ci-dessus, t. I, ch. III, p. 100.
3. Délibér. du district des Sables, aux Archives départementales de la Vendée.

Voici du reste, sur ce sujet, les renseignements officiels[1] :

Extraits du compte de gestion du Directoire au Conseil général du département, pour l'année 1792.

Impositions des six derniers mois de 1789.

Il restait à percevoir pour les communes de l'ancien Poitou comprises dans le département de la Vendée, 68,861 livres 4 sous 8 deniers. L'administration départementale de 1791 avait omis de réclamer ce qui était resté aux mains du receveur de La Rochelle. L'administration de 1792 a obtenu les comptes de ce receveur et de ceux des anciennes élections de Niort, de Fontenay et de Thouars. Elle n'a pu obtenir ce qui lui revenait du compte du percepteur du Châtillon, Laguérinière, qui a suspendu ses payements. Celui de Bernier, percepteur de l'élection des Sables, n'a pu être encore fourni par le percepteur du district, Rochex. Mais, d'un autre côté, il a été retiré, comme provenance de cette ci-devant élection des Sables, 16,659 livres, versées à la recette générale de l'ancienne province de Poitou. Il a été obtenu au total 39,391 livres 7 sols 8 deniers.

Contribution patriotique[2].

On n'a pu se procurer le montant total, faute de renseignements certains des visiteurs des rôles et des municipalités. Mais, suivant les états fournis par les receveurs, les recouvrements faits (jusqu'en novembre 1792) ont monté à 337,958 livres 4 sols 11 deniers.

Impositions de 1790.

Sur la somme totale de 2,847,818 livres 1 sou 7 deniers, il a été recouvré, jusqu'au 25 novembre 1792, 2,834,995 livres 2 sols 5 deniers ; il ne reste à recouvrer que 15,823 livres 2 deniers.

Contributions foncière et mobilière de 1791.

La contribution foncière et mobilière, en y comprenant les sous additionnels destinés aux charges générales du département en 1791, était de .... 3,881,006^{l}. 2^{s} 1^{d}

Il a été recouvré à l'époque du 1er novembre :
Sur la contribution foncière.................. 2,151,178^{l}. 13^{s} 10^{d}
Sur la contribution mobilière.................. 4,244^{l}. 4^{s} 8^{d}

Reste à recouvrer.............. 1,125,583^{l}. 3^{s} 7^{d}

A cette somme de 4,244 livres 4 sous 8 deniers, recouvrée directement

1. Seconde partie du Compte imprimé de 1792, p. 131-146; aux Archives du département de la Vendée.
2. Voir ci-dessus, p. 226-228.

par les receveurs des districts, il faut ajouter environ 8,000 livres, retenues par le payeur général de ce département, en vertu d'un arrêté du directoire, sur les traitements des ecclésiastiques, pour leur contribution mobilière de 1791, à la quotité du 18ᵉ.

Nous ne dissimulerons pas que ces perceptions doivent paraître bien faibles, si l'on considère l'époque à laquelle nous sommes parvenus. Cependant nous n'avons cessé d'exciter les directoires de district à presser la confection des matrices et l'expédition des rôles, et les receveurs de district à accélérer le recouvrement. Mais les directoires, entravés par l'incivisme de plusieurs municipalités, et par l'insoucience et l'ignorance d'un plus grand nombre, n'ont pu faire exécuter qu'avec beaucoup de peine les opérations nécessaires pour la confection des matrices.

Sur 329 communes dont ce département est composé, 291 seulement ont déposé leurs matrices de contribution foncière; 290 rôles ont été mis en recouvrement.

Il n'y a que 77 matrices de rôles de la contribution mobilière faites, et 29 rôles seulement sont en recouvrement.

Les funestes retards qu'éprouvent les opérations relatives aux contributions nous ont douloureusement affectés. Nous avons avidement saisi tous les moyens qui nous ont paru les plus efficaces pour les faire cesser. D'un côté, nous avons recommandé aux directoires de district de mettre tout en œuvre pour forcer au dépôt de leurs matrices de rôles de contribution foncière les municipalités en retard de les fournir ; et nous avons enjoint aux receveurs de districts de décerner des contraintes envers les officiers municipaux ; d'un autre côté, nous avons arrêté que les directoires de district mettraient en activité, non seulement les visiteurs des rôles, mais encore un assez grand nombre de commissaires, pour veiller simultanément aux matrices des rôles de la contribution mobilière.

Nous vous observerons, à l'égard de la contribution mobilière, que la principale cause de retard dans la confection des rôles vient de l'impossibilité où se trouvent toutes les municipalités d'asseoir les sommes assignées à chacunes d'elles par défaut de matière imposable. L'assemblée, dans la précédente session du conseil, en avait fait un objet de représentation au ministre et à l'Assemblée nationale ; le conseil permanent les a encore renouvelées.

Patentes, *année* 1791.

Les droits sur les patentes s'élèvent, pour les trimestres d'avril, juillet et octobre 1791, d'après le bordereau envoyé au directoire par l'inspecteur général, à 50,106ˡ. 16ˢ 2ᵈ

Il a été recouvré, au 1ᵉʳ novembre........................ 22,711 16 »

Reste à recouvrer .... 27,395ˡ. » 2ᵈ

Étonnés de la faiblesse des produits de cette imposition, nous en avons recherché les causes et consulté sur ce point l'inspecteur général des patentes. Il nous a fait observer que les déductions des droits annuels, qui avaient été payés par les cabaretiers et débitants d'eau-de-vie, dans les trois premiers mois de 1791, avaient opéré une diminution assez considérable ; que, d'ailleurs, beaucoup de citoyens avaient refusé de prendre des patentes, et qu'il avait été fait contre eux des procès-verbaux, desquels les procureurs de commune sont chargés de faire suite. Ces motifs sont vrais, mais nous sommes fondés à croire que l'on peut y ajouter l'inactivité de quelques-uns des visiteurs des rôles, auxquels nous n'avons pas négligé de rappeler les devoirs que leurs fonctions leur imposent.

Droits d'enregistrement pour 1791.

Ils ont produit.................................... 114,544l. 12s 7d

Contribution foncière et mobilière de 1792.

Aussitôt la réception de la loi du 14 octobre 1791, relative à la contribution foncière et mobilière de 1792, nous avons procédé au répartement par districts de la somme assignée à ce département.

Le montant était en principal, comme en 1791, de.	2,572,900l.	»	»
Celui de la contribution mobilière..............	565,600	»	»
Fonds de décharges, charges du département et des districts....................................	709,827	10	3
Ce qui forme une masse totale répartie de........	3,848,327l.	10s	3d

ESSAI D'ORGANISATION DE LA GARDE NATIONALE DE CANTON

Le courrier du département était arrivé aux Sables-d'Olonne dans la soirée du 17 juillet. Le vice-président du district, Bouhier, se réunit aussitôt en directoire avec les deux seuls administrateurs présents, Robert et Mercereau, et sur le réquisitoire du procureur syndic Biret ; arrête[1] :

.... Considérant que rien n'est plus urgent que de mettre à exécution (l'article 2 de la loi des 5-8 juillet), afin d'être dans le cas de surveiller très attentivement tous les ennemis de la patrie, de déjouer leurs manœuvres perfides et de les faire tomber sous le glaive de la loi....

ARTICLE 1er. — Le Conseil de ce district est déclaré dès ce jour en surveillance permanente. En conséquence, chacun des membres qui le composent est invité à se rendre, aussitôt la réception du présent arrêté, au poste qui lui est confié....

ART. 2. — Les conseils généraux des communes du district sont également déclarés permanents ; en conséquence, il est enjoint aux corps municipaux de convoquer sans délai lesdits conseils.

ART. 3. — Le présent arrêté sera envoyé par des courriers extraordinaires aux membres des districts et des municipalités.

1. Arch. dép. de la Vendée ; reg. des délibér. du district des Sables, à la date.

Les paquets de lois imprimées, transmis par le département, étant arrivés le 18, des exemplaires sont joints à la circulaire adressée à chaque municipalité, et les trois gendarmes de la ville sont mis en route pour les porter. Il est écrit trois lettres au département : 1° pour lui demander ce qu'il y a à faire relativement à deux navires, appartenant à Vaugiraud jeune, émigré, qui viennent d'arriver, et aux capitaines desquels le commissaire aux classes de la marine a été prié de ne pas délivrer de passeports jusqu'à nouvel ordre ; 2° pour réclamer les 1,000 cartouches à balles dont chaque district doit, d'après la loi du 8, se pourvoir pour les distribuer aux volontaires lorsque l'administration le jugera convenable ; 3° pour savoir si les fonctionnaires publics peuvent quitter leur poste, étant appelés à l'assemblée du jury de jugement.

La correspondance expédiée, le procureur syndic rappelle au directoire que la loi du 14 octobre 1791, en ses articles 1 et 2, ordonne l'inscription de tous les citoyens actifs pour le service de la garde nationale, et, s'ils s'y sont refusés, les suspend de l'exercice des droits attachés à cette qualité, ainsi que du droit de porter les armes. Il lit aussi les articles qui prescrivent que la garde nationale se forme par district et par canton, et non par commune et département. Il constate que le directoire a fait « des efforts multipliés pour l'exécution de la loi et que ces efforts sont restés complètement infructueux dans la plupart des communes ». Il requiert les mesures nécessaires pour opérer enfin une organisation que la gravité de la situation rend indispensable et urgente.

Le conseil permanent du district des Sables[1],

Délibérant sur la représentation du commissaire procureur syndic,

Considérant que, si la loi du 14 octobre n'a pas reçu, dans ce district, une exécution entière, c'est par le peu d'activité que les municipalités ont apporté dans cette opération importante, malgré les instances réitérées qui leur ont été faites ;

Considérant qu'il est de son devoir de remplir les fonctions déléguées aux corps municipaux, lorsqu'ils sont refusants ou négligents de le faire et que, dans ce moment, l'organisation des gardes nationales devient une mesure importante et indispensable ;

Arrête ce qui suit :

ARTICLE 1er. — Il est enjoint aux municipalités qui n'auraient pas encore ouvert les registres destinés à l'inscription des citoyens, de le faire à la réception du présent arrêté sous peine de devenir responsables de leur désobéissance.

1. Arch. dép. de la Vendée ; reg. des délibér. du district des Sables.

ART. 2. — Les municipalités seront tenues d'inviter les citoyens actifs de leurs communes de s'inscrire pour le service de la garde nationale; elles leur représenteront qu'ils ne peuvent, sans manquer à leur serment de soutenir la Constitution et la liberté, préférer une inactivité honteuse à la gloire de servir leur patrie et de vaincre ses ennemis. Elles leur diront que, s'ils refusent ou négligent l'inscription civique, la loi les déclare déchus du titre de citoyen et les force de contribuer par un service pécuniaire à l'entretien de la force publique. Elles leur diront enfin que leur propre sûreté, comme celle de leurs familles, leur commande de se ranger sous les drapeaux de l'honneur pour protéger la sûreté individuelle et les propriétés, établir l'ordre et la paix.

ART. 3. — Les listes des citoyens inscrits seront définitivement arrêtées par les officiers municipaux avant le dimanche 12 août prochain, auquel jour ils s'assembleront avec tous les citoyens inscrits aux chefs-lieux de leurs cantons respectifs pour procéder à leur organisation conformément à la loi du 14 octobre.

ART. 4. — Il sera envoyé dans chaque canton, le 12 août, un commissaire du district chargé de présider le rassemblement des citoyens, de diriger les opérations et de faire tout ce qui sera nécessaire pour l'exécution de la loi.

ART. 5. — Ceux des citoyens actifs qui manqueront à l'inscription seront taxés, sur mandements du directoire, à une somme égale à celle de deux journées de travail par chaque tour de service, lorsqu'il sera jugé nécessaire.

ART. 6. — Pour l'exécution du précédent arrêté, les municipalités dresseront une seconde liste des citoyens non inscrits et la feront parvenir au directoire trois jours après l'époque de la réunion ci-dessus.

ART. 7. — Le Conseil nomme pour ses commissaires, savoir :

Pour le canton d'Olonne : M. Bouhier, vice-président ;

Pour le canton de Landevieille : M. Sourrouille, administrateur ;

Pour le canton de Beaulieu : MM. Gourdon et Lansier, administrateurs ;

Pour le canton de la Mothe-Achard : M. Biret, commissaire procureur syndic ;

Pour le canton de l'Ile-d'Yeu : M. Laurent, administrateur ;

Pour le canton d'Angles : M. Benoist, capitaine général des douanes ;

Pour le canton du Poiroux : M. Duroussy, administrateur ;

Et pour le canton des Moutiers-les-Mauxfaits, M. Denogent, administrateur du département.

ART. 8 — Les municipalités donneront la plus grande publicité aux dispositions précédentes, et elles feront publier la loi du 14 octobre le premier dimanche qui suivra la réception du présent arrêté.

ART. 9. — Il en sera incessamment adressé copie à l'administration supérieure et impression (faite) pour être plus promptement expédiée.

Signé : DARDEL, président ; BIRET, commissaire procureur syndic ; DELANGE, secrétaire.

Les rapports des commissaires manquent dans les procès-verbaux ; ce qui donne à penser que la mission de presque tous n'eut aucun succès. On ne retrouve, à une date postérieure de trois semaines, qu'une seule trace d'organisation de garde nationale rurale, autour de la petite ville de Talmont, centre très ardent de patriotes. Encore cette organisation soulève-t-elle une difficulté que le district résout conformément à la loi[1].

Le 14 août. — Le commissaire procureur syndic a mis sur le bureau un procès-verbal dressé, le 12 de ce mois, par le commissaire nommé pour organiser la garde nationale du canton de Talmont, par lequel il paraît que les officiers municipaux des communes d'Avrillé, Jard, Saint-Hilaire-de-Talmont, Saint-Vincent-sur-Jard, Saint-Hilaire-la-Forêt et Talmont, ont voulu, après avoir présenté leurs listes d'inscriptions, qui portent à 262 le nombre des citoyens inscrits, former une seule compagnie qui serait, ont-ils dit, locale et libre.

Le conseil (général du district),

Considérant que tout citoyen français est soldat; que chacun doit se faire inscrire pour servir personnellement dans la garde nationale ; que cette force publique ne peut s'organiser par commune, mais seulement par canton et district; qu'ainsi tous les citoyens inscrits dans les communes du canton de Talmont doivent être également organisés sans qu'il en soit fait aucun choix, parce qu'en rejetant quelques-uns des citoyens inscrits, ce serait les priver de la qualité essentielle de citoyens actifs, qu'ils ont pu et dû se conserver ; qu'enfin le nombre des citoyens inscrits est trop considérable pour ne former qu'une seule compagnie ;

Arrête que lesdits citoyens seront divisés en trois compagnies, dont deux de 87 hommes et l'autre de 88, y compris les officiers, sous-officiers et tambours ;

Et que tous les citoyens qui seront désignés pour former une compagnie, procéderont entre eux à la nomination de leurs officiers et sous-officiers dans les termes prescrits par la loi du 14 octobre 1791.

Signé : DARDEL, président, etc.

PERMANENCE DE GARDE NATIONALE SOLDÉE

Dans ce même district des Sables, le 6 août[2] :

Un membre appelle l'attention du conseil sur l'exécution de l'article 3 de la loi du 8 juillet, relative aux mesures à prendre quand la patrie est en danger. Il propose que, dans toutes les communes où il y a une garde nationale organisée, il soit établi toujours un certain nombre de citoyens en état d'activité permanente, prêts à marcher partout où le salut de la patrie l'exigera, et principalement pour le maintien de l'ordre et de la tranquillité

1. Délibér. du district des Sables, aux Archives dép. de la Vendée.
2. Ibid.

publique dans l'étendue de leur commune respective, lorsqu'ils en seront légalement requis par les autorités constituées auxquelles ils doivent obéissance.

Le conseil, après avoir délibéré sur le rapport ci-dessus et ouï le commissaire procureur syndic, a arrêté et arrête ce qui suit :

Article premier. — Le commandant de la garde nationale de la ville des Sables désignera 30 des hommes qui sont sous son commandement, pour rester en activité permanente pendant huit jours, lesquels se tiendront prêts à marcher au premier appel. Les huit jours expirés, il les relèvera par un autre détachement d'un pareil nombre d'hommes.

Art. 2. — Le détachement qui aura eu l'honneur de marcher une seule fois hors de la commune, pendant cet espace de temps, sera relevé de suite toujours par un même nombre d'hommes.

Art. 3. — Dans les autres communes de ce district où il y a une garde nationale organisée, il sera également désigné 5 hommes sur 20, 6 sur 30, et ainsi de suite, pour rester aussi pendant l'espace de huit jours en état d'activité permanente et se tenir prêts à marcher sur les réquisitions qui leur seront légalement adressées.

Art. 4. — Les dispositions de l'article 2 seront également observées par les officiers commandant la garde nationale de ces dernières communes.

Art. 5. — Copie du présent sera transmise au département.

Art. 6. — Il est enjoint aux municipalités de ce district de faire lire, publier et afficher le présent arrêté.

L'administration départementale ne manqua pas d'approuver l'initiative prise par le district des Sables. Elle chercha les moyens de la généraliser, pour remplacer les garnisons de troupes de ligne, qui manquaient dans toute la région. Le mouvement insurrectionnel du district de Châtillon[1], sur la frontière des Deux-Sèvres et de la Vendée, la décida à risquer, malgré la loi générale sur l'organisation de la garde nationale, l'institution d'une « permanence soldée ».

Deux arrêtés du département de la Vendée[2].

Du 22 août 1792, l'an IV de la Liberté, Ier de l'Égalité.

Le conseil général permanent...

Considérant qu'un attroupement considérable existe dans le département des Deux-Sèvres, limitrophe de celui de la Vendée, que déjà cet attroupement a inquiété quelques communautés du district de la Châtaigneraie, que la fermentation existe dans d'autres parties du département, et que le trouble se manifesterait bientôt d'une manière générale, sans les secours d'une force active et permanente, capable d'arrêter les projets de la malveillance et des ennemis de la paix;

1. Voir notre tome III, ch. XXX.
2. Arch. nat., F⁹150.

Considérant que les mesures qu'il est nécessaire de prendre, intéressant la sûreté publique de chaque district, ne peuvent être exécutées que par le concours des gardes nationales de tous les cantons du même district ; mais que le service continuel, qu'il est indispensable d'établir, exigeant le déplacement de chaque citoyen domicilié hors du chef-lieu du district à des époques périodiques et pour plusieurs jours, ne peut être acquitté qu'avec la condition d'une juste indemnité ;

Le commissaire procureur général syndic entendu, a arrêté et arrête ce qui suit :

ART. 1er — Les districts sont autorisés à mettre en activité permanente de service au chef-lieu du district, le nombre de cinquante hommes pris à tour de rôle parmi toutes les gardes nationales des divers cantons du même district, pour le temps et en la proportion qui seront déterminés par les districts.

ART. 2. — La garde établie par l'article précédent sera essentiellement destinée au maintien du bon ordre dans chaque district et se tiendra prête à marcher partout où il sera nécessaire de l'employer pour le rétablissement de la tranquillité publique.

ART. 3. — Chaque district sera tenu à une assistance réciproque d'après la réquisition qui en sera faite toutes les fois que le trouble exigera la réunion de la force publique de plusieurs districts.

ART. 4. — Les citoyens qui feront le service prescrit par les articles précédents, soit qu'ils soient ou qu'ils ne soient pas domiciliés dans le chef-lieu du district, attendu la continuité de ce service pendant plusieurs jours et son objet particulier, recevront la même solde que celle fixée par la loi pour les bataillons de volontaires nationaux.

ART. 5. — L'assemblée sollicitera du Corps législatif un décret qui mette à la charge du trésor public la dépense que ce service occasionnera.

Signé : A.-Ch.-F. MERCIER, pour le président ; J.-M. COUGNAUD, secrétaire général.

Du 15 *septembre* 1792.

L'assemblée, considérant que, par son arrêté du 22 août dernier, qui autorise les districts à mettre en activité permanente de service au chef-lieu, le nombre de cinquante homme pris à tour de rôle parmi les gardes nationales des divers cantons du même district, il n'a pas été pourvu au payement des frais d'hôpital pour ceux des gardes nationales qui tomberaient malades pendant leur activité ;

Considérant qu'il est nécessaire de régler le nombre d'officiers et sous-officiers attachés à chaque détachement, et qu'il est également nécessaire de régler la nature du payement qui, à défaut de numéraire, ne peut être effectué qu'en papiers et billets de confiance ;

Le commissaire procureur général syndic entendu, a arrêté et arrête ce qui suit :

ARTICLE PREMIER. — Les gardes nationaux mis en activité d'après l'arrêté du 22 du mois dernier seront, en cas de maladie, placés à l'hôpital de la même manière que les volontaires des bataillons; en conséquence, il ne sera retenu par jour pour chacun d'eux, pendant leur résidence à l'hôpital, que la somme de six sols; le surplus, jusqu'à concurrence de dix-sept sols, sera acquitté sur les fonds du département jusqu'à la décision du Corps législatif sur la demande qui lui sera faite de mettre cette dépense à la charge de l'État.

Art. 2. — Le détachement mis en activité dans chaque district sera composé d'un lieutenant, d'un sous-lieutenant, d'un sergent, de deux caporaux, d'un tambour et quarante-quatre gardes nationaux formant en tout cinquante hommes.

La solde sera payée de huitaine en huitaine à raison du nombre d'hommes effectif, suivant qu'elle est taxée par la loi sur les bataillons, et à raison du grade respectif; les directoires de district arrêteront à cet effet à chaque échéance le montant de la solde entière, et, pour en effectuer le payement, ils sont autorisés à en faire faire l'avance par leurs receveurs, et, d'après l'état de ces avances, que les directoires de district seront tenus de faire passer de suite au directoire de département, il sera par ce dernier délivré sans délai des mandats du montant de ces mêmes avances sur les sols additionnels destinés à l'acquit de ses charges.

Art. 4. — La solde sera acquittée autant que faire se pourra un tiers en billets de confiance, le restant en assignats.

Fait en conseil général permanent, etc.

Signé : Ladouespe, président; Laval fils, secrétaire.

Transmettant ces arrêtés à l'Assemblée nationale, le 21 septembre, les administrateurs écrivaient[1] :

... Sans cette mesure, il nous eût été impossible d'assurer la tranquillité de notre département. La dépense qu'elle entraîne nous a longtemps empêchés de la prendre; mais elle nous a paru indispensable. Malgré tous nos efforts, les gardes nationales ne sont point encore toutes organisées; le fanatisme y a mis le plus grand obstacle et le petit nombre des bons citoyens n'a pas la faculté de se livrer à un service continuel sans en retirer quelques émoluments; mais nous sommes sans fonds pour y satisfaire. Nous sollicitons l'Assemblée nationale de vouloir bien nous autoriser à prendre sur les fonds du Trésor public la somme qu'elle jugera nécessaire à l'acquittement de cette dépense.

Les administrateurs composant le conseil général permanent du département de la Vendée,

Jousson, vice-président; J.-M. Cougnaud, secrétaire général.

La question n'était pas vidée, puisque le mois suivant, Roland répondait[2] :

1. Arch. nat., Dxl, § 3-16.
2. Lettre copiée sur la minute ministérielle, Arch. nat., F°150.

A MM. les administrateurs du département de la Vendée.

Par votre arrêté du 21 août, vous avez réglé provisoirement qu'il serait employé dans chacun des districts de votre ressort, pour y maintenir la tranquillité, cinquante citoyens de la garde nationale qui recevraient la même solde que les volontaires nationaux. Vous me priez de solliciter de l'Assemblée conventionnelle un décret qui mette cette dépense à la charge de la Nation. Messieurs les députés de votre département à cette assemblée, connaissant sans doute la nécessité de l'établissement dont il s'agit, et étant par conséquent plus à portée de la faire apercevoir, je crois qu'il conviendrait mieux qu'ils présentassent votre demande à la Convention nationale.

Je vous engage, Messieurs, à les en prier.

Le Ministre de l'Intérieur.

En attendant une décision, qui ne fut pas prise par le pouvoir central, les administrateurs de la Vendée trouvèrent dans les fonds non employés des « enfants exposés » et de « mendicité et vagabondage », l'argent indispensable pour maintenir la permanence d'une garde nationale soldée dans les districts où les troubles paraissaient toujours le plus à craindre. Le Compte de 1792[1] explique :

La solde de la garde nationale permanente appelée aux Sables, en vertu de l'arrêté du conseil général du 22 août, a occasionné une dépense de 2,015 livres 16 sous, pour la totalité du mois de septembre et la première quinzaine d'octobre. Du 18 octobre au 2 novembre, 652 livres 5 sous 6 deniers.

La compagnie mise en activité à Challans, du 25 août au 1er octobre, a coûté 1,338 livres 7 sous 6 deniers.

La garde nationale permanente rassemblée à la Roche-sur-Yon a causé des frais montant, du 17 septembre au 1er novembre, à 1,192 livres 12 sous 6 deniers.

LA GENDARMERIE ORGANISÉE ET DÉSORGANISÉE

L'administration départementale de 1792, suivant les conseils de Dumouriez[2], était parvenue à former l'état-major de la gendarmerie, comprenant un lieutenant-colonel, deux capitaines et quatre lieutenants. Elle s'occupait de compléter, par la recherche de sujets propres à ce service, les cadres encore restreints, comme ceux de l'ancienne maréchaussée dans cette partie du Poitou, à onze brigades de quatre hommes chacune. L'émigration de deux des lieutenants,

1. Compte du Directoire au Conseil général, pour l'année 1792, p. 73-84.
2. Voir ci-dessus ch. XXV, p. 342-343.

qu'elle avait choisis, les frères Jallays[1], l'un à la résidence de Fontenay, l'autre à celle de Challans, vint tout à coup bouleverser l'organisation presque achevée.

L'administration départementale de 1792 rapportait à la fin de cette année[2] :

Les Jallays venaient d'abandonner leur poste pour aller grossir la bande de scélérats qui naguère menaçaient d'incendier la République et qui bientôt ne trouveront plus d'asile sur la terre; ces deux traitres avaient des mandats pour toucher leurs traitements, mais le directoire prit des mesures si actives qu'ils ne furent pas acquittés.

Il n'existait encore dans l'étendue de notre arrondissement que 11 brigades; mais le lieutenant-colonel Guerry, ayant fait part au Directoire d'une circulaire du ministre qui autorisait l'établissement de 4 nouvelles brigades de concert avec cet officier, il s'occupa de cet objet, et prit, le 31 décembre dernier, un arrêté qu'il adressa au Pouvoir exécutif quelques jours après.

Le 5 juin dernier, nous nous concertâmes avec les citoyens Petit et Guerry pour terminer l'organisation de cette troupe, conformément à la loi du 29 avril. L'incertitude où paraissait être le législateur lui-même sur la formation de cette partie de la force publique et la difficulté de trouver des sujets qui eussent toutes les conditions de l'éligibilité, ont souvent retardé notre marche, et d'ailleurs, ceux qui étaient éligibles étaient hors d'état de se monter et de s'équiper. Le Conseil général sentit lui-même ce dernier inconvénient, puisque, dans les premiers jours de sa réunion en vertu de la loi qui déclare la Patrie en danger, il autorisa le Directoire à employer à cet objet une somme de 15,000 livres.

La moitié de cette somme était déjà distribuée, peu à peu les 15 brigades[3] avançaient vers le complément, lorsque la loi du 22 août en appela les quatre cinquièmes au service de la République. Les gendarmes à qui vous avez fait des avances sont partis, et vous avez vu dans quelle dépense nous a jetés leur remplacement; mais ce n'est pas avec la patrie qu'il faut compter les sacrifices qu'on lui fait, et nos administrés nous sauront sans doute gré d'avoir augmenté le nombre de ses défenseurs.

Casernement de la gendarmerie.

Les anciennes brigades n'étaient composées que de 4 hommes, les nouvelles l'étaient de 5. Cette augmentation a nécessité un logement plus vaste. Indépendamment des recherches que le directoire a été obligé de faire pour les nouveaux placements, il a été contraint, dans quelques-uns des

1. Il y avait huit frères Jallays, de Fontenay. On les trouve mentionnés dans la Liste générale des émigrés de la Vendée, mais sans aucun détail. Sur l'exemplaire de la Liste conservé parmi les Papiers de Mercier du Rocher, celui-ci a écrit : « Ils ne sont pas nobles. »

2. Compte de 1792 au Conseil général, p. 210-213.

3. Il y a 18 dans le texte, mais un peu plus haut l'on ne parle que d'une augmentation de 4 des 11 de l'ancienne maréchaussée.

anciens, d'affermer des maisons plus commodes, quoique les baux avec les propriétaires ne fussent pas encore expirés; il ne doit pas vous laisser ignorer que, dans quelques lieux, il a éprouvé, de la part de certains particuliers, des difficultés qui l'ont forcé à s'emparer de leurs maisons, sur le pied de l'estimation qui en a été faite par des experts nommés d'office.

En convenant de l'utilité de la gendarmerie nationale, le directoire ne doit pas vous dissimuler combien elle est dispendieuse; mais, avec le temps et par les réformes que propose la Convention nationale, cette troupe mettra plus d'économie dans ses dépenses et servira la République avec la tenue imposante que doivent toujours avoir des soldats spécialement chargés de maintenir l'ordre public.

DÉSARMEMENTS ET ARMEMENTS

La loi des 5-8 juillet, parmi les premières mesures à prendre, aussitôt la patrie déclarée en danger, avait prescrit aux directoires de district de se fournir chacun de 1,000 cartouches à balles, calibre de guerre.

Au cours de la séance du 20, le procureur syndic Biret fait observer au district des Sables que l'administration départementale n'a pas encore répondu aux demandes qu'il lui a adressées à cet égard.

Le Conseil permanent arrête :

Le directoire se fournira incessamment et par les moyens les plus efficaces de 1,000 cartouches à balles, calibre de guerre ; il les conservera dans un lieu sain et sûr, pour en faire la distribution en cas de besoin, lorsque le conseil et le directoire le jugeront convenable.

Arrête au surplus que les 180 et quelques fusils, qui restent encore à l'hôtel de l'administration et qui sont très rouillés, seront sans retard mis en état d'être employés utilement pour le soutien de la patrie en danger[1].

Le Conseil général du département avait décidé, sur la proposition de ses membres les plus avancés, Fayau et Mercier du Rocher, la publicité de ses séances avant qu'elle n'eût été ordonnée par la loi. Aussi les « aristocrates » de Fontenay ne manquaient-ils pas de suivre les débats [2], et de prendre leurs précautions contre les arrêtés qui les concernaient. C'est ce qui arriva pour ceux des 24, 25 et 26 juillet, concernant l'enlèvement des canons, obusiers et autres armes, pouvant se trouver dans les maisons d'émigrés ou chez les citoyens qui auraient omis d'en faire la déclaration exigée par la loi.

1. Reg. du district des Sables aux Archives du département de la Vendée.
2. D'après les Mémoires inédits de Mercier du Rocher, 1er cahier.

Le district des Sables ne les reçut que le 30. L'exécution immédiate et rigoureuse en fut ordonnée :

Le Conseil, ayant égard au réquisitoire du commissaire procureur syndic, a nommé pour commissaires aux fins de l'exécution des susdits arrêtés du département des 24, 25 et 26 de ce mois, savoir :

M. *Robert*, administrateur, et M. *Gaudin*, maire, pour le canton des Sables ;

M. *Benoist*, capitaine général des douanes nationales, pour les paroisses d'Angles et de la Tranche ;

M. *Bardin*, médecin, pour les paroisses de Curzon, Saint-Benoist et la Jonchère ;

M. *Chabanon*, maire, pour la paroisse de Longueville ;

M. *Pottier*, maire, pour la paroisse du Bernard ;

MM. *Gourdon* et *Lansier*, administrateurs, pour les paroisses de Beaulieu, Landeronde et Martinet ;

M. *Bouhier*, vice-président, pour les paroisses d'Olonne, l'île d'Olonne et Château d'Olonne ;

M. *Laurent*, administrateur, pour le canton de l'Ile-d'Yeu ;

M. *Fruchard*, administrateur, pour les paroisses de Landevieille, La Chaize-Giraud, l'Aiguillon, Bretignolles et Givrand ;

M. *Mercereau*, administrateur, pour les paroisses de Coëx, la Chapelle-Hermier, Vairé, Saint-Nicolas et Saint-Martin-de-Brem ;

M. *Biret*, commissaire procureur syndic, pour les paroisses de la Mothe-Achard, la Chapelle-Achard, Saint-Georges-de-Pointindoux et Sainte-Flaive ;

M. *Mourain*, pour les paroisses de Girouard et de Sainte-Foy ;

M. *Achard*, pour la paroisse de Saint-Germain-des-Landes ;

M. *Bouhier*, maire, pour les paroisses des Moutiers et du Champ-Saint-Père ;

M. *Desayvre*, pour les paroisses de Saint-Sornin, Le Givre et Saint-Avaugourd ;

M. *Savy*, procureur de la commune, pour la paroisse de Saint-Cyr ;

M. *Denogent*, commissaire du département, pour les paroisses de Saint-Vincent-sur-Graon et Avrillé ;

M. *Legeay*, juge de paix, pour les paroisses du Poiroux et de Grosbreuil ;

M. *Porchier*, pour les paroisses de Nieul et de la Boissière ;

M. *Duroussy*, administrateur, pour les paroisses de Talmond et de Saint-Hilaire-de-Talmond ;

M. *Brémaud*, maire de Jard, pour les paroisses de Jard et de Saint-Vincent-sur-Jard ;

M. *Jaunâtre*, maire, pour la paroisse de Saint-Hilaire-la-Forêt.

Le conseil arrête, en outre, que lesdits sieurs commissaires sont autorisés à requérir, dans le cours de leurs opérations, la force publique qu'ils jugeront convenable, et à se faire assister par les officiers municipaux des communes, de même qu'à faire sommer chevaux et charrettes pour le transport des armes qu'ils croiront devoir faire enlever.

Arrête, au surplus, que le présent arrêté et ceux du département ci-dessus datés, seront imprimés pour en être distribué à chacun de messieurs les commissaires.

Signé : DARDEL, *président* ; BONHIER, ROBERT, DUROUSSY, FRUCHARD, SOURROUILLE, GIRARD, *administrateurs* ; BIRET, *procureur syndic*.

Le 5 août, interprétant son arrêté du 30 juillet, le conseil permanent du district des Sables augmentait ainsi les pouvoirs de ses commissaires :

Ils sont autorisés à *faire désarmer tous les particuliers* qui leur seront connus ou indiqués comme *suspects*, quoiqu'ils auraient fait leur déclaration, sauf au conseil à statuer ensuite ce qu'il appartiendra.

A ce moment, d'ailleurs, se produisaient, dans le district de la Roche-sur-Yon, des rassemblements séditieux, et bientôt allait éclater un grave mouvement insurrectionnel dans le district de Châtillon [1].

Le 6, le commissaire procureur syndic, Biret, déposant les procès-verbaux des désarmements opérés par lui, à Sainte-Flaive et à la Chapelle-Achard, avec le concours de la gendarmerie et de la garde nationale de la Mothe-Achard, rend compte des résistances et des insultes qu'il a éprouvées et requiert la dénonciation des coupables à l'officier de police des lieux.

Le conseil du district,

Considérant que la loi du 8 juillet exige impérieusement que tous les citoyens déclarent devant leurs municipalités les armes et munitions dont ils peuvent être dépositaires, et ce aussitôt la publication de la déclaration de la patrie en danger ;

Considérant qu'il est constaté par les procès-verbaux du commissaire procureur syndic et par les états certifiés des officiers municipaux de Sainte-Flaive, que les nommés *Jacques Orsonneau*, *Pierre Boiliveau*, *Jean Logeois*, *Jean Brelaud*, *Jacques Garaudeau*, *Jacques Pontdevie*, *Pierre Chaigne*, *René Giraud*, demeurant tous paroisse de Sainte-Flaive ; et les nommés *Massé*, *Claude Richard*, *Jean Thibaudeau*, *Jacques Durand*, *la dame Servanteau, dite de la Brunière*, *André Ridier*, *André Prévy*, et *Jean Prouteau*, demeurant tous paroisse de la Chapelle-Achard, étaient tous nantis d'armes et munitions qu'ils n'avaient pas déclarées et que les uns avaient même cachées ;

Considérant que *la dame Servanteau* a même insulté le maire de la commune de la Chapelle-Achard, qu'elle a traité d'original [2] ;

L'assemblée déclare qu'elle dénonce tous les particuliers ci-dessus à l'officier de police du canton de la Mothe-Achard, à raison des faits dont ils

1. Voir plus loin, t. III, ch. XXX.

2. Servanteau de la Brunière était à Paris ; il fut arrêté à son retour comme un chevalier du poignard. Voir plus loin ch. XXXIII et l'appendice de notre tome I, p. 506.

sont convaincus, et pour être par lui procédé conformément à la loi du 8 juillet.

A travers des obstacles de toute nature, la recherche des armes chez les particuliers suspects et le désarmement des communes contre-révolutionnaires furent continués jusqu'à la fin du mois de septembre.

Sans doute, l'on ne trouva que très peu des fusils dont presque tous les paysans s'étaient pourvus, depuis l'abolition du privilège de la chasse, et qu'ils cachèrent pour combattre la Révolution libératrice. Mais les fusils de munition, délivrés à certaines communes, patriotes jusqu'en 1791 et depuis rendues contre-révolutionnaires, furent ramenés aux chefs-lieux.

Même lorsqu'elles restaient infructueuses, les perpétuelles recherches de la gendarmerie et de la garde nationale servaient à empêcher la formation des rassemblements ruraux. Les principaux foyers des rebellions antérieures, de Soullans à Saint-Jean-des-Monts, furent empêchés de se rallumer, grâce à l'activité des soldats-citoyens de Challans et de Saint-Gilles, toujours en courses. L'ardent petit groupe des patriotes sablais étouffa la fermentation entretenue aux environs de la Chapelle-Hermier, par le chirurgien Joly et surexcitée par la rentrée de Guerry de la Vergne en son château de Saint-Révérend.

La saisie ici et là de dépôts de poudre assez importants prouve que les préparatifs de guerre civile n'avaient pas discontinué; on en trouva jusque dans Fontenay.

Le district à la municipalité de Fontenay[1].

Fontenay, 3 septembre 1792, l'an 4e de la Liberté.

Messieurs,

Le directoire du département, instruit que le sieur Charlot, citoyen de cette ville, fut arrêté hier le soir, avec le sieur Carrière, ayant, dans la voiture où ils étaient, deux barils de poudre qui furent saisis et déposés à votre municipalité, nous marque que, la conduite du sieur Charlot devant nécessairement le faire considérer comme suspect, surtout d'après le rapport qui leur a été fait que le sieur Charlot n'a point déclaré à la municipalité de munition de poudre; qu'il est du devoir des corps administratifs de faire exécuter à son égard les dispositions de la loi du 28 août dernier; et il nous donne ordre en conséquence de vous enjoindre de faire faire dans le jour une visite tant au domicile du sieur Charlot qu'en la maison où il déposait ses poudres, auprès de laquelle il a été placé une garde pour empêcher toute soustraction d'armes et munitions; il nous charge encore de vous recommander de faire saisir et enlever, par les commissaires que vous nommerez, toutes les armes et muni-

1. Autographe, parmi les papiers de M. Charier-Fillon, maire de Fontenay.

tions qui se trouveront dans le domicile du sieur Charlot et dans les autres endroits qui lui appartiennent en cette ville et dont il a la jouissance. Nous vous prions, Messieurs, de vouloir bien faire exécuter les ordres du directoire du département et de nous instruire du résultat, afin que nous puissions nous-mêmes en rendre compte au département

Les administrateurs composant le directoire de ce district,

Signé : FIDÈLE LEMERCIER.

L'une des mesures, sur lesquelles l'Assemblée nationale et la commune de Paris comptaient le plus pour noyer l'invasion étrangère dans le torrent de la nation armée, c'était d'armer d'une pique tout citoyen ne pouvant être mobilisé immédiatement avec un fusil. Le décret des 1er-3 août, rendu sur le rapport de Carnot[1], enjoignait à toutes les municipalités de faire fabriquer aux frais du Trésor public, des piques de 6 à 10 pieds de long et d'en pourvoir tous les citoyens, hormis les vagabonds, les gens sans aveu ou notoirement connus pour leur incivisme[2]. Les administrateurs de la Vendée, par patriotisme même, s'abstinrent de remettre aux communes, plus que suspectes dans les trois quarts du territoire, l'exécution de ce décret. Ils mirent sept mois à faire fabriquer les 100 piques destinées à « servir de modèles aux municipalités ».

C'est seulement aux dates des 4 et 8 mars 1793, que l'on trouve, dans les procès-verbaux départementaux, l'acceptation et le règlement, au prix de 8 livres 12 sous chacune, de ces piques modèles présentées, la moitié par les armuriers de Fontenay, Moine et Cochon, l'autre moitié par le serrurier de l'Hermenault, Cougnon[2].

Notre département, dit Mercier du Rocher[3], eût été bientôt en feu si la fabrication et distribution des piques eussent été faites (au milieu de l'année 1792). Le Conseil général, sur la proposition que je lui en fis, arrêta que les administrateurs de district accorderaient cette faculté aux municipalités de leur arrondissement qu'elles jugeraient patriotes, et feraient fabriquer ces armes pour les distribuer aux bons citoyens qui se trouveraient dans les communes, dont la majorité des habitants et les officiers municipaux étaient dans de mauvais principes. Cet arrêté, rendu vers la mi-septembre, fut adressé au Pouvoir exécutif provisoire. Il modifiait la loi, mais tout était perdu si les

1. Donné dans la collection des *Rapports et discours*, tome IX, p. 243 ; voir aussi le *Manuel des citoyens armés de piques* adressé à l'Assemblée nationale par l'ancien colonel de dragons Scott.

2. D'après les minutes des procès-verbaux, des 4 et 8 mars, conservées dans les papiers de Mercier du Rocher, reg. I.

3. Dans ses Mémoires inédits, 1er cahier.

fanatiques eussent eu le droit de s'armer. Leur audace était à son comble ; ils se persuadaient que les princes français et les émigrés seraient à Paris sous peu de jours et rétabliraient le roi, les nobles et les prêtres.....

DÉSACCORD ENTRE LE DISTRICT ET LA COMMUNE DES SABLES

Cependant, malgré la gravité de la situation, il subsistait entre les municipalités et les districts des villes les plus patriotes des divisions qui compromettaient l'efficacité des mesures de salut public.

Un conflit s'était ouvert entre la mairie des Sables et les administrateurs, à l'occasion de l'émission des billets de confiance. Il s'aggrava, sous d'autres prétextes. Le 16 juillet, cette plainte était adressée :

A Messieurs du directoire du département.

Nous venons soumettre à vos opinions une question bien délicate. Au moment où la patrie peut être en danger, notre devoir est de chercher à découvrir les complots que ses ennemis peuvent tramer contre elle. Un particulier, domestique d'un ci-devant, a été arrêté dans notre ville par la garde sur quelques propos insolents qu'il tint à l'officier de garde qui lui reprochait de ne pas porter de cocarde tricolore. Conduit à la prison pendant quarante-huit heures, il a été trouvé nanti et porteur de quatre lettres à l'adresse de personnes fort suspectes et qui peuvent contenir les choses les plus importantes pour le salut public. En remettant cet homme en liberté, le corps municipal n'a pas cru devoir lui rendre ses lettres ; il a pensé qu'il pouvait être très essentiel d'en connaître le contenu, il les a gardées par devers lui ; il a arrêté qu'il en serait référé à vos avis.

Nous profiterons de cette occasion pour vous parler d'un arrêté de notre district, dont sûrement vous avez connaissance, tendant à fermer les portes de l'administration aux administrés hors les jours indiqués par cet arrêté pour les séances ; il y est également dit que toute personne qui se présenterait à l'administration dans l'intervalle des jours désignés serait reçue dans le vestibule et ne pourrait être introduite sous quelque prétexte que ce soit.

Nous avons pensé que rien ne s'éloignait plus du but de la Constitution et de l'administration fraternelle que cet arrêté, qui ne tendrait à rien moins qu'à faire naître le germe de la division entre les administrés et les administrateurs. Nous nous empressons de vous en demander l'anéantissement. Soumis, autant que nous prescrit la loi, aux ordres supérieurs, nous l'avons fait publier et afficher, mais c'est avec la répugnance qu'éprouveront tous les administrés en songeant qu'ils seront privés désormais de jouir à toute heure des bienfaits de l'administration.

Les officiers municipaux de la ville des Sables.

Le département, qui avait envoyé des commissaires rétablir

l'accord sur la question des billets de confiance [1], prit mal cette plainte et y répondit par une semonce.

Le conseil de la commune notifia aux administrateurs du chef-lieu que, contrairement à ceux de leur ville, qui écartaient le peuple du lieu où ils siégeaient, lui, il avait arrêté que ses séances seraient désormais publiques. Ensuite, le 22 juillet, il répliqua à la semonce [2] :

Aux administrateurs du département de la Vendée.

Messieurs,

Pourquoi nous reprocher encore d'avoir méconnu la hiérarchie des pouvoirs, d'avoir manqué à la parole que nous avons donnée à vos députés, lorsque, depuis leur retour, nous n'avons rien oublié pour rétablir entre le directoire de notre district et nous cette union si nécessaire à la chose publique, tandis que messieurs les administrateurs continuaient à nous dénoncer à votre autorité et cherchaient à nous perdre dans votre opinion ?

Vous l'avez dit, Messieurs, jamais surprise n'a dû égaler la nôtre. Votre lettre nous a tirés d'une illusion dans laquelle nous ne retomberons jamais. Nous pensions que tout était fini, nous avions tout oublié, et nous ne songions plus qu'à nos devoirs et au danger de la patrie, lorsque votre lettre nous a appris que le directoire des Sables continuait à nous poursuivre avec acharnement devant votre tribunal.

Le conseil général de la commune était réuni, nous lui avons communiqué votre lettre, et, de concert, nous avons arrêté de déposer dans votre sein nos peines et nos chagrins.

Le corps municipal gémit sous le poids des calomnies les plus atroces ; il est temps de lui rendre la justice qu'il mérite et, fort de sa conscience, il vous demande deux commissaires pour venir prendre connaissance des faits. Ou la municipalité est coupable, ou bien l'administration du district a tout à se reprocher. Votre présence peut seule nous empêcher de recourir à l'Assemblée nationale et éviter par là la turpitude, dont se couvrirait celle des administrations qui serait renouvelable par le corps des représentants de la Nation.

Les membres du conseil général de la commune des Sables, réunis en séance de surveillance permanente.

La menace ne fut pas suivie d'effet. Les commissaires départementaux réussirent à rétablir la concorde entre la municipalité et le district.

LE MANIFESTE DE BRUNSWICK

Plusieurs des nobles qui s'étaient le plus compromis en 1791, et qui avaient disparu depuis lors, les uns dans l'émigration, les autres

1. Voir ci-dessus, p. 221.
2. Correspond. municip. des Sables, reg. B, aux dates du 20 et 22 juillet 1792.

à Paris, auprès de la cour, rentrèrent dans leurs châteaux d'Anjou et de Vendée au milieu de l'année 1792; ceux-ci, simplement pour empêcher la confiscation de leurs propriétés et la vente de leurs meubles par un acte de présence; les autres, par ordre des chefs du parti royaliste [1], pour diriger un soulèvement des campagnes, combiné avec la marche des Prussiens sur la capitale.

Le manifeste du duc de Brunswick fut par eux répandu, adressé même, avec les sommations les plus impertinentes, aux municipalités patriotes.

Extrait du procès-verbal de la séance permanente du Conseil général de la commune des Sables [2].

Ce jour, 12 août 1792, l'an IV de la liberté, sur les 9 heures du matin,

Le Président a mis sur le bureau une lettre adressée au Corps municipal, laquelle était pleine de menaces dans le cas où l'on persisterait à soutenir les droits imprescriptibles de l'égalité et de la liberté, et contenait, en outre, un exemplaire du manifeste du duc de Brunswick, généralissime des armées combinées du roi de Prusse et de l'Empereur.

L'Assemblée a déclaré passer à l'ordre du jour et a décidé qu'il serait écrit une lettre au duc de Brunswick, dans laquelle on lui dirait qu'un peuple libre ne capitule jamais et ne connaît point de milieu entre la liberté et la mort; et qu'il serait fait invitation à tous les pouvoirs constitués et à tous les citoyens d'adhérer au contenu de cette lettre.

Lettre à Monsieur le duc de Brunswick, commandant général des armées coalisées.

Monsieur le Duc,

Nous ne saurions croire que ce soit par vos ordres qu'on ait adressé à la municipalité des Sables votre manifeste et la lettre ci-jointe, que nous vous renvoyons.

Le général de Brunswick a trop de talents militaires et trop d'esprit pour penser un instant qu'on pourrait intimider par de vaines menaces des Français qui ont juré de vivre libres ou de mourir.

Les expressions de votre lettre, Monsieur le Duc, ne peuvent faire trembler que les esclaves qui sont sous vos ordres, et les Français, soyez-en sûr, recevront votre manifeste comme leurs représentants; ils s'en tiendront à baisser leurs fusils. Les magistrats du peuple en feront le même cas et le liront avec le même sang-froid. Ce n'est pas par des paroles, mais par des actes qu'ils veulent vous convaincre. Osez les attaquer! C'est aux champs de la victoire qu'ils vous attendent! c'est là que vous entendrez répéter et que

1. Voir le chapitre suivant.
2. 4e reg. des délibérations de la commune des Sables.

vous verrez s'accomplir cette devise chère à tous les Français : *Vivre libres ou mourir !*

La municipalité des Sables-d'Olonne[1].

ENGAGEMENTS POUR PARIS ET LA FRONTIÈRE

Le directoire du département de la Vendée, dans son Compte de 1792 au Conseil général[2], rapporte :

Le camp de Paris fut à peine annoncé, par la loi du 2 juillet, qu'un très grand nombre de jeunes citoyens se hâtèrent de contracter l'engagement d'y porter les armes, et nous y avons vu marcher la plus belle jeunesse de notre territoire.

Il s'est formé dans notre ville (de Fontenay) une compagnie de troupe légère à cheval, sous les ordres d'un maréchal des logis du 17ᵉ régiment, que le général Leigonyer a envoyé dans ce département; un commissaire, pris dans son sein, s'est occupé de son équipement et de son habillement ; elle est portée sur les chevaux des émigrés, et nous espérons qu'elle les combattra avec courage.

Dans le même Compte[3], on voit que 1,500 livres furent allouées aux gendarmes à pied dirigés sur Versailles au premier appel du ministre de la guerre, et que, le 8 septembre, le secrétaire-greffier de la gendarmerie nationale, Fillon, reçut 5,458 livres « pour être distribués à ceux marchant aux frontières et les remplir de l'indemnité d'un mois de solde, accordée par l'article 3 du titre III de la loi du 21 août ».

Le 6 août, de Fontenay-sur-Vendée, était expédiée cette pétition[4] :

A l'Assemblée nationale.

Législateurs,

Nous connaissons comme vous les dangers de la patrie et, comme vous, nous voulons la sauver.

Déjà, le mousquet sur l'épaule, nous serions à la barbe des Autrichiens, si des motifs bien puissants ne nous retenaient au département de la Vendée.

Oui, législateurs, de puissants motifs nous retiennent; c'est à l'aide de nos bras que des épouses, des enfants doivent leur existence et, si nous les abandonnons, ils cessent de vivre.

1. Reg. B de la correspondance de la Mairie des Sables.
2. Page 217.
3. Page 124-126.
4. Reçue le 11 août et transmise à la Commission des Douze, Archives nationales Dxl 16.

Législateurs, sous l'Ancien régime, sous ce régime que des malveillants voudraient nous rappeler, le gouvernement accordait aux enfants des soldats des secours extraordinaires; serions-nous moins heureux, législateurs, nous qui combattons pour la liberté? La nation serait-elle moins généreuse envers ses enfants que ne le furent des tyrans envers leurs esclaves? Et parce que ce n'est pas pour l'orgueil d'un roi que nous voulons verser notre sang, serions-nous moins heureux? Non, législateurs, non, et, votre prévoyance nous dégageant des obligations que prescrit la nature, vous allez céder à nos vœux et nous envoyer à l'embouchure du canon ennemi.

Législateurs, la dépouille des traîtres est en votre pouvoir. Vous avez consacré ce principe en décrétant que les biens des émigrés appartiennent à la nation; décrétez aujourd'hui que les familles des hommes qui se dévoueront à exterminer les ennemis de la patrie recevront des secours proportionnés à la privation qu'elles essuieront de l'absence de ceux de leurs membres qui marcheront à la frontière.

Ah! législateurs, que disons-nous! *Veto* vient mettre des entraves à votre générosité et nous ne pouvons que vous inviter à laisser en fonds disponibles aux directoires des départements le sixième des revenus des biens des émigrés, pour ce sixième être distribué de la manière la plus avantageuse entre les citoyens qui souffriront de l'absence de leurs parents armés pour la défense de la patrie.

Législateurs, nous n'attendons que vos ordres pour partir, et des millions d'hommes vont nous suivre.

Les citoyens libres de Fontenay-sur-Vendée:

Anglès, *Bonnet*, *Chasteaufur*, *René Taforêt*, *François Deslandes*, *B^se Ganereau*, *Louis Anglès fils*, *Robuchon*, *Audureau*, *Bausset*, *Daguin*, *Carris*, *Deligné*, *Jacques Logé*, *Cornardeau*, *Dubois*, *Ataisque*, *Laub*, *Antoine Poupera*, *Framoret*, *Georges Pigeau*, *Legrand*, *Laparra*, *Fayau*, *Thoumazeau*, *Mercier*, *Chevallereau aîné; Louis-François Joly*, *Simon Vexiau*, *François Lardi*, *Jean Poireau*, *Joseph-Cosme Dubois* (tambour-maître), *Boisumeau*, *Charles Deniau*, *Louis Gilbert*, *Louis Cornard*, *Delangle*, *Rouin fils*, *Massin*, *Charon*, *Auforêt*, *Mesniel neveu*, *J.-L. Vest-Saint-Cyr* (typographe), *Hay*, *Dubois*, *J^h Moreau*, *Ch.-E.-Ét. Moulins*, *J^h Gaspard*, *Guéry père*, *Lelièvre*.

Une motion dans le même sens avait été faite quelques jours auparavant dans une autre ville de la région vendéenne, par les Amis de la Constitution de la ville de Saint-Maixent[1], et expédiée à Paris, revêtue de 82 signatures, parmi lesquelles celles des curés Aurault et Laconnet, et d'une douzaine de femmes, qui suivent le nom du président Bonneau:

1. Arch. nat. Dxl 16, liasse des Deux-Sèvres. Du 31 juillet 1792.

Décrétez qu'une partie des fonds provenant de ces ventes sera employée au soulagement des veuves et des orphelins, que les malheurs de la guerre priveront de leurs époux et de leurs pères; une autre partie à secourir ceux qui seront mutilés; une troisième partie à récompenser ceux qui se seront voués à la défense de la patrie, graduellement d'après les exploits qu'ils auront faits dans ladite guerre.....

Vous demandez 100,000 hommes, promulguez ce décret; il vous en donnera 500,000!

Quant à l'objection du *veto* du roi, elle était ainsi supprimée par 65 pétitionnaires de Thouars[1] :

Législateurs, — quand vous allez en avant, Louis XVI va en arrière; renoncez donc à faire la Révolution avec lui, et décrétez que toutes les lois d'urgence et de circonstance seront des Actes du Corps législatif non sujets à sa sanction. Vous remplirez le plus ardent des vœux des citoyens soussignés.

La municipalité des Sables-d'Olonne convoqua, le 18 août, « tous les citoyens actifs pour le danger de la patrie et les enrôlements ».

Procès-verbal du Conseil général de la commune[2].
(*Du* 19 *août* 1792.)

Suite de la séance permanente, 2 heures après midi.

Monsieur le Maire a dit que l'ordre du jour appelait l'inscription des citoyens qui se destineraient au service de la patrie;

Monsieur le commandant de la Garde nationale ayant prévenu le conseil général que le bataillon de la Garde nationale était réuni sous les armes sur la place de la Liberté, l'Assemblée a prié M. le commandant de faire défiler chaque compagnie à tour de rang dans la salle de ses séances.

La compagnie des grenadiers introduite et M. le Maire lui ayant donné connaissance des lois relatives à l'inscription pour la défense de la patrie, *les citoyens Joly et Grolleau*, commis au directoire du district de cette ville, se sont inscrits pour le service du camp réuni sous les murs de Paris.

Cette même opération s'étant renouvelée pour chaque compagnie, *le citoyen Lorillard*, volontaire de la compagnie de la Liberté, et père de quatre enfants, s'est également inscrit pour le camp de Paris.

Les cinq compagnies s'étant ensuite retirées, le conseil général de la commune a arrêté que le registre d'inscription serait ouvert jusqu'à nouvel ordre tous les jours à la Maison commune depuis 9 heures du matin jusqu'à midi, et depuis 2 heures de relevée jusqu'à 5 heures du soir.

L'assemblée s'est séparée sur les 5 heures du soir.

1. Arch. nat. Pétition du 3 juillet 1792.
2. Reg. de la mairie des Sables, à la date.

Les citoyens *Jean-Joseph Rousselot* et *Georges-Alexandre Kahn*, préposés à la police du commerce extérieur, présentèrent au conseil général du district la déclaration qu'ils avaient faite à la municipalité de Notre-Dame-d'Olonne « de vouloir servir la patrie et se joindre au bataillon de la Vendée, maintenant aux frontières ». Le district leur délivra une feuille de route pour se rendre à Fontenay. Il donna aussi un mandat de 3 livres, à raison de 3 sols par lieue, au citoyen *Denis Giraud*, natif de Saint-Pierre-d'Oléron (Charente-Inférieure), qui avait déclaré « vouloir servir parmi les volontaires de la Vendée, soit dans les compagnies franches, soit dans le bataillon formé ou dans celui à former[1] ».

Sans doute, il ne put être érigé, dans les petites villes de Vendée, des autels de la patrie, pour recevoir les enrôlements volontaires d'une jeunesse enthousiaste, comme sur les places de la capitale et des grandes cités. Mais l'ardeur patriotique, une fois éveillée, y resta très vive, comme le prouve cette pétition :

A la Convention nationale[2].

Fontenay-sur-Vendée, le 7 janvier 1793, l'an IV de la République.

Citoyens législateurs,

C'est au moment où la patrie est attaquée, lorsque la liberté française est menacée, que la République doit se lever tout entière et offrir à ses ennemis une masse de forces imposantes. C'est au moment où les dangers augmentent que les jeunes citoyens doivent montrer à l'Europe étonnée, à l'univers entier, que leur courage est invincible lorsque des despotes veulent détruire l'arbre chéri de leur liberté.

Si les Anglais ou toute autre puissance nous déclarent la guerre, il faut les repousser avec vigueur ; comme nous avons fait des satellites prussiens et autrichiens, il faut leur faire mordre la poussière et forcer ainsi toutes les têtes couronnées, ces ennemis jurés de l'égalité, à renoncer à leurs projets infâmes. Empressez-vous donc, citoyens législateurs, de décréter une nouvelle levée d'hommes; vous parlerez, et vous serez obéis. Les Français ne sont avares de leur sang que pour affermir le sceptre des tyrans ; mais, lorsqu'il faut soutenir leurs droits, ils doivent leur vie à la patrie.

Les citoyens commis au directoire du district de Fontenay-Vendée :

Daguin, Vautetou, Robuchon, Geay, Aimeau, Devély, Cartaud, Mesnier, Favreau, Durand, Épaud, Debien, Minary, Michelin.

1. Reg. du district des Sables, aux Archives départementales de la Vendée ; délibér. du 30 juillet et du 17 août 1792.

2. Arch. nat. DXL 23.

L'opposition de plus en plus déclarée des paysans du Bocage et du Marais rendit impossible la formation d'un second bataillon de la Vendée pour rejoindre le premier aux frontières. Par arrêté du 25 juillet 1792, le conseil général de département en permanence offrit « une gratification de 15 livres à tout citoyen qui s'enrôlerait dans le bataillon de la Vendée ». La dépense, au 20 novembre, ne s'élevait qu'à 1,600 livres[1].

Dans l'état officiel des bataillons de volontaires nationaux et de leur emplacement en l'an IV[2], au bas de la feuille où le bataillon de la Vendée est coté n° 1, on trouve cette mention :

Le Bataillon des Vengeurs, à l'armée de l'Océan, division du sud, 4e subdivision, se trouvant à Saint-Fulgent le 10 ventôse ; dépôt de 68 hommes à Saumur, le 25 brumaire; de 63, le 7 nivôse, et de 130, le 10 ventôse; à Saumur; de 28 hommes, le 25 germinal, à Fontenay.

Le registre matricule du bataillon *le Vengeur* existe[3], mais toutes les pages en sont blanches, moins une, remplie par ce procès-verbal, du 25 mai 1798 :

ARMÉE D'ANGLETERRE

Procès-verbal de perte de contrôle matricule.

PREMIER BATAILLON
LE VENGEUR

INFANTERIE DE LIGNE

10e DEMI-BRIGADE

Cejourd'hui sixième jour du mois de prairial de l'an six de la République française, le conseil d'administration de la 10e demi-brigade d'infanterie de ligne, assemblé à l'effet de constater les motifs pour lesquels il n'existe point de registre-matricule du ci-devant 1er bataillon dit le Vengeur, a réuni les militaires qui composaient le conseil d'administration de ce corps lors de son incorporation dans la susdite demi-brigade, et, après leur avoir fait part des intentions du ministre de la guerre sur le sujet qui tenait le conseil assemblé, les a invités à donner des renseignements sur les causes qui ont empêché la remise du registre-matricule de leur bataillon dans le bureau du quartier-maître de cette demi-brigade, au moment de leur incorporation.

A quoi les membres dudit conseil ont répondu qu'il a existé dans leur bataillon un registre-matricule rempli, ainsi qu'un double qui devait être envoyé au ministre de la guerre, mais que ces registres avaient été pris avec les papiers du quartier-maître de ce bataillon, sur la fin de l'an III, dans une affaire où les rebelles de la Vendée eurent le dessus; que cette perte avait été constatée par un procès-verbal qui fut déposé entre les mains du quartier-

1. Compte du Directoire au Conseil général pour l'année 1792, p. 68.
2. Reg. in-f° relié, aux Archives historiques de la guerre.
3. In-f° relié, aux Archives administratives de la guerre.

maître trésorier de la 10e demi-brigade lors de l'inspection de leur bataillon.

Le quartier-maître, présent à la séance, a attesté la remise à lui faite dudit procès-verbal, et a dit qu'il ne pouvait représenter cette pièce, attendu qu'elle était restée dans un dépôt de papiers et d'anciens registres qu'il avait laissés à la citadelle de Strasbourg.

Desquelles déclarations, nous, les membres du conseil d'administration de la demi-brigade susdite, avons dressé le présent procès-verbal et avons signé :

AUMAUT, *capitaine;* RIVET, *chef de bataillon;* MINEAUX, *lieutenant;* J. SEMÉNY, *capitaine;* LE FRANÇAIS, F. LACROIX, *sergents;* BAZIN, *capitaine.*

Le bataillon *le Vengeur* était à Chantonnay, dans les derniers jours du mois d'août 1793, lorsque d'Autichamp et de Royrand s'en emparèrent, faisant éprouver aux Bleus une de leurs défaites les plus affreuses. La marquise de la Rochejacquelein[1] rapporte :

Ils ne sauvèrent ni canons ni bagages et rarement ils ont perdu autant de monde. On trouva là un bataillon qui avait pris le surnom de *Vengeur;* il fut exterminé en entier à cause de sa cruauté.

Le commandant, Lecomte, fils du maître de poste de Fontenay, tandis qu'il était cantonné à Luçon, avait fait des prodiges de valeur au combat de Sainte-Gemme, le 28 août. Nommé général de brigade, le 14, il avait été aussitôt remplacé par Monnet qui, pris vivant dans la terrible lutte de Chantonnay, le 5 septembre 1793, fut peu après fusillé à Mortagne[2].

Un troisième bataillon de volontaires, tiré des gardes nationales, c'est-à-dire antérieur à la première réquisition de 1793, fut comme celui-là employé contre la rébellion catholique-royale. Il s'appelait *les Chasseurs de la Vendée* et fut incorporé dans une demi-brigade avec des débris de l'armée de Mayence[3].

LES CANONNIERS ET LES CANONS DE LA GARDE NATIONALE PERMANENTE

L'exécution des décrets relatifs à l'organisation de la garde nationale dans tous les cantons fut impossible durant la seconde moitié

1. Ch. XIII de ses Mémoires.

2. L'érudit M. A. Bitton, dans une note qu'il nous a adressée le 12 janvier 1892, dit qu'il ne connait pas d'autre bataillon *le Vengeur* que celui qui fut exterminé à Chantonnay, et, ajoute-il, « il n'était autre que le 3e bataillon des Deux-Sèvres, commandé en juin 1793 par le brave Lecomte ». Ce qui contredirait la note de l' « état officiel » que nous avons produit. Il nous semble que ce bataillon, comme la plupart de ceux qui, en formation, ne furent pas appelés aux frontières en 1792, se trouva, lors de son emploi contre l'insurrection de 1793, composé de diverses compagnies qui pouvaient être les unes de la Vendée et les autres des Deux-Sèvres ou des Charentes.

3. Mercier du Rocher, 1er cahier de ses Mémoires inédits, cite la 7e demi-brigade. Mais celle-ci n'a pas de registre-matricule aux Archives administratives de la guerre.

de l'année 1792, comme précédemment [1]. Le Conseil général du département renonça même à l'essayer dans le Bocage et le Marais de Challans, redoutant d'armer des paysans fanatisés, prêts à l'insurrection. Mais il mit le plus grand zèle à fortifier les gardes nationales des petites villes, appelées à maintenir l'ordre dans les campagnes environnantes, en l'absence complète de troupes de ligne depuis le mois d'août 1792 jusqu'au mois de mars 1793.

Sous le commandement de Goupilleau (de Fontenay) et de Denfer du Clousy, la garde nationale du chef-lieu départemental se grossit au point de former un véritable bataillon, déjà pourvu d'un corps de cavalerie. Il y manquait une compagnie de canonniers. L'administrateur Moulins, ci-devant de Rochefort, fut chargé de l'organiser, et s'acquitta de sa mission avec un zèle que Mercier du Rocher [2] qualifie d'exagéré, car les artilleurs existaient avant qu'il n'y eût de canons.

Le 13 août, était écrite cette lettre [3] :

Au ministre de l'intérieur.

Monsieur,

Le conseil général du département a pensé qu'il était de sa prudence, dans la crise actuelle, de se procurer des canons; en conséquence il a arrêté dans sa séance du 26 du mois dernier qu'il en serait acheté quatre de fonte du calibre de 4 avec leurs affûts, avant-trains et tout ce qui est nécessaire pour le service de ces bouches à feu, et qu'on s'adresserait pour cet achat au sieur Dupont, commissaire des fontes au port de Rochefort. L'administrateur du département qui a été chargé de traiter avec ce commissaire des fontes pour la fourniture de ces canons, n'a pu parvenir à effectuer ce traité, le sieur Dupont lui ayant objecté qu'il n'avait point de matière à sa disposition et qu'il ne pouvait se charger d'en faire venir. Le commissaire du département, voyant qu'il ne pouvait pas remplir sa mission par cette voie, s'est adressé au chef de l'administration de la marine pour autoriser le sieur Dupont à fondre de vieux canons pour en faire quatre du calibre de 4, ou à extraire de l'arsenal de la marine la matière nécessaire pour cette fonte. M. l'intendant du port a répondu qu'il ne pouvait prendre sur lui ce qu'on lui demandait sans l'aveu du ministre de la marine, mais qu'il fallait lui donner un mémoire à ce sujet, qu'il l'adresserait par le premier courrier au ministre, et qu'il l'appuierait. Cela a été exécuté. Le département a pensé, Monsieur, qu'il était de son devoir de vous instruire de sa démarche et de vous prier de concourir avec lui auprès du ministre de la marine pour obtenir l'autorisation dont il s'agit. Nous nous flattons, Monsieur, que vous prendrez en considération la prière que nous vous faisons et que vous approuverez les

1. Compte du Directoire au Conseil général, p. 213.
2. Mémoires inédits, 1er cahier.
3. Arch. nat. F°150.

vues que nous nous sommes proposées en arrêtant l'achat de ces canons, qui n'ont pour objet que de maintenir la tranquillité et le bon ordre dans le département. Nous espérons, et nous en avons la confiance, que cette mesure ne sera que de précaution.

Les administrateurs du département de la Vendée réunis en conseil,

C.-J.-Et. GIRARD, président; Jn-Mas COUGNAUD, procureur général.

Le ministre de l'intérieur, Roland, avisa, le 24 août, son collègue de la marine, Monge, et répondit :

Ne connaissant, Messieurs, aucune loi qui autorise les administrations de département à avoir à leur disposition des machines de guerre, il ne m'est pas permis d'autoriser la mesure que vous vous proposez, et c'est avec un véritable regret que je me vois dans l'impuissance de seconder votre zèle.

L'Administration départementale se décida à acheter elle-même, « à la fonderie d'Indret, deux pièces de canon en fonte de fer, du calibre de 4, avec leurs affûts de campagne, les munitions et les autres objets nécessaires à leur service ». L'un de ses membres, Fillon, fut envoyé pour cela en commission à Nantes et solda la dépense, qui s'éleva à 3,674 livres 10 sous [1].

Dès lors, pour la double défense contre les ennemis du dehors et contre ceux de l'intérieur, fut essayée sur un plan uniforme l'organisation de compagnies soldées de canonniers à Fontenay et dans les autres districts; mais, quand le département demanda une subvention du gouvernement afin de couvrir cette dépense, il éprouva un refus catégorique.

Arrêté départemental du 20 septembre 1792, l'an IV de la liberté, l'an Ier de l'égalité.

L'assemblée, sur le rapport d'une pétition de plusieurs citoyens de la ville de Fontenay, convertie en motion par un des membres, tendant à ce qu'il soit accordé pendant trois mois une paye de douze sols par jour à chacun des individus composant la compagnie de canonniers qui s'est formée parmi la garde nationale de la même ville, pour indemnité du temps qu'ils doivent employer aux instructions propres à leur service;

Considérant que les pièces d'artillerie qui existent dans ce département exigent la formation de compagnies de canonniers auxquelles il est indispensable de donner les moyens d'instruction convenable;

Considérant que les citoyens qui emploient leur temps à une instruction profitable à l'intérêt général, ont droit à une indemnité capable d'assurer leur subsistance;

1. Compte du Directoire au Conseil général pour 1792, p. 127.

Que cette dépense, ayant pour objet la sûreté de la commune et les précautions que les circonstances rendent nécessaires tant contre les ennemis du dehors que pour repousser la malveillance dans l'intérieur, doit être supportée par la nation;

Que néanmoins soit que l'État l'acquitte, soit qu'elle reste à la charge du département, cette dépense exige des mesures propres à assurer l'exactitude des payements;

Que, la pénurie des fonds ne permettant pas de suivre la destination de ceux qui avaient un objet particulier, et de fournir en même temps les autres fonds nécessaires pour la solde des canonniers, il est indispensable de suspendre l'exécution d'une partie des travaux ordonnés, afin d'en appliquer le montant à cette solde; mais que, dans la détermination qui doit être prise à cet égard, l'assemblée doit conserver aux citoyens indigents des moyens de subsistance, en les employant à des ouvrages également utiles au bien public et à l'intérêt général; que sous ce rapport les ateliers de charité, chemins vicinaux, entretien et construction des grandes routes, ne peuvent souffrir aucune atteinte;

Le substitut du commissaire procureur général syndic entendu,

A arrêté et arrête ce qui suit :

Art. 1er. — Les citoyens composant les compagnies de canonniers, qui sont et pourront être formées dans les divers districts de ce département, recevront pendant trois mois, qui commenceront à l'instant où l'instruction pour chacune d'elles sera ouverte, la solde de douze sols par jour.

Art. 2. — La paye aura lieu de huitaine en huitaine et sera faite par le capitaine de chaque compagnie, auquel les fonds nécessaires seront remis d'après l'état certifié qu'il produira du nombre effectif d'hommes qui aura assisté aux instructions.

Art. 3. — Les avances pour la solde seront provisoirement faites par le département; en conséquence les directoires de district sont autorisés à faire faire chaque semaine, d'après les états des capitaines de canonniers, l'avance de cette solde par leurs receveurs respectifs, et ils seront exacts à transmettre également chaque semaine l'état de ces mêmes avances au directoire de département, qui délivrera de suite les mandats de remboursement nécessaires sur les sols additionnels destinés à l'acquit de ses charges.

Art. 4. — Le ministre sera invité à prendre en considération la nécessité de l'instruction des canonniers, l'avantage général qui en doit résulter, et de faire des efforts pour faire mettre à la charge de l'État les frais nécessaires pour cette instruction.

Art. 5. — Dans le cas où ces frais resteraient au compte du département, et pour donner à l'administration les moyens de les acquitter ainsi que les autres dépenses que les circonstances rendraient indispensables, il ne pourra pendant la durée de la guerre être exécuté aucun des ouvrages d'art ou de nouvelles constructions à adjuger, dont les fonds ont été imposés en charges locales.

Signé : Ladouespe, président; Jh-Mas Cougnaud, secrétaire général.

Le 26 septembre, cet arrêté fut adressé au ministre de la guerre,

Servan, avec une lettre en expliquant « l'utilité générale pour la défense, s'il se présentait des ennemis sur les côtes ».

Le ministre de la guerre renvoya la communication à son collègue de l'intérieur, Roland, qui répondit le 31 octobre[1] :

A MM. les Administrateurs du département de la Vendée.

Il n'est pas possible, Messieurs, d'accueillir cette demande parce qu'elle en occasionnerait de semblables de la part de tous les corps administratifs, lesquelles, si on y faisait droit, occasionneraient des dépenses considérables. Je dois vous observer aussi qu'il ne vous est pas permis d'employer pour le payement de la solde dont il s'agit les sols additionnels aux impositions de votre département, et de leur donner par là une autre destination que celle à laquelle ils ont été appliqués. Aucune loi ne vous y autorise. Vous ne pouvez que vous renfermer dans ce qui vous est prescrit par celle du 14 octobre 1791, article 16, section 3e, relativement aux exercices des gardes nationales.

Le Ministre de l'intérieur.

Le mois précédent, le même ministre Roland avait désapprouvé un arrêté du Conseil général des Deux-Sèvres, par lequel étaient appelés des volontaires en vue de former un bataillon spécialement destiné à maintenir la tranquillité dans le département. Par sa lettre du 19 septembre au substitut du procureur général syndic[2], l'homme d'État de la Gironde prouve combien peu son parti comprenait la gravité de la situation dans les départements de l'Ouest :

Au reste, l'Assemblée nationale se déterminera-t-elle difficilement à accueillir la demande du département des Deux-Sèvres, nos ennemis du dehors étant, dans ce moment, les plus à craindre, c'est contre eux que doivent se porter toutes nos forces. Celles de l'intérieur du royaume sont dans l'impuissance de nous nuire, depuis que la déportation des prêtres a été ordonnée et qu'il a été pris des précautions pour désarmer les citoyens suspects. Ainsi, il y a lieu de croire que, tant que les corps administratifs les surveilleront avec attention, ils ne tenteront contre nous aucune entreprise.

Le département de la Vendée, lorsque les quatre cinquièmes de ses gendarmes lui furent enlevés, réussit à obtenir, au chef-lieu, l'enrôlement, pour le service intérieur, de 60 jeunes gens dont il forma un escadron de cavalerie, montée, habillée et équipée à ses frais.

1. L'arrêté, la lettre d'envoi et la réponse ministérielle sont aux Archives nationales, F⁹150.

2. De la collection Fillon, citée dans l'inventaire Étienne Charavay, t. Ier, p. 228-229.

Par ordre de l'autorité militaire, ce petit corps fut appelé à Angers et incorporé dans le 19e régiment de dragons [1].

ENLÈVEMENT DES ARMES POUR PARIS

Par décret du 26 août, l'Assemblée nationale avait chargé deux de ses membres, députés de la Charente-Inférieure, Pierre-Charles Ruamps, précédemment administrateur du département, et Joseph Niou, ingénieur de la marine et maire de Rochefort, d'aller « chercher de l'artillerie » dans ce port pour la défense de la capitale, vers laquelle l'ennemi s'avançait à trente lieues.

Le 29, le décret fut expédié aux chefs de l'administration maritime, Le Dall de Tromelin et Charlot, avec une lettre du ministre Monge, expliquant que les commissaires devaient « requérir et *faire passer à Paris toutes les armes et autres ustensiles de guerre* qui se trouvaient dans les arsenaux de la marine, n'étant pas dans ce moment d'une nécessité absolue pour l'armement des vaisseaux de l'État ».

Le 31, sur la réquisition des commissaires Niou et Ruamps, fut dressé « un état des bouches à feu et munitions à faire partir de Rochefort pour Paris ».

Le 15 septembre, le ministre accusa réception à Tromelin de l'envoi qui avait été opéré, « ne pouvant donner que des éloges à la conduite tenue par lui dans cette circonstance [2] ».

Ainsi, non seulement rien ne fut fait pour aider les administrations vendéennes à préparer leur défense, mais la nécessité de tout employer pour repousser la première invasion vida les arsenaux où elles auraient pu puiser des armes et des munitions au moment du danger.

PRÉPARATION DE LA DÉFENSE DES CÔTES [3]

On a vu combien, dès le mois de mai 1791, les patriotes de la Vendée, de Nantes et de toute la Bretagne redoutaient des débar-

1. Fait mentionné dans l'adresse que le directoire du département de la Vendée envoya à la Convention, vers la fin de 1793, pour se défendre contre les accusations de fédéralisme; adresse conservée dans la collection Fillon-Dugast-Matifeux, et dont la première partie a été produite au commencement de l'ouvrage de Louis Prévost de la Boutetière, *Le chevalier Sapinaud et les chefs vendéens du centre*. (Niort, chez Clouzot, 1869, petit in-8°.)

2. D'après le registre manuscrit des lettres du ministre, à la bibliothèque de la marine du port de Rochefort.

3. Il manque à l'histoire de la marine française toute une page importante, celle qui devrait contenir les efforts considérables faits de 1793 à 1800, pour la défense des côtes de l'Océan et le ravitaillement de la République bloquée par la Coalition européenne. Nous avons trouvé un grand nombre de documents inédits sur ce sujet d'un si grand in-

quements d'émigrés sur leurs côtes avec le concours des ennemis séculaires, les Anglais[1]. En 1792, ils attendaient d'un moment à l'autre l'entrée de l'Angleterre dans la Coalition formée par l'Autriche et la Prusse. La déclaration de la guerre maritime, retardée jusqu'au mois de février 1793, ne les surprit pas ; ils y applaudirent et les habitants des ports de toute la côte entre Saint-Malo et La Rochelle, ainsi que les populations de Belle-Isle et de l'île d'Yeu, de l'Ile-de-Ré et d'Oléron, s'élevèrent et se maintinrent avec une persévérance admirable à la hauteur du péril.

L'administration départementale de la Vendée, aux mois d'août et de septembre 1792, envoya des commissaires dresser procès-verbal de l'état des poudrières, corps de garde et batteries de côtes. Elle adressa leurs rapports au commandant de la 12e division militaire, en lui signalant « les mauvaises dispositions » des maraîchins de Challans et les difficultés qui en résultaient pour la garde de Noirmoutier, de Bouin et du voisinage.

Le lieutenant général Verteuil répondit que « M. de Lépinay, directeur de l'artillerie de l'Ile-de-Ré, priait les administrateurs de lui indiquer des officiers » à mettre à la tête des postes à établir sur les côtes. Or, ce Lépinay était un royaliste, et une lettre saisie, adressée par sa femme à sa mère au commencement de 1793, contenait « l'espérance que cette année serait meilleure que la précédente », grâce à l'entrée des Anglais dans « la coalition pour la bonne cause[2] ».

Cependant, il est prouvé que la direction de l'artillerie de La Rochelle dressa, le 11 octobre 1792, un « état des bouches à feu, fers coulés, effets et munitions d'artillerie nécessaires pour l'armement des côtes de la Vendée », et que « le préposé au service national des transports fut chargé de les faire rendre sur les lieux[3] ». Il y avait à fournir cinq canons de 18, pour les batteries de Saint-Nicolas et du Tranchet dépendant du port des Sables ; une pièce de 36 et deux de 18 avec leurs affûts, pour l'une des batteries de Noirmoutiers et une autre de la côte ; un peu plus de 1,800 boulets et 3,000 livres de poudre à canon.

Il est très douteux que cette fourniture ait été faite. Car les ressources de la 12e division militaire étaient tellement épuisées à son chef-lieu que le général commandant Verteuil écrivait à son subordonné de Nantes, Marcé[4] le 13 octobre :

térêt national. Nous les réservons pour un ouvrage spécial. Nous ne donnons ici que ce qui se rapporte à la guerre civile de la Vendée.

1. V. ci-dessus, t. Ier, ch. XIV.

2. Mémoires inédits de Mercier du Rocher, 1er cahier.

3. Cet état se trouve, autographe, dans la collection de M. Charier-Fillon, mais il est en partie déchiré.

4. D'après l'extrait conservé à la Bibliothèque de la ville de La Rochelle, manuscrit 676, fol. 92, et qui nous a été communiqué par M. Georges Musset.

Je vous demanderai, cher général, un approvisionnement en boulets de différents calibres dont nous manquons à La Rochelle et villes voisines ; ce dénuement donnant de l'inquiétude aux citoyens, le directeur de l'artillerie en a écrit plusieurs fois au ministre de la guerre ; il s'est même adressé pour cet objet au commandant de la marine, à Rochefort, qui, ne pouvant rien par lui-même, nous laisse toujours dans un état d'inquiétude que j'ai à cœur de faire cesser ; car, quoique cette partie de la République ne soit pas encore menacée par un ennemi extérieur, il n'en est pas moins sage et intéressant de pourvoir à l'avance à un état de défense respectable et tranquillisant pour les citoyens. Je vous prie donc, cher général, de faire en cela tout ce qu'il sera possible de faire et qui pourra dépendre de vous, en m'indiquant de suite les quantités et calibres dont vous pourriez disposer en notre faveur ; car, quoique j'écrive aujourd'hui à ce sujet au ministre de la guerre, ainsi que les administrateurs du district, je serais fort aise de trouver auprès de vous des ressources qui seraient infiniment plus promptes et conséquemment beaucoup plus tôt satisfaisantes.

Le lieutenant général de Marcé, toujours à Nantes, s'occupait, avec un zèle sans cesse ravivé par les autorités de cette ville patriote, de la défense de l'embouchure de la Loire. Il adressa au ministre de la guerre un mémoire dans lequel il exposait ses idées générales sur la garde des côtes de l'Océan. Ce mémoire, comparé à ceux de Canclaux, n'a pas grande valeur militaire ; mais il prouve combien son malheureux auteur connaissait peu les populations de la région où il commandait et comment, par ignorance et non par trahison, il s'exposa à la déroute du 19 mars 1793.

Au ministre de la guerre[1].

Nantes, 30 octobre 1792.

J'ai pensé qu'un militaire patriote devait à la République, au Conseil exécutif, le compte de ses réflexions, de ses plans, comme de ses actions.

Employé dans les départements maritimes, j'ai dû rassembler, non par de longs mémoires, mais par un aperçu général, positif et succinct, les moyens d'entretenir le calme au dedans et de repousser les attaques, s'il pouvait en être porté à la tranquillité publique et par les ennemis du dehors

Le calme intérieur relatif à la force publique sera constant lorsque le chef militaire sera vraiment citoyen, lorsqu'il saura se concilier l'estime et la confiance non seulement des administrations, mais encore des citoyens en général. La force publique est et ne sera désormais que la réunion de toutes les gardes nationales ; dans une République organisée, sous l'empire de la liberté et de l'égalité, les troupes sont peut-être nécessaires pour la garde des forteresses et des frontières éloignées de la majeure partie des provinces de la République, mais l'administration, comme la défense de tout le reste, doit tirer sa force des citoyens de l'intérieur.

1. Arch. adm. de la guerre ; dossier du général de Marcé.

La surveillance, la défense des côtes paraît donc soumise à la capacité de l'officier général à qui l'on aura confié cette partie intéressante et surtout à l'emploi qu'il saura faire de la force publique sans gêner les citoyens, sans les nourrir d'inquiétudes, sans les fatiguer inutilement.

Quant au rassemblement et à la marche des citoyens armés, l'officier général qui aura reconnu des positions militaires et prévu, en homme de guerre, tous les mouvements de l'ennemi, quel qu'il soit, épargnera bien des fatigues à ses troupes et inspirera toute confiance aux citoyens.

Employé dans les départements maritimes de l'Océan, j'ai dû observer l'ensemble et les rapports de l'administration et de la défense des côtes depuis l'embouchure de la Seine jusqu'à la Gironde.

La côte du Nord, depuis Dunkerque jusqu'au Havre, sera confiée au commandement en chef de l'armée du Nord. La côte de l'Ouest, depuis Blaye jusqu'à Bayonne, fera partie de l'armée des Pyrénées. Il ne s'agit ici que des côtes centrales et relatives à l'intérieur.

Le commandant en chef sera secondé par des officiers généraux chefs de division : l'un dans la 14e division, depuis le Havre jusqu'à Avranches ; le second chef de division aura la 13e, depuis Saint-Malo jusqu'à l'embouchure de la Vilaine ; le troisième chef aura la 12e division, depuis la Vilaine jusqu'à la Gironde. Des maréchaux de camp seront employés dans ces trois divisions, suivant les circonstances, particulièrement à Cherbourg, pour la 14e division ; à Brest et Lorient, pour la 13e division ; à l'île de Ré ou d'Oléron pour la 12e division.

La 22e division fera sans doute partie du commandement de la côte afin de rapprocher et réunir tous les moyens de la force publique.

Le département de la Charente et celui de la Vienne paraissent également devoir être réunis à la 12e division.

La presqu'île de Cherbourg demande à être surveillée dans tous les temps. Indépendamment de l'établissement de ce port qui peut recevoir un grand accroissement, cette pointe domine les îles de Jersey et de Guernesey, objet d'une jalousie continuelle, dont le voisinage protégera toujours les malveillants contre la France. On ne doit pas imaginer qu'une puissance rivale puisse jamais tenter de s'établir sur notre continent ; mais, s'il arrivait que Cherbourg et Granville fussent surpris et qu'un ennemi prît une position en avant sur la hauteur qui domine le ruisseau de...[1], la droite et la gauche appuyées également à la mer, il faudrait alors un grand rassemblement de troupes pour le repousser.

On ne s'étendra pas sur l'importance des établissements de Brest et de Lorient, dépôts de la force et du commerce maritimes ; un officier patriote y sera nécessaire. On peut observer que *le citoyen Canclaux*, lieutenant général, a réuni les suffrages des administrations et des citoyens du Finistère.

Quant à La Rochelle et Rochefort, aux îles de Ré et d'Oléron, ce sont les boulevards du golfe de Gascogne. C'est au militaire vigilant à se préparer tous les moyens de sécurité, je ne veux pas dire de défense ; car il faut être persuadé qu'un ennemi se repentirait de toute entreprise, si jamais il tentait

1. Le ruisseau n'est pas indiqué.

de nous inquiéter sur les côtes, lorsqu'un militaire expérimenté emploiera tous les moyens.

L'île d'Aix couvre la rade de Rochefort, comme l'île de Groix couvre l'entrée de Lorient et de Port-Louis. Belle-Ile, mieux fortifiée, plus étendue, couvre la côte du Morbihan. L'importance de ces postes est connue.

La presqu'île de Quiberon défend particulièrement les mouillages de cette partie. Tous ces postes doivent être observés militairement, mais sans inquiétude.

Je viens de former, par inscription seulement, *trois compagnies de canonniers volontaires, pour le service de la côte.* Ces compagnies, de cent hommes chacune, sont composées en majeure partie des employés des douanes nationales, occupés journellement par leurs fonctions à veiller sur la côte, depuis la baie de Bourgneuf jusqu'au fort Mindin, à la rive gauche de la Loire, et depuis l'embouchure de la Vilaine jusqu'à Saint-Nazaire, à la rive droite de la Loire. La moitié de ces gardes ont servi dans les troupes de ligne ou dans la marine. Ils ne recevront un supplément de solde que dans le cas d'un rassemblement général. Ce rassemblement serait d'autant plus prompt au besoin que les corps de garde de ces employés aux douanes sont installés près des batteries qui sont établies sur la côte.

On s'est borné à donner un aperçu, un ensemble de surveillance sur les côtes de l'Océan, et non pas un plan de défense. Tout plan définitif est une spéculation qui devient toujours soumise aux mouvements de l'ennemi. Il annonce encore une infériorité que l'Ancien régime pouvait craindre. Aujourd'hui toute la nation est une; tout ennemi serait accueilli sur-le-champ, s'il osait tenter une descente sur le territoire français. Un officier général saura prendre des positions militaires et préparer ses marches de manière à prévenir cet ennemi sur tous les points.

Les agitateurs au dedans seraient toujours contenus et dissipés par l'activité des gardes nationales, formées dans toutes les villes. Les troubles naissants dans les départements de la Vendée et des Deux-Sèvres ont été dissipés d'une manière remarquable. Les malveillants en armes furent investis par dix mille gardes nationaux accourus de tous les départements voisins. Les gardes nationales des villes éloignées de trente ou quarante lieues arrivèrent successivement. On aurait eu quarante mille hommes au besoin[1].

On observera, d'après cette rapidité de mouvement, que l'ensemble ne peut se calculer qu'en proportion de la population réunie. Les villes principales fourniraient les plus grandes ressources et donneraient l'exemple d'une volonté plus prompte. La solde peut suppléer alors aux besoins de ceux qui attendent leur subsistance d'un travail journalier.

Les campagnes doivent le *même patriotisme;* mais les occupations constamment journalières des habitants de nos villages ne leur permettent de s'unir à la force publique que quand la cause sera tout à fait rapprochée d'eux, lorsqu'il faudra combattre un ennemi qui menace leurs foyers. Il n'y

1. Cela se rapporte à la vive répression de l'insurrection des 22-24 août 1792, dans le district de Châtillon-Bressuire. Voir plus loin, tome III, ch. xxx.

a plus d'apparence que nous soyons désormais dans le cas d'employer pour la guerre des bras si précieux pour la République.

Requis, le 2 janvier 1793, par le commandant du port de Rochefort, Le Gall de Tromelin, de fournir des garnisons pour les vaisseaux en armement, le commandant de la 12e division militaire, Verteuil, exprime, le 5, « son embarras extrême ». En même temps, il réclame du ministre de la guerre des ordres précis, car il n'a pas de troupes disponibles, ni pour embarquer, ni pour subvenir à la défense de l'entrée des rivières, des îles et des côtes, en cas de guerre par mer. Comment se procurer ces troupes? demande-t-il.

.....Sera-ce par les moyens indiqués dans la loi du 9 septembre dernier, qui autorise les commandants, dans les départements maritimes, à requérir le nombre de gardes nationales qu'ils jugeront nécessaires pour la garde des forts, châteaux et places des côtes et frontières maritimes? Mais, pour cela il faut un décret de la Convention nationale ou au moins les ordres du Conseil exécutif? Or je n'ai ni l'un ni l'autre.

Nos magasins sont sur le point d'être évacués; les effets de campement nous manquent; l'armement des gardes nationales est incomplet... Nos concitoyens s'alarment, et je me trouve, malgré toute ma bonne volonté à bien défendre mon poste, dans l'impossibilité, faute de moyens et d'ordres, de faire à l'avance les dispositions nécessaires pour repousser un ennemi qui viendrait nous attaquer[1].....

Le 22 janvier, la Convention nationale, inquiète de cette situation, décrète l'envoi de trois commissaires pour inspecter les côtes de l'Océan et veiller à leur défense, de Bayonne à Lorient : Joseph Niou, déjà en mission; Narcisse Trullard (de la Côte-d'Or), officier du génie; Mazade (de la Haute-Garonne), ancien conseiller du roi près le tribunal de Castel-Sarrazin.

Aussitôt après leur arrivée, le général de Marcé est chargé de s'occuper de la mise en état de défense de toutes les côtes de la 12e division militaire. A ce propos, les administrateurs de la Vendée écrivent à ceux de la Loire-Inférieure[2] :

Fontenay-le-Peuple, 15 février 1793.

Citoyens et collègues,

Nous avons prévenu les districts de notre territoire de la tournée que doit faire le lieutenant général de Marcé pour mettre en état de défense les côtes de la 12e division. Puisse-t-il stimuler sur la route les officiers qui négligent leurs fonctions, et leur inspirer par son exemple les vertus républi-

1. Arch. histor. de la guerre; armée de la réserve, 2 et 5 janvier 1793.
2. Arch. du départ. de la Loire-Inférieure; dossier Vendée, pièces isolées.

caines! Quant à nous, nous surveillerons avec la plus grande activité tous ceux de ces fonctionnaires qui manqueraient à leurs devoirs, et nous poursuivrons leur destitution auprès du Pouvoir exécutif et de la Convention nationale.

Signé : ESNARD, *pour le président*, et Jn Mas COUGNAUD, *secrétaire général.*

Le 26 février, de La Rochelle, Verteuil fait savoir au Ministre de la guerre [1] qu'il n'a, pour exécuter l'instruction relative à la défense des côtes et villes maritimes, que « des rassemblements de gardes nationales », et qu'il ne saurait les organiser en nombre aussi considérable qu'il le faudrait pour garantir des attaques les îles et les points fortifiés, n'ayant point d'officiers généraux :

..... Veuillez donc bien, dans ces circonstances pressantes, m'envoyer le plus promptement possible deux maréchaux de camp et un adjudant général, pour coopérer ensemble à la sûreté de la 12e division. Je vous rappellerai à ce sujet une demande du 10 de ce mois, pour *le grade de maréchal de camp en faveur du général Boulard, colonel du 60e régmient*[2], ainsi que celle que je vous ai faite de l'adjudant général Thévenot, ci-devant directeur de la fonderie d'Indret.

LA LEVÉE DES MARINS

Les premiers essais du *système des classes*, substitué par Colbert à *la presse*, pour le recrutement de la marine du roi, avaient été faits, on le sait, sur les côtes des provinces d'Aunis, de Saintonge et de Poitou. L'inscription maritime, définitivement organisée par l'ordonnance du 31 octobre 1784, ne fut point abolie par l'Assemblée constituante. Ses lois du 31 décembre 1790, du 15 mars et du 29 avril 1791 ne changent rien au mode de recrutement des marins ; elles ne font que supprimer les privilèges relatifs à la promotion aux grades ; elles régularisent, en l'améliorant, le régime des demi-soldes et pensions pour les gens de mer et leurs familles.

Au début de leur institution, quelques administrations de district et de canton des régions maritimes du Poitou et de Bretagne qui avaient cru les tribunaux d'amirauté et les prévôtés de la marine abolies, s'étaient immiscés dans les fonctions de leurs officiers, ou leur avaient refusé leur concours, et même, comme en Vendée, dans le Finistère, avaient fait mettre les scellés sur leurs greffes. Au mois de mars 1791, une circulaire des deux ministres de l'intérieur et de la marine aux départements maritimes de l'Ouest mit fin « à ces désordres et excès également contraires à la justice et à l'ordre public »,

1. Arch. adm. de la guerre ; dossier de Verteuil.
2. Le futur général de l'armée des Sables du mois d'avril au mois d'août 1793.

les amirautés et prévôtés subsistant, le règlement des affaires maritimes restant exactement le même que par le passé[1].

Parmi les lois militaires qui suivirent la Déclaration du danger de la patrie, il en fut fait une, le 25 juillet 1792, pour excepter les marins des réquisitions vers les frontières de l'est et du nord, et pour préparer leur levée en cas de guerre sur mer. Gaspard Monge, ministre de la marine après le 10 août, en adressant cette loi aux commandants des ports, leur prescrivait de dresser « un nouvel état des levées des marins et de leur distribution dans les quartiers maritimes » (30 septembre). Le 16 octobre, il réclamait d'eux « un état mensuel des quartiers des classes des gens de mer, à fournir dans les premiers quinze jours de chaque mois ». Il ordonnait en même temps de réorganiser les syndicats et de faire prêter à tous les inscrits maritimes le serment nouveau de fidélité à la Nation, à la Liberté et à l'Égalité[2].

La levée des matelots, quartiers-maîtres et officiers mariniers des Sables, s'effectua le 20 février 1793. Elle fournit 108 marins; 4 autres inscrits rejoignirent le 14 août suivant.

Du faubourg de la Chaume, partirent le même jour, 20 février, 39 hommes de mer, et 1 autre le 29 ventôse an II.

La levée de Croix-de-Vie produisit, les 20 et 22 février, 15 hommes; 3 partirent le 14 août.

La levée de Saint-Gilles en fournit 2, le 22 février 1793.

C'était le contingent régulier, et il ne se produisit ni refus de partir, ni désertion en raison des événements politiques[3].

Le patriotisme des fils de la Vendée maritime fut exemplaire durant les guerres de la Révolution. Il y avait vingt à vingt-cinq marins des ports vendéens sur le *Vengeur* et à la bataille navale du 13 prairial an II[4]. Si les nobles, qui s'étaient illustrés dans les dernières guerres maritimes de la monarchie, les Du Chaffault, les Vaugiraud, les Grimouard, refusèrent leurs services à la France républicaine, ils furent glorieusement remplacés par des plébéiens, tels que les frères Collinet, Gizolme, Moreau, Gautier, Monnereau et surtout René Guiné, qui fut, durant vingt ans, la terreur des Anglais dans le golfe de Gascogne.

1. Cette circulaire est aux Archives nationales, $F^{1a}438$.

2. Recueil manuscrit des Lettres du ministre, à la Bibliothèque de la Marine du port de Rochefort, aux dates.

3. D'après le relevé nom par nom, qu'a bien voulu faire pour nous, en 1889, le commissaire maritime du quartier des Sables-d'Olonne, M. Dusser, actuellement à La Rochelle.

4. Voir plus loin, Appendice n° 8.

CHAPITRE XXIX

LES MOTS D'ORDRE DES PRINCES ET LES MOUVEMENTS CONTRE-RÉVOLUTIONNAIRES PENDANT LA PREMIÈRE INVASION

Monsieur et le comte d'Artois, frères du roi de France, au moment où ils obtenaient enfin du roi de Prusse de faire marcher les émigrés français à la suite de l'armée du duc de Brunswick envahissant leur patrie, se vantaient d'avoir préparé au moins huit foyers de soulèvements royalistes et catholiques : en Bretagne, en Languedoc et Provence, en Dauphiné et à Lyon, à Bordeaux, dans l'Orléanais et la Normandie, même en Franche-Comté et Bourgogne[1].

Chez « la favorite bien affichée » du comte d'Artois, Mme de Polastron, à Coblentz, Calonne, futur premier ministre de la Restauration rêvée, disait galamment[2] :

> Les deux tiers de la France sont pour les Princes; nous avons des intelligences partout; nous entrerons en France en véritables chevaliers français; dès que nos trompettes sommeront les villes de se rendre, les portes s'ouvriront, les murailles tomberont; nous arriverons à Paris au milieu des acclamations et des hommages.

LE CAMP DE JALÈS ET LA CONSPIRATION DU MIDI

Deux au moins des conspirations ourdies par l'accord du clergé avec la noblesse étaient prêtes à éclater : celle dite du camp de Jalès et celle de Bretagne.

1. Page 89 de la notice de Martin Doisy en tête de son livre : *Manuscrit inédit de Louis XVIII*. — Voir aussi, sur les plans concertés à Coblentz avant l'invasion, particulièrement pages 281-282 et 371 de l'ouvrage « impartial » de Pierre de Chamrobert, *Le comte d'Artois et l'émigration*. (Paris, in-8° de 456 p., 1837.)

2. Pages 26-27 des *Souvenirs du comte de Contades*. (In-18, Paris, 1885.)

La première avait été préparée avec un éclat énorme par les Fédérations catholiques des mois d'août 1790 et février 1791, qui réunirent, en armes et au nombre de 30 à 40,000, les gardes nationales et les délégués des paroisses orthodoxes du Vivarais, du Velay, du Gévaudan, de toute la région des Cévennes, disposés à courir sur Nîmes « couper les oreilles de ces jean-foutres de bisets et de huguenots[1] », opposant le cri de « Vive la religion! » à celui de « Vive la nation! » enflammés du saint zèle des Ligueurs du seizième siècle. Le prieur-curé de Chambonas, Claude Allier, échappé aux poursuites qu'avait suscitées la seconde Fédération, fit de ces rassemblements momentanés une organisation permanente, en vue de la guerre religieuse et civile à entamer au moment opportun. D'après ses apologistes, il voulait « une royauté autoritaire et démocratique, dont le catholicisme aurait été le couronnement et la splendeur[2] ». Il ne se décida pas moins, vers le mois de décembre 1791 ou de janvier 1792, à aller présenter son plan aux nobles émigrés de Coblentz et à demander des chefs militaires aux Princes. Le 3 mars de cette même année, son frère, Dominique Allier, remit au comte d'Artois et à Monsieur une délibération de l'assemblée royaliste de la Bastide, d'après laquelle le Vivarais se déclarait prêt à combattre. A la suite de la Fédération de 1791, le comte de Conway, ancien général de brigade, fut chargé du commandement de la prise d'armes décidée. Le 4 mars 1792, il fut nommé « général en chef de l'armée royale du Midi »; une commission de commandant en second des Fédérés du camp de Jalès fut délivrée par les Princes au comte de Saillant, ex-lieutenant-colonel des chasseurs du Roussillon et gentilhomme de la chambre de Monsieur, frère du Roi[3]. Le 7, Saillant reçut de Conway des instructions

1. *Revue de la Révolution*, page 429 de l'année 1884.

2. *Ibid.*, page 173 de l'année 1886.

3. Le comte Thomas de Conway, d'après ses états de services (Arch. adm. du ministère de la guerre), était né en 1735 (en Irlande). Il était lieutenant au régiment irlandais de Clare en 1747; privé de son grade pour s'être engagé dans le régiment de Mestre-de-Camp, il était rétabli le 1er août 1760, faisait les campagnes d'Allemagne en 1760 et 1761, prenait rang de capitaine en 1765, de major en 1769, de colonel le 9 novembre 1772, et, le 26 avril 1775, passait major au régiment d'Anjou. Il allait avec Lafayette faire la guerre de l'indépendance de l'Amérique, mais il en revenait avant la fin, — s'étant, lit-on dans la *Bibliographie universelle* de Michaud, brouillé avec Washington. — On le retrouve, le 1er juillet 1779, aide-major général en Flandre; il passe brigadier le 1er mars 1780, et est employé plusieurs années aux colonies (aux Indes). En 1787, il devient commandeur dans l'ordre de Saint-Louis. Disponible au moment de la Révolution, il jouit de 16,000 livres de pensions, en trois brevets, dont un lui a été délivré par « De la Croix, marquis de Castries, comte d'Alais, premier baron né des États du Languedoc, maréchal de France ». Ce sont, sans doute, ses relations avec le maréchal de Castries qui l'ont conduit à être chargé de commander la contre-révolution du Midi.

Il n'y a rien dans les recueils biographiques sur de Saillant, appelé le plus souvent Dusaillant, parce qu'il est ainsi orthographié au *Moniteur* Nous n'avons trouvé aux

détaillées, dans lesquelles il lui était expressément ordonné d'agir de concert avec le chef des royalistes de la Lozère, de Borel.

Il part tout de suite; et, sous le nom de « Serouret, marchand de graines de vers à soie », il s'introduit dans la région de Jalès. Caché avec le prieur Allier, il répand une agitation, sensible dès le 16, puisque le député Rabaut-Saint-Étienne en avertit le ministre de l'intérieur, écrivant : « Villefort est l'Arles du Vivarais et Banne, château fortifié, en est le Coblentz. » Le 26, les royalistes de la Lozère se lèvent en petit nombre; leur tentative échoue d'une façon piteuse. Claude Allier empêche Saillant de commettre la même faute, lui fait tenir diverses réunions des affiliés les plus importants, et le force à attendre aussi patiemment que possible l'heure décisive de la marche des émigrés et de l'étranger sur Paris[1]. Conway, d'ailleurs, loin de donner le signal de l'action, demeure hors de France, à Chambéry, immobile et muet. Même, il dessert auprès des Princes Allier, qu'il traite « d'écervelé », et Saillant, qu'il appelle « aventurier ». Ce qui le fait accuser, par les conjurés du Vivarais, presque de trahison, pour le moins de lâcheté, puisqu'il ne passe pas la frontière[1].

Archives de la guerre aucune pièce le concernant; mais au f° 17 du registre-matricule des chasseurs du Roussillon, infanterie légère n° 12, on lit :

« MAJOR. — Le chevalier Saillant d'Herbigny, né le 24 octobre 1742. — (A quitté 1er juin 1792.)

« Volontaire dans le régiment de Bouillon en 1757 ; cornette dans les volontaires du Hainault en 1759; lieutenant le 1er janvier 1760; sous-aide-major le 11 décembre 1768, supprimé par ordre du 1er février 1771, en conservant ses appointements jusqu'à son remplacement; rang de capitaine le 13 juillet de la même année; attaché au corps de l'infanterie en la même qualité le 5 décembre 1776; attaché au 3e régiment de chasseurs à cheval en la même qualité, avec 1,080 livres d'appointements, le 8 avril 1779 ; capitaine-commandant dans le bataillon d'infanterie du régiment des Chasseurs des Vosges, auparavant le 3e régiment de chasseurs à cheval, le 14 septembre 1784; major de ce bataillon-ci le 1er mai 1788. »

Il est possible que le titre de comte attribué au chevalier dans « la commission des Princes » lui soit venu par succession; mais il est probable que les Princes prirent sur eux de l'élever d'un grade dans son régiment pour le cas où ils rentreraient après la victoire.

Il est à remarquer que les chasseurs du Roussillon tenaient garnison dans la région vendéenne en 1791 et 1792, et que de Saillant avait déjà noué des relations avec les gentilshommes vendéens avant de se rencontrer à Coblentz avec La Rouerie, comme on le verra plus loin.

1. La *Revue de la Révolution* a publié, au cours des années 1884, 1885 et 1886, une étude très développée de M. Simon Brugal sur *Les Camps de Jalès* de 1790 à 1802. L'auteur a pu se procurer une partie des pièces inédites dont Ovide de Valgorge, en 1846 (chap. XLI de ses *Souvenirs de l'Ardèche*), annonçait la publication. Il ne nous semble pas avoir, pour les compléter, assez fouillé, dans nos Archives nationales, les nombreux documents relatifs à cette longue conspiration, dispersés à travers les liasses de la série F7, et les cartons des séries M 668 et DL XL-6. Néanmoins, son travail est le plus complet qui existe sur l'un des épisodes les moins connus du drame révolutionnaire. Le point de vue ultra-catholique auquel il s'est placé l'entraîne jusqu'à accuser « la démagogie protestante d'avoir provoqué des Saint-Barthelémy nouvelles! » Mais il ne peut s'empêcher de produire une foule de faits, qui tournent contre sa thèse et expliquent les fureurs de la Révolution.

Mais alors que se négociait l'entrée du Piémont et de l'Espagne dans la Coalition, le comte de Conway ne s'occupait-il pas de former une vaste association dans le Dauphiné, la Provence, le Bas-Languedoc, à appeler aux armes juste au moment d'une attaque italienne sur Grenoble, comme le soulèvement de la partie du midi, dont le camp de Jalès était le centre, devait se produire à l'instant où les côtes méditerranéennes et la frontière des Pyrénées seraient envahies par les Espagnols[1]?

LA CONSPIRATION DE BRETAGNE. — LA ROUERIE

Organisée en même temps que la conspiration du Midi, la conspiration de l'Ouest devait éclater simultanément, avec la complicité, sinon l'appui direct du gouvernement anglais.

Son chef commissionné était Armand-Charles Tuffin, marquis de la Rouerie. Né à Fougères, le 13 avril 1751[2], il avait, dès l'âge de dix-huit ans, le grade de sous-lieutenant dans les gardes françaises. Il s'éprit de Mlle Fleury, de la Comédie-Française, voulut l'épouser, et, comme elle s'y refusa, chercha querelle à son amant, le comte de Bourbon-Busset, qu'il blessa en duel. Ce qui le fit renvoyer de son régiment. Une autre passion l'entraîna à danser sur la scène de l'Opéra pour séduire la cantatrice Mlle de Beaumesnil. C'était la maîtresse de l'un de ses oncles, le comte de la Belynaie, qui obtint contre lui une lettre de cachet. Après son premier scandale, il avait essayé de s'empoisonner avec de l'opium; après le second, il passa en Suisse, puis revint s'enfermer au couvent de la Trappe. L'insurrection des colonies d'Amérique lui inspira l'ardent désir d'aller combattre les Anglais, ennemis héréditaires des chevaliers bretons. Le supérieur de la Trappe lui prêta une poignée de louis pour gagner un port d'embarquement. Il arriva sur le continent américain quelque temps avant La Fayette, en 1777[3]. Il s'engagea dans la légion de Pulawski, dont, à la mort de celui-ci, Washington le nomma le chef, sous le nom de « colonel Armand[4] ».

1. Voir plus loin, chap. XXXIV. — M. Brugal incrimine l'abstention du commandant Conway, toujours à Chambéry, comme l'une des causes de l'insuccès de son lieutenant Saillant. M. Ernest Daudet, dans son *Histoire des conspirations royalistes, 1790-1793* (in-18, Paris, 1881), ne dit rien des agissements de Conway. Il ignore absolument la conspiration du Midi qui fut découverte au mois d'août 1792.

2. Son acte de baptême, en date du 14 avril 1751, a été imprimé dans la *Revue de la Révolution*. Il signait « Armand Ch^es^ de la Rouerie », d'après l'autographe reproduit au bas de son portrait (*ibid.*, livraison du 5 août 1889), et c'est le nom officiel de la commune de Saint-Ouen-de-la-Rouerie, sur le territoire de laquelle se trouvait le château. On devait prononcer autrefois La Rouèrie, et le plus souvent on a écrit La Rouërie, La Rouarie et La Royerie.

3. Ces premiers détails sont empruntés à la *Biographie bretonne* de P. Levot.

4. Aux Archives administratives de la guerre, dans un dossier formé de 1883 à 1889,

Il rentra en France à la paix, avec le titre de brigadier des armées américaines, la croix de Cincinnatus et une pension des États-Unis. Le comte d'Estaing lui fit obtenir la croix de Saint-Louis, mais on refusa de lui donner un régiment : ce qui le rendit très hostile à La Fayette, qui avait fait pourvoir ses compagnons de grades et de fonctions, et l'irrita contre la cour, où il n'était pas reçu à cause de ses folies de jeunesse. Il se retira dans son château de Bretagne. Pour réparer sa fortune très compromise, il se hâta de se marier. Il épousa Mlle Guérin, marquise de Saint-Brice de Champinet[1]. Mais sa femme ne tarda pas à tomber malade; il l'emmena chercher la santé sous le ciel du Midi, sur les conseils et en la compagnie d'un médecin de son voisinage, Latouche-Cheftel, qu'il avait connu étudiant à Paris, et qui avait été l'un de ses plus intimes compagnons de plaisir[2].

Mme La Rouerie morte, il revint en son château. La Bretagne était alors très agitée, défendant son Parlement contre « le despotisme ministériel ». La Rouerie fut l'un des gentilshommes chargés d'aller auprès du Roi « revendiquer les antiques libertés de la nation bretonne ». Ce qui lui valut de passer, avec les autres délégués, quelques semaines à la Bastille.

A la fin de 1788, le Tiers état étant entré en lutte avec la Noblesse, il soutint les prétentions de celle-ci, « quoiqu'il n'en aimât pas les chefs et n'en fût pas aimé ». Non admis dans la délégation des deux premiers Ordres des États de Bretagne qui protesta, au nom de la

sur la demande de la société de Rhode-Esland du Cincinnati, qui se proposait de publier un Registre historique des membre de l'ordre de Cincinnatus, on trouve cette brève notice :

« Comte de la Rouerie (Armand-Charles *Tuffin*), né à Fougères (Ille-et-Vilaine), le 13 avril 1750. Sous-lieutenant démissionnaire du régiment des gardes-françaises. Passé en Amérique en 1777, quelque temps avant La Fayette. Commissionné colonel et nommé commandant d'un autre corps de chasseurs, le 10 mai 1777; brigadier-général commandant la cavalerie en mars 1783.

« A obtenu la commission de colonel le 6 avril 1788.

« A été chef de partisans pendant la guerre de la Vendée. »

1. Le 27 décembre 1785. L'acte de mariage a été publié dans la *Revue de la Révolution*, 5 avril 1889. Le marié y est dénommé « haut et puissant seigneur Armand-Charles Tuffin, chevalier, seigneur, marquis de la Royerie, vicomte des Portes, seigneur-patron de Carnet, Saint-Ouen-de-la-Royerie, Teillery, des Châtelets, Marcillé, Robert et autres lieux ».

2. La notice de la *Biographie universelle* est d'Alphonse de Beauchamp, qui, dans son *Histoire de la guerre de Vendée* (éd. de 1820, t. Ier, liv. II), fournit sur « la conjuration de la Rouerie » tous les détails qu'ont utilisés les historiens postérieurs, y compris J. Michelet. M. le sénateur L. de la Sicotière, dans la préface de son ouvrage sur *Louis de Frotté* (2 vol. in-8°, 1889), émet sur l'histoire de Beauchamp cette opinion : « qu'il est devenu de mode d'en dire du mal parmi ceux qui l'ont le plus consulté, suivi et copié ». Beauchamp, né à Monaco en 1767, mort à Paris en 1832, avait été commis au Comité de sûreté générale de la Convention, puis chargé du service des journaux dans la police du Directoire, du Consulat et de l'Empire. Il avait usé et abusé de sa situation pour recueillir une foule de documents, dont quelques-uns ne subsistent que dans les pièces justificatives ou les papiers qu'il a laissés.

province, contre le mode de convocation des États généraux, il persista cependant à ne vouloir « à aucun prix s'incliner devant la double représentation du peuple ».

Le procureur général syndic des États bretons, le comte de Botherel[1], les principaux membres du Clergé, de la Noblesse et du Parlement, quand l'Assemblée nationale se substitua aux États généraux, abolit les provinces, créa les départements, passèrent dans les îles de Guernesey et de Jersey, attendant le secours des flottes anglaises pour restaurer leur terre natale dans ses droits et privilèges suivant le contrat de mariage de la reine Anne. Le torrent de l'émigration emporta toute la haute noblesse; il ne resta que ceux des gentilshommes « à qui les moyens manquaient pour faire le voyage ». La Rouerie n'était, sans doute, pas de ceux-ci; il résista à l'entraînement général et détermina ses amis personnels à demeurer, comme lui, au pays, dans le but précis d'organiser une association contre-révolutionnaire dont il serait le chef.

Il eût voulu faire agréer son plan par le roi directement; cela lui fut impossible. Il se décida à s'adresser au comte d'Artois, « qui l'avait toujours favorablement traité ». Mais, « ne voulant pas être soupçonné d'émigration », il prétexta des affaires privées en Angleterre, obtint un passeport en règle, et partit accompagné de son fidèle secrétaire, Pierre (Loisel), et « de sa cousine, Mlle de Moëlien, dont la chronique scandaleuse prétend qu'il avait été l'amant ». Il traversa les îles de Jersey et Guernesey sans faire part de son projet à aucun des émigrés[2].

1. Comte de BOTHEREL (René-Jean), né le 5 mai 1745, au Plessis-Botherel (Ille-et-Vilaine), mort d'apoplexie, à Londres, le 6 août 1805. Après avoir joué le plus grand rôle dans les agitations aristocratiques de la Bretagne au commencement de la Révolution, il coopéra à la conspiration La Rouerie, devant présider au gouvernement civil de la province, tandis que le général Armand exercerait le commandement militaire. Il fut plus tard, avec Puisaye et Tinténiac, l'un des promoteurs et acteurs les plus ardents de l'expédition de Quiberon, en qualité de commissaire du roi près le gouvernement anglais. Il vint plusieurs fois secrètement en Bretagne, en 1793, 1794, 1795 et 1796. Il jouit jusqu'à la fin de toute la confiance des Princes, qui devaient dîner chez lui le jour de sa mort et qui assistèrent à ses obsèques. Trente-deux membres de sa famille et deux de ses fils périrent dans les insurrections royalistes. (Voir la notice qui lui est consacrée dans la *Biographie bretonne* de Levot.)

2. Ces derniers détails sont tirés d'une *Notice sur la conspiration de la Royerie*, publiée dans la *Revue de la Révolution*, t. VII, p. 22 et suiv. des Documents inédits.

Cette notice, qui fait partie de la riche collection de M. Gustave Bord, à Nantes, lui vient d'un membre de la famille Desisles, et se trouvait à l'origine parmi les papiers de l'historien d'Alph. Beauchamp.

M. Bord ignore qui l'a écrite.

D'après l'étude que nous avons faite de tous les documents qui subsistent aux Archives nationales et aux Archives des Affaires étrangères sur la conspiration de Bretagne, nous pouvons affirmer que ce document a pour auteur le révélateur Latouche-Cheftel.

Il ne s'y nomme qu'une fois, — avec une négligence affectée; mais les principaux faits qu'il rapporte ne pouvaient être connus que de lui-même. Là seulement, et nulle

Il gagna l'Allemagne, où il rencontra le comte d'Artois, par lequel il réussit à faire admettre les bases de son plan, en cinq articles. Tout de suite il fut mis en relations avec Calonne, qui se chargea de suivre directement l'opération et de lui faire passer, par la voie d'Angleterre, de l'argent et des secours. Il quitta le prince et son ministre, pourvu d'une déclaration encourageant les gentilshommes de Bretagne à « entretenir les sentiments exprimés en leur nom ». Cette déclaration [1] est datée du 5 juin 1791.

La Rouerie revint par Paris, « où il arriva le jour même de la fuite du roi, dont il parut mortifié ». Il y resta jusqu'à la rentrée de Louis XVI, ramené de Varennes. Il vit, durant ce court séjour dans la capitale, son ami le médecin Latouche-Cheftel, auquel « il ne fit point mystère de son voyage, sans toutefois lui en dire le but ni s'ouvrir sur ses projets [2] ».

Le 3 octobre, de Schonbornlust, Calonne expédia à La Rouerie un billet lui annonçant que les deux Princes, frères du Roi, enfin réunis, allaient donner leur approbation au mémoire qu'il avait laissé. Le 4, en effet, Monsieur, « instruit par son frère du plan d'association proposé pour le bien de la province de Bretagne », en signait l'approbation, avec le comte d'Artois, et demandait l'indication des lieux les plus favorables à des « débarquements d'émigrés et de troupes ».

« De Bretagne, 5 décembre 1791 », est daté ce *Plan de l'Association bretonne* en 11 articles, signé : « Armand de la Rouerie [3] ». Créée, « par ordre des Princes et avec l'accession des Bretons émigrés, pour l'honneur des associés et le bien de la province », cette ligue devait se former par comités de 6 membres en chaque ville d'évêché, et par comités subordonnés de 3 membres en chaque ville ou chef-lieu d'arrondissement, les commissaires tirés autant que possible des trois Ordres, suivant la Constitution bretonne. Tous les comités se mettaient et restaient en communication directe avec le chef, et celui-ci leur faisait connaître « les personnes qui, en cas d'absence ou d'événements imprévus, le suppléeraient ». Il était convenu d'avance (art. 7) qu'après avoir consulté des députés des comités, le chef assi-

part ailleurs, on trouve indiquées d'une façon précise les relations de Latouche-Cheftel et avec La Rouerie et avec Danton, la date initiale de la révélation et la première phase de la recherche des preuves du grand complot de l'Ouest.

Cette très précieuse « notice » a été sûrement écrite après 1794, puisqu'on y parle de la mort de l'agent secret Laligant-Morillon.

1. Une des premières pièces à l'appui de l'acte d'accusation dans l'affaire de Bretagne, Arch. nat. W 274.

2. D'après la « notice » de Latouche.

3. Imprimé à la suite du rapport de Basire le 4 octobre 1793 et réimprimé n° 1 des pièces justificatives du t. I de l'*Histoire de la guerre de Vendée*, par Alphonse de Beauchamp.

gnerait aux commissaires « un rendez-vous général, où l'on se rendrait sans s'être préalablement rassemblé à des rendez-vous particuliers, parce que les rassemblements partiels, aussi marquants dans les cantons où ils auraient lieu, mais moins en état de résistance que le rendez-vous général, feraient peut-être des difficultés très dangereuses à surmonter pour se réunir à ce dernier ». Il était recommandé « aux commissaires et autres membres de l'Association » d'user des procédés « les plus actifs et en même temps les plus sages » pour rassembler tous « les moyens d'utilité, *des hommes et de l'argent* » et faire en sorte qu'il fût répondu aux convocations et ordres « dans les vingt-quatre heures après l'avertissement » (art. 5). Les Associés étaient invités à « mettre quelque temps en oubli les intérêts personnels qui contrarieraient l'intérêt général », réfléchissant que l'objet de l'Association était « de contribuer essentiellement, et par les moyens les plus doux, au retour de la monarchie, à la conservation des droits de la province, des propriétés et de l'honneur breton » (art. 6). Il était expressément recommandé aux membres des comités, à tous les Associés, de « faire tous les efforts, que le courage et la sagesse approuveraient, pour faire entrer dans l'Association les milices nationales et les troupes de ligne; » de s'occuper, « sans perdre de temps, d'acquérir des hommes populaires, disposant de beaucoup de bras » (art. 10 et 11).

Aussitôt les premiers cadres formés, l'Association fut étendue aux provinces voisines, le Maine, l'Anjou, le Poitou. La « Commission pour commander aux militaires [1] », signée à Coblentz, le 2 mars 1792, par les frères du roi, Louis-Stanislas-Xavier et Charles-Philippe, contresignée Courvoisier et revêtue du sceau de Monsieur, confère au « marquis de la Rouerie, colonel au service de France depuis le 10 mai 1777, et ancien officier général au service des États-Unis de l'Amérique, le pouvoir de donner, en leur nom, les ordres que les circonstances lui paraîtront exiger, tant aux troupes de ligne qu'aux maréchaussées et autres militaires quelconques et gens armés », pour « le bien des affaires du Roi, le rétablissement de son autorité légitime et la conservation des propriétés ». Le commandement du chef de l'Association bretonne est étendu aux « parties limitrophes », en même temps que, sur sa demande, est donné le mot d'ordre général aux gentilshommes de cesser d'émigrer :

Autorisent Leurs Altesses Royales M. le marquis de la Rouerie, en qui elles ont une juste confiance, *à joindre, autant que faire se pourra, à l'Association bretonne, les parties limitrophes des autres provinces*, lesquelles seront sujettes aux mêmes règlements et travaux, et participeront aux mêmes

1. Commission reproduite à la suite du rapport de Basire et par Beauchamp, *l. c.*

avantages, à l'exception de ceux qui ne seraient relatifs qu'à la Constitution particulière de la Bretagne.

Au surplus, les Princes, voyant avec satisfaction les principes d'après lesquels s'est formée ladite Association, et convaincus des bons effets qui doivent en résulter, recommandent au marquis de la Rouerie de faire connaître, de leur part, à ses compatriotes, que *les services qu'ils pourront rendre au Roi et à l'Etat, en demeurant dans leurs provinces et en se réunissant à cette coalition de zèle et de fidélité, leur paraissent plus importants que ceux qu'ils pourraient rendre au dehors ; et qu'en conséquence, quelque honorable que soient les motifs qui, dans les premiers moments, ont déterminé plusieurs d'entre eux à venir se ranger sous les ordres de Leurs Altesses Royales, elles désirent que le nombre n'en soit pas augmenté, et que les gentilshommes qui, pour des raisons également honorables, n'ont pas abandonné leurs foyers, évitent de prendre le parti de l'émigration.*

Le chef de l'Association bretonne et le chef de la Confédération du Midi s'étaient connus en Amérique, compagnons d'armes dans la guerre de l'indépendance des États-Unis. Ils se retrouvèrent à Coblentz, préparant en même temps, et d'accord, la contre-révolution. Le général Conway avait reçu sa première commission pour commander aux militaires le 4 mars 1791. La commission délivrée par les Princes à son second, de Saillant, est datée du 5 mars 1792 [1], trois jours après celle donnée à la Rouerie. Le rapprochement des dates prouve d'une manière incontestable que les deux grandes conspirations de l'Ouest et du Sud étaient liées pour éclater, d'après des mots d'ordre uniformes, au même moment.

Il est certain qu'au mois de mai 1792, Tuffin la Rouerie

1. Les deux commissions de Conway, 4 mars 1791, de Saillant, 5 mars 1792, sont imprimées dans un précieux recueil de la collection Rondonneau, aux Arch. nat. AD[I] 101, intitulé *Affaire du camp de Jalès; conspiration de Saillant, avec pièces authentiques*, imprimé par ordre du département de l'Ardèche (124 p. in-8°, Privas, 1792).

Le comte de Conway avait une commission particulière, l'autorisant « à recevoir les sommes que les citoyens zélés pour le service du Roi voudraient bien offrir; à les employer selon les ordres qu'il avait reçus ou qu'il recevrait de leurs Altesses Royales ; à en donner, en leurs noms, toutes reconnaissances nécessaires, et à régler avec ceux de qui il les avait reçues, les conditions qu'il jugerait convenables, soit pour le remboursement du capital, soit pour le payement des intérêts ». Il avait, de plus, les pouvoirs nécessaires pour passer « des marchés utiles au service du Roi, avec tous entrepreneurs et fournisseurs », à trois mois de terme, jusqu'à concurrence de 300,000 livres tournois.

Saillant lui était tout à fait subordonné, comme le prouve sa commission :

« Les Princes, frères du Roi, sachant combien M. de Saillant est digne de leur confiance, l'autorisent à faire usage d'une ampliation des pouvoirs qu'ils ont remis à M. de Conway; et veulent que tous ceux à qui il sera dans le cas de s'adresser, dans sa tournée, prennent confiance dans ce qu'il leur dira de leur part, et conformément aux instructions du général Conway.

A Coblentz, le 5 mars 1792.

Signé : LOUIS-STANISLAS-XAVIER, CHARLES-PHILIPPE.

Par leurs Altesses Royales, *signé :* COURVOISIER.

avait fait connaître aux Princes l'avancement de son organisation, et qu'il avait obtenu d'eux des *commissions en blanc*[1] pour ses lieutenants, déjà accrédités, et pour les officiers de tous grades dont il aurait à se pourvoir. Ces commissions, signées *Louis-Stanislas-Xavier* et *Charles-Philippe*, et revêtues de leur cachet, avec le contreseing de *Courvoisier* étaient ainsi formulées :

Monsieur, , étant instruit des motifs fondés sur votre mérite et de l'utilité vos services, qui ont porté M. le marquis de la Rouerie, d'après les pouvoirs qu'il a reçus de Nous à vous nommer , Nous approuvons et ordonnons que vous soyez reconnu et obéi en cette qualité.

En fin de quoi nous avons signé la présente confirmation et y avons fait apposer le sceau de nos armes.

L'Association bretonne s'était procuré quelque argent par l'adhésion non seulement d'à peu près toutes les familles nobles demeurées à la campagne, mais même d'un assez grand nombre de familles bourgeoises habitant des villes, grâce à l'ingénieuse souscription, par laquelle, en payant le revenu d'une année, on obtenait un sauf-conduit qui garantissait les propriétés et les personnes pendant le cours de la guerre. En beaucoup de localités importantes, elle avait réussi à « marier ses affiliés avec les autorités constituées », c'est-à-dire à introduire dans les conseils administratifs et au milieu des cadres des gardes nationales des agents, qui éloignaient les soupçons par des manifestations du civisme le plus exalté, tenaient les conjurés au courant de ce qui se passait et, sur les indications du chef, provoquaient de fausses manœuvres révolutionnaires destinées à couvrir ses propres agissements.

Le général Armand s'était procuré des complices parmi les chefs des troupes de ligne, qui tenaient encore garnison dans les villes; il avait, dans les ports, à Saint-Malo, à Brest, à Lorient, des correspondants qui lui donnaient des renseignements maritimes en vue de débarquements de munitions étrangères et d'auxiliaires émigrés. Il avait avancé son recrutement dans les paroisses, avec le concours des prêtres réfractaires errants et « d'hommes populaires, qui disposaient de beaucoup de bras », comme il est dit à l'article 11 du plan de décembre 1791. Les enrôlés, tenus sans cesse sur le qui-vive, par l'intermédiaire des mendiants, que les lois contre le vagabondage avaient exaspérés en faveur du clergé et de la noblesse, étaient « préparés de manière qu'on pût », suivant l'article 5, « vingt-quatre heures après l'avertissement les faire partir pour un ou plusieurs des

1. Au dossier de l'Affaire de Bretagne, papiers du Tribunal révolutionnaire de Paris, Arch. nat. W 274, il reste un paquet de 30 de ces commissions en blanc.

lieux désignés ». Si les comités centraux d'évêchés n'étaient pas au complet, déjà entraient en pleine activité ceux de Saint-Malo, de Fougères, de Rennes et de Laval, les cités les plus rapprochées du château de la Rouerie, mis sur pied de guerre, au milieu des bois.

Les préparatifs militaires qui s'y faisaient, les allées et venues des conspirateurs, ne pouvaient rester longtemps inaperçues. Ils furent dénoncés, le 28 mai, sous cette forme mystérieuse :

Les communes du canton de Saint-James et Pontorson au Directoire du district d'Avranches[1].

Messieurs,

Plusieurs municipalités du canton de Saint-James et Pontorson vous exposent qu'il est de la dernière nécessité de vous mettre sous les yeux qu'il y a à la Rouerie un accaparement journalier de denrées de toute espèce pour subvenir au complot infernal, que trame le sieur Tuffin de la Rouerie et qui, au premier instant, peut-être dans le jour, va se manifester et entraîner après lui le meurtre et le carnage de quantité des paroisses des environs.

Tout le monde sait qu'il y a, dans la maison de la Rouerie, des accaparements de munitions de guerre, telles que canons, quantité de fusils, poudre, balles, boulets. Plusieurs personnes ont vu hier, depuis six jusqu'à huit heures du soir, au moins 150 chevaux tant aller boire que dans l'enclos de la Rouerie ; que, depuis hier au soir, le logis est fortifié de double forteresse, tant de fagots, fascines, charrettes, de tous les côtés ; qu'il y a peut-être plus de 500 ennemis de l'État réfugiés là de l'espèce telle que nobles, ci-devant évêques, prêtres réfractaires ; qu'il y a des sentinelles journellement aux environs dudit logis ; que l'on a vu plusieurs fois le sieur Tuffin, à la tête de ses rassemblements de l'espèce de personnes suspectes, les exercer aux évolutions militaires. Nos oreilles sont frappées des cris de joie des réfractaires desdits cantons et des aristocrates qui ne craignent pas de dire que, *dans huit jours, cela finira et que les aristocrates seront tranquilles.*

Les huit jours sont presque écoulés, Messieurs. Aussi il n'y a plus de temps à perdre ; c'est à votre coalition avec le district de Dol, dont (la Rouerie) dépend, et avec celui de Fougères, dont il est voisin, de tous ensemble pourvoir à la destruction des accaparements de ces malintentionnés ; ce qui ne peut se faire sans pièces de canon, pour mettre la vie des patriotes du pays à l'abri de ces ennemis connus de l'État, et que, si vous ne vous portiez pas à donner un prompt secours, les municipalités patriotes des environs seraient forcées de tout abandonner pour mettre leur vie en sûreté, les gardes nationales du pays n'ayant ni armes ni munitions de guerre.

Vu la conspiration de ces ennemis de l'État, les municipalités qui vous adressent le présent vous prient de ne pas trouver mauvais que leurs noms ne soient pas inscrits.

Cette dénonciation était aussitôt transmise par le directoire du

1. Arch. nat. Dxl-10. On écrit *La Roirie* dans toute cette pièce.

district d'Avranches à celui de Dol, qui, en même temps, le 29 mai, était ainsi avisé officiellement par la commune sur le territoire de laquelle se trouvait le château du « général Armand » :

La municipalité de Saint-Ouen-de-la-Rouerie au directoire du district de Dol [1].

Nous vous envoyons un exprès pour vous donner connaissance d'un rassemblement d'hommes qui se fit la nuit dernière au château de la Rouerie. Il s'en est assemblé plus de 200; ils y ont passé la nuit, armés de fusils, de sabres et de pistolets; ils se retirent le jour. Il en est passé en escouade, à trois heures du matin, par notre bourg; ils étaient au nombre de 20 à 30. Toutes les paroisses et nos environs sont dans la plus grande désolation du monde. Ces brigands menacent les citoyens de leur mettre le feu dans leurs maisons. Cela étant, nous vous prions de vous joindre avec nous; notre garde nationale n'est nullement en défense, parce qu'elle n'a point d'armes. Envoyez-nous donc un réquisitoire pour que nous puissions requérir la force publique. Il en est temps. Il se rassemble aussi dans le château Portail et dans une maison que l'on appelle Plaisance et qui est dans le milieu du bois de Gastine. Je vous le répète, Messieurs, donnez-nous un réquisitoire; nous l'attendons avec impatience. Antrain est tout prêt à partir pour arrêter tout ce monde; il faut que nous soyons en force.

Signé : TRISTET, PAUFORS, MÉDIGNAC.

Quoiqu'il ne lui appartînt pas d'agir, l'administration départementale de la Manche, qui siégeait alors à Coutances, avait, dès le premier avis du district d'Avranches, pris des mesures pour répondre à un appel de secours d'Ille-et-Vilaine; de plus, sans attendre, elle avait averti l'Assemblée nationale, qui reçut ces renseignements le 1er juin [2]:

... Les maires de trois communes voisines du château de la Rouerie, réunis devant le directoire du district d'Avranches, ont déclaré être informés que, depuis au moins deux mois, il s'y fait des rassemblement considérables de toutes espèces, qui ont répandu l'alarme dans le canton; que le sieur de la Rouerie a fait de grandes provisions de bouche; que, par des achats considérables il a fait augmenter beaucoup le prix des denrées; qu'il accaparait de fortes sommes en numéraire, qu'il échangeait à grande perte contre des assignats; que plusieurs personnes non suspectes leur ont rapporté qu'ils lui avaient compté plus de 80 chevaux, tandis qu'il n'en avait auparavant que 7 ou 8 assez médiocres; que, pour les loger, il s'est défait de tout autre bétail; que depuis quelque temps il a fait une provision extraordinaire de viandes de toutes espèces; que son château était environné de charrettes renversées, de fagots et de tonneaux remplis de terre; qu'on avait vu passer la nuit plusieurs escouades de gens armés pour s'y rendre,

1. Arch. nat. DXL-10.
2. Arch. nat. DXL-12, liasse de la Manche.

se ralliant par un coup de sifflet, et qu'il y avait beaucoup de personnes portant l'uniforme national ; qu'il y avait quantité d'armes dans le château, des tonneaux remplis de fusils et des paniers mannequins pleins de balles, et même des canons; que cependant ni la personne ni les propriétés de M. de la Rouerie n'ont jamais été menacées par leurs communes et que ces prétendues menaces ne sont qu'un prétexte dont il avait voulu masquer ses desseins hostiles.

Ils ont ajouté que le procureur de la commune et deux officiers de la garde nationale de Sacey, s'étant transportés en dernier lieu au château de la Rouerie, ont trouvé beaucoup de terre remuée dans la cour, et présument que le propriétaire s'est retiré dans le château de Saint-Brice, département d'Ille-et-Vilaine, et ont été informés qu'un assez grand nombre d'habitants de Carnet avaient passé la nuit précédente au château et dans les bois voisins, où on leur avait fait donner des vivres.

Le maire de la paroisse de Saint-Ouen-la-Rouerie a fait aussi à l'officier de la gendarmerie nationale une déclaration conforme à celle des autres sur les rassemblements considérables d'hommes et d'armes dans le château de la Rouerie, sur les retranchements qui y étaient pratiqués et sur les alarmes que des mouvements aussi dangereux répandaient parmi les patriotes.

Voilà, Monsieur le Président, les renseignements que nous avons recueillis jusqu'à ce moment-ci sur ces rassemblements qui nous paraissent mériter la plus grande attention...

Signé : *Les administrateurs composant le directoire du département de la Manche :* HEUDELIN, CORNAVIN, ERNOUL, LAURENCE ; CHANTEREYNE, *secrétaire général.*

Le 31 mai, le Directoire du département d'Ille-et-Vilaine avait adressé cette réquisition [1], au général de Chevigné, commandant la 13e division militaire, à Rennes [2] :

Nous sommes informés, Monsieur, qu'il se fait des rassemblements considérables d'hommes armés chez M. Tuffin, dans la paroisse de Saint-Ouen-de-la-Rouerie, et l'on assure qu'il a été établi différentes fortifications. Comme ces rassemblements et les mouvements hostiles qui paraissent devoir en résulter causent les plus vives alarmes et exigent les mesures les plus promptes pour en prévenir les effets, nous vous prions, Monsieur, de vouloir bien donner vos ordres pour faire partir le plus promptement possible

1. Arch. nat. Dxl-10.

2. CHEVIGNÉ (Augustin-René-Christophe, comte de) était un Vendéen, né le 11 juillet 1737, à Saint-Sulpice près Montaigu, page du roi 1753, lieutenant au régiment de Bauffremont 1756, capitaine 1759, il fit en 1760-1761 les campagnes d'Allemagne. Colonel des grenadiers de France, puis du régiment de Senlis 1770, décoré de Saint-Louis, il passa au 2e cuirassiers et au régiment d'artillerie de Strasbourg 1778, devint maréchal de camp 1788 et lieutenant de roi au commandement des places de Port-Louis et Lorient. Promu lieutenant-général 20 mars 1792, il commanda d'abord la 14e puis la 13e division militaire. A Rennes, il était aussi aimé et soutenu par les patriotes que Verteuil à La Rochelle. Néanmoins il fut « remercié comme noble » le 15 mai 1793. Réintégré par arrêté du Comité de salut public, 24 brumaire an III, il fut mis à la retraite le 16 prairial an V. (D'après ses états de service, aux Arch. adm. de la guerre.)

un détachement du 36e régiment, qui est à Saint-Servan et à Saint-Malo, pour se rendre à Antrain, avec quelques pièces de canon, à l'effet de concerter les mouvements nécessaires pour dissiper les rassemblements, en arrêter les auteurs et assurer la tranquillité publique. Nous vous prions, en outre, de faire partir dès aujourd'hui, pour Antrain, et relativement au même objet, un détachement du 16e régiment de dragons. Nous requérons en même temps le commandant de la gendarmerie de faire partir un détachement de cette garde avec deux pièces de canon.

PERQUISITIONS AU CHATEAU DE LA ROUERIE ET AUTRES MAISONS NOBLES DES ENVIRONS [1]

Le directoire du département d'Ille-et-Vilaine, par arrêté du 31 mai, nomma deux de ses membres, François Varin le jeune et J.-P.-M. Hevin, commissaires, pour diriger les perquisitions sur les rassemblements armés de la Rouerie. Ces commissaires, arrivés à Antrain le jour même, à six heures et demie du soir, y trouvèrent un commissaire du district de Dol, de La Bigue, et deux commissaires du district de Fougères, Gaultraye fils et Latouche; trois détachements des gardes nationales de Pontorson, Dol et Fougères, les brigades de gendarmerie de ces villes et aussi de celles de Saint-Servan et de Saint-Aubin-du-Cormier, que rejoignirent, une heure plus tard, les détachements d'infanterie et de cavalerie expédiés de Rennes.

Les commissaires du département et des districts, après avoir délibéré avec le maire et le procureur de la commune de la Rouerie, Thomas de la Lande et Le Breton, envoyèrent une patrouille de 20 gendarmes voir ce qui se passait au château de la Rouerie. A onze heures et demie, on apprenait d'elle que « le sieur Tuffin en était absent et que tout paraissait dans la plus grande tranquillité ». Après avoir reçu quelques lettres et papiers suspects et maintenu en arrestation l'homme d'affaires de la Rouerie, Deshayes, les commissaires Varin et La Bigue partirent pour le château, avec des troupes. Ils y interrogèrent les domestiques et y firent des perquisitions minutieuses, qui durèrent presque toute la journée du 1er juin.

Ceci résultait des déclarations des domestiques :

« Le sieur Tuffin était parti le mardi 29 mai, environ vers les trois heures de l'après-midi, accompagné d'environ 14 à 15 personnes. Depuis quinze jours, que des bruits d'incendie s'étaient répandus, il y avait eu des rassemblements d'hommes armés qui avaient monté la garde, la nuit, autour de la maison. Le dimanche 27 mai, le rassemblement s'était porté de 80 à

1. Analyse et extraits du volumineux procès-verbal adressé par les Administrateurs du département d'Ille-et-Vilaine à l'Assemblée nationale législative, et daté du 31 mai au 6 juin 1792, Arch. nat. DxL-10.

100 personnes. Le même jour au soir, le sieur Tuffin avait fait seller ses chevaux, au nombre de 28 ou 29, tant à lui qu'à ses amis, les avait fait sortir de l'écurie, et on avait manœuvré dans la cour et aux environs. Des hommes de différentes paroisses avaient passé la nuit ; ils étaient partis le lundi à dix heures du matin ; on ignorait le lieu de la retraite du sieur Tuffin.

Quant aux perquisitions dans toutes les pièces et dans chaque meuble, elles ne révélèrent à peu près rien. On déterra du jardin un baril de beurre, des bouteilles de vin et différentes pièces d'argenterie ; on les remit immédiatement à la demoiselle Masson, principale gérante du château. On rapporta des maisons voisines quelques effets du sieur Tuffin, un fusil et un pistolet. Ces armes ayant été réclamées par la femme Auger, comme appartenant à son mari, « sur l'assurance que celui-ci était citoyen actif », les commissaires promirent de lui faire rendre ses armes. En congédiant le détachement de la garde nationale de Pontorson, qui avait formé une partie de leur escorte, les commissaires le félicitèrent « du respect qu'il avait constamment montré pour la loi et les propriétés ». Une bouteille de vin, qui avait été offerte à quelques hommes, fut payée ; on solda aussi l'avoine et le foin fournis aux chevaux. Pas une dégradation ne fut commise ni à l'intérieur ni à l'extérieur. On fit seulement enlever, par un maçon requis, les armoiries qui étaient restées sculptées sur la façade du château.

Les commissaires Varin, du département, et A.-R. de La Bigue, du district de Dol, se portèrent, dans la nuit du 1er au 2 juin, à la maison du Rocher-Portail, paroisse de Saint-Brice. Les demoiselles de Farcy et de la Ville-du-Bois leur déclarèrent que le sieur Tuffin n'était pas chez elles ; ce dont ils s'assurèrent par une visite minutieuse, faite en la compagnie des châtelaines. Ayant remarqué « du crottin frais dans l'écurie », ils demandèrent aux domestiques « s'il n'y avait pas eu des chevaux attachés à cette place cette nuit-là même, et si ces chevaux n'avaient pas été ceux du sieur Tuffin de la Rouerie ». Le palefrenier reconnut qu'il y avait eu des chevaux à l'écurie, mais que c'étaient ceux de M. de Pontavice, qui y étaient restés de six à huit heures du soir. Les contradictions des réponses des trois domestiques nécessitèrent leur arrestation.

En regagnant Antrain, les commissaires se firent ouvrir la maison dite La Branche. Les maîtres en étaient partis la veille. Cependant on aperçut deux lits dérangés, dans une salle basse et dans une chambre du haut ; on constata que les draps étaient encore chauds ; on retira de l'un des lits un mouchoir et une coiffe de nuit. Les domestiques finirent par répondre que M. de Pontavice, sa femme et sa fille avaient couché cette nuit-là dans la maison. Ils nièrent que Tuffin de la Rouerie y eût passé.

Des délégués des districts et des gardes nationales de Dinan et de Saint-Malo, Lagrée et Chiffoliau, venus pour offrir les secours de ces villes, traversèrent le château de la Rouerie la nuit du 1er au 2 juin. Ils en expulsèrent « des habitants des environs, avec des fermiers du châtelain, qui étaient ivres et qui offraient son vin au premier venu».

Les commissaires du département renvoyèrent, le 2 juin, toutes les troupes, ne gardant que 10 dragons et cavaliers nationaux de Rennes pour les perquisitions à continuer, s'il était nécessaire.

Le commissaire administrateur du district de Fougères, Gaultraye, fut chargé, ce jour, de visiter la maison La Battue, commune de Bazouges-la-Pérouse, « sur l'avis que 10 particuliers, ayant à leur tête le sieur Tuffin et un de ses amis, avaient dû se rendre chez le sieur Collin, régisseur du sieur du Tiercent, y passer la nuit, et s'y tenaient cachés ». Le commissaire n'y rencontra que la dame Collin, qui déclara « ne connaître nullement ce sieur Tuffin », et que, s'il venait dans sa maison des personnes, ses amies et amis de Bazouges et des paroisses voisines, « ce n'étaient point des ex-privilégiés, mais des amis de la Révolution et des protecteurs des lois ». Perquisition scrupuleuse accomplie, « il ne se trouva rien qui pût annoncer que cette maison eût pu être en aucun temps le refuge des ennemis de la Révolution et du bien public, ainsi que servir d'entrepôt d'armes et de fournitures de guerre ». Collin, rentré chez lui, se hâta d'aller voir le commissaire départemental, resté à Antrain, et de l'« assurer de son dévouement pour le maintien de la Constitution ».

Dans l'après-midi du 2, les administrateurs Varin, du département, et François de La Touche, du district de Fougères, se transportèrent une dernière fois, avec le lieutenant de dragons Brossardière, dans le château de la Rouerie, où l'on prétendait de nouveau qu'il avait été fait des dégâts considérables.

Un procès-verbal fut dressé pour démentir ce bruit public :

..... Y rendus, nous avons trouvé Mlle Masson, demeurant à ladite maison, que nous avons requise de se transporter avec nous dans les différents appartements et dans les jardins et avenues pour en faire la visite ; le tout vérifié en présence de ladite demoiselle, nous avons reconnu qu'il n'a été fait autres dégâts dans la maison que quelques vitres brisées dans les appartements d'en bas, deux panneaux d'une armoire dans le salon à manger enfoncés, dans laquelle il paraît qu'on a cassé quelques bouteilles de liqueur; qu'on a brisé aussi dans le même appartement la fontaine de faïence et trois ou quatre assiettes, et, dans les appartements d'en haut, quelques vitres et brisé un battant d'armoire ; que, du reste, tous les autres meubles et effets, beaucoup plus précieux, ont été conservés avec les plus grands soins ; que, dans le jardin, on a simplement coupé quelques petites branches de myrte et d'oranger, et rompu trois petits arbres de décoration ; qu'autour du colombier, dont on a rompu la charpente, il a été coupé différents arbustes; que dans un pâtis au-dessus du moulin se sont trouvés seize jeunes hêtres coupés avec un sabre, autant qu'il nous a paru, et qu'une petite promenade auprès de la Faye a été détruite en partie, et que des pierres qui en formaient le parapet ont été roulées dans la rivière qui passe au bas. De tout quoi nous avons rapporté le présent procès-verbal sur les lieux et en présence de la demoiselle Masson, qui a reconnu et attesté que la force publique, qui accompagnait hier les commissaires qui sont venus faire la visite de ce lieu, s'est comportée avec la plus grande décence et tranquillité et a respecté scrupuleusement les propriétés.

Fait le 2 juin 1792, l'an IV de la liberté.

Signé : MASSON, BROSSARDIÈRE, DE LA TOUCHE, VARIN LE JEUNE.

COMMENCEMENT DE POURSUITES CONTRE LA ROUERIE

Le commissaire départemental Julien-Pierre-Marie Hevin, tandis que son collègue était à la Rouerie, acheva de recevoir les déclarations de l'homme d'affaires de Tuffin, Deshayes, amené et gardé à Antrain. Le procès-verbal en fut immédiatement dressé et signé :

..... Depuis quinze jours ou trois semaines, des bruits multipliés s'étaient répandus que des brigands devaient descendre à la Rouerie, dans le dessein de piller et incendier cette maison. Des amis, des fermiers du sieur Tuffin et plusieurs particuliers des environs étaient venus lui offrir leurs secours; la nuit ils montaient la garde autour de la maison. Par l'ordre du sieur Tuffin, il avait payé à quelques-uns de ces hommes une indemnité qui ne s'était jamais élevée au delà de 20 à 25 sous. Le sieur Tuffin avait inutilement porté ses plaintes aux municipalités de Saint-Ouen-de-la-Rouerie, d'Antrain et au juge de paix pour faire cesser ces menaces; il avait proposé au maire de Saint-Ouen de lui fournir des hommes pour la garde de sa maison, offrant de les payer jusqu'à ce que les bruits répandus se fussent dissipés; le sieur Tuffin n'avait d'autre dessein que de garder et défendre ses propriétés. Lui, Deshayes, n'avait point connaissance du nombre des personnes qui pouvaient se trouver à la Rouerie; le plus grand qu'il eût vu à la table du sieur Tuffin n'avait jamais été au-dessus de trente, mais il ne savait pas le nombre de ceux qui ne mangeaient pas à sa table. Le sieur Tuffin n'avait aucun amas de munitions de guerre; cependant, lorsque les bruits d'incendie et de pillage s'accrurent au point de lui faire croire la descente très prochaine, il avait vu des cartouches sur une table; elles étaient en petite quantité; il ignorait si elles avaient été faites par ordre du sieur Tuffin; il n'y a point eu de poudre en baril. Le sieur Tuffin avait ordinairement treize à quatorze chevaux à l'écurie à son service; le dimanche 27 mai au soir, on les fit seller et sortir; on les monta pour essayer la manière dont on repousserait les brigands. Il avait entendu dire au sieur Tuffin que, si les brigands se présentaient, il faudrait les repousser; que, si l'on n'était pas assez forts, il faudrait demander du secours aux municipalités voisines; que, si l'on se présentait pour faire des perquisitions légales et qu'il y eût des officiers publics à la tête de la troupe, il faudrait les laisser entrer.

Les divers papiers saisis au château de la Rouerie furent remis à l'intendant Deshayes, moins cinq, que le commissaire départemental lui fit coter et parapher. Parmi les pièces réservées il y avait deux lettres du maire de Saint-Ouen-de-la-Rouerie, Thomas de la Lande, et du juge de paix du canton de Saint-Brice, Boisvent, son beau-frère, lesquelles paraissaient contenir « des traces de connivence entre ces particuliers et le sieur Tuffin ».

Les commissaires La Bigue et La Touche, d'une part, Hevin et Gaultraye, de l'autre, furent chargés de s'assurer des personnes de ce maire et de ce juge de paix.

Thomas de La Lande, amené, déclara :

Qu'il avait écrit la lettre du 20 mai 1792 sur le conseil du sieur Boisvent, son beau-frère, dans le dessein de tromper et surprendre le sieur Tuffin, afin de gagner sa confiance, de connaître ses desseins et de se saisir des hommes rassemblés chez lui, s'il était vrai qu'il s'y fît des rassemblements, ce dont il n'était pas certain ; il n'en avait de connaissance que par des ouï-dire, n'ayant osé se présenter chez lui que le 29 au matin, dans la crainte qu'il ne se fût porté à des excès contre lui ; la visite projetée et annoncée dans la lettre n'avait point eu et ne devait pas avoir lieu.

Le juge de paix Boisvent, qui n'avait pas été trouvé chez lui, vint, le 5, sur l'invitation du commissaire du département, répondre :

La lettre saisie, du 19 mai, était de son écriture ; il n'avait pas eu d'autre correspondance avec Tuffin ; depuis plus de vingt mois, il ne l'avait pas vu ; sa lettre était écrite dans le dessein de calmer son esprit aigri contre le sieur Thomas, son beau-frère, parce que celui-ci avait dû faire enlever les armes et le cœur de son père déposés dans l'église de Saint-Ouen ; que cette lettre écrite par lui chez le sieur La Lande avait été remise au sieur Deshayes, agent du sieur Tuffin ; qu'il s'en était ressaisi pour biffer sa signature ; que le sieur Deshayes l'avait reprise ensuite entre ses mains ; qu'enfin lorsqu'ils se quittèrent, lui et le sieur La Lande, il fut convenu entre eux que la descente annoncée n'aurait point lieu.

L'information avait été conduite à ce point par le commissaire Hevin, lorsqu'arriva à Antrain l'un des administrateurs, ses collègues, Joseph-Jacques Gaucher, nommé par arrêté du directoire du département, « ce jour 4 juin 1792, pour continuer de prendre, de concert avec lui, des renseignements relatifs aux rassemblements qui ont dû avoir lieu chez le sieur Tuffin, en sa maison de la Rouerie ».

Une heure après la réunion des deux commissaires, se présentait « un particulier d'Antrain », demandant à déposer :

La déclaration porte en substance qu'une des fêtes de la Pentecôte dernière, une femme de la ville d'Antrain et un particulier, son neveu, le menèrent boire dans un cabaret et l'engagèrent à aller avec eux le soir même à la Rouerie, en lui disant qu'il y trouverait du monde et des armes; qu'il ne leur manquait que la poudre, mais que quelqu'un avait promis de leur en faire avoir.

Le lendemain 5, un autre particulier apporta « librement et volontairement » cette déclaration:

Le dimanche de la Pentecôte dernière, un particulier de sa paroisse, Le Tremblay, vint le trouver chez lui pour l'engager à se rendre avec lui le soir à la Rouerie. Ce même particulier, étant venu le retrouver le lendemain à même fin, il se détermina à l'accompagner dans le dessein d'aller coucher chez son père, dans une ferme voisine de la maison de la Rouerie, où il s'était engagé d'aller travailler le lendemain. Arrivé à la Rouerie, il entra d'abord dans l'écurie, où il vit beaucoup de chevaux que des domestiques étaient occupés à seller. L'un des domestiques, l'ayant fixé, cria aux autres : « Que cherche ici ce démocrate ? » Ayant passé de l'écurie dans la cour, il rencontra le particulier avec lequel il était venu, sortant de la cave et portant une cruche de cidre de chaque main ; ce particulier lui en remit une, en lui disant de le suivre ; il le conduisit dans une chambre haute, où il y avait quinze à dix-huit personnes assemblées ; il but avec eux quelques coups de cidre. Étant sorti de cette chambre pour s'en aller, peu de temps après y avoir entré, il passa devant la porte d'une autre chambre qui se trouva ouverte ; au moyen de quoi, il y remarqua environ autant de personnes rassemblées que dans celle qu'il venait de quitter ; il distingua sur une table un monceau de balles de la grosseur à peu près de ses deux poings réunis ; quelques-uns de ces particuliers étaient occupés à rouler du papier sur des morceaux de bois arrondis ; d'autres essayaient des balles à leurs fusils. Au moment qu'il quitta cette maison pour se rendre chez son père, entre huit à neuf heures du soir, il aperçut par les fenêtres de la lumière dans toutes les chambres de la maison.

Ces deux dépositions, signées par leurs auteurs, furent remises, ainsi que les lettres et pièces saisies, à l'officier de gendarmerie Cadenne, avec l'arrêté du directoire du département, en date du 5, pour lui « servir et valoir de dénonciation aux fins dudit arrêté contre le sieur Tuffin et autres prévenus d'avoir participé auxdits rassemblements ».

Le procès-verbal général des commissaires du département d'Ille-et-Vilaine fut clos à la date du 6 juin. Quelques jours après, le procureur général syndic Malherbe en expédiait une copie authentique à l'Assemblée nationale, avec les pièces annexes. La lettre d'envoi [1] se termine ainsi :

1. Elle est datée de Rennes,... juin 1793, Arch. nat. DxL 10.

Après l'examen de ces pièces et le rapport des commissaires, nous avons cru devoir dénoncer à l'officier commandant la brigade de gendarmerie de la résidence de Dol le sieur Tuffin et quelques autres particuliers, prévenus d'avoir eu part à des rassemblements qu'il est prouvé avoir eu lieu à la Rouerie.

Nous apprenons que cet officier a déjà donné des mandats d'amener contre plusieurs de ces particuliers devant le juge de paix de Dol, sur le refus de celui du canton de la Rouerie et de ceux des cantons voisins d'en connaître.

On mit en prison le greffier du juge de paix d'Antrain, Jacques André ; un marchand, François Prioul, et quelques autres individus des plus obscurs. On ne put incriminer aucun des complices notables du « général Armand », et lui-même, errant des confins de la Normandie aux extrémités de la presqu'île armoricaine, demeura insaisissable[1].

On ne connut que plus tard[2] toute l'importance du rassemblement contre-révolutionnaire dont les administrateurs patriotes d'Ille-et-Vilaine avaient manqué la surprise d'une heure à peine.

C'était au château de la Rouerie, et dans la nuit du 31 mai au 1er juin, que l'organisation de l'Association bretonne avait été achevée par la formation de l'état-major et la distribution des commandements en vue d'une prise d'armes très prochaine.

Après un repas « non moins enivrant par l'exaltation des discours que par l'abondance des liqueurs[3] », La Rouerie avait fait passer les conjurés « dans une salle secrète ». Son secrétaire, Loisel, leur avait lu à haute voix la commission des Princes datée de Coblentz 2 mars 1792. Puis le général les avait harangués, leur demandant « s'ils le croyaient digne d'être leur chef et de les mener à la victoire, de jurer avec lui fidélité au Roi, haine aux démagogues, soumission aux ordres des Princes et dévouement à l'Association bretonne ». Le serment avait été prêté avec enthousiasme.

Une vedette étant venue annoncer que des volontaires s'étaient mis tumultueusement en marche pour livrer le château aux flammes, La Rouerie s'était déclaré prêt à détruire sa maison plutôt que de l'abandonner lâchement. On s'était armé et préparé à la lutte.

1. *Histoire de la Révolution dans l'ancienne Bretagne*, par A. Duchatellier, t. II, chap. VII, p. 131-137. — On sait que cet ouvrage a été écrit d'après les trois charretées de papiers que le conventionnel Guezno, d'Audierne, avait cachés dans un mur de sa maison, et qu'il légua à l'auteur, n'ayant pu les utiliser lui-même.

2. Et par les révélations de Latouche-Cheftel à Danton. (Voir plus loin, t. III, chap. XXXV). C'est à tort qu'Alph. de Beauchamp dit ces révélations antérieures à l'expédition au château de la Rouerie, que les autorités de Rennes auraient entreprise d'après les avis venus de Paris. Les pièces inédites que nous avons produites prouvent le contraire.

3. Nous suivons le récit d'Alph. de Beauchamp, *Histoire de la guerre de Vendée*, éd. de 1820, t. I, p. 44-47.

Mais un second émissaire était survenu, assurant que « ce n'était pas un rassemblement illégal qui menaçait le château, mais 400 gardes nationaux de Saint-Malo et des environs, qui avaient à leur tête des officiers de police et des commissaires du département ».

On avait alors constaté qu'il était inutile de livrer un combat inégal et d'y compromettre les intérêts du parti. La Rouerie lui-même avait dirigé la retraite par des souterrains inconnus ; avant de partir, il avait fait disparaître tout ce qui pouvait rappeler un rassemblement armé ; il avait même fait démeubler les appartements pour laisser supposer que le château était inhabité depuis plusieurs jours.

Le généralissime de la Confédération royaliste de la Bretagne et pays circonvoisins s'était choisi pour aides de camp, son neveu Tuffin, le jeune Limoélan et le chevalier de Tinténiac[1]. Un ancien officier au régiment d'Armagnac, de Pontavice, résidant le plus souvent à Paris, avait la charge d'observer ce qui s'y passait et d'entretenir les relations des conjurés avec la cour. Un ancien compagnon d'armes de La Rouerie en Amérique, de Fontevieux, s'était pourvu d'une commission diplomatique du prince des Deux-Ponts près le gouvernement des États-Unis, et voyageait sans cesse entre l'Allemagne, l'Angleterre et la France, servant de courrier aux Princes et à l'Association bretonne. L'administration était dirigée par Desisles, seigneur de la Fosse-Hingant, assisté de son beau-père Picot de Limoélan, et tenant, au pied de son château, sur la côte de Cancale, une barque toujours prête à filer sur Jersey, porter des avis à Botherel et rapporter des dépêches de l'émigration, qui préparait des armes et fabriquait des faux assignats dans les îles anglaises, sous la direction de Calonne et la protection du gouvernement britannique. Les commandements militaires de l'intérieur étaient répartis entre Palierne et Bérillais, dans le pays nantais, de Bernard et de Caradeuc, vers l'embouchure de la Vilaine ; La Bourdonnaye, de Solz, de Lantivy, dans le Morbihan ; Dubaubril-Dampherné dans le Finistère ; Charles de Boishardy, dans les Côtes-du-Nord ; Lahaie-Saint-Hilaire, entre Dol et Rennes ; le mar-

1. Né en 1764, Tinténiac, d'après la *Biographie bretonne* de Levot, avait été obligé de quitter la marine par les suites d'une aventure galante. Très lié avec La Rouerie, il servait d'intermédiaire entre les émigrés d'Angleterre et les royalistes de Bretagne. Il continua ce rôle et remplit deux missions célèbres : auprès de la grande armée vendéenne, en juillet 1793 ; auprès de Charette, en juin 1794. Mêlé à l'entreprise de Quiberon, il fut débarqué avant l'expédition anglaise, pour recommencer le soulèvement des campagnes bretonnes. Traqué par les troupes républicaines, il fut tué dans un dernier combat, au château de Coëtlogon, le 17 juillet 1795. Ce très romanesque personnage avait reçu des princes le grade de maréchal de camp ; il a signé, en cette qualité, le 20 septembre 1794, un arrêté du Conseil militaire de l'armée catholique et royale, portant création d'une fabrique de faux assignats.

quis de Saint-Gilles, dans l'Avranchin; du Boisguy, à Fougères; enfin, dans la Mayenne, Antoine-Philippe de la Trémoïlle, prince de Talmont, qui avait toujours entretenu les relations les plus intimes avec la noblesse du Bas-Poitou, où il était puissant propriétaire.

La Rouerie avait sans cesse à ses côtés son secrétaire Loisel, ancien contrôleur des actes à Plancoët et Saint-Malo, le major américain Chafner et la fiancée de celui-ci, sa parente et amie Thérèse de Moélien, qui portait les pouvoirs des Princes cousus sous ses habits d'amazone et semait les faux assignats, en enrôlant des troupes et opérant des séductions dans les corps administratifs[1].

CONTRE-ORDRE DES PRINCES

Exaspéré de ne pouvoir rentrer dans son château, s'apercevant d'ailleurs que les autorités des districts et des départements, quelque zélées qu'elles fussent, n'avaient découvert que peu de chose et ne disposaient pas d'assez de forces pour résister à un soulèvement sérieux, le « général Armand » avait hâte d'agir. Mais, de Coblentz, le 15 juin[2], Monsieur et le comte d'Artois, en le félicitant de « maintenir la Bretagne fidèle à la Religion et au Roi », lui commandaient « d'attendre avec confiance *le moment où l'action prochaine de forces extérieures* offrirait aux bons Français la possibilité de manifester ouvertement leur loyauté et leur courage ». Ils lui annonçaient :

Les Princes feront paraître incessamment un manifeste, qui fera connaître que leurs vœux ne tendent qu'au rétablissement de l'ordre et annoncera l'esprit d'équité et de modération qui dirige toutes leurs démarches. Ce manifeste, *soutenu par l'armée des puissances confédérées*, sera tel qu'il puisse éclairer la nation sur ses véritables intérêts, dissiper les fausses inquiétudes qu'on lui a imprimées, la rassurer sur la crainte d'être surchargée d'impôts ou privée d'une liberté légitime. Mais en même temps il présentera tout ce qu'ont à craindre les factieux révoltés contre le gouvernement paternel d'un roi dont ils ont indignement méconnu la bonté, et il fera trembler les plus audacieux en leur faisant voir la vengeance due à leurs forfaits suspendue sur leurs têtes.

En terminant, ils lui recommandaient avec insistance *d'éviter toute explosion prématurée*. Néanmoins, « si la violence d'une secte

1. D'après Alph. de Beauchamp, t. I, p. 37 à 41, avec quelques détails tirés des pièces du procès La Guyomarais. (*Bullet. du Trib. révolut.* et Arch. nat., W 274.)

2. L'original de la lettre est aux Arch. nat., W. 274 Elle a été imprimée à la suite du rapport de Basire du 4 octobre 1793 et parmi les pièces justificatives de l'ouvrage de Beauchamp.

sanguinaire attentait à la vie et à la propriété des citoyens », le chef reconnu de l'Association bretonne était autorisé à repousser l'attaque, les « Français fidèles » invités à le seconder, les Princes « se reposant entièrement, pour les moyens d'exécution, sur la sagesse et la modération du marquis de La Rouerie ».

Le « général Armand » les ayant instruits du mauvais effet que produisait sur les Associés le mot d'ordre de laisser agir, pour la restauration du trône, les étrangers avant que les nationaux n'eussent tiré l'épée, les Princes s'empressèrent de lui adresser des instructions, où il était dit :

Les Princes, frères du Roi, voulant écarter et même détruire les soupçons, jalousies et inquiétudes, que l'arrivée des troupes étrangères en Bretagne paraît y inspirer, désirent et jugent à propos que, dans le cas de l'arrivée de ces troupes ou de toutes autres, leurs chefs entrent en relations avec celui de l'Association bretonne, pour que ces chefs se conduisent en tous points de concert avec lui, relativement au bien des affaires du Roi, au rétablissement de son pouvoir légitime et à la conservation des propriétés.

MOUVEMENTS EN BRETAGNE

Presque en même temps que ce mot d'ordre d'attendre l'entrée en campagne des Prussiens coalisés avec les Autrichiens, arriva la nouvelle de la journée parisienne du 20 juin. En apprenant que le roi avait été forcé, dans son palais, par le peuple, de se coiffer du bonnet rouge, les conjurés bretons se rassemblèrent sur plusieurs points. Leur chef, fidèle aux instructions des Princes, les empêcha, non sans peine, d'agir immédiatement.

Cependant, près de Quimper, au bourg de Fouesnant, se produisit un soulèvement populaire contre le procureur syndic du district, Abgrall, envoyé pour procéder au recouvrement des contributions et à l'élection d'un nouveau juge de paix. L'ancien juge, Alain Nédellec, se mit à la tête de la rébellion, à laquelle vinrent s'associer les paysans de plusieurs communes voisines. Un rapport sur cette grave émeute fut aussitôt adressé par l'administration départementale :

A l'Assemblée nationale [1].

Quimper, 10 juillet 1792, l'an IVe de la Liberté.

Monsieur le Président,

Dimanche 8 de ce mois, le directoire fut prévenu, environ sur les trois heures après midi, que le nommé Alain Nédellec, cultivateur et juge de paix

1. Arch. nat. DXL 9, liasse du Finistère.

de Fouesnant, dans ce ressort, avait fait publier, à l'issue de la messe paroissiale, à tous ceux qui voudraient *prendre le parti du roi et commencer la révolte*, de quelque qualité et âge qu'ils fussent, de se rendre en armes ou sans armes près la chapelle de Kerbader, en la même paroisse, et qu'il serait procuré des armes et des munitions à ceux qui n'en avaient pas.

Le même jour, environ vers six heures de l'après-midi, on fut instruit que le même Nédellec avait envoyé un émissaire dans une succursale de la même paroisse pour faire la même publication à l'issue de la messe, et qu'un rassemblement d'hommes armés commençait à s'effectuer près la chapelle indiquée.

Le lundi 9, environ les dix heures du matin, on vint avertir le directoire qu'il y avait été assemblé 4 à 500 hommes armés ; que la troupe grossissait et que, dans la nuit du 8 au 9, Alain Nédellec avait envoyé des détachements dans les demeures des maires des différentes localités du canton, pour les forcer à se rendre près de lui en armes ; que quelques-uns s'échappèrent, que d'autres furent conduits forcément vers le juge de paix.

A dix heures, deux maires qui s'étaient échappés vinrent nous confirmer la nouvelle de la réunion et nous annoncèrent que des détachements couraient la campagne et menaçaient d'incendier ceux qui ne viendraient point au lieu indiqué ; que le tocsin avait été sonné dans les différentes paroisses ; que de toutes parts on se rendait près de ce juge de paix. Ces maires finirent par nous prier de venir à leur secours, ou que le pays serait désolé.

Sur-le-champ, le département arrête d'envoyer sur les lieux une force armée de 150 hommes de garde nationale, 16 gendarmes, un officier et un commissaire, qui déploierait le drapeau rouge dès son entrée dans le canton ; de requérir de M. Canclaux, commandant les troupes dans le département, 200 hommes du régiment d'Orléans en garnison à Quimperlé, pour se réunir à la garde nationale, avec 150 hommes de plus, pour tenir garnison à Quimper jusqu'au rétablissement du calme dans l'arrondissement.

Le mardi 10, le détachement de garde nationale et de gendarmerie est parti de Quimper à quatre heures du matin, pour se rendre au bourg de Fouesnant, distant de trois lieues. A un quart de lieue du bourg, les rebelles, postés derrière des fossés, ont profité de l'embarras de nos troupes, défilant dans un chemin creux, pour les fusiller. Un exprès, qui nous a été dépêché, nous apprend que nous avons eu un homme de tué, trois de blessés, dont un dangereusement ; que les paysans ont eu aussi un homme de tué, plusieurs de blessés, dont il ne peut nous dire le nombre ; qu'après cette décharge, les paysans ont pris la fuite et ont été poursuivis par notre détachement, qui s'est saisi de 43 hommes, dont il est nanti. On nous marque de plus que les paysans se sont ralliés, à une demi-lieue de distance, près Bénardet.

M. Canclaux a fait preuve du plus grand zèle et fait partir sur-le-champ de Quimperlé 200 hommes du 44e régiment ci-devant d'Orléans, qui doivent, ce soir, se réunir à notre detachement, de sorte, qu'avec ce renfort, nous serons en force suffisante pour faire rentrer dans le devoir les révoltés et dissiper ce rassemblement.

Jeudi, nous comptons sur l'arrivée des 150 hommes d'Orléans, que nous avons demandés, et pensons, par le prochain courrier, avoir l'honneur de vous rendre compte des suites de cette malheureuse affaire.

J'ai l'honneur d'être, etc.

Le procureur général syndic du département du Finistère, CAPITAINE.

Quelques-uns des prisonniers ramenés à Quimper furent, après une minutieuse information, traduits devant le jury du tribunal criminel. Alain Nédellec fut condamné à mort, et par son supplice, la guillotine fut inaugurée dans le chef-lieu du Finistère [1].

LE DÉSASTRE ROYALISTE DE BANNE EN ARDÈCHE

Saillant avait-il reçu des Princes comme La Rouerie, le mot d'ordre d'attendre sans rien compromettre ? Il n'attendit pas et compromit tout. L'organisateur de la troisième Fédération catholique de Jalès, le prieur-curé Claude Allier, fut impuissant à le retenir au moins jusqu'à la date du 15 août, arrêtée dans la réunion plénière tenue durant la nuit du 23 ou 24 juin, par les confédérés du Vivarais et des provinces voisines. Tout au plus, comme il n'était que commandant en second, le put-on décider à faire, au commandant en premier des armées royales du Midi, Conway, sommation de se montrer. Le général n'ayant rien répondu de Chambéry, dans les huit jours qui lui avaient été donnés pour transmettre ses explications et des instructions, Saillant se considéra comme dégagé vis-à-vis de lui.

La surprise d'un courrier porteur de ses ordres et la découverte de sa retraite par les autorités, qui venaient de commander des recherches très actives, lui firent craindre la saisie de ses plans et son arrestation avant la prise d'armes. Le prieur de Chambonas était occupé dans la Haute-Loire à préparer le soulèvement pour le jour convenu. Sans l'avertir, sans prendre conseil de personne, Saillant fait sonner le tocsin dans la plaine de Jalès, rassemble 1,500 hommes et investit le château de Banne. La garnison se composait de 15 gendarmes et de deux compagnies du régiment ci-devant de Bourgogne. Le capitaine Bois-Bertrand, manquant de pain, capitula. Le château fut évacué le 7 juillet à onze heures du matin et le drapeau blanc y flotta à midi.

L'administration départementale de l'Ardèche, aussitôt avertie, transmit la nouvelle à l'Assemblée nationale, lança des appels à tous les districts, aux départements voisins, au général de Montesquiou, dont le quartier général était à Bourgoin, dans l'Isère. Celui-ci s'em-

1. Du Chatellier, l. c. t. II, p. 121-123. Beauchamp, t. I, p. 48-49.

pressa d'expédier 80 dragons et de donner au général d'Albignac l'ordre de mettre sur pied de guerre toutes les troupes qu'il avait disponibles dans le département du Gard. Bientôt, les administrateurs de l'Ardèche, qui s'étaient transportés à Joyeuse, eurent, pour reprendre Banne, une armée de 8,000 hommes.

Le 11 juillet, d'Albignac, après une lutte qui lui coûta près de 200 hommes, enleva le poste d'avant-garde défendu par le chevalier de Melon. Saillant perdit aussitôt la tête, congédia ses fédérés en leur adressant un ordre du jour, où il déclarait : « Je reste dans mon château de Banne, comme faisant partie de mon héritage, et j'exhorte les partis divisés à se réunir et à se mettre sous la protection des Puissances ! »

Le soir, profitant d'un orage, à travers une pluie torrentielle, il sortit avec une trentaine d'hommes qui n'avaient pas voulu le quitter, et parvint à gagner le Gévaudan. Il fut découvert, le 12, par une patrouille, se rua sur l'un de ses gardiens qui refusait cinquante louis pour le laisser s'échapper, se disputa avec la troupe qui le conduisait aux autorités, et fut abattu d'un coup de sabre. Sa tête tranchée fut promenée au bout d'une pique aux Vans, puis à Largentière[1].

Cette tragique folie avait commencé par une proclamation adressée « au brave et bon peuple de Jalès et des montagnes de l'Usège, des Cévennes, du Vivarais, du Gévaudan et du Velay ». Les récriminations motivant l'appel aux armes sont exactement les mêmes que celles propagées dans les campagnes de l'Ouest par les prêtres réfractaires; le programme de la destruction des autorités constituées, qui y est donné, fut complètement réalisé par les insurgés de la Vendée[2] :

1. M. Simon Brugal, à la fin de son récit (*Revue de la Révolution* de mai 1886, p. 353, 354), attribue au fameux Jourdan-Coupe-Tête le coup de sabre qui tua le comte de Saillant. Le prieur de Chambonas, Claude Allier, fut exécuté à Mende le 17 septembre 1793.

Aux Archives nationales DXL 6-Ardèche, se trouve l'information faite sur les lieux mêmes aussitôt après la prise du château de Banne et la capture du comte de Saillant. Ce volumineux dossier fut adressé, le 17 août 1793, à l'Assemblée nationale par le juge de paix du canton des Vans, Corenfustier, administrateur du département, qui, dans une lettre au président de l'Assemblée, expliquait « le résultat de ses fonctions sur les derniers troubles, avec quelques réflexions sur les événements qui les avaient causés ».

« Divers agents, y lit-on, ont été arrêtés ; je les ai interrogés. Leur nombre m'a affecté. Les uns avaient été forcés, les autres ont été séduits. Ma conscience m'inspire que les premiers doivent être élargis, j'obéis à ma sensibilité; ma sensibilité sur le sort des autres cède à l'impulsion du devoir, 23 sont traduits pour la Cour d'Orléans... J'ai rempli mon devoir en assurant les preuves sur les égarements du curé de cette ville ; ces preuves sont frappantes; le prêtre a cédé à un excès de zèle et de pusillanimité. Mon procès-verbal sur la journée du 9 juillet constate que j'ai garanti ses jours. Eh bien ! il est dévoré par une fièvre brûlante, il est travaillé par des vomissements assez alarmants; qu'il finisse sa carrière dans le sein de sa famille ; si l'Assemblée se décide pour cet acte de bienfaisance, je serai au comble de mes vœux. »

2. N° 3 des pièces justificatives de la brochure du département de l'Ardèche, *Affaire du camp de Jalès*. Arch. nat. AD[1], 101.

Peuple fidèle à votre Dieu, à votre Roi, levez la tête !... La patrie déchirée, la monarchie renversée, la religion horriblement persécutée, le trône avili, le Roi captif et dégradé, tous les gens de bien opprimés, demandaient au ciel et à la terre, depuis trois ans, des vengeurs de ces affreux attentats, de ces épouvantables désordres.... La Providence s'occupait de venger le trône et l'autel, de faire triompher la Religion et le Roi ; elle liguait et armait dans le silence tous les princes et les peuples de la terre ; elle réunissait au dedans et au dehors du royaume tous les vrais Français contre la plus désastreuse révolution.....

Article 1er. Nous déclarons criminels de lèse-Majesté au premier chef, rebelles à Sa Majesté Louis XVI, notre gracieux et infortuné Souverain, tous ceux qui, par leurs conseils, discours, actions, l'ont réduit à l'état de captivité, et forcé Sa Majesté à donner la sanction à des décrets destructeurs des prérogatives de la Couronne, de notre Constitution monarchique, de la Religion catholique et des propriétés, tant générales qu'individuelles du peuple français.

Art. 2. Nous ordonnons à toutes les troupes de ligne du Roi, à toutes les maréchaussées et aux troupes bourgeoises sous nos ordres, de courir sur les rebelles comme sur les ennemis du Roi et de l'Etat, de les constituer prisonniers, pour leur procès être fait, parfait et exécuté selon la rigueur des lois. Nous enjoignons aux dites troupes de regarder comme rebelles les membres des assemblées nationales, des départements, des districts administratifs et judiciaires, qui n'auront pas protesté contre la rébellion ou donné d'autres marques non équivoques de repentir d'y avoir coopéré, et que nous commanderons nommément d'arrêter ; comme aussi les protestants factieux, auteurs, fauteurs, participes des sacrilèges, incendies, meurtres, insurrections ; nous voulons que, sans aucun ordre exprès de notre part, on arrête, sans en excepter aucun, les plus scélérats des hommes, les clubistes jacobins et feuillants, les évêques, les prêtres intrus qui ont dépossédé les légitimes pasteurs...

L'ORDRE D'AGIR ET L'ORGANISATION DE LA CHOUANNERIE

L'autorisation d'appeler aux armes et le manifeste annoncé par les Princes dans leur lettre du 15 juin, furent expédiés avant qu'on eût pu connaître à Coblentz et en Bretagne la révolution du 10 août. La Rouerie en fut avisé par ce billet intime[1] :

Du 11 août 1792.

Notre brave et féal n'a pas négligé votre affaire, cher général, et nous ne l'avons pas négligée non plus, quoique nous l'ayons retardée. Il emporte la pièce qui va paraître le jour même que nous marcherons vers nos pénates,

1. Dont l'original se trouve au dossier de l'affaire de Bretagne, Arch. nat. W 274. Il a eté imprimé à la suite du rapport de Basire et parmi les pièces justificatives de Beauchamp.

et c'est après-demain. Il vous porte l'épreuve[1]; c'est tout ce que nous avons, et il vaut mieux s'en contenter que d'attendre encore deux jours. Vous avez aussi les commissions signées et 10,200 livres, faisant moitié de ce que vous recevrez dans un certain genre[2], qui sera bientôt dans le cas de vous être envoyé où vous indiquerez.

Euge, euge, macte animo, vir generose!

C'est tout ce qu'on peut vous dire à présent, et on vous le dira de la part d'un grand homme[3], dont nous sommes parfaitement contents, ainsi que d'une grande Majesté[4].

Recevez les embrassements et les vœux de votre serviteur,

DE CALONNE.

La prise d'armes put être tentée dans la région voisine de la Bretagne ou l'organisation se trouvait le mieux préparée, dans le Bas-Maine.

Déjà, au moment de l'exécution de l'arrêté du 23 mars, par lequel les prêtres réfractaires de la Mayenne étaient appelés au chef-lieu, le 2 avril, un attroupement considérable de paysans en armes avait pu être dirigé sur Évron. Campé aux portes de la ville, il avait envoyé des délégués présenter au directoire du district, en séance, une sommation que l'un d'eux, R. Ropier, n'avait pas hésité à signer, après l'avoir déposée au nom des six communes de Chammes, Vaizes, Nuillé-sur-Ouette, Châtres, Livet et Saint-Léger.

Cette pièce[5], écrite par quelque abbé Bernier, commence ainsi :

Nous venons vous faire part de nos intentions, qui sont pacifiques, si on ne nous réduit pas au désespoir. Nous ne pouvons plus nous dissimuler qu'on veut nous enlever notre foi, nous séparer de l'Eglise catholique, apostolique et romaine. La preuve en est claire d'après la motion anti-catholique du sieur François de Neufchâteau, approuvée et applaudie de l'Assemblée nationale; d'après les inventions journalières, les calomnies, les persécutions exercées contre les prêtres catholiques non assermentés, fidèles ainsi que nous, à la Religion romaine.

Il n'est plus temps de dissimuler, messieurs, que nous serons fidèles aux

1. Cette épreuve, où l'on voit de nombreuses corrections, est dans le dossier de l'affaire de Bretagne, Arch. nat. W 274, pièce 63. La « Déclaration que les Princes, frères de Sa Majesté Très Chrétienne, et les princes de son sang, font à la France et à l'Europe entière de leurs sentiments et de leurs intentions » est datée du quartier général de Trèves, 8 août. Elle est imprimée en gros caractères et signée « de Monsieur et du comte d'Artois, fils de France, frères du roi; des ducs d'Anjou et de Berry, petits-fils de France; du prince de Condé, des ducs de Bourbon et d'Enghien ».

2. Faux assignats.

3. Le duc de Brunswick.

4. Le roi de Prusse.

5. Nous suivons le texte authentique adressé à l'Assemblée nationale par les administrateurs de la Mayenne, Arch. nat. DXL 13. La pièce a été imprimée dans le *Patriote de la Mayenne* des 9 et 16 juin 1792, d'où l'a tirée dom Piolin, qui la cite dans son *Histoire de l'évêché du Mans durant la Révolution*, t. I, p. 377.

lois, mais inviolablement attachés à notre religion, à nos vrais et légitimes pasteurs, à nos évêques et au pape, auquel nous sommes soumis comme au chef de l'Église, qui a droit de nous gouverner. Nous vous déclarons que nous ne reconnaîtrons jamais la religion constitutionnelle, ni les évêques, ni les prêtres jureurs et intrus.

Comme dans les pétitions des non conformistes de Vendée, de Maine-et-Loire et de la Loire-Inférieure [1], on réclame, en vertu de la Constitution, la liberté de conscience ; on soutient que ce ne sont pas les vrais prêtres qui sont des factieux, mais les autres et « les patriotes perfides qui ameutent et soudoient les mauvais sujets pour égorger les aristocrates et les catholiques ». On dénonce nominalement un juge de paix, Longchamp ; l'intrus de Saint-Pierre-la-Cour, Goupil ; un ex-moine, Gandon, de Sillé, etc.

On demande que l'arrêté départemental soit aboli « comme faux et injurieux », que les bons prêtres soient « payés de ce qui leur est dû, et renvoyés dans leurs paroisses » ; que les administrateurs rendent leurs comptes devant les délégués de « chaque commune », et que les municipalités qui n'arrêtent point les désordres et les violences en soient réputées responsables [2].

Nous demandons, en outre, que les prêtres jureurs et intrus ne soient point salariés par la Nation, dont les deux tiers au moins gémissent sur leur inconduite et leur révolte contre l'Église.

La paix, la conservation de la Religion catholique romaine, la soumission à notre Roi légitime et aux lois de l'État, la suppression des clubs jacobins et de leurs bonnets rouges, qui sont le signal de leurs révoltes et brigandages : voilà les vues de nos cœurs, notre profession de foi. Nous sommes disposés à mourir pour les soutenir, vous rendant responsables, messieurs, des malheurs qui résulteront du refus que vous feriez de nous entendre. Nous ne craignons point de vous manifester nos opinions qui sont celles de plus de vingt paroisses et en peu de cinquante, qui vous auront obligation de faire passer à l'Assemblée nationale leurs sentiments.

Dans leur lettre de transmission de cette pétition à l'Assemblée législative, les administrateurs de la Mayenne écrivaient :

Les motifs ou plutôt les prétexes de cette pétition extraordinaire vous feront voir, monsieur le Président, qu'un grand et vaste complot était formé, que le signal de la révolte était donné dans différentes paroisses, et que le germe de la guerre civile, fomentée par le fanatisme, devait éclater dans notre

1. Voir ci-dessus, p. 77-88, 370-377, 408-417, 433-435.

2. Il est à remarquer combien les griefs émis dans cette pétition ressemblent à ceux formulés, en mars 1793, dans celle qui fut adressée par Gaudin-Bérillais aux administrateurs de la Loire-Inférieure, au nom de Saint-Étienne-de-Montluc et vingt paroisses environnantes. — Voir plus loin, ch. XLI.

département si, par un coup visible de la Providence, qui veille sur les destinées de l'empire français, 60 à 70 hommes n'avaient pas repoussé 800 à 900 brigands. Ils vous prouveront encore que bien évidemment les auteurs de ce complot affreux sont les prêtres séditieux qui ont abusé de l'ignorance et de la crédulité des malheureux paysans.....

La patrie déclarée en danger, un arrêté du directoire du département de la Mayenne, daté du 3 août 1792, fixa au 15 la réunion aux chefs-lieux de canton de tous les citoyens en état de porter les armes, afin de procéder à l'enrôlement volontaire des 1,100 hommes qui devaient former le contingent du département dans le recrutement indispensable pour porter l'armée de terre au complet effectif de 440 à 450,000 hommes. Suivant la loi des 20-22 juillet, l'inscription sur les registres devait se faire sans contrainte, individuellement, puis par choix entre « frères d'armes de la garde nationale », désignant ceux d'entre eux qui acceptaient de marcher des premiers pour la défense de la patrie. Ceux qui déclaraient ne pas pouvoir partir devaient être remplacés immédiatement par « un nouveau choix de citoyens » pris dans la garde nationale et même hors de ses rangs jusqu'à ce que le nombre réclamé au canton eût été obtenu. Il n'était pas question de tirage au sort, et aucun moyen de contrainte n'était fourni aux autorités pour lever des soldats dans les localités qui refuseraient de répondre à l'appel de la patrie.

Le directoire du district d'Évron, rendu timide par l'attaque du 2 avril, exposa que l'état d'esprit des campagnes devenait de plus en plus hostile, et obtint d'ajourner d'un mois l'exécution de l'arrêté départemental du 3 août. Dans le district d'Ernée, les deux cantons de Montaudin et de Landivy se soulevèrent contre l'appel des volontaires ; de même, quatre cantons, dans chacun des districts de Château-Gontier, de Craon et de Laval, ceux de Chemayé, Luigné, Fromentières et Quelaine, d'Athée, Bouchamps, La Roë et Cuillé ; ceux de Parné, Loiron, Nuillé-sur-Vicoin et Saint-Ouen-des-Toits[1].

De toutes parts, les révoltés criaient : « Il y a assez longtemps que les démocrates sont les maîtres !.... Nous ne reconnaissons pas l'Assemblée nationale ni ses lois !.... Jamais nous ne consentirons à faire des soldats pour servir contre le roi et les prêtres !.... Nous ne nous battrons jamais que pour le roi et le pape ! Nous sommes assez nombreux pour rétablir le roi, la religion, et faire restituer le bien volé aux prêtres[2] ! »

1. D'après les procès-verbaux conservés aux Archives du département de la Mayenne et analysés dans l'ouvrage commencé par l'archiviste, V. Duchemin, mort en 1887, et achevé par M. Robert Triger, *Les premiers troubles de la Révolution dans la Mayenne* (in-8 de 217 pages, Mamers, 1888).

2. *Ibid.*, ch. IV et en particulier pages 168, 170, 174.

A Loiron, on saccagea la maison du maire et l'on maltraita le juge de paix au point qu'il en mourut. A Saint-Ouen-des-Toits, dès sept heures du matin, au moment où arrivait le commissaire du district de Laval, l'administrateur Jean-André Tellot, se présentait un rassemblement de 1,000 à 1,200 paysans, portant tous des branches de saule fraîchement cueillies et la plupart ayant à leur chapeau une cocarde noire. Un peu plus tard, survenaient les jeunes gens d'une paroisse exceptionnellement patriote, La Brûlatte, dont trois citoyens étaient prêts à partir pour la frontière. — « Qu'allez-vous faire? leurs disaient les gens des autres villages. Vous engager pour détruire la religion! Il vaut mieux rester avec nous pour la défendre que d'aller vous faire égorger avec deux cents mille autres! »

Le commissaire du district essaya de tenir séance dans l'église; il n'y entra avec lui que des habitants de La Brûlatte; les autres restèrent sur la place répétant: « On ne s'enrôlera pas; nous ne voulons pas nous faire égorger; nous irons à Laval en nombre suffisant pour délivrer les prêtres, et les patriotes verront beau jeu! »

Néanmoins Tellot commençait les opérations légales par un discours dans lequel il ménageait les susceptibilités de son auditoire, déclarant: « Tous les citoyens se doivent à la patrie quelle que soit leur opinion religieuse. » Sur quoi, les hommes à cocarde noire, qui s'étaient décidés à entrer, criaient avec fureur: « Personne ne partira ni de gré ni de force! On ne marchera que pour délivrer les prêtres et défendre le roi! » Les bancs de l'église volaient en éclats et des ardoises, amassées pour réparer la toiture, étaient jetées à la tête des autorités. Attendus à la sortie du bourg, les « patauts »[1] de La Brûlatte étaient assaillis et écrasés de coups de bâton, aux cris de vive la Religion et vive le Roi[2]!

Cette rébellion de Saint-Ouen-des-Toits est devenue légendaire parce que le chef de la bande à cocarde noire était Jean Chouan.

Jean Cottereau, que les royalistes de la Restauration et de nos jours[3] se sont décidés à inscrire au nombre des défenseurs glorifiés de leur cause, sur la même liste que Bonchamps et d'Elbée, n'avait rien de chevaleresque dans ses origines ni dans ses antécédents. Il

1. Abréviation de « patriotes » que les paysans de tout l'Ouest prononçaient « patriaux ». (D'après P.-V.-J. de Bourniseaux, *Histoire de la guerre de Vendée et des Chouans*, t. III, p. 248.)

2. *Les premiers troubles dans la Mayenne,* p. 174-177, où est analysé le rapport du commissaire du district Tellot, qui n'avait, disent les auteurs, réussi qu'à enrôler quatre volontaires, auxquels avait été donnée une prime de quarante livres.

3. Voir les *Lettres sur l'origine de la chouannerie et sur les Chouans du Bas-Maine*, par J. Duchemin-Descépeaux, dédiées au roi, et, par son autorisation, imprimées à l'imprimerie nationale, 1816 (2 vol. in-8°); *Généraux et chefs de la Vendée militaire et de la Chouannerie*, un vol. in-f°, avec portraits, publié sous la direction de M. Alexis des Nouhes, 1887, Paris.

était né le 30 octobre 1757, à Saint-Berthevin, dans une nombreuse famille de bûcherons-sabotiers, qui faisait la contrebande du sel. Tous les membres de cette famille, depuis un temps immémorial, étaient surnommés *Chouans*, parce que, dans leurs courses perpétuelles au fond des bois, ils s'appelaient les uns les autres et s'avertissaient de l'apparition des gabelous en imitant le cri du chat-huant et de la chouette. Jean s'était distingué, dès l'enfance, et avait mérité de ses camarades ces deux surnoms particuliers : « Il n'y a pas de danger ! » à cause de son audace, et, à cause de sa ruse, « le gas mentoux ». De sa mère même, demeurée veuve, chargée de six enfants, et sans cesse en lutte avec les voisins, il avait reçu des exemples de violence. Il avait, en 1779, participé à l'assaut de la maison Fouchard, qui avait valu à cette femme une condamnation à 48 livres d'amende, aux frais de chirurgie du propriétaire blessé et à 20 livres de dommages-intérêts. Lui-même, en 1780, il avait été poursuivi pour avoir, dans un cabaret, assommé à coups de pieds et de pinte un camarade, qu'il accusait de l'avoir « vendu aux gabelous ». Plusieurs fois, il avait séjourné dans les prisons de Laval, d'Ernée, de Saumur, comme faux-saunier. Le meurtre d'Olivier Jagu, agent des gabelles, avait mérité à son compagnon Jean Croissant d'être pendu à Laval, le 26 juillet 1781. Mais, s'étant caché jusqu'en 1786, il avait eu le bonheur de n'être pas reconnu par les témoins cités; il s'était fait relâcher de la prison de Rennes, après y avoir été gardé un an, « pour plus ample informé ». Il était devenu, à l'époque de la Révolution, le domestique et, quoiqu'il fût sans instruction, ne sachant pas même signer, l'homme de confiance d'une riche veuve, Mme Olivier, propriétaire à La Besnerie [1]. C'est dans cette place qu'il avait été trouvé par La Rouerie, qui fit de lui l'un des plus actifs de ses recruteurs pour la guerre civile prochaine.

L'historien primitif des Chouans [2] dit :

Dès les commencements de la Révolution, les habitants du Bas-Maine prirent part au premier projet d'insurrection royaliste. Le marquis de La Rouerie ne trouva point ailleurs de plus zélés partisans, et, quand il fut forcé de différer l'exécution de ses projets, les Bas-Manceaux, impatients du joug sous lequel la France entière fléchissait, osèrent, les premiers de tous, proclamer la fidélité à la Monarchie, la résistance à la Révolution, et enfin ce furent eux qui vinrent apporter aux insurgés de la Bretagne et de l'Anjou ce

1. Il n'y a que ces faits de la biographie de Jean Chouan qui soient prouvés par des documents des Archives de la Mayenne. (*Les premiers troubles*, p. 185-204.) Il ne reste pas de trace de son engagement dans le régiment de Turenne-Infanterie, ni de sa désertion, ni de sa grâce, que sa mère aurait été à pied à Versailles demander au roi, comme tous les biographes l'ont répété d'après les *Lettres sur l'origine de la Chouannerie*, t. I, p. 42-44.

2. Duchemin-Descepeaux, t. I, p. 7.

nom de *Chouan*, dont tant de Français fidèles se sont honorés, et que l'histoire doit un jour consacrer [1].

Le général Joseph de Puisaye, dans ses *Mémoires* [2], s'accorde avec l'historien Alphonse de Beauchamp [3], pour établir que La Rouerie fut véritablement l'inventeur de la chouannerie. Ce que, d'ailleurs, ne nie pas l'érudition royaliste de nos jours [4], ajoutant :

La plupart des historiens n'ont vu dans cet événement (de Saint-Ouen-des-Toits) qu'un fait isolé, tout en le présentant comme le point de départ de la chouannerie. En réalité, cette émeute se rattache à un mouvement insurrectionnel beaucoup plus étendu, qui fut le premier acte de la guerre civile dans le département de la Mayenne. Plus heureux que nos devanciers, nous pouvons, à l'aide de documents nouveaux, signaler toute l'importance de l'insurrection et établir *qu'au mois d'août 1792 la lutte était déjà commencée*, dans notre région, entre les partisans de la Révolution et les paysans manceaux, qui prendront bientôt le nom redouté de *Chouans*.

Le plus ardent des apologistes de la *Vendée militaire* et de la *Compagnie de Jésus*, Crétineau-Joly [5], loue surtout La Rouerie de deux inventions de génie : celle d'avoir pris pour messagers de la bonne cause les mendiants de Bretagne [6]; celle d'avoir réconcilié les ci-devant faux-sauniers du Maine avec les anciens gabeleurs de l'Anjou pour les organiser militairement, en avant-postes sans cesse mobiles des grandes armées catholiques et royales.

De temps immémorial, il existait sur les limites de la Bretagne, écrit-il, de hardis contrebandiers qui, en se livrant au commerce frauduleux du sel, vivaient de père en fils dans une guerre éternelle avec les soutiens du fisc..... Plus de trente mille familles subsistaient des gains illicites de la contrebande. Il ne fut pas difficile à La Rouerie de les enrôler. A part leur amour pour la contrebande, c'étaient des hommes d'une probité, d'une foi à toute épreuve. Mais La Rouerie sentit qu'il ne fallait pas laisser à la Révolution le droit de

1. Il fut publié, aussitôt la Restauration opérée, 1814-1815, plusieurs petits livres à l'effet de glorifier et populariser les guerres contre la République. Sous le nom de M. de Vouziers (Moithey, d'après Quérard), parurent successivement : *Charette*, *La Rochejaquelein* et *Tuffin de la Rouërie ou la guerre des Chouans* (in-32 de 90 pages). Talmont et Puisaye sont parfaitement désignés, dans cet opuscule, comme les successeurs de La Rouerie, et l'auteur explique (p. 24) : « Si les soulèvements de la Bretagne eurent moins de succès que ceux de l'Anjou et du Poitou, c'est que La Rouërie avait terminé ses jours et que son plan, quoique connu, ne pouvait recevoir que de son chef son entière exécution. »

2. Imprimés à Londres en 1803, t. II, p. 578-582.

3. *Histoire de la guerre de Vendée*, 4e édit., t. I, p. 79-80, et t. III, p. 63.

4. Voir Duchemin et Triger, *Les premiers troubles de la Mayenne*, p. 160.

5. *La Vendée militaire*, t. 1, . 59-61.

6. Voir, sur l'enrôlement par La Rouerie de ces mendiants, colporteurs de nouvelles et messagers des familles, « qui quelquefois ramassaient un pécule assez considérable pour se faire une petite aisance », p. 18 du t. I des *Souvenirs et Campagnes du général de la Motte-Rouge*, (3 vol. in-8°, Nantes 1888-1889).

mettre dans son parti les employés de la Gabelle, tout dernièrement supprimés par une mesure législative. Il sut s'emparer de ces hommes qui n'avaient plus d'état, plus de pain, et qui, par leurs habitudes guerroyantes, devaient faire d'intrépides soldats. L'intérêt avait divisé les contrebandiers et les gabeleurs ; le mécontentement les réunit sous le même drapeau, leur attribua le même chef, et, par des motifs différents, leur inspira la même haine de la démocratie.

Huit mois avant la « guerre sainte » de Vendée, cette étrange chevalerie des bois commença ses expéditions nocturnes, arrêtant les courriers au passage, enlevant l'argent transporté par les voitures publiques; s'attaquant méthodiquement à quiconque exerçait une fonction, avait une part d'autorité, depuis le curé constitutionnel jusqu'au juge de paix ; recueillant les déserteurs et excitant à la désertion, empêchant les subsistances d'arriver aux villes, coupant les convois militaires, percevant chez les fermiers, la plupart complices, les rentes en nature ou en argent dues aux acquéreurs de biens nationaux, et mêlant à ces « actes de foi » toutes sortes de déprédations et de vengeances individuelles.

Le marquis de La Rouerie l'avait inventée; un duc de la Trémoïlle, prince de Talmont, mit sa gloire à en être réputé le général dans ce qu'il appelait encore ses « états de Laval » ; le comte de Puisaye, en s'efforçant de discipliner ses brigandages, sans réussir à lui faire accepter des chefs avouables, la nourrit des subsides de l'Angleterre.

La Vendée militaire écrasée, la Chouannerie perpétua dans l'Ouest, même après la soumission et l'exécution des derniers royalistes, des Frotté et des Cadoudal, sous le Consulat, un état de désordre, de banditisme, que ne put faire cesser la toute-puissance de l'Empire, et qui ne fut définitivement extirpé qu'assez longtemps après la Révolution de Juillet 1830.

APPENDICE

N° 6

RENTRÉE EN FRANCE DE Mlle MARIE-LOUISE ROBERT DE LÉZARDIÈRE

Nous nous étions adressé à plusieurs de nos correspondants de Vendée pour obtenir sur la famille Robert de Lézardière quelques renseignements qui nous manquaient. Nous n'avons pu obtenir la date de la naissance ni celles de la rentrée en France et de la mort du baron Louis-Jacques-Gilbert Robert de Lézardière.

Notre tome Ier avait paru lorsque M. Brochet, de la Société des antiquaires de l'Ouest, qui s'occupe du dépouillement et du classement des archives de la ville de Fontenay, nous a adressé le document que voici :

3e BUREAU.

N° 55.

MISE EN SURVEILLANCE

Délivré le passeport le 17 ventôse, an IX. N° 816, F° 32.

A Fontenay-le-Peuple, le 16 ventôse, l'an IX de la République française, une et indivisible.

LIBERTÉ, ÉGALITÉ

Le préfet du département de la Vendée au maire de Fontenay-le-Peuple.

Citoyen maire,

Je vous adresse une expédition de l'arrêté que j'ai pris le 15 de ce mois en faveur de la citoyenne Marie-Louise-Robert Lézardière, d'après les instructions du ministre de la police générale.

Je vous salue.

Signé : MERLET.

3e BUREAU

Folio 218.
No 21.

Préfecture de la Vendée.

Du 15 ventôse an IX de la République française,
une et indivisible.

Vu par nous, préfet de la Vendée, la lettre du ministre de la police générale en date du 19 pluviôse dernier, par laquelle il nous prévient qu'il a autorisé le préfet de police de Paris à délivrer un passeport pour se rendre provisoirement à Fontenay-le-Peuple, à la nommée Marie-Louise Robert, venant de l'étranger, et que nous avons à la faire placer sous la surveillance des autoritées constituées, jusqu'à ce qu'il ait été statué sur son sort.

Nous arrêtons que le maire de Fontenay-le-Peuple recevra dans sa commune la citoyenne Marie-Louise Robert-Lézardière, laquelle demeure sous la surveillance dudit maire et la nôtre, jusqu'à ce que le gouvernement ait pris une décision ultérieure à son égard.

Et attendu que la citoyenne Robert nous expose que des affaires de famille l'obligent à voyager dans l'arrondissement de la sous-préfecture des Sables, nous autorisons le maire de Fontenay à lui accorder un passeport à cet effet.

Expédition du présent sera adressée au ministre de la police générale et autre expédition sera transmise au maire de Fontenay.

Fait à Fontenay-le-Peuple, le 15 ventôse an IX de la République française.

Signé : MERLET.

Par le préfet :
Pour le secrétaire général,
Signé : MAZURRE, *chef de division.*

Par ce sauf-conduit, on voit que la rentrée en France de la famille Robert de Lézardière commença au mois de février 1801.

Mlle Marie-Louise était celle qui avait sauvé son jeune frère Charles de la mort en accourant, en poste, à Fontenay, juste la veille de son jugement, prouver qu'il n'avait pas émigré [1]. Elle acheta l'ancien prieuré de Bois-Grolland pour y offrir un asile aux religieuses dispersées depuis la fermeture des couvents, et devint la première supérieure de la congrégation des Ursulines de Jésus, dites religieuses de Chavagnes, fondée par le père Baudouin au commencement du XIXe siècle.

No 7

F.-J. PICHARD DU PAGE ET R.-A.-G. GUERRY, DE TIFFAUGES

Nous nous sommes abstenu d'annoter la défense du premier procureur général syndic du département de la Vendée (donnée en entier pages 131-145 de ce volume). Les faits nous paraissaient avoir été précédemment expliqués avec surabondance de preuves.

Il en est un cependant, que l'absence de la dénonciation, par Pichard relevée la première, laisse très obscur et qui doit être mis en pleine lumière.

1. Voir notre t. Ier, p. 459.

Nous voulons parler des papiers de Guerry et de Rigaudeau, qui, déposés dans un même carton du département, furent par hasard rendus, ceux de Rigaudeau à Guerry, et ceux de celui-ci à l'autre.

Personne ne crut à la « méprise », et elle fut sans nul doute l'un des principaux motifs de la condamnation de Pichard par le tribunal révolutionnaire.

Qu'était, en effet, ce Guerry ? L'ancien sénéchal de Tiffauges, syndic de cette petite ville, renommé son premier maire le 7 février 1790, démissionnaire le 12 février 1791, afin de ne pas avoir à requérir le serment des prêtres de la localité; sans cesse en lutte violente avec les patriotes, mêlé à toutes les menées du clergé et de la noblesse, qui devait ensuite devenir l'un des plus ardents promoteurs de la grande insurrection du mois de mars 1793; aussitôt les armées catholiques-royales formées, leur premier envoyé dans les ports d'Espagne et d'Angleterre, à la recherche des secours de l'étranger ; avant d'avoir pu accomplir sa mission, fait prisonnier à la reprise de l'île de Noirmoutier par Beysser, le 29 avril 1793, expédié et emprisonné à Nantes d'où il s'échappa avant d'être jugé.

On connaît l'importance des papiers saisis sur René-Augustin-Guy Guerry, publiés en 1847 dans le recueil si précieux de *Pièces contre-révolutionnaires de* 93 trouvées par Benjamin Fillon.

Dans son *Journal de ce qui s'est passé à Tiffauges de* 1789 *au* 12 *mars* 1793, on voit que Rigaudeau était son rival pour la mairie, aux premières élections municipales de 1790, et le chef du parti des patriotes, s'opposant aux agissements contre-révolutionnaires, souvent avec l'appui des gardes nationales des environs, amenées par le commandant-inspecteur, un des seuls nobles libéraux de la région, Charles Servanteau de l'Échasserie, « factieux », écrit Guy Guerry, au point de faire arracher le pal public, de faire planter un arbre de la liberté, d'imposer le port de la cocarde tricolore au moment de la déclaration de la patrie en danger, et de diriger des forces pour la répression de l'insurrection contre Châtillon-Bressuire au mois d'août 1792 !

D'après quoi l'on peut comprendre l'accueil qui devait être fait, par le tribunal révolutionnaire de Paris, en avril 1794, aux « simples » explications de l'accusé Pichard du Page sur le déplorable mélange, par un commis étourdi, des enveloppes et des papiers concernant ce Rigaudeau et ce Guerry, qu'il affectait de connaître à peine, se rappelant vaguement qu'ils étaient l'un et l'autre officiers municipaux de Tiffauges, et que, « dans son inexpérience de l'administration », où il débutait, « trompé par les expressions de confiance qu'employait chacun d'eux » à son égard, il eut « la sottise de croire qu'il pourrait les réconcilier et les réunir autour du berceau du nouveau gouvernement ! »

Le procès-verbal de la présentation, en séance départementale, du drapeau offert par les dames de Fontenay au premier bataillon des volontaires de la Vendée, le 10 décembre 1791 (donné ci-dessus pages 160-163), ne contient pas les noms des orateurs qui se firent entendre dans cette cérémonie patriotique. Nous les avons mis entre parenthèses, excepté un, celui du procureur général syndic. Un document authentique prouve que Séverin Pervinquière, qui succéda dans ces fonctions à Pichard du Page, prit la conduite et la responsabilité des affaires le 3 décembre.

Nous avons eu, sur ce détail, une forte discussion épistolaire avec M. A. Bitton, le collaborateur de Benjamin Fillon pendant quinze ans, qui nous a prouvé, un imprimé de l'époque en mains, que le discours a bien été prononcé par Pichard, demeuré publiquement en charge jusqu'à la clôture de la session du Conseil général du département, le 15 décembre.

Cette discussion a peut-être précipité la publication d'une brochure d'une feuille in-32, merveilleusement imprimée par Paul Tremblay, à la Roche-sur-Yon, tirée à 50 exemplaires numérotés, et dont l'auteur nous a envoyé le numéro 1er : *Les femmes patriotes de la Vendée en* 1793, trop bref récit, enflammé des plus purs sentiments français et républicains.

N° 8

LES MARINS VENDÉENS SUR *LE VENGEUR* ET A LA BATAILLE NAVALE DU 13 PRAIRIAL AN II

Nous avons eu deux fois, au cours de ce volume[1], l'occasion de citer l'ardent patriotisme dont firent preuve les marins des côtes vendéennes, et signalé la présence d'un certain nombre d'entre eux dans l'équipage du *Vengeur*, au combat du 13 prairial an II (1er juin 1794).

On sait que, sur le rapport fait par Barère au nom du Comité de salut public, le 22 messidor (10 juillet 1794), la Convention nationale décréta :

> Article premier. — Une forme du vaisseau de ligne *Le Vengeur* sera suspendue à la voûte du Panthéon, et les noms des braves républicains composant l'équipage de ce vaisseau seront inscrits sur les colonnes du Panthéon.
>
> Art. 2. — A cet effet, les agents maritimes des ports de Brest et de Rochefort enverront sans délai à la Convention nationale le rôle d'équipage du vaisseau *Le Vengeur*...

L'article premier de ce célèbre décret n'a pas reçu son exécution. Mais, conformément à l'article 2, il a été dressé deux rôles qui sont conservés dans nos archives maritimes, l'un à Brest, l'autre à Rochefort, où nous les avons vus et vérifiés.

Celui de Brest est annexé au *Journal d'armement du vaisseau* le Vengeur, *coulé à fond dans le combat du* 13 *prairial*. Il y est constaté que « le bâtiment fut pris par l'escadre anglaise de lord Howe », et qu'il sombra « ensuite, ayant 625 hommes à bord ».

Le registre de Rochefort a pour titre : *Liste des citoyens composant l'équipage du vaisseau* le Vengeur du peuple, *faisant partie de l'escadre aux ordres du contre-amiral Villaret, qui était à son bord le* 9 *prairial de l'an II de la République française, jour de son premier combat contre l'armée anglaise.*

1. Pages 311-312 et 496-497.

On lit sur une bande de papier, collée avant le premier des 193 feuillets :

Le journal d'armement a commencé le 26 nivôse an II ;
La campagne a commencé le 8 ventôse suivant;
La revue a été passée le 2 germinal même année;
La campagne a cessé le 13 prairial suivant, par la prise du bâtiment par les Anglais ledit jour.

Le registre est clos par la note et les signatures qui suivent :

De 367 personnes qu'il y a eu de sauvées, je n'ai pu, jusqu'à ce jour, me procurer les noms que de 265, apostillés sur cette liste : *Sauvés*. J'ai écrit pour avoir ceux des 102 autres ; ils ne me sont pas parvenus. Si je les reçois, je les enverrai à la première occasion.

A Tavistock, cantonnement de Plymouth, en Angleterre, le 6 thermidor, l'an II de la République une et indivisible.

Signé : BONNEAU (désigné dans l'état-major « René Bonneau, *sous-chef civil* »).

Pour copie : Le chef du bureau des armements,
M^el^-Augustin MASSAL.

Pour copie conforme à l'original :
RENAUDIN [1].

Brest, le 27 thermidor an II de la République une et indivisible.

L'équipage du *Vengeur* comprenait 723 hommes, dont 493 marins et 230 soldats de garnison. 367 ayant été « sauvés », le total des hommes qui ont péri dans les deux combats du 9 et du 11 prairial, ou qui se sont engloutis avec le vaisseau, est de 356 [2].

Parmi les désignés comme MORTS, nous trouvons :

FRANÇOIS TESSIER, matelot à 27 livres, né aux Sables-d'Olonne, le 16 juin 1774;
NICOLAS GUICHETEAU, matelot à 30 livres, né à Beaulieu, le 27 août 1772, inscrit au port des Sables ;
PIERRE PÉAULT, matelot à 27 livres, né à Croix-de-Vie (sans date), inscrit au port des Sables;

Parmi les désignés comme SAUVÉS, nous relevons :

VINCENT LOUINEAU, enseigne de vaisseau, des Sables, qui a vécu très vieux dans sa ville natale et y était connu sous le surnom du « Bombardier ».
BENJAMIN LUSSET, enseigne de vaisseau, l'aîné de trois frères, tous capitaines de navire;

1. Il y avait à bord du *Vengeur* trois Renaudin : *François Renaudin*, né à Saint-Martin-du-Gua le 13 juillet 1750, capitaine, commandant en premier; — *Cyprien Renaudin père*, son cousin-germain, né à Saint-Denis-d'Oléron le 27 mars 1757, lieutenant de vaisseau, commandant en second ; — *Cyprien Renaudin fils*, mousse.

2. Ces chiffres diffèrent de ceux généralement donnés par les historiens et notamment dans l'excellent ouvrage populaire *Les Marins de la République*, par H. Moulin (Charavay, Mantoux et Martin, éditeurs), qui contient le meilleur récit, fait jusqu'à ce jour, de la bataille du 13 prairial.

JULIEN GUINEMENT, matelot à 30 livres, né aux Sables, le 17 juin 1773;
JOSEPH MORNEAU, matelot à 30 livres, né aux Sables, le 26 mai 1769;
ANDRÉ MORNEAU, matelot à 27 livres, né aux Sables, le 30 novembre 1775;
JEAN CADOU, matelot vétéran, de l'île d'Yeu;
AMABLE POINTOISEAU, matelot à 33 livres, de l'île d'Yeu;
FRANÇOIS POIREAU, matelot à 27 livres, né à l'île d'Yeu, le 16 septembre 1776;
JEAN-BAPTISTE SOUDEAU, matelot à 27 livres, de l'île d'Yeu;
HYACINTHE MOIZEAU, mousse, de l'île d'Yeu.

Aucune désignation n'accompagne les noms suivants :

PIERRE TESSIER fils, matelot à 27 livres, des Sables;
ETIENNE BECQ, matelot à 27 livres, né aux Sables, le 16 avril 1771;
LOUIS BARREAUD, matelot à 27 livres, des Sables;
BOUSSEAU (Jean ou Jacques), novice à 24 livres, des Sables ou de l'île d'Yeu;
PIERRE NOLLEAU, matelot à 30 livres, de l'île d'Yeu;
ETIENNE ROUET, matelot vétéran, de l'île d'Yeu;
JEAN DESLANDES, matelot à 27 livres, de l'île de Noirmoutier.

Les noms de *Jean Cadou* et d'*Étienne Rouet*, de l'île d'Yeu, sont dans le *Journal d'Armement* de Brest, le premier avec la mention « sauvé », le second sans mention ; ils ne se retrouvent pas sur la *Liste* de Rochefort.

Les indications sur les lieux et dates de naissance de plusieurs sont dues à des recherches très difficiles qu'a bien voulu faire pour nous le commissaire de la marine aux Sables, actuellement à La Rochelle, M. Dusser.

Le *Journal d'Armement* de Brest indique, dans l'état-major du *Vengeur :*

PIERRE ROUILLÉ, aspirant de marine, des Sables, — « était malade à terre; passé ensuite second sur le transport *le Sablais* ».

Le dépouillement des matricules du quartier maritime des Sables fournit trois noms, qui ne se retrouvent pas dans les deux rôles des Archives maritimes de Rochefort et de Brest :

JEAN-JOSEPH RAFFIN, matelot, né aux Sables, le 5 octobre 1753;
AIMÉ GAUDIVEAU, contremaître, né aux Sables, le 10 décembre 1756;
RENÉ-PIERRE GUÉDON, contremaître, né à Croix-de-Vie, le 6 août 1768.

Rien ne prouve que ces trois marins aient assisté aux combats de prairial, mais ils sont inscrits comme ayant été *embarqués sur le vaisseau le* VENGEUR.

En résumé, il y eut dans l'équipage du *Vengeur* 24 Vendéens, dont sûrement 20 prirent part au combat de prairial; 3 de ceux-ci y moururent, l'un des Sables, l'autre de Beaulieu-sous-la-Roche, le troisième de Croix-de-Vie.

L'auteur des *Biographies vendéennes*, C. Merland, dans la vie de *René Guiné*, rappelait qu'il y eut sur le *Vengeur* 11 enfants des Sables, et 2 officiers.

M. le docteur Marcel Petiteau, dans l'une des études très érudites qu'il donne à l'*Étoile de la Vendée* et à la *Revue du Bas-Poitou*, accepte ces chiffres et cite *4 morts*, qui ne sont pas dans les rôles de l'équipage du *Vengeur*.

Mais, avec la complaisante collaboration de M. Dusser, nous avons fini par retrouver, dans les matricules du quartier des Sables, les noms cités par M. Petiteau :

Hilaire Moyneau, canonnier, né aux Sables, le 28 juillet 1761, tué à bord du vaisseau *le Jemmapes*, dans le combat du 13 prairial;

Pierre-André Berthomé, matelot gabier, né aux Sables, le 16 octobre 1766, tué à bord du vaisseau *le Trente-et-un-Mai*, dans le combat du 13 prairial;

Jean-Baptiste Blandineau, matelot gabier, né à la Chaume, le 8 octobre 1763, tué à bord du vaisseau *la République*, dans le combat du 13 prairial;

Denis-Michel Penisson, matelot, né à la Chaume, le 1er novembre 1762, mort le 21 prairial, des suites des blessures reçues, à bord du vaisseau *le Trente-et-un-Mai*, dans le combat du 13 prairial an II.

Si donc, à défaut de la colonne du Panthéon, un monument commémoratif devait être érigé par la ville des Sables-d'Olonne aux fils de la Vendée, qui ont bien mérité de la Patrie et de la République dans la terrible bataille navale du 1er juin 1794, on pourrait y inscrire avec certitude ces 24 noms :

Morts sur le « Vengeur » :

François Tessier, matelot, des Sables-d'Olonne;
Nicolas Guicheteau, matelot, de Beaulieu-sous-la-Roche;
Pierre Péault, matelot, de Croix-de-Vie.

Morts à bord du « Trente-et-un-Mai » :

Pierre-André Berthomé, matelot, des Sables;
Denis-Michel Penisson, matelot, de la Chaume;

Mort à bord du « Jemmapes » :

Hilaire Moyneau, des Sables.

Mort à bord de la « République » :

Jean-Baptiste Blandineau, de la Chaume.

De l'équipage du « Vengeur » et présents à la bataille navale du 13 prairial an II.

Vincent Louineau et Benjamin Lusset, enseignes de vaisseau, des Sables-d'Olonne;

Julien Guinement, — Joseph Morneau, — André Morneau, — Pierre Tessier, — Etienne Becq, — Louis Barreaud, — matelots, des Sables;

Jean Cadou, — Amable Pontoiseau, — François Poireau, — Jean-Baptiste Soudeau, — Pierre Nolleau, — Etienne Rouet, — matelots, de l'île d'Yeu;

Jean Deslandes, matelot, de Noirmoutier;
J. Bousseau, novice, des Sables (ou de l'île d'Yeu);
Hyacinthe Moizeau, mousse, de l'île d'Yeu.

OMISSIONS DU TOME II

Page 191. — Nous parlons de la négociation que Dumouriez, au mois de juin 1793, proposait d'ouvrir avec le perruquier Gaston, qu'il croyait le généralissime de l'Armée catholique-royale. Nous devons ajouter que plus tard, mieux informé, il essaya d'intéresser Charette à une restauration orléaniste en faveur du futur « Louis-Philippe, roi des Français ». Cette réponse laconique lui fut adressée : *Mon cher Dumouriez, dites au fils du citoyen Égalité d'aller se faire foutre.* LE CHEVALIER CHARETTE.

Pages 204-205. — Des deux jeunes de Frasans, émigrés, l'un, François-Prosper, n'est probablement pas revenu de l'émigration ; l'autre, Aimé-Philippe-Hyacinthe-Louis, passé de l'armée des Princes à l'armée de Condé, servit dans les troupes « à cocarde blanche », que soldait l'Angleterre, jusqu'au 15 avril 1801. Une ordonnance royale du 30 juin 1815 lui attribua les grades de chef de bataillon, de 1801 à 1806, et de lieutenant-colonel à cette date ; il lui fut compté pour la retraite 20 années de service et 9 campagnes. (Arch. administ. de la Guerre.)

RECTIFICATIONS

TOME Ier

Page 61, *note* 1, *ligne* 9. — Au lieu de « 1825 », lire : 1815.

Page 61, *note* 5. — Lofficial n'a pas voté « la mort du roi », lire : mais la détention et la déportation à la prison.

Page 66, 5e *alinéa*, *ligne* 2. — Au lieu de « 1791 », lire : 1790.

Page 66, *note* 1, *ligne* 5. — Au lieu de « du mois de juin au mois de juillet 1789 », lire : du mois de juin 1789 au mois de juillet 1791.

Page 74, *ligne* 34. — Au lieu de « Caveziel », lire : Caviezel.

Page 125, *l.* 3. — Au lieu de « l'auteur de la Patrie », lire : l'autel de la Patrie.

Page 226. — La séance du district des Sables ne doit pas être datée du 23, mais du 25 février 1791.

Page 228, 4e *alinéa*. — Supprimer : « Dès la veille ».

Page 312, *ligne* 11. — Au lieu de « chef des », lire : chefs des.

Page 364, 9e *alinéa*, *l.* 3. — Au lieu de « et les commandants », lire : avec les commandants.

Page 365, *ligne* 26. — Au lieu de « Rivallaud », lire: Rivalland.

TOME II

Page 53, *ligne* 22. — Au lieu de « gardes des corps », lire : gardes du corps.

Page 71, 5e *alinéa*. — Supprimer : « donne le chiffre de 299 votants ».

Page 164, *ligne* 17. — Au lieu de « parmi vous, lire : parmi nous.

Page 258, 6e *alinéa*, *l.* 1. — Au lieu de « une paroisse », lire : ma paroisse.

Page 312, 3e *alinéa*, *l.* 5 *et* 6. — Au lieu de « Nouet » et de « Soudreau », lire : Rouet et Soudeau.

Page 314, 6e *alinéa*, *l.* 2. — Au lieu de « Chauvelen », lire : Chauvelon.

Page 394, 4e *alinéa*, *l.* 5. — Au lieu de « son passage », lire : leur passage.

Page 394, *ligne* 6. — Au lieu de « Carlier », lire Corbier.

Page 502, *dernière ligne*. — Au lieu de « les pièces justificatives ou les papiers », lire : les pièces justificatives de son ouvrage ou les papiers.

Page 503, *note* 2, *ligne* 5. — Au lieu de « l'historien d'Alph. Beauchamp », lire : l'historien Alph. de Beauchamp.

TABLE PAR ORDRE DE MATIÈRES

DU TOME DEUXIÈME

CHAPITRE XVI

Intervention de l'Assemblée nationale et du Gouvernement dans les troubles de la Vendée.

CHAPITRE XVII

Les menées contre-révolutionnaires et l'acceptation de la Constitution par le Roi.

CHAPITRE XVIII

L'amnistie de la Constituante. — Les élections législatives de 1791, — Le pétitionnement des non conformistes.

CHAPITRE XIX

Les agitations vendéennes devant l'Assemblée législative.

CHAPITRE XX

La session du conseil général du département en 1791.

CHAPITRE XXI

Les volontaires de la Vendée.

CHAPITRE XXII

Continuation des mouvements séditieux. — Difficultés militaires et administratives.

CHAPITRE XXIII

L'insurrection des femmes de l'île d'Yeu.

CHAPITRE XXIV

Les affaires des îles.

CHAPITRE XXV

La Société ambulante des Amis de la Constitution.
La Vendée sans garnisons.

CHAPITRE XXVI

Les premiers arrêtés du département de la Vendée contre les prêtres non assermentés.

CHAPITRE XXVII

L'internement général des prêtres insermentés au chef-lieu.

CHAPITRE XXVIII

La Patrie en danger.

CHAPITRE XXIX

Les mots d'ordre des princes et les mouvements contre-révolutionnaires pendant la première invasion.

APPENDICE

Paris. — Imprimerie Paul Dupont, 4, rue du Bouloi (Cl.) 184.12.91.

www.ingramcontent.com/pod-product-compliance
Lightning Source LLC
LaVergne TN
LVHW010522100826
845148LV00001B/68

* 9 7 8 2 0 1 2 5 6 3 3 3 9 *